当代经济学系列丛书
Contemporary Economics Series
陈昕 主编

当代经济学文库

周期性动物

人类周期性行为的经济分析

童乙伦 著

格致出版社
上海三联书店
上海人民出版社

经济学人，如今他们大都成长为中国第一线的经济学家，活跃在国内外的学术舞台上。

为了进一步推动中国经济学的发展，我们将继续引进翻译出版国际上经济学的最新研究成果，加强中国经济学家与世界各国经济学家之间的交流；同时，我们更鼓励中国经济学家创建自己的理论体系，在自主的理论框架内消化和吸收世界上最优秀的理论成果，并把它放到中国经济改革发展的实践中进行筛选和检验，进而寻找属于中国的又面向未来世界的经济制度和经济理论，使中国经济学真正立足于世界经济学之林。

我们渴望经济学家支持我们的追求；我们和经济学家一起瞻望中国经济学的未来。

陈昕

2014年1月1日

主 编 的 话

上世纪 80 年代，为了全面地、系统地反映当代经济学的全貌及其进程，总结与挖掘当代经济学已有的和潜在的成果，展示当代经济学新的发展方向，我们决定出版“当代经济学系列丛书”。

“当代经济学系列丛书”是大型的、高层次的、综合性的经济学术理论丛书。它包括三个子系列：(1) 当代经济学文库；(2) 当代经济学译库；(3) 当代经济学教学参考书系。本丛书在学科领域方面，不仅着眼于各传统经济学科的新成果，更注重经济学前沿学科、边缘学科和综合学科的新成就；在选题的采择上，广泛联系海内外学者，努力开掘学术功力深厚、思想新颖独到、作品水平拔尖的著作。“文库力求达到中国经济学界当前的最高水平；“译库”翻译当代经济学的名人名著；“教学参考书系”主要出版国内外著名高等院校最新的经济学通用教材。

20 多年过去了，本丛书先后出版了 200 多种作，在很大程度上推动了中国经济学的现代化和国标准化。这主要体现在两个方面：一是从研究范围研究内容、研究方法、分析技术等方面完成了中国济学从传统向现代的转轨；二是培养了整整一代青

序：返归本真的理性

汪丁丁

湘西童乙伦，四十岁那年，旁听我在北京大学的课程，并在课间休息时郑重地递给我一张手写的信纸，希望报考我的博士生。后来，他成为我在浙江大学经济学院指导的一名博士生。去年，他六十岁，完成了这部书稿，并带到杭州，在湖畔居与我茶叙三日，探讨这部书稿的主题。

本真，英文是"authenticity"。维基百科简体中文版对它的解释特别简单，只有下面这一段文字：本真(authenticity)，或译真诚性，是存在主义哲学中的术语，指人在外界的压力和干扰下，忠于自己的个性、精神和品格的特质。其反面被称为非本真(inauthenticity)。"本真"的概念也常被用于美学讨论。本真的概念最早由萨特和波伏娃引入存在主义，海德格尔则从反对存在主义的角度，对本真进行讨论。在"后真相时代"，人们越来越关注(或怀疑)自己生命的真实性(本真)。在社会生活中，本真意味着下列三项品质的结合：坦诚、不虚饰，以及内心感受与外在表达之间的一致性。

总之，我检索谷歌，没有见到"本真性"与"理性"两词联用的表达。梁漱溟认为，西方人鼓吹的理性只不过是"智性"(核心是"认知"而非"行为")，中国文化传统里积淀的“理性”(应写为“性理”)才是真正的理性。郭店楚简:“道始于情情生于性”,“性自命出命自天降”。人性之理,要求合情合理或曰“情理”。郭店楚简的表达,先有“性情”,后有“道理”。

新古典经济学定义的理性,以“认知”为核心,假设行为主体知道可选方案集合里的每一可选方案的各种可能后果。行为主体的“偏好”,是外生于经济学模型的,即所谓“参量”。21世纪以来,信息经济学范式取代新古典经济学范式,以“信息不完全性”为核心假设,于是行为主体在博弈过程中必须收集相关信息,尤其要根据行为本身披露的信息调整自己的决策。约瑟夫·斯蒂格利茨的诺贝尔经济学奖获奖演说,将信息经济学范式概述为“兼顾资源配置与信息配置的一般均衡”理论。晚近十几年,行为经济学崛起为“显学”,以“理性能力的有限性”为核心假设(简称“有限理性”假设),辅以“有限的意志力”和“有限的自私性”这样两项假设。于是,行为主体的“偏好”“认知”“行为能力”……都未必是充分理性的。也因此,行为经济学被认为是人格心理学、认知心理学、脑科学、政治学、社会学、人类学、生理学与医学、实验与计算机仿真,以及诸如此类的许多学科的“学术殖民地”。

上述的经济学演化路径,我在二十多年前称之为“经济学理性主义运动”。这场思想运动,以理性的绝对主义为特征,似乎远未终结。之所以这么说,是因为,例如,行为经济学在成为“显学”之后,立即被理性主义“招安”,只愿“助推”,而拒绝任何范式革命。

彼得·德鲁克始终反对倾向于绝对主义的任何运动,包括绝对的理性,或理性之为“主义”。他在《功能社会》第一部分“社会基础”中指出,从卢梭到希特勒,有一条可见的直线。他还指出,美国宪法是一场对于法国大革命的保守主义反革命。唯其如此,美国才保留了英美社会文化传统里的本真理性。(注意,我在这里将“本真”与“理性”联用。)随后,他在该书第二部分“极权主义的兴起”中回顾了极权主义是如何以“绝对理性”的旗号统治欧洲大陆并导致世界大战的。

综上所述,本真的理性,与我以往鼓吹的“演化理性”相比,更接近人类的政治生活。其实,这也是湘西童乙伦在格致出版社出版的上一本书《解析中国:基于讨价还价博弈的渐进改革逻辑》和这本新书一以贯之的关怀。我之所以强调乙伦的湘西属性,就是因为基于我对他的长期观察,“湘西性格”提供了理解他的言行之重要参照系。至于何为“湘西性格”,我很难在这里阐述，也许我应建议读者琢磨沈从文和黄永玉。

不论如何，这本书的主旨在于为中国文化传统里积淀的“情理”提供一套逻辑论证。若不如此，即便有梁漱溟毕生的鼓呼，情理之“理”也是很难融入“logos”的。

献给导师汪丁丁、李维莲夫妇

前　言

人是一种周期性动物。人类行为或隐、或显地具有各式各样的周期性——宏观经济周期就是例证。事实上，人和社会都从属于周期性运动的大自然，就像炽热的太阳体表不存在冰冷的局部一样，任何子系统总是被大系统环境所支配着。人，就是在大自然的周期性运行环境中发生、塑形和演化的，也必然地是周期性动物。

社会运行的宏观周期性，从人类行为的博弈与非线性学科的逻辑观察，应该是一个群体行为加总、人们社会性互动的结果。其实，马尔萨斯关于人口、粮食、土地与战争的周期性分析，熊彼特关于企业家精神的创新与周期性经济的理论阐释，特别是凯恩斯关于经济周期性衰退的货币理论著述，早就关注过这类宏观经济的周期性现象。然而，对于早已摆脱马尔萨斯自然人口论束缚的现代社会，对于拥有工业文明基础和高度理性工具的现代宏观当局，人口波动、企业家精神乃至货币的深层次逻辑究竟是什么？即使相关答案并不十分清晰，层出不穷的理论分析与社会现实相去甚远，以至于马尔萨斯、熊彼特和凯恩斯的思想真谛至今仍然迷雾重重[1]，这一切也仍然不影响人们理性的自负。当然，这也必然会引发思想观念上的持续争议，同时带来相关认知的诸多误解。或许，问题的深入解答将依赖于个体行为周期性规律的确立。

人类个体行为的微观机制中蕴含着周期性规律，要求我们恰当地重构或者重新理解经济学的理性概念，必须将人的情绪、精神和心理因素包含进理性逻辑中来。在著名的《非理性繁荣》中，罗伯特·希勒将人们在不确定(股市)环境下的非理性行为，归咎为12种由情绪或心理因素引起的反常决策[2]，如此，人们即使明白也不得不进入某种庞氏泡沫过程(Ponzi processes)。但值得指出，以丹尼尔·卡内曼、罗伯特·特沃斯基(Robert Trivers)为代表的行为实验经济学研究表明，类似的非理性却存在着合理的心理缘由[3]，所谓的非理性本质上仍然是各种符合心理学逻辑的理性选择。事实上，比传统理性更基础的是行为主体的意识形态、社会认知、情绪心理，进而本能、直觉乃至哈耶克的传统习俗，它们构成了希勒12种因素的细分，比传统理性逻辑更深刻地影响着人们的行为。如果我们将行为决策逻辑扩展至这种广义的约束背景之中，那么我们或将获得更贴近现实、更广义的理性概念。回顾历史，每当社会发生重大转型时，总会有人敏锐地感受到某种社会情绪的波动；或许，这正是天才们的情绪、情感、本能对于历史潜意识的类基因反映。

更进一步，观察人类生存依赖的这个星球就会发现，它一直被宇宙运行的周期性规律支配着。只要生活在地球上，任何人都一定处于日夜更替、四季更迭，日出而作、日落而息的周期性生存状态。如果仔细深究，人的生产、消费等理性行为亦如此。比如，企业家总是在激情扩张的利润最大化与谨慎计较的成本最小化行为之间摇摆；消费者总是在节俭的预算约束与奢华的预期透支之间徘徊；而社会舆论总是在主张计划干预与坚持市场自由之间摇摆；甚至在意识形态领域，民众也会在激情的左派与保守的右派之间徘徊，一时拥护左派，一时又同情右派。这些二元对立交替、彼此往复的周期性行为的呈现，原本是大自然的基本规律，就像人晚上累了要睡觉、早上醒了得起床一样自然。本质上，这些周期性客观规律得益于演化优势，并进一步作为支配人类情感、直觉、情绪等因素的深层次自然约束，已经成为人们行为的应然法则，只是长期以来被我们选择性地忽视，而无意识地被排斥在人类行为的理性范畴之外。

换句话说，面对比情感、直觉、情绪更本质的制约力量——自然运行的周期律，我们有什么理由不认真关注、虔诚对待？实际上，自然周期律无时无刻不在影响着人们的社会感知、个体意识、情感直觉……乃至习惯本能[4]，人类行为正是因为大自然的周期性客观禀赋而具备了种种周期性运行的内在逻辑。

怀特海曾经提醒我们，理性的本质[5]使得人们的思维方式总是沿着从模糊到清晰、从混沌到秩序、从丑到美的趋势演进，这意味着人类文明的演化具有方向性[6]，即理性的方向性应该指向人的幸福感。人类思维活动的源动力正是人们内心的幸福感或价值观在发挥着作用，经济学家甚至据此认为[7]，清晰、秩序和美感是能够给人带来幸福感的东西，并可以用效用概念来度量——经济学偏好效用理论，最终形成经济学对人类行为的功利主义计算理论。事实上，简化地将最大化效用（或者利润）的经济行为奉为人的理性准则就意味着人类自身已退化成一种实现目的（数学规划中目标函数值）的工具。这种工具理性迷失了人类自身价值的目的性，被马克思批判为人的劳动异化，是韦伯关于工具理性的认识论批判要揭示的主题。然而，韦伯的价值理性却是一个更难以驾驭的概念——即使其方法论仍然是在传统理性的框架下考虑问题，也只不过增添了理性目标函数的文本内涵。鉴于以上理论难点，本书的理论进路是将深层次情感、价值观及偏好的变化纳入时间维度进行动态考察，以摆脱传统理性框架的窠臼，试图阐明：由此显现的周期性行为的本质仍然是理性概念，只不过与以往不同的是，基于传统的理性假设，若放松目的不变性约束，加上情境与认知条件的改变，那么，在边际效用递减规律的作用下，人类社会行为将呈现出某种高阶理性，进而表现为周期性运动的社会现象。如果将这种逻辑比喻成一种物理动力机制，单摆运动可以视作一个对它的形象直观的描述。

当摆球获得向右摆动的冲力，从中间位置向右上方摆动时，其摆动冲力最强。但随着摆球逐渐上升，动能转化为势能，冲力不断弱化，使其边际速度递减直至为零；摆球转而因重力获得回摆力量，并冲过中间位置，向左上方摆动。同理，重力又会不断弱化向左上升的冲力，使得摆球回摆。如此，周而复始，循环往复。

本质上，人的理性被控制在具有自然属性的感性手中；像单摆运动一样，感性类似于重力，理性不过如单摆受到的冲力一般。人一旦获知这种冲力，就会沿着这个方向奋力向上摆去。然而，人们往往把这种后天获知的冲力及其方向感视为一成不变的理性目标，以此引导人们对幸福人生的追求。其实，这不过是一种发端于人的理性自负与主观能动性并经由后天学习形成的思维定式和习惯。深入地讲，人们总是夸大经由后天经验获知而形成的所谓理性，并产生幻觉，似乎这种冲力动量是人类特有的永恒力量，具有超自然本质的理性功能。实际上，后天获知的理性就像单摆受到的冲力一样，会在自然感性的"重力"作用下慢慢减弱，丧失其前行的动力和方向——等价于大自然的负反馈原理制约着人的心理、意识及其决策的行为。在经济学语境里，对应的便是边际效用递减规律：同等程度努力的幸福感总是边际递减。休谟曾断言"理性是情感的奴隶"，只是指出了制约理性的众多深层次因素之一，因为支配情感、直觉、本能、意识与认知等因素的底层逻辑归根结底还是自然法则，本书研究的周期律便是其一。

作为一种隐性的行为现象，周期性行为不直接呈现于日常生活中，需要我们透过时间的"显微镜"去挖掘和过滤，以至于常常被忽视。与此同时，周期性行为方法与当下热门的实证主义潮流不同，但它却如"无形之手"的原理一般，即使无法实证，也不失其学术价值的重要性；周期性行为方法会带给我们更多关于现实社会复杂现象的严谨而全新的启示。换言之，我们将从纯粹实践意义的现象观察出发，将其上升为一种严谨、科学的理论研究，具体地，本书试图构建的理论努力如下。

(1) 理论上，基于目标函数与约束函数二元对偶互补及其转换逻辑，将传统理性的一维线性思维，拓展为兼顾目标与约束的高阶理性概念；回归理性具有人的社会性、整体性的本质，得出时间变量下高阶理性的二元对偶转换性质。高阶理性的定义与传统理性的定义有别，因此本书的风险在于传统理性仍然是经济学唯一恰当的基础性概念；但幸运的是，通过对传统理性概念的一致性拓展，我们从中挖掘出被人们忽视的新内涵——周期性行为逻辑，反而更坚定了关于理性概念的信念。

高阶理性对传统理性的继承性，不仅体现在能够容纳有限理性、认知理性[8]、交往理性[9]、[10]、演化理性[11]以及行为一致性[12]等扩展的论题，还由于怎样定义理性就会有怎样的行为均衡逻辑，为此，周期性行为逻辑也为经济学研究提供了一条新方向，使得跨学科行为研究拥有了一个全新的普适性理论基础。

(2) 逻辑上，本书将围绕高阶理性概念，试图澄清传统理性偏好的社会性、整体性与对偶性等一些尚存争议且误解颇多的理论问题，进而给出周期性行为的假设前提、一般条件及其数学推理。关键逻辑是，重构边际效用递减规律及其均衡概念，将原本二元互补的对偶规划统一起来计算，使得高阶理性逻辑包含并超越传统理性概念的内涵，从而推进了赫伯特·西蒙的有限理性概念，将最优规划的线性逻辑拓展为符合高阶理性的泛函变分计算，给出一种广义周期性的人类行为逻辑。

(3) 实践上，基于高阶理性概念的扩展及其周期性行为逻辑，我们聚焦生产、消费、就业、经济与政治的周期性等个体性行为案例，围绕广义创新的文化创新、经济创新、技术创新与制度创新等行为，展开一种实践性的多周期叠加分析。本书不仅尝试给出对于传统生产和消费理论的全新解释，而且还试图论证，人类创新行为的本质在于人们对现实生活的喜新厌旧心理，以达成新生活意义、新生产方式的周期性行为逻辑。因此，除了生产力的技术进步，人类社会的创新演进总是表现为某种周而复始的周期性现象。更重要的是，这种多周期循环的逻辑构建，有利于澄清人们对于熊彼特意义上创新概念的诸多误解。最后，本书将结合人类历史呈现的种种周期性社会现象，特别是宏观经济周期，给出一种可能全新的复杂性逻辑而非实证数据的论证。

本书不是关于人类行为的全面研究，也不讨论人类行为的心理学或者现象学逻辑，而是专门来讨论人类的周期性社会行为。这一研究意在拓展传统经济学的理性概念与逻辑，针对我们日常司空见惯的周期性社会现象，展开一种科学且符合传统经济学思维的纯粹理论研究。

本书可能的学术价值大致体现在以下几个方面。首先，对基础理论问题的方法论进行了反思，试图抛砖引玉地启发出某种经济学行为研究的正确路径。这里，我们并不是以康德唯心主义的信徒自居，认为"只要合乎逻辑的都可以被抽象地构建出来，无论是否在现实中显现"。但是，本书的理论构建确实与实证和数据无关。汪丁丁一直强调"直面现实"的经济学理论导向，这不仅暗示了经济学具有经世济民的实用属性，也提醒我们经济研究的主题只能在现实生活中去寻找。然而，如何直面现实确是问题。当下的经济学研究更强调实证主义的数据乃至行为实验等科学工具的运用，试图运用大数据、通过人工智能来管理人的社会行为，乃至试图通过行为实验的数据分析找出人类行为反应的新逻辑，已经成为众多行为实验经济学的新时髦——甚至有人声称人类行为学的新发现只能通过实验来获得。但必须承认，缺乏思想、理论和逻辑前提的数据分析，并不等于"直面现实"；因为汪丁丁意义上的"直面现实"必须具备前提性的问题意识，这种问题意识来源于深刻的社会洞见与深厚的理论素养。正如哈耶克所言，事实是什么并不重要，重要的是关于事实的看法；人们对现实世界的看法将会改变明天的世界。那种基于被试者行为反应的控制性实验的“数据与事实”并不是现实的再现，这种管理思维导向的数据挖掘本质上迷失了正确的问题意识。仅当社会科学研究的问题意识正确，才能有正确的研究方向和理论成果。否则，即便直面现实，也是“睁眼瞎”。或许，我们可以让计算机给视障人士带路、辅助他到达给定的地点，但让数据挖掘的科学工具来指引人们的现实生活，那是一种绝对的荒诞无稽。

就此而言，本书的方法论探索正是试图摆脱目前经济学研究中种种荒诞的一种尝试。具体创新或许在于三方面：其一，致力于将理性概念回归到亚里士多德至康德意义上的理性范畴。其二，推进赫伯特·西蒙的有限理性方法，将传统线性规划拓展为高阶理性的逻辑计算，给出一种广义周期性人类行为逻辑。其三，通过构建广义周期性人类行为逻辑，对于生产、消费、创新乃至商业周期等传统的经济行为现象，给出一种微观、中观、宏观的一致性逻辑解释，以形成某种包含并超越传统经济学的话语体系。

本书第二个可能的学术价值，在于提醒人们重返经济学的传统语境。“返回古典政治经济学”是经济学研究领域的老话题——却常问常新。所谓“太阳底下没有新鲜事”，人类的历史似乎总是在不停重演。换言之，古典政治经济学的论题和方法论，仍然是一种适宜于人类社会最本质、最科学的理论进路；而新古典经济学以后的所谓的经济科学运用分析哲学的切片思维，将经济行为隔离于政治背景之外，表面上获得了学科细节的深化，实质上却付出了全局性丧失的巨大代价。现在，是时候回到斯密意义上政治经济统合的古典传统——汪丁丁将其命名为跨学科研究。也许有人会对此不以为意，但事实上，不论从理论上还是从应用上来说，经济学都是一门统合性人文学科，这是人们即使常常忘记也不能否认的。传统经济学及其理性逻辑把人当作一架关于效用或收益激励的理性“反应机”，一直受到人们的批判。与此相反，另一极端是，诸多超越传统理论论域的关于所谓利他主义伦理、道德或社会性偏好的科学研究[13]，由于缺乏恰当的伦理基础、缺乏社会经济实践的基本感知，它们往往是基于误解的伦理意识，在不恰当的语境下讨论不恰当的论题。如此，返回古典政治经济学，哪怕是纯粹的概念分析，便显得尤其重要。也因此，本书提出的高阶理性的傅里叶周期函数所给出的人类行为描述的新运算，将有利于理性逻辑算法、行为收敛与均衡存在性的理论研究，有助于对于人工智能和讨价还价博弈的理解与深化，为语言行为的经济学提供了创新的逻辑工具。更重要的是，本书将周期性行为逻辑应用于个体周期性行为、创新周期性行为以及宏观经济周期的理论解释，有利于全面深刻地理解社会经济运行；或许，也为计划与市场的争论、进而对二者的比较分析提供了一个全新的理论视角。[14]

为达成上述目的，本书的具体结构如下：

前三章落脚在基础理论。其中，第 1 章将给出本书理论研究的语境限定，讨论具体的研究视角和方法论；同时，从理性基础、时间维度和非线性逻辑的一般概念出发，讨论本书理论分析的前提条件和基本方法。第 2 章返回理性概念的原始内涵，试图从传统理性概念内在的社会性、整体性、对偶性等逻辑出发，严格地区分出被传统理论混淆的理性与理性逻辑之间的概念差异，通过这种理一分殊，给出一种与传统理性内涵一致却隐而未现的高阶理性概念及其新逻辑。第 3 章从人类社会的周期性现象出发，按照边际递减规律与自然守恒原理，基于传统静态方法和场论的变分法两种逻辑，推导出高阶理性行为的周期性逻辑与理论框架，并给出与数理经济学对应的一种新运算。

随后，第 4 章将聚焦个体行为的案例，运用前三章得出的周期性行为逻辑，围绕生产的扩张与紧缩、消费的奢侈与节俭、劳动的勤奋与偷懒乃至政治的尊严与经济的实惠等日常生活的社会现象，给出四类典型的个体性二元对偶周期性行为的案例分析。这里，基于周期性逻辑的理论重述，表面上是将传统理论已经包含但尚不清晰的逻辑给予本书逻辑的运用展示，实际上是在对传统理论中诸多零碎、烦琐，甚至彼此矛盾的行为现象，给予内在统一的逻辑呈现。

第 5 章将专题讨论当下学界乃至整个社会最热门的创新论题。实际上，人类社会最典型的周期性现象应该是人的社会创新行为，虽然大多数人都误以为创新就意味着科技进步、社会发展，以至于它被当作一种炙手可热的利器，所向披靡。本书认为，创新首先是一个关于自由的哲学命题，表现为文化创新，其次是经济创新的适用主义逻辑，再次是技术创新，以完成经济创新的使命，最后则是制度创新以形成对技术创新的社会确认，直至新一轮文化创新。这种四阶段联通循环，意味着创新是一个多周期叠加的社会性循环过程。为此，基于多周期循环的叠加方法，本书将给出一种关于内卷文化社会演化的周期性解释。通过深入考察东方传统文化下技术创新与科学进步的关系，我们会得出一种关于李约瑟问题的新解释。表面上，本书的上述创新概念似乎重新阐释，乃至重构了熊彼特意义上的创新概念，但具体论证却表明，本书实质上是对熊彼特思想的坚守和继承。

第6章将回归经济学理论的“圣杯”，讨论传统意义上的宏观经济周期性现象，这也是理论最丰富、争论最复杂的论题。由于侧重于一种自然科学属性的基础研究，我们将经济周期现象置于传统习俗、文化意识、社会心理、地缘政治、技术创新及其复杂性关系的逻辑中，具体讨论消费与生产循环、资本与劳动转换的宏观周期性逻辑，特别是基于社会创新行为的触发机制研究，考察内生触发事件冲击及其周期性社会现象。通过触发机制的随机过程研究，本书试图给出熊彼特意义上对创新性经济周期的复杂性理解及其逻辑的新解释。为了弥补本书实证的不足，附录中将提供一个基于时间序列的随机加总的仿真实验分析。

最后，结语章将提出三个与本书相关的后续思考课题，以求教于读者，如果这种纯粹形而上的讨论显得画蛇添足，敬请读者原谅。

还想要强调的是，我师承汪丁丁教授，受其学术启蒙，没有他的引领和教诲就没有我的学术生命。他的学术思想、治学精神与社会情怀一直影响着本人——这也是本书的思想源头之一。爱因斯坦说：“教育，就是一个人把他在学校所学全部都遗忘之后所剩下的东西。”我在这里要感谢汪丁丁教授，感谢他给予的这“剩下的东西”。除了语言致谢，唯有克己奉公、勤奋教职，将老师的大爱在下一代学生身上传递下去。

注　释

1　这涉及对马尔萨斯的人口理论、熊彼特的创新周期论以及凯恩斯的衰退经济货币理论的重新审视和理解。

2　具体分类详见罗伯特·J.希勒：《非理性繁荣》，廖理、范文仲译，中国人民大学出版社2004年版，第11章，第210页。

3　这种观点希勒自己并不否认。他认为，所谓非理性只是第三方视角，但是都符合特定的心理学逻辑(同上，第128页)。其实，按照萨缪尔森的天才说法，这是一个“微观理性而宏观非理性”的过程，如博弈论中囚徒困境的均衡一样，众多个体理性的行为不一定最终导向宏观整体上仍然理性的现实结果。实际上，在资本市场的庞氏骗局中，人人都理性地为了自己，以为“击鼓传花”不会传到自己，但其实最终雪崩时，“没有一片雪花能够幸免”。

4　可见一般的心理学教科书，其中都有关于人的心理、生理乃至情感的周期性规律描述及其测度和验证逻辑。

5　见怀特海：《思维方式》，韩东辉、李红译，华夏出版社1999年版，第四讲，特别是结尾处第77页。

6 人类的文明演化方向性意味着人的本能就蕴含着理性，没有对昨天的理性感知，就不能明白今天，也不可能看清明天的方向。具体的评述可参见怀特海：《科学与近代世界》，何钦译，商务印书馆2011年版。

7 见功利主义哲学大师边沁和穆勒的相关论述，鉴于相关专业知识的常识性，谨此提示。

8 即传统意义上认知哲学的理性概念，与本书的2.2节中关于理性的社会性论述相对应。

9 见哈贝马斯《交往行为理论》，这里直接借用哈贝马斯的概念，试图与传统理性概念的诸多分类形成并列类比。

10 文献与上同，具体地，见本书2.3节关于理性的整体性论述，在理论上形成对应。

11 这里，引用演化经济学的相关概念，实则与本书1.3节的时间逻辑及其论述形成理论对应。

12 理性行为的一致性悖论是教科书式的经典论题，可详见安德鲁·马斯-科莱尔《微观经济学(上下)》前三章以及众多学者的相关讨论。引进这个概念意在强调理性逻辑中目标函数的可变性特征，而与本书第2章中的相关讨论相对应。这里，我们不直接讨论韦伯的价值理性概念，原因在于价值理性的内涵实质上已经容纳在传统理性的逻辑框架之中，两者的差异在于对目标函数的解释，添加对应的价值观偏好就可以得出与韦伯同样的内涵。

13 详见国内关于社会性偏好的理论研究，该论题与对理性概念的误解紧密关联——大多数学者将社会性偏好与传统理性概念对立起来，以至于将理性概念推向某种缺乏合作性、绝对对抗性的理论误解之中。随后有详述。

14 实际上，米塞斯、哈耶克等关于计划与市场经济的理论批判内涵丰富，这里提出问题并非要批判大师们的批判，而是从一种周期性行为视角出发，试图为深化这一看似定论却隐藏玄机的古老问题的研究，提供某种可能的解释。

ABSTRACT

Human beings are cyclical creatures. Human behavior exhibits various cyclicality either implicitly or explicitly. Just as there are no cold spots on the surface of the blazing sun, any subsystem is invariably governed by the overarching system in which it exists. Humans, who emerge, develop, and evolve within the cyclical framework of nature, are inevitably cyclical beings.

Everyone on earth is in a cyclical state of alternating between day and night, resting at sunset and working at sunrise. If we delve deeper, the rational behavior of production, consumption, and so on is no exception. For example, entrepreneurs always oscillate between maximizing profits through passionate expansion and minimizing costs through cautious calculation; consumers always hover between frugal budget constraints and extravagant expected overdrafts; even in the realm of ideology, the public will hover between passionate leftists and conservative rightists. Just like how people sleep when tired at night and wake up in the morning, it is difficult not to do so. In fact, these periodic objective laws benefit from evolutionary advantages and further serve as deep natural constraints that govern human feelings, intuition and emotions. They have become the natural laws of human behavior, but have been selectively ignored by traditional economic theory.

The macro cyclicality of human society in essence should be the result of collective behavior and social interaction among people. In fact, Malthus' cyclical analysis with population, food, land and war, Schumpeter's entrepreneur spirit and the interpretation of cyclical economy, especially Keynes' monetary theory on cyclical economic decline, have long focused on such macroeconomic cyclical phenomena. But, for modern society that has long freed itself from the constraints of Malthusian population theory, and for modern macro authorities that with industrial civilization foundations and highly rational tools, what is the underlying logic of population fluctuations, entrepreneur spirit and currency? Perhaps, the in-depth answer will depend on the establishment of periodic patterns in individual behavior.

Periodic behavior may not directly present in daily life which requires us to explore and filter it through the microscope of time. For this reason, the theoretical efforts that the book attempts to construct are mainly as follows.

(1) Theoretically, based on the duality complementarity and transformation logic of the objective function and constraint function, the traditional rationality with one-dimensional linear thinking is extended to a higher-order rational concept that considers both objectives and constraints. That is, the binary logic of people not only caring about maximizing the goal, but also minimizing the cost, is revealed. In other word, the higher-order rationality not only inherits the essence of traditional rationality, but also led to the cyclical behavior logic by two-dimensional extending to both goals and costs in mind from the traditional single-target behavior, which will provide a new direction for economic research.

(2) Logically, revolving around the concept of higher-order rationality, we attempt to clarify some controversial issues regarding to the sociality, holism, and duality of traditional rational preferences. This will provide necessary premises of the general conditions and mathematical reasoning for periodic behavioral laws. The key logic is to reconstruct the law of diminishing marginal utility with the dual programming, and made higher-order rational logic include but exceed

the connotation of traditional rational concepts. Thus, our advancement of concepts of higher-order rationality extends the linear logic of optimal programming to functional variational calculations, providing a generalized algorithm for the periodic human behavior.

(3) In practice, based on the extension of the higher-order rationality and the cyclical behavior logic, we give individual cyclical behaviors such as the production, consumption, employment, and political economy more new sights. Further more, the concept of the high-order rationality is used to conduct a multi cycle superposition analysis around cultural innovation, economic innovation, technological innovation, and institutional innovation in broad views. Not only does it provide a completely new explanation for traditional theory, but also dose it argues that the essence of human innovation behavior lies in people's preference for novelty and aversion to the old in order to achieve a new meanings of life and new modes of production. Therefor, in addition to technological advancements in productivity, the evolution of innovation in human society always manifests as a cyclical phenomenon. This multi cycle logical construction will be conducive to clarifying many misunderstandings about Schumpeter's concept of innovation.

The specific structure of the book is as follows.

The first part (the basic theory) consists of the first three chapters. Starting from the general concepts of rationality, time dimension and nonlinear logic, the first chapter provides contextual limitations for the theoretical research of the book. Chapter 2 strictly distinguishing the conceptual differences between rationality and rational logic, and clears the inherent social, holistic, and dual logic of traditional rational concepts. Through this distinction, the higher-order rational concept and its logic that are consistent with the concepts of traditional rationality are presented. Chapter 3 starts from duality transformation phenomena of human society, follows the law of marginal decline, and derives the cyclical logic and calculation model of high-order rational behavior based on the variational method of field theory.

The second part, Chapter 4, focus on the microscopic behaviors and use the logic derived above to analyze four typical individual cyclical behaviors, namely, expansion and contraction of production, luxury and frugality of consumption, diligence and laziness of labor, and even political dignity and economic benefits. Based on the theoretical restatement of periodic logic, we demonstrate the cycle logic that was already included in traditional theories but can only been clarified more in this book, thus provide an internally unified logical presentation of many fragmented, cumbersome, and even contradictory phenomena in traditional theories.

The third part is Chapter 5, which discusses the most popular innovation topics in current. In fact, the most typical cyclical phenomenon in human society should be human social innovation behavior, which may be the reason for its being received attention. Even though most people mistakenly believe that innovation means technological progress and social development so that the innovation has become a hot weapon that is invincible. However, this study indicates that innovation is first and foremost a philosophical proposition about freedom, manifested in cultural innovation, followed by the pragmatism logic of economic innovation, then technological innovation to fulfill the mission of economic innovation, and finally institutional innovation to form social confirmation of technological innovation; until a new round of cultural innovation occurs. This four stage interconnected cycle implies that innovation is a social cycle of multiple cycles stacked together. Therefor, this book may seem to reinterpret and even reconstruct innovative concept, but specific arguments indicate that it just adheres to and inherits Schumpeter's ideas.

Finally, Chapter 6 discusses the traditional macroeconomic cyclical phenomena, which are the "holy grail" of economic theories. We place it within logics of traditional customs, cultural consciousness, social psychology, geopolitics, technological innovation, and their complex relationships. Specifically, the macro cyclical logic of consumption and production competition, capital and labor transformation been discussed. The triggering mechanism based on social innovation behavior is examined, and the impact of endogenous triggering events and their cyclical social phenomena too. By studying the random process of triggering mechanisms, a new interpretation of the cycle logic of innovative economic in the Schumpeterian sense been presented. At last, appendix of Chapter 6 proposes three follow-up thinking topics related to this article, in order to communicate with readers.

Professor Wang Dingding is my mentor and academic enlightener. Without his guidance and teachings, my academic life would not been possible. His academic ideas, scholarly spirit, and social sentiments have always influenced me—this is the ideological source of this book. Einstein once said, "Education is what remains after a person forgets everything he has learned in school." I would like to thank Wang Dingding for giving me this "remaining thing". It has to be say here for the book.

目录

CONTENTS

周期性行为的分析语境

没有平衡点，只有振动给出的一种等量天平的幻觉，而一切都是通向彼此的极端。

——让·鲍德里亚，《冷记忆》[1]

1.1 引言

如果基于某些可行的假设前提，经由严格的逻辑归纳与演绎，我们能够得出有关人类周期性行为规律的有意义的社会洞见，那么，即使相关结论无法实证——就像“无形之手”、自发秩序等原理只能理论验证而无法实证一样——这种努力仍然是值得的。

本书的研究发端于经济学，但却超出传统经济学的理论范畴。由于人类周期性行为具有客观的自然属性，在传统经济学方法的基础上，本书更偏向于运用自然科学方法，但是又与人工智能或工程师不同，他们总是试图将人看成机器，据此模拟重构人的思维、行为的自我调节与互动机制，就如诺伯特·维纳、沃伦·麦卡洛克（Warren McCulloch）与唐纳德·麦凯（Donald Mackay）所做的那样。本书将人看成一种基于情绪、生理及心理受制于自然周期律调节的动物，以此探究人的行为奥秘，试图回答人是如何随着社会经济环境变化而调节并内生地自我改进的，乃至人和社会是如何互动加总，最终呈现出多种多样的行为现象与周期性社会模式的。

本书不仅贯穿着传统经济学的理性概念与方法，也有对传统理性逻辑的非传统探索。在传统理性概念的基础上，我们将增加一个时间维度的动态演化变量，使传统的理性概念在边际递减规律作用下得以突破，形成一种二元对立互动的广义高阶理性概念。这种高阶理性意味着两方面的探究，一是对于人的理性内涵的本质追溯，二是关注外在环境特别是时间带来的后天习得性对人的认知、意识，进而对理性行为的影响。显然，这正是传统理论所缺乏，但一直试图容纳、解决的问题。

作为一种事物运动状态的现象学描述，周期性现象本质上是生命运动、事物存在的基本形式，也是人们感知时间的基本方式。孟子认为，人生的意义在于“呼吸”之间[2]，呼吸间的周期性运动是几乎所有生命的核心形式，人类行为也莫不如此。

“上帝不会抛骰子”，是爱因斯坦的直觉，微观量子运动即使具有天然的随机性，也遵循概率波的逻辑规则。此时，如果我们将样本空间的概率分布看成“上帝”的安排，那么，“上帝”未必会事事躬亲，但一定会事先给定某个随机变化的范围与分布，然后根据万事万物的类属，安排好其运行规律；最后，将抛骰子的职责交由事物发起的主体办理（无明确主体时，交由自组织发生的所属环境），这才使得人类社会有了自由的概念。

就周期性论题而言，我们必须关注与行为相关的学科分类及其语境限定，比如行为的目的性、社会性等论题[3]，乃至相关的诸多政治学论题。传统经济学或行为经济学总是基于理性的基础概念来展开，虽然这些基础概念的含义精彩纷呈，但人们已经习惯这种最优规划的计算逻辑，否则，人类行为的经济分析将无从谈起。同时，关于现实中人类社会现象或理性行为之间的巨大差异，传统理论往往将其归咎为与伦理道德、意识形态乃至人格心理等相关的偏好原因；人们不会追究为什么有的人自私、有的人更利他，有的人拥护左派、有的人更同情右派，有的人坚强、有的人软弱，而将追究原因的问题留给伦理学、政治学或心理学来分类讨论，以保持某种学术分工的合理性。但值得提醒的是，新近诸多行为实验经济学的研究[4]却试图引入科学实验，来摆脱经济学必须基于恰当的理论边界的限定性，这是本书想要表示反对[5]，并极力提醒的。

实际上，经济学的理性、偏好、效用与最优逻辑具有行为意义的内在整体一致性，偏好、效用等相关概念无法简单地被置于最优规划的理性计算之外。同理，在考察周期性社会现象时，我们既无法将周期性行为与社会学、政治学、心理学以及文化学完全地隔离开来，也无法像实验经济学那样，将它们简单融合并用数据实证一番。相对而言，行为实验的跨学科研究看似更加精细，但本质上却是一种统合思维：试图通过对人为设计情境下人们互动行为的现象分析，追究人类行为中各科学关联的不同逻辑，进而拼凑出一个经济学意义上囊括多学科概念的完备性理论。

实质上，简单的统合思维既无法否定传统理性概念，更不能带来关于理性逻辑的新内涵——学术发展史表明，无视理论边界，追求理论的绝对完备性往往是徒劳的。比如，被行为实验经济学热炒的人性善恶悖论。[6]其实，人天性就有自私自利的恶，这导致人们彼此放大仇恨、诉诸暴力，使得往往微小的争端最终演化成恶性战争。另一方面，人性也有同情利他的善，这使得人们彼此宽容，摒弃前嫌、化干戈为玉帛，这是人们能够反省战争的前提。此时，我们应该关注的是：这种两极行为的复杂性逻辑关系是什么？简言之，二者都是特定约束下最大化目标函数的理性使然。如暴力行为的前提往往是假设自己的行为公正合理，要最大化地惩罚他人；相反，同情、利他和感恩行为则是假设别人行为正常，反省自己的行为。如果像行为实验经济学那样，或者用公平博弈来否定人性的恶，甚至否定传统理性，或者用善恶这两种对立概念的简单融合来深化人类行为的复杂性[7]，不过是一种学术上浅尝辄止的敷衍。[8]由于人的社会性，人与人相处的时间越长，爱恨情感就越浓烈，矛盾也越复杂；爱之愈切，恨之愈深。爱与恨是彼此陷入对抗与对话二元周期性运动的内在驱动力；其他的半爱半恨或非爱非恨的状态即使存在，也不受人关注。显然，扎实的理论研究必须揭示二者内在的统一逻辑、情境机制及随时间变化的复杂性关联。简而言之，这里的批判性论述意在说明，本章将展开一种复杂、非线性逻辑的语境讨论。

换句话说，本书关于人类行为周期性的理论分析，方法上将包括理性逻辑的基础、时间维度的观察与非线性逻辑的分析三方面理论视角。当然，这也构成本书理论研究的分析语境与边界限定。

1.2 周期性行为的理性基础

理性的最初内涵是效率，就如物体总是按照最短距离、最短时间、最小势能、最小冲力的原则运动;无效率意味着奇异的非常态,会显得繁杂冗余,而后会在自然演化中湮灭。但是,用效率的理性逻辑来描述人类的社会行为,只是认识人类行为的第一步,也仅仅是一种经济学逻辑的解释,而非完备的理论回答。效率只是理性概念的必要构件,人类行为的理性涉及自我、他人、社会及自然更丰富、更广泛的理论内涵;此时,关于理性的充分且必要条件的探索,则是经济学理论不断发展的动力。或者说,用效率替代理性,或者将效率概念凌驾于理性概念之上,都是某种对经济学的狭隘的误解,不仅会导致人性的扭曲,也会带来社会发展方向的误导。这意味着经济学理论必须建立在包含效率,但高于效率的理性概念基础上。由此,本书的人类周期性行为研究当然要追求一种正确的理性概念基础,并试图作为人类理性行为的一个基本范例而确立。

本书的周期性行为研究将限定在斯密意义上的经济人理性假设的前提下,既不会过多地涉及理性的哲学内涵,也不讨论理性与宗教、伦理或者心理学的关系。这种态度其实是对赫伯特·西蒙方法论的继承,因为有限理性概念(Simon, 1972)与声称要否定理性概念的企图完全不同,它促使拥有计算机工程与管理学背景的西蒙大胆地运用计算机搜寻程序来完善理性的决策逻辑。此时,西蒙的智慧并不在于他提出了有限理性的概念,而在于发现了理论缺陷,并开辟出一条正确的学术方向:展开理性逻辑的拓展探索。

现代理性概念更多的是一个经济论题,但实质上起源于哲学,且一直是经济学最受争议的核心议题。这里,我们不打算追溯18世纪前欧洲关于理性主义与经验主义的早期哲学争论,或者更早期的古希腊哲学的相关思想,而仅仅从康德的有限理性开始我们关于人类周期性行为的理性概念的基础讨论。

康德从某种意义上来说可以算作一位典型的有限理性论者。他认为,由人的主体所构建出来的科学仅存在于意识现象界,而不能深入对象自身的本体。对象本体被康德称为“自在之物”,即物自体。他试图调和经验主义和理性主义,以实现在理性概念上的某种新的统合。孔子的“子不语怪力乱神”“祭神如神在”与康德有相似之处,就是承认人类认知的边界,对于未知世界保持某种有限理性的敬畏。实际上,中国人常说的“尽人事,顺天意”也正是这种有限理性哲学观通俗而形象的说法。

康德对纯粹理性的批判,关键在于纯粹二字,并在此意义上定义其批判的理性概念,进而提出理性的有限性。康德批判的理性对象是,纯粹形而上意义的人为构建的理性概念。一方面，这种纯粹理性仅仅存在于人的主观认知与客观经验的多重性意识之中，与客体的世界并没有本质性关联；另一方面，这还意味着人类社会演化过程使得人具备了一种主观能动性的适应性逻辑与方法论。

换句话说，如果从实践看，康德批判的理性并非理性概念本身，而是指人们将既有的理性逻辑视为一种固化概念装在脑袋里，以此来指导实践。当理性为自己构建一套原则，并按照这些原则在自然中展开测试，原本是想受惠于自然的教诲，人类理性的自负[9]却偏偏试图用它去充当法官，强迫其回答任何理性可能面临的问题。[10]那么，康德批判这种理性的僭越就意味着：人类社会于理性自身所面临的长期任务是，必须不断地随着实践演进、时代进步，重新定义社会意义的理性概念，不断地丰富理性概念的逻辑和内涵，使之适应越来越多的实践挑战和越来越复杂的主观感受。

有限理性是强调理性，但不忘理性的边界；强调能动性，也心怀敬畏。按照哈耶克的演化理性主义解释，在社会秩序的理论探索中，既要重视制度的人为设计，更要尊重传统的自发演进；认可历史来路并从中汲取经验教训，但决不单纯依赖人的主观意志去设计乃至圈定历史的走向——有限理性就是承认“人存在无知”的世界观。

显然，如果说康德的有限理性具有纯粹方法论的哲学价值，西蒙的有限理性概念则是一种认识论意义上理性逻辑的科学探索，并没有全面创新理性概念的内涵。实际上，西蒙聚焦的是：如何才能做到理性，如何决策才是“现实”的理性。具体地，西蒙夫妇在 1960 年做了一个有趣的心理学实验[11]，以否定传统理性的最优规划逻辑。实验表明：人们解决问题的过程是一种搜索逻辑，其效率取决于启发式函数(heuristic function)。这种启发式函数源于“管理人”(西蒙提出的一个替代经济人的概念)的价值取向及其目标的多元性，因此模拟人的理性行为不仅受到多方面因素制约，而且处于变动之中，乃至彼此矛盾的状态。由于“管理人”的知识、信息、经验和能力都是有限的，不可能也不能企望达到绝对的最优解，只能期望找到主观认知的满意解。实际上，西蒙的计算机管理专业背景决定了他所关注问题的焦点，正是人类社会行为中理性方面与非理性方面的界限——这涉及关于意识理性和有限理性的另一种理论分类——启发了他思考那些因缺乏寻找最优方案的智慧，而转向寻求“满意”结果的人类行为理论；并认为任何决策的恰当理论必须考虑人的基本生理限制，以及由此引起的认知局限、动机局限，乃至相互影响的情感限制。从而，人们应该探讨有限理性，而不是全能全知的理性；应当思考过程逻辑的合理性，而并非本质的合理性。我们由此得出结论：理性的人类行为决策机制应当是一种有限度的适应性机制，而不是完全理性的最优决策。如果结合传统教材的最优规划模型对这种有限性理性逻辑进行归纳，我们可以得到如下模型：

$$\begin{cases}\max U(x) \\ \text{s.t. } x \in v(x)\end{cases} \tag{1.1}$$

其中，x^*是传统理性行为，指的是：在给定约束函数 $x \in v(x)$下，追求目标函数值$U(x)$最大化的数学规划解，即 $x^* \in \max U(x)$。对应地，西蒙将有限理性归纳为三个方面：

（1）有限理性的决策者在决策之前并没有全部可选方案和全部信息，必须进行方案的搜寻和信息收集，即对于 $v(x)$的范围不知情。

（2）决策者没有一个能够明确表达和度量的效用函数 $U(x)$，而是只有一个可调节的欲望水平，这个欲望水平受决策者的理论和经验知识、搜寻方案的难易以及决策者个性特征（如固执个性）等因素的调节；也就是说，目标函数$U(x)$不明确。

（3）以可调节的欲望水平来决定方案的选定和搜寻过程的结束，从而获得欲望效用的满意解决方案。进而，给出一种被重新定义的 $\max\{(\cdot)|$ $\text{s.t.}(\cdot)\}$的新方法和行为逻辑，俗称学习型搜寻程序模拟逻辑［式(1.1)中$(\cdot)$，$\text{s.t.}(\cdot)$为具体搜寻程序函数］。

也就是说，西蒙意义上的“管理人”的决策之所以要改进为满意解，原因在于他没有更好的选择——够不着最优解。

但必须指出的是，西蒙在改进行为决策的理性逻辑的同时，也消解了康德意义上一般理性概念及其方法论的矛盾张力。那么，这个世界上难道不存在合理性、理性的本质内涵吗？这种责问意味着西蒙的有限理性是通过一种关于决策逻辑的“退却式”改进，使其有限理性逻辑更接近人们的现实行为，但同时，也使得作为学术传统的理性原概念丧失其普遍价值的意义；因为理性概念的普遍价值就在于追求最优决策的效率与过程——这就是为什么说西蒙的有限理性概念对于经济学理论只是一种警示，它更多的只是启发了管理学或人工智能的设计与运用[12]，而无法作为一种学术概念来替代理性假设，成为经济学理论的基础性公理前提。否则，如果将有限理性概念作为经济学的基本假设，那么，对于不同情境、不同语境的行为研究，我们将面临不同"有限理性"的度量困难；进而又必须为这种度量提供一个假设前提，如此进入一个逻辑循环的悖论。相反，不完备的理性概念表面上很模糊，但正因为没有清晰的"有限"约束，反而更具备基础性，恰好为不同学科的扩展提供了一个统一平台——类似于牛顿第一定理中的真空概念。

西蒙的有限理性概念与其说是修订了理性的定义，不如说是给出了一个更符合现实行为的理性逻辑。更准确地讲，西蒙的贡献实则为理性概念及其逻辑的理论研究开辟了一个新的思维方式，即经济学意义上的行为研究更应该关注人们现实行为的决策逻辑及其理性方法论。当然，上述关于西蒙有限理性概念的评述仍显单薄，但我们至少从其贡献的得失中得出结论：讨论理性概念，重要的是将西蒙的行为学观察方法继承并深入下去，而非迷恋于有限理性对传统理性概念的否定意义，或者转向伦理哲学的统合讨论，或者转向行为实验的"小白鼠"经济学[13]研究。唯其如此，才能步入正确的学术路径。由此可知，本书将坚持传统意义上理性概念的前提，着力于深化行为目标与约束权衡框架的理性逻辑。

本书研究的前提仍然是传统经济人的理性假设，这是本书方法论的第一个语境限定，全面的讨论将在第 2 章详细展开。

1.3 周期性现象的时间维度

传统经济学缺乏时间维度，并不是一个新的学术问题。马歇尔在批判边际主义经济学因缺乏时间维度而更像是机械物理学时，曾指出，经济学应该像生物学那样具备时间、演化的特性。如果说缺乏时间概念是传统经济学不可否认的缺陷，那么，本书的人类周期性行为分析，就必须建立在时间概念及其流变关系之上。

时间究竟是什么？奥古斯汀的一句名言"没有人问我，我倒清楚；若有人问我，我想说明，却茫然不解了"似乎可以笼缩地回答这个问题。就现实行为而言，时间与存在相关。没有人的主体性存在感，便无从谈论时间概念。人们能够彼此讨论时间概念，前提是大家都大约同样地存在着，即日常感知形塑了人类的时间认知。"有的人活着，他已经死了；有的人死了，他还活着。"生与死的社会存在感是一个人在绝对精神意义上的行为、情感、意识与思想的去留存舍，取决于人们对时间的过程性定义。[14]事实上，理性的概念内在地拥有时间维度的过程价值。对此，近代哲学家柏格森及后来者海德格尔给出了这种时间过程的精准阐释，他们批判本体论哲学将时间看成匀质、被空间网格化的独立概念，认为时间是融入生命过程的一种“延绵”：仅当人自身、社会及周遭环境始终处于一种延绵变化的流动，人们才有时间感的存在。时间既是人的存在方式，也是人的存在意义。[15]传统思维特别是经济学理论却一直在试图消除或者逃避时间概念——至少目前还是如此。“如果要摆脱人类概念思维在获得精神本质方面的无力感”，那么“我们应该返回到时间、恢复到流动的时间之中，这种流动才是时间的本质”。柏格森努力地建立起一整套传统哲学中失缺时间的概念补集，全面重构了理解、直觉、思想、意识乃至价值观等一系列忽视时间变量的哲学概念。实际上，这也为本书的周期性行为分析开拓了时间概念的新思路。就此而言，柏格森意义上哲学的时间概念是主观性的。而另一位思想家，爱因斯坦基于物理世界的运动本质，揭示出时间与空间的统一性，得出时间的本质在于运动——除了世界的运动及其相对性，并没有绝对的时间概念。爱因斯坦否定了人的主观感受，强调一种依据运动的光速不变性假设的相对时间感。这里，柏格森意义上主观直觉的延绵则意味着：时间以现在的方式存在，同时也包含过去、指向未来。[16]

实质上，柏格森关于时间哲学思辨的贡献在于，他将时间与人的理解、认知、意识、表达及其知识思维活动关联起来。没有任何人类思维过程离开过人们将理解对象在时间连绵轨迹上展开的锚定活动：“我们的行动（理解）只能施加在固定的某时点上，这是我们的理解所要寻找的固定性。以知道这种移动变化现在处于什么位置，将来又会处于什么地方，进而通过什么地方”。[17]理解过程，就必须将对象分解成连续、不同的状态，仅当我们能够将理解对象在无限可分的轨迹上进行某种锚定、展开和流变性描述，人们才能构成理解行为之本身。这里，可以给出一种纯数学意义（或许偏颇）的深入解读：如果将理解对象看成几何的曲线，进而，将理解深入固化、看成速度（流变），那么，物理学家清楚，知道$\dot{\vec{r}}(t)$，并不能确定$\vec{r}(t)$，不仅需要明确起始条件$\vec{r}(t_0)$，更重要的是，如果时间本身是理解过程中一种多维变量的参数$t=t(u, v)$——如不同个体的主观认知、现实感受、生存状态等参数u、v，求解条件要求$\dot{\vec{r}}(u, v)$是理解参数u、v的全微分式（即使采用弧长参数的曲线轨迹亦如此）。否则，不满足全微分式的解析函数特征，就没有可解析的速度函数表达；进一步，即使理解是可表达的，速度固化的理解概念将存在无数条可能的轨迹，等待着人们去猜测。此时如果问对象究竟是什么，显然，同一对象的理解将是不确定的，所谓的理解也不会带给我们更多的关于理解对象的洞见。

没有时间概念，便没有理解，也没有意义，更没有理论概念存在的前提。要理解并表达一个事物，首要任务是理解时间概念。在经济学中，时间概念的意义在于一种过程性感受，它影响着人的情感、意识与思想，影响人的经济行为。理性行为本身就包含着对于过程性存在感的追求和享受的效用，对此，传统理性的最优规划逻辑至少暂时还是缺位（没有时间及其过程感）的。用数学公式来讲，在$\max\limits_{x\in c(x)} U(x)$中，目标函数$U(x)$并不包含行为主体对于时间维度行为过程的享受——我们无法从中计算究竟是“历经苦难见彩虹”的效用水平高，还是一生平淡安静的生活幸福感更高。这当然是个重要问题，因为前者意味着成功论的人生观，后者则可能意味着心灵家园的守望。其次，约束函数$C(x)$同样不包含约束条件的时间变化内涵，具体讨论留待下一章。

作为较早的时间概念的数理逻辑探索，关于时间序列的预期收益模型[18]就是行为主体对不同时点行为进行静态决策的理论分析。然而，由于缺乏行为主体因时间变化而动态演化的逻辑，它没有关于人们运用知识和过往经验形成理性决策的描述。真正拥有时间变量的理性逻辑应该要包含经由学习而获得的应变性决策方法[19]，不仅要体现环境约束条件的时间变化，还要体现行为主体的自身适应性变化。大量随机方程的研究文献将环境的动态约束描述为主体对环境认知的宽平稳过程，看似容纳了主客观互动的时间变量对，但希勒的《非理性繁荣》表明[20]：这种将特定环境影响无限放大的逻辑弊端，忽视了理性是行为主体应对环境变化的一种本能、直觉或情感反映，它绝非一般宽平稳的随机应对。缺乏时间维度的传统经济学其实是将人看成一架不会因应环境变化、自动调整的“机器反映”过程，既没有“机器人程序升级”的逻辑——人们生产、消费与交换行为的创新性发展演进，又缺乏关于活的生命体基于时间维度的理性价值，自然也就无法揭示隐藏在其经济行为背后的复杂性逻辑。

传统理论无关时间过程性和环境互动性，还体现在传统博弈论理性互动的逻辑中。[21]其实，所谓静态博弈只是人们行为得失的一个会计账目（支付矩阵）；动态博弈不过是人们行为互动过程中可能的路径及其组合的静态选择，不同路径方案对应着不同的支付结构。其本质是理性假设下，人们不得不如此的均衡呈现：即使不理性，从长期演化的角度看，人们最终也会选择均衡的理性行为。此时，所谓的动态看似关涉人与人的互动，但本质上与理性主体及其行为的“时间”变量无关。时间的意义，仅当人的行为被同时放进人与人、人与环境互动的时间维度，理性才能得以真实地展开。

作为人与环境互动的重要体现，生产、消费与交换一直深受关注。鲍德里亚就在其《消费社会》这一洞察现代社会中人与环境互动的杰作中批判性地指出[22]：“我们处在被‘消费’控制整个生活的境地，所有活动都被以相同的组合方式束缚着，欲望的脉络被提前一小时一小时地勾画出来。”这种“消费的真相，在于它并非一种享受功能，而是一种生产功能，并因此与物质生产一样并非个体功能，而是一种即时全面的集体功能”。相反地，传统经济理论却将消费、生产看成某种相互独立的先验概念，消费者的需求、偏好均与生产的预算、成本彼此无关，所有经济行为只是生产、消费与交换等名词指令下缺乏时间变量的瞬时均衡——这便使得我们无法理解为什么“消费是一种积极的方式，不仅于物而且于群体和世界，消费都是一种系统行为和总体反应的方式。我们的文明体系就建立在这个基础上”。[23]同样无法理解社会学家对于经济学的批评：为什么“社会将不断地跌入那种贪念不舍的预言性话语之中、陷入一种物品及其表面富裕的陷阱，即使我们知道这物品什么也不是”[24]？由于要成为消费的对象，物品必须成为符号；而商品的符号化与符号价值的编码使得产品成为人们生活中整体编码的一部分。最终，我们被圈定在一个由消费者、生产者和大众媒体合谋构建的、自欺欺人的符号体系之中，“就像被迫与魔鬼交换了灵魂的青年人，在自己与自我影像（被魔鬼所控制，由我们的行为、语言和表象所组成之物）之间纠缠，在冲突和被异化的扭曲中活着，丧失生活的方向”[25]。事实上，鲍德里亚正是从历史时间维度，对现代消费社会“从何而来、往何处去”的哲学拷问给出了一个十分悲观的反思。或许，这是时间维度给我们展示的人类社会经济行为的一个极其悲观的方面。

显然，在人、社会与自然的演化中，时间变量是主宰的工具。与生物演化比较，人类社会及其政治、经济、文化、制度的变迁中具有的一个迷人的方面是，后者往往发生在一个相对较短的时期内[26]，生物演化则往往以千百年为单位。比如，一次选举或普通社会事件就可能导致某种全社会一致的集体意识转向，这对于生物演化来说是几乎不可能的。由此，这带来一个学术史上的悖论：一方面，人的本性难移，况且人类自身总是自觉地强调继承传统、遵循自发秩序，使得人类社会的基本秩序总是具有保守性；另一方面，我们也发现如今社会的物质和精神面貌时刻都在日新月异的变化之中，不断地给人们带来新的惊喜。当然，有些看起来不同于当下主流传统的社会思潮，实际上仍然是历史上反复出现过的——以至于人类社会的演化更像是在"遗传"基因库中选择的过程，而无法发生基因的"变异"。面对这种令人迷惑的矛盾，重拾时间概念便是一种可能的理论进路。仅当置于时间维度下讨论时，现实行为的复杂性逻辑和关联性结论，才可能得以更清晰地呈现。

关于时间与复杂性论题的关系，普里戈金曾就现代物理学的方法论转变评价道[27]："如果我们用常规模型去描述非常大或者非常小的系统过程，对象的简单性就会消失。只要我们不再相信陌生世界的简单性，就必须重估时间发挥的作用。"的确，相信我们不熟悉的领域存在着"简单性"已是过去的信念，但经典的"伽利略式"科学观仍然影响着我们，它试图将科学的研究对象视为独立于我们的非生命体。生命的本质在于运动，运动的关键是时间变量——生命体的本质特征只有从时间的维度才能理解。体量越大的生命体往往会表现出更弱的运动特性，即使如河马、大象等大型动物不会像猎狗、美洲豹那样，时时奔跑不止，但如果深入其身体细节就会发现生命的运动本质。量子力学就告诉我们，即使是非生命的基本粒子也受到物质"大"宏观对象的相干态影响，其核心变量正是时间。[28]回到经济学语境看，我们必须承认，缺乏关于经济对象活的生命体特征的描述是传统经济学的最大缺限，这类似于一种工程师式的逻辑，使得经济学家的研究能够像外科医生那样超然于对象，但遗失了经济对象活的生命属性。任何活的生命体，关键特性是具有时间维度的历史性、过程性，这种时间性具有狄尔泰[29]意义上单向、不可逆的生命价值内涵。人的经济行为是在时间维度上，因着人与人的行为互动、语言交流，因着人与社会及其环境的意识、意念互动，才使得人的理性意识、进而理性行为从时间尺度上被界定、确立，并不断地演变和创新。

从时间维度来追溯主观、心理的理论研究，有一个好处是可以帮助我们理解：经由自然属性的心理、情感作用，人是如何由内而外发生行为意义上理性决策逻辑变化的。实际上，人们的行为决策逻辑及理性理念就包含着一种因应环境变迁随时间变化而彼此模仿、不断学习的无意识过程，这是一种不受人的主观意志所控制的自然规律。当然，这种变化一般不会与人的情感形成直接的抵触乃至产生负效用，它是一种有利于增加情感舒适性的变化——这与边沁和穆勒的幸福感、效用概念相吻合。进而,这种与主观自尊、情感、直觉相兼容的偏好改变,一旦受到现实中效率改进的激励,就会不断促进乃至加速人们对理性概念的新认知,直至信念发生变化。从时间维度来看,人们的经济行为属性及理性理念发生变化是绝对的,不变是相对的。相反,一旦出现某些不可逆的行为理念或心理现象,并表现出强大的顽固性乃至莫名的抗拒性,则往往意味着某些心理疾病,如自闭、抑郁或者自虐性心理等非常态。这意味着人的生命、社会与自然过程时刻都存在着在时间维度上不断演变的本质属性,当然,最符合自然属性、最容易被人们感知的运动形式,便是人类周期性行为的运动规律。

值得指出的是,中国传统文化中关于人对环境的适应性理念,有着极其丰富的周期性逻辑的思想遗产。除了天人合一、道法自然的儒道思想,还有肯定生理、情感与意识等自我本体的变化,乃至讲究生理上“春生、夏长、秋收、冬藏”的因应自然之道。中国传统医学认为,男女老幼之健康、患疾及其治病都要遵循心身上的周期性,而非外在药物所能够周全的。进而强调,有些病要夏治,有些要冬治;有些要应季而治,有些要反季治疗,有些则需跨季方愈。人们的一般行为、情感、心理均存在着周期性规律,这已经体现在经济行为的逻辑上,并表现在人们关于理性的理念及其时间的意识之中。

回到前述关于爱因斯坦的误传故事,一种解释是:人们对于时间的主观感知源于一种心理运动的周期性。当与有好感的异性交谈时,舒适感使人的心理一直处于波峰位置,降下来的过程很慢,心理波长由原来的一小时拉长至一整天。而坐在锅炉房则意味着忍耐,波长由一小时缩短至几秒,即使一分钟也经历了多次峰谷的起伏。前者因无波动而感觉时间短,后者经历了多次波动,故而心理感受上时间更长。也就是说,心理周期的波动是人们感受时间的一种参照:没有心理、生理上的周期性运动及其感觉作为参照系,人们便没有,也缺乏最基本的时间感知。实质上,这里的直观叙述只是基于爱因斯坦和柏格森时间概念的简单区分,谈不上思想创新。但由此可以断言的是,人的心理、生理乃至行为的周期性运动是时间感知的前提,周期性逻辑又以时间变量为基础。进一步,即使从柏格森的“延绵”时间的概念来理解,时间对于我们而言更是一种相对运动状态锚定的基点——周期性运动便是这个世界最稳定、最常见的理解存在。

本书关于人类社会行为周期性的分析,将进行一种时间维度的逻辑计算与理论分析,即使这种时间概念有时并非显现的变量,也构成本书的第二个语境限定。

1.4　周期性运动的复杂逻辑

作为个体的人是一个复杂性有机整体，社会是由个体有机组合而成的更大的复杂系统。这里所谓的复杂性概念，是相对于传统经济学的简化逻辑而言的。一个形象的类比是，作为人类行为的社会科学，经济学的研究对象具有“软”的、多元有机的复杂性特征；人们将自然科学称为“硬科学”，与之对应，社会科学因此被统称为“软科学”——传统经济理论却忽视了这一点。这种类比是暗示：自然科学的研究对象好比一根“硬木棍”，可以用手“抓起来”；社会科学研究对象则更像“水”，而水是“软”的。抓住水的困难在于，你不抓不行，但如果抓紧了，水却会从指缝中溜走，所以只能“捧着”。尽管二者都属于实体论范畴，但差异巨大。简言之，本书关于人类行为的周期性研究将不同于传统“硬科学”，不是将人作为机器来看。后者的方法尽管简单方便，比如个体决策逻辑能够将消费、生产等博弈互动经济行为简化在统一的框架里，但在逻辑上，这仍然是一种线性的、硬科学的实证主义思维。

如何将软对象“捧着”，而不采取“硬科学”的控制性方法，以有效地把握社会科学的复杂性及其周期性逻辑本质，就要求我们关注人的行为本质及其逻辑的纯粹理论特征，即返回经典的“思想实验方法”[30]，而非行为实验等实证主义路径。

经济学理论不应该建立在“硬科学”的行为实证或者计量检验的基础上，也不应该受到客观、实证逻辑的束缚。因为在人的行为动机与后果之间并不存在一对一的映射关系，有多因多果、一因多果、多因一果，乃至有因无果、有果无因或者多因果嵌套的复杂性逻辑；一旦经过社会行为的加总，因果关系更非简单的计量数据所能够刻画。我们并不否定现代计算机处理大数据运算能力的摩尔定理，但对于人类行为科学的研究而言，人们在意的不是，也不应该是获得一个全能、全面的科学理论，而是根据研究侧重点，运用奥卡姆剃刀原理（Occam's Razor）[31]给出特定视角特定逻辑的行为科学描述。更重要的是，所有关于人类行为的所谓原因-结果的逻辑都不过是一种语言表达。实际上，我们无法在行为原因与结果事实之间作出确信的辨别：人们究竟是因为“瞎折腾”才幸福，还是因为实现了“折腾目标”才幸福，数据挖掘可能会揭示某些因果链的概率性逻辑关系,但其结论往往也是常识的再现,而违背常识者,一定会失却其普遍性规律的理论价值——因为最普遍、最稳定的社会科学真理总是被常识所包含。

熊彼特是美国计量经济学会的创始人和促进者,但其理论巨著《经济发展理论》却是思想实验演绎的典范之作。熊彼特对企业运行,特别是投资资本与消费资本的循环逻辑,进行了不厌其烦、细致入微的分析。这些论述的理论价值被人们大大低估了。人们往往喜欢直奔商业周期理论的相关实证结论,就好像数学初学者总是试图记住一个定理,却忽略了定理证明过程的关键逻辑点;其实,后者才是学习数学的命门。在我看来,没有熊彼特关于投资资本与消费资本的精彩剖析,商业周期理论中所有数据的计量实证,都将失去其学术价值。

即使某些理论过程需要实验与实证的简化作为一种代价付出,但我们不应该将这种代价看成是普遍且必然的——只有数据实证的才是科学真理,真是天大的误会!人类认知与经验的发展进程告诉我们,对于我们而言不存在纯粹上帝视角的"客观",即不存在实证的前提。从古典哲学实体论的理性主义与经验主义的争论,到认知论的知识概念论,再到语言哲学的语境论与模型依赖实在论[32],人从来都不是全知全能的,也从来不存在纯粹经验的实证主义真理,所有努力都是追求全知全能道路上的某种近似与逼近。

特别是,在社会科学范畴里[33],我们还存在"是什么"与"应该是什么"的对立统一矛盾,必须警惕一种物理科学的绝对实证主义的方法滥用。人、人的心理、人的行为不属于原子、分子、粒子等纯粹的物质范畴,相反,存在着同一心理或者行为现象的不同逻辑和不同原理的解释,这些解释又在更大范围内受到时间、地点乃至社会背景等情境的制约。人们对现代物理学经验主义方法论及其实在论的崇拜是一种误解,爱因斯坦就认为是思想实验,而非物理实验带来了现代物理学的革命性进展。人们关于现代物理学的种种误解太多,以至于大多数经济学家崇拜行为科学实验过头,太快忘记理论本行。

传统实证主义主要是指逻辑实证:即使逻辑论证过程复杂且远离实践,但如果逻辑链条严谨且完整,此时,只要整个逻辑体系的某一触角被证明为真或符合常识,那么,逻辑规则的严谨性就会确保整个理论分析的合法性,而不需要相关计量检验或者控制性行为实验来验证。相反,控制性行为实验并不增添行为命题的可靠性,宏观现象的计量实证更不能说明一般性理论的合法性，正如“黑天鹅”的存在性不能被计量所检验，反而会被行为实验控制性地排除在外。当然，这种陈述会引起当下热门行为实验经济学者们的反对。当下，他们正试图将“软的”社会科学的经济学拉入硬科学范畴——试图极力展示：传统理论中没有实验验证的都是“忽悠”，只有被科学的“实验方法”检验的，才是真理。理性假设就因为很容易被证伪，而被误解地批判着[34]；不仅如此，更有实验经济学者试图以行为实验的科学方法重构传统经济学。相反，本书坚持“软”科学的思想实验方法，则源于一种对常识的尊重。

社会科学研究应该首先关注常识，只有常识及其背后的逻辑才能容纳社会过程本质的一般性、普遍性和复杂性。其次才是实证实验。这里强调社会科学研究的常识意识，意在强调一种基于理论训练与素养的常识，这需要我们打通微观行为与宏观现象之间数据、经验的理论关联，展开一种非实证的纯粹思想实验。崇拜人工智能的经济学家们切莫忘记，正是冯·诺依曼提出的“程序内存”思想在现代计算机运用中扮演着关键角色。因而我们很容易理解，人类大脑最基本的“程序内存”方法就是计量统计思维，计量实证只是对人的大脑思维方式的模拟，人的大脑时时刻刻都在对日常生活经验“收集”的信息进行概率统计。否则，我们的大脑将只是一个模糊、混沌、无序的数据堆，根本无法给予我们任何逻辑性的意识；即使那些无意识的数据关联很重要，也可以想象，如果缺乏人脑对于日常生活经验数据的计量统计、分类归纳、假设检验……进而将显性的结果转换成意识和推理，将隐性的数据库变成无意识或潜意识乃至直觉甚或更模糊的意识，那么，人类的大脑不会比任何动物更智慧——因为我们的信息收集能力比动物的更低：眼睛比不上老鹰，鼻子比不上狗，耳朵比不上海豚……但更重要的是，人类大脑比动物的聪慧之处在于，我们的大脑能够展开纯粹思想实验的理论分析：能够关照动态的现实过程，将隐藏在数据事实及其人类社会历史背景中的重要性感受，进行猜想、关联、演绎、处理——它们往往无法用语言表达，不被时空所感知，更没有数据可以实证。相反，若存在那种可实证、可抓住的“硬东西”，社会科学的研究对象就不再是活生生的“人”，而是会被简化成一台机器的“呈现”。经济学理论研究越纯粹越本质，就越不可实证，就像一般均衡定理的“无形之手”与自发秩序理论一样。但越是看不见、无法实证，往往越深入社会机体的骨髓。

其实，常识与工程学逻辑的最大区别在于，常识容纳了复杂性，没有简化的结论；工程学方法往往追求存在且唯一性。关注常识，你就会发现任何常识性谚语，总有与之对立相反的常识性俗话——比如，"怨怨相报何时了"与"有仇不报非君子"、"先天下之忧而忧"与"人不为己天诛地灭"、"退一步海阔天空"与"狭路相逢勇者胜"、"宁可玉碎不能瓦全"与"留得青山在不怕没柴烧"……其实，这正是人与社会的复杂性决定的。根据事物普遍性和具体性的本质关系，最基本的规律往往都带有普遍性特征的二元对立矛盾，并由此演化达致多元非线性复杂现象。人分男女、物分阴阳、宇分天地、宙分内外，世间无物不由两极运化而成，大多数常识性的俗话都无语不成双——超出工程学的确定性范畴；并最终呈现出某种工程学逻辑无法把握的复杂性。有人会问：市场经济的一般均衡理论或者"无形之手"理论是常识吗？是的，交易及其市场体系在历史上就多次受到人为因素的干扰，也无法被实证，但为什么千百年来一直存续下来，而不需要任何人为地特意组织——正是常识发挥着作用。交易和市场是因为人的常识和本能而存在的，常识性逻辑具有复杂且不可实证的属性，只能被思想实验和理论研究的"显微镜"所窥探。

相反，研究方法越是接近表象，越容易实证，就越是远离真理。就像我们统计一片树林的材积量，如果不论树种、土壤、地理因素的差异，就很容易将它与隔壁家一个小男孩的身高，乃至美国选举中两党民意调查数据，用计量工具高相关度地"假设"并"检验"实证出来——即使两者风马牛不相及。思想实验是为了给实证分析提供"担保"和"约束"，但很遗憾，理论的深刻性是以全面性和可实证性的丧失为代价的[35]，越是深刻、本质的理论在某种层面上就会越丧失全面性，越深刻的理论往往越不可实证。

基于常识的正反对立性，人们容易理解人类周期性行为现象的特定二元对偶逻辑，或许，这是人类认知发展中一种初级但必要的起步环节，复杂性现象正起源于此。观察复杂性事物必须遵循某种递进逻辑，首先，提炼二元对立矛盾，随后，基于二元对立的简化来引导演绎出多元复杂性机制。后者往往是一个非线性思维过程。[36]在物理学中，这种复杂的非线性逻辑通常涉及诸多数学工具，就本书论题而言，我们当然绕不开某种一生二、二生三，直至多元递进的数学逻辑。更重要的是，周期性逻辑为我们把握现实经济的复杂性，提供了一个科学、便捷的理论工具，这源于周期函数中傅里叶变换的数学优美性和通用性[37]，源于现代混沌理论所揭示的周期函数的本质内涵。[38]当然，这涉及更多数学理论的分析，限于篇幅(随后第 3 章仅有相关讨论),恕不赘述。

本质上,“无中生有,一生阴阳,阴阳至万象”的逻辑是经济学意义上理性法则的推广,不同的是加入了时间的长期视角。因为从长期、动态的视角观察,即使某种追求利益的理性逻辑为最优方案,一旦人们都如此行为,市场整体的利润空间就会很快被竞争所耗尽,此时,与其对偶的行为反而成为最有利可图的选择。[39]面对这种二元对偶的复杂性行为现象,于是乎,现实中总是存在着或明或隐的二元对立、彼此转换,直至周期性互动的运行规律,只是被我们有意识地忽视罢。

从个体视角观察,纵使周期性行为短期内不会很明显,但作为一个整体人类行为的周期性现象则是人们无法否认的。就好比你现在的行为可能是我明天的追求,我明天的行为可能是他后天的再现。的确,幸福人生各不相同,痛苦的根源也往往与不同的人生经历、性格禀赋、认知等个人因素相关;这些因素不易改变,而使得人们总是在自己的人生周期性逻辑中转圈。或许,这样的周期性逻辑陈述显得很片面,但一个人的确会因为同样的缺陷而陷入不同人生阶段的相同困境[40],这却是事实。即使这些痛苦经历的表现或彼此不同,也一定内涵着目标与约束之间的二元对偶周期性;人们总是在自己的目标与约束之间打转。显然,理性目标并不等于幸福本身,效用最大化也不意味着幸福,最小化成本的最低计算未必损失最小。事实上,幸福感是一种涉及主观感受、客观过程、预期现实差距以及欲望意识的综合。它们往往循环往复、周期性变动,使人深陷其中而不自知,而这或许正是实证主义方法所力有不逮的。

为什么这里要极力批判实证主义思潮?不是出于狭隘视角,而是在笔者看来经济学并不是一般意义上实证的经验科学,应该具备科学与人文统一的复杂性。

在社会科学研究中,如何才能既充分借鉴和运用科学工具,又切实抵抗因科学至上主义偏执造成的对社会科学人文精神的伤害?从根本上来说,答案是马克斯·韦伯关于理想类型的理论框架与分析方法。[41]这是一种他在文化科学研究中提出的方法论,类似于牛顿第一定理的方法论。[42]作为与自然科学相对立的理论方法,理想类型的框架从形式上来看,是一种抽象理论的概念结构,具有一般概念的基本内涵,但同时却包含着价值关联的原则和理解方式,由此被与其他概念结构区分开来,进而成为我们认识经验实在的有效研究方法。马克斯·韦伯曾指出:实在本身具有无限多方面的联系,这种联系对于任何没有前提的观察者而言，都是一个混沌的世界。如果要获得对这个世界某些方面的清晰认知，人们就必须找到一个着眼点，并确定力图展开认知的目标和范围。理想类型恰好构建了一个“理解与意义”复杂性矛盾中的可理解框架。这里，“理解”对应着实证性确信，“意义”则类似逻辑原理。这种理解框架意味着：如果我们总是依赖实证的确信来“理解”实在之“意义”，不难想象，不论是计量检验或者是行为实验，科学至上主义的实证研究将不可避免地导致观察者价值兴趣不同而带来的认知偏差。相反，理想类型的方法则成为有效地避免狭隘实证主义的一个理论着眼点。

理想类型的“乌托邦”将历史活动的某些关系和事件联结在一个思想和谐的世界里，这个世界是由思想实验出来的各种联系组成的[43]，尽管包含着内容上的乌托邦特征，却与客观实在的无限维度存在着以下区别：其一，主体的价值兴趣决定了这个世界的联系，着眼点由此确立；其二，在现实中，主体行为动机和意识形态决定了关于这个世界图景的理解，并由此构成社会事件的特定观察。由于现实中这些观察论点被大大强化和夸大了，理想类型成为一种从现实中选择各种因素组建的、理想的无内在矛盾的逻辑体系。如此比较，实证主义方法论表面上声称要保持价值中性，实际上却处处包含着价值偏见。就像传统理论对重农主义与重商主义的区分无不充满着价值判断，但人们却自愿深陷其中。回避真实的混沌世界及其非线性复杂性，不过是一种学术投机的偷懒。

正是由于复杂性理论研究的需要，本书将不考虑科学的行为实验的经济学方法——它无法满足复杂性逻辑的基本要求。主张实证主义检验的经济学家，往往只关注对象的元素与结构，忽视了对象的功能分析。就像将一个人笑时流下的眼泪与哭时流下的眼泪拿来进行化验，两者的成分肯定是一样的，但是不能就此认为，一个人的笑与哭是一回事。将研究对象切片、分割、孤立起来的所谓科学，只不过是一种貌似分析哲学但实质上是极端主义的伪科学，与复杂性科学研究要求的非线性、多元逻辑相去甚远。众所周知，经济行为的实验数据将呈现出不同程度的正态分布特性[44]，如果理性是一致性的，那么那些两头极端的被试行为该作何解释呢？最幼稚的回答是“理性具有自私和利他两种行为”，并由此断言行为实验研究丰富了理性概念的内涵，这其实是一种不求甚解的“贴标签”逻辑。的确，亚里士多德最初给出动物、植物、微生物的物种分类时，很像是给对象贴标签，但古希腊先哲此处的智慧在于：论题范围的恰当把握，其中，就包含着先哲们对事物本质的实践感悟和理论洞见。比较亚里士多德深邃的分析哲学思维就会发现，标签化的行为实验经济学研究所缺乏的，正是生活感悟与思想洞见。

以上所述，不是因为要对本书提出的周期性行为逻辑的不可实证性进行辩护，而是想要强调本书的研究对象、方法与实证逻辑无关。同时，这也意味着本书第三个方法论的限定，即本书的论述将始终保持着某种复杂性逻辑的跨学科研究意识。[45]

注　释

1　让·鲍德里亚(Jean Baudrillard，1929—2007，也译作波德里亚)，法国现代社会学的代表人物，也是当代欧洲最重要的社会学理论思想家之一。鲍德里亚在人们眼中曾是一位西方马克思主义者，后来又被视为后现代主义思想的一代宗师，甚至被誉为“新纪元的高级牧师”。但实际上，理解他的逻辑起点是后马克思思潮的反思，最重要的理论依据是莫斯-巴塔那的文化返祖式的草根浪漫主义意识形态。本真的象征交换关系成为他反对现代性，批判性地透视资本主义后现代现象的思想武器。随后的引用有进一步的详述。

2　孟子的呼吸意义内涵丰富，可指对话的说与听、交易的买与卖等，将虚幻的生命价值置于现实的广义一呼一吸之间。另详见《佛说四十二章经》第三十八章：“佛问沙门：人命在几间？对曰：数日间。佛言：子未知道。复问一沙门：人命在几间？对曰：饭食间。佛言：子未知道。复问一沙门：人命在几间？对曰：呼吸间。佛言：善哉，子知道矣！”由此，更强调现实生命过程中呼吸之间的周期性运行意义。

3　人的社会性概念起源于伦理学，发展于社会学。实际上，人，天生就不是一种孤立的个体存在，提出人的社会性概念，只是一种相对于个体主义思想方法的概念回归。由于个体主义方法论的天然缺陷，这种反对概念的本身就免不了其内在缺陷，因为关于偏差概念的反对往往包含了另一种偏差；详见 2.3 节的论述。

4　即使像获得诺贝尔经济学奖的丹尼尔·卡内曼、罗伯特·特沃斯基等人的前景理论研究也有类似的倾向。

5　这种反对与前述主张的跨学科研究方法具有内在一致性，这涉及理论边界与范畴逻辑的一般理论(见后面章节详述)。

6　这在行为实验的初期成果，如最后通牒博弈、公共品捐赠等实验中，常被学者们提及，见陈叶烽(2009)、陈叶烽等(2010)。

7　文献同上，可见行为实验经济学的诸多理论和结论，如社会性偏好研究就存在着简化的理论倾向。

8　关于行为实验经济学方法及其结论的批判性论述，本书还将在随后的细节中展开。

9 这里,借用20世纪的伟大思想家哈耶克的同类术语,来阐述本书论点,以便于理解。

10 康德:《纯粹理性批判》,邓晓芒译,人民出版社2004年版,第13页。

11 详见Simon, H., 1984, *Models of Bounded Rationality: Empirically Grounded Economic Reason*, MIT Press, p.172。

12 相关逻辑可见西蒙的相关论著《人类活动中的理性》;Simon, H. A., 1972, "Theories of Bounded Rationality", *Decision & Organization*, 161—176。

13 为什么称之为"小白鼠"经济学,详见第2章的论述,我们将给出相对系统性的理论性辩驳和批判性解释。

14 见怀特海《过程与实在》关于时间的哲学定义及其与过程、理解等哲学论题的论述,第217—226页。

15 在《时间与自由意志》及《思想和运动》两本论著中,柏格森展现了一个哲学家令人无法企及的高深素养,从时间与人类思维、思想乃至意识形态之间的关系角度,重构了时间对于我们认知的影响。

16 这里,有一个值得思考的误传故事是:爱因斯坦有一次被邀请讲解相对论,他通俗而幽默地列举了一个众所周知的例子:"与一位美女一起交谈一个小时,一个人会觉得似乎只过了十分钟;但如果让他在闷热的锅炉房坐十分钟,则觉得似乎过了不止一个小时"。显然,这种心理感受应是柏格森、海德格尔等提出的哲学意义上的时间概念,与爱因斯坦相对论物理意义上的时间概念无关。实际上,这两位大家曾经有过一次关于时间问题的专业对话(见《爱因斯坦与柏格森之辩》),但遗憾的是,这场万众瞩目的历史性对话却效果不佳,这令人十分不解。或许,他们的这两种时间概念的交集,在于人的意识与光速二者认知的统一上,这超出本书的范围,恕不赘述。

17 参见亨利·柏格森:《思想和运动》,杨文敏译,北京时代华文书局2018年版。

18 关于时间序列的贴现加总,起源于20世纪的金融学分析,其中,经济学意义的时间概念一直被预期收益或者期望效用(收益)在时间维度上的不确定性概念所转换,并被人们用资本或货币的时间价值,即折现率所替代。

19 见理性预期学派的相关论述,当然,最富有启发的洞见是狄尔泰的论述:"人类生活具有一种天然的、易被忽视的时间结构。这里的时间并非钟表所标识的时间,而是指人类生活的每一刻都承载着对于过去的觉醒和对于未来的参与。这种时间结构组成了包含经验、思想、情感、记忆和欲望的人类生活的内在结构,并由此形成真实生活的意义。"[引自Dilthey(1961)]

20 见希勒:《非理性繁荣》,中国人民大学出版社2004年版,第54—65页。

21 这种博弈论的描述,引用R.奥曼关于博弈论的定义:人们社会行为理性互动的逻辑[见《奥曼全集》(*Collect Papers*)第一卷第一章]。

22 见鲍德里亚:《消费社会》,刘成富、全志钢译,南京大学出版社2008年版。

23 见鲍德里亚《物体系》(林志明译,上海人民出版社2019年版)第四部分(第七、第八、第九章),关于物品与消费社会的意识形态体系的论述,以及"结论:面向

‘消费’的定义”部分。

24 见鲍德里亚《消费社会》。

25 详见鲍德里亚《消费社会》第四章，作为举例说明，这是他评价一个关于“布拉格大学生”电影中寓言的阐释。

26 这种短期变化的逻辑在理性预期心理学派理论中得到更充分的反映，可见前面的相关论述。

27 见普里戈金的《从存在到演化》(北京大学出版社 2007 年版)，该书是关于非平衡态现象与微观粒子物理学的经典著作，其实该书原名本来是“时间，被遗忘的维度”(*Time, the Fogotten Dimemsion*)，之所以改名，据说是作者担心大多数物理学专业的读者会感到有些奇怪，但事实上，重构时间概念才是该书的研究主旨。

28 注意，正是量子力学的时间概念不同于大宇宙相对论及欧氏空间的时间尺度与时间概念，使得量子运动的未来、现在乃至历史都是不确定的。这意味着普里戈金的时间评论，主要是指时间的尺度问题(文献同上)。

29 如果阅读 2 000 多年前古希腊哲学家狄尔泰的文字，你会惊叹先哲们对这一问题的精彩论述。

30 这里借鉴经典物理学家们所主张的观点，思想实验是指近代物理学从纯粹思辨形式逐渐发展出来的一种在人的大脑里进行思考的理性思维活动，它将按照一般物理实验的格式展开。由于现代物理学研究所要求的仪器设备日益纯化、理想化，当物化的实验无法满足科学发展的要求时，思想实验便成为一种必然。

31 见奥卡姆的详细阐述，这里的引用是一种直觉的解释，意在强调科研中追求理论全面性的不可能性原理。

32 读者一般熟悉前几种方法论的哲学概念，而模型依赖实在论的方法则由物理学家霍金等提出，可详见史蒂芬·霍金、列纳德·蒙洛迪诺《大设计》，吴忠超译，湖南科技出版社 2015 年版，第 52—78 页。

33 实际上，这里所使用“社会科学”一词，严格地讲仍然是一个不准确的用法。

34 特别是连续几年了，诺贝尔经济学奖被颁发给运用行为实验方法的学者，更促成了某种错误的思潮。这里，我们强调理性概念的可证伪性，并不意味着众多行为实验经济学研究者所迷信的否证逻辑，就一定有否证的结论。

35 这种陈述忽略了理论本身的语言差异，即理论的清晰性和模糊性关系，这超出了本书讨论的范围。

36 古典哲学的一项重要任务是要试图超越偶然，通过对超然本质的凝视来摆脱生死轮回的困惑。但仔细一想，轮回现象本身就具有周期性，仅此而言，周期性现象及其内在逻辑也天然地是一个哲学论题。或许，这正是本书一直在进行上述方法论讨论的根本原因，即使很多读者会觉得上述的讨论显得啰嗦而繁杂。

37 这主要指傅里叶变换的共轭对称性，以及傅里叶级数具有标准希尔伯特空间的规范性。可参考一般的实分析教材。

38 这是指任何混沌系统都可由一些简单周期函数演绎出来，而任意周期函数的恰当叠加、递归，都可以得出相对复杂的、不可解析的数学混沌系统。当然，这只是一种简化的说法，可详见美籍华裔数学家李天岩的优美结论：若函数有 3 个周期点，则有任何 k 个周期点，即三生万物（见 Tien-Yien, Li and James A. Yorke, 1975, "Period Three Implies Chaos", *The American Mathematical Monthly*, Vol.82, No.10, pp.985—992）。亦可见一般的混沌数学书籍。

39 比如，股票、房地产市场的买空卖空现象，乃至金融、资本市场的崩盘困境都是如此。

40 注意，这里没有也不能否认中国古代思想家王阳明心学的世界观和理论价值，实际上，阳明心学的"事中磨炼"，或许正是某种关于人的行为改变过程中的某种周期性逻辑；但愿这种关联不是无稽之谈。

41 这是一种基于社会科学分类的叙述，与前述物理学的思想实验方法论无关，但对于本书的经济学研究很有必要。至于物理学的思想实验传统与社会学的理想类型方法的关系，正文有评述，由于未深究二者表面差异的学理逻辑及其学术渊源，而无从过多评价。实际上，这些内容与本书以上论述关系不密切，仅此略述。

42 很幸运，牛顿第一定理的无摩擦假设与经济学的理性假设一样，都具有不可实证的属性。正是这种关联，本书才转向更具有软科学性质的文化学方法，以寻求相关理论的支撑（详见韦伯《学术与政治》，商务印书馆 2018 年版）。

43 这里的思想和谐、乌托邦等（看似贬义的）名词描述是韦伯所坚持，并不忌讳的概念。但它们与爱因斯坦的思想实验概念在哲学层面高度一致，与霍金的模型依赖实在论则殊途同归。或许是巧合，或许是某种必然。

44 如在最后通牒博弈、公共品捐赠博弈的多次实验中，一定会呈现出某种理性与非理性二元对立的属性分布。

45 这里，我们提出汪丁丁在国内早就倡导并坚持的跨学科研究方法和理论倾向，意在强调本书研究的理论前提或者语境限定本质上是一种跨学科研究的思路，以图打破传统理论那种狭义、切片式新古典经济学方法的限制。

周期性行为的高阶理性

理性的进步被如何赞美都不为过。但如果把理性当作一种行为逻辑或生活方式，那么，确信理性教条的理论家终将会陷入由自己构建的不幸，乃至与现实无关的泥沼之中。

——笔者，2019 年 10 月 7 日晨

2.1 引言

人类周期性行为的起点是传统理性的最优化逻辑，这意味着本章将聚焦于以下个体决策的数学规划模型，并展开讨论：

$$\begin{cases} \max U(x) \\ \text{s.t. } x \in v(x) \end{cases} \tag{2.1}$$

其中，$U(x)$为个体行为的目标函数，$v(x)$为约束函数，理性概念即在$v(x)$约束下最大化$U(x)$。虽然这种毫无新意的论述令人乏味，但本章将围绕理性的这个传统框架展开四方面的拓展分析，为人类周期性行为分析确立一个基础理论。

理论上，人类的社会行为都从属于理性的基本范畴。其特征，一是行为

的目的性功利主义逻辑,即行为目标可表达为明确的$U(x)$;二是行为的成本约束,即资源的有限性$x \in v(x)$;三是基于约束的目标最大化计算。这种逻辑简单、有效,尽管人们常常难以据此行事,却几乎为所有人类行为提供了一个叙述性前提:除了一般的生产、消费与交换等经济行为,其他如年轻人恋爱、父母对孩子溺爱乃至抽烟、酗酒等非理性行为,也能够被包含在理性逻辑的框架里——恋人是将对方感受加倍于自身的偏好,溺爱孩子是偏重孩子的感受效用,抽烟酗酒则是牺牲健康以获得成瘾性享受的最大化。这意味着即使是情感、本能乃至习惯性非理性行为,也都可以通过对理性逻辑的变换得以展示。[1]进一步讲,现代博弈论中理性互动的均衡概念,也是基于个体行为的扩展——寻找从众多个体最优决策的向量到自身支付集合连续映射(混合策略)的不动点来完成的。换句话说,就像牛顿力学中无摩擦力的真空假设一样,经济学理性假设的基础性地位表明:任何改进乃至讨论理性概念的企图,都必须以承认理性概念为前提。

理性逻辑即使不能容纳人类行为的全部内涵,也为分析人的行为提供了一个基础性的理论平台。试想,牛顿第一定律的假设是,无摩擦运动物体将依照惯性定律一直匀速运动——并非真实世界的最完美描述,但如果没有这个前提,人们将无法理解第二定律关于加速度、第三定律关于作用力与反作用力的基本原理。这种17世纪出现的“自然定律”思想起源于笛卡尔关于“初始条件”在自然理性中的重要性论述:关于自然的理性科学观依赖于理论意义的初始条件。作为经济学逻辑的初始条件,“理性并不完美,但作为一种警示,她照亮理论之路”[2]。这里要指出,理性不完美并非理性概念本身有问题,而在于达成理性的复杂性逻辑没有被揭示出来。这就要求我们在理性与理性逻辑两个概念之间作出严格的区分。这种基础概念的细分,一是有利于本书的人类周期性行为研究;二是将清晰展示理性行为社会性与整体性等相关的逻辑关系,以完成对理性概念本身的深入呈现;三是将有助于我们展开本书中称为高阶理性概念的创新发现。

亚里士多德曾说:“人不是动物,具有社会性;人不是神,具有物质性。”复杂的社会性是人的本性之一,当然,也是人类理性的基本内涵。讨论人的社会性必须考虑理性过程所有因素的构成及其互动,理解这一点必须站在人类周期性行为的视角进行观察。其逻辑前提是:人具有超越简单理性逻辑的复杂整体性,正是复杂整体性使得人的行为具有非一致的多样性外表。此时,基于人类理性行为内涵的社会性和整体性,应该如何重新阐释理性概念的内涵,并进一步揭示人类周期性行为的理性逻辑? 这是本章的任务。同时,本章还将围绕人类社会行为的一般规律和原则展开一定的批判。

理论上,认识到理性的局限(Simon, 1972)既不应该限制我们对理性逻辑的探索,也无碍于客观现实的合理性存在。若要深究人类行为多样性特别是那些看似非理性行为的根源,我们就无法止步于传统理性逻辑,必须做出一些与单纯辩护无关,但能够拓展理性认识的尝试。这里,关键逻辑在于:一是时间维度的历史积累性对理性内涵的改变,最典型的是传统理性的边际效用(边际收益)递减原理;二是个体行为的整体性、社会性及对偶性思维会增加理性的高阶性。这两个原因正是本章要提出的既包含传统理性概念,又拓展传统理性逻辑的高阶理性的定义,也是必须深入挖掘的问题。

具体地,本章将重新审视传统理性框架下目标函数的整体性和时间性、约束函数的本质以及二者的互补关系,讨论不失一般意义的理性行为逻辑,为第 3 章高级理性概念的模型计算打下坚实的理论基础。

2.2 理性与理性逻辑

关于理性概念的最大误解是将理性与理性逻辑二者混淆起来,以至于人们总是将既有的理性知识、理性逻辑等价于理性概念本身,进而将理性逻辑的缺陷看成理性概念或者经济学理性假设的缺陷。究其原因,传统的理性概念倾向于一种定量分析,忽视了理性的定性本质。理性首先是定性概念,其次才是定量逻辑,并由此二合一地区别于情感、本能等概念;但传统理性概念的学术发展路径恰好颠倒了过来。

最初,理性被定义为一种对人的主观合意性的行为意向与追求,人们对主观合意性具有一种天然感知。亚里士多德就说:“当一个人口渴时,他就要喝水,以获得满足感;但当喝水的数量增加到一定的程度,再喝水便感到不舒服。人总是知道这种合意的度,这个适中的度量便是一种理性。”[3] 显然,喝多少水是理性合意的表象,人渴了需要水——这种合意性才是理性的本质。基于合意性的满足感是理性的主观前提,后来被功利主义思想家边沁与穆勒量化为效用的概念,他们将满足人们个体合意性幸福感置于社会伦理的基础性地位,并声称社会道德的最高准则是确保公民的幸福最大化,使得快乐要总体上超过痛苦。针对理性目的的主观效用观念,哈耶克深究其客观属性，提出"演进理性"的概念，意在强调理性是经由自然演化赋予人类的一种天然的本能与直觉（与合意性的度相吻合）。

其实，从亚当·斯密时代起，人们就信奉理性的这种本能与直觉定位[4]，到启蒙思想运动之后，特别是科学革命、产业革命的演化使得人类的科学知识（尤其是计算机技术）飞速增加，人们关于理性认知的自信心大大增强，由此开启了探索人类自身理性逻辑的智慧之门。于是乎，理性的逻辑化与数理化趋势便得以全面展开：经济学的理性偏好、效用、约束及其最优规划直至博弈论被提出，在一代代学者和理论家的努力下，理性逻辑便逐渐地成为人们关于理性概念认知的正统且天然的"科学知识"和"真理"。其中，博弈论又因其理性互动逻辑的严谨性及其理论框架的完备性，而被当作社会科学的元语言推广至几乎社会科学的所有领域。更进一步，随着随机过程与随机方程等数学工具被引入理性分析，从淬火法、遗传算法、蚁群算法等非确定性逻辑优化被大量使用，一直到以大数据为基础的人工智能、机器学习算法不断涌现，人类社会似乎步入了一个由理性逻辑所主导、委托算法程序自主寻求理性目标和理性意义的人工智能时代。[5]

然而，这不过是一种幻觉。理性的逻辑化带来了人类理性认知的升华，同时，也带来了人们对于理性的自负和野心，而后者正是哈耶克关于人为理性构建逻辑的批判对象，加之诸多的经济学帝国主义倾向，这些反科学的理性概念研究，带偏了理性概念的理论方向，带来了理性逻辑的极度滥用。反过来，这更加深了批评者对理性概念的误解。

事实上，早在亚里士多德给出卓越的逻辑原则之前，理性概念就已经存在。人类的生存既有机遇，也充满危机和挑战，这迫使人类必须效率、经济地奋斗，进而这种生存理性便顺势成为人类群体的内在秉性。[6]

作为一个哲学论题，理性概念最初是与实用主义的生存需求相关联的，当实用主义生存需求的理性发展到一定阶段，便出现了理想主义理性概念与理性逻辑的必然分离。理性概念的直觉是浅显易懂的，但理性逻辑的发展却导致理性与理性逻辑混淆的误解。厘清二者的关联与区别，对于澄清理性概念、发展理性逻辑十分重要。

一般地，人类社会的一切进步和文明发展都源于理性。没有理性，人类便不能走出"霍布斯丛林"；没有理性逻辑，即使走出"丛林"，人类也无法走得更远。这与哈耶克强调自发秩序中存在着"理性不及"的逻辑并不矛盾。研究文艺复兴的著名大家贡布里希曾断言"艺术的极处乃是理性"，或许，这是关于理性、理性逻辑与人类社会发展关系最重要的提示。就像艺术的美、科学的真对于人类而言是一种客观存在，我们不能，也无法追究人为什么会有理性——任何理性的实用主义解释仅仅是我们探索理性逻辑与理性行为的实现方式。此时，理性总会呈现出某种逻辑性，但是任何理性逻辑都不等价于理性自身，更不能替代理性概念。相对而言，理性逻辑是清晰、简洁、可计算与可表达的，理性本身却是模糊、复杂、不可计算乃至不可表达的。

理性与理性逻辑两者的复杂性关联，一方面，可能是由于数学逻辑往往为哲学论题提供了一个简洁的案例，使其有一个形象、直观的映射而得以恰当地简洁刻画，以至于像认识论、本体论、语义学等理性概念的哲学难题，可以与概率论、集合论、范畴论，进而与数学规划等逻辑工具对应起来。另一方面，或许是逻辑合理性带来的科学思维[7]使得现实中人的理性行为，特别是经济活动，往往表现出某种拟数学逻辑的计算属性；就像有时人们会用“斤斤计较”来形容商人一样，这是生活中每一个人可直接感受到的。于是，经济学的理性定义便在一系列从理性概念到数学逻辑的一一对应下，建立起来：“理性偏好⇔半序集合”“理性选择⇔最优规划”“理性互动⇔博弈论”“理性认知⇔随机优化”……前者即理性行为的描述，后者则是传统教材所混淆定义的理性逻辑。按照亚里士多德最初的一般性原则，或者在现代语境下与非亚里士多德原则不相容的思维，广义地，理性思维的结果将使得非同一事物保持某种清晰的分离。如A不能既是A又是非A——这是传统逻辑同一性原则检验理性思维唯一重要的前提条件；接下来，便是对于事物之间的关联进行推演的逻辑。

然而，必须明确的是，作为数学世界链接各真命题之间关系的工具，逻辑只是理解数学真理的运算工具，而非数学真理本身。[8]同理，拟决策理性的理性逻辑也不等价于人的理性及其行为合意性的概念本质。

就数学表达的对应逻辑而言，推动数学重大进展的往往是少数拥有卓越洞见的理性天才，其突出表现是一系列揭示数学结构的运算逻辑。一个集合如果没有被赋予特定运算逻辑，就缺乏理性的代数结构，对应的代数也不能被人们清晰地理解和把握。比如，向量集合没有加法数乘运算就不构成线性空间，函数集没有内积赋范就没有希尔伯特空间及泛函理论，点集缺乏概率运算就没有测度论，群集没有加法就没有对称理论，一般空间没有拓扑变换就没有几何性的拓扑空间。回顾数学发展史，就会发现，像康托尔、伽罗华、阿贝尔、庞加莱、希尔伯特等人的工作都是天才理性的思想成果。数学家对于直觉、理性的坚信超越了对数学逻辑的热爱。现代数学最深刻的逻辑成果之一——哥德尔不完备性定理就预表:数学不会束缚于逻辑,也不会因逻辑的严谨外表就必然要碰到的一次次困境而止步不前。尽管数学逻辑来源于理性,数学逻辑本身却往往限制数学理性的发展,就像布劳威尔曾经评论排中律还没有被认真反思就被普遍接受的那样,逻辑只是形而上学的产物,充其量只是一种语言;但数学不是,数学是一种超语言的人类思维活动。正是数学理性使得数学逻辑拥有了发展的动力、方向和灵感;使得数学逻辑更为美妙,并由此使得数学逻辑具备了理性应有的数学特质。

毋庸置疑,没有理性逻辑的进步,就没有理性文明及现代科技的发展,甚至没有人类社会关于自身某些理性谬误的批判性认知。但是,任由传统理性的最大化逻辑膨胀,肯定会背离人类理性的初衷。事实上,理性思维在其逻辑化的发展方向上,一直被人们运用于两类涉及理性本身的目的。一是"经验性"的目的,二是"非经验性"的目的。[9]尽管科学的衍生和发展与理性思维关于"经验性"运用的目的相关,但是非经验的理性思维却始终关联着科学的演变与发展。只要阅读全世界任何一个国家的神学、宗教思想家们的著作,我们都会惊叹于那些非经验的理性思维的发展成就。它们为理性逻辑所提供的新思维常常被应用于经验性的目的(宗教、信仰等形而上意识的作用),以至于连一些科学家都深信,科学发展往往依赖于那些非经验性目的的基本价值观和世界观。然而,技术创新却总是在现实中显示,那些被运用于经验的理性逻辑总是试图摆脱非经验目的的理性关照[10];或许,这也是现代经济学理性逻辑不断膨胀并被滥用的原因。

本质上,人的理性与逻辑无关,大部分由直觉、本能和信念构成,人是凭着直觉、本能和信念与外界环境反馈互动的。且由于直觉、本能和信念都不受人的意志所控制,与人的禀赋、性情、心理等先验的、非逻辑因素相关,它们往往深藏于文化、传统乃至意识形态之中,促成人们对于真、善、美的崇拜。所谓理性逻辑,则是对这些导致人们从后果看来具有合理性特质的直觉、本能与信念,进行探索发现得出的"理论表达"。理性是一种积极的、无语言的心灵过程,它源于创造性主体的有意识活动,并被主体的私密性直觉所控制。只要想一想人们日常生活中诸多理性运用的关键时刻,如刑事案件的侦破、军事转折的决策、重大科研创新乃至职业的选择,几乎所有人类理性活动都被某种源于主体的直觉所掌控——常常超越理性逻辑所约定的范围。这种直觉综合了决策主体与历史、环境乃至本能的无意识信息交换,包容决策主体的试错风险。不同于康德意义上先验的综合判断，该直觉是经验的，并为今后的理性逻辑发展规定方向。这里，我们强调理性的积极性，意在区分出理性逻辑的消极性；因为所有逻辑和语言都不过是一种呈现意志的被动性工具。表达受到语境、情境乃至范式的限制，不同的学科便形成不同理性表达的逻辑体系。正是人类禀赋中同样的理性本质，不同语境便形成不同科学彼此不同的理性表达：如哲学、政治学、经济学的理性及其理性逻辑。

回到经济学的理性论题观察，被归纳为式(2.1)的个体决策最优规划，就是人们面对行为目标函数 $U_i(x)$、约束函数 $v(x)$ 的决策时，理性行为的一种逻辑计算，表达为给定约束下最优行为选择 $x^* \in \max(\cdot)$ 的解——但不等于理性本身。此时，行为者 i 被称为理性经济人只是一种简化的说法，所得到的解只是理性的表达，且仅仅是一种表达，而非理性的本质——因为西蒙有限理性的搜寻程序解就是另一种表达[11]，且随着"人们理性互动行为"[12]的博弈论出现，新近的可理性化解、情境理性解、演化理性解也同样都是理性逻辑的不同表达。其实，理性逻辑是人造之物，当然不是完美的。但理性逻辑的不完美并不影响理性去引导理性逻辑的发展，也不会妨碍现实理性的合意性。可以预见，随着人们对于自身、社会和自然的不断探索，对于全知全能的不断领会和逼近，我们关于理性概念的逻辑表达及其求解算法将会越来越丰富，越来越完备。

一个例子或有助于说明问题。在经济学理性逻辑的发展史上，每当一新理性逻辑被人们初次接受时，都会展现出如"上帝之手"般完美的一面；但这种完美只是理性的表象，而非理性的本质。例如，纳什均衡概念的出现就令人十分着迷，迈尔森曾说："纳什均衡概念完美地颠覆和完备了行为决策逻辑，以至于像消费、生产与交换等诸多不解的经济行为一下清晰起来。"[13]但实际上，当初的生产、消费个体决策逻辑出现时，人们又何尝不是如此呢？而如今作为浓缩理性逻辑的博弈均衡概念，也正是一步一步替代更新的结果——纳什均衡、贝叶斯均衡、认知均衡等。[14]随着人类认知对理性概念的探索与进步，理性逻辑总会不断地暴露其不完美之处；面对或可能出现的新思想、新对象与新算法，理性逻辑也肯定会在理性的驱动下，不断地补充、完善和发展。

理性是理性逻辑之源，理性逻辑只是说明理性概念的工具。通过人们对数学语言的勾连与重组，理性逻辑能够重现理性的光辉，形成人类理性的理论成果。但必须指出,作为人的本质属性之一,理性还同时存在着现有逻辑不能全面揭示的复杂内涵,并由此引导着理性逻辑的发展方向。如今,有两种极端状态存在于中西方文化传统之中,中国传统的统合思维往往深陷于理性的本质,不愿深究其逻辑乃至逻辑扩展;而亚里士多德以后的西方科学传统过分关注逻辑,以至于待在逻辑的精彩世界里不愿落地。究其原因,人们普遍忽视了一个基本事实:在现实中,并非符合逻辑的才是理性的。

人类社会的所有进步并不都是由理性逻辑推导出的成果,没有人会按照逻辑知识来生活。人类并不是因为学了进化论才从树上下来,从猿进化成人,我们也不是学习了货币理论才会使用货币,更不是因为懂了“无形之手”原理才开始市场交易的。的确,人们可以探究具有理性特征的数理化知识,并根据这些学科知识的逻辑,再造一个人化世界,使其充满着人为理性的智慧。的确,现代科技进步已经使人类社会进入一个远离自然的人化世界,乃至于迫使人们得凭着科学知识去生活。但即使如此,我们也无法因此将理性概念局限在既有知识的逻辑框架之下,试图用数理化或人工智能等逻辑知识统摄一切,用现有的经济、政治、社会学理论来度量社会。相反,一旦理论无法服务客观现实,我们就应首先警惕自己所确信的逻辑、知识与法律的可靠性,而不是去质疑理性。这里,保持一种对理性的确信,而非对理性逻辑的崇拜,是受到哲学语言学转向的学术启示[15],但却十分重要。

理性逻辑只不过是一种广义的语言表达,如果我们用萨特的积极存在主义哲学来解释,或许会更明确:存在先于本质,本质即空虚,只不过等待着意义的填充而已。用之于理性概念,同理,理性是客观存在,人们所探究的理性本质乃空虚之物,理性逻辑则是我们探究理性所得之种种意义,以完成对本质的填充。换句话说,理性是一种方法论,理性方法激发和推动了人类演化与社会进步。此时,作为人类的一种创新动力和认知方法,理性肯定不能,也不会固化成某种数理逻辑的行为模式。任何理性逻辑都不是永恒的真理,更不能替代理性,成为理性的主人。理性逻辑是理性的仆人,人们必须在理性的引导下,及时改进随时可能谬误的理性逻辑。

本书区分理性逻辑并不是理性的本质,乃至数学逻辑也不是数学本身,不是企图否定数理逻辑,而是想强调关于理性研究的一种观点:我们既不能远离社会实践的经验源泉,也不能陷入科学逻辑的理论迷宫。霍金关于模型依赖实在论的最令人感动之处,就是将实在论的表观与实在论本身结合起来。实在论的对象是实在性的一种表观,这种表观是模型依赖的:你怎么说(模型)对象,它就是什么。霍金认为,怎么说的核心是一个模型依赖的理论问题。[16]于是,我们还得基于存在对实在表观的限制,返回到理性的逻辑与模型上来,而所有表观的可能性进步就潜藏于此。

如果要关注理性行为的逻辑重构,我们必须克服从效用函数设定、约束条件变动直至理性计算方法等的一系列困难。比如,设定经济行为终极目标的效用函数,就与经济行为具体收益概念存在严格的区别。这是当初冯·诺依曼和摩根斯坦在处理参与人博弈支付及其收益关系时就遇到的难题。[17]很显然,边沁和小穆勒当初关于效用概念的论述早已被人们遗忘,在传统经济学教科书的误导下,人们往往记住了幸福可以排序计数,却忘记了幸福的内涵,忘记了追求幸福才是理性的本质。近些年来,特沃斯基、卡内曼以及科林·卡默勒(Colin Camerer)将人的偏好拓展至不同情境、心理及其风险判断的效用感受[18],并运用行为实验方法,得出了一系列理论成果,就是有益的启示。只是,他们提出的社会性偏好、利他偏好概念看似拓展了效用函数的设定范围,但同时,却将从属于理性概念的社会性偏好误解成合作、利他精神的替代物,也带来一定的学术偏差。[19]

拓展效用函数理论的有效途径,不应只是效用函数本身的改进,就像"同情博弈"简单地将自己对他人的同情偏好放进自己的最大化效用计算之中;而必须进一步挖掘效用目标的整体性,抓住行为目标与约束条件所隐藏的社会性关联,深入地解析和区分社会性偏好与利他偏好概念,进而揭示出理性的本质内涵。

2.3 理性行为的社会性

讨论理性行为的社会性偏好,首先要澄清个体理性与群体理性的概念区分与误解。理性概念仅仅局限于个体行为,只有针对个体,才能定义偏好的理性概念。[20]按照现代博弈论的理论解释,群体行为只存在均衡——即某种"稳定、但不得不选择"的方案,即使人们总是用合作秩序来比喻,我们也仍然无法用简化的效率来框定群体理性概念。一般的所谓群体理性或社会理性是一种集体主义方法论的效率逻辑,本质是用贴标签的逻辑强加给社会状态一个名称。要真正定义一个社会的理性概念,除了效率的标准,还必须讨论社会意识或者集体意识的概念,以形成终极目标为社会总福利的理性内涵。然而,考察社会学的社会意识乃至集体意识概念会发现,人们无法给出某种价值中性的社会理性标准,因为任何社会意识都带有意识形态偏向,不存在绝对政治中性的社会意识或群体意识的概念,需得因时因地因人来讨论,并根据社会事件来区分理性概念。也就是说,一旦要定义群体理性的概念就必须接受某种动态的不确定逻辑;反过来说,作为理性从属概念的社会性概念也只能被定义在个体行为的范畴内。

现代经济学研究的一个为难之处是,眼看着人们正在逼近理性目标,但中途却活生生地被自己制造的"怪物"所阻吓,偏离正确的方向,以至于越来越远离自己所要追求的目标。作为理性概念的子概念,社会性偏好就因为合作伦理的无端绑架,被逼"母子分离"乃至于理性概念本身也被社会性偏好概念所曲解,狭义地推向自私利己的境地。人们不愿深究社会性偏好的内涵,似乎仅当这对母子概念对立时,才认为是学术创新。实际上,西蒙当初提出改进理性概念的满意标准与有限理性概念,批判性地用"社会人"替代"经济人"概念,核心就在于拓展决策理论的方法,以形成有限理性决策模型[21],这种改进并不意味着复杂的社会性就对立于理性,或者等价于利他性偏好、合作伦理或将利他逻辑简单加入理性逻辑计算即可。这种关于社会性偏好的概念误解[22],将人们原本相互关联、彼此合作的社会性与理性逻辑人为地对立起来,不仅曲解了理性概念的真正内涵,也无法完成延续有限理性概念对传统理性的改进。本质上,人们将理性子概念的社会性偏好误解成理性的对立物,曲解成合作伦理的代名词,原因在于传统经济学思维对伦理哲学的误解,与此同时,还源于当下科学至上主义对理性逻辑的某种狭隘偏执。那么,人的社会性、所谓的社会性偏好究竟是什么?

社会性偏好是关于人们理性行为的描述,与道德伦理无关。[23]人,先天就是社会性动物,社会性不仅是人类理性的内在秉性,内含于理性偏好之中,本质上也是自然赋予人类的一种生存的需求本能,不过呈现出不同程度的外在行为差异。社会性偏好越强的人应该越理性,也越具有融入群体的社会性倾向。相反,人的社会性越弱,直至极端,则意味着一种非理性的病态,他们既没有合作精神,也缺乏竞争的意识,而与利他或利己的伦理无关。如果要追根溯源,则可以被细分为两类:源于物质需求的社会性和源于精神需求的社会性。物质需求对应着人的生存行为,精神需求对应人的交往行为;这两种出自人需求本能的社会性相互影响、相互制约,共同构成人们社会性偏好的基本特征,并由此促使人的行为在二元周期性逻辑上的理性演进。[24]

第一,物质需求的社会性是自然赋予人的生存理性。人类天生就是群居动物,人类在演化的过程中,具备了多种多样彼此需求、相互供给的社会性经济关系。[25]最初,亚里士多德所言"人不是动物,具有社会性;人不是神,具有物质性"的精彩之处,在于将人性界定在两个否定性极端概念的中间状态,意指存在着两组前后对比的概念关系,洞见深刻,却极易产生误解。这里的社会性原指希腊城邦里人们生活中的彼此需求、相互供给的社会关系,仅仅与动物的孤立性形成明确对立,而与其后否定的神性或者伦理道德并无直接的等价关系。同理,物质性也只是神性的对立,与动物性或者自私自利无关。然而,经济学家多年来总是试图将社会性与神性等价起来,以至于将社会性看成动物性的否定性概念。进而认为,社会性与利他主义、合作伦理有高度相关性。实际上,这是两组并立的平行概念,彼此并没有隶属关系。社会性作为人的社会行为描述,起源于人类社会彼此物质交换的生存需求——没有人能够离开他人而生存,这种生存的理性既有合作,又有竞争。事实上,人的社会性偏好越强,就越具有较强的合作意识,同时竞争精神也更强;如此就像竞争未必就是自私自利,合作也未必是利人利他。与此相反,社会性偏好低的人,既不与人合作,也不与人竞争。由此可见,将社会性简化为道德利他是一种经济学思维的误解。这种误解会遮蔽人们的认知,使得我们不能深刻地体悟:社会性不过源于人类生存本能的需求理性。

关于物质需求社会性的产生、演化和形成机制却是一个无法展开讨论的论题,就像我们无法讨论市场交易与劳动分工是如何衍生、形成的,或者语言是如何形成的一样。我们仅仅讨论物质需求带来的社会性偏好对人类生存的社会功能。一般地,生存需求又可被细分为当期的物质需求和预期的物质需求。比如,对于当期需求,英国人可以在生产羊毛纺织品的同时生产粮食;但由于法国人的粮食生产效率更高,英国人的纺织品生产优势更强,长期来看,双方进行粮食与衣服的劳动分工,并展开社会性交换活动,便是一种符合双方预期需求的生存理性;这种互通有无、相互交易的社会性偏好行为,大多数都演化成一种无关道德伦理的理性行为习惯。社会功能性分析能帮助我们理解人的需求本能及其社会性关系的复杂逻辑,但也只是一种经济逻辑的窥测。广义地讲,人的生存需求决定了人们的生产关系,决定了生活的社会面貌;由于人类生产关系及其社会面貌集中体现了理性偏好所内含的社会性本质,这也是人类理性偏好的内在属性。当然,全面分析还涉及传统经济学的需求理论与生产理论,以及马克思关于生产力与生产关系的经典论述，其逻辑可见传统经济学教科书，这里不再赘述。

第二，精神需求的社会性是人类天生的交往理性，这与哈贝马斯坚持的“交往理性”概念是一致的。如果说物质需求的社会性提供了人的基本生存前提，那么，精神需求的社会性驱动了人们的交往行为。人离不开交往，其理性维度在于，人的所有精神需求都可以，也只能通过社会交往行为获得满足。一般地，人们的交往行为具有三个理性目的：社会认知、社会认同和社会尊重。只有当一个人获得并达成这三个交往的理性目的时，他才能形成情感自洽、生命自爱和人格自尊的正常状态，成为一个思想健全、性格成熟、意志坚定的个体；同时也有利于实现其他社会目标——只有当所有理性目的经由社会交往过程达成时，精神需求的社会性才获得了功利主义意义上的经济学陈述。

基于对生活世界和以语言为媒介的人际交往活动的语用学分析，哈贝马斯提出交往行为理论。[26]通过对交往行为目的有效性的细分“真实性、正确性和真诚性”，他认为语言交往需求的有效性本质，就是理性原则。哈贝马斯的理性观强调认知世界观发展和个人意识提升的过程，这与上述三大交往理性的目的内在逻辑一致。进一步，哈贝马斯的深刻之处，在于他发现西方传统价值观（自由、民主与个人主义）与现代化理性发展（工业化和官僚体制）之间的紧张对立。也就是说，理性已经在工具性的扩展中迷失了韦伯意义的价值理性，原本从生活世界合理结构中产生的“制度”却逐渐脱离了真实生活世界，而反过来制约、破坏传统理性的合理结构，致使生活世界的“殖民化倾向”日益严重。据此，哈贝马斯批判工具理性不但会自我否定、导致人性的奴役，也摧毁了人类文明，因而强调建构一种拯救理性危机、对抗工具理性的理性已经刻不容缓。哈贝马斯重构了交往理性概念[27]，坚持一种“隐含在人类言语结构中并由所有交往者共享的理性”，即理性应体现在人们相互之间交流的理解过程之中，体现在人们利用、控制自然过程中的工具理性之中，并逐步转换为人与人之间的社会关系的交往理性。主张通过交往理性对生活世界的扩展来重构制度，最终，能够将“真实、自由和正义的思想，作为相互关联的、先验的基本规范……建设性地植根于生活世界的合理结构之中”。[28]

关于哈贝马斯的交往理性、社会性偏好的理性与传统意义的理性这三个概念的复杂性关系，本书或许可以给出一种理解，以示三者的关联与区别（见图 2.1）。

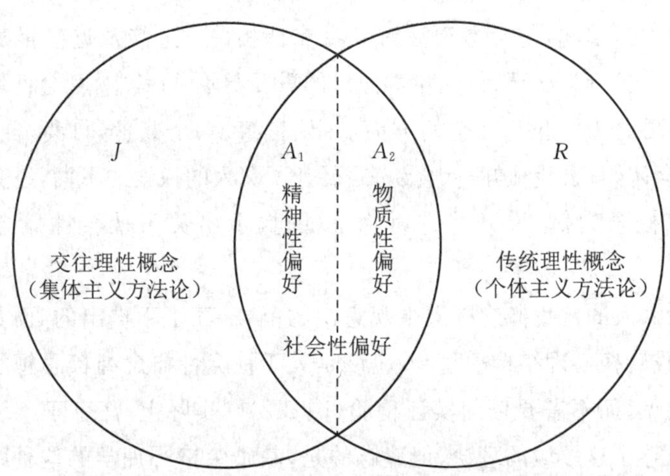

图 2.1　交往理性、社会性偏好与传统理性的概念集合与关系

作为包含物质需求 A_1 和精神需求 A_2 的社会性，原本就是传统理性概念的一部分（即 $A_1 \cup A_2 = A \subset R$），精神需求的社会性必须通过交往理性行为实现其现实功能，因而也同时属于交往理性的集合（$A_1 \subset J$）；物质需求的社会性大多数也与交往理性行为重合（$A_2 \cap J \neq \phi$）。此时，交往理性概念突破了西方传统的个体主义价值观，从而拥有超越社会性偏好与传统理性偏好等个体主义语境的不同社会功能（$J \cap \bar{R} \neq \phi$），具备了对生活世界的扩展、重构制度规范等内涵。

这里关于哈贝马斯意义上交往理性概念的概述或许挂一漏万，但有利于帮助我们看清：与其试图从抽象的合作秩序与规范层面来重构伦理、道德的社会性，倒不如像哈贝马斯那样，从人们交往行为及其现实生活中寻求社会道德、伦理有效性的答案。只有深入具体的交往情境和交往语境，才能得出关于社会性概念的深刻理解，才能避免将理性偏好的社会性简单地混淆为利他合作的行为逻辑，以真正揭示社会性概念作为理性价值一部分的真正内涵。[29]这里，仅从功能逻辑上来看，社会性的交往功能为传统理性带来的深刻改观，是一种关于理性内涵及其认知的动态调整逻辑。

理性动态调整过程将带来传统理性中与自我认知、自我认同对应部分的动态改进。恰当的自我认知与自我认同是理性偏好的基本前提，共同构成自尊、自信的心理基础[30]，此时，正常的自尊自信只能源于社会认知与社会认同的交往理性过程。自我认知是人们在相互交往、彼此关联的交往理性中，不断调整关于自我的一般定义、参照系与价值观信念体系所形成获得的。

自我认同也是如此，与动态调整的交往理性相关。这涉及近些年实验经济学为深化人类行为心理、认知科学做出的重要贡献[31]；其中，社会性偏好理论的成果主要分为自我与社会两方面，并从三组、六个概念（自我-自尊、自我认同-社会认同、自我认知-社会认知）展开了深入的探索。下面，以其中最核心的自我概念为例，展开些许讨论，以图揭示出关于社会性概念的原初脉络。

如果将人的自我概念嵌入主观意识的范畴，汪丁丁提出的"面具-自我-阴影"原我转换心理结构模型[32]，应该是关于社会性概念纯粹思想实验的重要理论洞见，而不需要任何实证检验（图 2.2）。实际上，汪丁丁十多年前就关注并引导了这领域的理论，但遗憾的是，基于荣格心理学的这种跨学科研究并没有被人们所熟知，其中所揭示的理性偏好及其行为科学内涵也没有被彻底展示出来。

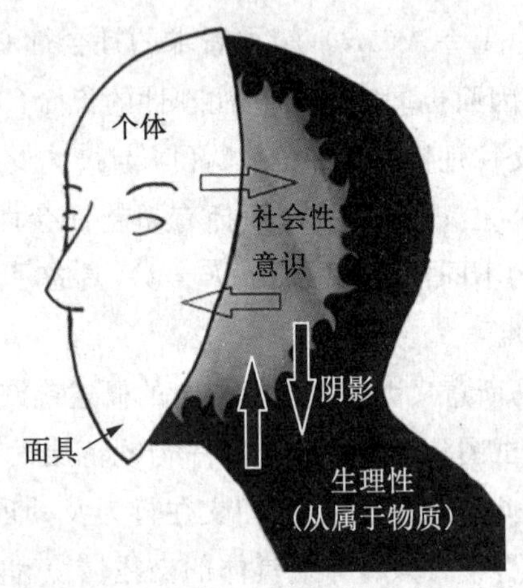

图 2.2　汪丁丁的"面具-自我-阴影"原我转换心理结构模型

资料来源：汪丁丁，《性格、意识、心理类型》（上、中、下），https://wangdingding.blog.caixin.com/archives/263963。

自我概念是个体对自己的主观知觉和判断，包括对于自己的生理状态、人格特征、社会角色和过去经验等方面的认识构成，是一系列态度、信念和价值标准组成的体系化的认知结构。[33]"自我（ego）仅仅存在且形成于一种'面具-意识-阴影'的三元构建的原我之中，其中，意识即自我的核心"。汪丁丁认为，由于"个体的认知三要素很难摆脱路径依赖性"，人格（或性格）往往呈现为外倾和内倾两大心理类型与四种心理机能——思考、整体感受、感知、直觉，直至多种形态的人格与命运的人生历程，由此阐释了"性格即命运"的格言。按照荣格学派分析心理学家沃尔夫冈·吉格里希(Wolfgang Giegerich)的主张，如果将荣格个人主义思路修正为兼顾文化研究的思路[34]，这就意味着在汪丁丁的心理结构模型中，存在着两种个体与社会关联的互动关系：其一，自我意识与面具之间的互动，存在双向反馈的信息接纳与修正关系，表现为某种精神需求的交往理性社会性；其二，在自我意识与阴影之间的互动，存在着人们内在生理需求、自我需求及其物质互动的关系，表现为生理需求的交往理性社会性。实际上，这种围绕自我而显现的内外信息交换的关系，不仅构成了自我塑造与社会塑造的基础，也是自我形成的主要形式，同时，亦是自我意识在社会性偏好影响下不断自我修正、演化的基础。具有交往理性的社会性会促成人们的意识、认知和习惯(自我概念内涵)的变化，并反过来强化人的理性认知。

简言之，理性的自我认知只能从交往行为的社会实践中获得，理性一旦养成习惯，并被"打包"而整体存在，便形成特定社会范围内加总意义上所称的社会习俗。这里，如果将中国俗语看成一个传统习俗的语言映射的像集，进而按照汪丁丁引入的中国"人生如戏"的文化意识，我们会发现，具有"面具"与"台词"功能的语言映射集合便成为中国社会行为中达成交往理性及其功能的重要途径。[35]

根据荣格给出的自我"更正式"定义[36]，即一系列源于个体人生经验的个性特质的排列，Dunning 和 Cohen(1992)以自我为中心的社会判断模式认为，锚定点(焦点)和人的心理账户决定着人的社会认知、社会判断。[37]且这种自我意识与社会判断之间的相关性依赖于一种自我激活的机制，自我认知一旦被激活，就会影响人的判断。也就是说，人们在评价别人的表现时会考虑自己的习惯和成就，但同时，自己的行动通常又会融进评估他人的后计算规范中(post computed norm)。这里指出，自我信息的激活并不是由人的明确指示或者任何参与者为了突出自我的操作所激发的，而是社会交往行为过程本身让人们提取了关于自己行为和成就的信息[38]——这是行为实验经济学的研究成果。

Kahneman 和 Tversky(1979)的前景理论表明，自我-自尊形成的前提是一系列价值评判标准，它依赖于某种参考点，并由此确定选择结果在其主观价值函数的位置，进而决定选择结果的效用(desirability)。Neale 和 Bazerman (1991)通过(外在)参考点诱导被试群体得出了不同的框架效应。[39]卡内曼等(Kahneman et al.,1986,1997;Kahneman and Tversky,1979)据此认为经济性交易是包含相互交换信息、双方试探对方参照点并通过诱导锚及其规范来影响对方的交往理性过程。一般地,认知参照点(cognitive reference point)是人们在认识、判断或评价某一事物时的参照目标,这是人类认知过程普遍存在的现象。这种自我价值感或自尊水平构成了人类认知的基本参照点[40],以便于实施自我价值感的自尊在个人信息加工乃至行为决策过程中的基础性影响。Köszegi 和 Rabin(2006)进一步证实:自尊意识及自我概念也与社会交往相关;仅当自尊在社会交往中获得社会认同时,自我认同才会形成,它们都只能在人类竞争-合作的社会交往中发生、演化和塑形。

可以想象,不仅自尊、自信依赖于社会性交往空间的"理性扩展",人的价值观、精神秩序乃至美感倾向也均来自社会性互动的过程。精神分析与美学理论告诉我们,精神状态的安全感、秩序感、清晰感以及影响美感的疏密、对称、强弱、长短等形式构成,皆是社会交往理性的结果并能实验之。[41]

最后指出,形成社会认知、社会认同和社会尊重的交往理性并不能导向交往行为中的利他主义倾向;人类社会交往既包含合作伦理,又包含竞争逻辑。我们无法断言,作为理性本质内涵的一部分,社会性交往理性是因为合作共赢、互惠利他的"亲社会"目的,才会在人类社会演化中变异诞生,并遗传下来的。恰恰相反,往往冲突性的社会活动才包含更大的合作收益,正如哈耶克所说:"所有人类社会的进步和发展都是因为竞争,而非合作行为的结果。"其实,稍有经济学常识就明白,没有背叛风险、没有冲突成本的合作收益根本不会存在,就像大街上一袋无主的金币会被无数双眼睛盯住一样,一旦出现就会立即被"一般均衡"的竞争所耗散、消解,被均衡成为某种"零利润"状态。[42]其中,就包含着竞争结果的后验合作;并且这些合作行为被固化成为传统习俗、社会规则或者正式制度,更不需要用经济逻辑解释成合作伦理了。实际上,合作博弈的夏普利值及其核概念,只是一个达成合作的必要而非充分条件[43],合作还依赖于可转换效用等诸多条件。被社会性偏好误解的合作伪命题不能揭示社会合作背后的复杂本质:夫妻矛盾的情感冲突、市场造假的制度缺陷、公共品悖论的资源拥挤等问题。合作论题的关键,在于现实中的合作总是存在冲突、成本和风险,存在着不同程度的行为协调、成本分摊、风险承担等利益性冲突;对此视而不见,仅仅用社会性偏好、伦理秩序乃至社会效率来强调合作,本质上是一个伪命题[44],不仅是对理性、社会性偏好的彻底误解,还会产生用合作伦理绑架自由的社会理念直至摧毁人们不合作“退出”的基本权利。

恰当的社会性概念将充分地展示在社会性偏好下，人们理性行为的动态变换逻辑。在现代博弈论中，理性的社会性逻辑已经得到充分展示。一旦将人置于不同情境下(不考虑时间)行为决策的逻辑中，参与人、行为策略、博弈支付、信息结构、认知结构等博弈论的概念框架，就很好地揭示了人类行为的社会性理性逻辑。而行为实验经济学关于自我认知、信任水平、框架效应及各种行为逻辑的研究结论，也都已经在博弈论逻辑中得到统一的解释——除了行为条件、行为意义的差异。

下一节将围绕人的社会性交往功能，具体地推演出社会性交往理性对于人们行为的动态调整影响。一方面，如何通过交往理性获得关于客观约束的更新认识；另一方面，如何通过交往理性获得对于主观自我的更新认知，进而不断更新自己的目标函数乃至偏好和效用函数，从而得出人类周期性行为的社会性内涵及其整体性逻辑基础。

2.4 理性目的的整体性

理性行为的目的或目标具有整体性，这是人类理性的必要内涵，但却常常被忘记。其核心内涵是：行为理性既要追求行为主体的目标，也要兼顾客观条件的约束，以达成内心深处能够始终确保一种统合的整体性幸福感。

从社会性的时间维度观察，容易理解，人的理性将从整体上随着时间、根据环境、伴随人事乃至心情直觉的变动，而动态地调整——改进不合时宜的行为。但值得指出的是，这种调整并不是“干中学”[45]意义上的模仿性学习，也不是西蒙关于决策条件、工具与方法的最优搜寻，更不是局部目标、单一目标或利益度量的调整，而是从社会交往中获得理性的整体性认知的调整，包含发现新目标、找到新路径、形成新方法，乃至拓展约束而获得新维度。为了深入把握理性的整体性概念，我们首先回到人类理性行为的目的性，因为是人类行为的目的性决定了理性的整体性、多元的复杂性。

人们关于理性概念的争议颇多，但对于理性行为的目的性却是一致同意的。《帕尔格雷夫大辞典》对“理性”及“有限理性”修订后的定义为，将决策者在认识和能力方面的局限性考虑在内的合理性选择。这里，“合理性选择”就暗示理性具有目标方向、目的范围的内涵，已经将人们的非目的性行为排除在理性行为的范畴之外[46];这也是最优规划中目标函数存在的前提。

行为目的性作为理性的一个先验概念,包含着有意识和无意识的不同成分。比如很多科学发现和技术创新是在人们游戏或者无意识中获得的,但必须承认的是,这些无意识活动往往都包含着行为主体的意向性目的:或者是为了纯粹生活目的的娱乐、消遣乃至休息,或者是生产、消费或科研目的的相关活动。否则,创新发现者在面对新事物的涌现时将会毫无感觉,卡尔·波普尔在《猜想与反驳:科学知识的增长》中就反复论证过灵感与科研意向的关系:灵感从来不会青睐没有思想准备的人。现实生活中,诸多"山重水复疑无路,柳暗花明又一村"的惊喜就提醒我们,现实合意性未必一定是人类理性的结果;但此时,只能是苦苦思索"疑无路"的人,才能发现"又一村"——其中就包含理性意向的目的性。

进一步,比"疑无路"更神奇的是庞加莱的"疑无问"。拓扑变换概念是庞加莱在一次陪同家人外出旅游时,刚登上火车的那一瞬间所涌现的。他事后回忆这仍然是一个长时间刻意思考的结果,只是潜意识被某种情境或心境触发,产生联想,突然之间呈现出来。事实上,用拓扑概念处理当时庞加莱思考的数学变换,并不涉及研究路径或工具的选择,而是一个概念性创新。新概念往往产生于一种全新的问题意识,这种问题并不是当下的数学难题,不是有问题,而是一种没有问题的困惑。也就是说,即使是潜意识或无意识,也常常隐藏在人的有意识行为的整体性目的之中,并与有意识思维一起,共同构成了我们甚至无法表达的行为目的整体性。理性目的具有统合的整体性,其终极指向仍然是人们的幸福感。

一般地,构成人类理性行为幸福感整体内涵的是一个多元多层次的复杂性系统,包括心理、生理、精神、物质乃至无知无意识的需求满足。人们餐饮消费的整体性是既要吃饱、吃好,还要饮食支出最小化;服饰消费的整体性是不仅要保暖美观,还要考虑成本实用;家庭消费不仅要考虑当下的需求,还要考虑未来消费或新颖消费的预期风险;其他的如就业、投资、文化娱乐乃至政治行为,均是如此。当初,西蒙提出多目标理性规划时就意识到,即使是单一行为,理性决策者也可以有不同的目标,即同一约束下的多目标不过是理性整体性的不同部分;不过,他的同一约束多目标搜寻逻辑只是对理性目的的细化分类——即西蒙令人遗憾地因其人工智能思维简化了对理性整体性的理论深化。现实中,作为管理和决策者,管理人的知识、信息、经验和能力的有限性,不可能也不企望可以达到绝对最优,只能以寻找满意解为目标。西蒙由此认为,所谓的管理人是介于完全理性与非理性之间"有限理性"的社会人。然而,本书要追问的是:既然有限理性概念准确、有效地区隔了传统理性逻辑,为什么无法从理论上替代它?或许,我们应该这样问:在完全理性与有限理性之间,是否存在比有限理性更趋近完全理性的逻辑把握?一种可行的思路是,认真审视理性目的的整体性逻辑。这就要求我们阐释:任意的人类理性行为,无论生产、消费或者交易都具有幸福感的整体性追求。

理性目的整体性是人们采取社会行为追求人生幸福的本质所在,人生的整体幸福感才是理性行为的根本目的。实际上,大多数理性概念的著名难题[47],都源于缺乏对理性概念的整体性把握。比如,学术界关于行为一致性的多年争论,原因就在于人们将理性概念局限在行为结果一致性的想法上是错误的[48],一种恰当的理论扩展是行为信念的一致性,即理性目的的整体性逻辑。深入认知、信念与行为细节的分析表明[49],传统理性的一致性要求是:不同目标约束对理性行为具有同样的解,这本身就不合理。然而,信念一致性则允许目标函数变化;由于信念与偏好的内在关联,相应行为的不一致恰好是人们信念要保持理性整体的一致性体现。传统理论忽视了行为不一致是时间变化、信念改变所引致的,其理性内涵却始终未变。其实,萨格登当初问"为什么要保持一致性"[50]时,已经敲开了理性整体性问题的大门,只是没有引起注意。而作为一种新尝试,我们必须为理性的整体性逻辑奠定一个可信的理论关联。

关于演化理性概念的讨论产生了丰富的学术成果。本质上,演化理性是将生物演化逻辑运用于人的理性行为,试图通过直觉、习俗乃至本能等"类基因"概念的替换[51],来追溯、弥补传统理性概念的不足。然而,演化逻辑常常要面对一个常识性悖论。由于演化机制对于任何生物种群都是一个"缓慢"的过程,时间尺度大大超出了理性行为的主体——人——穷其一生演化的跨度,这使得我们必须在极短期的"实验"样本里,获取长期有效(即使无法检验)的"客观"结论,这当然十分困难。即使我们将传统、本能、直觉等超理性概念嵌入理性逻辑的"类基因池"[52],在面对人类理性行为的"变异"机制时,演化理性也并没有提供更清晰的逻辑解释,这使得它更像是一个"泡菜坛子",什么都能装进去,各种新鲜蔬菜泡进去后出来的却是一个味道——除了名字不一样,除了给我们一些似是而非的名言警句,并没有更多的理论洞见。演化理性与其说是理性概念的改进与完善,倒不如说它彻底地消解了理性原问题的理论价值[53],使得理性逻辑的所有矛盾在演化逻辑的“泡菜坛子”里都失去了原问题的理论张力。反过来,如果我们从整体性逻辑观察,即使不用“演化”的“坛子”发酵,也可以进一步追究人们的行为是因为何故、何事、何人发生变化的,并从何种意义上保持着理性的整体一致性。

人们对人生幸福的追求是整体性的,而非单向度的,这是一个常识。然而,理性的自负、理性逻辑的科学化,已经使人们忘掉了真正理性具有多维可选择及其变换的整体性,造成了对于人的单向度异化。[54]特别是,新近行为实验经济学某些研究倾向及其方法论的错用,正在挑战理性行为的整体性逻辑,偏离了分析哲学的正确路径与社会科学的人文准则。这种纯粹管理思维的实证主义研究对于经济学的危害,一方面在于它彻底否定了个体情感、心智的自由选择及其伦理合法性,另一方面也否定了将韦伯的价值理性作为经济学理论的哲学基础而存在的可能性。鉴于当下国内经济学界对行为实验方法的极端实证主义的热衷以及或许带来的学术伤害,这里,在进一步展开理性整体性的讨论之前,我想先就行为实验经济学的整体性失误,给予如下批判性的综述。

弗农·史密斯在领取诺贝尔经济学奖时,早就警示过行为实验对象的整体性与实验过程的可控性存在着巨大的矛盾[55],这使得行为实验的碎片化逻辑与具有整体性的理性事实之间存在着本质的区别。基于碎片化的行为实验来推断人的行为逻辑,其实就意味着行为实验研究已经将人当作一架机器或者实验对象,而不是具有复杂人性的有机整体。本质上,人的德性就是一面天使、一面魔鬼——依赖于行为情境;人的性格既有积极的一面,又有消极的一面——依赖于语境;性情既有勤劳,也有懒惰——依赖于激励……人的社会行为总是特定情境、语境、价值观乃至激励机制的产物。由此,行为实验过程的碎片化控制便可以在任何意义上将具有复杂人性的整体人分割为不同条件、不同情境以及不同语境下“独立无关”的孤立个体;进而通过实验的控制性,将人变成“环境刺激-行为反应”的应答机器,选择性地忽视了人们对于不同环境、不同选择的复杂性与整体性理解。一旦这种具有控制性便利的“贴标签”工具被运用于人的行为研究,行为实验经济学便可以获得任何研究意图想要获得的结论,得出任何比整体性描述看似更客观、比综合性刻画看似更深刻的结论。

然而,正是这种科学外表的深刻性,反而会带来更多的理论误解、更大的现实危害。比如,你要证明人是天使,请看这个实验;你要证明人是魔鬼,请看那个实验;你要证明人有缺陷,请看那个实验——所有你想要的结论都可以通过你精心设计、任意掌控,随意获得。但唯独不能证明人的理性是整体性的——这恰好是人类社会历史的“大实验”时时刻刻都在发生着的事情。或许可以这样说,行为实验的研究方法犹如摩西的魔杖,它的恰当性关键依赖于实验设计的立意正当性——这是宾默尔早就追问过的问题[56]:行为实验“下一步究竟想要干什么”?

对于具有各种人性逻辑和复杂动机的人类行为,碎片化的实验与分析即使具有一定的管理学价值,也要追问:这些既“科学”又具有控制性意图的研究结论,谁最需要,谁最欢迎?答案是集权主义者最喜欢。若观察许多关于合作论题的实验研究[57],你就会发现,这类实验的意图在于验证社会性偏好与某些碎片化因素的正向关系——比如社会性偏好者的利他精神更强、信任水平更高乃至合作概率更高。注意,由于实验者此时将“合作内容”控制性地屏蔽——比如“合作去抢银行”被排除,那些倾向于不合作的被试者在研究者眼里就等于更自私,不合作者当然更不利于达成管理的主观意图。事实上,社会性偏好无关道德,合作论题也与利他利人毫无关系。

有人辩解,管理科学要求我们得出定量的研究结论。但问题是,这些管理学的科学“配方”意在何为?必须提醒的是,管理科学化必须具有伦理前提,不能以丧失普适价值观与社会基本伦理为代价,去追求管理效率。社会伦理是任何社会秩序的“首要德性”[58],无论是科学、效率还是理性,没有任何伟大的名义能够授予个人改造“他人”的权利。任何科学方法都需要划定其理论的边界。历史上,以科学为幌子、滥用科学名义去改造社会的例子,并不鲜见,但这些实证主义的极端逻辑带给人类社会的往往是灾难,而非福音——其理性的自负也早就被哈耶克批判过了。

本质上,行为实验的实证研究抛弃了“概念框架”的人文主义传统,这是传统古典哲学(当然包括古典政治经济学)在近现代科学初期形成,并留给我们的最珍贵理论遗产。行为实验经济学家打算像社会学家那样,双手沾满泥土地“直面现实”,却忽视了社会学家的统合思维;他们抛弃经济学的基本方法——戴上概念框架的“白手套”来处理对象。其实,这样试图抛弃抽象思维的概念框架而得出经验性理论成果的想法不过是一种幻觉。历史上,即使一些大思想家和科学巨匠也犯过此类错误,如亚里士多德和伽利略就曾拒绝真空概念——源于心中某种“自然厌恶真空”的不当执念;相反,托里拆利和波义耳为了论证空气是一种有弹性重量的介质,对于同一现象预设了类似于真空属性的“概念空间”,这才使得我们更有幸地接近了事物的本质。

从认识论上考察,行为实验方法的错误在于否定了人的无知与真理的无限逼近性。承认人类存在着无知,乃至无知的无知,就意味着我们永远都在逼近真理的路上,这是一场没有终点的无限过程。任何既有的假说、定理及理论,按照库恩的范式革命理论,都只不过是一种“猜想”,其科学使命是等待着人们去“反驳”,也即现代科学进步所依赖的批判性思维——行为实验研究却想通过实证将真理固定下来。实证主义不应该是验证假说或证明理论的正确性,科学实验的目的也不是要证实一个假说或理论,乃至将其运用于社会管理的实践。相反地,由于真理永远的不完备性[59],科学研究唯一的目的应该是推陈出新地证伪,并在彼此批判的过程中,增进人们关于社会的全新认知。任何理论都不会因为行为实验的实证检验而获得真理的权威性,除非其理论基础与社会伦理保持一致,并具有理性逻辑的合法性。

以上所述,当然不是为了单纯批判行为实验而批判,而是试图为理性概念的整体性逻辑提供一个理论的反证;其中,难免存在着偏见与错误的认识。但理性概念的整体性则不容置疑。只有当一个人具备了行为维度上多方兼顾的整体性思维,才能真正把握人类理性行为的本质内涵。换言之,就当下人类理性行为的理论研究而言,最首要的问题是如何把握复杂理性的整体性。丧失了理性行为的整体性,就没有理性行为的客观性、真实性。怀特海指出:“正是对局部详尽事实的炽热兴趣与对一般抽象概括的同等投入的联合,才构成了当今人类社会所见的一切创新。尽管这在以前好像仅仅是偶然事件,而随机地出现,但保持这种心智的平衡已成为富于成果的思想传统的一部分。是盐,使得生活保持甜蜜。”[60]既要保持对于理性整体性事实及其细节复杂性的强烈关照,又不失对理性概念一般抽象的全局感把握,同时还要有利于本书所提出的人类周期性行为的深化研究,那么,一个最简单的问题切入点,则是传统理性目标与约束的对偶关系及其整体框架,由此,二元对偶整体性幸福感的意义及其逻辑,便是本章接下来要讨论的重点。

基于经典模型$\max\limits_{x\in v(x)}U(x)$与$\min\limits_{x\in U(x)}C(x)$二元框架来考察理性的整体性,在“给定约束条件$x\in v(x)$与目标函数$U(x)$”的对偶关系下讨论问题,就意味着追求终极幸福感的理性行为必须兼顾最大化目标与最小化成本的整体逻辑。显然,这不仅符合常识,也与传统理性逻辑包含的目标函数最大化与成本最小化之间互不矛盾;因为世界上没有人会单纯为了目的,不顾一切地忽视代价;当然,也没有人会处处斤斤计较,为了成本最小化,而放弃人生价值的奋斗和人生理想的追求。然而,传统理论并没有揭示两种理性行为的整体性内涵。何时选择最大化目标函数或最小化成本?如何权衡二者的关系?这就要求我们全面地考察人们在社会行为中是如何通过交往理性及其语言表征,赋予整体性幸福感特定的主观意义,进而获得行为上整体性幸福感的价值的。

从整体结构与微观机制的关系入手讨论理性行为的整体性,必须明确人类语言世界的二元结构意义。任何事物都是多元、非线性的复杂体,但人们总是从最基本、最简单的二元对立逻辑开始认识和分析问题。从实用的角度看,抓住了特定语境、特定情境下事物运行主要矛盾的正反两个方面,也就抓住了事物发展、运动的基本特征。从语用学角度观察,人们的行为意义则总是基于某种二元对立的语言概念来构成人类行为的一般理解。奥斯丁关于以言表意和以言行事的分类,揭示了社会过程中人们使用的语言产生的基本功能。显然,本书是反过来追究社会行为中包含的语言意义及其对人们行为的影响。人们行为的意义取决于意义表达的最基本的二元语言结构及其逻辑,这意味着我们实际上是在某种二元语言结构的行为逻辑中展开行为的最优选择。比如,我们当下十分崇尚科学技术的创新,但不容忽视,与之对立的守正伦理就同时隐藏在我们身边;当我们强调社会公平时,不敢忽视社会效率的激励……也就是说,无论这个世界如何丰富多彩、复杂纷呈,都有某种最简单的二元结构成为人们生存与行为的基本轨迹,这也使得人们似乎生活在一种二元结构的语言世界里。

当初,古希腊人的思想就源于一系列令人困惑的二元对偶概念,如真与假、善与恶、现象与本质、精神与物质、和谐与冲突、秩序与混乱……罗素认为哲学就产生于普遍性问题被提出的时候[61],因为对于漫不经心的事物提问,于无疑之处生疑,就意味着人们要在一连串杂乱偶然的事件中寻找秩序感。然而,"早期米利都哲学家的气质完全不同于当今带有哲学家头衔的很多专家,他们从事的都是城邦的具体事务,得直面各种突发事件,为什么要麻烦地追问这些形而上的抽象问题呢?"唯独赫拉克利特天纵才情地声称,智慧只能通过掌握事物的基本规律来获取。这个规律应该是矛盾对偶双方的复杂运动,它无所不在,却被人忽视。人在面临现实世界大量的繁杂信息时,该怎么办?其实大脑会自发地进行一种随机的计量实证——只要发生信号变化，就会立即将平时看到、听到、感知到的脑存储，不断进行数据属性分类、变量选择、计量统计，同时进行假设验证，最后形成一系列信号变化的生理反馈、逻辑重构、存储记忆等复杂的神经性脑活动。[62]这一切或许会以基因遗传的形式隐性地存在，但实际上，十几万年以来，人的大脑通过人自身的生理与心理以及与社会、与自然的多重共生演化，已经获得了自然界“硬件”上最稳定的“脑能”装备，人类历史进程只是为其不断地提供创新、更新的开发软件。计算机科学的数据挖掘原理，不过是对人的大脑思维模式的一种模拟。但是，真正的人脑系统除去现今流行的概率统计方法，还有结构更复杂、层次更深刻的逻辑演绎：比如可以在语言、意识和直觉的辅助下，无中生有、超距关联、跨时联想、意识并联……这些不是一般的机器学习（归纳总结）、仿真算法乃至将来可能会横空出世的人工智能程序所能模拟的。更重要的是，一旦出现全新的信号或信号认知与存储意识不匹配，人们会通过基因遗传下的神经回路来修正结构、识别信号，并激发情感、直觉与本能的神经应急、意识涌现与思维沉淀反应。[63]正是这些过程，人类大脑的复杂性思维、高智力判断才得以演化形成。后来，这种从二元对立关系起步，再演绎出多元、复杂性关系的逻辑方法，最终在黑格尔的辩证法中被推至巅峰。

从事物发展的规律观察，二元结构逻辑符合事物运行基本规律。任何事物的运动总是沿着两个最简单的定性方向和内部逻辑展开，比如因光的存在，任何物体都会显出明暗两面……光不仅使得事物显现，更重要的是，原本一座浑然一体的山，因为光照，当阳面的各种植物会生长得更茂盛，而背阴面的植物虽然矮一些，但可能更具生命之韧性。正是由此，万物生成，幻化无穷。中国古代一直就有“无中生有”“一生阴阳”之说，而在经济学传统逻辑中，关于理性的认知与演绎的逻辑基础，便是人们行为过程中目标与约束兼顾的二元对偶关系[64]，并由此构成人类理性行为由简至繁、不断演化的逻辑基础。

由此可见，目标-约束二元对偶逻辑不仅最简单，也是人类理性行为的最基本组合；将它们对偶地表达在同一数量空间，便是我们分析幸福感整体性的第一步。

陈述一　追求人生幸福感的理性行为是关于 u-c 对的整体性度量（空间 Γ），被概括为既包含目标效用最大化，又兼顾成本付出最小化的二元对偶行为。

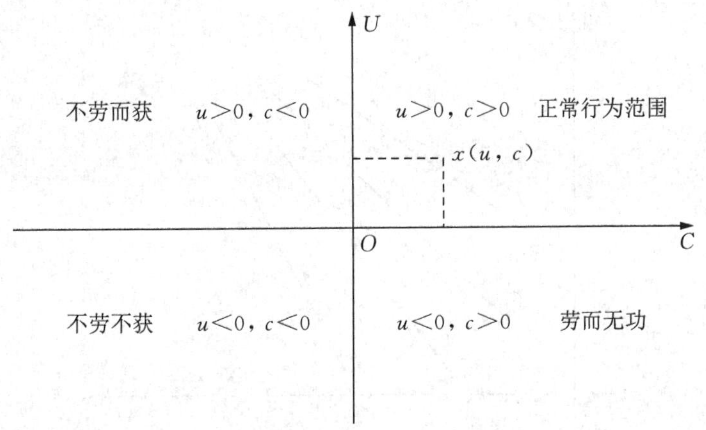

图 2.3 *u-c* 空间示意图

注意,我们聚焦 u-c 二元结构,给出一种 u-c 空间 Γ 的定义。对于任意行为者的任意目标-约束数值对 $(u,\ c)$,设纵轴为 u 值,作为目标最大化值的客观度量。即使个体主观效用、企业利润预期等目标函数值彼此之间很难统一刻画,不同 u 的数值之间的高低差异也是可以排序的,故此,u 值是目标的一种客观度量。设横轴为 c 值,表示人们理性行为约束的客观限定度量,这是可以货币化刻画的数值,可用横轴的大小来表示。如图 2.4 所示,当 u、c 出现负值时,违背了正常社会行为逻辑,比如第二象限的"$u>0,\ c<0$"意味着社会行为可以不劳而获,第三象限"$u<0,\ c<0$"意味着社会行为是不劳不获的,第四象限"$u<0,\ c>0$"则意味着社会行为劳而无功;它们均不具备人类社会行为的一般性。由此,我们聚焦于第一象限 $u,\ c\geqslant 0$ 的人类正常社会行为的范围内。

如果记行为向量 $\mathbf{x}_u\in \text{agr}\{\max u(x),\ \text{s.t.}\, x\in c(t,\ x)\}$、$\mathbf{x}_c\in \text{agr}\{\min c(x),\ \text{s.t.}\, x\in u(t,\ x)\}$,同时,记 $c^M=\inf\{\min c(x),\ \text{s.t.}\, x\in u(t,\ x)\}$、$u^m=\sup\{\max u(x),\ \text{s.t.}\, x\in c(t,\ x)\}$。一般地,有 $c^M\leqslant u^m$,$\mathbf{x}_u=-\mathbf{x}_c$ 及 $c^M\leqslant|\mathbf{x}_u|=|\mathbf{x}_c|\leqslant u^m$,即 $\mathbf{x}_u$ 和 $\mathbf{x}_c$ 是对偶行为对(见图 2.4)。此时,对于 Γ 空间上任意的一点 $(u,\ c)\in\Gamma$,都包含着两种理性行为选择:最大化目标的行为 $\mathbf{x}_u$,最小化成本的行为 $\mathbf{x}_c$;即随时都存在着一组可供选择、必须兼顾的对偶规划行为。

如此,为了进一步表达本节要阐释的理性整体性逻辑,我们给出以下关于 Γ 空间上理性整体性逻辑的一个幸福感数量场的描述。

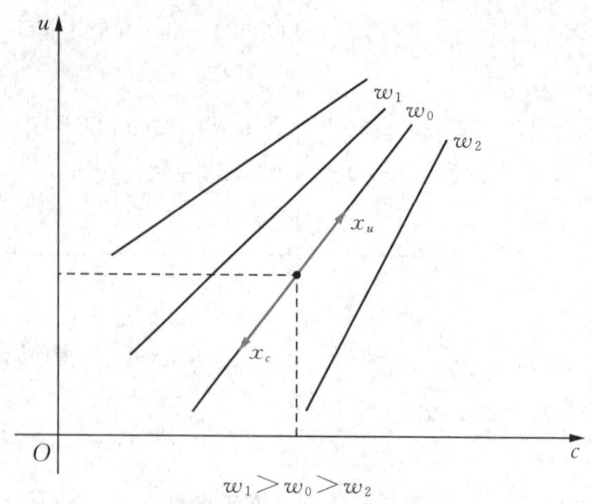

图 2.4　幸福感数量场

定义 2.1(幸福感数量场函数)　追求整体性幸福感的理性行为包含彼此互补、方向相反的对偶规划行为 $\mathbf{x}_u$ 和 $\mathbf{x}_c$。$\forall (u, c) \in \Gamma$, $t \in (0, +\infty) = \Omega$，如果目标值函数 $\mathbf{x}_u = \max u \in C^2(\Omega \times R_+^1)$ 为凹函数、约束值函数 $\mathbf{x}_c = \min c \in C^2(\Omega \times R_+^1)$ 为拟凸的，那么，人们理性行为的幸福感函数为：

$$W(t) = W(\mathbf{x}_u(u, c, t), \mathbf{x}_c(u, c, t)) \tag{2.2}$$

对于 $\partial W/\partial u > 0$, $\partial W/\partial c < 0$ 均成立(其中，$\mathbf{x}_u$, $\mathbf{x}_c$ 为 Γ 的矢量函数)。

人生幸福感函数的整体性度量：必须既包含 $u(x, t)$，又包含 $c(x, t)$，这就意味着人们既在乎结果，也在乎代价，进而使得幸福感函数是定义在 u-c 空间上基于 $\mathbf{x}_u$ 和 $\mathbf{x}_c$ 二元行为矢量的数量函数，其中，$\partial W/\partial u > 0$ 意味着 W 是目标值的增函数，即人们达成的目标越高，幸福感就越大；$\partial W/\partial c < 0$ 则为约束成本值的减函数，即意味着成本越低，幸福感就越大；这符合人们的一般常识。一般地，每个人都有不同的幸福感函数，但个体效用与收益意义的功利主义逻辑则是相同的。

至于如何表达效用函数、如何解决人们社会行为的幸福感量化计算，本身就是一个历史性难题[65]，这里定义的幸福感函数只是为了本书将要阐述的高阶理性概念，而给出的一种(非唯一的)表达。需要说明的是，这种直接、简单的幸福感函数定义意味着一种 $\mathbf{x}_u$ 和 $\mathbf{x}_c$ 之间行为彼此互补、对偶转换的机制，但这种二元转换具体为什么会发生、又是如何发生的，将在本书随后的 6.6 节中给出一个动力学的触发机制逻辑解释[66]。还需特别指出的是，关于二元对偶逻辑本身的理解应该是多元的,如可以是时间、空间、心理、生理等多方面的二元对偶性。柏格森曾经就构成目标的偏好概念,给出一种令人启发的评述:"任何打扰我们享受的东西,都会诱发相反的抵制,通过这种抵制,我们才感觉惯性(偏好)的力量。"[67] 即从理性的整体性逻辑看,人们总是在目标与成本之间做权衡,以保持内心深处某种整体性平衡;这意味着真正的理性行为总是兼顾目标与约束的互补性统一。不存在不考虑约束的目标选择,也不存在没有目标的成本最优;两者互为前提,共同构成理性的整体性内涵。

理性概念要关照行为主体与客观现实沿着时间维度、主客观互动的多元复杂关系。一方面,这是主客观双方在行为过程中相互制约、相互促进的共生演化使然;另一方面,也是人的主观世界对客观环境的行为反馈。此时,理性的整体性概念要求我们必须将人的各种主客观因素作为一个整体来研究,只有整体地看待人,才能获得关于人类行为的真正的科学逻辑。事实上,人类理性行为的整体性本质是一种整体性行为意识,而并非某种局部、单一的行为目标追求或者某种成本计较。唯其如此,理性才能够为人们带来涉及所有行为目标都必须关联于此的幸福感,与此同时,这种显而易见的逻辑才有可能为众多传统理性的不同困惑给出某种统一的理论答疑。

2.5 理性逻辑的对偶性

关于最大化收益 $\max\limits_{x\in v(x)} U(x)$ 与最小化成本 $\min\limits_{x\in U(x)} v(x)$ 的二元对偶理性行为分析,正迫使我们必须考察行为目标与约束对偶的深层次复杂关系,这是上一节的接续。而本节的结论将表明,传统理性逻辑的目标最大化与支出最小化的经济计算,其实并非简单的两个数学意义上的对偶规划,而蕴含着经济学理性逻辑所特有的二元对偶、互补转换的行为内涵,并由此构成高阶理性的基本内涵,可演绎出人类周期性行为的客观规律。[68]

准确地讲,对立包含对偶,但不必一定是对偶。对偶拥有对立矛盾所不具备的二元互补内涵,这种对偶逻辑普遍地存在于日常经济行为之中,却较少在其他领域(如政治行为)中显现,一旦出现,对偶关系会促使政治博弈的双方通过广义交易逻辑转化为利益共同体,使其合二为一地消失——除非存在第三方,进而导致利益关系的复杂变换。

如果从消费行为的最大化效用$\max\limits_{x\in c(x)} U(x)$与最小化成本$\max\limits_{x\in u(x)} C(x)$逻辑考察,其互补性对偶体现在:前者的目标函数$U(x)$及约束函数$C(x)$对于后者,则互换成约束与目标。但值得指出的是,随着时间和认知的变化,这种目标与约束的彼此互换会使得两个均衡解不一定相等[69],因为此$\mathbf{x}_u(t_1)$非彼$\mathbf{x}_c(t_2)$,彼$\mathbf{x}_c(t_1)$非此$\mathbf{x}_u(t_2)$。即使均衡解相等,其行为意义也绝然不同:$\mathbf{x}_u(t)\in \max U(x)$指严格地遵循约束限制最大化自己的消费,是一种量入为出的节俭型消费行为模式;而$\mathbf{x}_c(t)\in \min C(x)$则应该看成以效用享受为前提,理性地最小化消费支出,是一种必须依赖于社会信用体系的奢侈型现代消费模式。

显然,这里的说明完全不同于传统教材对消费行为的理论解释,原因在于传统理论关于对偶解概念存在理论误解,缺乏关于消费行为理性逻辑应同时包含目标与约束的对偶互补与意义差异。一般地,仅当二元对立双方满足互补性对偶定理条件时[70],对立矛盾才存在着行为主体一体化的对偶关系,进而,事物运动将呈现出一种周期性运行的现象,这是后话。注意,传统辩证法也强调矛盾双方的对立转化,但缺乏本书由“对立”演化、质变为“对偶”的中间逻辑环节;具体的细节,本书第3章将进行专题讨论。

另外,与纳什均衡解、零和博弈解的数学结构比较,潜藏在对偶规划解中的整体性行为,比数学的对偶定理具备了更为丰富的经济学内涵。其中,令经济学家偏爱的,当是强对偶定理成立的鞍点条件,但其经济逻辑复杂性却有待深入解析[71],这里均不累述。接下来,我们仍然回到造成周期性运动的二元对偶关系的本质来分析。

表面上,目标与约束的整体性对偶互补原理是对偶逻辑的体现,但本质上则是关于人与社会、自然环境约束的互补等价性关系的体现。作为一种社会思潮,人类中心主义思想(认为自然、社会等外在约束只能被动地应对人的经济行为,人能够通过科学技术改造它们,以实现自己的意愿)一度是人类社会的主流价值观,但面对我们自身的无知以及对自身“无知的无知”的恐惧,敬畏自然、珍爱环境、尊重他者等去中心主义思潮才反映了人与社会、环境互动的真正理性;一旦条件充分,恰当地自我约束以最小化成本代价乃至自我改变以适应环境,才是人类理性的正常逻辑。

仔细观察,在人们经济行为的现实中,均普遍存在着对偶互补的关系,究其原因有如下两点。其一,经济行为的目标是因为约束而存在的,没有约束,经济目标便不复存在。比如,新鲜、纯净的空气在传统农业社会毫无价值，在现代工业社会却很值钱；因为在工业污染以前，新鲜的空气不用任何代价就可以获得，销售只要呼吸就可获得的新鲜空气便不会是一种可以获利的经济行为。反过来，其二，所有经济行为的约束，是因为人们的经济目标才成立的。人们常常将经济的约束性说成相关资源的稀缺性，但实质上，资源稀缺是由于人们经济需求的目标增长、无法被满足才造成的。如一般社会消费品零售数据一直都存在，仅当不良商家不顾数据使用伦理[72]，试图极力挖掘数据中的消费者剩余，进而掠夺超额利润时，消费品零售数据才变得稀缺、珍贵。“物以稀为贵”的前提是“物以用论价”，后者是前者的本质之所在。没有物品有用性，便没有资源的稀缺性与约束性；没有理性的目标价值，便没有理性行为的约束概念。

人类经济行为一直存在着兼顾目标与约束的二元对偶规划问题，理性行为的整体性就意味着人们必须同时兼顾这两种行为。但是，约束究竟意味着什么？人们究竟是在约束下实现目标获得了幸福感，还是没有约束获得的幸福感更高？对于人类理性行为而言，理性目标的经济意义仅仅意味着某种单向度的不可逆性吗？美国当代政治经济学家埃尔斯特（Elster，2000）最早提议人们要研究“约束理论”[73]，不知何故，在本应专业研究约束理论的主流经济学界，却应者寥寥。[74]

关于约束的意义，《圣经》故事中，夏娃不知道生命树的知识，只有无知的约束，才能确保不被赶出伊甸园。埃尔斯特就说，在人们进行行为选择时，有时候少即福，少比多好，“人们可能受益于选择受到约束或者受益于无知”。实际上，传统理论关于约束的最简单分类有三种：一是自我约束或称第一方惩罚的伦理约束，意指不道德行为会受到来自良心的责罚和自我约束。二是第二方惩罚的博弈约束，即人们在社会行为的过程中，会受到来自参与人彼此竞争的制约，如损人利己、背信弃义的行为会受到对方报复。三是第三方约束，主要指法律、制度或第三方正义行为的惩罚，如见义勇为行为等。

关于第一方惩罚，人们为何及如何束缚自己，埃尔斯特全方位地讨论了情感、心理、文化乃至个性对于形成自我约束的影响，称之为理性行为前的“预先约束”。极为精彩的是，他考察了预期时间贴现与十大预先约束形成的逻辑，得出人们行为的目标与约束预先就存在彼此依赖、相互制约的关系。比如关于激情的约束，面对酗酒、养生和办正事三者相互矛盾的愿望，“办法不是从这个极端走向另一个极端，实现我们所有的欲望，而是承认存在欲望的相互冲突,并弄清楚优先事项”,通过减少选择项的预先约束策略或诱发未来化身参与决策等方法,形成行为选择之前的理性约束,以利于戒酒。实际上,这是运用杰克·赫舒拉发和弗兰克·奈特“非理性的理性”概念[75],分析激情如何在人们行为约束中发挥作用,甚至通过或明或暗地改变偏好,来促成理性行为的目标。这种基于偏好、文化、激情等具有目标内涵的约束研究,意味着人的行为不仅要受到客观环境的约束——初始禀赋、成本预算以及法律规则、传统习俗等,也是一个理性地预置约束、改变约束集的结果,受到人的主观意识和理性逻辑的制约。这种既考量预先约束理由又考量预先约束逻辑的方法,已经从方法论上,将行为约束与行为目标等价地看待了。[76]仅从约束条件来观察,对于任意行为构成紧密性约束的条件又可以被划分为两类:一是客观约束,即各种因素导致的个人财富、生理、性格乃至智识等客观条件约束。二是主观约束,在给定客观条件前提下,因个人主观原因造成的自我理性约束,比如基于财务意向对于可支配预算的主动调整、基于市场预期对单一项目的实际投资变动等。

在讨论第二方约束前,我们简单地概述一下第三方约束。关于第三方约束,埃尔斯特考察了典型预先约束行为的宪法内涵,如果“宪法的预先设置策略可能有助于克服集体短视或意志薄弱”[77],为什么宪法会被订立出来,难道是为了限制那些包括投票(或者隐性投票)赞成它的个体以及未来处于类似位置上个体的行动自由吗?埃尔斯特不满足于布坎南与阿罗关于立宪起源的“公共广场”解释[78],也不满戴维·高蒂尔(David Gauthier)关于“第一人称复数我们”与东方文化差异及其意识形态的逻辑。[79]笔者提出过一种替代性的“非暴力假设”[80]:或者在共同价值观的意识形态下,或者对立双方处于暴力与非暴力策略收益“无差异”,进而停战谈判能够带来双方预期收益改进时,基于广义交易的讨价还价均衡,就能产生公平且有效率的自激励契约。然而,这种非暴力假设的中国情景对于西方人而言,并不是一个清晰的描述。这里,埃尔斯特的偶发约束提供了一个漂亮的解释。[81]他反思自己忽视了个体自我约束与集体自我约束的差异,而揭示出立宪者的真实想法。首先,宪法是要约束别人,而不是约束自己,即投票的权利、义务及其决策规则可被视为一种预先约束机制。[82]其次,宪法可能没有约束功能,特别是当它需要发挥作用时。埃尔斯特细致地解析了尤利西斯把自己绑在桅杆上,并用蜡封住水手们的耳朵,就是为了使自己和水手不被海妖的歌声所诱惑。为了达成对于任何人,包括那些有投票权改变宪法的人,都是理性的结果,此时,宪法控制自己的方法有两种:一是控制宪法修订案,使得修改宪法变得更困难;二是控制宪法的暂时中止条款。由此,埃尔斯特创新性地认为,社会不是扩大的个体,无法像个体一样具有稳定的偏好、信念及其理性所要求的一致性;与其说少数派是被迫接受了多数派的条款,倒不如说是少数派更愿意多数派的宪法约束。这意味着宪法不过是一种事先约束策略,而非纯粹的法规机制。[83]也就是说,作为广义契约、规则或策略的宪法,更可能是一种偶发约束的结果——由于随机的偶发逻辑具有演化意义上变异性(非遗传性)策略的含义,而具备了学术合法性。

为什么预先约束可以是社会过程的策略性选择,这涉及行为目标判断的标准,进而目标标准在某种程度上与目标本身具有同等地位。比如,有时囊中羞涩之时的美餐比富贵之时的美餐有更快乐的体验,因为消费的对比性效应限制了消费的感觉效用。实际上,美好回忆、音视信息乃至白日梦都可以是目标判断的标准,同时,也构成人们幸福感的来源;这一切更是人们偏好、效用的形成乃至变化的根源。

关于第二方约束的博弈行为分析,是大多数博弈论学者都熟悉且与行为实验经济学相关的内容,这里不再赘述。事实上,关于约束何以构成人们博弈行为的前提、策略乃至目标本身,传统理性的缺陷在于形成了一整套关于约束与目标固化概念的窠臼,要完成这种伪概念的祛魅,必须从全面理解目标与约束的对偶性意义开始。

人们的社会行为的结果并不总等价于行为目的,大多数的行为目的取决于行动者关于行为及其过程的意义解释,支配人们行为动机的意义及其语言解释占据着人类行为的核心地位。“一念成佛,一念为丐”就表明,同样的行为意义可以不同。一个人拿着碗上街,可以是化缘修行,也可以只为饱肚子。即使“拿着碗讨饭”这一行为的结果饱肚子对于所有人是相同的,但与行为相关的幸福感则是一个语言意义的问题。假如一名外星人来到地球,应该看不出“佛”与“丐”的差异,但却很容易像行为实验的经济学者那样,从“讨饭-饱肚子”的计量因果链中发现讨饭的目的就是某种单一概念——这意味着经济研究如果抛开了语境的意义约束,往往会走向功利主义的歧途。

实际上,正是语言描述带来的语境差异及其矛盾冲突,才是人类社会进步的源泉,没有这种矛盾关系,人类社会的文化就没有进一步繁衍、裂变进而发展的动力。每一种文化都有其民族性的信仰、规范和价值观,但只要存在交往或邻近文化的差异,文化就会有所因应的变化。实际上,大多数文化学者都认为,既然社会秩序是人类创造出来的,其内部就会存在种种隐含的矛盾。此时,作为一直想弥补找平这些矛盾冲突的内在文化,也会因此带来必然性改变。文化学上,这种二元对立矛盾常常被称为认知失调。如果人与人之间的文化差异真是造成我们彼此世界观、信念体系无法认同的原因,那么,很可能所有文化都将无从确立,也无以为继。本质上,不同的文化唯其有矛盾,才会如此丰富多姿、五彩缤纷。这种矛盾不仅是文化发展的引擎,为人类文明提供动力,也带来创意,使得人与人之间不同的想法、意识和价值观倒逼我们反思、批判与重构。但这种差异并不是文明冲突的根源,也不是民族矛盾的爆发点,更不是彼此政治对抗的借口。反之,苛求一切文化都有皈依性,则会让人心灵呆滞、魂无所依。事实上,文化之间的交往具有弥合不同文化背景的政治经济体彼此冲突的协调功能[84],这是科学的文化学不区分文化与文明的概念差异,缺乏人文精神的缺陷之所在。深入分析则涉及文化传统与文化创新的周期性逻辑分析,在随后的第 5 章中还有相关的讨论。

直观上,随着时间变换的二元对偶整体性会自然引起一种目标函数与约束函数之间周期性转换的逻辑,本质上,则是人们思维方式、行为方式,乃至人类关于自身与自然、自身与社会的一种理性反思的结果。人类始终面临着一个根本性问题,即如何处理自己的主观能动性与客观约束性之间的辩证关系,这是人类工具理性内涵的重大缺陷。人类之所以智慧于其他动物(在人自己看来似乎如此),在于我们能够运用工具来拓展自身能力,以处理我们力所不能及的事情。但是,这种工具理性存在着边界。一方面,是我们早就意识到的客观约束的边界;另一方面,则是更本质的关于主体认知、心理意识的主观约束边界,这种约束源于一种人类对自身理性的反思。

美国当代哲学家威尔·杜兰特坦承,“在我们这个觉醒的世纪里,最令人沮丧的发现之一是科学的中立性:它随时愿为我们疗伤,也随时愿为我们杀人;它能为我们建设,但破坏起来也更厉害。回想培根骄傲的名言:‘知识就是力量’是多么的不合时宜!这不由使人感到,相比于我们今天一再努力扩大自己的手段而不去改善我们的目标,中世纪和文艺复兴时期人们重视强调神话和艺术,而非科学和力量,其做法要显然更为明智”。[85]面对永恒的自然,智者们常常感到一种无法遏制的恐惧,这或许出于对无知的天才感悟,或许出于对无助的命运感叹。人类总是在对工具理性充满自信的同时,存在着悲观的阴影。我们总是在自信与自卑之间徘徊,这是理性行为的目标与约束对偶关系在人类文化基因上的体现;进而在人类理性的整体性框架的目标-约束之间自然转换,如此便是一个基于情境的人类行为的真实描述。

值得指出的是,即使我们暂时还无法给出这种二元对偶互补、相互转换的具体行为机制(详见随后的3.2节、6.6节和6.7节的深入分析),对于理性的整体性逻辑及其具体行为决策过程,也还是可以给出如下进一步的修订性补充。

陈述二 *整体性幸福感的理性行为在兼顾目标与约束的过程中,将呈现出一种基于传统理性的预置程序方法:行为者先权衡目标与约束的收益值,应该追求最大化目标,还是最小化约束;然后,再实施传统理性的最优规划行为。*

为了完善理性的整体性逻辑,这里给出一种行为模拟的描述,强调理性是从时间的维度同时兼顾目标与成本两个对偶规划的。二者都是时间变量的函数 $\mathbf{x}_u(t)=-\mathbf{x}_c(t)$,以体现人们理性行为整体性的不同倾向:或者最大化目标的$\max\limits_{x\in c(x)} U(x)$,或者最小化成本的$\min\limits_{x\in u(x)} C(x)$。也就是说,对偶行为作为两种整体性的理性力量,会随着时间和认知变化在目标与代价之间对偶权衡、互补变换。相反地,俗话说的“孤注一掷”则意味着一种不理智的非正常态。显然,传统理论关于对偶规划的误解在于,将二者曲解为同一行为的不同表现[86],不仅与对偶力量的互补变换逻辑无关,也与时间变量无缘。理性行为当且仅当考虑对偶规划二合一的“先权衡,再实施”,才能达成理性目标的整体性内涵。

换句话说,整体性幸福感的二元兼顾逻辑必须通过时间的延展来实现,人们并不是同时实施 $\mathbf{x}_u$ 或 $\mathbf{x}_c$,而是一种轮流兼顾的决策逻辑。如果现在选择 $\mathbf{x}_u$,下一期就考虑 $\mathbf{x}_c$,反之亦然。实际上,传统理论总是试图包含时间变量,比如,划分长期行为目标与当期行为目标,这种时间分类有效地抓住了时间贴现的理论内涵,但于理性行为而言,时间概念的核心在于目标与成本之间是对偶与互补的关系,而无法被跨期决策模型割裂地分析。传统跨期决策模型并非真正时间意义上的人类行为描述,它没有揭示对偶力量的互补性转换逻辑,忽视二元互补转换才是缺失理性整体性的关键,必然缺乏时间意义上社会交往理性的扩展,当然,也就无法真正容纳理性的时间概念。

在现实生活中,存在着多种多样的二元结构行为,只要其中的对偶关系条件得到满足,就一定会促使人的行为演化出某种二象性对偶现象,比如消费行为中的节俭与奢侈二象性、生产行为中的扩张与谨慎二象性、劳动中的努力与懒惰二象性、投资中的冒险与保守二象性、社会中的政治与经济二象性,乃至经济体制中的市场与计划二象性等。这些社会现象蕴含的二元对偶二象性构成了人类社会经济运行的方方面面,也是我们随后要揭示的人类周期性行为的核心概念和逻辑。这里,为了讲清"先权衡,再实施"的具体过程,我们还是再返回到Γ空间上,给出一种几何的直观描述。

首先,每一个体都拥有自己的[87]幸福感函数数量场$W(u, c)$,对于任意一点$(u, c)\in\Gamma$,都存在一组方向相反、数值相等的两种行为$\mathbf{x}_u$和$\mathbf{x}_c$。给定$\mathbf{x}_u\in\max u$,假设当$u=2$时,有$c=1.5\in\min c$。那么,整体性既然是关于对偶互补逻辑的等价权衡,人们将如何"先权衡,再实施"?显然,这将取决于在点$(u, c)=(2, 1.5)$时,使得$W(u, c)$增加值(减少值)最大的方向。如果权衡结果为$\mathbf{x}_u=(2, 1.5)$,就意味着$\mathbf{x}_u$使得W增值最快,反之,$\mathbf{x}_c=(-2, -1.5)$将使得W值减少最快,对应的整体幸福感$W(u, c)$均分别通过对应行为获得最大化。换句话说,$\mathbf{x}_u$和$\mathbf{x}_c$两种互补的理性行为,共同构成理性幸福感的整体性内涵,是一组方向相反、数值相等的对偶向量,有$\mathbf{x}_u=-\mathbf{x}_c$。

综上所述,传统的理性逻辑被定义为:基于约束的目标最大化或者基于目标的成本最小化行为,是数学上相互对偶、彼此孤立的单向行为。本书修订的理性概念强调兼顾目标最大化$\mathbf{x}_u$和约束最小化$\mathbf{x}_c$二元整体的幸福感合意性逻辑:呈现出人类行为中彼此对偶但方向相反的互补转换结构。本质上,"人们在追求行为利益最大化时,也总是要兼顾其碳排放的行为代价,无论生产、消费还是其他什么行为"[88];因而任何单向行为模式都是不可持续、非理性的。

如果记传统理性(仅仅是单向的二选一行为)为$\{\mathbf{x}_u, \mathbf{x}_c\}$,整体理性(包含二元对偶行为$\mathbf{x}_u$和$\mathbf{x}_c$的幸福感)为$\langle\mathbf{x}_u, \mathbf{x}_c\rangle$,我们可以给出如下能够关联两个理性概念的经济行为绩效数量场的定义,本质上,这只是一种符合人们常识的概括。

定义 2.2(传统理性行为绩效数量场) 行为绩效以给定(u, c)能够达到的单向规划值为标准,所获得u越大(不管c),值越高。$\forall(u, c)\in\Omega$, $t>0$,如果$U(x, t)\in C^2(\Omega\times R_+^1)$为凹函数,$C(x)\in C^2(\Omega\times R_+^1)$拟凸,那么,同期所有数对$(u, c)$的点构成了同期人们行为绩效的数量场$B(t)=B(u(t), c(t))$,我们有:

$$\partial B/\partial u,\ \partial B/\partial c>0\quad \partial u/\partial t,\ \partial c/\partial t>0 \tag{2.3}$$

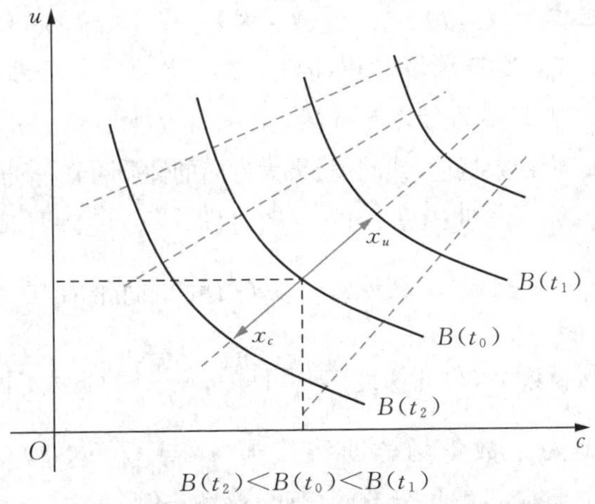

图 2.5 传统理性行为绩效场图示

与定义 2.1 的整体性幸福感不同,单纯经济绩效就意味着以传统理性的单向度行为$\{\mathbf{x}_u,\ \mathbf{x}_c\}$为标准(只能选 $\mathbf{x}_u$ 或者 $\mathbf{x}_c$),而不考虑整体的二元兼顾逻辑。由此,绩效函数 $B(t)$实质上是传统理性的 GDP 逻辑,此时,理性被 $B(t)$变动的单一方向定义,$\mathbf{x}_u$ 越往右上走,所获得的目标值 u^* 越高(不考虑承担的 c^* 会越大,即传统单向理性)。由此,$\forall\, t_i \in T,\ i=1,\ 2,\ B(t_1)$值越大,行为绩效数量场线就越高,收益 u^* 和成本 c^* 都较大;$B(t_2)$越小,行为绩效场线就越低,收益 u^* 和成本 c^* 都较小(见图 2.5 中灰色箭头),绩效函数值也越低。

由于数量场的场线涉及个体禀赋的差异及其变化,特作如下说明。

说明一: 由于同一时空人们理性行为的主观努力、客观能力均保持不变,对于给定时间 t_i,$B(t_i)$就意味着同一时空里传统理性行为产出的社会绩效线,不同的 $B(t_0)$、$B(t_1)$及 $B(t_2)$则对应着不同时间的理性行为所形成的社会产出绩效线。

说明二: 由于每个人 i 的目标函数 $u_i(x)$、约束函数 $c_i(x)$严格依赖于个体偏好、禀赋、能力与技术等个体禀赋因素,对于给定 c 或 u 值,不同的 i 所能获得的最大目标 $u_i(x)$或最低 $c_i(x)$彼此不同。也就是说,前述定义 2.1 的幸福感数量场线表示不同行为主体的$(u_i,\ c_i)$数对曲线[89],不同的 W_0、W_1 及 W_2 由不同禀赋的行为主体所形成。

说明三: 由于目标和代价的等价性,高目标值对应高代价,低付出获得低目标值。如果个体偏好、技术和禀赋因素不变(如本性难易),可记 u-c 空

间上的行为轨迹 W_i 为：$y(t)=\{y \mid y(\mathbf{x}_u,\ \mathbf{x}_c)\geqslant W_i(u,\ c),\ t\in(0,\ T)\}$。这意味着行为者 i 只能选择幸福感 $W(u,\ c)$ 不减少的特定行为范围，即 W_i 为个体偏好、禀赋不变时 i 的行为可行集。

根据 $\mathbf{x}_u$ 和 $\mathbf{x}_c$ 为绩效增值(或减值)最大方向的性质可知，幸福感 $W(u,\ c)$ 是绩效场 $B(t)=\{(u_i,\ c_i) \mid B(u_i,\ c_i)=B_i^0,\ (u_i,\ c_i)\in\Gamma\}$ 梯度的场线，即有 $\nabla B=\left(\frac{\partial B}{\partial u},\ \frac{\partial B}{\partial c}\right)=\pm\mathbf{x}_i,\ (i=u,\ c)$，且 $B(t)$ 的切向量有 $\mathbf{T}_G\perp\mathbf{x}_i$。反过来，$B(t)$ 也是幸福感函数 $W(t)$ 的梯度 $\nabla W=\left(\frac{\partial W}{\partial u},\ \frac{\partial W}{\partial c}\right)$ 的场线，$W(u,\ c)$ 的切向量有 $\mathbf{T}_w /\!/ \mathbf{x}_i$。即两个数量场的曲线族 $B(t)$ 与 $W(u,\ c)$ 处处相互垂直 $B(t)\perp W(u,\ c)$，且满足解析函数的柯西-黎曼条件：

$$\left(\frac{\partial B}{\partial u},\ \frac{\partial B}{\partial c}\right)=\left(\frac{\partial W}{\partial c},\ -\frac{\partial W}{\partial u}\right)$$

也就是说，$B(t)$ 与 $W(u,\ c)$ 可共同构成一个解析式 $F(u,\ c)=B(u,\ c)+i\cdot W(u,\ c)$ 的共轭分量关系。由此，我们便容易理解[90]，幸福感 $W(t)$、行为绩效 $B(t)$ 的数量场与整体理性行为的向量场 $\langle\mathbf{x}_u,\ \mathbf{x}_c\rangle$ 具有如下关系的性质。

性质 2.1 行为绩效函数 $B(t)$ 是时间参数的函数，传统理性行为向量 $\{\mathbf{x}_u,\ \mathbf{x}_c\}$ 是 $B(t)$ 梯度场 $\nabla B\mid_{(u,\ c)}$ 的静态描述。由 $\nabla\times B=\nabla\times\nabla W=0$ 可知，$B(t)$ 为保守场。

性质 2.2 $W(u,\ c)$ 是 $B(t)$ 的幸福感度量，整体理性行为向量场 $\langle\mathbf{x}_u,\ \mathbf{x}_c\rangle$ 不会选择幸福感降低的行为，即 $W(u,\ c)$ 可以看作 $\langle\mathbf{x}_u,\ \mathbf{x}_c\rangle$ 的场线，二者共线。

性质 2.3 $G(t)$ 与 $W(t)$ 对应的切向量与法向量有如下关系[91]：

$$\mathbf{T}_w\cdot\mathbf{T}_B=\mathbf{n}_w\cdot\mathbf{n}_B=\left(\frac{\partial W}{\partial u},\ \frac{\partial W}{\partial c}\right)\cdot\left(\frac{\partial B}{\partial u},\ \frac{\partial B}{\partial c}\right)=0$$

2.6 高阶理性的幸福感

巴甫洛夫曾说："在自然科学中，创立理论方法、研究重要实验的某些条件，往往要比发现个别事实更有价值。"[92]仅就人类社会的周期性行为而言，本书不是要得出一个统一的既具有微观基础，又具有宏观叙事的大一统模型或者理论框架，而是试图通过确立不同模型和理论框架的边界，分析不同边界范围内不同主题之间的行为逻辑细节。唯其如此，更细致、更科学的社会行为理论才可能出现突破。

真实行为复杂多变。当我们将复杂的选择问题简化为标准的二元对偶理性逻辑及其高阶理性计算时，便由此进入一种整体性二元行为的周期性模式。尽管二元简化的逻辑同样遗失了现实问题的诸多复杂性，但却换来了理性逻辑内涵提升的可能性。实际上，真实的行为主体或许连自己也不清楚，在选择某个行为决策的均衡解 $x^*(u, c)$ 时，究竟是因为更在乎享受 $\max\limits_{x\in c(x)} U(x)$，还是因为更在乎代价 $\min\limits_{x\in u(x)} C(x)$。由此，我们扩展理性行为逻辑的第一步是要归纳前述关于整体幸福感 $W(x, t)$ 的理论概念。为此，作为总结，本节将综合前面几个章节的内容，归纳出一个高阶理性概念。

首先，高阶理性是针对传统理性概念的逻辑缺陷而提出的，试图恢复被传统理性的线性逻辑所遗失的社会性，容纳理性的整体性。我们将理性的整体性从仅仅在空间方式上求 $\mathbf{x}_u \in \max U(x)$ 或 $\mathbf{x}_c \in \min C(x)$ 的最优解，拓展至从时间维度上不仅动态地选择 $\mathbf{x}_u \in \max U(x)$，也同时兼顾 $\mathbf{x}_c \in \min C(x)$ 的权衡逻辑。也就是说，整体性的高阶理性概念 $\langle \mathbf{x}_u, \mathbf{x}_c \rangle$，已经从传统理性的一维最优选择 $\{\mathbf{x}_u, \mathbf{x}_c\}$，拓展为空间和时间同时最优的二维高阶理性的行为逻辑：$\langle \mathbf{x}_u, \mathbf{x}_c \rangle \in \{\mathbf{x}_i \mid y(\mathbf{x}_u, \mathbf{x}_c) \geqslant W_i(t), t\in(0, T)\}$。如前所述，批判理性逻辑的缺陷并不意味着否定理性概念，意识到理性逻辑的局限也不应该限制我们对理性完美表达的追求，更无碍于客观现实的合意性存在。换句话说，高阶理性的完善将使得理性的概念重新容纳社会性偏好中的认知提升、信念改进乃至二元转换调整的复杂性逻辑。此时，由于数学的理性特质使得理性逻辑的表达必须依赖数学方法的运用，我们以下关于人类高阶理性的讨论，最终还是回归一个数学逻辑的描述、表达与证明过程。

经济学的理性概念最初就是一个整体、高阶的多维概念。亚当·斯密在撰写《国富论》的同时，还写出了《道德情操论》，有人故此借由前一本书的理性行为倾向和后一本书的伦理行为倾向，强调斯密学术的“两张脸”——传统统合思维的一种说法。实际上，古希腊先哲早就感悟到现实中经济人和伦理人的内在统一性，认为人是概念意义上理性与感性多面的统一体。新古典综合学派[93]的确立、数理逻辑工具的进步使得我们获得了关于理性行为认知的深入细化；据此，人们试图为宏观现象提供微观逻辑的理性基础，并在教材意义上获得巨大成功[94]，理性逻辑的科学化浪潮也被推向极致。事实上，理性本身科学化的代价是理性概念的整体性内涵的丧失。当理性被用于理性概念自身时，它往往是在为自己设置陷阱，以至于西蒙关于有限理性搜寻算法的替代只是一种否定性的概念创新。西蒙算法其实是将理性的整体性退却地局限在人工智能的“弱智能”范畴内，致使有限理性被作为一种“弱智能”去求解，无法承担起理性概念的理论重任，而不能成为经济学理论的基础性概念。

现代理性概念是欧洲启蒙思想对于西欧封建传统与神权思想展开批判反思的结果，启蒙思想就是理性意识的社会启蒙。理性本质上是人们关于合理性的一种追求意识和探索行为，理性逻辑表现为理性必须关照主观与客观、自然与人进而社会与人在行为意义上的互动关系；从而，它具有随着时间演进的自我否定、自我更新的高阶性。按照西蒙阐释的有限理性的逻辑细节，认清环境、认识自我对于理性决策尤其重要，人们将随着时间的演化而不断丰富理性的行为内涵。实际上，关于理性逻辑的各种搜寻、学习或者演化算法都是某种逻辑模拟。人的禀性赋予理性目的整体性，人的社会性赋予理性后天习得性；这意味着理性概念应该是一个随着时间变化不断积累经验、实践习得，进而在交往理性中提升认知、修正信念，最终行为不断调整的高阶逻辑。

定义 2.3（高阶理性行为空间与幸福感算子）　高阶理性追求时间维度下人生幸福感的最大化，具体包含传统理性对偶规划中方向相反，但内涵一致的行为向量逻辑$\langle \mathbf{x}_u, \mathbf{x}_c \rangle$，即$\forall t \in (0, +\infty)$，若$U(x, t) \in C^2(\Omega \times R^1_+)$为凹函数，$C(x, t) \in C^2(\Omega \times R^1_+)$为拟凸的，那么，高阶理性行为空间分别被定义为$\langle \mathbf{x}_u, \mathbf{x}_c \rangle = \nabla \mathbf{B} \in W(t)$，其中：

$$|\mathbf{x}_{u,c}| = \sqrt{(\partial B/\partial u)^2 + (\partial B/\partial c)^2} \in [c^M, u^m] \tag{2.4}$$

幸福感算子被定义为幸福感场的梯度（变化最大方向）：$\nabla \mathbf{W}(t) = G(t)$。

显然，对于任意一点$(c, u) \in \Gamma$的行为向量$\mathbf{x}_u$和$\mathbf{x}_c$，传统理性的二选一行为$\{\mathbf{x}_u, \mathbf{x}_c\}$被包含在高阶理性$\langle \mathbf{x}_u, \mathbf{x}_c \rangle$的兼顾概念中，而$\mathbf{x}_u$和$\mathbf{x}_c$这一对偶行为是幸福感数量场的一种二维矢量场表达，即整体性理性不仅表现出二元互补性逻辑，还具有从单向线性思维转向高阶理性的性质。此时注意，由于$B(u, c)$的等值线构成幸福感的梯度向量场$B(t) = \nabla \mathbf{W}(t)$；$B(u, c)$的左上方指向$W(t)$增大的方向，$B(u, c)$的右下方指向$W(t)$减小的方向。其本

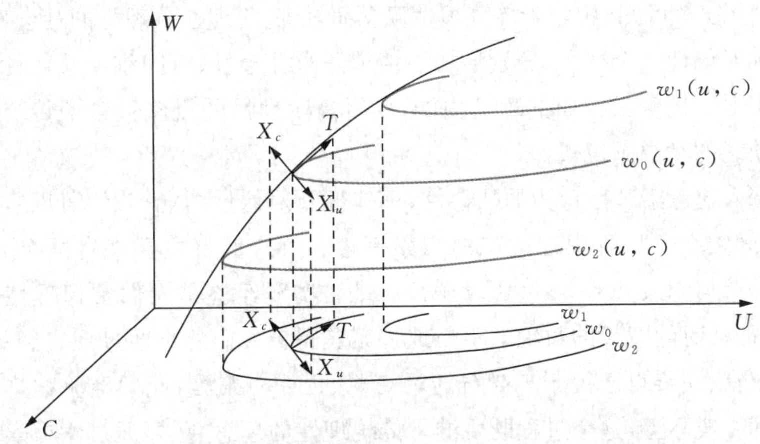

图 2.6 行为选择的向量梯度

质是一种关于幸福感的数学运算，故$\nabla\mathbf{W}(t)=B(t)$可简称为幸福感算子。

也就是说，面对高阶理性概念复杂性行为的逻辑，我们从简单的二元对偶行为起步，完成了从传统一维线性理性到二元高阶理性的第一步创新，并将其作为拓展传统理性概念的重要探索，为更高阶的理性的学术发展给出了一个可信的基础前提。

从深层次讲，积累理性和习得理性发自人类生存需求的实然本能，表现为社会性偏好的特征。这是 2.3 节的内容，即生存需求的社会性促使理性主体完成了物质生产、交换和消费行为，大部分的积累和习得理性由此形成。交往需求的社会性帮助行为主体通过社会认知、社会认同与社会尊重获得自我认知、自我认同和自尊自信，最终，促进理性主体完成认知结构、策略集合与价值体系的改进与转换（见图 2.7）。

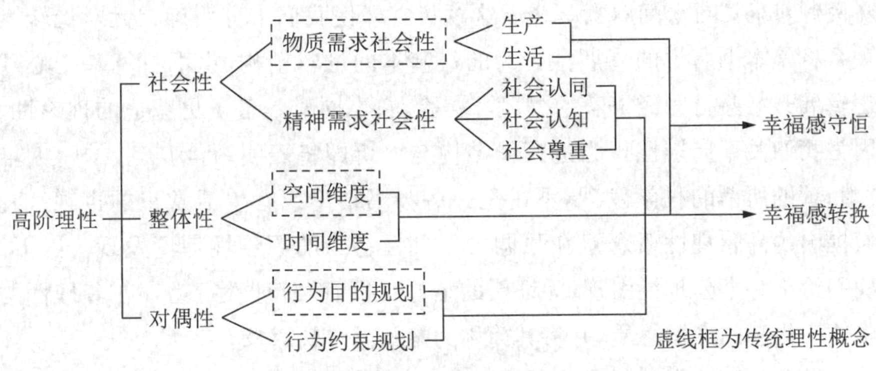

图 2.7 高阶理性与传统理性概念的内涵

由图 2.7 可知,相较于传统理性概念而言,高阶理性从理性的社会性、整体性和对偶性三个视角,分别增加了精神需求社会性、时间维度整体性和目标约束对等性等三方面的理论内涵,使得高阶理性的概念包含了传统理性概念缺乏的幸福感逻辑。

深入地考察理性行为的社会性、整体性及对偶性内涵,我们可以容易理解,时间维度上高阶理性意识的积累完善和改进调整主要来自两个方面。其一是时间意义上经验积累的理性改进。实践经验是人们常识理性的来源,只能从时间意义的数轴上不断地积累获得。人们总是通过现实经验,不断地丰富、完善自己关于理性行为的逻辑、方法与策略,此即经验积累的具体展开。实际上,这个过程既要继承传统理性的理念,还要通过学习实践过程中的新思维、新模式、新策略,从而促使高阶理性呈现出随时间轴变化的外在特征,并体现为两种对偶规划 $\mathbf{x}_i(t)(i=u, c)$都是时间变量的行为选择。其二是时间意义上认知演进的理性改进。如果积累理性是行为主体关注于社会与他人的实践过程,那么,习得理性便是行为者对于自我认知、自我认同与自我尊重的演进提升;最终,通过自我新体验、新认知乃至新信念,形成新的偏好——即行为实验经济学关于自尊、自我锚定与社会偏好等研究的结论。或许,这里的简述不一定完备合理,但两种理性演进的模式显然包容了人与社会、自然的纯粹理性关系,即理性行为的客观表现将不再是某种单向的逻辑结构,而是二元对偶、双向互补、动态演进的高阶理性概念。

高阶理性试图既包含要素禀赋的先天属性,又容纳后天社会性的积累习得性,试图细分出到底是人性变了,还是人的认知变了,才导致理性决策方向与逻辑发生变化;答案或许是复杂的。这里,我们仅仅将其内在机制简化为:高阶理性的整体性演化,将使得理性行为成为时间意义上的因变量,并在两种对偶逻辑之间权衡选择。这意味着即使我们十分明确二元对偶转换关系将是本书所说的周期性行为的最基本的逻辑结构,也不打算基于心理逻辑展开某些行为经济学的“科学”实验,它也同时具备了更普适的理论性。因为我们关于周期性行为的逻辑结构与分析即将表明,行为实验的一大堆“琐碎”的所谓的科学发现,不过是一些本书结论或者生活常识的再现。我们提出的高阶理性概念意在强调关于理性行为的原创性理论发现。以下,我们给出一个公理性引理(无证明的结论)说明高阶理性行为存在着理性的整体幸福感的守恒性质,并将其简称为幸福感守恒原理。

引理 2.1(静态幸福感守恒原理) 高阶理性在权衡目标与约束的幸福

感最大化的过程中，总是确保两种行为的边际幸福感之和不变（与个人欲望、禀赋及能力相关），即 $\forall(u, c) \in \Gamma$, s.t. $\frac{\partial^2 W}{\partial u^2}+\frac{\partial^2 W}{\partial c^2}=w_0$（或者 $\Delta W=\Delta B=w_0$），对于 $\mathbf{x}_u=-\mathbf{x}_c$ 成立。[95]

上式中，$\mathbf{x}_u(u, c)=-\mathbf{x}_c(u, c)$ 与时间 t 无关，即静态逻辑只与 $(u, c) \in \Gamma$ 的空间位置相关，通过 u, c 的行为空间数量选择表达出行为权衡中 $\mathbf{x}_u$ 与 $\mathbf{x}_c$ 的基本性质。

实际上，上述幸福感边际变换之和的守恒不变性只是幸福感场的泊松方程性质表达。泊松方程（$W_0=0$ 时为拉普拉斯方程）是近代复变函数论的重要工具，也是数学上不证自明的结论。由此出发，可得出复变函数论的一系列重要结论。[96]至于相关数学逻辑，随后应用中会有进一步的讨论。

高阶理性的幸福感守恒原理本质是：幸福感的边际变化之和不变（由于方向相反，有平方和关系），但两种行为的幸福感值本身既不会处处相等，也无法保持求和不变。一种形象的类比是物理学保守场的能量守恒方程，其数学含义是：幸福感梯度的矢量场具有散度不变性。因为，幸福感算子∇W是同一空间关于行为选择的向量场，构成一个保守场∇W——此时，向量场∇W 拥有一个势函数 W。由定义 2.1 可以直接推导出∇W 的保守场性质，只不过，幸福感守恒量还取决于其他的外生变量，涉及行为主体的欲望、能力以及外在约束等诸多复杂条件，这是下一章要深入讨论的问题。

实质上，与静态保守力场的数学性质相对应的经济行为逻辑，是指行为过程与行为路径无关，仅与人生路径的始终点位置相关。这是一种典型的世俗效用、功利主义概念，只在乎结果，不问人生过程。相反的极端情形则是王阳明式心学的人生观，倡导生活中修炼与幸福的体验。

现实中，人们真实的社会行为既不可能完全与过程无关，也不可能绝对与过程相关，而是处于某种既有社会性目的相关性，又有个体性过程相关性的境地。即使有些过程相关性个体非常自我或处于高度超然脱俗的自我状态，社会也总会将他拉回目标决定的现实之中，使他认识到完全生活在自我空间、陶醉于自我过程之中，并非真正意义的人生。但另一方面，即使大多数人都表现出理性、重结果的势利观，轻视人生体验的过程价值，如果带来功利性结果的过程本身十分艰难、万分困苦，则会要求人们进行一种自我安慰的非社会性心理补偿，在自我安慰中达成某种人生的自我谅解，能够保持某种内心的平衡。这也意味着每个人心中都有一个拉格朗日作用量，以使得人们能够在苦难之中获得某种内心的安宁和平静。[97]

传统理性行为的目标优化与约束优化具有对偶互补性，两者都是理性行为的本质内涵，也是构成高阶理性幸福感的基本来源。它使得理性主体会随着人生环境的变化、个体认知的提升而拥有跟目标与约束的幸福感的等价性。但值得注意的是，这种等价逻辑的核心在于，高阶理性必须确保人们在不同条件下始终维持内心深处的某种幸福感的平衡，以符合行为主体因应情境与认知变化的心理自洽性，同时，也满足人们在不同环境下对高阶理性的最优规划。这是对前述内容的深化理解，解释了理性行为要坚持先权衡二元方向的选择，再采取最优决策行为的原因。

即使人的情绪无法始终热情饱满、积极向上，也并不会总是处于悲观沮丧的消极状态，人们对于现实的判断总是处于某种好坏波动的周期性运动之中。从本质上讲，人们面对不确定性的生存压力时，不仅仅是搜寻、学习和试图解决问题，乃至随着心理的周期性运动，积极进取地去解决问题。另一方面，人们也会保守地约束自己的欲望，乃至退而求其次地限制自己的行为。[98]两种行为最终目的都是要确保内心深处的某种平衡以满足幸福的状态不变，即使二者计算方法与逻辑不同，其高阶理性的整体一致性也是内在统一的。或者换一种更富于人生体验的说法，人们对于幸福的追求不仅在于要达到目的，也在于人生行为的过程性体验。人们是在目的效用与过程效用之间转换，以作出符合情境、语境与已知理性规则的最优选择，进而确保二者之和的幸福感始终不变的平衡。这种幸福感平衡的行为决策逻辑，因为$W_0(t)$并不是一个常数，意味着目标与约束的幸福感加总本身也具有可变性，守恒不变只是一种相对的描述。

高阶理性的幸福感守恒原理，本质上在于理性概念对行为主体的目的合意性的关照。这种合意性只能通过人的物质需求和精神需求的社会性交往来获得，并表现为行为主体能够通过行为目标与行为约束的二元对偶权衡，以图在时间维度上，提升目的合意性的满足感。俗话说“条条大路通罗马”，幸福也不是单向的一条路；但无论“先权衡”的结果是 $\mathbf{x}_u$ 还是 $\mathbf{x}_c$，人们的整体幸福感都是守恒不变的。如果我们仅仅讨论狭义经济学的理性概念及其行为逻辑，暂不涉及经济学与伦理学的相互关联——本质上却无法进行区隔，高阶理性还可以从三个方面进行恰当的把握，即使这种恰当性常常因故而变化。

西蒙批评传统理性假设时指出：强调人本中心的行为决策理论无法反映

现实中人们决策的真实逻辑。有限理性概念则表明，我们对于自己的目标函数根本无法全面地了解和把握；同时，对于自然和社会资源的约束条件存在着无知的无知。进一步，人类行为的真实逻辑尚存在着十分模糊的未知前提——比如情感、直觉、传统习俗等，西蒙的搜寻算法就是试图解决传统最优逻辑缺陷的理论构建。本书的尝试有如下几点：第一，指出人们对于理性目标的把握是通过某种保持双向权衡的选择来完成的。第二，指明人们对于约束条件的把握是通过习得性改进完成的。它们并不需要“完全知晓”或者人工智能的精确计算。第三，人们对于情感、直觉与传统的未知把握往往是顺应其周期性运动规律完成的，所谓顺其自然是也。如果逆势而行，则意味着创新——我们将在第5章讨论，但这已经包含在双向权衡选择的逻辑内涵之中。

实际上，认知科学的相关理论表明，理性决策是一种认知行为过程。人类行为的必要前提涉及一系列直觉、本能、意识、情感、认知，乃至“环境-主体”的闭环反馈决策模式。但这种理论将我们尚不知晓的一些认知科学逻辑，类比为一架机器面对其工作环境并不知情却要进行环境反馈、自我调节直至完成行为动作的过程。其实，人类真实行为的不同在于，这架机器的预设软件具有任何人工智能都无法模拟的复杂性(图灵机原理)，人们面对着“环境-反馈”模式选择时，会更加精密，更加复杂；并且这种自我调节的内在机制是一个连续不断、记忆学习、多维决策的复杂过程。就此而言，本书的人类周期性行为研究与传统理论是一致的；由于心理、情感、直觉等周期性规律的陈述已超出本书范围，这里暂不讨论，只是假定如此。[99] 以下，我们给出一种现实中人们如何提高、改进自己行为模式的基于本书语境的说明。

说明四：从时间变化的维度看，人们要提高幸福感，一是朝着传统理性逻辑 $\mathbf{x}_u$ 的方向运动，二是沿着幸福感算子，即与$\{\mathbf{x}_u, \mathbf{x}_c\}$垂直、向左上的$\overrightarrow{ST}$方向变动，以更小的代价，达成更高的目标(见图中$\overrightarrow{ST}$)。以下，分两种情况具体说明[100]：

(1) 静态人生路径 $y(u, c)$：理性行为与时间无关，其向量场$\{\mathbf{x}_u, \mathbf{x}_c\}$的路径 $y(u, c)$与 $W(u, c)$重合。由于梯度的旋度为零：$\nabla\times W=\nabla\times\nabla B=0$，根据亥姆霍兹定理，此时传统理性行为向量场 $W=\{\mathbf{x}_u, \mathbf{x}_c\}=\nabla B$ 是一个具有散度源的无旋场。[101、102] 进而，数量场 $B(t)$有拉普拉斯方程$\dfrac{\partial^2 B}{\partial u^2}+\dfrac{\partial^2 B}{\partial c^2}=0$(或者$\nabla^2 B=\Delta B=0$)，且切向量为：

$$\mathbf{T}_y=\left(\frac{\partial y}{\partial u},\ \frac{\partial y}{\partial c}\right)=\left(\frac{\partial B}{\partial u},\ \frac{\partial B}{\partial c}\right)=\left(\frac{\partial W}{\partial c},\ -\frac{\partial W}{\partial u}\right)$$

同样有 w 的拉普拉斯方程 $\frac{\partial^2 W}{\partial u^2}+\frac{\partial^2 W}{\partial c^2}=0$，但 $\frac{\partial^2 y}{\partial u^2}+\frac{\partial^2 y}{\partial c^2}\neq 0$（因 w 对于 y 不唯一，差一个常数[103]），$y(u,\ c)$ 有方向变动，$W(u,\ c)$ 与 $B(u,\ c)$ 有静态共轭调和关系。

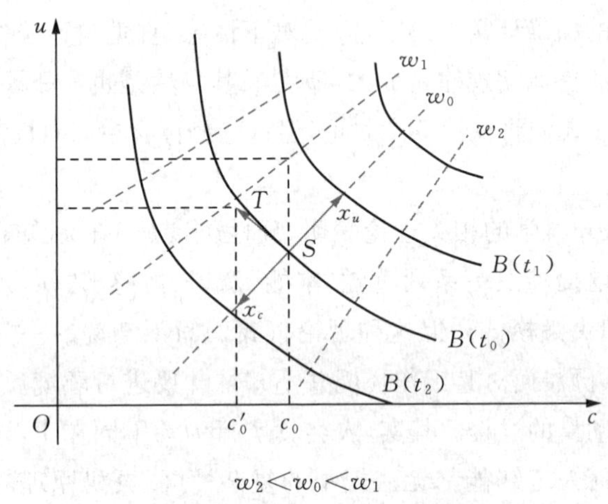

图 2.8　高阶理性行为可行集图示

（2）时变人生路径 $y(u(t),\ c(t))$。高阶理性行为与时间相关，意味着人们会随着时间演化改进自己的禀赋、技能乃至偏好，向着垂直于 $\{\mathbf{x}_u,\ \mathbf{x}_c\}$ 的方向 $\overrightarrow{ST}$ 偏离，以同样的成本能达成更高的目标。和矢量 $\vec{y}(t)=\mathbf{x}_u+\overrightarrow{ST}$，将使得 $y(t)$ 偏离传统理性的行为路径 $y(u,\ c)$，作为时间变量的曲线，实现高阶理性幸福感差异 $W(y(t))\geqslant W(y(u,\ c))$ 的不同人生。

注意，对于高阶理性行为空间任意一点 $(c,\ u)\in\Gamma$，点向量意味着理性行为的大小、方向，而数量场仅仅是这一组对偶行为选择后果的幸福感数值。按照势函数与梯度场的一般对应关系，我们应进一步考虑两个细节问题：一是场源的性质，即要计算其散度；二是场旋的性质，即要计算其旋度；它们均直接关系到个人幸福感的实现。[104]此外，这种向量场不同的源或旋的性质，究竟是如何影响静态和时变两种行为路径，并由此决定着人们高阶理性的幸福感的，这是下一章具体模型将要阐述的重点。

其实，高阶理性只是一种说法，人永远都无法穷尽自身思维方式的理性逻辑，真正意义上的高阶理性也无法用语言逻辑完备表达。哥德尔不完备性定理就告诉我们，理性逻辑永远不会完备，人工智能不可能穷尽人类思维的全部逻辑，因而机器不能超越人。[105]语言哲学表明[106]，即使理性逻辑相对完备，也不可能被完全表达。正是因为语言缺陷限制了人工智能的“智慧”，使其无法像人一样拥有直觉行为，人工智能以计算语言的可表达性为基础，但是，即使道理很明白，不能转化成可表达的计算程序，一切都是枉然。换句话说，理性逻辑将一直面临着这两个根本性难题，特别是第二个语言表达的困难。

吸取西蒙的教训，本书关于高阶理性的逻辑分析也只是理性逻辑的一种“弱智能”搜寻算法，仅仅揭示了人类周期性行为的特有理性特征。或许，众多“弱智能”算法的共同贡献，会带来某种加总意义上人工智能对人类理性的逼近，不过，这种逼近也仍然是一种概率意义的收敛过程，而非人类理性的真正表达。

注 释

1 这种经济学理性逻辑的拓展是 20 世纪诸多大家的努力结果，可见阿罗、布坎南、贝克尔等人的工作。

2 见巴里·斯特德(Barry Stared)：《休谟》，刘建荣、周晓亮译，山东人民出版社 1992 年版。

3 参见 Aristotle, *The Nicomachean Ethics*。

4 可见斯密的《道德情操论》(商务印书馆 2014 年版，第 35、121 页)中关于人的天性具有指向他人的关爱和被爱的论述，他便明确地将这些符合人们天性、本能的伦理倾向，置于人的更广义概念的理性范围内。

5 由于无力涉及人工智能的社会性伦理基础讨论，书中所述仅仅是一种泛泛而谈，不确之处，万望读者海涵。

6 这与前述关于理性的实用主义特征的陈述相对应，但这只是一种简称，而非哲学上实用主义的真正概念。后者，应该是 19 世纪繁盛在美国，由约翰·杜威及威廉·詹姆斯等实用主义哲学家所定义。

7 本质上，逻辑的合理性并不是科学能够发生、成立并演进的充分条件。巴伯在《科学与社会秩序》中阐明：仅当理性思维被用于我们可称之为“经验的”目的时，即这种目的性经验对于我们的所有感官，或者对于以各种科学仪器工具加以改进的感官，都能够被客观地达到时，科学才会存在。

8 本章所述其实涉及关于数学本质的三大学派的理论争论，这里则是一种直觉主义而非逻辑主义的立场，仅此说明。

9 详情可见怀特海《科学与近代世界》中关于科学哲学的论述及其对相关问题的批判性讨论。

10 实际上,当下人工智能技术的创新、扩张与运用,已大大超越传统政治、宗教、文化为人类社会限定的生活范畴,触及很多传统社会、伦理规范的不确定区域。显然,我们并不是要贩卖科技焦虑感;相关注意力的缺乏,应是客观现实。

11 关于西蒙有限理性的相关理解和批判性解释,在本书的随后章节中,还会有详细讨论。

12 这里采用了博弈论思想家罗伯特·奥曼关于博弈行为的经典定义,参见其专著《奥曼全集》(*Collected Papers*)。

13 详见 Myerson, R., 1996, "Nash Equilibrium and the History of Economic Theory", *Journal of Economic Literature*, 36, 1067—1082。很多学者都说,当他们最初读到纳什的论文及其纳什均衡概念后,都感动不已;但细看评述却读不出这种感觉。显然,迈尔森对纳什均衡的天才贡献及其理论评价,确实使人相信:他是十分激动的。

14 见 Aumann 和 Brandenburger(1995)、Brandenburger(2007, 2014)这三篇关于认知博弈理论的论文。

15 发生在近代哲学的语言学转向,按照汪丁丁的说法,是西方人将注意力从外部世界转向西方人用来描述外部世界的语言本身。这个有趣的理论评述意味着:仅在形式主义倾向的文化语境里,语言才可能被人们看成一种关于符号(能指,signifier)的表达(所指,signified),进而有关于语言自身的逻辑研究。这或许也是东西方文化的差异之一。

16 见霍金:《统一的宇宙论》,中国科学出版社 2015 年版。

17 据肯·宾默尔考证:当摩根斯坦询问冯·诺依曼效用函数问题时,他当时正在主持一个会议;半小时过后,在交给摩根斯坦的草稿纸上,就写着我们现在通用的期望效用函数的定义与公式。宾默尔称之为一种天才灵感:"效用函数的天才性体现在其明显的直觉、简单性,又似乎存在着某种不可言状的缺陷,以至于常常有人想要改造它,但最后却发现,怎么改造也不如它。"(肯·宾默尔:《自然正义》,李晋译,上海财经大学出版社 2010 年版。)

18 见参考文献中三人的相关工作成果(Kahneman et al., 1986, 1990, 1997; Kahneman and Tversky, 1979; Camerer, 1997)。随后,2.3 节关于行为实验经济学的相关批判亦有讨论。

19 这是后话,相关的批判和论断一定会招致诸多的反对,但这里无法全面展开;故谬误之处,权当是一种说法。

20 这种认识与哈耶克坚持的个体主义方法论是一致并同源的,只要用心凝视,就会理解上述的直觉陈述。

21 有限理性概念与模型产生的背景是,20 世纪 50 年代之后,人们认识到建立在"经济人"假说之上的完全理性决策理论只是一种理想模式,不可能指导现实行为的决策。赫伯特·西蒙提出的满意标准和有限理性标准,用"社会人"取代“经济人”，大大拓展了决策理论的研究领域，故此，有限理性模型又称西蒙模型或西蒙最满意模型（Simmon's bounded rationality model）——人的理性是处于完全理性和完全非理性之间的一种有限理性。关于其主要观点的论述，可参见相关文献。

西蒙的主要观点如下。

(1) 手段-目标链的内涵有一定矛盾，简单的手段-目标链分析会导致不准确的结论。西蒙认为，手段-目标的次序系统很少是一个系统的、全面联系的链，组织活动和基本目的之间的联系常常是模糊不清的，有些基本目的也是不完全系统，这些基本目的和达到这些目的所选择的各种手段内部，也存在着冲突和矛盾。

(2) 决策者追求理性，但又不是最大限度地追求理性，他只要求有限理性。这是因为人的知识有限，决策者既不可能掌握全部信息，也无法认识决策的详尽规律。即使借助计算机，也没有办法处理数量巨大的变量方程组；人的想象力和设计能力有限，不可能把所有备择方案全部列出；人的价值取向并非一成不变，目的时常改变；人的目的往往是多元的，而且互相抵触，没有统一的标准。因此，作为决策者的个体，其有限理性限制他作出完全理性的决策，只能尽力追求在他的能力范围内的有限理性。

(3) 决策者在决策中追求“满意”标准，而非最优标准。在决策过程中，决策者先定下一个最基本的要求，然后考察现有的备择方案。如果有一个备择方案能较好地满足定下的最基本的要求，决策者就实现了满意标准，他就不愿意再去研究或寻找更好的备择方案了。

据以上所述，决策者必须承认自己感觉到的世界只是纷繁复杂真实世界的极端简化。他们满意的标准不是最大化，所以不必去确定所有可能的备择方案。由于真实世界是无法把握的，他们往往满足于用简单的方法，凭经验、习惯和惯例去办事。因此，导致的决策结果也各有不同。

另外，西蒙还提出有限理性模型的两种决策方法。

(1) 组合排列法：从工作任务的不同组合排列中选择，以达到满意结果的一般性决策方法。

(2) 方面排除法：这是一种适用于对决策方案进行同时性选择的有效方法。

最后，还附上一段行为实验经济学研究者揭示类似观点的评论：“新兴研究侧重于从人们的心理、行为出发，来阐释现实金融市场中的现象与异象。行为实验揭示出人类理性是有限的，认识的局限决定了人类存在着许多理性之外的情绪、冲突和决策模式。此外，社会学、人类学因素也会对投资产生影响甚至系统性的偏差”（见陆剑清：《行为金融学》，立信会计出版社 2007 年版，第 7 页）。

22　详见陈叶烽：《信任水平的测度及其对合作的影响——来自一组实验微观数据的证据》，《管理世界》2010 年第 4 期，以及其他相关论文[如陈叶烽（2009）、陈叶烽等(2012)],其相关内容均包含着这种社会性概念的观点。

23 有人认为,社会性偏好的强弱意味着人的伦理道德与合作利他的水平不同,亲社会性具有更高的利他主义倾向。但典型的矛盾实例是,一些精神疾病会使人看似亲社会性较低,难道能说明患病之人比其他人更自私?反之,如果社会性偏好越强,更容易达成合作,难道他们比普通人更有道德?比如,强盗们合作抢劫银行、纳粹合作屠杀犹太平民。由此可见,任何简单地将从属于理性概念的社会性偏好及其行为,强加于合作伦理、利他主义道德的逻辑,本质是一种关于伦理哲学的理论误解。而缺乏社会环境、行为情境乃至个体关系的伦理断言,最终也往往是一场学术误会。

24 这种生存需求与交往需求涉及人们关于政治性与经济性的二元周期性转换逻辑,4.5 节会有详解。

25 与此相反,只要是人类群体中出现非社会性或者反社会性的社会孤立状态,就一定处于某种非正常的偏颇、病态之中。其实,这种逻辑还涉及斯密的劳动分工与市场机制的关系。或许,斯密的劳动分工理论是迄今为止新古典经济学唯一没有企及的论题。限于篇幅,恕不赘述。

26 所谓的交往行为,所涉及的至少是具有语言能力和行为能力的两个及以上主体之间的关系,是至少两个主体之间为达到相互理解而进行的交往。在哈贝马斯看来,交往行为是以语言媒介作为前提,反映出行为者本身与世界的关联,通过对话,以达成理解和一致为目的的行为。"它是以主体之间通过符号协调的相互沟通的一致性为基础,致力于达成理解,形成非强迫性的共识"。

哈贝马斯借由胡塞尔关于生活世界的理解,将其意义加以扩大化,认为生活世界是人们日常生活实践的核心,是扎根于生活世界的文化再生产、社会整合与社会化相互作用下的产物。换句话说,生活世界具有事实存在的特质,也是生活于其中的个体透过互为主体意义下所要共同诠释的世界,并由此可以将社会视为一个有机的整体概念。

27 哈贝马斯将关于言语行为的研究当作普遍语用学的理论对象,认为言语不是单纯的个人现象,而是为了与交往者达成一致的社会行为,言语的过程即言语行为。他接受奥斯丁关于以言表意和以言行事的划分,但认为所有言语行为都具有双重结构。在这种结构中,哈贝马斯更注重以言行事,强调是以言行事的力量构成了所有语言应用的基础,这比语言的认识功能更为重要。基于这种认知,哈贝马斯(2004)在普遍语用学基础上建构交往理性理论,完成了主体性向主体间性的范式转换——"对意识哲学范式进行了自觉的变革,引入以语言为媒介的'交往行为'的概念,以理解范式(交往社会化和相互承认的个体之间的主体关系范式)或者交往范式扬弃意识哲学范式,使'孤独主体'向'互动主体'转变"。以重建理性并摆脱传统主体哲学的理论困境,为重新实现合理化提供了新的视角;其核心是突破传统的个体主义方法论,挖掘理性概念的社会性内涵。

28 哈贝马斯的理性概念基本上循着三个向度发展:首先,是将传统意识哲学的研究,转向语言哲学的范式,并沿着康德的理性批判工作,进一步为理性的概念重新定位。其次,重新阐释韦伯对西方近代文明的理性化现象的批判,以及"合理化"过程的反省。再次,针对马克思历史唯物主义中有关"异化"现象的产生加以批判。按照其交往理性的概念,理性应该通过相互交往的理解过程而得到解释。

29　见叶航、陈叶峰、贾拥民:《超越经济人:人类的亲社会行为与社会偏好》,高等教育出版社 2013 年版。书中关于社会性偏好的相关论述以及对实验数据的解释,显然与本书所述的社会性内涵及其逻辑完全无关。

30　见约兰德·雅各比:《荣格心理学》,陈瑛译,生活·读书·新知三联出版社 2017 年版,第三章,第 75 页。

31　首先,见加州理工学院的科林·凯莫勒和卡耐基·梅隆大学的乔治·罗文斯坦(George Loewenstein)两位学者在行为经济学和神经经济学领域取得的开创性研究成果。其次,见斯坦福大学的罗伯特·霍尔(Robert Hall)的相关论述,他的代表性研究领域为劳动者生产率、经济衰退和失业。最后,见哈佛大学的迈克尔·詹森(Michael Jensen)、麻省理工学院的斯特沃特·梅耶斯(Stewart Myers)以及芝加哥大学的拉古拉迈亚·拉詹(Raghuram Rajan)的研究。三位学者在企业融资领域取得重大研究成果。拉詹还曾任国际货币基金组织(IMF)首席经济学家以及印度央行行长。此外,还可关注理查德·泰勒的研究。(1) Misbehaving: The Making of Behavioral Economics(2015);(2) Improving Decisions on Health, Wealth, and Happiness(2008);(3) Advances in Behavioral Finance(1993);(4) The Winner's Curse: Paradoxes and Anomalies of Economic Life(1991);(5) Quasi-Rational Economics(1991)。

32　见汪丁丁博客:《性格、意识、心理类型》(上、中、下),网址:https://wangdingding.blog.caixin.com/archives/263963。

33　周爱保、潘超超:《国内自我研究的动态分析——基于关键词知识图谱的量化研究》,《宁波大学学报(教育科学版)》2018 年第 4 期,第 1—7 页。

34　参见:(1) Giegerich, Wolfgang, 2020, *The Flight into the Unconscious—An analysis of C. G. Jung's Psychology Project*, Routledge; (2) Giegerich, Wolfgang, 1998, *The Soul's Logical Life: Towards A Rigorous Notion of Psychology*, New York: P. Lang; (3) Giegerich, Wolfgang, 2020, *The Flight into The Unconscious: An Analysis of C. G. Jung's Psychology Project, Volume 5* (1st ed.), Routledge。

35　再次考察俗语中有一句正命题,就有一句反命题相对应,如"人为财死,鸟为食亡"与"助人为乐,雪中送炭"。其实,这种元素对立的集合并无不妥,正好相互补充、协调地揭示:交往理性在塑造自我的过程中存在的矛盾张力。

36　详见 Rogers, T. B., N. A. Kuiper, and W. S. Kirker, 1997, "Self-Reference and the Encoding of Personal Information", *Journal of Personality and Social Psychology*, Vol.35, No.9, 677—688。

37 Bruner、Goodnow 和 Austin(1956)也同时认为,人们对另一个人在某个行为维度上的表现的评估在一定程度上取决于他们自己的表现,以"服务于减少对象和事件的多样性以便有限能力的人类能够处理"。

38 具体地,Dunning 和 Hayes(1996)、Dunning 和 Cohen(1992)等文献,直接探究了人们在判断他人行为时,是否会将自己的行为和成就等信息激活出来以作为标准规范。

39 其实,相对于外在参考点而言,自尊是一种内在参考点,具有内生的讨价还价动力机制,但同时也受到其他外在因素的影响。本质上,框架效应是一种关于行为前提的类似于参考点的情境设置。

40 见语言学、行为学主题(cognitive reference points)的实验论文,具体可参见 Kristensen 和 Gärlinga(1997)、Rosch(1975)、Jolls 等(1998)、Bernartzi 和 Thaler(1999)以及 Thaler(1999)相关结论暗示,自尊的自我价值还表现出某种自我中心偏差和自我服务偏差。

41 由于相关文献繁杂、涉及多方面专业,超出了本书论题范围,仅此提及,恕不赘述。

42 这里,借用经济学"一般均衡原理"的术语来进行一种形象的说明,意在强调完全竞争的效率性和优美性。

43 夏普利为合作博弈的核、均衡等概念做出原创性贡献,也以此获得 2012 年的诺贝尔经济学奖(可详见本书参考文献)。

44 这里,本书之所以再次批判合作的伪命题,在于国内学术界的理论误解太深。作为国内学术大家的张维迎教授,在其《博弈与社会讲义》的开篇中就批判地认为:传统博弈论的全称"非合作博弈理论"容易产生误解,"事实上,博弈论真正关注的是个体的独立决策是否可以导致社会合作结果的出现",以此追究达成合作的激励机制、社会制度等等。显然,这明显忘记了合作无关效率、无关伦理、无关秩序——不得不说是一种遗憾。当然,这种相关的批判性评述,本书的第 5 章中将结合人类社会创新行为,给出一种深入中国传统文化语境的理论探讨。

45 阿罗(Arrow, 1962)最早提出了这种经济学行为概念,为人们理解现实经济活动中的"干中学"逻辑做出了贡献。

46 实际上,像小猴在溪边玩耍、小鹿在草地漫步乃至小孩拿着一颗玻璃珠就能打闹、高兴个半天,这些自由自在的无目的行为,一般不属于传统经济学的理性分析的范畴。其中的逻辑直白、显然,可不用赘述。

47 详见安德鲁·马斯-克莱尔等著的经典微观经济学教材《微观经济理论》(中国人民大学出版社 2014 年版)给出的如可理性化、情境理性、行为选择弱(强)理性等概念的论述。

48 详见阿莱悖论,文献同上,即《微观经济理论》教材第 5 章,关于弱理性偏好的一致性相关分析。

49 信念的最核心概念涉及"认知博弈论"(Aumann and Brandenburger, 1995;

Brandenburger, 2007),关于个人信念与理性概念的深入刻画,认知博弈的信念表达已获得学术承认。更早的认识并提出问题意识的,可见 Sugden(1992, p.76)中富于启发的阐述。

50 Sugden, R., 1985, "Why be Consistent? A Critical Analysis of Consistency Requirements in Choice Theory", *Economics Economica*.萨格登在文中提出了极富直觉洞见的理论陈述,本书的很多论述均受到该文的思想启发,且早在2009年宾默尔教授在浙江大学讲学时,就在讨论中表示认同。仅此说明,详情可见论文。

51 见黄凯南:《现代演化经济学基础理论研究》,浙江大学出版社2010年版。

52 这是哈耶克最主张的演化理性案例,即本能概念。但是,除了心理学领域关注这一概念,至今仍无经济学人关注。

53 更深刻地,达尔文关于人的生物演化理论无法成为一种信仰,演化理性概念也就值得保持怀疑。

54 详见卢克汉姆《单向度社会》关于现代工业产业社会的悲观分析,但本书在这里指称"现代科技理性的自负"意在强调工业化产业化的基础是科学技术,本质上是一种科学至上主义的理论误区。

55 见 Smith, Vernon L., 1976, "Experimental Economics: Induced Value Theory", *The American Economic Review*, Vol.66, No.2, 274—279; Smith, Vernon L., 2003, "Constructivist and Ecological Rationality in Economics", *The American Economic Review*, Vol.93, No.3, 465—508。

56 见 Binmore(1997)。文中,宾默尔就相关杂志刊登的行为实验结果,给出了同一实验的不同控制设计的相反结论,试图提醒人们注意实验经济学方法的不当运用及其荒谬之处。

57 详见陈叶烽等:《信任水平的测度及其对合作的影响——来自一组实验微观数据的证据》,《管理世界》2010年第4期。

58 "正义是社会制度的首要德性,正像真理是思想体系的首要德性一样",见罗尔斯《正义论》,第7页。

59 这是强调人类认知的局限性,不可能达到真理的完备性。或许,可以看成一种哥德尔不完备性定理的通俗引用。

60 见怀特海《科学与现代社会》中论现代科学的起源,其优美的原文如下:"It is this union of passionate interest in the detailed facts with equal devotion to abstract generalization which forms the novelty in our present society. Previously it had appeared sporadically and as if by chance. This balance of mind has now become part of the tradition which infects cultivated thought. It is the salt which keeps life sweet."若正文的翻译有曲解,当以原文为准。

61 见罗素:《西方哲学简史》,何兆武、李约森译,商务印书馆2008年版,下同。

62 详见 Pinker, Steven, 1999, *How The Mind Works*, W. W. Norton & Company。按照平克的定义,本书指的神经性脑活动应包括心智、生理乃至意识(显意识

或潜意识)的复杂性人体反应活动。

63 这种关于人脑机能的描述只是一种直觉逻辑,借鉴了神经学理论的相关名词,与人工智能的专业理论无关。

64 从严格的数学逻辑来讲,对立不一定对偶,但对偶则起源于对立双方的矛盾演化。零和博弈是利益对立双方的均衡解,一个人所得即另一个人所失,即使双方的收益都为正。纳什均衡解具有对立性质,但也包含利益对偶的均衡。鞍点是最简单、常见的对偶解,但不是所有纳什均衡的解都符合鞍点定理;纳什均衡可以有多个解,但对偶解是唯一的。鉴于对立与对偶之间存在着这种非紧要关联,为了不冲淡本节主题,这里仅此说明。

65 见关于冯·诺依曼与摩根斯坦在创建博弈论初期进行的效用函数方法论的相关讨论。

66 这里,我们仅仅假设整体性对偶转换的过程是连续、平稳的,且转换过程是可微的,进一步,当$\partial w/\partial x_i=0$时,二元行为的转换为什么会发生,乃至值函数行为对于无穷集合具有直观的连续性,详见随后讨论。

67 详见柏格森:《时间与自由意志》,商务印书馆2011年版,第29页。

68 在经济学研究中,一直就存在一些与质疑理性概念一样的盲目批评,却充满着对于经济学逻辑方法的误解,比如静态与动态、均衡与非均衡……其实,它们都只是科学理论展开的前提和平台,与现实的真实行为无关。

69 数学规划的对偶原理及解概念,可分为线性和非线性。在非线性约束的数学规划中,仅当目标函数与约束函数严格凸且可微时,才有两个最优解相等的对偶定理。可详见数学规划中,松约束对偶定理与强约束对偶定理。这里,为便于读者查阅,仅简述如下。

假设原约束规划问题为:

$$G:\begin{cases}\min f_0(x) \\ \text{s.t.} \quad f_i(x)\leqslant 0 \quad i=1,\cdots,m \\ \qquad h_j(x)=0 \quad j=1,\cdots,p\end{cases}$$

$x\in R^n$

$D=\bigcap_{i=0}^{m}\operatorname{dom} f_i\cap\bigcap_{j=0}^{p}\operatorname{dom} h_j$

$X=\{x\in D,\ f_i(x)\leqslant 0,\ h_j(x)=0,\ i=1,\ \cdots,\ m,\ j=1,\ \cdots,\ p\}$

$p^*\in G$

给出如下拉格朗日函数:

(1) 给每一个约束以一个拉格朗日乘子λ和v,以乘子为加权系数将约束加入目标函数中。

(2) $L: R^n\times R^m\times R^p\rightarrow R$,其中,定义域为$D\times R^m\times R^p$:

$$L(x,\lambda,v)=f_0(x)+\sum_{i=1}^{m}\lambda_i f_i(x)+\sum_{j=1}^{p}v_j f_j(x)$$

那么,对偶函数为:

$$g(\lambda, v) = \inf_{x \in D} L(x, \lambda, v) = \inf_{x \in D}\{f_0(x) + \sum_{i=1}^{m} \lambda_i f_i(x) + \sum_{j=1}^{p} v_j f_j(x)\}$$

其中,$\lambda \in R^m$, $v \in R^p$。

对偶问题被定义为: $\bar{G}: \begin{cases} \max g(\lambda, v) \\ \text{s.t.} \quad \lambda \geqslant 0 \end{cases}$

此时,$\max\limits_{\lambda \geqslant 0,\, v} g(\lambda, v) = \max\limits_{\lambda \geqslant 0,\, v} \inf\limits_{x \in D} L(x, \lambda, v) \leqslant p^*$,其中最优解为 λ^*, v^*,最优值为 $d^* \in \bar{G}$。

那么,可以有:

弱对偶定理:对于凸优化或非凸优化问题,都有 $\lambda \geqslant 0$,则 $d^* \leqslant p^*$。

强对偶定理:对于凸优化问题,有 $d^* = p^*$。

具体证明可见一般数学规划教科书,略述。

70 可见一般数学规划教材,即强对偶定理的详细解释和证明。

71 详见随后3.3节的全面讨论,深入分析对偶关系的数理条件、转换逻辑及其限定等问题。由于这些数学上的解的概念均与对偶解相关,属于同一个经济学语境的人类行为逻辑层面,故这里给予一并陈述和考察。

72 这里使用的所谓数据使用伦理的概念,在传统社会里应属于保护并尊重客户秘密的范畴,本身就是一种商业道德的基本规范;即使没有正式的法律规范,遵循非正式制度的传统习俗也是商家必须遵守的商业规则。但令人遗憾的是,我们经常听到、看到违背传统商业伦理的相关行为和现象出现在媒体报道之中。

73 见乔恩·埃尔斯特:《解除束缚的尤利西斯:理性、预先约束与约束的研究》,秦传安译,上海财经大学出版社2011年版。

74 这里,本书之所以有某种抱怨,意在强调一种观点:约束与目标天然对偶地存在着,而20世纪经济学理论的重要进展似乎都是建立在关于目标-约束最优规划的逻辑基础上,甚至一般通俗经济学教材就定义:经济学是关于稀缺资源配置的科学。将目标与约束关联起来研究,不仅符合经济学研究的基本逻辑,更重要的是,这种关联还体现了人类理性行为决策及其心理过程的内在规律。如此重要的论题被主流经济学界忽视,不得不使人埋怨。

75 在20世纪50年代,赫舒拉发与奈特就提出过类似的试图容纳非理性逻辑的理性概念,只是被人们忘记了。

76 具体可见埃尔斯特在《解除束缚的尤利西斯》一书中的表2-1关于约束理由与约束手段关系的分类和描述。

77 详见 Suntans, C., 1991, "Constitutionalism and secession", *Universality of Chicago Law Review*, 58, 633—670。哈耶克(1960, p.160)也表达过类似的观点。

78 详见童乙伦《解析中国:基于讨价还价的渐进改革逻辑》第3章,第127页的相关综述性分析。

79 见 Gauthier, D., 1977, "The Social Contract as Ideology", *Philosophy and Public Affairs*, No.2, 130—164。

80 实际上，这是本人基于20世纪末中国改革开放过程中，国家从计划经济转向市场经济体制的具体情境而提出的假设。但其中并没有解释为什么会有改革开放的讨价还价博弈本身。文献同注释78。

81 见 Elster(1989a, 1989b)，以及 Homlmes(1988)。这里，我们称之为"漂亮的解释"意指将偶然的随机概念嵌入宪法过程，其哲学内涵十分丰富，也与本书第6章中触发机制的随机分析不谋而合，故有如此感叹。

82 同上，埃尔斯特强调：多数规则与其说是一个自然的预先规则，倒不如说是立宪者彼此妥协、不得不接受的能减少可行集选项的一种策略；因为"当一组个体可以通过限制自己的自由来增加他们自己的权利时，同理，他们也可以通过扩大他人的自由来减少对方的权利"。

83 这里的矛盾是，如果由X产生了Y，则X应该更有权威；但如果Y是为了限制X而产生的，那么，Y应更有权威。在这个推理中，把预先约束的理论从个体选择扩大到集体选择的制宪分析时，其假设前提是，国家必须像个体一样，具有稳定的偏好、信念及其理性能力的一致性。但是制宪的目的恰恰相反，是为了保护其中一部分人不会被另一部分人不恰当地伤害，进而能够获得宪法的内在不一致性的保护。面对这种宪法失效的可能性，埃尔斯特深入分析了制宪过程中民众激情、党派动机、复议程序、分权制衡、延迟策略及问责机制等历史案例。

84 这里，我们所述的与国际上大多数政治学文化学者关于文化功能的观点不尽相同，但福山、亨廷顿等都明显混淆了文化与文明的差异，这是政治文化学的特定视角造成的。但从经济学理性逻辑观察，文化应有不同于文明交往的功能，文明差异或可能带来冲突，但文化交流则一定有更乐观的预期（可详见本书第5章的相关讨论）。

85 见威尔·杜兰特：《追求幸福》，中信出版社2021年版。不巧，他在书中提出过类似周期性逻辑的观点："我们不能要求进步是持续不断，或者是普遍的。很明显，正如个体的发展也会有失败期、疲劳期和休息期一样，衰退是很正常的事；如果在现阶段对环境控制方面有进展了，进步就是真的。"

86 见传统微观经济学教材中消费理论关于希克斯需求和马歇尔需求的逻辑论述，还有生产理论关于长期成本与短期成本函数的理论定义。这里，我们先陈述两步决策程序的定义，并试图讲清楚整体性对行为实验经济学的批判意义。随后，3.2节将给出基于时间维度的整体理性逻辑，4.2节、4.3节将给出消费、生产案例的详细讨论。

87 这是传统教材中偏好效用理论的直接推理，前述定义2.1也说明，幸福感函数是基于偏好、效用函数和成本付出的对偶概念来定义的。

88 近来，碳排放议题正在被诸多国际地缘政治经济竞争的假象所遮蔽，似乎只是一个伪命题。此处所引，正是汪丁丁在与作者交谈该论题时，做出的深刻、精到评价,其重要性不言而喻。由于无文字记载,仅此说明。

89 比如,从生产行为看,行为绩效线实质上就是厂商产出曲线,由同一时空中所有生产者的产出所构成的社会总产出分布线,只不过考虑了成本因素,而传统生产可能性曲线不包含成本而已。

90 如果要用一个具体幸福感函数(满足条件$\partial W/\partial u \geqslant 0$, $\partial W/\partial c \leqslant 0$)来形象地做思想实验,比如可假设幸福感函数为:$W(t)=u(t)^{\alpha}\cdot[c(t)]^{\alpha-1}$, $\alpha\in(0, 1)$,显然满足$\partial W/\partial u \geqslant 0$和$\partial W/\partial c \leqslant 0$的条件。并且,对于书中所述定义及其性质有:

$$\nabla W=\left(\frac{\partial W}{\partial u}, \frac{\partial W}{\partial c}\right)=\left(\alpha\left(\frac{1}{u\cdot c}\right)^{1-\alpha}, (1-\alpha)(u\cdot c)^{\alpha}\right)=\mathbf{B}(t)$$

$$\mathbf{x}_i=\begin{cases}\mathbf{x}_u, & \alpha\in(0, +1)\\ \mathbf{x}_c, & \alpha\in(-1, 0)\end{cases}$$

我们可得本书中的说明一、说明二、说明三、说明四以及随后的性质 2.1、性质 2.2、性质 2.3 所述的相关性质和幸福感函数的图示表达,而幸福感等值曲线可组成如下图所示的相关性质。

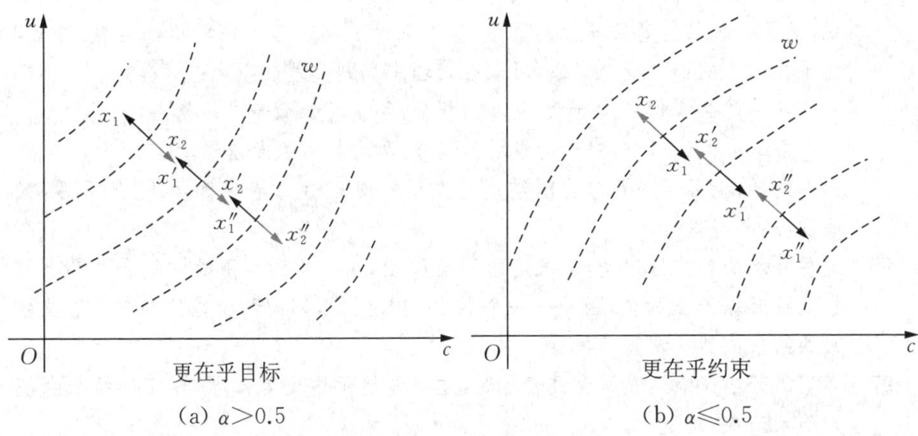

消费者在乎消费效用或在乎消费成本的不同理性差异

91 一般地,幸福感数量函数与行为绩效函数此时在数学上称为共轭互补的调和函数,随后有详述。

92 参见 Pavlov, Ivan P., 1928, "Conditioned Reflexes: An Investigation of the Physiological Activity of the Cerebral Cortex", *Journal of the American Medical Association*, 90.4, 317。

93 见通常的经济思想史教材,具体指以萨缪尔森代表、融合希克斯等数理经济学派的晚近新古典综合学派。

94 见萨缪尔森《经济学》英文版第 11 版,第 348 页:"对于处理小规模微观经济学的原古典学派的原则,认为它缺乏现实性和正确性的论点,就会在很大程度上消失,……就能够完全填平微观和宏观经济学之间的鸿沟。”

95 这里,一种类比的说法是物理单摆运动的能量守恒定理。更简化的理解是:两种行为的幸福边际变化量不变,或许更广义的人生幸福总量也守恒(正弦函数的直觉)。另一方面,幸福感守恒原理也是保守场的一个直接推论,其实,方程$\frac{\partial^2 W}{\partial x_1^2}+\frac{\partial^2 W}{\partial x_2^2}=\lambda(t)$就意味着幸福感场满足时变的泊松方程;当参数项$\lambda(t)=0$时,满足调和函数条件:$\frac{\partial^2 W}{\partial x_1^2}+\frac{\partial^2 W}{\partial x_2^2}=0$,即拉普拉斯方程,也就是$w\neq 0$为常数时的静态方程描述。

进一步,如果按照上述思路,将幸福感函数看成某种特殊情形,我们可以给出如下幸福感等值线的模拟实验。其中,幸福感数量场在任意一点的梯度即为对应的行为选择,正向的为目标最优规划,反向的为约束最小规划,如此,我们容易通过如下的特例验证书中的结论:

$$W(x_1,\ x_2,\ t)=u^*(t)^\alpha[c^*(t)]^{\alpha-1}\quad \alpha\in[0,\ 1]$$

值得指出的是,物理学的守恒律是一个宏观涨落的统计描述,或许可以说,对于一个具有高阶理性的行为人,如果对于其行为路径做积分运算,那么,对于数学上的如下概念描述,可以在物理中找到类似的概念:

第一类曲线积分:对于数量场的积分,如密度×微长求质量。

第二类曲线积分:对于向量场的积分,如力场×微长求做功。

同样,也可以展开与物理学逻辑类似的对应行为学分析,但这是后话,仅此说明。

96 这种性质的数学描述是,在给定的开集U上,所有的调和函数的集合是其上的拉普拉斯算子Δ的核,因此是一个R的向量空间,即调和函数的和与差以及数乘的结果依然是调和函数。

97 人生的苦难仅当用数学公式表达时,才可能展示得更为清晰,即使其结果会使人陷入悲观、沮丧。

98 可以想象,我们某一天造出一个能够权衡利弊、具有周期性转换的“机器人”:当它与你对抗时,会因为目标太难(你并不知道)而突然“示弱”,或须在占居(控制你)优势时突然停下攻击而“仁慈”。此时,你会感受到某种真的人性,久而久之,这种时恶时善的“复杂人性”会使你怀疑,它究竟是不是真人,而非机器?

99 实际上,心理学关于情感的周期性波动研究,文化学关于直觉、习俗的周期性运行分析,都表明了这些外生变量与我们说的周期性行为逻辑存在着深层次的理论关联,但由于篇幅限制,这里略述。

100 场论一般指:包含时间变量的时空概念的描述(随着时间变化,时空概念变化者为时变场,不变者为静态场),而保守场是其中最简单的场。一种保守场性质的简单证明如下:

以单值标量场为例：如果单值 $u(\cdot)$ 的线积分与曲线起始点 p_1，p_2 有关，而与曲线 c 的形状无关，那么，这个单值标量场的梯度 ∇u 是一个保守矢量场。

证明：由 $\frac{\partial u}{\partial l}=\nabla u\cdot a_l$，可得 $\mathrm{d}u=\nabla u\cdot \mathrm{d}l$。

有 $\int_c \nabla u\cdot \mathrm{d}l=\int_{p_1}^{p_2}\mathrm{d}u=u(p_2)-u(p_1)$，

若 p_1，p_2 重合，则知有：$\oint \nabla u\cdot \mathrm{d}l=0$。

即命题得证。基于本书的行为矢量场（梯度）的性质，我们才能进一步探讨矢量场空间里二元对偶行为彼此周期性转换的逻辑。

101 注意，保守场场环路积分为零，并不意味着理性行为的效用没有价值，反而，由于散度的做功不一定为零，基于幸福感标量场的第一类积分始终都是路径相关的；这使得追求人生整体幸福感最大化存在着变分最优的性质。

102 由向量场源性质的亥姆霍兹定理，任意向量场都可以表示为一个无旋的散度场和一个无散的旋度场的叠加，即简记为：$A=A_1+A_2$，其中 $\nabla\times A_1=\vec{0}$ 且 $\nabla\cdot A_1=\rho$，A_1 为通量源；同时，$\nabla\cdot A_2=0$ 且 $\nabla\times A_2=\vec{\sigma}$，$A_2$ 为旋量源。如果给定了定解条件，此时，向量场 A 便唯一地给定了；而书中的旋度为零是保守场的直接结论。

关于亥姆霍兹定理的积分记法：对于一个在有界域上的矢量场，在满足二阶连续可微的情况下，可以描述为一个无旋场和一个无散度场的叠加：

$$\mathbf{F}=-\nabla\Phi+\nabla\times\mathbf{A}$$

其中，

$$\begin{cases}\Phi(r)=\dfrac{1}{4\pi}\displaystyle\int_v \frac{\nabla'\cdot\mathbf{F}(r')}{|r-r'|}\mathrm{d}\tau'-\dfrac{1}{4\pi}\displaystyle\int_S \frac{\mathbf{F}(r')}{|r-r'|}\cdot \mathrm{dS}' \\ \mathbf{A}(r)=\dfrac{1}{4\pi}\displaystyle\int_v \frac{\nabla'\cdot\mathbf{F}(r')}{|r-r'|}\mathrm{d}\tau'-\dfrac{1}{4\pi}\displaystyle\int_S \mathrm{dS}'\times\frac{\mathbf{F}(r')}{|r-r'|}\end{cases}$$

103 这里，我们可以将 W 看成 $y(\mathbf{x}_i)$ 的势函数，则存在着以下等价的表述。

(1) W 是保守场，保守场的势函数源于力学问题，而 $y(\mathbf{x}_i)$ 的原函数源于微分方程问题，二者本质上是同一问题的不同表达。

(2) $W=\nabla B$ 是无旋场，在于 $\nabla\times W=\nabla\times\nabla B=0$，此时，$y(\mathbf{x}_i)$ 的场线与 W 共线，但并不等价。

(3) $y(\mathbf{x}_i)$ 与 $W=\nabla B$ 位有势场。

由此，当 $\mathbf{x}_i=\mathbf{x}_u$ 时，有 $y(\mathbf{x}_u)=W$，当 $\mathbf{x}_i=\mathbf{x}_c$ 时，则有 $y(\mathbf{x}_c)=-W$，方向相反。

104 场的性质由源和旋两个概念来刻画。旋度为零意味着行为选择空间为无旋场，即任一点都没有环量；构不成行为空间上的扭矩——所有矢量线没有闭合回路。由亥姆霍兹定理进一步可知，这是一个散度源场（非旋度源场）。

105 值得指出的是，新近人工智能发展，特别是基于大数据学习的ChatGPT和Sora的面世，引发关于人工智能应用社会伦理的学术争论。有人提出质疑：人类会不会最终被人工智能所控制，进而人工智能的开发应用必须遵循什么样的社会伦理与道德规范。毋庸置疑，这场关于人工智能的伦理思考社会意义十分重大。不仅如此，担心人被机器所控制，也与这里关于哥德尔不完备性定理的陈述以及"因而机器不能超越人"的论断，二者之间并不矛盾。因为作为概念的人工智能，永远是人造之物，不能超越人脑；但作为工具的人工智能，不仅能够强化我们身体的机能，也在全面延伸和强化我们的思维和意识功能。如此，它在服务于人类的时候，就必然会影响并控制着我们。

106 见柏格森、维特根斯坦等哲学家关于语言与思想、意识及逻辑的关系，以及对语言表达的讨论。

周期性行为的基本模型

灾难曾经发生，灾难就在那里。但人们感兴趣的恰恰是灾难的彼岸，可称之为过分发达的东西，跃进、发展、膨胀乃至创新；实际上，它们才是真正的灾难，即使不必然一定是毁灭。

这个世界，存在着一种关于灾难的逻辑，往往是字面意义上的理解，人们总是从浪漫或者动人的意义上来理解灾难。我们有权把书写和假设进行到底，以至于它们最终或许什么也不想说，但是还会指向那里。

——让·鲍德里亚，《探访录：1968—2008》[1]

人们只能看见自己想看的东西，对于不想看见的，往往会熟视无睹。我们能够习惯日出而作、日落而息的周期性生活，却无法忍受经济的衰退；进而，造成这种衰退的共同缘由也时常被人们忽视。

——笔者，2024 年 1 月 21 日

3.1 引言

人类拥有二元周期性的行为方式与规律——即使是隐藏着的，这源于现实社会行为总是隐藏着理性的二元对偶逻辑，这种对偶或与人们大脑中语

言世界的对称性表达及其结构相关联。语言对称性源于人类思维方式中具有的一种天然简化的效率意识,而这种简化的效率或许并非人的主观追求。但是人们确实受益于这种简化的逻辑。它不仅形成了一种具有二元对称性基本特征的语言世界,最终,甚至可能在这个对称的世界模式下行动、生存和演进——哪怕真实的世界实际上可能只是一种无意识、自发性行为的结果。

真实世界丰富多彩,但人们总是习惯于用白与黑、冷与暖、硬与软、短暂与永恒,乃至于伟大与卑鄙等一系列具有语言对立倾向的二元概念来描述、逻辑化这个世界。简化的二元概念世界即使并非存在的真实面貌,简化方法也是我们认识世界的第一步;简化本身就是人的理性之体现。要厘清人类行为的周期性逻辑,我们就必须思考:复杂的现实行为与简化的二元语言世界的逻辑关系,特别是,人们究竟是如何经由二元语言世界生成人类社会行为中复杂的周期性行为的模式及其客观规律的。

一个经典实例是斯密关于"无形之手"的经济学逻辑阐述,其中给我们预示了一个任何人类社会都不可违逆的客观规律——市场机制,由此成为经济学理论"大厦"的基石。但是,谁都没有告诉我们,市场从何而来。实际上,没有人在乎这些溯源性的理论问题;或许,追究这些形而上学的困惑,既不能帮助我们凭空创生出类似于市场、货币、语言等事务(如果能够创新,也只存在于生活实践之中),也不能使我们更积极地运用市场、货币或语言。"无形之手"原理能获得广泛的认同,不仅在于人们被斯密那生动而优美的表述所折服,更在于"无形之手"所隐含的那种不需要理性操心的自由主义逻辑——它不仅符合人的天性,还能带来主观"理性不及"所内涵的繁荣。但毋庸置疑的是,人类社会自古以来就有社会性计划协调,不仅国家战争、社会工程乃至国际学术研究也如此;对于个人、家庭和企业的行为而言,非市场的计划行为无时无处不影响着我们。就人类历史来讲,自由主义市场理念的出现实际上不过几百年的工夫,而更大多数的时候则是周密计划、精心安排的意识在支配着我们。或许,倘若不是对计划行为这类事具有相当深刻的批判性思考,与之对立的市场概念,压根儿就不会在斯密的脑海中扎根,并涌现出"无形之手"的生动比喻。显然,恰当地把握这两方面才是我们思考高阶理性行为的关键。

人类思维的基础逻辑类似于0和1之间二元对立转换的周期性运动[2],这种周期性犹如白天与黑夜的交替往返,不由人的自主理性去选择,而是被动地适应偏好倾向，就如人的一时喜素、一时好荤难以解释，或者如同某种自发的基因性偏好一般。一方面，这种摆动是宏观周期性运动的微观机制；另一方面，在这种摆动的过程中，理性行为将显现出某种单向摆动的短期决策逻辑，而非全部的体现。

关于人类周期性行为的一般逻辑，本章将在前两章的分析基础上，首先从理性整体幸福的二元转换逻辑出发，基于广义幸福感边际递减规律的扩展，讨论目标优化与约束优化二元对偶的具体转换机制。其次，基于对偶规划的二元周期性行为方程，分析高阶理性的幸福感守恒转换逻辑，得出一种人类周期性行为的动力学机制的证明。最后，通过构建一个从人生行为轨迹到总体幸福感值的泛函，运用幸福感泛函最优的变分法，给出一个广义人类周期性行为的一般性描述。与第 2 章比较，本章更强调理性行为的现象提炼，聚焦周期性行为的整体结构与微观机制的数理关系，但更重要的是，本章试图揭示基于幸福感守恒与边际递减规律相统一的周期性行为规律，这才是本章的核心目的。

3.2 边际递减规律与对偶转换

凡一般存在，均遵循边际递减规律。

从爱因斯坦、霍金到 S.温伯格，物理学家们一直在寻找物理世界的统一方程。根据质能转换原理，能量为一切存在之本质，质量是存在的形式，而一切存在的意义不过是语言信息。在质(显性)能(隐性)转换过程中，爱因斯坦认为，运动速度是质能转换的关键，它决定了时空的尺度。但从经济的效率逻辑来理解，世界运行内在的统一逻辑或许是边际递减规律——无论是效用、成本、收益，还是其他物理概念均如此。

关注从属于自然规律的人类行为周期性，要求我们从时间和空间的多维度来重新审视传统意义上的理性行为，特别是与偏好、效用、成本和收益等概念对应的广义幸福感边际递减规律。一方面，它们都涉及空间数量的动态均衡，如消费效用的主观幸福感会随着消费量的增加而边际递减，生产收益的实际利润会随着产量的增加而边际递减，乃至成本不变的技术替代率、效用不变的商品替代率均存在边际递减规律。另一方面，边际递减规律也是时间参数的结果，这一常识常常被人们无意识地忽略。实际上，时间变量具有更丰富的经济学内涵,第1章已给出初步讨论。理论上,边际递减是指增加率减少,比如物质享受、技术替代等增量递减规律,根本就不受外在环境变化的影响;看起来是心理现象的结论,本质上则是一种自然物理逻辑的负反馈原理——自然生灭过程的客观规律。[3]一个人的生命力如果边际递增,那么他便会长生不老。这里,生灭过程的整体表现是一种时间变量的边际递减运动。实际上,边沁与穆勒当初提出效用概念时[4],就是既强调人们的主观感受,也承认人类行为及其效用的客观自然属性。人类理性自然属性的最大体现,就在于理性行为的一切概念都会随着时间变量而改变。这意味着挖掘时间维度中更多的经济学内涵,值得我们关注。

如前所述,边际递减规律是大自然的负反馈机制的体现。对此,物理学有一大堆公式等待着我们。但如果简单地反问:这个世界有没有不服从边际递减规律的事物,问题会变得容易理解。答案是:肯定有,但不可持续。凡持续运行的常在事物,一定服从负反馈机制。反之,如果出现边际递增现象,那么随着边际递增的叠加,事物就会面临质能转换的崩溃、湮灭和消亡。原子核裂变与核聚变是一种正反馈现象,但瞬间就湮灭了;癌细胞吸收营养的过程是一种正反馈,但随着癌细胞的扩散及其正反馈积累,宿主死亡将宣告癌细胞本身的消亡。过度放牧导致草场沙漠化、军事核武化导致战争的毁灭等,这些现象都表明不论是事物内生因素所引致,还是社会外生因素所引发,所有边际收益非递减的正反馈社会现象,均是人类对理性错用所致。哈耶克认为[5]:斯密所提的劳动分工效率应该是边际递增的,并由此构成现代文明的经济基础;道格拉斯·诺思考察西方经济史后认为[6],资本主义产权私有制度与市场自由竞争带来技术进步,因而出现经济增长报酬递增现象。然而,面对当今世界范围内反全球化浪潮,面对地缘政治竞争的战争威胁,以及因而导致的分工深化与市场扩张的迂回生产成本的激增,他们又怎么想呢?或许,动物行为的条件反射规律会因过往经历而形成正向的激励,但这只是动物感知的初期阶段,一旦这种激励在动物感知中形成,激励的增量仍然服从边际递减规律。也或许,知识增长引起的效应叠加应该是唯一的正反馈实例[7],但联想到古希腊诗人卡利马科斯(Callimachus)的名言"一部大著作就是一大灾难",我们就没有那么自信了。只要观察世界的常态就能发现,我们时刻被事物运行的边际增量递减规律支配着。按照生命过程的熵增原理,麦克斯韦妖的启示是"生命以负熵为食"[8],即任何生命的存在都意味着独特基因的差异性,拥有小概率生命的鲜活形态。生命的衰退则是一个具有普遍性、大概率事件的熵增过程，表现为生命在时间意义上的生灭运动。就此而言，边际递减规律应是热力学第二定律或者说熵增原理在社会科学领域的等价体现。[9]

一般而言，随着给定个体行为矢量场空间的时间变量延续(即时变场)，给定个体的行为目标是一个边际递减函数——类似于一个人成人以后，随着事业和财富的提升，个体追求的消费会逐步增长并边际递减一样。换句话说，人类行为矢量场的空间数量的变化是人生命过程统一体的一部分，即随着时间变量的增长，行为的目标或者约束规划应该是同步变化的。由此，我们可以将目标最大化和约束最小化的边际递减规律从时间和空间上给予统一理解。

然而，作为经济理论的经典命题，边际递减规律究竟是理性的内涵，还是理性的结果？观察传统经济学教材从凸偏好行为到边际递减规律的直觉解释，回答并不令人满意。人们总是满意于单向最优规划的均衡解，却不再追问：人类理性行为在满足单向的边际递减规律以后，还会怎么样？

边际效用递减规律最早起源于主观效用理论。法国政治经济学家杜尔哥在提出效用价值论时，就洞见了边际效用递减规律。他比喻说："当野蛮人饥饿时，他对一只山羊的估价要超过对最好虎皮的估价；但如果他的肠胃已经填饱，面临着寒冷，那么，对他来说更有价值的东西就变成虎皮了。"[10]这里，边际效用递减规律意味着：其一，理性概念天然地内涵着对主观合意性的数量概念；其二，增量变化的边际递减就是理性的内涵，而非结果。杜尔哥这里的举例逻辑与2 000多年前亚里士多德关于理性的定义，毫无二致。反过来讲，如果行事无度、缺乏边际递减规律的约束，往往会被人们视为非理性行为——就像一个贪婪无耻的人，就会被人们贬低，令人厌恶。

功利主义创始人边沁认为，人生的意义在于一种发自内心的快乐感，这种可度量的快乐不仅具备使人幸福的伦理内涵，也是人幸福生活的理性目标。作为学生兼继承者，穆勒将快乐的幸福感概念进一步发展，区分为低级的肉体快乐与高级的精神幸福，但始终强调，人的最高理性在于对幸福的追求。自边际主义革命以后，科学技术的进步和运用，使得人们对理性认知的自信心大大提升，开始探索人们追求理性的主观目的的合理逻辑，直至将理性锁定为单向逻辑的决策模型$\mathbf{x}_u$：只要预算约束允许，人们就会毫无顾及地最大化自己的效用目标，且将$\mathbf{x}_u$仅仅看成$\mathbf{x}_c$在数学意义上的对偶逻辑。其实不然，理性概念本身必须包含收益与代价之间的权衡，一旦收益超过广义幸福感的阈值,理性目标值会随着其价值的增加而边际递减,转向成本约束的取舍,以确保人们的内心深处拥有某种理性的幸福感平衡。相反地,一旦成本最小化的行为达到一定程度,理性又会对支出最小化带来的幸福感边际递减,再返回到目标最大化的逻辑,即 $\mathbf{x}_u$ 与 $\mathbf{x}_c$ 彼此对偶、等价互补的整体性就等价于幸福感边际递减规律。也就是说,边际递减规律是前述第 2 章的进一步深化,并指明了互补转换的内在机制。

人们基于 $\mathbf{x}_u$ 与 $\mathbf{x}_c$ 对偶互补性的幸福感转换,核心在于行为主体的幸福感具有自然演化赋予的边际递减规律。表面上,传统理性的目标最大化逻辑似乎包含了对约束条件的考虑,实质上,它缺乏时间意义上理性主体的主客观互动机制,缺乏目标与约束互补的整体性考虑;即二者对于广义幸福感的同等重要性并没有被统一地理解——为什么要先权衡 $\mathbf{x}_u$ 与 $\mathbf{x}_c$,再选择对应的行为? 或者说,幸福感值 $w(\mathbf{x}_u, \mathbf{x}_c, t)$ 并不是无方向、无目的的行为,人们之所以将上一次的 $\mathbf{x}_u$ 重新权衡调整为 $\mathbf{x}_c$,是 $\mathbf{x}_u$ 的幸福感边际递减使然,使得反过来选择 $\mathbf{x}_c$ 的幸福感值更高。整体性就包含边际递减规律,否则,没有边际递减规律,先权衡就无法实现,这是理性行为的主体能够自我否定、自我更新的本质所在,也是人们高阶理性的社会性偏好所应有的内在行为表现。

相对于直觉、本能、激情等感性概念,理性使得人们能够始终保持着主观能动的整体方向感,并沿着这个方向展开统计归纳、演绎推理等高阶理性的思维活动;并且通过这种高阶思维活动判断来影响、约束自身的现实行为,最终形成符合终极幸福感的有意识行为。这是人类社会进步的内在动力,本质上,它源于人类理性的社会属性。如前所述,社会性偏好是人们获得幸福感意义、大小的关键来源。一方面,它受到人们的物质需求社会性的制约,表现为受到客观物质享受过程的强化;另一方面,人们对于幸福感享受也受到精神需求社会性的制约,表现为主观性自我约束、自我奉献的行为(而自我约束自古就是人的一种美德)。也就是说,社会性偏好从物质和精神两方面制约理性行为及其逻辑形式,使得高阶理性统摄了生活方式与行为方式两方面的权衡;这是导向时间维度上边际效用递减规律乃至最终形成周期性行为的关键。

值得指出的是,边际递减规律的作用更多反映了事物运行的数量空间的变化性质,而社会生活的运行往往表现为时间序列的变化。相较而言,政治学家早就致力于关注时间概念及政策制定中负反馈机制的运用。[11] 实际上,单一目标、单一意义的经济学传统理性逻辑缺乏时间维度，所造成的最可怕的社会遗患是引发目的至上主义、成功学泛滥的社会氛围，以至于人人都将成功视为人生的唯一目的，并将所谓的成功与幸福感等同。这种单向线性思维忽视了普遍意义上边际递减规律的作用，不能揭示目标与成本等价的互补逻辑。的确，没有人会拒绝成功，也更不能否认成功的竞争带来的激励机制对于人类社会的推动作用，但唯成功论的幸福感和单一目标成功的幸福观所导致的社会"内卷"是人们不愿意看到的——单一目标成功的幸福观始终只能确保全社会少数人的幸福，因为成功者始终站在"金字塔"的顶端，只属于人群中的少数人；由此，一定会导致社会整体幸福感水平低下。事实上，幸福很简单，关键在于幸福感行为选择的多目标性——与社会自由度相关，这是题外话。[12]最简单的多目标性意味着目标和代价对于人们的幸福感同等重要，这是边际递减规律与高阶理性的整体性使然。此时，时间在双向选择转换中发挥着重要作用。[13]实际上，随着时间的"延绵"，人们的幸福感还与目标的接近程度以及目标的具体程度相关[14]；目标越接近、越具体，幸福感的增量会随着时间（或自变量）的增加而递减，即理性的幸福感与时间具有凹函数的负反馈关系（见图 3.1）。

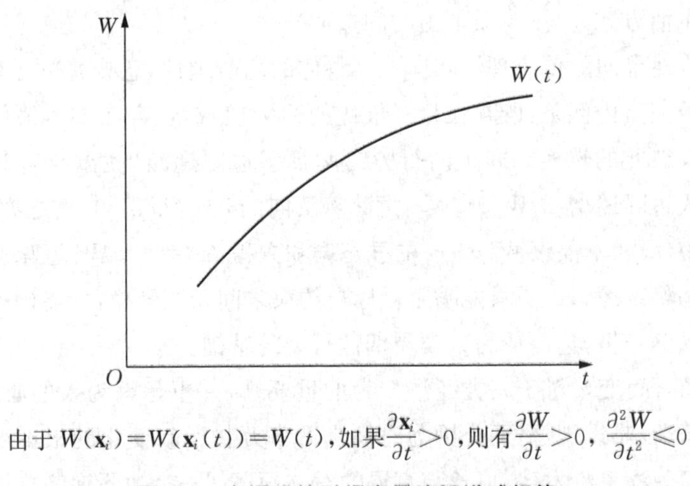

由于 $W(\mathbf{x}_i)=W(\mathbf{x}_i(t))=W(t)$，如果$\frac{\partial \mathbf{x}_i}{\partial t}>0$，则有$\frac{\partial W}{\partial t}>0$，$\frac{\partial^2 W}{\partial t^2}\leqslant 0$

图 3.1 幸福感的时间变量边际递减规律

实际上，根据传统理性概念的凸偏好（依赖于可行集上消费选择的连续性假设——无论对于理论构建还是实践运用都不是一个困难的条件）定义，我们可以轻松推导出边际递减规律[15]；也由此，本书的高阶理性更强调整体性与理性行为在时间意义上的展开。其实，这很容易理解。因为虽然真实生产、消费及其他经济行为并非严格的时间意义上的连续过程，但这并不妨碍我们在理论上假设：理性的整体幸福感是时间变量的连续函数 $W(x,t)$，并在理性行为的决策过程中服从边际作用量递减规律。

引理 3.1（静态边际递减律） 幸福感 $w(u, c)$ 在行为路径 $y(u, c)$ 上随着 u（或 c）的递增（或递减）呈现边际效用递减规律。也就是说，已知 $\forall u(x_i, t)$ 为凸函数，$c(x_i, t)$ 为拟凹函数，以及 $|\mathbf{x}_i| \in [c^M, u^m]$，在条件 $\partial W/\partial u > 0$、$-\partial W/\partial c > 0$ 下，二阶导数为负，则有[16]：

$$\frac{\partial^2 W}{\partial u^2} = -a^2 \cdot w(u, c) \quad 及 \quad \frac{\partial^2 W}{\partial c^2} = b^2 \cdot w(u, c) \tag{3.1}$$

其中，a, b 为实数。由 $W(u, c)$ 与 $y(u, c)$ 共线及 $\frac{\partial^2 W}{\partial u^2} = -a^2 w$，可得 $\frac{\partial^2 y}{\partial c^2} = -a^2 y$，又 $\min\{c(x)\} = \max\{-c(x)\}$，则由 $\frac{\partial^2 W}{\partial c^2} = b^2 w$，可得 $\frac{\partial^2 y}{\partial u^2} = -b^2 y$。显然，当 $a = b$ 时，两式相加便得引理 2.1 静态幸福感守恒原理[17]，$\Delta y = -(b^2 + a^2) \cdot y$ 等价于 $\Delta W = w_0 = 0$ 的情形。此时，参数差异 $b \neq a$ 意味着主体有兼顾目标与代价的权重偏差，如消费行为中就存在着传统消费与现代消费的生活方式差异（本质上由时间造成）。

从线性单向的传统理性转向二元整体的高阶理性，意味着边际幸福感递减规律的完整内涵是：既存在目标最优的边际递减，也存在成本最优的边际递减以及彼此的转换。即正向行为的幸福感边际递减，就意味着其反向的行为模式边际递增：$\partial^2 W/\partial x_i^2 \leqslant 0$ 意味着反向的 $\partial^2 W/\partial x_j^2 \geqslant 0$，反之亦然。[18]行为绩效 $B(t)$ 和幸福感 $W(u, c)$ 的静态调和方程 $\Delta B = 0 = \Delta W$ 意味着行为空间的静态稳定逻辑——只能基于目标与约束之间相互转换，才能确保高阶理性的幸福感守恒，进而成为人类周期性行为的基础。

强调时间变量对于人类经济行为的重要性，并不是因为人的心理、生理概念的繁杂，难以把握，而是因为时间是万事万物运动变化的根本度量。这要求我们关注事物发生、成长与衰退的对立面逻辑——边际递增规律。按照广义相对论的解释，物质的本质是运动，运动的本质在于时空的内在统一性，使得物质存在的形式符合质能转换公式：$E = mc^2$。显然，这种统一性意味着，一方面，时间是空间存在的形式，这是理解物体“相对静止、绝对运动”的关键；另一方面，空间是时间的度量尺度，这几乎是所有自然界客观变量呈现出在数量上边际递减规律的原因。比如，生产要素的相互替代就意味着物质占据了空间位置且彼此相互作用，这一过程被时间度量所体现，否则，我们很难理解技术替代率与要素替代率同时存在的边际递减规律。

高阶理性的整体性演化，将使得理性行为成为时间意义上的因变量，并在两种对偶逻辑之间被权衡选择。这里，本书将回避类似于行为实验研究那些碎片化变量的随机窥探，也不讨论人们如何在社会交往的社会认知、社会认同与社会尊重等过程中，调整认知结构、改善自我认同，进而重塑自尊的细节，而是探究将它们作为目标规划与约束规划之间动态转换的条件，因而，得出以下有关边际递减规律的直接推论，即二元转换存在性命题的结论(随后第6章会给出一个基于随机过程理论的动力机制详述)。

引理3.2(周期性转换点存在性)　幸福感 $W(u,\ c)$最大化行为将随着 $\mathbf{x}_u$ 与 $\mathbf{x}_c$ 的增加(或减少)呈现出幸福感边际递减的高阶理性的对偶转换：已知 $\forall u(x_1,\ t)$为凸函数，$c(x_2,\ t)$为拟凹函数，那么，$\exists\ |\mathbf{x}_0| \in [\bar{c},\ \underline{u}]$使得在转换点处，有 $\mathbf{x}_0 \equiv \mathbf{0}$，且式(3.2)成立：

$$\left.\frac{\partial y}{\partial u}\right|_{\mathbf{x}_u=\mathbf{x}_0} = \left.\frac{\partial y}{\partial c}\right|_{\mathbf{x}_c=\mathbf{x}_0} = 0 \text{ 或 } \mathbf{x}_i = \begin{cases} \mathbf{x}_u & \partial w/\partial u > 0 \\ \mathbf{x}_0 & \partial w/\partial u = 0 \\ \mathbf{x}_c & \partial w/\partial u < 0 \end{cases} \quad i=1,\ 2 \tag{3.2}$$

证明：$\mathbf{x}_u$ 与 $\mathbf{x}_c$ 分别为 u 与 c 的增向量函数，$y(u,\ c,\ t)$为向量运动迹线，由此，对于 u 有$\partial w/\partial u>0$ 且$\partial y/\partial u>0$(对于 c 则相反)。

假设人们开始的行为选择为 $\mathbf{x}_u$，那么随着目标 u 的增长，同时，根据前述定义可知，$W(u,\ c)$、$y(u,\ c)$与 $B(u,\ c)$垂直且为连续二阶可微函数。那么，根据边际递减规律，有$\dfrac{\partial^2 W}{\partial u^2} = -a^2 \cdot y(u,\ c,\ t) \leqslant 0$，再由连续性假设可知，一定存在点 $\mathbf{x}_u^0 \in \max\{u(x),\ \text{s.t. } x \in c(x)\}$，使得$\partial w/\partial u|_{\mathbf{x}_u=\mathbf{x}_0}=0$。其中，当 $\mathbf{x}_u < \mathbf{x}_u^0$ 时，有$\partial w/\partial u>0$，而当 $\mathbf{x}_u > \mathbf{x}_u^0$ 时，有$\partial w/\partial u<0$。也就是说，即使目标值 u 随时间的增长而增长，行为人也一定不会选择幸福感更低的 $\mathbf{x}_u > \mathbf{x}_u^0$ 的行为。相反，将会选择转换为 $\mathbf{x}_c \in \min\{c(x),\ \text{s.t. } x \in u(x)\}$的行为，因为，此时有$\partial w/\partial c>0$ 使得其高阶理性的幸福感是非减的。

同理，如果人们开始时的行为选择为 $\mathbf{x}_c$，那么随着成本 c 的降低，根据边际递减规律，我们可以得出同样的结论，即存在一个 $\mathbf{x}_c^0 \in \min\{c(x),\ \text{s.t. } x \in u(x)\}$转换点，使得其转换后的高阶理性幸福感是非减的。

注意，由 $\mathbf{x}_u^0 \in \max\{u(x), \text{ s.t. } x \in c(x)\}$ 及 $\mathbf{x}_c^0 \in \min\{c(x), \text{ s.t. } x \in u(x)\}$，根据目标最大化与约束最小化对偶关系的诺伊定理[19]以及每一点 $\mathbf{x}_u \equiv -\mathbf{x}_c$ 的恒等关系可知，转换点存在，且唯一。于是，我们可记转换点为：$|\mathbf{x}^0| \triangleq |\mathbf{x}_u^0| = |\mathbf{x}_c^0|$。

也就是说，对于任意行为起点，随着时间演化，人们总是存在向其对偶行为转换的转换点，满足式(3.2)，以实现高阶理性的二元对偶转换。

证毕■

按照边际递减规律，高阶理性行为总是在时间意义上不断变化、相互转换，而无法保持某种单一模式不变。相反，一个人的行为如果总是表现为一种模式，那么一定是违背理性的非正常行为。此时，二元对偶力量存在着互补转换点的事实，便是一个必然。

相对于生命的漫长历程，边际递增的幸福感的确显得短暂，没有人们主观预期的那么长，使得边际递减规律被人们误视为一种常态，而悲观地予以夸大。即使事物运行的边际递增过程不如人的主观意愿那么长，也必须承认，每一个人在约14—25岁时，无论身高、体力，还是精力都拥有边际递增的活力；一个产业的创新、产品的创新将使得其边际产出、边际利润呈现出边际递增的现象；春天里树木花草的成长也一定呈现边际递增的规律。否则，青春的美好就不会被诗人们赞美，技术创新就不会被社会期盼，春天的勃勃生机也不会因其带给人们的无限激励，而催人奋发向上了。

边际递减规律的逆否逻辑被传统经济理论所忽视，其原因在于其理性维度的单一性。如果我们将 $W(x, t)$ 看成理性概念的广义幸福感值，那么，随着时间 t 和空间 x_i 的变动，从时间维度观察，事物发展初期一定会表现出边际递增的过程，这发生在事物的新生和成长阶段。随着成熟期的来临，事物发展会逐渐表现出不随着时间递增，而随着空间数量值的满足感边际递减的客观规律。从对偶行为的逻辑观察，边际递增规律的初期阶段是时间变化所致，边际递减规律则是自然衰退中生灭过程的必然结局。此时，一种行为的边际递增就意味着对偶行为的递减，反之亦然。如果说边际递减规律体现了自然对人的控制逻辑，那么，边际递增则兼具自然与人为理性的主观能动性的两方面内涵。

也就是说，只有当边际递增以及边际递减的两种幸福感边际规律被同时地揭示出来，我们才能解释为什么有人要为成功而拼搏、有人要为心灵而守望。他们只是处于同样高阶理性概念的不同阶段而已。就人的意识而言，理性概念与人的行为或许并没有那么重要的关联，而是作为一种行为意念或者警示标准，将人的现实行为随时地与其他因素及其系统结构多方面、多层次地关联着。实际上，人们的社会行为大多数或起于青萍之末，或成于顺势而为，或功于浑然天成，或得于意外之喜。即使是那些精心策划的经济项目，也必须对经济计划进行适时调整。杰出的军事家绝对不会局限于理论或者精心策划的作战计划，而是始终保持一种高度敏锐的直觉理性，这种理性使得他能够在千变万化的战场上，准确地抓住稍纵即逝的战机，敢于冒险做出重大转换，直至获取胜利。从人的社会互动逻辑来看，人类社会的大多数行为是众人博弈的均衡结果，很难用个体理性法则来完全解释或者全面规划，这个复杂的博弈过程中有哪些参与人、有多少获益乃至于有哪些行为选择可能都模糊不清，理性概念更多的只是一个方向而已。但这并不妨碍传统理性的最优规划成为人类行为决策的基本逻辑。就此而言，高阶理性是要返回人类理性最初的本质内涵，针对马歇尔边际主义革命以后单向最大化逻辑的缺陷，改进出一种更新的理性概念。一方面，这种更新概念将继承传统理性概念的核心内涵；另一方面，又能进一步揭示理性概念外延所应该具备的理论内涵，最终使得本书的周期性行为逻辑得到符合理性本质的自然呈现。

基于上述人类行为中对偶转换逻辑的具体说明，我们可以得出如下人类周期性行为轨迹的静态命题，具体理论证明涉及三点：静态幸福感守恒原理（引理 2.1）、幸福感静态边际递减律（引理 3.1）及二元对偶转换点的存在性逻辑（引理 3.2）。

命题 3.1（静态周期性行为规律）　对于拥有幸福感函数 $w(u, c)$ 的高阶理性的行为者，若 $|\mathbf{x}_{u,c}| \in [\bar{c}, \underline{u}]$，那么，$\mathbf{x}_i$ 向量的行为路径 $y(x)$ 具有广义周期性。

证明：行为向量 $\mathbf{x}_u = -\mathbf{x}_c$ 的运行轨迹 $y(u, c)$ 具有周期性行为规律，表现为与时间无关的傅里叶函数 $y=y(u, c)$ 运行轨迹。

由边际递减规律，有 $\dfrac{\partial^2 y}{\partial u^2} = -a^2 y$ 及 $\dfrac{\partial^2 y}{\partial c^2} = -b^2 y$，再由引理 2.1，高阶理性满足幸福感守恒方程 $\dfrac{\partial^2 w}{\partial u^2} + \dfrac{\partial^2 w}{\partial c^2} = w_0$，假设 w_0 为常数，只能是 $w_0 = 0$，即静态场一定有 $a=b$。这就意味着人们对于目标和约束的偏好在静态场具有等价的幸福感享受。[20]

我们将 $y(u,c)$的轨迹方程用 $\mathbf{x}_{u,c}$的参数形式表达为：$U=u(\mathbf{x}_u)$，$C=c(\mathbf{x}_c)$，其中 $\mathbf{x}_u=-\mathbf{x}_c$。此式是标准的亥姆霍兹方程定解问题，于是，可以由分离变量法[21] $y(u,c)=U(\mathbf{x}_u)\cdot C(\mathbf{x}_c)$，代入边际递减方程得：

$$U_{uu}(\mathbf{x}_u)\cdot C(\mathbf{x}_c)=-a^2U(\mathbf{x}_u)C(\mathbf{x}_c)\quad C_{cc}(\mathbf{x}_c)\cdot U(\mathbf{x}_u)=-a^2U(\mathbf{x}_u)C(\mathbf{x}_c)$$

上式要恒成立，就意味着存在一个与 $\mathbf{x}_u$ 和 $\mathbf{x}_c$ 无关的特征值 $\lambda\neq0$，使得 $U_{uu}=-\frac{a^2}{\lambda}U$ 及 $C_{cc}=-\frac{a^2}{\lambda}C$ 成立。由于 $\mathbf{x}_u$ 行为最优解的值为 $\mathbf{x}_u\triangleq u$，$\mathbf{x}_c$ 的值为 $\mathbf{x}_c\triangleq c$，替换得特解：$U(u)=A\cos\frac{a}{\sqrt{\lambda}}u+B\sin\frac{a}{\sqrt{\lambda}}u$ 及 $C(c)=A\cos\frac{a}{\sqrt{\lambda}}c+B\sin\frac{a}{\sqrt{\lambda}}c$。

考虑待定系数。由于静态方程排除了时间因素，不考虑初始条件[22]，仅考虑第一类边界条件(Dirichlet 边界条件)。假设人生的最低目标和最大约束给定不变，均为常数，如节俭消费的上确界及享受消费的下确界(基本生存水平)给定：

$$y(0,0)=c_0\quad y(u,c)\leqslant u_0 \tag{3.3}$$

将待定解代入式(3.3)，得 $A=\sqrt{c_0}$，以及$\sqrt{A^2+B^2}\sin\left(\frac{a}{\sqrt{\lambda}}u_0+\varphi\right)\cdot\sin\left(\frac{a}{\sqrt{\lambda}}c_0+\varphi\right)\leqslant u_0$，进而得 $B=\sqrt{u_0-c_0}$，以及 $\sin(au_0+\varphi)=1$，$\sin\varphi=(\sqrt{c_0/u_0})$；此时，幸福感值为 $w(u_0,c_0)$，可以简记为 $w(0)$。于是，对于 $a\neq0$ 以及本征值 $\lambda_n=1/[((2n-1)\pi/2au_0)-\varphi/au_0]^2$(其中，$n=1,2,\cdots$及 $\varphi=\arcsin(\sqrt{c_0/u_0})$)，得对应的本征函数为：

$$U_n(u)=\sqrt{c_0}\cos(\theta_nu)+\sqrt{u_0-c_0}\sin(\theta_nu)\quad \theta_n=\left(\frac{(2n-1)\pi}{2au_0}-\frac{\varphi}{au_0}\right)$$

$$n=1,2,\cdots$$

注意，由于 f 与 g 的对称性特征，即对应于每一个 $\mathbf{x}_u$ 的最优选择 u^*，都同时对应着一个 $\mathbf{x}_c$ 的最优选择 c^*，反之亦然。由此可知，对应于同样的本征值 λ_n，我们可得 g 的本征函数为：

$$C_n(u)=\sqrt{c_0}\cos(\varpi_nc)+\sqrt{u_0-c_0}\sin(\varpi_nc),\quad \varpi_n=\left(\frac{(2n-1)\pi}{2ac_0}-\frac{\varphi}{ac_0}\right)$$

$$n=1,\ 2,\ \cdots$$

省略特征解的完备正交性验证，可得通解的参数表达式为：

$$y(u,\ c)=\begin{cases}\sum_{n=0}^{+\infty}U_n(u) & \text{当}\langle \mathbf{x}_u,\mathbf{x}_c\rangle=\mathbf{x}_u\triangleq u,\ \partial w/\partial u\geqslant 0\text{ 时}\\ \sum_{n=0}^{+\infty}C_n(c) & \text{当}\langle \mathbf{x}_u,\mathbf{x}_c\rangle=\mathbf{x}_c\triangleq c,\ \partial w/\partial c<0\text{ 时}\end{cases}\tag{3.4}$$

还有两类边界条件，它们均涉及时间变量，留到随后的时变方程讨论。

再由引理 3.1，必然存在转换点 x_0，对于 $x_0\triangleq\mathbf{x}_u\equiv\mathbf{x}_c$，应有 $W_u\big|_{x_u=x_0}=W_c\big|_{x_c=x_0}=0$，即 $\mathbf{x}_u$ 与 $\mathbf{x}_c$ 在 x_0 处连接，并相等为零，使得 $y(u,\ c)$ 为整体的傅里叶周期函数。

证毕■

作为一种事实的表达，抽象使得“思想只能通过伪装成终极实在的纯粹形式逻辑而得到”，怀特海据此认为，“趋于完善的科学往往要回到微分方程的研究，具体世界则滑过了科学的网格”。[23] 这里，关于解的基本解释是：$y(u,\ c)$ 为复合驻波函数，它随着 $(u,\ c)$ 的变动，在给定 $w(u,\ c)\perp B(u,\ c)$ 曲线 $[\bar{c},\ \underline{u}]$ 上，沿着 $\mathbf{x}_u$ 向右上与 $\mathbf{x}_c$ 向左下的对偶行为之间做周期性循环摆动；但是，这种理想的基本逻辑缺乏现实生活的时间概念。

理性的“斤斤计较”使得历史有时会以偏激、矫枉过正的方式掩盖自己曲折的历程。某种两极摇摆、螺旋式运动属性总是提醒我们，发端于边际递减规律的整体性逻辑也不是唯一的选择，而只是周期性现象的一种映射。

3.3 恒常时变与周期性行为

恒常与时变，乃现实世界一对矛盾，但却存在着内在统一性。塞斯·劳埃德(Seth Lloyd)曾断言：除了死亡、税收和热力学第二定理，生活中没有什么是永恒的。亚瑟·斯坦利·爱丁顿(Arthur Stanley Eddington)更强调热力学第二定理处于自然界的最高位置：任何反对该定理的理论都会在最深刻的羞辱中崩溃，自然要求人类所做的只是闭嘴，并计算去。麦克斯韦曾试图解释，这是人类自我中心主义的世界观在作怪。因此，秉持运动变化世界观的大多数物理学家都认为，世界唯有运动与变化是永恒的，其他都是时变的。[24]

实际上,所谓恒常与时变是基于人自身视角的一种观察理解。按照柏格森的定义,理解是人在时间流变中去锚定思维的一个过程,“理解的作用之一是要隐藏持续的时间,无论是在运动或变化之中。理解是一系列连续的位置:先到达一个点,然后是下一个,再然后是另一个……”。[25]然而,当被观察对象是人类自身时,这个问题在变得极为容易的同时,也变得更为复杂而含混不清。

人性复杂、人心难测,如果硬要从中得出些恒常不变的逻辑似乎不太容易。而说问题很容易,则是指对于自身的行为,人们可以通过内省的反思来进行。对于人类行为的恒常不变的理解源于两方面的反思:其一,对于自我内因的行为理性反思;其二,对于环境外因的情境理性反思。恒常不变首先意味着人们内因的幸福感守恒律,这类似于物理学的保守力场逻辑。至于外因守恒,则被人们试图用风险偏好的期望效用概念所内化,但实际上不过是一种赌场运气的把戏。因为,“小世界”概率意义的风险计算并不包含弗兰克·奈特意义上模糊的不确定性概念,无法真正内化外因的不守恒性。此时,我们重点关注的是,恒常的转换如何发生,进而形成新的恒常逻辑——比如周期性行为规律。

我们又说问题变得更为复杂,意指关于人的心、性、情等难以理解。所谓理解往往是基于以认知主体为中心展开的,没有绝对的第三方,或者绝对中性、客观的理论视角,可以帮助我们得出关于人性全面、准确的理解。本书将人的周期性行为逻辑基础归咎于某种二元对称信念的对偶关系,以考察在边际递减规律作用下,对偶行为如何引发幸福感转换的时变,最终导致二元乃至多元周期性的复杂性行为。

接下来,基于二元对偶转换以及第 2 章关于理性概念的相关讨论,我们根据上述静态周期性行为的命题,给出高阶理性周期性行为的现象描述。其中发挥核心作用的原理有两个:一是幸福感的边际递减规律(引理 3.1),二是幸福感守恒原理(引理 2.1)。它们共同作用,才构成了人类周期性行为的一般描述。[26]

首先,我们给出相关概念的定义,平衡位置是指任意个体理性行为运动的初始行为状态,即行为人的初始禀赋的行为状态(即 $O_i \geqslant 0$),如消费时就是初始预算约束或初始效用水平。或许,我们可以将其理解为一个人出生、入世乃至死亡等在周期性行为中的平衡位置。平衡态是指所有行为意图的合力为零的状态，比如可指一个人消费最优 $\mathbf{x}_u$ 与支出最优 $\mathbf{x}_c$，如果增加任何消费或者减少任何支出所带来的幸福感整体边际增量均为零，则消费行为的两种合力为零，即 $\frac{\partial W}{\partial x_1}+\frac{\partial W}{\partial x_2}=0$，同时平衡态对应的边际幸福感 $\frac{\partial^2 W}{\partial \mathbf{x}_u^2}=0$（见图 3.2）。一般地，平衡态的幸福感是时间的函数[27]，而与引理 3.1 的 $w_0=0$ 一致。

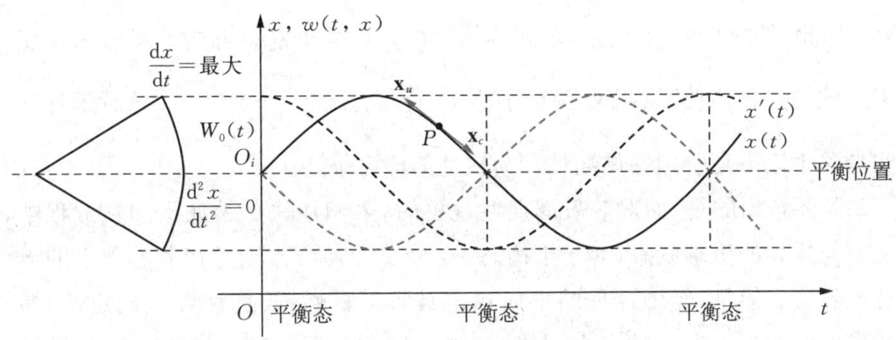

图 3.2　平衡位置与平衡态概念

对于平衡态以外的一点 P，一旦行为主体获知理性的目标最大化效用的作用冲力 $\mathbf{x}_u$，就一定同时存在着相反的理性作用力：基于目标的成本最小化冲力 $\mathbf{x}_c$——这是对偶原理的结论。如果初始状态为基于约束的目标最大化 $\mathbf{x}_u$ 的起点（可以看成一个成人正式走向社会、开始自食其力的初始状态），那么，从点 P 出发，位移有正反两个方向，正向的为 $\mathbf{x}_u$，反向的为 $\mathbf{x}_c$，即个体行为幸福感函数 $W_0(t)$ 被两组变量描述：一是空间位移变量 u 与 c，作用力分别为 $\mathbf{x}_u$ 与 $\mathbf{x}_c$；二是时间延展变量 t。理性行为人在 u-c 空间上 t 时刻的幸福水平为 $W(u,c,t)$，这与前述的引理 3.1 一致。

对于任意时点 P，由于同时存在正向 $\mathbf{x}_u$ 与反向 $\mathbf{x}_c$，当人们受到正向 $\mathbf{x}_u$ 的作用时，理性行为的幸福感边际值可细分为两种阶段：前期幸福感边际递增阶段 $\frac{\partial^2 W}{\partial \mathbf{x}_u^2}\geqslant 0$，后期幸福感边际递减阶段 $\frac{\partial^2 W}{\partial \mathbf{x}_u^2}\leqslant 0$。注意，尽管两阶段的边际幸福值趋势出现变化，从边际递增变成边际递减，但边际值本身 $\frac{\partial W}{\partial \mathbf{x}_u}>0$ 始终保持随 u 的增加而递增；这意味着反向的 $\mathbf{x}_c$ 处于递减阶段，有 $\frac{\partial W}{\partial \mathbf{x}_u}\geqslant\frac{\partial W}{\partial \mathbf{x}_c}$；即理性行为整体性权衡将使得人们一直选择 $\mathbf{x}_u$。

当行为者从边际递增阶段超过平衡态$\left(\frac{\partial^2 W}{\partial \mathbf{x}_u^2}=0\right)$，开始趋近 $\mathbf{x}_u$ 的最大值 $\mathbf{x}_u^M$ 处时，边际递减规律将使得行为者的幸福感增量降低至零$\left(\frac{\partial W}{\partial \mathbf{x}_u}=0\right)$。如果将$\frac{\partial W}{\partial \mathbf{x}_u^0}=0$ 处称为转换点（前述引理 3.2），由于点 $\mathbf{x}^0$ 使得此后$\frac{\partial W}{\partial \mathbf{x}_u}<0$，$\frac{\partial W}{\partial \mathbf{x}_c}>0$，高阶理性的整体权衡开始发挥作用，将转换选择与 $\mathbf{x}_u$ 对偶的行为 $\mathbf{x}_c$。如此，转换行为后理性人将沿着 $\mathbf{x}_c$ 方向运动，重复着方向相反但内在逻辑一致的过程，直至重回 $\mathbf{x}_c$ 的最小值 $\mathbf{x}_c^m$ 及其转换点$\frac{\partial W}{\partial \mathbf{x}_c^0}=0$ 处。这种解释其实是关于以下高阶理性周期性行为轨迹的语言描述。

需要指出的是，面对一般周期性现象时，人们往往更关注周期性过程中波峰与波谷的极端状态，对于平衡态 W_0 及其中间状态则存在着心理上的无意识效应。但是，经济过程的中间状态具有模糊性、长期性和不确定性，易造成人们忽视周期性的存在，且往往彼此观点不同、意见冲突。反之，极端状态的经济萧条或发展过热总会被媒体大众所关注，更容易促成人们思想观念的高度一致性——经济萧条或过热会促使人们形成某种一致同意的宏观经济意识；由此周期性行为存在权衡选择的转折点概念应该是容易理解的。于是，我们将进入促使转折点呈现的关键因素：时变场的概念。

人类广义周期性行为规律是幸福感守恒和边际递减规律的直接推论，这说明幸福感的边际递减规律使得人们从单向理性行为进入二元对偶转换的复杂性行为。经济行为中各种周期性现象均由不同的两极幻化为不同的周期性运动而复杂构成。也因此，随着时间的演化，周期性运动将因人因地而异，这便是社会科学的独特人文属性的“灵性”所致，而并非自然科学的物质属性所能够具备的。[28]由此，我们必须抓住时变场下高阶理性行为的基本逻辑，考察人是如何在时间维度上自我改进、演化提高、塑性变化的。一般地，除了静态逻辑的方程描述，还有高阶理性行为周期性的时变方程。

公理 3.1（时变场的幸福感守恒律） 追求幸福感最大化的高阶理性行为在权衡目标与约束的过程中，使得两种行为的幸福感边际变化之和保持某种一致性，即 $\forall t\in(0,+\infty)$，$|\mathbf{x}_{u,c}|\in[\bar{c},\underline{u}]$，$\exists\rho(t)>0$，s.t. $\frac{\partial^2 w}{\partial u^2}+\frac{\partial^2 w}{\partial c^2}=(b^2-a^2)\cdot\rho(w,t)$。

时变幸福感调和方程不为零的非齐次项 $\rho(w, t)$，不仅涉及时间变化，更是幸福感场的性质及其环境下高阶理性行为 $y(t)$ 的反应。

有时候，将追求幸福感守恒的高阶理性行为看成一种宗教信仰，或许更容易理解上述含义。高阶理性的行为可以呈现出多元的不同选择，进而 $(a^2-b^2)\rho(w, t)$ 就像信众们始终处于追求其信仰的幸福感守恒不变性之中。显然，这种理性逻辑的解释与享乐主义的醉生梦死或者完全自我放纵的非理性行为形成极端的对比。

必须明确，在高阶理性的 $(u(t), c(t))$ 场上，没有时间就没有 y 的变化，也没有 $a \neq b$，这是前述的静态分析以及相关陈述所简化和省略的关键概念，于是，考虑时间变量时，以下陈述是直观且容易理解的。场密度函数 ρ 是经中间变量 $u(t)$、$c(t)$ 到时间 t 的函数，体现了时变场下个体主观意志与客观现实的互动关系。这也是第二类提高幸福感行为的必要条件，通过自我改进确保幸福感守恒不变，使得静态关系 $y(u, c)$ 转换为时变路径 $y(t)$。但具体主观努力、自我改进的行为模式，则与行为向量空间的三类场的性质相关。这里，作为引理 2.1 和说明四的对应补充，说明如下。

(1) 第一类场：场的散度 $\nabla \cdot \mathbf{W} = \partial W_u + \partial W_c > 0$，幸福感场 W 具有可见的场源 (u_k, c_k)——因历史、心理因素形成的人生行为痛苦点（集合），使得行为者在源处的幸福感 $w(u_k, c_k)$ 为负无穷大；相反，越是远离痛苦点，幸福感越高，场线 w 值就越高[图 3.3(a)]。由此，人们将基于场源的密度函数 $\rho(w)$ 的属性，朝着远离痛苦点的 $\overrightarrow{ST}$ 方向演进，而与 $\mathbf{x}_u$ 形成和矢量：$\vec{y}(t) = \mathbf{x}_i + \overrightarrow{ST} = \vec{y}(x_i) + \rho(w, t) \cdot \nabla w$[$i = u, c$，图 3.3(b)]，即第二类改进自己幸福感函数（如个体偏好、能力与技术）的行为。这里场源意味着：$\partial\rho/\partial w < 0$。最终，行为者将通过 $y(t)$ 的主客观努力，确保人们重回幸福感守恒的新常态。[29]

(2) 第二类场：场散度 $\nabla \cdot \mathbf{W} = 0$。幸福感场 W 具有不可见场源，痛苦点在无穷远处，意指行为者无清晰可见的人生痛苦点，比如没有婚姻失败、竞争淘汰、事业挫折乃至人格侮辱等痛苦性事件发生。此时，幸福感场为平行线，$\partial\rho/\partial w = 0$，$\rho(w) = \rho_0$ 为常数，有 $\vec{y}(t) = \mathbf{x}_i + \overrightarrow{ST} = \vec{y}(\mathbf{x}_i) + \rho_0 \cdot \nabla w$（$i = u, c$）；当 $\rho_0 = 0$ 时，$y(t)$ 则退化成与时间无关的静态幸福感路径 $y(u, c)$[命题 3.1，图 3.4(a)]。

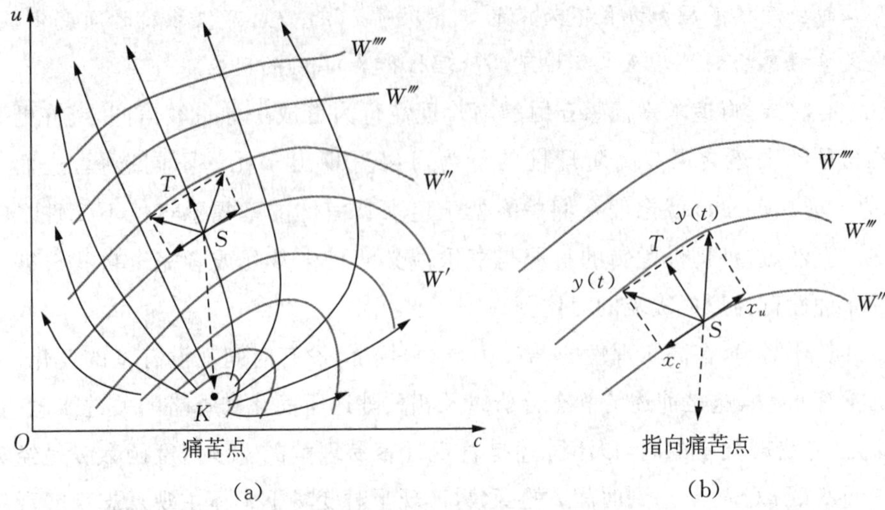

图 3.3　幸福感场源的痛苦点及其动力性质

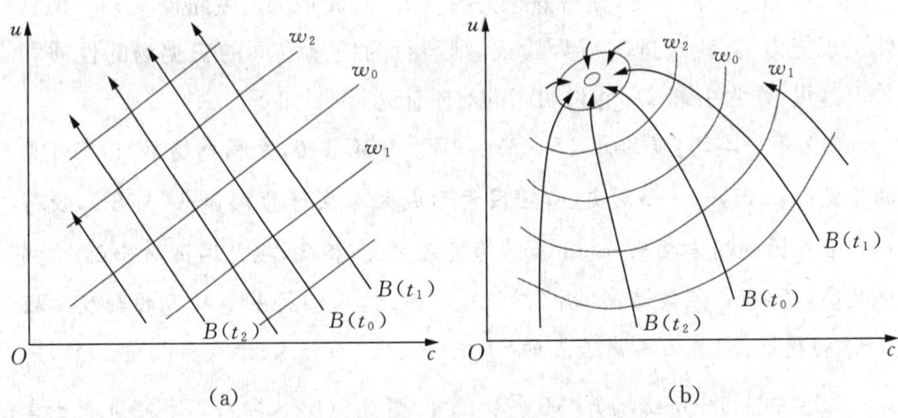

图 3.4　不可见痛苦点与存在可见场汇的图示

(3) 第三类场:场的散度$\nabla \cdot \mathbf{W}(t)=\Delta B<0$。幸福感场 W 具有可见汇(源的对立概念,或负源),这意味着给定社会环境使得行为者存在明确清晰的人生目标——即 W 存在着边际递减的幸福感最大点或者集合。那么,对于场汇有:$\partial\rho/\partial w>0$,比如 $\rho(w)=\alpha w+\beta$ 时,即 $\bar{y}(t)=\bar{y}(x_i)+(\alpha w+\beta)\nabla w$,$y(t)$具有与幸福感边际相关的运动轨迹。

进一步,只有在时变场的概念下,人们才会有第二类努力改进人生幸福感的行为。即 $\forall(u,\ c)\in\Omega$,行为轨迹线的参数方程为 $y(t)=y(u(t),\ c(t))$,时变幸福感场中的努力行为$\overrightarrow{ST}=\rho(w,\ t)\cdot\nabla w$,与场的源及汇的性质密切相关。这意味着时变场的幸福感密度函数 $\rho(w, t)$不仅刻画了场的变化属性，也使得幸福感守恒律与边际递减规律统一起来。由此，鉴于 $u(t)$与 $c(t)$的对称性，幸福感守恒律可分解为 $w_{uu}=-a^2\cdot\rho(w, t)$，$w_{cc}=b^2\cdot\rho(w, t)$，进而对应着时变场的 $y_{uu}=-a^2\cdot\rho(y)$及 $y_{cc}=-b^2\cdot\rho(y)$。由此，源于复变函数论的时变场行为泊松方程 $\Delta w\neq 0$($\Delta w=0$ 为拉普拉斯方程)[30]，本质上还是自然负反馈原理(边际递减律)的呈现[31]，使得理性行为具有时间意义上对偶转换的逻辑：只要人类行为存在某种二元对偶的利益互补，高阶理性行为就一定表现为周期性运行规律。

值得指出的是，在现实生活中，广义周期性行为可以根据傅里叶周期函数的参数变化，而表现出不同的行为属性。比如，振幅无穷小便近似于一条水平线；周期长度(或频率)也可以不同，当某个周期趋近于无穷大(频率无穷小)时，人类行为的典型周期性特征消失了；进而，高阶理性行为将呈现为非典型周期性的任意曲线。但此时，傅里叶级数及其变换则为我们提供了一种运用周期性函数观察不同现象的统一逻辑。这意味着我们必须围绕周期性行为的发生、演化及其消亡机制，进而隐藏的原因、条件和结论，重点考察周期性运动的相关变换、参数和定解条件；但具体的讨论将是本章 3.3 节的任务，这里，仅给出相关概念、名词的经济学逻辑解释。[32]

(1) 关于周期性方程通式以及时间概念的理解。一般的机械波、电磁波运动方程均服从二阶双曲型[33]偏微分方程通式 $w_{tt}-\sigma^2\cdot w_{x_1x_2}=0$，如果存在系统外生变量干扰时，非齐次方程为：$w_{tt}-\sigma^2\cdot w_{x_1x_2}=w_0(t)$(双下标为二阶导数的符号简记)。如果对比观察，$w_{tt}=0$ 意味着 $w(t)$为时间 t 的线性函数且 $w_t>0$，这可以想象成给定人生轨迹被按下暂停键，时间变量对于 w 毫无影响；此时，原式等价于 $w_{x_1x_2}=-(1/\sigma^2)w_0$，而与静态边际递减规律等价。显然，这一静态视角的理解与偏微方程的分离变量解法具有内在逻辑的一致性[34]，也暗示 $w(t)$周期解的系数除了与振幅相关，实际上还包含着一个时间 t 的线性因子，有 $w(t)=\alpha\varphi(\mathbf{x}_u, \mathbf{x}_c)\cdot t$，此时 $\varphi(\mathbf{x}_u, \mathbf{x}_c)$由傅里叶周期函数变换所得。形象地讲，这里，我们将线性时间变量的静态幸福感函数，固化成沧海一粟，这实际上是关于时间变量的相对论逻辑解释，即原方程仅仅与 u，c 的变量相关。

也就是说，静态人类行为周期性的时间变量是人类的狭义时间概念；由此，周期性方程便与一般波动方程取得逻辑一致性。注意，$t\in(0, +\infty)$为时间变量，$G(t, u(t), c(t))$意味着目标和约束都是时间的因变量。同时，一般人们常说时间是最昂贵的成本，在此可以理解成一种人生价值的实现，就像我们在考虑 $u'=\frac{\partial u}{\partial c}\cdot\frac{\partial c}{\partial t}$、$c'=\frac{\partial c}{\partial u}\cdot\frac{\partial u}{\partial t}$ 时，即意味着人生的物质利益价值一样。

(2) 幸福感守恒的理解。用解将守恒律 $\frac{\partial^2 W}{\partial x_1^2}+\frac{\partial^2 W}{\partial x_2^2}=\rho_0$ 改写成 $\frac{\partial^2 w}{\partial t^2}+\frac{\partial^2 w}{\partial t^2}=-H_0\sin\omega t$（可详见随后 3.4 节的具体讨论）。这意味着人一生的幸福总量是恒定的，既与初始状态、周期长度和振幅相关，也与个人成长环境、生活经历及心理结构相关，即幸福总量应该是一个积分方程，而非微分过程。这或许包含着既承认宿命论的看法，也强调个人奋斗的逻辑，即某种"天、命、人"（时代、命运、个体努力）的人生观。

此外，对偶机制转换成周期性现象必须具备一定的内外在条件。其中，符合周期性运动的行为，数学上对偶的两个规划之间将主要表现为周期性波动的双曲型偏微分方程[35]，这意味着必须讨论周期性行为的运动方程中相关的初始条件（含奇点性质）、边界条件（外界交换）等定解必要条件。[36] 进一步有以下讨论。

(3) 周期长度与行为个体的性格、情绪乃至能力等个体禀赋相关，与行为主体的边际递减规律的变化数值成正比（频率的倒数）。

与周期性单摆运动仅与摆长相关的性质类似，行为个体的如下特性——性格刚柔、体能强弱、智能深浅、经济厚薄、见识高低、知识水平、文化传统等决定了个体经济行为周期性过程的周长，同时，也与行为主体的自身偏好、家庭收入、社会身份、个体实力、意识形态、情感禀赋等精神概念相互关联着。但是，这仅仅局限于个体行为的周期性讨论，而社会性周期现象的分析必须考虑更复杂的加总效应。

一般地，一个人的个体生理、心理乃至情感活动都存在不同类型的不稳定性和波动周期性，人们经济行为的周期性由此受到相关因素的制约。比如，性格刚毅、身强力壮的人由于行为的稳定性较强，而表现出较长周期性；柔弱敏感、体弱多病的人，其行为周期或许会较短——周期长度是一个时间概念，意指完成一次转换的时间长度，也可以形象地用波动函数的波长来说明。又如，家庭经济条件优渥的人往往会保持长时间的高消费，很难短期内转入节俭生活的模式；除非教育背景与个人因素使他转变思想意识。如果记个体行为周期为 T（频率的倒数 $T=1/\omega$），那么，影响 $T=T(p, e, a, i)$ 的主要因素有个体性格 p、初始禀赋 e、个体实力 a、社会地位 I；这里，用 p 和 e 表达隐性的个体生理和精神指标，而 a 和 I 为显性的生理和精神指标。

(4) 振幅与个体禀赋及其能力相关(即单摆运动中每次所能达到的最大高度)，同时，也与边际递减规律的初始状态相关。本质上，这暗示了个体行为能量的最大值界限。个体能量越大，则所达到的周期振幅越大，当然其达到的反向行为能量也越大。

在单摆运动中，振幅为单摆运动的最大能量值。一般个体行为的能量是指：个体在生活中能够实现或者达到其人生目标的最大值。比如两个人分别在一生中实现经济价值 500 亿美元与 100 万美元，如果运用于消费领域，则可以看成其一生中最高消费与最低消费之间的差距。往往个体能力强、个人禀赋高的人，最低消费与最高消费之间的差距越大，其消费行为周期的振幅越大。如果记某周期性行为的振幅为 A，则可以有 $A=A(e, a, \varphi)$，其中 e 仍然为个体禀赋，a 为个体实力，φ 为初相位(详见随后的初始条件分析)。

(5) 初相位指个体周期性行为的初始状态，它与行为个体的个人秉性、家庭财富及其社会地位相关。初始状态的重要性，在于它往往决定了周期性运动的一种特性：或者开放性，或者封闭性。一个历史实例是，将农耕文明与地中海文化关于商业经济的思想做比较，初始状态的重要性就会自然地显现。作为农耕文明的典型，中国自西周始就有关于农业与商业的本末关系的辩论，商鞅因法强秦，但却提出崇本抑末的重农主义思想。相反，古地中海商圈崇尚商业文化，一直到 15 世纪后，才由法国思想家阿奎那正式提出重农主义思想。那么，财富究竟是金银货币，还是货物？或者问，生产与消费谁更重要？结论却并不简单，它取决于二元对偶及其转换的周期性运动规律。但需指出，正是这种最初文化传统的差异，使得这两种社会传统走上了完全不同的演化路径，一个往往陷入重复循环的小农经济封闭性，一个呈现出多元、复杂的交易文化开放性。

大历史观表明，重农主义常常在集权与放权的周期性运动中摆动，陷入"一管就死，一放就乱"的封闭性周期循环。[37] 重商主义由于强调市场导向，虽不存在管理权限的收放摆动周期性，却存在着市场创新与利润竞争的繁荣与衰退的周期性波动。其差异在于，市场的波动具有开放性特征，不会简单地重复原来的二元对立——呈现出因为创新带来的经济增长。而重农主义的周期性往往具有封闭的收敛性质——人为集权及放权的简单重复与培育社会创新意识无关。这种区别造成了不同文明的现代差异乃至发展方式的道路分叉(随后第 5 章、第 6 章将有更深入的讨论)。进一步,周期性现象的开放与封闭差异意味着初始状态对于周期性运动的原始驱动力,由此导致依赖于政治权力的重农主义周期性运动呈现出封闭性,而依赖市场机制的重商主义周期性运动呈现出开放性。换句话说,周期性运动的回复力作用或者说外合力与周期性运动的位移方向相反,但作用力大小的具体性质,在周期性逻辑中却并不明显,还有待进一步探讨。

最后,我们还必须假设人类理性行为的周期性方程满足无界解的条件,这种无界解与物理学的无界限制条件相同,具有类似的确定含义。具体定义是指:在行为选择者所关注的时间段内,周期性的波动不会达到边界,从而可以近似地看成行为人具有无限的生命周期——最简单的例子是博弈论中也常常以此来处理相关问题,可参见无限重复博弈的均衡条件,具体指在参与人所关注的时间期内,各方参与人都没有停下博弈行为的愿望,可以无穷次地参与重复博弈。这种无穷的数学概念是高阶理性的等价表达,有利于方程定解的条件分析——进而将复杂的边界条件分析转化为无边界的约束问题,亦即无穷远处边界条件的状态不会对所关注行为产生影响;从而,也就不会影响理论分析结论的一般性。

3.4 高阶理性的一般周期性逻辑

根据上一节有关周期性行为逻辑与条件的具体分析,本节将展开周期性行为的一般研究。具体方法是运用一种泛函变分法。我们将证明,在给定的前提下,使得一个人幸福感加总积分值泛函的最优行为,一定遵循高阶理性的广义周期性行为逻辑。为此,这里必须先给出两点说明:第一,运用变分法分析高阶理性周期性行为具有学术合法性;第二,给出关于一般性周期行为假设、条件的公理化前提讨论。

如果将一个人的一生看成不断进行高阶理性选择的连续性行为过程:或者一直选择基于约束的目标最大化(成功论者);或者追求基于目标的约束最小化(禅修论者);或者在两者之间,先权衡,再行为,乃至最终相互转换行为(周期论者),如此等等。那么,人的一生的高阶理性行为将面临不同的行为选择路径(即使人生没有后悔药,不可能重来两次):$y_1(t)$, $y_2(t)$, …,此

时，不同的行为路径便对应着这个人不同人生的不同幸福感的加总值 $w(y_j)$。也就是说，这个想象中的不同路径、全体 $y_1(t)$, $y_2(t)$, …的集合 $\Omega=\{y_j(\mathbf{x}_i, t)\,|\,\mathbf{x}_i\in\{\mathbf{x}_u, \mathbf{x}_c\}, j\in\mathbb{R}, w(y_j)$为幸福感函数值$\}$便对应着一个由不同幸福感组成的正实数子集 $R_w\subseteq\mathbb{R}$。这意味着存在一个从人生路径 $y_j(t)$的函数集到幸福感总值实数集 R_w 上的映射，使得人的一生幸福感积分 $I[w(y)]=\int_0^T L(t, y, y')\mathrm{d}t$，可以被看成一个从函数集 Ω 到正实数集 R_w 上的泛函。其中，对于最小化约束的上确界 c^M 及最大化目标的下确界 u^m，在$[c^M, u^m]$区间及 $t\in(0, +\infty)$上，Ω 为单连通紧集，$I[w(y)]$与 $L(t, y, y')$分段连续可微(见前述 2.6 节)。

实际上，相对于人生的漫长历程而言，可以将个体行为决策之间的间隔看成无穷小，即高阶理性的连续行为假设是容易理解的。其次，由于边际递减规律是一种关于主观性服从客观性的物理描述，这种自然物理属性的边际递减规律又深刻地影响和制约着人们的心理、性情等精神状态的变化；由此，边际递减规律的周期性行为分析就应该，也必须遵循自然规律的相关原理。换言之，我们关于一个人一生幸福感值最大化的变分研究，便具备了合法的数学逻辑基础。此时，我们进一步追问：在众多幸福感加总的积分值 $I[w(y)]=\int_0^T L(t, y, y')\mathrm{d}t$ 中间，哪一条路径的幸福感值最大？这就是一个具有学术合法性的纯理论问题了，也是本章分析的目标所指。

公理化构建涉及纯理论与实证方法论的学术区分，一个恰当的例子是物理学。理论物理学只是物理学的一部分，却占据着核心位置，它构成了理解所有其他物理现象的前提和基础。没有理论物理的基础，其他的物理概念、逻辑及不同条件的实验将难以理解。的确，法拉第推动了电磁学发展，但如果没有麦克斯韦电磁方程理论，电磁学将不可想象。[38]纯理论的学术构建起源于人们科学技术的探索实践，但却是经验现象中本质内涵的高度抽象。它以公理化构建的择一性、独立性和自洽性等原则为准绳，以符合一般形式逻辑的方法为基础，致力于追求真与美的统一。按照笛卡尔的说法：纯理论结构是一连串逻辑链条，公理化方法就好像创造出的某种类似于中心核的东西，使得纯理论的每一个部分都建立在这些特殊但确切的概念之上，并由此展开相关学科理论的内部演化。与行为、实验等众多实证主义方法论比较，周期性行为逻辑并不能提供类似于公平、独裁、框架效应、前景理论等精彩的论断[39]，但本书关于周期性行为的纯理论分析或将为理解它们提供一个统一的理论平台。更重要的是,"公理化方法所设定的目标,正好是形式逻辑本身不能达到的。公理方法教导我们必须去寻求所有发现中更深刻的根由,挖掘埋藏在每一部分理论中一大堆推理逻辑细节下面的共同东西,把这些东西推向前进,演绎出一整套理论结构体系,最终,把它们安放在其本应该所在的位置上"。[40]或许,布尔巴基学派的这种公理化主张并不为社会科学的学者所熟知,但牛顿力学的科学体系(从牛顿第一定理开始的推演)揭开近现代科学革命的大幕,却是人尽皆知的事实。

这里,强调公理方法及其形式逻辑的纯理论研究,并不是否认公理体系以外内容的重要性,相反,公理体系以外潜藏着更神秘乃至与公理化理论体系关联更密切的真相,但它们隐藏得更深、更远,既有的理论不过是"真相"中一般概念的特殊片段。然而,必须指出的是,能通向这些更神秘真相之处的途径,却只能依靠公理化的纯理论框架。因为科学原理的本质更接近于纯粹的理论,而非琐碎的现象,事物运行的核心部分只能基于深刻洞察的思想实验。就像牛顿基于引力直觉去想象一个苹果从树上掉下来,麦克斯韦基于"荒诞而天才的以太子及位移电流"想象出电磁间的作用场[41],爱因斯坦基于人们坐电梯上下而直觉想象出时空统一场。科学家们更偏爱思想实验的纯粹逻辑演绎,而非现象性的实证检验——因为本质性原理仅仅隐藏在思想逻辑之中。换句话说,强调纯理论方法是要站在大师们创建的坚实基础上,追求事物运行的本质,避免陷入狭隘的实证偏见。当然,对于理性行为及其周期性逻辑的更新认识也应该如此。

以下基于公理化体系推演的所有结论,与上一节的条件分析无关。本节的逻辑实际上是真实研究过程的逆向思维结果,但包含了前述相关思想、逻辑的综合。

公理 3.2(时变场边际递减律) 如果$\partial u/\partial t\geqslant 0$,$\partial c/\partial t\leqslant 0$对于任意点$(u(x_u,t),c(x_c,t))\in\Gamma_t$成立,那么,高阶理性具有时间意义上边际幸福感的递减规律[42],即有:

$$\partial^2 w/\partial t^2=(b^2-a^2)\cdot\rho(t) \tag{3.5}$$

这是基于引理 3.1,根据时间变量作出的公理化表述。前提条件是假设随着时间增长,行为者实现目标的能力不断增长、自我约束的能力增长,进而其人生的选择空间扩大;进而,这种基于时间变量增长的幸福感服从边际递减规律。[43]显然,这个公理隐含了引理 3.1 的逻辑,却是一个符合一般人生常识的理论陈述。

值得指出的是，边际递减规律与偏好的餍足点概念不同，边际递减规律并不意味着人们就一定存在偏好的餍足点，但相反，偏好餍足性一定会导致边际收益递减（场的性质决定）。边际递减性质仅仅是说到达一定的效用满足度以后，再增加预算支出带来的收益增加值将递减，并有可能直至增加值为零，但并不意味着从此及以后的效用水平会下降（餍足点的概念）。由此，站在整体性的理性角度考虑，既然人们增加支出（约束代价）带来的收益增加，还不及通过减少追求目标效用所带来的成本节约的整体性收益，当到达一定程度的收益最大值以后，转换一种生活方式——追求给定目标下的最小化成本支出，便成为一种具有整体性特征的理性行为。同理，人们从约束转向目标的逻辑过程也亦然。也就是说，边际递减规律是人们存在周期性行为规律的必要条件。

显然，守恒原理导致的周期性行为（公理 3.1），与边际递减规律导致的周期性行为（公理 3.2）殊途同归。边际递减规律可以看成变分最优的约束条件，而守恒律数学上意味着拉格朗日不变量或哈密顿不变量在群的作用下，关于同一变分（不显含时间变量）逻辑的体现，可以经由简单的欧拉-拉格朗日（E-L）方程推导出来。

具体地，我们有以下高阶理性行为的广义周期性规律的结论。

命题 3.2（时变场周期性行为规律）　高阶理性经济人在兼顾目标最大化与成本最小化的过程中，具有基于二元对偶行为相互转换的广义周期性行为规律。

证明：对于行为者一生时间 $t\in(0,\ T]$ 及 u-c 行为空间上的点 $(c,\ u)$，有 $\mathbf{x}_u=-\mathbf{x}_c$，且 $|\mathbf{x}_u|=|\mathbf{x}_c|\in[\bar{c},\ \underline{u}]$。基于幸福感数量场 $w(c,\ u)$ 与之正交的行为绩效场 $B(c,\ u)$，行为路径函数 $y(\mathbf{x}_u,\ \mathbf{x}_c)=y(u(t),\ c(t))=y(t)$ 为时间的函数。如果记沿着行为路径从点 $(0,\ y(0))$ 到点 $(T,\ y(T))$ 可以获得幸福感值 $J[y(t)]=\int_{y(0)}^{y(T)}\mathrm{d}w=\int_0^T L(t,\ y,\ y')\cdot\mathrm{d}t$，那么，以下论证目标是：$y^*\in\max\{J[y],\ \text{s.t. } y\in y(t)\}$ 为广义周期函数。

具体证明分以下步骤：构造幸福感加总的泛函 $J[y(t)]$，得出欧拉-拉格朗日方程；推导泛定方程的定解；讨论定解条件及通式；二阶变分的判断。

(1) 我们讨论时间概念下一般人生幸福感总值的理论解释。

对于泛函 $J:\ y\rightarrow\int_{y(0)}^{y(T)}\mathrm{d}w=\int_0^T L(t,\ y,\ y')\cdot\mathrm{d}t$，幸福感的微元 $\mathrm{d}w$ 应

指,在单位人生过程中 $ds=\sqrt{u^2(t)+c^2(t)}\cdot dt$ 获得幸福感 $W(u, c)$ 及其增加值的总效用——实际上是人们内心深处两种幸福感的逻辑叠加:其一,基于行为收益与行为成本兼顾的直接幸福感 $W(u, c)\cdot ds$;其二,基于时变幸福感场的幸福感增加值所产生的主观行为效用即 $\tilde{w}(t)\cdot ds$。由此,总幸福感的微元为[44]:

$$dw=(W(u, c)\cdot \tilde{w}(t))\sqrt{u'^2(t)+c'^2(t)}\cdot dt \tag{3.6}$$

由公理 3.2,选择任意人生过程 $y(t)$ 的人都必须服从幸福感守恒及其边际递减规律 $\Delta w=(b^2-a^2)\cdot\rho$,这意味着行为主体沿着 $y(t)$ 所获得的幸福感 $w(t)$ 早已非静态的 $W(u, c)$,而是随着 $\rho(w, t)$ 的作用,在曲面 $W(u, c)$ 上形成新的朝着更高幸福感变动的曲线。[45]也就是说,时变幸福感 $w(t)$ 与静态幸福感 $W(u, c)$ 的差异本质上是由 $\rho(w, t)$ 的线性增加而产生的(分可见源、看见汇和不可见源),即应有:

$$w(u, c; t)=W(u, c)\cdot\tilde{w}(y)=W(u, c)\cdot[\mu\rho(w, t)] \tag{3.7}$$

其中,$\Delta w=(b^2-a^2)\cdot\rho(w, t)$, $\Delta W=0$,进而有 $2\mu\left(\frac{\partial\rho}{\partial w}\right)\nabla w^2=(b^2-a^2)\rho$。且当 $\left(\frac{\partial\rho}{\partial w}\right)=0$ 为不可见源场时,$\rho(w, t)=\rho_0$ 为常数。

在时变场下,由前述 2.6 节的说明 3.3 节的公理 3.1 及其关于三类场的说明可知,在 $\mathbf{x}_{u, c}=\mathbf{y}(c, u)$ 和 $\overrightarrow{ST}$ 两种合力的作用下,有 $y(t)=\sqrt{\mathbf{y}^2(u, c)+\rho^2(w, t)\cdot[(w_u)^2+(w_c)^2]}$;再由 $w_u=-y_c$ 及 $w_c=y_u$,替换得时变场的行为约束方程 $y^2(t)-\mathbf{y}^2(u, c)-\rho^2\cdot(y_u'^2+y_c'^2)=0$,这意味着给定幸福感场中高阶理性行为与场密度函数 $\rho(w, t)$,存在如下关系:

$$\rho=\sqrt{(y^2(t)-\mathbf{y}^2)\cdot(y_u'^2+y_c'^2)^{-1}} \tag{3.8}$$

由此,将约束条件式(3.7)及式(3.8)代入式(3.6),原变分 $\delta J[y(t)]$ 转换成如下泛函的极值问题,即有:

$$J[y(t)]=\max\int_0^T(W(u, c)\cdot\mu\sqrt{(y^2(t)-\mathbf{y}^2)\cdot(y_u'^2+y_c'^2)^{-1}})\sqrt{1+y_t'^2}\cdot dt \tag{3.9}$$

由于极值原理要求其变分为零,考虑 $\delta J[y(t)]=\delta\int_0^T H\cdot dt$。假设 y^*

是$\int_0^T H\cdot \mathrm{d}t$的极值曲线，由幸福感场的等价性原理，$y^*$应该是$\int_0^T \ln(H)\mathrm{d}t$的极值；对于$\ln H$做算法变换后的$\widetilde{H}$，$y^*$仍然为$\widetilde{H}$的极值曲线。由此得出如下与原变分等价的变分问题[46]：

$$\int_0^T \left[W(u,\ c)+\frac{\mu}{2}(y^2(t)-\mathbf{y}^2)-\frac{\mu}{2}(y_u'^2+y_c'^2)+\frac{1}{2}(1+y_t'^2)\right]\mathrm{d}t \triangleq \int_0^T \widetilde{H}\mathrm{d}t \tag{3.10}$$

注意，式中$\mathbf{y}(u,\ c)$与$W(u,\ c)$为静态场方程与t无关（常量），对应的欧拉-拉格朗日方程为$\widetilde{H}_y-\frac{\mathrm{d}}{\mathrm{d}t}(\widetilde{H}_{y_t})-\frac{\mathrm{d}}{\mathrm{d}u}(\widetilde{H}_{y_u})-\frac{\mathrm{d}}{\mathrm{d}c}(\widetilde{H}_{y_c})=0$，故可得：

$$\frac{\partial^2 y}{\partial t^2}-\mu\left(\frac{\partial^2 y}{\partial u^2}+\frac{\partial^2 y}{\partial c^2}\right)=\mu\cdot y(t) \tag{3.11}$$

这是典型的周期性波动方程，即意味着本命题的周期性逻辑已基本显现。

注意，式中$\frac{\partial^2 y}{\partial u^2}$与$\frac{\partial^2 y}{\partial c^2}$并不是相互独立的关系，而是彼此包含，可相互推论出，这类似于当$x=u$或$x=c$时，本问题等价于如下一维的波动方程[47]：

$$y_{tt}-\mu y_{xx}=\mu\cdot y \tag{3.12}$$

(2) 用分离变量法，基于u与c的对称性和非独立性，令$y(u,\ t)=X(x)T(t)$，其中，$x=u$或c。为简化起见，设定初始条件为：$t\in(0,\ T)$，$x>0$，$y|_{t=0}=y|_{t=T}=0$。

代入式(3.12)对应的齐次方程，则应有：$\frac{T''}{\mu T}=\frac{X''+X}{X}=\lambda$。此时，$\lambda$必须是与$x$以及$t$无关的常参数，即得：

$$\begin{cases} T''-\mu\lambda\cdot T=0 \\ X''+(1-\lambda)X=0 \end{cases} \tag{3.13}$$

对式(3.13)的第一式，求方程解空间的本征值和本征函数序列，有：

$$\begin{cases} \lambda_n=\frac{1}{\mu}\left(\frac{n\pi}{T}\right)^2 \quad n=1,\ 2,\ \cdots \\ T=\sin\left(\frac{1}{\sqrt{\mu}}\frac{n\pi}{T}t\right) \quad n=1,\ 2,\ \cdots \end{cases} \tag{3.14}$$

考虑式(3.13)的第二式，本征值取$\lambda_n=(1/\mu)\cdot(n\pi/T)^2$（其中$n=1$，

2, …),可得对应的本征函数为:

$$X_n = A_n \cos \theta_n x + B_n \sin \theta_n x \tag{3.15}$$

其中,$\theta_n = \sqrt{\mu/2} \cdot \sqrt{(n\pi/T)^2 - 1}$, $x = \{u, c\} \in (0, l)$, A_n 及 B_n 为待定系数且由波动方程的初始条件或边界条件确定。此时,由叠加原理可知,含有待定系数的齐次方程通解为:

$$y(x, t) = \sum_{n=1}^{\infty} (A_n \cos \theta_n x + B_n \sin \theta_n x) \sin \frac{n\pi}{\sqrt{\mu} T} t \tag{3.16}$$

这是一个齐次驻波方程,同时,解系的完备正交性成立(讨论略)。

值得指出的是,$y(t)$为同一点上两种行为倾向 $\mathbf{x}_1$、$\mathbf{x}_2$ 的运动轨迹,幸福感边际变换之和不变性(不一定等于零)的经济含义是行为向量场具有散度不变性,本质上,则是 $\mathbf{x}_1$、$\mathbf{x}_2$ 的波动性的直接反映,同时也是行为向量场源性质的体现。进而,再由引理 3.2,必然存在周期性运动的转换点 x_0,对于 $x_0 \triangleq \mathbf{x}_u \equiv \mathbf{x}_c$, $W_u|_{x_u = x_0} = W_c|_{x_c = x_0} = 0$,即应有如下人生行为轨迹方程的通解:

$$y(u, c, t) = \begin{cases} \sum_{n=1}^{+\infty} [(A_n \cos \theta_n u + B_n \sin \theta_n u) T(t)] & \partial w/\partial u \geqslant 0 \\ \sum_{n=1}^{+\infty} [(A_n \cos \theta_n c + B_n \sin \theta_n c) T(t)] & \partial w/\partial u < 0 \end{cases} \tag{3.17}$$

其中,由波动方程的解可知,$\theta_n = \sqrt{\mu/2} \cdot \sqrt{(n\pi/T)^2 - 1}$, $\gamma_n = (n\pi/\sqrt{\mu} T)$, $A_n = \frac{1}{I_n} \int_0^l \varphi(x) T_n(x) \mathrm{d}x$, $B_n = \frac{1}{\alpha \gamma_n I_n} \int_0^l \psi(x) T_n(x) \mathrm{d}x$, $I_n = \int_0^l T_n^2(x) \mathrm{d}x$。特征值为:$\lambda_n = \left(\frac{\gamma_n}{T}\right)^2 (n = 1, 2, \cdots)$,特征函数则由下列边界条件确定。

(3) 本论题是既有初始条件约束,又有边界条件约束的混合定解问题。其中,初始条件指人生行为轨迹在时间为零处的状态,包含 $t = 0$ 时,$y(u(0)$、$c(0))$的值及其增减变化率$\left.\frac{\partial u}{\partial t}\right|_{t=0}$, $\left.\frac{\partial c}{\partial t}\right|_{t=0}$(广义初始速度问题)。边界条件则是指人生行为路径上受到最小最大目标 $\underline{u}_0(t)$和最大最小约束 $\bar{c}_0(t)$的端点与外力的作用。其中,端点可看成行为者在开始自立、拥有收入时,个人幸福感的初值 w_0 与 y_0,由家庭个人的初始禀赋决定。同时,幸福感增长率(初始速度)预期为 w_1,即有:

$$t=0,\ u(0),\ c(0):\ y(0)=y_0,\ \left.\frac{\partial y}{\partial t}\right|_{t=0}=y'(u(0),\ c(0),\ 0) \quad (3.18)$$

具体的边界条件又可细分为三类、六种静态位置与动态速度的状态来分析。第一类边界条件(Dirichlet 边界条件),初始位置静态不变,$t\in(0,\ T)$:$y-\bar{c}_0\,|_{t=0}=0$,其中,终端为固定的$y-\underline{u}_0\,|_{t=T}=0$;其解基的本征值和本征函数为:

$$\gamma_n=\left(\frac{(2n-1)\pi}{2}\right) \quad T_n=\sin\frac{(2n-1)\pi}{2}t \quad n=1,\ 2,\ \cdots \quad (3.19)$$

如果终端可变,速度为$y_t+h_2y\,|_{t=T}=0$,则意味着人生的初始位置禀赋条件为普通人生、一般家庭,但终端位置由于受外力 h_2y 的作用,处于某种限定性动态状态(因财富盈亏导致消费增长或者减少的生活终结)。$\gamma_n(n=1,\ 2,\ \cdots)$取值为三角方程 $\tan\gamma_n=\alpha\cdot\gamma_n\left(\text{其中 }\alpha=-\frac{1}{T\cdot h_2}\right)$的正根,进而本征函数为:

$$T_n=\sin\frac{\gamma_n}{T}t \quad n=1,\ 2,\ \cdots \quad (3.20)$$

第二类边界条件(Neumann 边界条件),初始速度固定不变,$t\in(0,\ T)$:$y_t-h_1\,|_{t=0}=0$;终端或者为静态,即 $y-\underline{u}_0\,|_{t=T}=0$,或者速度为 $y_t+h_2y\,|_{t=T}=0$。

这意味着人生开始就具有给定的初始速度,即家庭或个人禀赋使得行为者在人生的起始,就具有某种主动优势 $h_1\geqslant 0$ 或者相反的被动劣势 $h_1<0$,而非一般家庭的 $\bar{c}_0$ 状态。与此同时,终端位置为静态 $y|_{t=T}=\underline{u}_0$ 时,对应的解基为:

$$\gamma_n=\frac{(2n-1)\pi}{2} \quad T_n=\cos\frac{(2n-1)\pi}{2T}t \quad n=1,\ 2,\ \cdots \quad (3.21)$$

当终端速度为 $y_t+h_2y|_{t=T}=0$ 时,终端位置由于外力 h_2y 的作用,是个人努力程度、价值观和人生观变化的函数,处于某种限定性的动态状态,γ_n 取值为如下三角方程的正根(其中 $\alpha=1/(h_2T)$),特征函数为:

$$\cos\gamma_n=\alpha\cdot\gamma_n \quad T_n=\cos\frac{\gamma_n}{T}t \quad n=1,\ 2,\ \cdots \quad (3.22)$$

第三类边界条件(Robin 边界条件),初始速度本身动态可变,$t\in(0,\ T)$:

$y_t - h_1 y|_{t=0}=0$；终端或者为静态，即 $y-\underline{u}_0|_{t=T}=0$ 或者动态速度为 $y_t + h_2 y|_{t=T}=0$。

前者意味着初始位置就存在外力（如战争、瘟疫或相反的外来投资、援助等非个人因素）$y_t - h_1 y=0$ 的作用，但终端位置为静态不变的 $\underline{u}_0$ 状态。此时，γ_n 取三角方程：$\tan \gamma_n = \alpha \cdot \gamma_n$（其中 $\alpha = -1/(h_2 T)$）的正根，特征函数为：

$$T_n = \frac{\gamma_n}{T \cdot h_1} \cos \frac{\gamma_n}{T} t + \sin \frac{\gamma_n}{T} t \quad n=1, 2, \cdots \tag{3.23}$$

后者意味着始终两个端点都存在着外力（同上）$y_t \pm h_i \cdot y=0$ 的作用。此时，γ_n 取如下三角方程（其中 $\alpha=1/(h_1 T)$）的正根，特征函数为：

$$\cot \gamma_n = \frac{1}{T(h_1+h_2)}\left(\gamma_n - h_1 h_2 T^2 \frac{1}{\gamma_n}\right) \quad T_n = \frac{1}{T \cdot h_1} \cos \frac{\gamma_n}{T} t + \sin \frac{\gamma_n}{T} t \quad n=1, 2, \cdots \tag{3.24}$$

值得说明的是，上述边界条件与行为场的密度性质紧密关联，相关解基的本征值与本征函数正是这一体现。具体地，其一，静态初始位置和终端状态就意味着平行场的属性，有$\nabla \cdot \mathbf{W}=0$ 且$\partial \rho / \partial w=0$；这体现了一般平民家庭的人生始终边界状态。其二，初始状态外力作用源于场存在可见的汇，这是社会或家庭的禀赋性影响，使得人们从小就树立起明确、远大的人生目标所致，即有$\nabla \cdot \mathbf{W}>0$ 且$\partial \rho / \partial w<0$。其三，终端状态外力作用意味着幸福感场存在着可见的源，即有$\nabla \cdot \mathbf{W}<0$ 且$\partial \rho / \partial w>0$，这是一般人生经历所建立起来的可见痛苦源的描述。

(4) 为了运用二阶变分讨论极值曲线的极值属性，根据欧拉-拉格朗日方程关于极值曲线雅可比临界场的充分条件，我们以第一类边界条件为例，验证泛函临界场强最大值的充分条件，分以下三步：

首先，$y(t)$为极值曲线，且过初始点$(0, y(0))$和终端点$(T, y(T))$。这从第一类基本边界条件以及 $y(t)$解的本征值和式(3.18)中就可以看出来。

接着，极值曲线 $y(t)$被包含在由极值曲线族 $y(t, x)$所构成的极值曲线场之内（x 为极值曲线族参数）。对原泛函用雅可比方程$\left(F_{yy} - \frac{\mathrm{d}}{\mathrm{d}t} F_{yy'}\right)u - \frac{\mathrm{d}}{\mathrm{d}t}(u' F_{y'y'})=0$，得 $\mu u + u''=0$，通解为 $u=B_1 \cos t + B_2 \sin t$，满足初始条件

$u(0)=0$、$u'(0)=1$ 的解为 $u=\sin t$。即 $\forall x\in\left(0, \frac{\pi}{2}\right)$ 有 $u_0=\sin t\neq 0$，可知 $y(t)$ 满足雅可比强条件。

最后，在极值曲线 $y(t)$ 的零级 ε-邻域内，对于任意 $y'(t)$，瓦尔拉斯函数满足 $E(t, y, y', q)=H(t, y, y_t')-H(t, y, q)-(y'-q)H_q(t, y, q)$ $=-\frac{\mu}{2}(y'-q)^2\leqslant 0$，即极值曲线基本式(3.16)给出了原泛函的强极大值。

注意，时变轨迹不仅通过调和方程将 $W(u, c)$ 随着自变量 u 和 c 变动的动力性逻辑呈现出来，反映了主观能动性 ∇W 在时间积累下的幸福感变化，同时是行为向量运动迹线 $y(\mathbf{x}_i)$ 波动性的原因。另一方面，人们的行为随着时间 t 变动的能动性逻辑描述，反映了 $\partial y/\partial t$ 在时间段内能动性变化的程度，它是人们主观行为产生变化的结果，最终表现为行为向量的周期性运动。

证毕■

人类周期性行为方程解的适定性分析涉及解的存在性、唯一性、稳定性(自由项微小变动是否具有收敛性)。从数学上讲，微分方程本质(边际递减规律、幸福感守恒等)是决定论逻辑，广义场论方程是积分形式的空间映射，后者是前者的广义相空间的描述(非决定论概率逻辑)，但二者具有内在的一致性。本书将场论的波动方程运用于社会行为的加总分析，这就要求人类周期性行为方程解的应用必须服从线性可叠加性原理，这取决于波动方程的可加性(达朗贝尔公式)。从方法论上讲，上述差异还反映了研究视角的差异，前者是从直接行为看问题，后者则是从环境的"场"机制看问题。关于两种方法逻辑本质的一致性，行为机制的动力学机制应是一种借助物理学的说法，比喻人们内心深处理性思维在发挥作用，而与某种求变思维模式相同，即一方面向往着一种主观改进，另一方面这种改进不过是一种向心力半径固定的圆周运动，而这个半径是由个体基因决定的心理、生理等本质因素构成的。或许可以说，任何人都总是处于其自身的圆周(周期性)运动之中。表现在现实中，则可以用如下一般的场运动轨迹线来模拟描述(见图 3.5)。

人心必须始终保持内在理性深处的守恒不变性，就像人性自私与利他的天性一样，实际上，一方面自私是人的天性，另一方面，几乎所有家庭与成长环境都会让孩子感受到不同程度父母无私的爱，被灌输助人为乐、利他主义

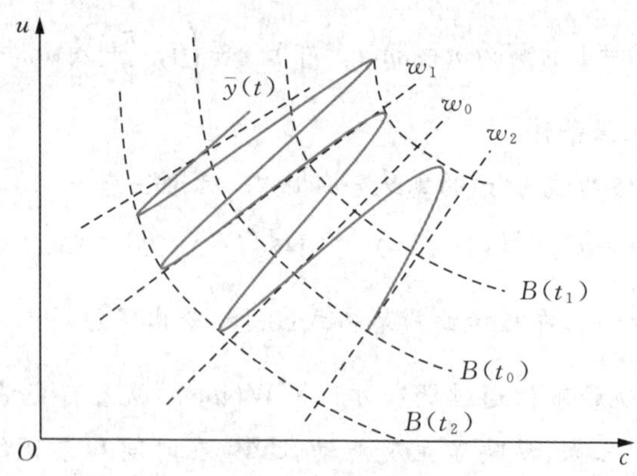

图 3.5　人类周期性行为一般场运动轨迹图示

的思想,如此,先天自私与后天利他同时存在于人的成长过程,以至于双方形成了某种互补的平衡。一旦失去这种平衡,一个人的行为就不再属于理性范畴,而是具有某种极端性格或偏激心理的表现。这里,导致守恒律作用的则是人类社会性(场)的哈密顿不变性原理——“上帝之手”。[48]

值得指出,理性的周期性运动概念与人的创新求变思维并不矛盾。高阶理性的周期性行为逻辑并不意味着简单重复,或者说排斥创新的思维,这是由人的好奇、求新和好胜的心理天性所决定的;但这三者都服从周期性规律。

好奇心是人类不同于动物思维方式的重要特性,一方面,这是人类社会进步的原动力之一,正是人们对于那些不相关领域的好奇和探索,才拓宽了人类使用工具的范围。好奇心是人类面对着“*无知之幕*”时主观能动性行为的反映。实际上,大多数好奇心所处理的不过是小世界意义上的概率不确定性,而不是完全无知的世界;当面对后者时,人们往往会产生恐惧心理,根本来不及考虑处理小世界不确定性的分析方法。由此,好奇心所包含的恐惧心将导致一种对偶转换,使得好奇心不可能连续地持续存在,总是呈现出创新与守旧转换的周期性人类探索活动。最终,通过好奇心对于生产力的改进和生产关系的改善[49],人类周期性行为中向上冲动的创新才得以形成。

求新也是人类演化形成的本质属性之一,由于求新的另一个角度就是陈旧模式的边际递减规律,因而,二者是构成人类周期性行为的核心原因。第5章将在创新论题中给出专门的讨论。

好胜及其竞争行为本质上不过是传统理性思维的扩展,涉及演化博弈论以及人工智能算法分析等传统理论的范畴，可参阅传统博弈论教材。这里不再赘言。

最后，关于本节人类周期性行为命题的应用问题，这里提示三点：

(1) 确定二元对偶因素 u、c 及其行为向量 $\mathbf{x}_u$、$\mathbf{x}_c$ 的经济意义，确定时间变量 t 的对偶逻辑关系；

(2) 考察二元对偶因素在经济学意义上边际递减规律和幸福感守恒律的适应性；

(3) 根据初始条件 $t=0$ 时，$y(0)=y_0(u,\ c)$，$\partial y/\partial t=y_1(t)$，以及边界条件$[c^M,\ u^m]$的限定，讨论具体周期性行为方程解的经济学含义。

以上说明意味着从此开始，我们将运用人类周期性行为逻辑，围绕个体性、群体性乃至社会性经济行为展开深入讨论，具体细节是随后章节的重点。

注 释

1 详见让·鲍德里亚：《探访录：1968—2008》，成家桢译，上海人民出版社 2022 年版，第 97 页。

2 简单地讲，这里是指现代计算机技术所依赖的布尔代数逻辑，其本质内涵正是一种二元递进的转换运算。但是，这里的比喻并没有就此推演周期性逻辑的意思，有兴趣的读者可以就此一试身手。

3 其实，这里的论述可详见陈平教授关于"混沌经济学"教学的相关论述，其中就有关于生灭过程的深入讨论，但本书将边际递减规律与负反馈原理的理论关联则出于一种直觉。

4 见一般经济思想史的教材，就可直接看到边沁和穆勒关于效用主义的理论论述与本书上述评述的一致性。

5 见哈耶克：《法律、立法与自由》(全三册)第一册附录，中国大百科全书出版社 2022 年版。

6 见道格拉斯·诺思：《西方世界的兴起》及《制度、制度变迁与经济绩效》中关于相关问题的讨论。

7 详见汪丁丁关于知识互补性及其外溢效应的边际递增规律的论证(详见汪丁丁：《概念格、互补性、塔尔斯基不动点定理》，《经济研究》2001 年第 11 期)。

8 由于这句名言应该是薛定谔第一次说出的，故一般称之为薛定谔定律。

9 值得指出的是，熵增原理仅仅适合于孤立体系，这是问题的关键。实际上，相对的孤立与绝对的联系，才是事物运动的本质。现代统计力学的普遍解释是，熵增过程代表了系统的统计性质即巨量单元的长时间行为，在巨量尺度上熵增的构型是常态。而相对于人们的理性行为决策而言,漫长的人生(若感觉痛苦)就是一个巨量时间单位。

10 见杜尔阁:《关于财富的形成和分配的考察》,南开大学经济系经济学说史教研组译,商务印书馆 1997 年版。

11 据文献(Truman, 1951)直录如下:A focus on equilibrium analysis and an institutional, rational-choice perspective is not a necessary requirement for a negative feedback process. Standard operating procedures, rules of thumb, and decision-making by incrementalism have in common a focus on the relative stability of expected policy outcomes. In the absence of dramatic revisions to the procedures themselves, decisions should be made according to a process that induces stable outcomes(Lindblom, 1960; Wildavsky, 1964; Simon, 1972) ... Not only are the institutional approaches to congressional behavior, congressional oversight of the bureaucracy, and administrative behavior more generally dominated by models of negative feedback, but the vast literature on policy subsystems is as well.

In a pluralist perspective, the self-correcting genius of American democracy was in effect a negative feedback system: Any strong push in one direction could be expected to be countered by an equal and opposite push, never allowing the political system to veer too far from an underlying equilibrium.

12 幸福感选择的自由性是另一个重要论题,与这里的讨论无关。

13 这里,已经呈现出本书关于理性逻辑重构的某种统一内涵,具体细节和严格逻辑可见随后的详述。

14 这种逻辑无法全面展开叙述,仅此提及。

15 可参考安德鲁·马斯-克莱尔《微观经济学》(上下)中第三章第三节的证明,结合本书逻辑说明如下。

说明:对于给定满足定义的幸福感函数 $W(\mathbf{x}_1, \mathbf{x}_2, t)$和行为向量场函数 $B(t)$,按照幸福感矢量场的定义可知,有$\frac{\partial W}{\partial t}>0$, $\frac{\partial^2 W}{\partial t^2}\leqslant 0$。

再由 $W(t)$与 $B(t)$场线相互垂直、互为梯度函数的性质,对调和函数恒等式求导,便直接得到:$\frac{\partial^2 W}{\partial x^2}=-a^2\cdot b(t, x, \dot{x})$,其中$-a^2$是因为二阶导数直接求导,得出的系数全为负。

注意,此式子不显含时间 t 变量,但是包含 $x(t)$的选择以及由一阶导数 $\dot{x}(t)$决定的趋势选择,我们便可以称 $b(t, x, \dot{x})$为行为函数。

或者分别计算:对于 $i\neq j$,由于 x_1 与 x_2 互反,且分别为 u 与 c 的增函数,也可以直接得出$\frac{\partial^2 W}{\partial u^2}\leqslant 0$及$\frac{\partial^2 W}{\partial c^2}\geqslant 0$,即书中所述结论成立。

16 根据 $\mathbf{x}_u=-\mathbf{x}_c$,可以有$\frac{\partial^2 \mathbf{x}_c}{\partial c^2}=\frac{\partial}{\partial c}\left(\frac{\partial \mathbf{x}_c}{\partial c}\right)=\frac{\partial}{\partial c}\left(\frac{\partial(-\mathbf{x}_u)}{\partial u}\right)=-\frac{\partial}{\partial u}\left(\frac{\partial \mathbf{x}_u}{\partial u}\right)=-\frac{\partial^2 \mathbf{x}_u}{\partial u^2}$。

因为 $\min\{c(x)\}=\max\{-c(x)\}$，由此，$\frac{\partial^2 w}{\partial c^2}=b^2 y$ 不意味着与拉普拉斯方程矛盾；再根据等式 $\frac{\partial^2 w}{\partial u^2}=-a^2 y\ \frac{\partial^2 w}{\partial u^2}+\frac{\partial^2 w}{\partial c^2}=(b^2-a^2)y(u,\ c)$ 可知，当 $a^2=b^2$ 时，即得出 $w(u,\ c)$ 的拉普拉斯方程。

也就是说，在静态向量场 $W(u,\ c)=\nabla B$ 中，$y(u,\ c)$ 与 $w(u,\ c)$ 之间仍然存在某种符号的差异，即使二者处处共线，或者说处处重合。

17　具体地，由 $\frac{\partial^2 y}{\partial u^2}=-a^2\cdot\rho(u,\ c)$，可以有 $\frac{\partial^2 y}{\partial u^2}=\frac{\partial}{\partial u}\left(\frac{\partial y}{\partial u}\right)=\frac{\partial}{\partial u}\left(\frac{\partial w}{\partial c}\right)=\frac{\partial^2 w}{\partial u\partial c}$，同理，有 $\frac{\partial^2 y}{\partial c^2}=\frac{\partial}{\partial c}\left(\frac{\partial y}{\partial c}\right)=\frac{\partial}{\partial c}\left(-\frac{\partial w}{\partial u}\right)=-\frac{\partial^2 w}{\partial u\partial c}$。两式相加，即得结论。

18　就此而言，自然界被边际递减与边际递增同时支配着，这是边际递减规律的全貌。把握边际递减规律的全貌，承认边际递减规律，并不能否定边际递增的自然规律存在性。后者是一个短期语境的逻辑，仅在时间维度上显现。

19　可见安德鲁·马斯-克莱尔《微观经济学》(上下)第五章消费理论的对偶规划中，关于希克斯需求与马歇尔需求之间关系的四个命题的证明与详细论述。这里，除了诺伊定理，也可由其对偶的萨伊定理得出同样的结论。

20　特别是，当满足 $\Delta w=4\pi\rho$ 赫尔德(Holder)条件时，$w(u,\ c)$ 则类似于物理学标准位势场。

21　注意，平时单色波常用的直接方法是分离变量法和积分解法，间接的变分法、傅里叶分析是对于解的数值分析。

22　随后，在时变方程的定解分析中，会有更详细的推论。

23　参见怀特海:《过程与实在》，周邦宪译，贵州人民出版社 2006 年版。

24　以上科学大家关于热力学第二定理及其相关原理的阐述是物理学的一些通识，这里不再详细备注。

25　亨利·柏格森:《思想和运动》，北京时代华文书局 2018 年版。

26　为便于说明时变场的周期性行为逻辑，相关的概念讨论将分为三步：第一步，定义行为向量坐标系的平衡位置概念；第二步，确立三类时变场的基本分类；第三步，讨论周期性运动的条件和参数意义。

27　这里，平衡态与个人的欲望、心理、性格，甚至个人能力、禀赋等多种因素相关，均为时间的函数。

28　自然科学对象的周期性存在某种客观的观察标准，不会因人因地而异。

29　正文中称为密度函数的 $\rho(t,\ r)$，亦称为权重函数。实际上，它是源于 $B(u,\ c)$ 与 $W(u,\ c)$ 两族正交场线的使用而导致的转换关系，与初始的 $W(u,\ c)$ 函数性质相关。从拉普拉斯算子的表达式中可以追寻到这种权重或密度函数的来历，本质上，它反映了坐标长度是该变量的函数；故严格地讲，它源于几何空间描述的不均匀性，这涉及本书的偏好心理感知的不均匀性。一般地，若假设 $\rho(t,\ r)>0$，不恒为零。如果为了直观、形象起见，硬要给出某种具体形式的函

数举例,可以令:

$$\rho(t,\ y)=\frac{k\cdot t}{\|\mathbf{y}-\mathbf{k}\|}=\frac{k\cdot t}{\sqrt{(u_y-u_k)^2+(c_y-c_k)^2}}$$

显然,$(u_y,\ c_y)$为行为轨迹线上点 $y(t)$的坐标,$(u_k,\ c_k)$为痛苦点坐标,$\|\mathbf{y}-\mathbf{k}\|$为两点之间的距离。倒数关系意味着越是距离痛苦点越近,$\rho(t,\ y)$的值越大,即逃离痛苦点的动机越大;越是远离痛苦点、逃离的动机越小。显然,这便是幸福感场具有可见源的性质的简化表达,同时,也轻松地将$\rho(t,\ y)$理解成中心等距势力场,如引力场、静电场等类似的物理概念统一起来。但这仅仅是一种类比而已。

30 时变场泊松积分方程 $\Delta w\neq 0$($\Delta w=0$ 为拉普拉斯方程),作为近代复变函数论的重要研究工具,可得出函数论的一系列重要结果。

一般地,在给定开集 D 上,所有调和函数的集合是其上拉普拉斯算子 Δ 的核,因此也是一个 R(实数集)上的向量空间:调和函数的和与差以及数乘,其结果依然是调和函数。此时,由调和函数的平均值定理和极值原理,在 w_0 的邻域$|w-w_0|<\varepsilon$ 内,则有平均值公式:

$$y(w_0)=\frac{1}{2\pi}\int_0^{2\pi}y(w_0+\varepsilon\mathrm{e}^{i\varphi})\mathrm{d}\varphi$$

即调和函数在邻域中心值可以用邻域边界上值的积分的平均值表示。

极值原理表明,在 w_0 邻域中,非常数的调和函数在邻域的内部不能达到最大(最小)值。这些性质都说明了幸福感场具有很好的规范场特征。

31 由于拉普拉斯方程的调和函数性质,这就意味着对应自变量的二阶倒数递减与函数的波动性相对应。

32 这意味着以下将仅仅解释周期函数对应概念的经济学含义,而不深入讨论与对应变量相关的计算逻辑。

33 可见一般的数学物理方程教科书,即俗称的达朗贝尔波算子。其实,标准的二元齐次偏微方程分为三类:双曲型波动偏微方程、涉及稳定性的椭圆型偏微方程,以及热传导的抛物线偏微方程,后两类与本书无关。

34 这里,我们引用了费曼系列物理学教材中关于波动方程分离变量解法的分析逻辑,以给出分离变量解法的一种直观理解。

35 这里,解析函数偏微分问题有三类经典物理方程,周期性运动往往表现为双曲型波动方程,另外,则有涉及稳定性描述的椭圆型偏微分方程,以及热传导扩散的抛物线型偏微分方程,后两类与本书无关。

$$\begin{cases}\dfrac{\partial^2 u}{\partial t^2}-a^2\,\boldsymbol{\nabla}^2 u=f(\mathbf{x},\ t) & \text{双曲型波动方程}\\ \dfrac{\partial u}{\partial t}-a^2\,\boldsymbol{\nabla}^2 u=f(\mathbf{x},\ t) & \text{抛物型热传导方程}\\ \boldsymbol{\nabla}^2 u=f(\mathbf{x},\ t) & \text{椭圆型泊松方程}\end{cases}$$

这三类数学物理方程,都含有时间变量,但第一类和第三类的时间概念可以看成运动过程的内在维度,由此不再有物理时间量的价值,表现出类似于电影拷贝的东西,具有将时间储存、与观察者无关的稳定性。值得指出的是第二类抛物线方程的时间价值的重要性,源于爱因斯坦关于布朗运动的有缺陷推理的天才贡献,后经维纳的工作而确立。其中时间变量与稳定性相关的特性,本质上在于抛物线方程是一个随机过程的动力机制,由于与本书触发机制相关,这里仅作说明。

36　关于二阶线性偏微分方程的通解条件,一般的处理方法是对有限边界进行无限边界的抽象,一方面,这可以弱化边界条件的影响,与此同时,又不失一般性。此时,初始条件替换了边界条件的分析,并且仅有以下条件便可得出通解。具体地,以一维齐次波动方程的通解为例。

对$\frac{\partial^2 u}{\partial t^2}-a^2\frac{\partial^2 u}{\partial x^2}=0$做变换:$\xi=x+at$, $\eta=x-at$,可得:

$$\frac{\partial u}{\partial x}=\frac{\partial u}{\partial \xi}\frac{\partial \xi}{\partial x}+\frac{\partial u}{\partial \eta}\frac{\partial \eta}{\partial x}=\frac{\partial u}{\partial \xi}+\frac{\partial u}{\partial \eta}$$

$$\frac{\partial u}{\partial t}=\frac{\partial u}{\partial \xi}\frac{\partial \xi}{\partial t}+\frac{\partial u}{\partial \eta}\frac{\partial \eta}{\partial t}=a\left[\frac{\partial u}{\partial \xi}-\frac{\partial u}{\partial \eta}\right]$$

则有:$\frac{\partial^2 u}{\partial x^2}=\frac{\partial^2 u}{\partial \xi^2}+2\frac{\partial^2 u}{\partial \xi\partial \eta}+\frac{\partial^2 u}{\partial \eta^2}$,并且:$\frac{\partial^2 u}{\partial t^2}=a\left[\frac{\partial^2 u}{\partial \xi^2}\frac{\partial \xi}{\partial t}-2\frac{\partial^2 u}{\partial \xi\partial \eta}+\frac{\partial^2 u}{\partial \eta^2}\right]$,即原方程变为:$\frac{\partial^2 u}{\partial \xi\partial \eta}=0$。

所以,波动方程的通解为:$u(x, t)=f(x-at)+g(x+at)$。

即将通解代入如下初始条件:

$$\frac{\partial^2 u}{\partial t^2}-a^2\frac{\partial^2 u}{\partial x^2}=0,\quad x\in(-\infty, \infty)\quad t>0$$

$$u(x, t)\big|_{t=0}=\Phi(x),\quad x\in(-\infty, \infty)$$

$$\left.\frac{\partial u}{\partial t}\right|_{t=0}=\Psi(x),\quad x\in(-\infty, \infty)$$

即得方程的通解(略述):

$$f(x)+g(x)=\Phi(x)$$

$$a\left[f'(x)-g'(x)\right]=\Psi(x)$$

37　这是20世纪八九十年代,中国经济转型过程中显现的常见宏观社会现象。相关的理论评述可见《经济研究》关于计划经济时期政府权力收死-放乱现象的描述,相关研究主要从三方面论述:一是围绕市场与政府干预的关系,许多学者探讨了市场经济与政府干预之间的平衡问题;二是基于制度经济学的视角,分析中国经济中的政策变迁与市场行为,探讨制度安排如何影响经济发展和市场稳定;三是宏观经济政策的效果分析,研究中国在不同经济阶段所采取的宏观经济政策及其效果,包括财政政策、货币政策等,分析政策松动与收紧对经济波动的影响。具体文献众多,此处略述。

38 这里,有一个或许不是很恰当的比喻或联想,即相较法拉第的21个电磁实验,麦克斯韦的八大电磁场(四个微分对应四个积分)方程才应该是电磁学的规律与理论的本质。而麦克斯韦电磁方程,也因此被数学家们称为最美的数学方程(有的人则认为是简洁的欧拉公式)。仅此说明。

39 可见前述提及的行为实验经济学相关文献的详细内容。

40 见布尔巴基《数学的建筑》第二节最后一段,该书以布尔巴基的名义发表,但由当时一批法国的数学家共同撰写。

41 实际上,麦克斯韦作为卡文迪许实验室的创始人和第一任主任,建立了现代电磁光学理论,但他并没有进行相关的实验,展开实验验证麦克斯韦方程组的人是其追随者赫兹。

42 这种表述意味着我们开始将经济意义的周期性逻辑,陈述为一种包含时间变量意义上更普遍的经济规律。

43 我们从以下关系中可知,公理 3.2 是引理 3.2 的直接推论。

由于$\frac{\partial x_1}{\partial t}\geqslant 0$, $\frac{\partial x_2}{\partial t}\leqslant 0$,而由幸福感函数的定义可知:$\frac{\partial W}{\partial u}>0$, $\frac{\partial W}{\partial c}<0$成立。

由此,$\frac{\partial^2 w}{\partial x_i^2}$与$\frac{\partial^2 w}{\partial t^2}$同向且同比例变动,加之$\frac{\partial^2 w}{\partial t^2}=\frac{\partial^2 w}{\partial x_i^2}\cdot\frac{\partial^2 x_i}{\partial t^2}$,再根据引理3.2,则公理 3.2 便可以直接推论出来,只是系数不同。

因此,我们有:$\frac{\partial^2 w}{\partial t^2}=-\alpha^2\cdot\beta(t)$, $\frac{\partial^2 W}{\partial x_i^2}=-a^2\cdot x_i(t)$。

44 实际上,关于变分原理欧拉-拉格朗日方程中拉格朗日作用量的构建,物理学中往往是科学巨匠们“猜想”的结果,并通过实验来检验由此导出的物理方程理论结果与客观数据的一致性。这里,为方便本书关于人生幸福感的泛函构建,我们所进行的微元推理也仅仅是诸多逻辑中之一,断没有否定其他逻辑构建的可能性,同理,也就存在不同思路但逻辑类似的其他分析。

简单地,可运用变分原理中伽辽金加权余量法的等效积分方程,来反推哈密顿量的泛函构建,以补充书中泛函构建的故事性猜想与说明。

首先,如果我们已知幸福感最大化的微分方程具有标准的二阶波动方程的形式:$\frac{\partial^2 y}{\partial t^2}-\alpha^2\cdot\left(\frac{\partial^2 y}{\partial u^2}+\frac{\partial^2 y}{\partial c^2}\right)=\beta^2\cdot\rho(y,t)$,其中,$y=y(u,c;t)$, u, c为位置变量;在时变场下,它们同时也是时间的因变量。

显然,微分算子$\left[\frac{\partial^2}{\partial t^2}-\alpha^2\cdot\left(\frac{\partial^2}{\partial u^2}+\frac{\partial^2}{\partial c^2}\right)\right]$(记为$\partial_{tt}^2-\alpha^2\cdot\Delta$)是典型的线性自伴算子,这里,验证结果肯定成立。如果要运用变分计算的伽辽金有限元等效积分方程及利兹定理方法,那么具体反推的关键,只要考察微分方程近似解

的如下等价方程即可：

$$L(t, u, c, y, y_t, y_u, y_c)=\frac{1}{2}\left(\frac{\partial y}{\partial t}\right)^2-\alpha^2\cdot\left[\left(\frac{\partial y}{\partial u}\right)^2+\left(\frac{\partial y}{\partial c}\right)^2\right]+\beta^2 y\cdot\rho(y, t)$$

再计算二次泛函的变分方程，可直接判别。进而，得出书中结论（具体略述）。

45 实际上，关键的是 $\rho(t, r)$ 所隐含的 $w(u, c)$ 场源的性质。

46 当 $H>0$ 时，单调递增变换 $\ln H$ 不改变临界场的临界性质，极大值仍为极大值，极小值仍为极小值。

47 这里，具体方程中的待定系数应该由边界条件和初始条件来确定；进一步，根据拉格朗日力学的基本命题，单参数子群都对应着一个守恒律。对应地，从周期性行为逻辑观察，经济行为都存在一个对称群的对应子群，由此，经济行为或许就存在可称之为得失守恒律的逻辑同构。当然，这只是一种宏观尺度的统计描述。并且，这种联想式说明也无法从场论上得以解读；或许，人的心理现象千变万化，使得任何逻辑的推演都显得肤浅而仓促（但仍然有大量心理学家进行过类似心理逻辑的拓扑学构建）。而本书泛函动力机制的分析，其实是一个笨拙而费力的结果，无法拥有像哈密顿不变性那种更精致的场论结论；也无法像 J.W.吉布斯那样，确立完整统计系综的概率分布守恒律。因而，怎么深化研究还是一个值得进一步讨论的问题，仅此说明。

48 值得指出的是，保守力场具有过程无关性，这意味着人们总是在乎达到的目标（类似于成功学或者直接拥有财富存量用于支付消费的约束集的逻辑），这描述了现实社会的思维常态。拉格朗日作用量原理表明：在虚位移的理想状态下，人们现实的路径选择一定使得拉格朗日作用量最小化，类似做功的积分总量与路径无关。如果用哈密顿场的作用量表达，则是能量守恒定理。现实生活中有没有哪些人的行为偏好会显示出绝对的过程相关性？显然，只有出家人、隐士或看破红尘之人。这反衬出一般过程无关者更在意理性目标与约束关系的世俗社会价值，本质上是社会性偏好的体现：看重名誉、地位。而过程相关者更在乎过程享受，这种享受和体验行为只是面向自我。如果从行为外在表现看，过程相关者更具有个体性，或者说非社会性——比如某种探索人生真谛的森林禅修；此时，社会性财富、荣誉与地位反而是自己幸福的障碍。现实中，人们总是介于二者之间的复杂状态，这正是经济学理性逻辑分析的对象。

也就是说，前述分析只是一种绝对功利主义、绝对理性的规范化人类周期性行为的理论逻辑，更现实、复杂的人类周期性行为描述，要求我们必须探讨相关的假设前提和约束条件，它们是时间变量的增函数，这种逻辑的前提假设繁多，值得我们详细讨论。实际上，这将是一种围绕本书基本理论模型而展开的延伸分析。比如，人们的财富会随着时间的推移而逐步增加，或者就是指一般人类劳动的直接收入的增加与个体幸福感的关系等。这里不再累述。

49 这里的生产力对应着前述的工具使用范围，生产关系对应着“无知之幕”的制度性社会秩序描述。

微观个体的周期性行为

经济系统变迁与社会形态演化主要取决于系统内部的微观个体作用，但不是所谓的微观个体的均衡性加总分析。因为没有绝对原子化的个体，单一个体也并非真实事件的承担者，若希冀用个体承担者的均衡机制去分析系统功能及其加总逻辑，其实已经将所有参与者及其行为固定下来，而失去了其原问题对象的行为特征了。

人们看待世界的微观视角与这个世界的宏观现象之间，仅仅隔着一个尺度的概念差。当且仅当将个体看作一种尺度，而不是事实时，才不会影响我们得出关于这个世界的正确看法。

——笔者，2020 年 3 月 21 日晨

4.1 引言

本章将讨论微观意义上四种典型经济行为的周期性逻辑，即消费、生产、就业与政治。与传统方法不同，本书的相关分析将试图揭示被传统理论隐含，但尚未显现的逻辑特征与理论内涵。如前所述，传统的消费理论并不区分目标最大化的马歇尔需求与约束最小化的希克斯需求之间的行为关联，也不分辨人们究竟是因为在乎效用而购买，还是因为在乎约束代价而选

择。同理，如果将生产过程简化成短期产量约束的成本最小化或者长期利润最大化的生产决策，传统生产理论也不能解释这两种行为的统一性：它们究竟是收缩，还是扩张的生产过程？实际上，其他相关微观逻辑都存在类似被传统经济学忽视的内涵及其整体性二元对偶逻辑，当然也缺乏相关的周期性运动规律。[1]

传统经济学遗漏了现实世界中生产、消费等真实经济行为的诸多整体性面貌，只是突出了这些行为的特定经济属性。究其原因，在于传统理论将消费、生产、劳动、政治等微观行为看成彼此孤立、互不相干的静态模式，用市场"价格机制"替代了一切经济行为在社会过程中彼此的整体性关系。似乎在交易之前，人类社会的一切经济活动都走在各自彼此线性无关的轨迹上，所有消费、生产行为只等待着市场交易的那一瞬间，一旦两条轨迹相交、均衡，所有经济行为便圆满结束。当然，也就没有消费者与生产供给者的跨时序关系，更缺乏消费者与其他消费者之间的信息交换、分享乃至人们消费心理的分层及其行为差异。更重要地，缺乏生产者既要考虑与消费者的供需均衡，还要考虑与资本市场、技术市场的供给均衡，乃至通过讨价还价的动态均衡，来实施全生产链的最优决策。准确地讲，生产是一种包含技术、经济、文化、法律及政治等多方相关的整体性人类社会活动。就如一项生产决策从技术、价格、投资和成本核算上看都可行，但如果在环保、文化或政治上有障碍，那么对应的决策行为也断然是不确定的。同样地，消费行为除了经济逻辑以外，还包含着消费文化享受、消费艺术熏陶与社会消费交往等功能。然而，这些社会功能究竟是如何影响并干预人们的消费行为的？本章将分类地给出生产、消费、就业乃至政治与经济行为的理性决策中，对应的微观行为二元周期性逻辑的基本方法。实际上，这意味着要假设一个行为前的"相关决策"机制，或者是根据自我的周期性运动，或者是考虑与相关方交换的均衡，来确定行为者的应对选择。

关于人类周期性行为的现象学解释，我们还要面对一个问题：真实的周期性行为与心理上一般的周期性偏好之间有什么区别？这是一个自然呈现的深层次担忧。实际上，真实的周期性行为是指：在社会运行过程中存在于消费者的主观效用或商品消费、厂商的真实生产或实际成本等真实生活生产活动中的周期性现象。而心理性周期仅指：存在于人的主观与公众印象中的周期性心理感受。由于在社会运行过程中，很难辨析这两种周期性力量的互动逻辑，加之这种主客观周期性现象又相互关联、相互制约，现实场景便常常使得人们视线模糊、思维混乱、因果不清,特别是人作为一种精神性动物,受到自身、同伴及群体意识的心理影响[2],最终将导致行为的非理性。为此,这里首先假设真实周期与心理周期并行不悖,但我们仅关注行为意义上真实的周期性逻辑。

关于真实经济的周期性规律,最古老的例子,便是消费与生产的对立统一关系及其宏观经济的周期性循环逻辑,按照萨伊的供给定理与凯恩斯的需求决定理论,人们通常将经济运行分为需求和供给两种动力的内在机制,以此来探究宏观经济的周期性规律。本章的方法论则有两个不同:其一,方向相反,我们不讨论微观行为将如何引发宏观的周期性现象,而是分析给定宏观环境的个体周期性行为。其二,追根溯源,全面地探究个体消费、生产行为的先验决策逻辑,而不是后验的、达成交易均衡后才去追问,究竟是供给不足还是需求不足才导致种种宏观经济的周期性危机的。

也就是说,本章的方法论是对上一章人类周期性行为一般逻辑的微观视角的展开,并将其用于四种典型的微观行为案例。基于这种逆向思维分析,我们将得出四个有意义的理论结论:第一,人们的消费行为中显现出奢华与节俭消费的周期性行为规律,实际上,展示出了一条摆脱消费主义及其现代社会困境的现实出路,它也是一种符合人类本性的自然规律。第二,人们在生产行为中显现出谨慎收缩与激情扩张的周期性行为,实际上给出了一种关于企业家精神的创新解释,即企业家精神本质上是一种事关创新的周期性冲动的行为呈现。第三,作为一种自然规律,人们劳动与休闲的天然周期性,描述出一种关于劳动习俗、网络效应、"躺平"心态等社会就业与休闲行为的理论解释。第四,面对政治与经济的对偶行为选择,人们在现实社会生活中表现出的二元周期性倾向,实质上给出了一条回归经典、返回古典政治经济学传统的学术路径。这就意味着纵然是纯粹的行为科学,也不仅仅是硬科学的"机器人"经济学,而必须包含人类社会行为中兼顾政治与经济两方面的逻辑,即人类的社会行为天然地具有政治-经济的二象性。

更进一步,由于在微观行为机制的动力学分析中,具体的周期性轨迹或者方程的解将取决于个体行为的初始条件和边界约束。即使是同样的目标与约束二元对偶转换、遵循同样的边际递减规律,基于不同的初始条件和边界约束,人们的个体周期性行为也将会表现出不同的行为特征。在具体分析中,我们将关注生产、消费、就业以及政经行为的初始状态与边界约束条件,并由此给出一些相应的有趣的理论结论。

还须解释，除了本章所列举的四种周期性行为，其他更多的微观经济行为的周期性逻辑同样值得关注，周期性行为规律不应局限于本章的分类案例。

4.2 消费行为周期：一条消费社会破解之路

传统消费理论一直有马歇尔需求与希克斯需求的概念区分，但两种行为的经济含义差异及其逻辑整体性却被人们忽视，以至于二者之间的理性逻辑一致性至今没有被揭示出来。相关的深层次问题是，人类应该如何面对物质至上的消费社会难题。

说起理性，人们会联想到冷静、严谨、谨慎等词，但消费的理性行为往往轻松、浪漫、享受，比如与家人听音乐、带孩子去游乐场、观摩时装表演，乃至朋友之间聚餐、大侃一顿。这样具有反差的两个概念何以相关呢？究其原因，在于行为的"代价"约束。人们在消费过程中所获得的满足感与付出的代价正相关，这是消费行为之所以涉及理性的关键。如前所述，如果消费行为不受约束，没有行为代价，那么便与理性无关，但同时，消费过程的幸福感也消失了——如呼吸空气时，仅当雾霾使人呼吸困难，人们才觉得原来免费的纯净空气竟如此珍贵，进而去自然景区旅游是一种"幸福"。消费效用与消费成本构成了消费行为内在理性的一对矛盾，也使得最大化消费效用的马歇尔需求与最小化支出的希克斯需求这两种消费行为，构成了消费行为理性的最基本的二元结构。

为了重新阐释马歇尔需求与希克斯需求两种消费行为的差异性，我们用节俭型与奢侈型这两类来简化消费行为分类，讨论现代消费社会对人的物化及其制约，进而，解析高阶理性的消费行为周期性。

假设，一个人在正常支付 1 万元与 2 万元的预算时，最大化效用的消费组合分别是 $\mathbf{x}_1 \in \max\limits_{xp\leqslant 1万} U(x)$ 和 $\mathbf{x}_2 \in \max\limits_{xp\leqslant 2万} U(x)$。按照传统消费理论的分析，$\mathbf{x}_1$ 和 $\mathbf{x}_2$ 都是理性选择，且有 $\mathbf{x}_1 < \mathbf{x}_2$。但如果仔细深究，此时就会发现，传统理论的一个错误在于，如果消费者拥有节俭倾向时，$\mathbf{x}_1$ 于他是理性消费，而让他选择 $\mathbf{x}_2$，他不仅会认为不理性，还会视其为一种浪费。同理，如果消费者追求奢侈品，具有超前享受的消费倾向，那么选择 $\mathbf{x}_2$ 才是理性行为，而 $\mathbf{x}_1$ 则变成非理性行为。这意味着高阶理性的消费行为不仅取决于消费者的

偏好、价格等主客观约束，还取决于消费者幸福感的整体权衡及其状态水平。

传统节俭型消费的行为本质在于，以预算约束为基础，来定位消费目标，确定幸福效用，以达成给定预算约束下的消费理性。而奢侈型消费则以满足自己给定的消费欲望为目的，理性地筹划自己消费的信用花费成本。俗话所说的"有多少钱，办多大的事"，就是节俭消费。反之，现在大学新生入学必须配备"品牌球鞋、高端手机和手提电脑"则意味着一种以效用为基础的超前信用消费。此时，这二者是一对都符合理性逻辑但方向相反的行为；即同时包含消费者节俭性倾向和奢侈性倾向的消费行为才是一种整体的高阶理性，并表现为如第 3 章所述的周期性行为，可用下列公式表示：

$$y(u,\ c,\ t)=\begin{cases}\sum_{n=1}^{+\infty}[(A_n\cos\theta_n u+B_n\sin\theta_n u)T(t)] & \partial w/\partial u\geqslant 0\\ \sum_{n=1}^{+\infty}[(A_n\cos\theta_n c+B_n\sin\theta_n c)T(t)] & \partial w/\partial u<0\end{cases} \tag{4.1}$$

其中，$u(\mathbf{x}_u,\ t)$为马歇尔需求 $\mathbf{x}_u$ 带来的效用水平，指在给定预算 $px\leqslant I$ 的约束下，需求满足 $\mathbf{x}_u\in\max\limits_{px\leqslant I}u(x,\ t)$；与此同时，$c(x_c,\ t)$为希克斯需求 $\mathbf{x}_c\in\min\limits_{u_0\leqslant u}c(x,\ t)$所要付出的最小成本；而呈现出高阶理性的幸福感即 $W(y(t))$。如果我们将其简化，可以记为(它符合定义 2.1 的$\partial W/\partial u>0$ 与$\partial W/\partial c<0$ 条件要求，满足幸福感场的基本性质)：

$$W(y(t))=\alpha\cdot y(\mathbf{x}_u,\ t)+(1-\alpha)[\mathbf{I}-y(\mathbf{x}_c,\ t)]$$

这意味着马歇尔需求和希克斯需求都是人们通过消费获得幸福感，实现人生目标的行为方式。其实，理性消费行为并非追求单纯的商品消费，或者获得多少商品使用的享受，这只是商品使用价值的体现。更重要地，消费者更在乎消费过程中获得的主观效用感受，包含付出感与幸福感两方面。这只能通过消费行为的社会性交往实现[3]，即消费行为在本质上并非纯粹意义的个体选择，而是真实的社会性行为。

基于传统消费与现代消费这两种简单分类，可以帮助我们观察标准的马歇尔需求与希克斯需求之间存在着三方面理论差异：消费社会环境、消费心理状态以及目标函数与约束函数的对偶关系，并由此决定了两类消费方式的本质区别。

第一,从制约消费行为的社会环境来观察,马歇尔需求是建立在预算约束限制下的消费行为。“有多少钱,办多大的事”,就意味着消费者在可支配的预算收入下完成相应的消费行为,即消费行为的社会环境处于传统社会经济的状态,不存在信用消费或信贷消费,人们的消费行为受到可支配收入预算的严格约束。故马歇尔需求亦可称为传统消费模式。一般地,在传统社会的经济结构中,商品供给与消费需求的均衡关系受到社会财富总量的严格制约,处于经济的自然产出和货币价值相等的状态。如果要用维克塞尔的自然利率来比喻,货币市场的利率将使得商品生产过程中投资和储蓄的水平相等,不存在人为因素的货币流动性操控或者货币发行数量的影响。[4]

相对而言,希克斯需求建立在自我预设效用水平的前提下,围绕支出成本最小化的计算逻辑展开。由于效用设定是主观的,主观欲望的设定可高可低,如果主观效用水平低,则消费者仍属于传统消费方式。如果消费者主观欲望过高,超出了消费者可支配收入的预算约束,人们要达成其消费行为,满足其需求欲望,就必须借助现代金融体系的信用服务支撑,通过信用消费或信贷消费来实现。此时,高阶理性的含义便是选择最小化自己的信用成本。由此,希克斯需求可理解为现代消费模式。

第二,从消费的社会心理状态观察,在传统社会的消费习俗中,即使我们可以简单分类认为富人进行奢侈消费,穷人进行节俭消费,或者富人既有奢侈消费,又有节俭消费,乃至传统社会中富人、贵族的奢侈消费占比更大,但总体上,传统消费模式的一般社会心理仍然倾向于敬畏自然,对于资源、环境的占有率更少,利用利率更低。究其原因,在于社会生产力水平受限制,消费过程无法摆脱实物财富的约束,乃至马歇尔需求必须以客观预算的约束为前提,这也导致传统社会的消费分层现象。

比较而言,在现代社会的大多数情况下,希克斯需求最终将引发一种多元、分化的消费社会趋势。现代社会的消费统治权威表面上总是试图去消灭一切肉眼可见的消费阶层与消费差异。但棘手的是,社会价值物化、商品符号化和价值体系化,总是导致商品对人的异化,形成鲍德里亚所批判的消费社会的“现代病”——即使这种多元分化社会的消费行为本身就包含回归自然的极简生活方式,这是我们随后要详述的。

一般地,经济衰退气氛一旦弥漫就会开启人们的节俭消费模式,而在经济增长期,经济过热会激发人们的奢侈消费倾向。由此可见,这两种消费模式的选择和转换，一般取决于消费行为发生时所处的经济发展状态及其对应的社会心理环境；而衰退与膨胀的经济环境只不过是作为一种记忆的编码，促使消费者完成行为转换而已。

至此，我们碰到一个必然的逻辑问题：一旦人们进入奢侈消费社会，在经济正常运行的状态下，既没有经济衰退也没有经济过热，我们是否还可能返回并再显现出某种传统消费的节俭生活方式，或者，反过来成立吗？人们理性的消费行为一定会呈现出某种周期性运动规律？答案是肯定的——边际递减规律使然。

主流理论关于希克斯需求的误解，在于对消费、需求及其社会过程的孤立性理解方面。在鲍德里亚关于消费社会的批判语境下，希克斯需求本质上是一种符合信用体系利益的信贷消费模式，其前提是：社会信用机制和金融服务体系完善；人们可以借助信用消费，根据需求来合理安排自己的信贷支出。然而，正如鲍德里亚所言，构成需求的消费行为是一个社会性的整体系统。"'需要'最好应该被界定为一种由体系内在逻辑而诱发、并存在于个体中的功能。它不应该作为被丰盛社会所释放的消费力量，并作为经济体系自身功能演算、幸存以及再生产过程所必要生产力的存在。"[5]这意味着我们不能错误地将需求看成源自消费者、独立于生产者的先验物，简单地去等待均衡点到来的交易。[6]也就是说，希克斯需求概念预言了消费社会性、整体性具有的社会心理特质。

第三，以上叙事内含着两个核心的消费动力机制：一是目标驱动；二是约束驱动。它们互为约束、对偶依赖，使得人们的高阶理性行为内在地相互依赖、相互制约；也就是说，最大化效用 $\mathbf{x}_u$ 与最小化成本 $\mathbf{x}_c$ 行为的目标函数与约束函数相互对偶、互补替换。否则，如果消费行为的全过程只有一种作用力，就只有一个运动方向，也就没有周期性波动的逻辑。面对一个本质上二合一的整体，如果限定了一个能动，一个不能动，就意味着一种传统理性的线性思维，而非高阶理性的逻辑方式。

这里说明，"在预算约束下"并不意味着人们一定拥有支付能力，而是暗示一种消费心理，即一种消费者行为选择的前置条件：消费者在行为决策时，总是先考虑自己的预算约束，这就意味着一种自我约束的节俭消费倾向。与之对应，给定效用水平的最小化支出模型，则是一种关注于自我效用满足的消费倾向。由于这两种消费方式在人们的社会消费现实中司空见惯，因而，两种消费模式的对应行为，乃至对应的消费心理在日常生活中也是普遍存在、不言自明的常识。实际上，两种消费效用的增加都必须以彼此约束为代价，通过放宽约束、增加效用来实现；但现实中消费行为幸福感的增加，可以有两种方式：或者是商品消费数量增加的效用的提高，或者是相同消费的成本减少的增加。这也是简化的幸福感函数 $W(y(t))=\alpha \cdot y(\mathbf{x}_u, t)+(1-\alpha)[\mathbf{I}-y(\mathbf{x}_c, t)]$成立的原因。不容置疑，这两种不同消费方式的效用增加都存在对应的边际递减规律。

假设一个人的收益是逐年增加的，如果消费预算也因此增加，在边际递减规律作用下，这种收入增加带来的消费增加的效用递增会持续吗？显然，高阶理性的整体性和社会性将使得大多数消费行为在收入递增之后的消费效用呈现出边际递减趋势，最终会导致周期性转换。为了深入理解高阶理性的转换逻辑，进而考察消费行为的二元周期规律，我们先看看社会学家给出的严厉批判。

法国社会学家鲍德里亚在20世纪70年代就围绕消费问题，将结构主义哲学与社会学中从拟人社会向拟物社会转化的哲学方法论相结合，围绕现代消费社会的行为特征给出了极其深刻的批判。他的论证是从反思消费与需求的享受概念开始的，这值得我们认真地把握和体会。在这里，结合本书周期性行为逻辑的理论评述，实则是进一步向功利主义大师边沁与穆勒等人的古典效用主义思想的致敬；并试图揭示，消费行为的周期性逻辑，其实是一种摆脱消费社会弊端的真正理性行为。

“享受把消费规定为自为、自主和具有终极目的性的。然而消费从来都不是如此。人们可以自娱自乐，但是一旦人们进行消费，那就绝对不是孤立行为了。[7]人们就进入一个全面价值编码的生产交换体系之中，在那里，所有消费者都不由自主地相互牵连。从此意义上讲，消费和语言一样，或与原始社会的亲缘体系一样，是一种意义世界的秩序。”出于社会学家的独特观察，鲍德里亚关于“符号-语言-意义”的构建性秩序观恰好揭示了传统人类学意义的经济学所特有的理论缺陷。[8]

需求概念就是如此：偏离了本意，却从未被认真反思。实际上，所谓需求并非出于消费者，而是出于市场体系自身之需要；并不存在任何独立的、纯粹源于消费者的需求，所有需求都源于经济体系本身。比如，人们似乎默契地遵循办公用品是易耗品，数码产品、车子等是耐耗品的消费习惯；有的甚至内化为一种文化基因或者传统习俗——比如带节礼回家，就是一种综合性文化需求，其中也包含着一系列物质消费；还有的消费本身源于一些宣传。

消费所对应的需求实际上有两面性，其一是边沁和穆勒所阐述的功利主义效用的目的性和正当性，被马歇尔（或者瓦尔拉斯）需求概念所表达，可以通过基于给定预算约束的最优规划来达成人们消费的目的性。[9]但更重要的是其二，是鲍德里亚所揭示的永不满足的（本书称之为“邪恶的”）属性。“直到如今，对于消费的一切分析都是建立在相似经济学、或者相似经济心理学的那种幼稚的人类学基础上……用这种理性神话来解释需求和满足，就像传统医学要救治精神的歇斯底里症状一样，必是天真无助的。”[10]为了挖掘消费社会的现代病根，鲍德里亚引入语言哲学极具冲突性张力的一对矛盾[11]，“我们这样解释：物品在其客观功能领域以及外延领域中，占有不可替代地位，然而，在其内含领域，它却只剩下符号价值，开始变得多多少少可以被随心所欲的替换了”。其实，价值的符号化编码就意味着物品的可随意替换性——就像大多数时候我们实际上购买的是商品的包装，包装里商品的属性被弱化。进而，符号化的“所指”体系加速了社会“能指”对应的形成，导致社会“存在着一条经由身体‘能指’所构成的价值链条，那些需求的症状沿着它‘溜达’。[12]然而，人们最后却惊讶地发现，沿着这条链子溜达的，不再是需求，而是欲望以及无意识社会逻辑的其他某种规定性”。

在消费社会中，人们的生活方式日益消费化，越来越远离初始、本质、传统的“抬头不见低头见”的熟人社会。与此同时，现代消费将人们在一个更广阔的空间里联结起来，这种联结替代了传统社会中人们相互交流、交往与交换的关系，使人们在情感上更加孤独，面对面的对话和互动越来越少，邻里彼此陌生，同事相互无往来，从而易于失去自我的社会认同。于是，这就需要通过特定符号及其编码价值来找到自己的身份认同。在此情况下，一方面，人的社会化是通过社会符号体系的归属来实现的，只有归属于整个社会符号体系中某个特定的符号类别，才能达成人们个体性自身的社会化认同。另一方面，人们在经济、社会和政治层面却拥有更多“消费”关联性，促使“物”演化成一种社会交往的语言和方式，变成一种关于社会结构的程序编码——就像语言的存在一样，但不是作为一种自发性的体系，而是作为一种与意义同时产生的交换结构，存在着、言说着一种个人的意愿[13]；符号化的差异和等级现象也由此产生。反过来说，人们又必须通过符号体系的差异化，来区别于他人，以获得内心的宁静——符号化的社会编码及其价值体系恰好提供了这种安排，最终，使得每个人都可以心安理得地受困于这个消费体系之中。

从个体层面讲，如果说人的所有行为都受到社会规范约束，那么，消费行为似乎是唯一属于自己的“私人领地”，并且个人享有完全的选择自由和行为自主。但是除了这种个体自由的假象，消费从社会层面看则是一个绝对社会意义的体系，不存在个体意义的消费——单个消费行为是无法实现的。一方面，消费体系在媒体、市场、资本的协助下完成生产体系对大众驯化的任务，诚如韦伯所言：“作为资本主义生产本位主义源头的理性驯化，以消费的方式对于那些至今仍游离于其控制之外的所有领域形成了包围。”[14]这个体系将人作为消费者、劳动者和储蓄者的合体，并将其功能化为社会化大生产机器的一颗螺丝来支撑着工业增长体系，即使我们目前尚不清楚“这种有组织、系统性的消费驯化在多大程度上是19世纪对于农业人口的那场面向工业劳动力的大驯化在20世纪的对等延伸……[15]但根本事实是，消费与生产——它们出自同样一个对于生产力进行扩大再生产，并对其进行控制的巨大逻辑程式”[16]。

本质上，创造消费、引导消费的并不是消费者自己，其也不全由生产者所掌控，而是一个社会创新的过程，是消费者、生产者、媒体等社会大众合谋的结果——需要深入考察消费文化的创新实践及其内在机制（详见随后5.4节的讨论）。

在传统劳动价值论的使用价值与主观价值论的交换价值的概念中，实际上也蕴含着符号价值的内涵。因为决定使用价值和效用价值的个体偏好，就包含了文化意义的符号价值——这涉及鲍德里亚后期中关于象征性交换与符号编码关系的理论研究。在象征性交换中[17]，“我们能发现的不仅是整个欲望关系的具体呈现，同时，通过物的独特性，我们还能发现一种双重或多重性群体间社会关系的不透明性以及劳动分工的再造……在物的消费中，存在着一种不透明性，它使得整个符号码的限制操控着社会价值，一些特殊分量的符号调节着交换的社会逻辑”。因为“符号-物既不是给定的，也不是交换得来的，它是被个体主体作为一种符号，作为一种符号编码化的差异，来占有、保留与操持着”。一旦“物成为符号，就不再从两个人的具体关系中显现它的意义，它的意义便来自与其他符号的差异性的关系之中”。由此，消费的本质是指向符号与符号差异的关系。也就是说，鲍德里亚演绎出一条以商品作为物的社会功能路径：从物的实用属性到市场属性，再到礼物属性，最后，给出一个统合功能的差异属性。并由此论证，只有最后的符号化差异性逻辑,才真正完成了消费行为的界定。

作为一个统合的概念,"消费意义从来不存在于一种纯粹的经济关系之中——某种被理性化的选择与计算之中,从来不存在于那些既定的,被预设为自发、有意识的主体之中,也从来不存在于那些依据理性目的而生产出来的客体之中;它们历来都只存在于有差异、被体系化了的一种符号编码之中。此时,与理性相对立,意义是一种构建社会关系的差异结构,而不是主体本身"。[18]实际上,鲍德里亚是受到罗兰·巴特的影响,回馈索绪尔的结构主义符号理论而赋予消费意义新的内涵[19],揭示了现代消费社会里物的消费如何演变成符号消费,人如何被物异化,进而被符号编码的过程。只不过是用一种"全面的歇斯底里"的极端语言,来提醒世人"假如我们承认需求从来都不是对于某物品的需求,而是对于(社会意义上欲望)差异的'需求',那么,我们就会理解:永远都不存在有圆满的满足,因而也不会有确定性的需求"。[20]即人们是想通过差异化来"满足"自身社会认同的欲望——某种身陷"自我缺失、灵魂无着"的心灵求助;当然无法由商品的物的属性完成,而只能通过物的符号价值予以实现。

面对真正需求所内含的"物品-符号"体系的内在冲突——社会最终会像"歇斯底里症"一样爆发:不在此处,便在彼处。此时,如果我们请出熊彼特的"企业家精神"[21]来"对症下药",显然,企业家精神"对症"的是消费者的真实需求,绝非源于自我失却造成的无聊的恐惧,而是来自本性之欲望;所下之"药"则是企业家精神的经济创新[22]:通过资本将市场潜在需求与技术创新产品相结合,以医治需求失度与工业文明体系冲突的内在"疾病"。然而,倘若真的如此,那么我们又错了!因为从鲍德里亚的视角看,这不是在治病,而是在不断地诱发着致病基因,使其在全身每一个地方扩散,弥漫于整个消费社会的有机体——纵使客观上可能会出现传统理性所预期的那种"繁荣"和"丰盛"的幻觉。这便是当代社会每一个现代人所身处的社会条件和消费环境。

面对人类经济学关于需求的幻觉,鲍德里亚提供的处理思路是一种符号学分析及其哲学思辨,其本质是抛开传统经济学的理性思维,将需求置于更大的社会性背景来分析:"消费只是一个表面上混乱的领域,因为,按照涂尔干的定义,消费并不受形式规定的支配,似乎陷入需求的失度和个体性的偶然性之中。"[23]准确地讲,消费,即使完全被围困在鲍德里亚所批判的体系性冲突和结构性矛盾之中,我们仍不能放弃,因为理性不是无能为力的。历史上每当人们面临着被现实困惑征服的巨大压力、不断沉沦之时，生活中，人类社会就总是不断涌现出理性的反作用，而通过这些反作用，我们便会自然地回归到心灵的家园。这便是希克斯需求及其理性逻辑的创新之处——被传统理论所忽视，但被鲍德里亚从反面揭示出来。换句话说，消费社会的“物品-符号”链条为高阶理性的逻辑转换，提供了一条(或许悲观的)现实路径。人的理性即使并非全能全知的，也肯定不是完全无助和绝对无为的。

消费体系作为某种复杂、主动的群体性行为，同时也是一种约束、一种道德、一种制度，构成一个完整的符号价值体系，已经成为一种全新的生产力和社会控制力量。并且，与此前所有社会控制力量比较，这种力量的全新之处可以被称为一种创新文化，随后在第 5 章中将专门讨论。但这里，仅就消费行为、消费文化及其功能的转化而言，我们给出如下基于周期性消费理论的综述性讨论，并且给出相关参数变量的解释：

第一，消费不再是对物品功能的使用和拥有，而是对物的符号化拥有及其编码的认同、拥抱、交换和崇拜的过程；

第二，消费不再仅仅具有关联个体或者社会民间声誉的简单功能，而是联结一个整体社会的关系的过程；

第三，消费已经变成一种沟通、交换的系统，是可以被发送、接受并持续创新创造的符号编码，并且作为一种消费社会的语言而存在。

相关参数变量的解释如下所述。

周期 T 与频率 ω：为什么人们不会经常见到某个人表现出明显的周期性消费行为，而是一个劲儿地追求单一目标享受，乃至这种追求具有某种长期性？对于任意个体，本书的周期性犹如一个单摆过程，只要行为者在认定并追求单一目标过程中还没有达成目标，互补转换的周期性就无法表现出来。如果一个人一生都没有满足自己的欲望，那么他将表现出某种单一追求的一致性，数学上类似于一种周期长度无穷大的情形——$T=1/\omega=+\infty$，但本质上它还是一种广义周期性。想象一个学者从事自己偏爱的科研活动，随着年龄的增长，这种动机可能会减弱；即使年龄不大，他也有可能会在科研过程中发生某种周期性转换。否则，或者他没有达成自己的学术目标，或者其科研偏好本身处于某种亢奋的非常态。

初始状态与边界条件：φ 是一个涉及可支配收入、交易行为方式、金融服务环境，以及社会信用交换的理论变量。此时，预算约束与信用约束也是周期性转换的边界条件，同时，还要求消费者的个人心理、性格、偏好会因消费

过程的深入而变化。

振幅 A：指消费过程所能达到的享受或者节俭程度的极大极小值，这便涉及行为主体关于劳动与休闲的周期性转换规律。因为劳动收入的增加将扩大预算约束，休闲会提高消费质量，但也挤压消费的预算，以至于人们不是在为消费而拼命工作，就是在为休闲而放弃消费，这两者之间的权衡选择实际上就是预算集的条件分析。

周期稳定性：对于给定个体，随着时间的变化，$\lim_{t\to\infty} W(y(\mathbf{x}_u, \mathbf{x}_c, t))$的收敛性取决于周期函数 $T(t)= *\sin(\cdot, t)$的稳定性，这其实是一个关于银发社会消费行为的解释变量。对于传统消费乏力、生产循环并不畅通且已步入老年社会的经济体而言，厘清相关变量的关系，特别是对应消费模式的社会加总机制，便十分重要。

凯恩斯边际消费倾向的一种解释：β 并不是一个不变量，它是人们关于奢侈消费行为与节俭消费行为周期性转换的一种高阶理性结果，在奢侈消费过程中，边际消费倾向增大，在节俭消费过程中，边际消费倾向减小，即边际消费倾向随着人们消费行为的周期性转换呈现出周期性变化规律：$\beta=y(u, c)\sin(\omega, \varphi, t)$。显然，传统跨期决策消费理论试图证明，人们的当期决策取决于当期消费延续到下一期享受时，需要承受的贴现消费心理损失。也就是说，对于给定收入的跨期消费选择，人们一定会在跨期之间进行一种理性的权衡，以确保资金效率和消费享受同时最大化。[24]这种权衡的基点在于“时间是有价值的”[25]这一贴现率时间价值观——常常取决于人们的心理因素和资本使用成本，但缺乏心理因素本身变动规律的逻辑内涵。的确，凯恩斯指出了消费心理倾向的边际递减趋势——由此导致市场需求不足、经济萧条。[26]但他缺乏现实中边际消费倾向变化的观察——需求扩张、通货膨胀的逻辑。综上所述，本书分析揭示：边际消费倾向不仅是消费者的心理贴现、现实资金利率的问题，也是人们消费行为周期的体现，并从人类经济行为的根本层面影响着市场交易、生产供给——本质上，这也是人们消费享受的幸福感边际递减规律，迫使人们在奢华消费与节俭消费两种行为之间作周期性摆动使然。

消费社会商品的丰富性不仅对社会价值观产生影响，也挤占人们内在的心灵空间，使得人们迷失在鲍德里亚描述的一系列“杂货铺”陈设的商品世界里。如当下社会的诸多消费需求，即使空洞，仍可以编列出相应的供给，而这些对应的产品未必真有相关功效。现代消费社会对人类的挑战贯穿于社会的全方面，除去生产条件、劳动强度和劳动时间，单是社会消费-个人劳动的关系就面临着陷入挣钱、消费的循环的压力。当然，全面深刻的理论展开或许与上述参数的计量实证分析相关，这里仅仅是一种概念性阐述。或许，本书关于消费行为的周期性逻辑，正是一条摆脱消费主义社会困境的拯救人类之路。[27]

4.3 生产行为周期：一种企业家精神的理解

作为一体两面，生产与消费紧密相关。本节将专门讨论生产的周期性行为逻辑，将消费作为生产行为的给定环境或外生因素来看待，仍假设其状态不变。但与传统生产理论不同，基于价格机制的均衡分析不再是本书的核心问题。传统价格机制理论不仅远离客观现实，理论内涵也因其不完备性而值得反思。实际上，大多数企业家并不是在有百分之百利润的把握下才会投资经营，也没有哪个企业家会在零利润价格时，立刻放弃生产；价格-利润逻辑受到成本管理、材料创新、技术创新等多因素的制约，价格机制与其说是市场调节的生产行为逻辑，倒不如说是一种纯理性的长期趋势预测。企业生产决策更多地取决于企业家的生产激情和投资冲动：如果处于其激进扩张阶段，企业家精神会自发地充满创新激情，创生出新产品、新市场和新消费；而新产品的价格是一个伴随创新的市场创生过程，而不是简单的基于以前价格的推陈出新，并且，价格也仅仅只是众多决策的因素之一。反之，如果企业家处于谨慎的收缩期，企业家精神的创新激情会被自己压抑，更多地涉及市场、资本的环境乃至技术约束，也与价格无关。也就是说，我们更强调生产过程或者生产者行为的内生逻辑——由企业家精神的周期性行为逻辑所决定。虽然并非所有企业家的努力都会成功，但本节将证明，一个经济体的供给水平及其质量高低是由企业家精神决定的，关键在于投资决策是由企业家精神所驱动，生产决策是由企业家创新所直接掌控。

熊彼特曾论证，创新之难在于两点：其一是创新的市场阻力大，单个企业无法突破，只能成群出现；其二是受到创新利润的竞争与耗散逻辑的制约。本质上，这种创新难度的理解与企业创新的周期性逻辑完全一致；其中，创新困难是造成经济周期的原因，而宏观经济的周期性现象则是创新困难的特殊性及其间断性涌现的结果。因为从宏观角度看，任何创新冲动都无法永恒，都是一个从创新、获取超额利润到竞争直至利润耗散，进而再创新的间断性、周期性循环过程。试想，如果一项创新没有周期性，能始终持续不断，那么，所有创新利润都将永不衰减，这也就意味着一旦某项创新产品出现，它就将永远地垄断市场。显然，这与竞争是经济创新的持续源泉和永恒动力这一经济学常识相矛盾。[28]目前，大多数关于经济质量的理论研究并不谈企业家精神，关于企业家精神的理论分析并不谈创新机制，原因在于传统理性的线性思维束缚，缺乏关于生产过程的高阶理性概念。为了厘清传统生产理论与本书高阶理性生产逻辑之间的区别，我们先批判性地给出如下讨论。

二元高阶理性的生产行为涉及传统生产理论的两个独立模型，一是给定价格的利润最大化决策 $x_1 \in \max\{pq - c(q)\}$，一是给定产量的成本最小化逻辑 $x_2 \in \min_{q=f(k,\ l)} c(k,\ l)$。传统理论解释是，前者为长期生产行为决策，依据市场价格选择最优产出利润，后者为短期生产的理性逻辑，并被包含在长期生产包络线的瞬间状态上。实际上，这种逻辑忽视了在长期生产的产量决策调整过程中，企业始终存在着成本最小化的管理行为，而不仅是最大化利润的投资选择；因为现实生产过程中人们要时刻考虑成本的节省。另一方面，即使在短期生产的成本决策中，人们也时刻都在追逐着超额利润的投资机会。也就是说，两种行为本质上应是同一生产者内在经济动力的不同时态的生产行为倾向：或者倾向于扩张，或者倾向于收缩——假设金融环境、市场环境保持恒定不变。

传统教科书将生产的整体性逻辑割裂为长期与短期两种不同条件下的最优决策行为，表面上是省略了高阶理性的第一步权衡逻辑。[29]实际上，其理论的合法性前提是：假设生产技术不变、要素价格长期不变，进而长期成本曲线不变，将短期生产是如何在长期生产中被确定的复杂逻辑，简化为长短期成本曲线的包络线关系；用数学规划的对偶逻辑将两种生产决策模式及其生产行为给简化地处理了。这种静态思维恰好遗忘了长期生产过程处于投资、技术不停变动的客观事实。简单地讲，包络线定理成立的前提是长期生产函数 $y = f(x)$ 不变。这意味着对于企业来说，存在着一个生产技术和投资关系始终不变的生产函数，且只存在生产产量（内在生产规模）的变动——等于在考察生产的长短期决策过程中，首先就假设了技术水平不变、投资成本不变；这显然违背了长期生产就是对短期生产增加投资、改进技术的过程。一般地，调整投资、改进技术贯穿于企业生产、经营和管理的全过程，这不仅是针对现实生产过程的组织、管理的及时改进，也是所有技术创新的基础。[30]

事实上，成本曲线作为市场交换中生产要素的价格下限，不仅是一种价格信号，本质上更是一种企业技术水平的体现。以完全竞争市场的三种成本曲线为例(图 4.1)，$c_1>c_2>c_3$ 就意味着企业 1 的技术水平最低，企业 2 的技术恰好吻合完全竞争性，企业 3 的技术则最好，存在超额利润。更为重要地，如果一个企业的长期成本曲线不仅局限于固定资产的扩张，还要体现企业技术创新、产品创新的投资(这正是大多数企业的常识)，那么，$\mathbf{x}_1$ 与 $\mathbf{x}_2$ 两种最优决策便不再是包络线的关系。实际上，任何固定资产投资都伴随着技术的改进，不存在生产技术与要素成本长期不变的长期成本曲线，因而也根本不存在长短期成本曲线的包络线关系。

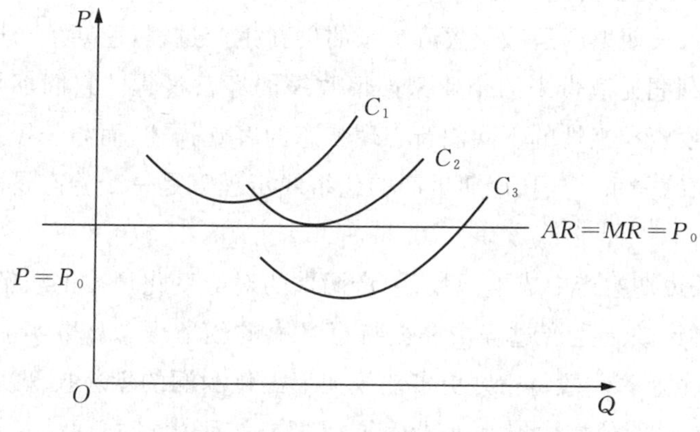

图 4.1　成本曲线的技术特征刻画

仔细审视就会发现，传统生产理论其实是用一个简化的长期投资与短期管理的企业行为分类，省略了企业生产过程中三个重要的对偶互补行为的差异。其一，生产过程的行为功能差异：最大化利润行为 $\mathbf{x}_1$ 代表着企业的资本经营功能，最小化成本 $\mathbf{x}_2$ 则意味着企业的管理经营功能。其二，生产主体的行为分工差异：追求最大利润 $\mathbf{x}_1$ 是资本家的职能，而 $\mathbf{x}_2$ 是企业家(厂长、经理、CEO 等)的职能；即使在一般情况下企业家与资本家的角色常常合二为一，即资本家追逐利润与企业家在乎成本似乎并不冲突，实际上，企业生产行为理性的整体性仍然要求分工效率的互补逻辑。其三，生产决策的行为模式差异：当企业面临不同外部环境时，$\mathbf{x}_1$ 是积极扩张的生产模式，$\mathbf{x}_2$ 是消极保守生产。它们是不同环境下同一企业不同偏好的生产行为。

正是因为传统生产理论中三方面的差异,才构成生产行为的整体性。试想,谁能够在长期决策中忽视成本管理,哪种成本管理又不是以获取利润为目的;否则,企业长期投资又何以能从短期积累中起步形成?有人会说,资本家可以通过将企业家职能分配给他人,来完成整体性功能的现实分离,但切莫忘记,这种职能分工只存在于外在的形式,本质上,它们仍然是整体性高阶理性生产行为的组成部分。本质上,对于利润的追求才是企业生产的理性所在;为达成这一目的,真正的理性行为必须将 $\mathbf{x}_1$ 与 $\mathbf{x}_2$ 统合起来,时时刻刻整体性考虑生产的具体构成,并在统合权衡中,根据生产环境差异,对 $\mathbf{x}_1$ 与 $\mathbf{x}_2$ 的选择表现出不同的倾向性。理论上,它们是彼此对偶互补的一体两面;既要求我们像传统生产理论那样给予其恰当的区别,又要求我们进行高阶理性的统合分析,只有当我们具备了高阶理性的这种整体性内涵,理性的生产概念才能获得完整定义。

本质上,长期生产是一个激情扩张的创新生产过程,短期生产则是创新动力衰竭、利润耗散带来的企业家谨慎收缩的经营过程。它们都是企业家关于生产、投资积极性的不同创新心理状态的客观描述,而与长短期成本曲线没有多大的关系——长短期生产的包络线定理只是一个静态逻辑的肤浅解释。

关于长短期生产中成本函数、生产函数的对应变化规律的误解,本质上在于传统理论缺乏生产过程中熊彼特意义上的创新理念。事实上,在企业发展初期,企业家一般将精力更多地放在最大化利润的创新投资决策上,即图 4.2 中点 P 的位置;此时,企业家同时拥有扩张生产的理性长期成本线 LAC,以及最小化成本理性的短期成本线 SAC(见图中黑色曲线)。在企业创新能量逐渐减弱或者市场发生变化,进入传统的循环生产阶段,即图中 P' 点的位置,企业进入规模报酬递减阶段;此时,企业本身仍然存在自己的长短期成本曲线(图中灰色曲线)LAC' 和 SAC',或许,企业会将重点放在最小化成本管理上。至于为什么企业初期决策必须包含企业创新精神与技术创新冲动,这与熊彼特意义上的企业家精神及其创新逻辑相关,而完全不同于传统理论的长期成本曲线不变的逻辑。但要理解这一点,我们可以从相反的逻辑来考虑:一个企业家或资本家在创办新企业时,能不能不考虑技术创新、产品创新、材料创新,乃至要素组合创新,而仍然采取传统、落后的方式去投资、生产?答案显然是否定的。在任何企业的创办初期,或者边际报酬递增阶段,所有企业家都一定会着力于生产、技术、营销与管理的创新——

这也是 LAC 与 LAC' 不同的原因所在。否则,面对长期生产的沉没成本、激烈的市场竞争,长期投资就意味着自杀。当然,相关问题的全面阐释,需要我们更深刻地理解熊彼特意义上的创新概念及其逻辑,第 5 章将会进一步详细讨论。

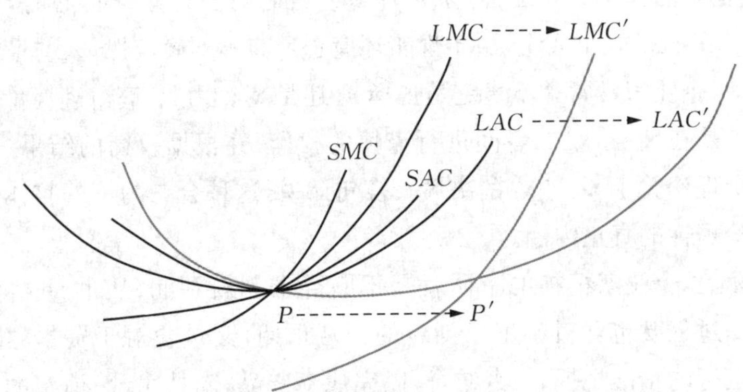

生产的激情扩张带来长期成本曲线变化;$LMC \to LMC'$,$LAC \to LAC'$,使得 $P \to P'$

图 4.2　长短期成本曲线的实际关系

具体地讲,在市场竞争过程中,资本家的整体目标是资本收益最大化,但在不同时期、不同环境,则有不同的小目标。比如第 t 年的小目标是"赚一个亿",记为 m_t。如果记相关实现条件约束的各种成本为 c_t,那么,企业家将面临多种权衡,比如如何在确保 1 亿利润的前提下最小化成本支出,即 $\mathbf{x}_2^t \in \min\limits_{m_t}\{c_t\}$? 如何在给定成本的约束下最大化、乃至实现超额利润 3 亿,即 $\mathbf{x}_1^t \in \max\limits_{c_t}\{m_t\}$? 显然,这两种行为均为生产过程中企业家在面对市场不确定性、技术创新性、管理竞争性等各种未知的环境因素时,具有整体性高阶理性行为的不可分割的不同方面。并且,正是因为企业家这种整体性的高阶理性,其总体目标就同时包含了 $\mathbf{x}_1^t$ 和 $\mathbf{x}_2^t$,根据前述定义 2.1,于是,我们可以给出某种具体的高阶理性行为的收益,定义为[31]:$W = (\pi(\mathbf{x}_1^t))^{\alpha_t} \cdot (E - c(\mathbf{x}_2^t))^{1-\alpha_t}$。

$\mathbf{x}_1$ 与 $\mathbf{x}_2$ 的互补、对偶的整体性关系意味着:如果厂商从整体性考虑打算扩张投资,生产决策就是一个最大化利润的 x_1;如果厂商从整体性考虑打算收缩生产,以应付未来可能的经济萧条,那么,生产决策就是最小化成本的 x_2。二者均为高阶理性整体逻辑的基本构成,体现了生产过程中不同方向,但相同高阶理性的行为。此时,两种生产行为的对偶互补性将使得生产行为呈现出相关行为的边际收益递减(递增)效应。对此,可以从生产行为预设的周期性逻辑进行三方面解析。

第一，从生产的宏观环境考察。两种生产行为的互补对偶性依赖于外部环境变化，来促使企业完成整体性权衡。其现实情境是，当企业家认为技术改进潜力大、宏观经济环境好或者自信心爆棚时，他会选择 $\mathbf{x}_1^t(\alpha_t>1-\alpha_t)$。相反，当他认为技术进步乏力、宏观环境差或者对自己缺乏信心时，他会选择 $\mathbf{x}_2^t(\alpha_t<1-\alpha_t)$。事实上，由于现实环境总是充满不确定性，人的情绪存在心理波动，企业家常常并不肯定是选择 $\mathbf{x}_1$ 还是 $\mathbf{x}_2$。由此，高阶理性生产行为的第一步是在 $\mathbf{x}_1$ 与 $\mathbf{x}_2$ 二者间进行谨慎的权衡，并根据权衡的结果，才开始传统生产理论关于 $\mathbf{x}_1$ 与 $\mathbf{x}_2$ 的决策。换句话说，这种合二为一的整体性才呈现出高阶理性的真正内涵。

实际上，企业家精神的本质就是不断寻求创新利润、从事 $\mathbf{x}_1$ 行为的过程。这一过程既包含对于市场创新的乐观预期，又包含对于资本、技术、管理及其运行的精准把握；二者结合，以完成新产品、新技术、新消费的顺利对接。现在常被提及的所谓“风口”，正是企业家精神所创造，不断进行 $\mathbf{x}_1$ 的冒险结果。但另一方面，如果企业家仅仅考虑 $\mathbf{x}_1$、忽视 $\mathbf{x}_2$，不兼顾 $\mathbf{x}_1$ 与 $\mathbf{x}_2$ 的整体性逻辑，即使站上了“风口”，也会掉下来；这是许多风光一时的企业家最后破产的原因。正是有兼顾这两方面的企业家，才造就我们今天所见的诸多百年企业、产品及品牌的市场神话。

第二，从生产的消费环境来观察。接着上一节关于消费社会的批判来讲，鲍德里亚认为，消费社会形成的原因，在于中产阶层的扩大。“人类自然环境发生了一种变化，富人们不再像过去那样受到人们的包围、总生活在他人的眼中，而是受到物的包围”。[32]这种物的极大剩余、丰富性是传统社会不具备的，大大超出了传统消费市场的一般容量。这一方面是生产力技术进步带来的成果，另一方面也是满足消费者需求的“竞赛”使然。更重要的是，这种“物”包围“人”的消费-生产循环必然会导致消费需求“竞赛”的加剧，由企业、企业员工与消费者所组成的“共同体”也逐渐成形，并且为了维系这个共同体，人们不断地自我强化，由此产生特定的社会幻觉——背离了人类幸福生活的需求本质。然而，能够较早、深刻感知这种幻觉的，是一些杰出的企业家，而不是消费者、大众媒体乃至所谓的消费团体——即使它们是这种共同体幻觉的受害者。稻盛和夫曾断言，只有当企业利润与员工成功、消费者满意以及社会责任紧密关联，形成一个企业与社会的利益共同体时，企业才可能获得快速发展的社会基础。显然，这种社会基础是生产过程能够激情扩张的前提,也是谨慎生产决策形成的根源所在。

的确,经济发展与科技进步已经极大地改变了社会再生产结构,过去以生产为中心的过程已经被消费中心化所取代,人们的消费行为也开始从物的使用价值转向物的社会象征性符号价值的消费,由此进入一种被编码的符号化社会状态。值得指出的是,符号编码的价值也难逃边际递减规律的制约,并且边际效用递减的速度更快。就像一些标榜时尚的人,他们的消费行为往往新潮,引人效仿;但是,一旦其所穿搭之物陷入流行,他们立马会转换方向。此时,生产者的 $\mathbf{x}_1$ 行为就意味着为消费者提供主动性"按摩"与"喂食"的精准服务。与此相反,$\mathbf{x}_2$ 行为则意味着小心翼翼为市场提供被动性"候听"与"快递"的订单服务;此时,$\mathbf{x}_2$ 并不是简单地为消费者提供重复、模仿乃至低端产品的服务,而是一种基于市场趋势的生产者自我约束的"逆创新"过程——反向地将技术创新、名牌创新、产品创新的价值扩散于整个市场,以最终耗尽一般均衡的市场利润。

以上类似鲍德利亚的消费批判分析只是现代社会理性演化的一种场景,如果将传统消费行为看成某种与鲍德利亚现代消费模式对立的节俭生活方式,更为深刻的启示是:人们总是处于某种奢侈与节俭的周期性生活转换之中。但如何在行为学语境中,深入地解析消费与生产的二元关系逻辑(详见随后 6.4 节),才是问题的关键。

第三,*从理性的本质内涵来分析*。利润才是高阶理性生产行为所追求的终极目的,$\mathbf{x}_1$ 与 $\mathbf{x}_2$ 两种行为只是达成目标的手段。其实,$\mathbf{x}_1$ 与 $\mathbf{x}_2$ 行为的二元结构就是由追求利润的一元目标演化而来的,它也是人类生产行为周期性的最基本来源。这意味着一种关于熊彼特企业家精神的新解释,实际上,企业家精神的本质,在于企业家不断地追求创新利润的行为冲动和控制成本的谨慎行为之间来回选择的周期性运动过程;或者说,企业家精神的创新行为被过分夸张地给予情感解释,反而失去追求创新利润的本质冲动。表面上,$\mathbf{x}_1$ 与 $\mathbf{x}_2$ 两种生产行为的转换对于外部环境具有很强的依赖性,比如市场消费的景气预期、金融货币的宏观政策,乃至商品与货币的供需均衡等,它们均对高阶理性生产行为的转换发挥着支配作用。然而,如果我们追问,难道金钱还存在其他对偶的互补性替代物,或者问,难道创新利润的金钱还拥有边际递减效应?回答是肯定的。理性的生产转换是消费、货币以及商品市场等一系列供需环境变量的总体权衡,而诸多因素之所以会以生产转换的形式体现出来,关键在于生产行为理性的唯一目标是追求利润。

一般而言,企业家们对于利润及其财富的边际效用递减规律,并不会像其他消费品那样明显。但由金钱所体现的利润及其所内涵的效用价值,也并不像利润的金钱数字所显示的那么简单。利润事实上包含着企业家的人格自信、事业成功、生活幸福等一系列复杂内涵,以这些内涵所指称的效用作为目标,人们便很容易与最小化成本(努力)所代表的谨慎行为,形成对偶的互补性关系。

本质上,负反馈原理的边际效用递减规律是任何单一方向的理性趋势都存在的内在机制;只要是人类社会行为,当一种行为模式逐步实现并达致极端时,就必然会出现这种行为收益的边际递减趋势。就好像在完全竞争市场,一旦出现超额利润,其他厂商将会蜂拥而至,但随着进入厂商的数量增多,最终,所有进入厂商的利润下降,直至为零。同样的逻辑也适用于产品的周期性原理。由于一个新产品的利润也同样服从边际利润递减规律,即使是垄断性创新产品,随着产品投放市场的数量增多,创新厂商的利润也会逐渐递减。如果我们将厂商看作一个最大化利润的理性行为主体,那么,这种利润边际收益递减的微观机制就成为一个厂商做宏观决策的机制约束,使得厂商呈现出一种看起来理性的行为——并非单一的最大化产量(给定市场价格向量);此时,理性行为将呈现出某种相反的形式——通过限制产量来最小化成本(给定产量),以获得终极利润的最大化。显然,基于宏观行为加总的利润收益变动,将随着时间变化,最终迫使厂商的生产行为呈现出某种周期性的规律。

也就是说,高阶理性的生产行为本质在于:第一,利润最大化行为的目的整体性,传统的投资最优决策、成本最优规划只是实现追逐利润目的的手段。第二,两种具体的手段都服从对应行为效应的边际收益递减规律。最终,高阶理性的生产行为呈现出特定的周期性规律。第三,这种对偶互补转换的周期性生产行为并不是简单地适应外部环境的策略性应对,本质上也是企业家自身具有的一种周期性创新的行为规律。

一般地,公共品和生产资料中间品部门对于经济景气指数的波动性往往处于最敏感的状态,但遗憾的是,却处于最没有发言权的地位。一方面,生产的技术专用性和供应链垄断性使得他们的生产决策不是利润的最大化逻辑,而是遵循产量固定的成本最低原则考虑问题[33];他们既不能在经济繁荣时期扩大生产以换取消费需求增加的利润,也不会在衰退时期压缩生产来适应市场的衰退。另一方面,公共品的过度供给或者供给不足,则在于政府行为的非效率原则——这被布坎南的政府失效逻辑所阐释[34]；进而垄断行业的最小化成本生产模式，会使得垄断市场常常处于供不应求的状态。[35]

西蒙有限理性概念的学术价值，在于提出了问题，而不在于是否解决了问题。西蒙关于有限理性的三要素反思(信息不完全、认知与学习能力有限性)并没抓住有限理性概念的要害，因为主流理论模型可以将这三要件在理性逻辑和一般均衡的框架内吸收。本质上，生产过程的理性逻辑与信息不完全、认知及学习能力是否有限无关，理性无关主客观条件的局限，而是人们应对各种局限的一种意识——没有这种意识，人类就无法前进半步。西蒙提出替代思想，不求最优但求满意：考虑决策成本约束下的最优决策，其实意味着最优决策逻辑并未改变，只是约束条件被复杂化，最优决策形式多样化了。如果从目标与约束的整体对偶关系观察，基于约束条件复杂化的最优分析，与基于效用函数的一般最优分析，二者是对立统一、两种不同视角的关系。换句话讲，西蒙的有限理性逻辑只是通过决策程序乃至所有决策者价格信息互动，运用价格机制逐步试验不同的分工网络，一步步经由社会试错，来搜寻关于社会生产有利的决策信息而已。或许，本书关于企业家精神及其创新动力的周期性转换逻辑是另一个新解释。

麦当劳在创立连锁店以前，其生产决策或者在价格稳定、产量不变的逻辑上寻求均衡，或者在价格下降、产量升高的新利润方式上寻求均衡——获取决策信息必须创新技术，试验所有不同的角点解。[36]这意味着创新试验存在着风险，成败不可能像边际调节那样肯定。与此同时，试验可能是从一种组织结构跃迁成另一种完全不同的组织结构，不能依靠边际调整。实际上，众多破产案例也是人们获得决策信息所必须展开的试验；破产企业家的价值不见得低于成功的企业家。此时，多重角点解并非某种信息完全的集合，而存在着弗兰克·奈特意义上的模糊性概念，由此使得人的理性不能完全发挥作用。这是分析二元逻辑的周期性如何朝着多元、多点解的方向演化的关键机制。

如果从时间维度作一种跨期决策分析，我们可以给出一种高阶理性生产行为的总目标描述，表示为时间维度的某种加总函数(基于前述逻辑的简单加总)：

$$W=\sum_{t=1}^{t=T}W(t)=\sum_{t=1}^{t=T}\left[(\pi(\mathbf{x}_1^t))^{\alpha_t}\cdot(E-c(\mathbf{x}_2^t))^{1-\alpha_t}\right]\quad T\in(0,+\infty)\tag{4.2}$$

注意,从时间上观察,上述生产周期序列不会像消费行为那样呈现出某种收敛性,而是一种时间维度的随机过程逻辑(常见如马尔可夫链)。其次,结合生产行为总目标函数描述,还有生产行为的初始状态,如初始产能、投资自由、市场准入以及资本市场规则等,乃至一系列外生条件、边界条件的理论分析,它们都无法给出某种一般化的逻辑展开,必须依赖于具体产业、企业的生产过程来把握。限于篇幅考虑,我们将相关讨论留给本书后续章节,有兴趣的读者也可就此展开全面研究。

从劳动分工的视角看,实际上,企业家精神及其创新行为已经随着现代产业革命的劳动分工深化,越来越细化为如风险投资家、金融资本家、实业资本家、职业经理人(CEO)乃至 COO、CFO、CTO 等一系列生产经营管理职能的角色。在现实中,这些职能常常混合在一起,但关于专业职能的独立周期性行为分析,仍然富于吸引力,值得单独拎出来专题讨论[37];限于篇幅,此处略述。

沿用上述高阶理性生产行为的两种对偶函数符号,记 $\mathbf{x}_1$ 的行为收益为 $\pi(\mathbf{x}_1^t)$, $\mathbf{x}_2$ 的行为收益为 $E-c(\mathbf{x}_1^t)$;显然,根据第 3 章逻辑可得,生产行为的周期性方程为:

$$y(\pi,\ c,\ t)=\begin{cases}\sum_{n=1}^{+\infty}\left[(A_n\cos\theta_n\pi+B_n\sin\theta_n\pi)T(t)\right] & \partial w/\partial\pi\geqslant 0\\ \sum_{n=1}^{+\infty}\left[(A_n\cos\theta_n c+B_n\sin\theta_n c)T(t)\right] & \partial w/\partial c>0\end{cases}\tag{4.3}$$

实际上,导致生产行为周期性运行的边际递减规律也是企业家创新精神边际递减性质的转换表达,而周期性生产行为就意味着一种关于企业家精神的全新阐释,即企业家精神并非人们传统认知的总是勇于创业、大胆创新的,有时也包含某种审慎计较、坚持守成的管理特质。这两类特质一体两面,共同构成了企业家精神的整体内涵。

值得指出的是,消费与生产的关系还涉及传统经济学的两个论题,一是重农主义与重商主义的思想史关系论述,二是总需求与总供给的宏观循环理论(我们将在第 6 章进行讨论)。由于这两个论题相互关联,具有十分重要的理论意义,给予其全面的理论阐释将是一个宏大的理论任务。这里,我们仅将它们置于对偶互补周期性循环的统一框架进行理论简述,而这种简述的新视角与具体逻辑无关。

重商主义的货币财富观是一种实践直觉的智慧，反映了市场经济的交易逻辑在人们心中的价值认知。重农主义的货物财富观最初由魁奈(1758)提出，后经斯密、杜尔哥、李嘉图等一大批理论家努力[38]，逐步展示出思想光辉。相对于重商主义看重交易价值，重农主义更强调生产在经济活动中的决定性地位。但事实上，对于实现商品价值、创新价值，交易活动与生产活动是同等重要的，二者缺一不可。本质上，交易是商品价值和创新价值的消费者认同过程，生产是价值的创造过程。传统理论之间的争论不过是强调其理论偏向的重要性，而不是意味着一个理论对另一个的否定或肯定。在现实中，这种逻辑常常表现为一种重商主义与重农主义的社会意识周期性波动的过程，一段时期人们崇尚重商主义思潮，过一段时期，人们又回到重农主义的思潮。由于重农主义看重货物价值，更主张贸易自由化；重商主义看重货币，强调贸易顺差，更常用贸易保护政策。这是相关思想引发的国际贸易实践与政策倾向性的不同，这里不过多讨论。

4.4 就业行为周期：一个劳动幸福观的习俗

每个人都有劳动的偏好，同时也有好逸恶劳、追逐享受之天性。这是人类高阶理性的复杂性使然，本质上是劳动行为存在着目标与约束的对偶关系，使得人们必须在现实休闲的享受与物质消费的效用之间进行二元行为的权衡，由此，就必然呈现出某种二元对偶的周期性规律。实际上，传统理论已经从劳动与休闲的对偶关系考察了就业问题[39]，这种基于个体劳动偏好的理性选择分析，始终保持着一种就业逻辑的社会性加总方法，给出了就业市场供需均衡的概念。这种方法当然很恰当，因为任何就业都绝对不是雇主与雇员之间的独立交易，而是与全社会的就业状态密切相关。就此而言，本书侧重于从个体性劳动与休闲的对偶关系考察就业问题。理论上，这似乎是一种缩小论题的倒退——不强调就业的社会竞争性；然而，如果我们将劳动幸福感作为一种劳动者的内在秉性，那么，这种逻辑退却或许能够带来的理论洞见，则应该是对传统理论的有效完善。

秉持古典经济学市场有效的均衡就业论，萨伊认为生产过程能够创造自己的需求，即物价、工资的调节机制就能够实现充分就业，除了摩擦性失业和自愿失业，并不存在长期失业和生产过剩的问题。基于丰富的宏观经济实践经验,凯恩斯摒弃传统经济学均衡分析的教条,深入市场机制过程中资本边际收益、边际消费倾向和流动性偏好对于经济运行的宏观影响,致力于揭示在就业、收入与消费的闭环关系中,消费环节的有效需求不足会导致非自愿失业——存在大量愿意接受现行工资却找不到工作的人,进而开启了政府干预市场、促进就业的理论导向。随后,经由新古典综合学派、新旧凯恩斯学派的理论转圜,到以货币学派、供给学派和理性预期学派为代表的新保守主义反思,人们又最终回到市场有效性逻辑上来。其实,与货币、财政政策刺激宏观经济的长期无效性一样,市场自发秩序的充分就业逻辑也是一个具有时间意义的理论命题。[40]从短期来讲,新凯恩斯主义的效率工资和黏性价格模型[41]恰当地揭示了市场自发机制的功能失调,但是如果从长期来看,新保守主义的市场逻辑则显得过于简化了。因为只要联想到前述论证的周期性经济原理,市场的长期有效性逻辑就值得反思。此时,自然失业率概念原本包含两点:其一,市场有效导致的政府干预无效,总是存在充分就业的自然失业率;其二,从长期来看,个体劳动能够自由就业,产生资源能够充分配置。

实际上,审视自然失业率概念就会发现,自然失业率描述了一种资源配置效率的理想状态(如同物理学的真空概念):要求经济不受货币因素的干扰,要素(包括劳动)市场和商品市场同时保持自发的均衡。进而,这种理想状态也成为其他非常态经济周期波动的基准线。自然失业率关于劳动就业的理论描述,其实是具有劳动(资源)使用需求的生产者视角的定义;即使传统就业理论的劳动工资模型考虑了劳动者休闲的权衡[42],这种休闲概念也不过是作为获取劳动收益的代价所呈现的,因而缺乏劳动者视角的关于劳动就业与技术进步、社会创新,乃至与人的劳动幸福观相联系的理论内涵。新近的理论研究考虑了信息不对称[43],以及社会性阶层、性别、种族的就业歧视[44],还有国际贸易就业结构的变化与转移[45],乃至周期性劳动就业波动等问题的分析[46],但人们的注意力仍然局限在政府宏观调控的实用主义政策需求的语境之内。下面,我们将按照传统劳动理论所缺乏的线索,综述并挖掘人类就业行为中劳动幸福观的本质内涵。

关于技术进步与劳动就业关系的理论分析,斯密是古典经济学家中典型的乐观派,他认为,劳动分工带来的技术熟练与工艺改进会扩大市场规模、创造就业机会。李嘉图起初也肯定技术进步对劳动就业的促进作用,但时间改变了他的看法:随着机器使用和技术改进的资本增加,"虽然资本积累会带来劳动力需求的增加,但劳动力需求增加的部分不足以抵消因机器使用所带来的失业”——这种关于机器使用与劳动就业的矛盾被人们称为“李嘉图之谜”。后来,马克思给出“补偿理论”的说明:随着技术进步以及生产方式的改变,资本有机构成不断提高,新机器的使用在替代一些劳动岗位的同时,也创造出一些新岗位,有助于资本主义生产方式的扩大以及再生产。马克思从定性角度研究了技术进步对劳动就业的正向效应,即提出著名的“资本有机构成”和“产业后备军”的理论。但须承认,他也忽略了相关负向效应和结构性失业的分析。

古典经济学归纳技术进步促进劳动就业的原因有三:其一,技术进步提高了效率,降低了成本,使得商品价格下降,促进新的消费;进而反过来刺激生产,增加了就业。其二,效率提高直接带来企业利润的增加,形成新的社会资本和投资,也增进了就业。其三,Wicksell(1961)认为,技术进步使得劳动力出现冗余,导致工资下降,而使得劳动密集型产业发展变得更加有利可图,最终改变了劳动力就业结构。

熊彼特将经济发展与经济创新[47]联系起来,指出创新才是经济发展的源泉,而不是资本、劳动力等要素投入的增加决定了经济发展。熊彼特认为,创新是自发性、间断性、革命性的,进而创新总是成群地出现,以冲破传统的生产壁垒;创新就意味着“相同的产业变异不断地从内部彻底变革着经济结构,不断毁灭旧产业,不断创造新产业。这种创造性毁灭的过程是资本主义的基本事实”。[48]由此,技术进步周期性地影响经济发展,进而技术进步也周期性地影响就业结构和就业总量的变化。

不容置疑,科技进步促进社会文明,社会创新加快人类发展。但就技术进步、社会创新与人类劳动就业的关系而言,我们也面临一个重要的问题:在科技创新不断提高人们物质幸福感的同时,却将我们带入一个远离人类本质需求的陌生世界。

人类的幸福生活绝不应该是这样一种社会状态:人的脑力和体力劳动逐渐地被人工智能与耗能机器所取代。一方面,为了满足物质享受的不断诱惑,人们必须运用机器、消耗资源,去生产那些使人们越来越远离真实生活需求的商品;另一方面,又不得不动员人力资本去生产功能更加丰富的生产机器,最终陷入“人的劳动-机器劳动-人的劳动……”无穷循环的陷阱。[49]这种人与机器的关系,早就被马克思的劳动价值论关于劳动二重性的理论逻辑所批判:劳动力仅当被资本转化为商品时才能“实现”其使用价值,由此,劳动力与其他生产资料的结合创造了剩余价值,同时成为利润规律的"可支配成本"。最终,非自然失业便成为资本主义市场经济不可避免的顽疾。

值得指出的是,劳动经济学的就业论题之所以成为世界各国宏观当局的首要政策目标,还在于就业是政治经济学意义上社会劳动分工理论的子概念——不仅具有个体性,同时又有社会属性的价值。[50]实际上,缺乏社会意义的劳动没有经济学的理论价值,进一步,劳动又同时是所有社会成员融入劳动分工体系、实现个体社会价值的唯一现实途径。传统理论的供需均衡逻辑表面上考虑了劳动的社会性,但是这种均衡点与均衡前劳动供需双方的关系,如生产者需求的复杂性、劳动者供给的个体差异性全部被忽视了;劳动就业关系被就业的市场均衡所简化地替代,而这种就业均衡似乎只是两条供需曲线的一个交点,只待双方签订合同、达成均衡便万事大吉。事实上,劳动均衡仅仅是劳动价格的逻辑分析,它并不包含对劳动者的社会、情感、心理乃至劳动幸福感的考虑,因而,它并不是真正意义上的对就业理论的社会性分析。

就人类幸福生活而言,劳动就业的重要性在于,失业不仅仅意味着家庭收入的减少和经济的稳定性预期受到威胁,更重要的是,失业将失业者排除在社会劳动分工体系之外,使人们失去正常参与社会生活、社会交往的基本权利——人们往往认识到失业的经济损失,却忽视了就业权利在劳动分工体系中作为社会网络基本节点发挥的社会减震功能。但遗憾的是,现实中根本不存在真正的就业市场,也从来没有市场意义的劳动供需均衡,而只能通过劳动与休闲的对偶行为转换来确保劳动幸福感。原因在于三方面。

第一,劳动是每个人的一项基本权利,享受劳动幸福感应该是人们实现幸福生活的唯一的重要途径。就此而言,作为一项权利的劳动就绝对无法通过市场交易获得。因为交易仅仅意味着互通有无、彼此交换,劳动就业的交易仅仅使得人们获得劳动的报酬,无法确保人们在劳动中追求幸福的权利——无法交换,这迫使人们通过转换生存劳动与自身休闲来实现——这或许是当下社会很多年轻人"躺平"的原因:仅仅是为了生存而辛勤劳动,倒不如降低一些生活标准而获得自我休闲的享受。

作为一项基本权利,劳动就业[51]是一个人走向社会的通道,也是人们获得社会认同、社会承认和社会接纳的途径,构成一个人生存发展的基本前提。人们通过劳动价值的市场交换来实现自己的人生价值。在方法上,劳动经济学的传统理论是一个后果论的逻辑视角,关注于劳动价值的宏观加总。此时，劳动个体与特定环境的雇主双方，都受制于企业家精神的创新、资本对利润的追求等诸多因素影响。由此，休闲作为与劳动权力对偶互补的一种行为，一方面，受到人的劳动权利的政治因素制约；另一方面，它更多的是一种历史意义的社会习俗，因而，拥有着与劳动权利等价的、对偶转换的行为意义和权利。就此而言，劳动就业应该是一个人生意义、人生价值与人生道路[52]的选择题，而绝非劳动市场的交易逻辑所能简化阐释的。

第二，劳动商品化转向劳动力商品化的尴尬。如果说劳动商品化是实现劳动分工、获取市场效率的必要代价（其价值被定义为：由生产和再生产劳动力商品的社会必要劳动时间决定，这构成马克思意义上劳动价值论的核心概念）；那么，劳动力商品化则使得每个人都面临着被边缘化和孤立化的压抑，这与商品属性的社会共享性、产权可转移性形成强烈反差。诸多现实因素使得在真实世界中根本不存在无摩擦的劳动力就业市场，大多数是供需错配的劳动交易结构。在逻辑上，仅当人们能够在打工就业与自主创业之间自由转换、充分选择，普通人创业不再艰难，创业的沉没成本为零时，我们才能看见一种可以确保人们劳动权利的就业市场设置。但是，这意味着金融市场、资本市场、要素市场的交易成本为零——这是不可能的。所以，劳动力商品化的畸形趋势短期内无法改变，而使得就业市场的说法不过是一种类比。

第三，劳动就业是个体情绪、社会意识健康的基础保障。自古以来，人类一直是社群生活的动物，人们从社会分工的劳动交换中轻松愉悦地获得生活收益，同时保持个体性，乃至群体性加总的社会心理意识的健康和发展。

其实，自信和自卑是人们心理状态平衡的两个极端分类。极端自信或许会获得他人表面上的尊重，甚至促使大家处于某种“盲目认同”的共同意识之下——面子观念就是一种相互尊重的共同意识。但不容否认，极端自信也受到来自客观现实的拷问，迫使很多极端自信者修改自己的信念，培养出非常强的客观认知判断力。此时，检验一个人认知自信的客观性及其准确性的实践，往往是在每个人社会劳动交换的过程中完成，人们通过在社会劳动过程中获得劳动价值的认同和交换，获得对自己信念的检验和肯定。不难想象，极端自尊心理导致的盲目自信确实存在[53]，由于没有全能全知的圣人，在人类自身演化或者历史沉淀过程中，便出现另一种对立心理：自我怀疑。相对而言，自我怀疑的心理主要是源自质疑两个东西：人性的善恶和认知的真假,而人类的心理活动大多起源于此。具体历程如下:首先,你疑惑人是性善,还是性恶[54],相关事件、相关对手、相关朋友乃至你身边的家人,在处理相关事情上是出于善还是恶。其次,你怀疑自己所见是否为真,怀疑自己关于世界、社会和他人的认知是否准确。自以为是源于自以为真,自我怀疑源于自以为被骗;显然,这两点都直接影响人们关于自身劳动价值的判断和交换,也影响人们对偶的休闲心理的选择偏好。一般地,善恶真假的怀疑心理都呈现出周期性变动的特质[55],无法持续地保持某种单一状态——这是社会环境不确定性所致。由此,人们有时自信,有时自我怀疑——而这样的摆动周期往往特别短,在自信还没有结束之时又会回到怀疑状态,进而表现出自闭的、不愿走向社会的恐惧。[56]对应地,由于人们在自信状态下更倾向于劳动就业,在自卑状态下则趋向于休闲,简单地说,人们对于劳动和休闲的态度及其偏好、效用也将相应地呈现出周期性运动的规律。

综上可知,就业行为不仅是劳动与休闲的价值性转换选择,更在于劳动的社会性,在于劳动具有基本权利、心理周期的属性。要确保劳动与休闲能够实现周期性的转换,确保劳动权利,必须形成由众多企业组成劳动需求方和众多工人组成劳动供给方,并且,这种双方共同组成的劳动交换体系在客观上构成一个保障每个人劳动权利、寻找就业机会的非市场性社会网络。这个网络是个体劳动休闲行为周期性转换的保障体系,也是构成现代国家宏观经济运行的一个基础性制度构件。

如果追根究底地问:劳动幸福观究竟是何时以及如何形成的。或许,这与人类社会的语言、真善美的价值观一样,无法得出一个准确的考据或逻辑解释,只能说是演化逻辑使然(某种似是而非的托词)。实际上,将劳动作为人生幸福的享受,源于一种无意识的人类天性,就像人类演化而来的基因,根植于我们生命诞生的那一刻。人的生活作为一个过程,本身就包含着劳动的劳累与艰辛;但它也使我们接触他人、亲近自然、充分享受劳动分工过程的社会乐趣。反之,就像有句话说,想要毁掉一个人,就给他不劳而获的舒适生活。一个人越是远离劳动、远离社会、远离自然,其幸福感就越低。[57]人生意义的最普通理解就是在劳动过程、劳动回报与劳动享受之间寻找到恰当的平衡。传统文化中的一些生活常识就包含着这种平衡习俗的智慧。

人们追求休闲的享受与劳动的勤奋是一种二元对偶的互补行为关系。一般地,我们假设劳动就业的高阶理性是追求劳动幸福感最大化,它既包含给定劳动时间的劳动收益最大化 $\max\{u(t,e)\}$ s.t. $c(t,e)\leqslant c_0$，也包含给定劳动收入的劳动时间或劳动强度最小化(休闲享受最大化) $\min\{c(t,e)\}$ s.t. $u(t,e)\geqslant u_0$，其中，t 为劳动时间，e 为劳动强度。注意，$\max\{u(t,e)\}$ 的约束函数是行为中付出的劳动艰辛、牺牲的休闲享受。其实，很多“工作狂”表现出异常的劳动热情，除了对事业的忠诚或者对信仰的虔诚等深层次精神动力，本质上仍然是某种超越劳动收益最大化以外的人生成功享受或者预期收益使然。反过来说，$\min\{c(t,e)\}$ 作为劳动的对偶行为，休闲的本质是劳动行为的约束条件和基本代价，二者关系的对偶性是不言自明的。于是，根据劳动与休闲二元对偶行为的幸福感都服从边际效用递减规律，由前述第 3 章基本模型，我们可得以下周期性规律：

$$y(u,c,t)=\begin{cases}\sum_{n=1}^{+\infty}\left[(A_n\cos\theta_n u+B_n\sin\theta_n u)T(t)\right] & \partial w/\partial u\geqslant 0\\ \sum_{n=1}^{+\infty}\left[(A_n\cos\theta_n c+B_n\sin\theta_n c)T(t)\right] & \partial w/\partial u<0\end{cases}\tag{4.4}$$

注意，这里的劳动量 u 和休闲量 c 都是以时间为单位计量的，即 $u=u(t)$，$c=c(t)$，且 $T(t)=\sin\dfrac{n\pi}{\sqrt{\mu}T}t$。如果将劳动幸福感的总效用函数记为 $W=\sum_{t=1}^{+\infty}\left[(u(t))^{\alpha_t}\times(E-c(t))^{1-\alpha_t}\right]$，其中 E 为某种总量定值，即符合第 3 章关于幸福感函数满足 $\partial W/\partial u\geqslant 0$、$\partial W/\partial c\leqslant 0$ 的基本要求，那么，在 (u,c) 平面上，对于 $x_i=u(t)$，$c(t)$，式(4.4)可简化为一维时间变量的运动方程：

$$y(u,c,t)=\sum_{n=1}^{+\infty}\left[(A_n\cos\theta_n x(t)+B_n\sin\theta_n x(t))T(t)\right]\tag{4.5}$$

下面介绍劳动幸福感习俗的主要影响因素、基本性质和逻辑特点。一般地，劳动-休闲周期的初始状态，宏观上是由一个区域、民族或者国家的社会劳动习俗决定的，比如中国历来讲究勤劳致富、耕读传家的社会风尚，而犹太人精于金融、敏于商机，拥有经营金融商业帝国的社会氛围；从微观上讲，则涉及个人与家庭的初始禀赋、社会背景、财富积累乃至心理性格等复杂因素。具体地，它们分别与振幅 A_n，B_n 高度、周长 l 或者周期性频率 θ 等参数直接关联(见第 3 章详述)。

实际上，劳动与休闲的偏好周期性本质上与人的心理、生理特性和生活情趣相关,也与社会交往的认知感密切相关,绝对不是纯粹个体性行为周期性的简单呈现。此时,纯粹的个体心理因素作用十分重要,而主要体现为在自信与怀疑之间周期性摆动或者奋斗与懦弱的心理动机之间摆动。比如,性格坚毅、身体强壮、社交广泛的个体,他们的劳动周期的振幅 A_n, B_n 更大、周期 l 更短或者频率 θ 更快;同理,一个天性自信、人生顺利、欲望淡薄的个体,其劳动周期的振幅 A_n, B_n 更小、周期 l 更长或者频率 θ 更慢。显然,其中的逻辑原理是某种直白、简单的推论。如此,由于类似的组合可以由于变量因素的增多而多达千百种情况,暂不展开。

劳动与休闲之间的周期性转换还涉及消费行为相关的逻辑,进而要对于劳动与休闲、奢侈消费与节俭消费的多重周期性进行叠加分析。因为,劳动收入的增加会扩大人们的消费范围,而休闲则会压缩其他消费的预算,人们似乎不是在为消费而拼命劳动,就是在为了休闲而放弃消费,这两者的权衡选择实际上就是预算集的关系分析。

关于工业化进程中的中产阶层命题的一种解释:一个国家经济增长、社会发展的重要标志是中产阶层不断扩大。究其原因,一是伴随着工业化技术的提高和扩散,劳动就业技能的积累和生产知识的增加,会促进社会生产率的提高,人均财富水平大幅增加。二是个体劳动成本的增长和劳动时间的延长,特别是现代社会消费节奏与生产频率的加快,使得同等知识量的劳动收益降低,生产要素总投入大幅度增长,加之国际贸易的劳动生产率差异,社会总产值得到极大提高。三是社会性劳动竞争压力普遍化,促使发展中国家的劳动者要最大可能地追逐更高学历、更熟练的劳动技能,加之工业化过程的劳动规范化、程序化需求,使得大量中高等技能的人工劳动(即使非创新性)致富成为可能。此时,如果在劳动与休闲的选择与转换中,在融入劳动分工体系的交换过程中,人们选择更高的劳动效率,以获得更多的休闲,他们便成为中产阶层。最终,这三种因素的共同作用,解释了劳动者财富随着经济增长而变化的中产阶层现象。

显然,上述命题的逻辑证明是一种关于劳动就业周期性模型的、多重个体劳动休闲周期性曲线叠加的结果。其中,由于个体选择更高劳动技能(更高的劳动收益)和更多休闲时间,个体周期将表现出一种比原有劳动周期性曲线更高、向上平移的周期性曲线。由此,工业化进程将促使占总人口比例越来越多的就业者,持续地进入劳动周期、创造收益,进而成为中产阶层。由于相关的数理证明简单、直白,这里略述。

关于自然失业率概念的一种解释:本质上,自然失业率 r 是基于劳动与休闲周期性转换逻辑,针对不同环境、不同技术条件、不同生活方式的一种关于资源利用率的描述。其中,生产技术越是先进、高效,相关劳动技能、劳动竞争力越高,对应的自然失业率就越高;反之亦然,即生产技术水平(记为 T)是自然失业率的增函数,有$\partial r/\partial T \geqslant 0$。生活方式越多样化,劳动竞争越低,生存压力和劳动多样性选择使得自然失业率更低;即生活方式是自然失业率的减函数,有$\partial r/\partial s \leqslant 0$($s$ 为人们生活方式的多样性度量,就像新的旅游生活方式会创生新的旅游产业、带来新的旅游就业一样)。此时,在现代社会,由于生产技术水平提高与生活方式多样化总是同方向变动,我们可以得出一种宏观、静态自然失业率的两因素理论说明(见图 4.3)。这里,根据个体劳动就业的周期性行为逻辑,如果众多小周期波动的加总收敛(不讨论发散的情况),那么,社会周期加总的波动将取决于上述生产技术、生活方式多样化的程度,进一步,这种多重周期叠加下的自然失业率,本质上意味着一种给定初始条件下社会特定时期内总成员中同时选择非劳动休闲周期的人数之和,由此,不同时代背景将会有不同的自然失业率。相关逻辑仅推导如下、不过多赘述。

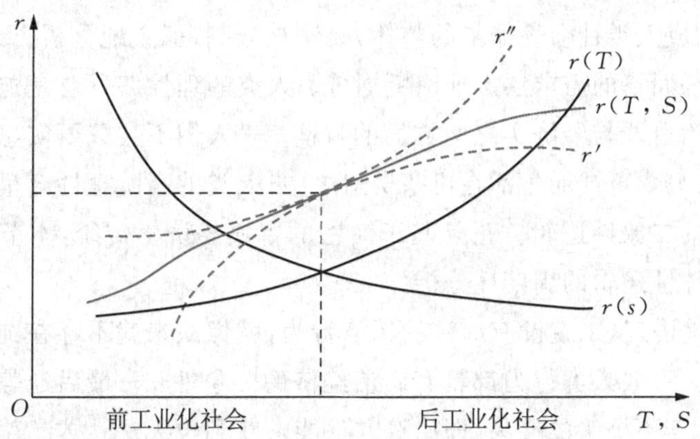

图 4.3 自然失业率的技术与生活方式解释

由假设可知,对于社会中的成员任意 $\forall i \in N$,有 $y_i(u, c, t) = D_i \cos \omega_i \mathbf{x}_i(t) \sin t$,其中,$\mathbf{x}_i(t) = u(t)_i,\ c(t)_i$。而当社会成员数量足够大,由大数定理知 D_i、ω_i 服从高斯分布;于是,全体社会成员就业周期的加总同样服从高斯分布,收敛为:$Y(u, c) = \sum_i D_i \cos \omega_i \mathbf{x}_i(t) \sin \theta_i t = E \cos \omega \mathbf{x}_i(t) \sin \theta t$。

这里。由于 D_i、ω_i、θ_i 与个体 i 的生活方式多样性、社会科技水平相关,自然失业率是一个社会的劳动就业周期曲线上的最小失业率量,反映了社会当下的科技水平和生活方式状态;本质上,则是社会加总状态的社会劳动就业习俗的反映——人们关于劳动幸福观的社会习俗。

也就是说,自然失业率应为周期性社会总劳动人口减去对应时间点的就业周期人数的比值,进而可简记为:$r=(N-Y(u, c))/N=(R/N)\cdot\cos\omega t$。

4.5　政治经济周期:一种政治经济学的回归

当我们按照古典政治经济学的传统,把人类社会行为简化为政治与经济的两种典型倾向时,人便具有政治与经济的二象性。但自边际革命特别是新古典经济学出现以后,政治便被隔离于经济学理论之外[58],人们试图将经济学打造成绝对中立、价值观无偏,乃至纯粹行为的经济科学。实际上,人类天生有物质需求的经济性,会追求利益实惠、物质享受的幸福感;与此同时,也同样具有精神需求的政治性,即追求获得社会认同、社会尊重、社会公平,乃至追求荣誉、美德的幸福感。二者均源于人的本性,它们相互依赖、相互补充,构成人类社会性需求的整体,无法被分割、孤立地分析。最早,这被心理学家马斯洛的需求层次理论所划分。人类的理性偏好总是迫使人们同时兼顾政治尊严与经济实惠两方面的权衡——人们不会只要实惠而放弃尊严,也不会只要尊严而生活在饥寒交迫之中;人类的高阶理性会呈现出政治经济行为的二象性逻辑。正是基于斯密的古典经济学传统,本节将展开一种针对整体性逻辑的周期性分析。

广义地讲,从来就没有纯粹的经济行为,就像从来就不存在纯粹的政治行为一样。一般人类行为都具有政治经济的二象性——最后通牒博弈的实验表明:对于不公平的交易,即使双方都能够获利也无法达成。生产行为具有政治经济的二象性——对外投资往往伤害本国工人的利益,而成为地缘政治竞争的手段。消费行为也具有政治经济二象性:比如在夜深人静时高声歌舞、酗酒取乐就会影响他人休息。政治经济二象性的社会表现是,每一个人都离不开政治,哪怕你不愿意参与甚至反感政治活动,也无论你的政治水平或高或低;每个人都是自己的政治家——负责自己的政治事务。同理,每一种政治行为背后都存在着非政治的经济利益关系,这是马克思辩证唯物主义的核心逻辑，将人类政治斗争归结为物质利益行为，由此确立经济基础决定上层建筑的理论体系。

实际上，人们对于政治的热忱往往表现出因人而异的差异，但如果深究，我们会发现，政治学家们很少关注个体政治行为。传统政治经济学、政治哲学的主要论题是个体政治行为的加总逻辑，而个体政治行为被一系列涉及自由、平等、公平或者正义等规范性论题的理论分析所遮蔽。的确，政治离不开对善恶是非的规范性判断，但须承认，个体政治行为也不应该被政党竞争、选举投票或者阶级斗争等群体行为理论所简化。[59]事实上，古典政治经济学传统早已经被人们遗忘，现代经济学的所谓经济科学的主张，其实是一种"机器人"经济学；一方面，这将使得经济行为越来越远离政治语境；另一方面，政治行为也越来越远离现实场景，与当下社会行为的政治与经济越来越混合的社会实践形成强烈反差。

人的政治经济二象性本质上源于人具有神性和动物性的二象性，这是亚里士多德关于人性的最初洞见[60]，精炼、直白却极为深刻。后来，这被人们归纳为神性与精神属性、动物性与物质属性的两种对应关系。实际上，精神属性的内涵支撑着我们的伦理世界，物质属性则解释了物理世界，人类就生活在由伦理世界和物理世界所组成的两种规范性秩序之中。其中，伦理秩序包含着一整套的思想意识与价值观体系，以助人们分辨美丑、善恶与是非。就像人们要遵守物理秩序的规律一样，谁若想违背重力学规律从悬崖高处跳下去就一定会摔得粉身碎骨。只不过，违背伦理秩序的"粉身碎骨"是一个无形的、只是自己最终不幸福的痛苦过程。也就是说，关于物理秩序的认知和伦理秩序的认同是人们一起生活、构成社会的前提。中国传统文化认为：仁、义、礼、智、信是确保幸福感的最高准则；西方人从自由的角度，解析了一个平等、自由、博爱的社会所应具有的幸福生活秩序。但无论东西方文化的传统差异有多大，人类社会存在着的两种秩序的本质约束都是相同的。换句话说，现实生活的二元秩序世界的客观性，既是人类政治与经济二象性的结果，也是人的政经二象性偏好使然，否则，人类便没有社会性。

关于政治与经济的二元行为偏好，其准确含义是指人们对于精神与物质两类需求，在行为过程中表现出对于政治与经济利益的某种倾向性偏好。比如，中国现代文学家、诗人朱自清，晚年宁可饿死也不领美国的"救济"，表现出中国人的民族气节。这种骨气就可视为政治性。而人们在很多时候也具有某种追求物质和经济利益的强烈欲望，如改革开放初期，中国人就将

"勤劳致富"作为人生的目标和信念，表现出追求物质财富的积极性。严格地讲，个体政治与经济行为受到社会意识的主导，具有不可分割的社会整体性，但其行为逻辑仍然是个体理性选择，具有偏向性，并由此构成了人们关于政治与经济二元高阶理性的基本成分。

从人类行为的个体性与群体性社会环境进行观察，相对于经济交易的逻辑，人类初期的大多数社会活动，往往是通过政治方式起步的。我们绝不能低估人性中道德、正义乃至情感的政治性功能，人性的本质并非经济学描述的那般俗不可耐，往往是类似于自尊、伦理、德性的精神力量在人类历史进程中扮演着令人惊叹的伟大角色。其实，经由信仰追随、意识共振和情感认同所形成的政治权威，一旦通过恰当的语言、恰当的方式传播开来，就会激发出人们奋不顾身、为之奋斗的壮举。在中国古代，苏秦、张仪就凭各自三寸不烂之舌，完成了秦国与其他六国合纵连横的政治史诗；而像黄继光、邱少云的英雄事迹，也绝非那种遵循简单理性逻辑的人所能理解。

本质上，人的政治性意味着一种社会性，这是人类生存的基本属性。政治行为的核心逻辑是合作收益——即使很多误解合作博弈的人不承认这一点，其具体经济逻辑也已由合作博弈的夏普利值给出标准的定义。[61]本质上讲，合作就意味着政治性，经济行为的合作发端于政治，并随着政治秩序的扩展而形成新的合作秩序。一般经济行为偏重于实然逻辑，政治行为则偏重于应然逻辑，二者倾向不同、互有渗透。

一般地，政治行为中个体理性决策的约束函数由多种因素构成，比如个性禀赋、道德情操、意识形态等政治偏好的差异，要么因信息不对称或虽知道信息而胆识不够，要么有胆识勇气却受困于情感制约，如此，它们构成了各种各样约束人们政治行为的主观性前提。但基于本书的政治经济二象性原理，人们的社会行为过程总可以被简化成政治性偏好 $P(x, t)$ 以及经济性偏好 $M(x, t)$，进而在二元对偶的语境下，我们便可以给出关于人们一般社会行为的某种整体性描述。根据传统效用理论，容易理解如图 4.4 所示的偏好簇曲线 $U(x, t)$（或效用函数）表达。

如图 4.4 所示，纵轴表示政治（精神）需求，横轴表示经济（物质）需求[62]，在给定预算约束下，一个人社会行为的效用水平将取决于其内在偏好——对于简化的政治或者经济利益的偏向性，由于人的思维方式影响其生活方式，除了政治效用，效率逻辑（与约束相关）也关联人的价值观与幸福感。二者的区别在于，效用有社会性的一面，又有个体性的一面，这是自由主义价值

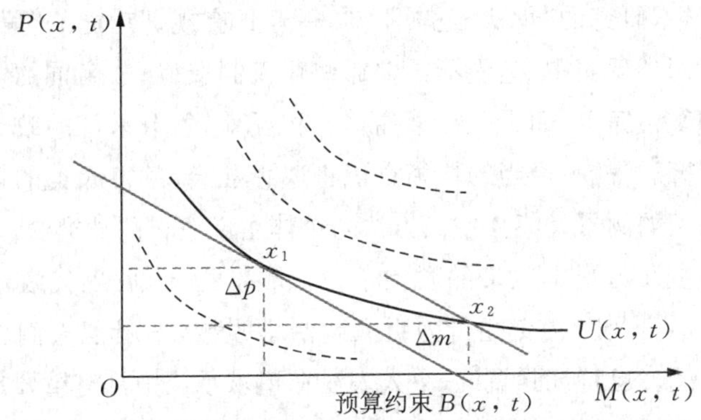

图 4.4　政治偏好的预算约束与效用最大化

观的重要理念。而效率仅仅具有社会性，必须依赖于社会交往与社会交换，在社会交往中体现效率的价值。另一方面，人们的思想意识与价值判断往往源于人们的物质生活，因为从来就没有超然于现实生活的幸福观和效率标准，这是古典政治经济学早就阐明的道理。这意味着政治与经济的二象性在个体行为中将表现为某种精神与物质的二元对偶。当资源有限时，便不能同时兼顾追求精神与物质两方面的享受，必须作出权衡。显然，相对于马斯洛的需求层次理论，本书是从理论上退回去，将马斯洛的需求粗化为两个方面，一是精神需求，另一是物质需求，同时，将追求承认、尊严与公平等精神需求看成抽象的政治行为，并将追求其他三个低层次物质需求的过程看成经济行为，以便于我们就两个方面展开某种定量而深入细致的逻辑分析。也就是说，本书仍然将物质的经济基础看成个体政治行为的唯一对偶约束条件。

政治经济学，曾经、现在直至将来，都将是掺杂着政治与经济行为的混合体。考虑经济背后的政治意向以及政治背后的经济原因，这种二元对偶逻辑及其互补关系是本节关于人们政治经济行为分析的起点。

什么是政治？按照黑格尔最初"为承认而斗争"的哲学命题[63]，政治是一个不断为促进相互承认而斗争的过程。马克思进一步引申其为人类社会的阶级矛盾及其阶级斗争的行为分析。有趣的是，阿尔都塞将其引向专业学术的共同体，认为发表学术论文是一种承认，不论是来自共同体的权威认可，还是学者之间的交流认同。学术体系的维护本质上就源于"阿尔都塞式的承认"。萨特和福山等思想家一直批判"阿尔都塞式承认"的"规训"内涵，认为它扼杀了学术的"思考"——以承认为导向的学术研究之必然结局。然而,与纯粹学术研究的"承认"逻辑不同,一旦具有规训功能的"争取承认"的政治行为返回到现实中,它便不再像那些仅仅制造概念、名词的学术成果那样被丢进档案柜完事,而无关社会痛痒。相反地,争取承认的政治是一个你死我活的博弈过程,不恰当的均衡意识将遗患社会、危害人类的现实政治秩序。一个典型的例子是集体主义方法与个体主义逻辑的冲突[64],以至于引发现实中社会主义与资本主义的政治争论。顺带指出,后现代政治哲学的突出贡献是将语言及广义交往行为引入政治学视域,拓展了人们思考政治冲突的现实空间。巴特勒强调[65],个人表演在追求承认中具有重要的社会性价值;由于表演是瞬时、不可重复的,于是,开拓创新性政治、挑战传统政治结构的一条可行路径,便是通过自己的简单行为去看,或者不去看他们的"表演"来达成。这在哈贝马斯的广义对话与交往空间的社会拓展逻辑中,得到了充分的阐释。因为人类生存空间仅仅取决于社会公共空间的拓展,只能源于人类交往行为的表演来实现。也由此,政治行为作为人类交往的"在场表演"便显得尤其重要。理论上,关于政治表演的关联、功能及其衍生研究涉及更多的领域,但这里只想强调,在政治的"承认价值"与"表演追求"之间关联的逻辑,正是本书关于政治收益与经济代价二元对偶关系的核心。

政治承认必须通过政治表演来实现,以至于政治本身已变成各式各样"表演"形式的集合。但需指出,政治承认与表演的关系仅在高度分工与专业化的社会里才能成立。相反,传统社会并不存在政治与经济的专业化分工,人们也不承认政治与经济的分离性——赢者通吃的丛林法则将迫使政治失败者被逐出群体,躲进深山老林。传统社会里,政治总是统领着其他社会行为,获得政治权利便拥有一切文化、经济、社会的所有利益。进而,人与人之间是"成王败寇"的生死博弈的政治关系——权力控制一切。由此,传统社会也并不存在严格意义上的政治表演与承认的表里关系,以至于政治本质上是你死我活的生存决战,最终的均衡往往由暴力决定——这恰好是文明政治才会政经分离的原因。相对而言,另一个极端则是经济决定一切,这是自由主义市场经济逻辑的某种极端表述——如果经济功能也是为了获得他者"承认"。[66]

追求承认的唯一功能——无论来自他者还是社会,本质都是确立个人自尊。自尊是一个人生存所依赖的唯一精神资本[67],没有自尊便没有政治行为幸福感的基础和前提,缺乏自尊的人也往往缺乏政治行为的积极意识,常常会回避政治争斗——哪怕必要时也一样。换句话说,政治的本质就是通过语言及其“表演”,来主张自己的利益权利,拒绝他人的不当侵犯,乃至居中协调人们的社会行为及其合作的实际收益。[68]

承认就意味着社会地位、经济阶层、民族种姓乃至区域国家等政治权益,政治行为是一种以团体、阶级的群体利益为核心诉求的群体性社会博弈。与此不同,经济行为则可以个体方式完成——比如自己种菜自己吃,无干他人。任何政治行为都是一场全社会范围的“群体表演”与认同过程。其实,合作博弈的联盟概念就在于此[69],因为联盟的形成涉及政治行为的两个关键——至今未被博弈论所揭示。其一,政治的群体性。政治表演不仅要面对社会,还要面对所属群体,获得群体内部人的认同,承认其为群体利益而奋斗的奉献性质;因而具有利他主义的群体性。[70]其二,政治的语言、对话性。政治语言是人们获得他者承认的关键,即使大多数真实的政治妥协往往是通过行为甚至暴力过程来完成的,基于讨价还价博弈均衡的政治协议也一定是所有妥协文明与政治进步的前提——至少会以隐性协议、惯例的形式存在着。

人类政治行为具有天然的社会性、群体性与合作性。政治目的依赖于同一政治群体的一致性行为,这意味着政治行为对于相同政治目标的人,具有相互补充、相互依赖的性质。而这种互补行为所排斥的对象、所反对的群体,虽然存在着一种绝对竞争、彼此排斥、相互斗争的暴力关系,但从利益关系紧密与松散的程度来考察:在任何时候,影响和制约人们政治生活的紧约束关系是政治群体内部的合作关系,而对立的竞争机制是一种外部性、松散性的约束,对于个人而言并不是最重要的行为约束条件,因为内部政治关系(如家庭、血缘、民族、国家等)决定了一个人归属感、认同感乃至幸福感心理账户的基本属性。[71]不容否认,政治行为互补性不能掩盖群体内部矛盾的个体冲突,合作是一种迫不得已的选择。人类社会秩序正是这种个体理性、群体囚徒困境的结果,从人性上讲,政治的矛盾性始终存在着。政治行为是一种群体性合作逻辑,但本质上是一个创新竞争、形成内部秩序的社会过程,它涉及群体内的协调、权威机制。这与纯粹经济行为的表面上竞争但内在互补[72]的逻辑特性完全不同。

协调的权威性源于政治的合法性,不管这种合法性是历史继承或者现实竞争形成,往往合法性越强、权威性越高,协调效率也越大。任何政治权威都包含着暴力强制性,否则,这种权威的协调效率是不可置信的。当然,权威政治的协调过程是一门艺术,且影响政治效率。但已超出本书范围。

如果记 $\mathbf{x}_1$ 与 $\mathbf{x}_2$ 分别表示纯粹政治行为和纯粹经济行为,由于经济行为是经济学的传统论题,不用在此赘述。现就二者的对偶互补性及其约束关系陈述如下。

(1) 政治与经济行为各自倾向的环境依赖性差异。对于均衡点的 $\mathbf{x}_1$ 与 $\mathbf{x}_2$ 而言,即使效用相同,但其行为意向不同,那么 $\mathbf{x}_1$ 倾向于将资源用于政治目的,$\mathbf{x}_2$ 倾向于用于经济利益,存在着行为上的本质区别。$\mathbf{x}_1$ 与 $\mathbf{x}_2$ 偏向性差异还涉及预算线斜率的变动,即社会政治、经济环境变化,将改变同样的政治经济需求组合中的"价格",迫使人们在不同环境下只能选择更多的政治追求或者更多的经济利益。

政治与经济行为倾向性导致二者资源分享和使用属性不同。在纯粹的政治行为中,政治资源的分享和使用具有互补性、非排他性,同一政治群体的人越多,政治势力越大。如面对平等、自由、公平等价值观理念的冲突,只要进入同一政治共同体,便可以获得恰当的彼此共情。不仅如此,相同政治群体的人们彼此互助、利益共享,乃至吸纳其他的认同自己意识形态的人共享政治荣誉都是一种快乐的事,不仅能够提高共同体中每一个人的幸福感,同时也会增加共同体的归属感。政治资源的这种决然不同于经济资源的分享和使用属性,使得人们政治合作的可能性与经济竞争的不可避免性存在本质的差异。实际上,人类行为的这种政治性自古就有,亚里士多德说,只要从家庭、族群等组织的起源中,我们就可以发现人们彼此合作的政治倾向。

这个细节描述还说明,政治资源和政治行为具有互补性,这完全不同于经济资源具有的互替性特征。在纯粹的经济领域,即使现实中不存在这种纯粹的经济行为,人们也是无法分享经济资源的。经济物品没有政治公共品的非排他性,可以在不减少其他成员福利的同时,增加至少一人的福利水平。这被传统经济学称为私人物品的排他性,一旦让他人分享经济利益,就一定会减少你自己的收益——除非你要追求精神上利他主义的幸福感。恰好在此时,精神意义的政治反作用力便显现出来了。

(2) 政治与经济行为之间竞合属性的差异。政治行为表面上就具有合作性,只要属于同一政治体,不同个体的政治行为就具有互补性,像选举过程中同一阵营的甲为乙站台支持就是很正常的行为。但值得指出的是,内部联盟的内部分层仍然是对抗性的,因为政治行为唯一的目的就是形成并维护不同政治群体内部与外部的一切阶层秩序。表面上,经济行为具有竞争性，就像一块面包不管怎么分，对于两个饥饿者来说都是利益冲突的；道金斯为此就认为，“人们是彼此长着突刺的对立竞争者，明显的利他行为实际上是伪装起来的自私行为”[73]，传统理论也由此将人类看成本质上是某种绝对自利性的竞争个体。但值得关注的是，经济行为还拥有不同于政治行为的独特之处，这是经济交易的逻辑，人类所有经济活动的交易行为都是互补、合作的。或可以说，齐美尔当初提出的“社会何以可能”的合作悖论[74]，矛盾缺陷的要害在于方法论错误，他是在不恰当的经济语境中，提出了一个不恰当的政治问题——如果观察者忽视人们日常生活中总是包含着政治与经济行为的混合，就很容易陷入这种理论上的逻辑悖论。因为齐美尔定义合作与竞争的概念时，就预设了矛盾的陷阱，这与罗素悖论如出一辙。

事实上，政治行为的基础动力是合作收益，这使得政治行为包含经济因素。何维·莫林[75]深入分析微观经济行为的合作博弈理论，并将其概括为三种类型，这大致与政治学的三种典型方式对应：权威政治的协调、制度政治的保障、契约政治的谈判。如果将合作收益看成广义的幸福感概念，而非纯粹经济计算，那么，人类经济行为合作依赖于政治行为的保障，如交易的契约、生产的合同、联盟的形成乃至婚姻的成立无不内涵政治性基本规则，正是经济的相对竞争性使得人们陷入一种理论困境，一方面人类社会似乎处处存在着合作机制和合作行为，另一方面在逻辑上却无法摆脱彼此竞争的限制。

(3) 政治经济行为的目的差异性及幸福感加总。关于两种行为的权衡选择，必须同时兼顾政治正确与经济有用的加总。亚里士多德说，人的一半是兽性，一半是神性。神性即人性的善；兽性即人总是存在追求物质享受的偏激。在古典政治经济学中，人的政治性行为目标是追求“正确性”，经济行为追求“有用性”，这是两种不同的行为目的。

政治正确性，是传统政治学致力于厘清的重要问题。尽管政治哲学关于政治正确性的逻辑存在着公平、自由与平等三个彼此纠缠的矛盾主题与复杂关系，但人们总要试图在现实议题上寻求“这对多少，那错多少”的是非判别和价值判断。实际上，寻求政治正确性就是追求人生价值的精神性，这种追求遍布于人们日常生活的方方面面，即便是日常的消费行为，也存在对政治正确性的“度量”与“权衡”。否则，尊严、自由与幸福等概念便不复存在。鲍德里亚就给出过诸如旅游、健身、时装等众多消费现象的实例[76]，并论证它们均不是看起来那样与政治正确性无关。

相对而言，经济性讲究的“有用性”是一种直观、清晰和简单的逻辑。但是与人们离不开精神属性的政治性一样，人们在任何时候、任何事上都同样要计较经济性，总是要计算其中的成本和收益。这种斤斤计较不是对人的精神性、政治性的否定，而是一种深化，就像精神赋予一般性消费行为以更多的内涵一样，并使得追求物质的经济行为变得更有意义。

如此，高阶理性行为一定要追求精神与物质、政治与经济的高度统一，同时在这种二元逻辑背后进行恰当的权衡；所谓正确性与有用性只是因为不同语境和情景变得彼此替代、交换目标而已。因为，人类行为的这种双重属性是自身内在矛盾依赖决定的，对于不构成矛盾的双方而言，它们不会导致社会行为的周期性，只是某些相关行为模式的彼此转化与互通，即某种方法论的说明。实质上，一个人追求政治属性的精神满足时，他就一定存在着边际政治效用递减规律；同样地，人们在追求经济属性的物质满足时，也存在着边际物质效用递减规律。精彩的是，在这两个目标中间状态进行选择，进而将得出的人们关于政治与经济行为不同偏向的周期性逻辑。

根据第 3 章周期解的通式及条件，基于政治行为 $\mathbf{x}_1$ 和经济行为 $\mathbf{x}_2$ 的对偶互补性，我们可得如下有关时间变换下人类政治经济行为周期性的方程：

$$y(\mathbf{x}_1, \mathbf{x}_2, t)=\begin{cases}\sum_{n=1}^{+\infty}[(A_n\cos\theta_n\mathbf{x}_1+B_n\sin\theta_n\mathbf{x}_1)T(t)] & \partial w/\partial\mathbf{x}_1\geqslant 0\\ \sum_{n=1}^{+\infty}[(A_n\cos\theta_n\mathbf{x}_2+B_n\sin\theta_n\mathbf{x}_2)T(t)] & \partial w/\partial\mathbf{x}_1< 0\end{cases} \tag{4.6}$$

运用周期性逻辑工具，可以通过对两个周期性方程的叠加，得出人们合作的组合分类：第一，两个人都处于政治期，会出现意识形态相左的不合作或者互为共同体，即不是冲突就是联合的两种极端情形，没有第三条道路的选择[77]；第二，两个人都处于经济期，就一定存在着竞争大于合作的社会关系；第三，两人处于政治经济混合的不同周期，则存在着合作大于竞争的社会关系(具体逻辑简单，这里不赘述)。由此可见，周期性工具可以帮助我们看清一些模糊的认知，特别是第三种情形说明了人类社会为什么会出现政治职业的分工。因为一旦合作行为存在大于竞争行为的经济收益，巨大的利润诱惑将促使市场竞争的“无形之手”推动人类社会进步、创生出独立职业倾向的政治家，通过政治活动来获取社会总福利净收益——就像会计师、律师(事务所)等中介职业一样。

进一步，根据总效用加总逻辑，如果将个体幸福感总效用函数对行为路径进行积分，并求泛函值—— $J[y(\mathbf{x}_i)]=\int_0^T W(t,\ y(\mathbf{x}_i),\ y'(\mathbf{x}_i))\mathrm{d}t(i=1,\ 2)$，将 $\mathbf{x}_1$ 路径的积分值看成主体追求政治目标的幸福感（其中，$\mathbf{x}_1$ 表示以政治追求最大化为行为目的），将 $\mathbf{x}_2$ 路径的积分值看成主体经济收益的幸福感（其中，$\mathbf{x}_2$ 表示以经济利益的损失最小化为目的），我们便可以得出一个以幸福感加总的积分值为标准，对于现实政治职业中三种角色分类的深入理解[78]，具体简述如下。

革命家：在行为周期幸福感积分 $\int_0^T W(t)\mathrm{d}t$ 中，政治收益的幸福感大于经济享受，表现出理想主义的革命家形象。当然，伟大的革命家也是杰出的

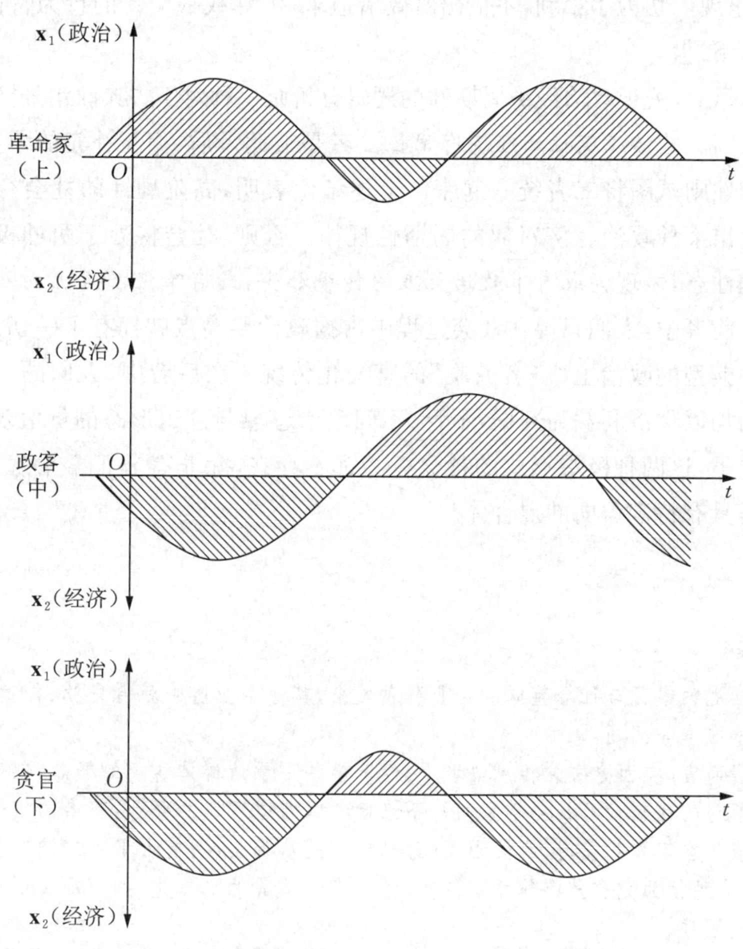

图 4.5　三种政治职能分类的积分差异及其周期性

政治家，这种政治家或许会表现出一种浪漫主义革命情怀与现实主义政治行为高度统一的个人特质，并在$(0, T)$的一生中，追求政治目标的幸福感[图 4.5(上)的左斜杠阴影面积]要远远大于经济享受的幸福感[图 4.5(上)的右斜杠阴影面积]。

政客：在行为周期幸福感积分$\int_0^T W(t)\mathrm{d}t$中，政治收益将周期性地小于经济享受，这种周期性波动体现了政客内心深处关于政治与经济的权衡，表现出职业政客及其官僚的投机性[图 4.5(中)，即左斜杠阴影与右斜杠阴影面积的周期性变动]。

贪官：在行为周期幸福感积分$\int_0^T W(t)\mathrm{d}t$中，政治收益将大大小于经济享受，呈现一切为了私利，不惜出卖政治追求、大肆权钱交易的行为特征[见图 4.5(下)]。

实际上，关于政治经济周期性的逻辑分析是一种对于古典政治经济学传统的回归。政治正确性与经济有用性二者是彼此矛盾、相互补充的矛盾体，高阶理性则试图将二者统一起来。上述结论表明，高阶理性的社会行为一定表现出某种政治经济对偶的周期性规律。否则，社会将处于两种极端的低级理性态，表现为或者唯政治至上的传统社会，或者唯经济至上的商业社会。在前者中，人们只要在社会过程中占据政治制高点就拥有了一切，呈现出一种典型的政治上"赢者通吃"的官文化传统。在后者中，人们的一切社会行为均以经济利益为判据，不管、不问政治思想与意识形态的价值观。正常情况下，这两种极端形式的社会行为都不存在，除非有非正常干扰，现实往往是具有特定偏向的混合体。

注 释

1 包括观察银行与社会整体的企业利润关系，其他企业能否获得贷款、贷款成本、竞争成本等问题。

2 一般而言，在西方文化传统语境下，经济学并不承认群体意识的概念，但研究群体行为的逻辑。而社会学家们则不愿意考虑群体意识的概念：著名的例子是一群演员在室外拍摄时，突然下雨(与剧情无关)，那么，所有人都一起涌向屋内躲雨，这种行为究竟是群体意识使然，还是直觉造成的？如此，如何定义群体意识便很困难。

3 这种主观感受涉及更多的社会心理学、消费心理学的内容，随后有详解。

4 有人会说，传统经济也有赊账消费等延期支付的提前消费行为，但本质上，传统社会的赊账消费与现代金融体系的市场信用服务功能完全不同。后者是跨越传统血缘、熟人社会文化圈、面向广大陌生人市场消费群体的服务，相反，传统熟人社会的赊账消费与合会、赶人情等风俗习惯一样，不过是基于人格信用的传统社区互助模式，与真正意义上的金融体系及其信用服务本质上有异。由于相关内容繁杂，涉及史料考据，限于篇幅，恕不赘述。

5 见让·鲍德里亚：《消费社会》，刘成富、全志钢译，南京大学出版社 2008 年版。

6 这种基于交易点的传统均衡逻辑，分割了消费与生产的社会关联，其道理简单。随后还有详述。

7 这里，在笔者看来，这种自由的孤立行为只是消费者的幻觉，这种幻觉一直受到关于消费的社会意识形态话语的精心维护。

8 这里，所谓人类学意义的经济学概念是借用鲍德里亚批判消费性社会异化的一个说法，意指传统经济学本质上缺乏社会性、整体性的人文关怀，机械地将人的经济行为看成一个个等待考据的"化石标本"，彼此孤立、静态、局部但伪装得十分科学的面目（详见鲍德里亚：《象征交换与死亡》，车槿山译，译林出版社 2012 年版，第 39 页）。实际上，鲍德里亚这种源于符号学方法论的思维，得益于他关于视角艺术与影像意义的批判性思考，仅此提示。

9 当然，这也是鲍德里亚所批判的人的物化的原因，因为此时人成了实现功利主义目的的工具。

10 见鲍德里亚：《消费社会》，南京大学出版社 2008 年版。

11 即指"物品-符号"的矛盾冲突，这是鲍德里亚关于消费社会分析的第一个层次矛盾。在索绪尔的结构语言学中，由于语言被看作封闭的符号系统，言语已成为日常生活中的实际语言行为，因而，符号与符号之间的关系才应该是语言学研究的对象。此时，联系起来讲，商品价值的符号化必然带来物品与符号的紧张关系。

12 这种能指所对应的"所指"同样会显现出"物品-符号或物品-象征"的链条。值得指出的是，由于构成语言的符号具有"所指"和"能指"的功能区分，详见罗兰·巴尔特在《流行体系》一书中，以服装的符号语言为例，分析了符号体系的"能指"是如何被设计、包装而改变，最终使得"所指"功能逐渐地被意识形态所控制的过程。

13 这是鲍德里亚基于物的差异性分析，进一步转向符号/价值编码体系的语言学分析的核心逻辑。

14 见马克斯·韦伯：《经济与社会》，上海人民出版社 2020 年版。

15 请读者思考未来的形式是什么？实际上，考察产业革命以后的人类发展历史，19 世纪的工业化就是一个对农业人口展开面向工业生产的大规模驯化的过程（见韦伯的理性功能批判）。在 20 世纪，同样规模、同等力度的面向市场消费的驯化过程，已被完全延伸到各消费领域，渗透于社会各个角落。就像在生产的工业化过程中"利润至上""工业现代化"等驯化人们的富于煽动力的口号一样。在消费社会，铺天盖地的广告使得工业时代那些可以自由决定消费的小储户及无序消费者,一瞬间,便彻底消失了。消费是生产力、信用是万能良药,进而消费的信用体系榨取储蓄、调节需求——如同有偿劳动在榨取劳动力并增强生产效率上的逻辑一样,充当了消费社会驯化人的工具。正如韦伯在《经济与社会》中所说的:"作为资本主义生产本位源头的理性训练的伦理,以一种温柔的方式对至今仍游离于其控制之外的领域形成了包围。"

16 见鲍德里亚《消费社会》第二章第五节,第63—78页。

17 这里,象征性交换指传统社会的礼物交换,是鲍德里亚借以研究商品交换阶段的物的社会性本质的一个引征词汇。详见让·鲍德里亚:《符号的政治经济学批判》,南京大学2015年版,第二章,第61页;更详细的逻辑见《象征交换与死亡》所述。

18 见让·鲍德里亚:《符号的政治经济学批判》,南京大学出版社2015年版。

19 源于索绪尔的结构主义哲学方法得到了像施特劳斯(C. L. Strauss)在人类学方向、阿尔都塞(L. Althusser)在政治哲学、福柯(M. Foucault)在社会学以及罗兰·巴特在文艺理论等方向的发展,相关传承关系复杂,恕不详述。

20 见让·鲍德里亚:《消费社会》,南京大学出版社2008年版。

21 更准确地说,应该是指创新精神。当然,熊彼特提出企业家精神的理论洞见,在时间上要早于鲍德里亚的逻辑,但这种理论关联在逻辑上是可行的,并且现在看来也是一种自然且成熟的思想理路。随后的第5章中有详细、全面的反思和深入讨论。

22 这种说法借鉴了凯恩斯关于刺激经济的一个古怪想法(见韦森:《重读凯恩斯》,上海三联书店2023年版,第四章,第60—61页):把瓶子里塞满用过的旧货币,将瓶子掩埋起来让企业家去挖掘,以便刺激新一轮生产消费的循环。实际上,凯恩斯的瓶子说穿了就是创新,因为只有用新组合、新方法、新材料呈现于新市场的新产品及其创新利润,才可以被企业家、投资人去挖掘,形成新的资本和新的投资。由此,将旧货币装进"创新的瓶子",通过企业家精神及其创新企业带动创新产业的发展,应是拯救经济衰退的一种重要的方法。随后有详细解释。

23 详见张一兵:《反鲍德里亚——一个后现代学术神话的祛魅》,《学术月刊》2009年第4期。该文提出了对鲍德里亚的马克思主义者定位的误读,以及与后现代思潮相关的倾向性解释的批评性评论。

24 这是传统跨期决策消费理论的内容,具体可见一般微观经济学教材。

25 这里,采用了Rubinstein、Binmore和Wollinsky(1986)关于讨价还价轮流出价程序中,所使用的那一句名言:"the time is valuable",以至于科斯的社会成本也被概括为时间成本。详见童乙伦《解析中国》第4章的详细解读。

26 这是指凯恩斯的需求决定论,详见一般宏观经济学教材。

27 注意,这种描述并不是要为各式各样的"躺平"做脚注,因为后者涉及更大的社会问题:内卷论题,仅此说明。

28 注意,埃隆·马斯克似乎是一个例外,他那永不枯竭的创新冲动受到资本的拥簇,吸取了其他人的创新能量,这是当代企业创新的新现象。或许,可称之为创新的集群效应。详见熊彼特《经济发展理论》,随后第5章还有阐述。

29 见前述2.4节、2.5节的相关内容。

30 这里所称的技术创新是指生产工具、生产工艺、生产组合、生产材料以及生产产品的一切技术改进,但这种技术创新性改进只是熊彼特意义上的创新概念的一部分,而非全部。相关的逻辑和概念差异详见随后第5章。

31 与消费行为的幸福感函数一样,显然,生产行为函数也符合高阶理性整体幸福感的定义2.1。即有$\partial W/\partial u>0$、$\partial W/\partial c<0$;但具体构成时,消费行为是加法,生产行为是乘法,这本质上并不影响二者逻辑的内在一致性。

32 见让·鲍德里亚:《消费社会》,南京大学出版社2008年版。

33 这种简单的逻辑可见传统教科书,关于生产、成本和利润的理论部分均有详述。

34 具体见布坎南的相关论述,相关逻辑也常见于一般微观经济学教科书中关于公共品供给的内容。

35 这是微观经济学教科书关于垄断及其市场失效章节最普通的理论逻辑。

36 这意味着创新的均衡一般不会是最优决策的内点解或边界解,而是投入要素的极端生产方式。

37 比如金融资本家的投资行为:将其目标函数看成风险的利润$\pi(r, K, L)$,其中r为风险量,约束函数则由投资者的个人信用$C(r)$、承担风险$B(r)$及发现创新价值$D(r, c)$的能力等因素决定(r、C、B、D分别对应risk, credit, bear, discoverer),$C(r)$、$B(r)$及$D(r, c)$均与风险相关。这是传统理论的常规内容。但是,关于投资的目标函数与约束函数的对偶关系,传统理论的风险逻辑却常常陷入一种矛盾,在完全竞争市场(有效)假设下,超额利润逻辑上为零——无套利原则所示,即有$\pi(r)=0$。如果利润不等于零,则意味着相关的行为分析与风险无关,只不过是一种市场垄断,或者信息不完备(即投机行为的代名词)的超额利润。

将投资归纳为风险的简化逻辑忽视了这一事实:现实中,实业投资行为中投资利润最大化的风险往往与创新相关联,而约束函数中发现创新价值的能力$D(r, c)$则与企业创新行为直接相关,表现为某种把握创新机遇的能力——因为只有创新才带来风险,否则,一般经济循环既没有风险,也没有超额利润。由此,相关周期性行为逻辑便可以通过进一步分析,得出不同的结论(略述)。

实际上,但凡投资经验老到的人都深知,投资效率往往来源于对机会的把握,准确地把握创新价值的机遇才是获取收益的关键。此时,对于投资行为,唯一的约束不是你拥有多少可用于投资的资源$C(r)$,也不是你关于投资的专业知识,更不是你有多少投资项目的私密信息$B(r)$;而是投资人的个人创新偏好,是否敢于真正地抓住创新机会$D(r, c)$,能够在稍纵即逝的一瞬间抓住机遇。事实上,这些投资机遇对大多数职业投资人而言,常常是平等、可见、无差异的;关于这些机遇的资源、技术和信息条件,对于大多数优秀的投资人或职业操盘手来说，也都是无差异的。人们之所以在平等的投资环境中，形成彼此投资效率与业绩巨大的差异，关键在于投资者个人的创新偏好——包含个人风险感知、消费认知、市场感觉与利润嗅觉等一系列直觉和本能，当然也与投资人个体的生理、心理特质相关——它们都应该呈现出某种周期性的特征。就此而言，投资风险行为本质上是创新周期性的随机决策偏好使然。

一般地，每一个人都是自己的风险投资人，就犹如每个人都是自己的政治家（汪丁丁语）一样。这种描述可以使我们追根溯源地将投资行为更一般化地推广到广义的政治经济学范畴。

38 实际上，古典政治经济学家大部分都拥有重农主义思想，而重商主义思想的正式叙述则是边际主义革命以后才出现的理论思想，是某种知识理性积累的结果，本书所述只是一种学术惯例的陈述。

39 见一般微观经济学教材的劳动-休闲理论及其模型分析。

40 这里，仅作为相关理论给予简述，详细内容可见随后第 6 章的具体讨论。

41 见新凯恩斯主义学派的一系列杰出工作，关于效率工资可参见：Shapiro 和 Stiglitz(1984)，Salop(1979)，Akerlof(1982)，Weiss(1980)；关于价格黏性的分析可参见：Cecchertti(1986)，Blanchard(1985)，Rotemberg(1982)，Akerlof 和 Yellen(1985)。

42 见传统教材关于发展经济学与人力资源等就业理论中，涉及传统劳动与休闲理论的相关分析。

43 见 Mortensen 和 Pissarides 等人关于劳动力市场双方的搜寻匹配模型，亦可见：李宝良、郭其友，《搜寻摩擦市场：搜寻和匹配模型的发展及其应用——2010 年度诺贝尔经济学奖获得者的主要学术贡献》，《外国经济与管理》2010 年第 11 期，第 1—9 页。

44 见 Hoff, K. and P. Pandey, 2006, "Discrimination, Social Identity, and Durable Inequalities", *American Economic Review*, 96(2): 206—211. K. K. Charles, J. Guryan and J. Pan, 2022, "The Effects of Sexism on American Women: The Role of Norms vs. Discrimination", *Journal of Human Resources*, 57(6): 45—46. Auer, D., 2022, "Firing Discrimination: Selective Labor Market Responses of Firms during the COVID-19 Economic Crisis", *PLOS ONE*, 17(1): 22—23。

45 新地理经济学关于国际贸易以及涉及高中低劳动力资源与就业的国际分工分析。

46 详见一般宏观经济学教材的理论分析。

47 关于创新论题，这里暂用经济创新的说法。实质上，熊彼特所指的创新并非如此简单，随后第 5 章将有专题讨论。

48 见熊彼特：《经济发展理论》，王永胜译，立信会计出版社 2017 年版。

49 详见一般马克思主义政治经济学教材关于人的劳动与机器替代关系的理论阐述。

50 这里，要说明的是，比如一家人隐居深山，自给自足、不予社会交换，这种劳动不属于本书范畴。比较而言,美国学术界就认为,普通上班族休息时间做家务,也是一种社会劳动,因为这种家务本来是社会化的,处于社会价值交换体系之中。故美国将家务劳动统计进GDP。

51 上述所指劳动就业,本质上都是一种广义的劳动就业概念,既包含被雇佣的劳动,也包含自主创业的劳动。

52 表面上,本书关于劳动就业概念的论证不过是一种多余的、常识的重述,但实际上却包含着试图对于原概念实施某种经济学意义上理论增补的努力,只要耐心地看完本小节的全面论述,读者或许会明白这一点。

53 作为自信的一种心理来源,自尊也是一个社会认同、社会承认的过程。这里的叙述是相对而言的。

54 这是斯密同时代的启蒙运动思想家马基雅维利的独特洞见,见《君主论》,吕建中译,上海文化出版社2019年版。

55 可见一般心理学教科书,特别是儿童心理学的教材。

56 为了有利于理解心理学正常状态的理论描述,我们常常以相反的病态心理与病态行为来举例说明。

57 注意,典型的自闭症并非一般意义上的心理疾病,实质上是一种社会病态的反映,相关治愈、康养和恢复与社会经济现实的运行环境相关,按照荣格的人格心理学分析,只能是一种渐进自愈的过程。相关内容复杂,恕不赘述。

58 主要指始于马歇尔开创的边际革命,后经希克斯、萨缪尔森等人的工作而成型的现代新古典综合学派。

59 即指现代政治学家列奥·施特劳斯的政党理论、马克思的阶级斗争学说,以及一般民主政体的选举制度等联合体。

60 见前述2.3节中关于理性偏好的社会性概念的论述,其中,就有对亚里士多德关于人的神性与动物性概念的内涵和外延的详细分析。

61 简言之,在可转换效用的前提下,如果某参与人退出合作时,原合作联盟收益的减少量,即为该参与人的合作收益。由此,大联盟的合作收益值为全体参与人退出合作时,各自对应收益减少值之和。详情可见夏普利的杰出工作。

62 这里,纵横坐标的定义只是对政治行为选择组合的一种概括,书中所示并非唯一的定义,比如可以是利他性政治行为、利己性政治行为……只要类似的定义能够符合选择对象的互补性偏好关系即可。

63 黑格尔在《精神现象学》中致力于阐述,承认意味着接收他者并以他者的方式存在,只有承认了他者作为平等的存在,自我的存在才能够被“唤醒”。由于这一过程充满着冲突,而达成彼此间的相互承认又是结束人和人斗争的唯一保障。于是,“承认的政治”便成为现代社会政治生活中的重要主题。实际上,马克思关于无产阶级争取自身解放而进行阶级斗争的学说,在很大程度上就是受到了黑格尔思想的影响(可详见相关论述)。

64 这种集体主义与个体主义方法论的矛盾是一种理论视角的分歧,并不影响人们的现实行为。仅此提及。

65 见政治学家朱迪斯·巴特勒(Judith Butler),2004,*Precarious Life: The Powers of Violence and Mourning*, Verso Press, p.44。

66 这里说明,正文这里的极端分类并不很准确,原因在于将政治与经济对立起来,似乎当人们的资源有限时,我们只能追求政治或经济中的一方面。实际上,只要看传统中国社会的消极遁世文化或者一人当官鸡犬升天的现象,就可以感悟到二者之间并不是完全对立的,而是互补对偶的逻辑关系。

67 见米德《心灵、自我与社会》,也可见实验心理学与行为经济学,关于自尊与心理账户、精神资本概念的阐述。

68 这里,政治行为指狭义的政治概念,即在既定政治秩序和社会规范前提下,通过广义讨价还价行为来实施的人们彼此社会博弈的过程。当然,不包括广义政治行为的暴力、法律等概念,限于本书语境,后者不予讨论。

69 见罗伯特·奥曼、亚当·布兰登勃格(A. Brandeberge)以及何维·莫林关于合作博弈的相关论述。

70 这里所说的利他是指政治行为者为群体内部的其他人服务,即使他主观上是为了自己。这也暗示利他主义行为本质上是一种群体性的互惠利他主义行为,与伦理哲学定义的涉及自己及他人关系的伦理道德无关。

71 见实验经济学家凯迈瑞等人关于心理账户概念的理论阐述,这里仅此提及,不再赘述。

72 见一般经济学教材中关于交易的埃奇沃思盒的理论论述。

73 见道金斯:《自私的基因》,卢允中、张岱云 、陈复加、罗小舟等译,中信出版社2012年版。

74 见齐美尔的著名悖论(Zimmer, G., 1910, "How is Society Possible?", *Journal of American Sociology*)。

75 见何维·莫林:《微观经济学——一种博弈论的阐释》,童乙伦译,格致出版社2015年版。

76 见让·鲍德里亚:《消费社会》,第12章最后一段,第178页。

77 现实中,这种二选一逻辑的极端状态非常普遍,最简单的例子,中国俗语"酒逢知己千杯少,话不投机半句多"就是指的这种情形。

78 理论上,类似的分析还可以有多种形式展开。比如,如果政治目标被具体简化为公义,经济目标简化为以权谋私。一个常识性直觉是:政治上私利的最突出表现应该是结党营私、拉帮结派——政治行为的本质属性。实际上,如果人们立党为公,那么,就不必党内结党、拉帮派;结党必营私,营私必结党。因为只有小圈子才能方便公器私用。本质上,这又进一步涉及关于人类政治智慧的概念。一般来讲,人类的政治智慧应该是有明辨是非、善恶、美丑的能力,而立党为公的公私之辩,所要求的正是全能全知、绝对理性的智慧之力,但是,这对于人类而言何其困难;因而逻辑上立党为公只是一种理想,立党为私才是普遍现象。相对而言,立党为公的革命家、政治家的行为,因其初心不变、矢志为民,才显得十分珍贵,而受到历史的垂青。

社会创新的周期性行为

我们无法理解的外在形式，其实是早已厌倦的昨日场景，不过是创新使得我们忘记过去，激发起预期的快感。就此而言，创新是一种密切关联人们生产生活现实的社会过程，是一种“行为艺术”。

人们为什么喜新厌旧？原因在于形式对于我们太重要，以至于大多数时候，本质对于我们毫无意义。除了形式、形式的表达，一切意义和价值都是空虚；而创新的真谛却在于此。

——笔者，2021 年 11 月 28 日晨

5.1 引言

本章将讨论社会创新的周期性现象与规律，包括个体创新机制，以及相关的政治、经济与文化等跨学科论题；具体地，仍然是落脚于政治经济学语境，聚焦社会创新及其背后的一般文化根源、经济激励以及制度机制的理论分析。实际上，这个世界最常见、最重要的周期性现象便是人类的社会创新行为。[1]这里，所谓社会创新是要强调其社会性，而非仅仅狭义的技术或经济意义的创新概念。这意味着本书的研究要跨越某种复杂性系统奇点——就像一个爆炸性历史事件的诱发因素、具体关联与影响冲击可能是多方面且

复杂的,但史学家们总是可以找到自己的理论视角去分析。换句话说,我们无意也无法给出一个全息、无偏的理论陈述,否则,就意味着无理的坚持:历史学家可以不受历史事件的影响。另一方面,本章关于社会创新的政治经济学研究是可行且有价值的,一个简单的辩解是:只要对相关领域,如文化、经济、技术、制度的创新,都加上一个后缀词"经济逻辑分析",便具备了特定理论视角的学术合法性。

既然本章意义上的"社会创新"不是单纯的技术创新,本章的第二个理论特点是,我们将坚持某种自然秩序或者自发秩序的统合思维方法。[2]鉴于人类创新行为及其社会过程的复杂性,如果简单地说,社会创新的本质在于一种人们对现实生活的喜新厌旧心理,进而除了生产技术的明显提高,人类社会的创新与演进往往表现为某种周而复始的周期性现象。如此回答,人们当然不会满意。但本章最后的结论仍将表明,正是这种大道至简的逻辑彰显着人类社会创新的行为本质。[3]

本章研究人类创新行为及其周期性逻辑,并非因为创新论题在当下十分热门。如今,人们拥抱创新、崇尚科技的热诚让人惊讶,创新已成为一门显学,似乎可以增进(其实不然)我们对于各种经济增长力量的深入理解,包括对于可以影响经济中长期运行水平的政府公共政策科学设计的理解。事实上,本章之所以讨论创新,关键在于创新行为与周期性社会现象的本质关联,并由此具备两个突出的理论特征:其一,企业创新是周期性商业波动的唯一内在原因,这应该说是现代经济理论思想家熊彼特最杰出的思想贡献[4],可称为熊彼特"创新性周期原理"。其二,创新行为一定会呈现出周期性运行的规律,可称为熊彼特"周期性创新规律"。为此,下面将论证,作为人类应对生存压力的主观能动性反映,社会创新行为不仅遍布于文化、经济、技术与制度构建等全社会所有领域,是人类社会进步的唯一动力,同时也是一切周期性社会现象的本质根源。这意味着我们将试图重新审视熊彼特意义上的创新概念,重构创新的社会机制与行为逻辑,以图揭开笼罩在熊彼特[5]创新这一原创概念上的重重迷雾,还创新理论以真实的面目。

至于创新为什么是间断、非连续的周期性过程,熊彼特断言[6]:创新一定是周期性、成群地出现。本书用语言重新归纳如下[7]:由于一个社会天然地存在着阻碍创新的壁垒——反作用力,创新往往先通过一两家创新企业的涌现去冲击创新壁垒;壁垒一旦被突破,创新企业便相继出现,形成创新群,通过竞争去争夺创新利润,即呈现出被熊彼特称为"毁灭性创新"的社会过程。

自此,创新战胜了壁垒;但同时,创新也逐渐演变成创新的敌人,成为新的社会壁垒,最终,诱发新一轮创新与壁垒的周期性运动。显然,熊彼特创新理论的最动人之处,在于他精准地把握了创新的这种动力机制及其社会加总逻辑,使其成为现代社会创新理论的基石,以至于至今仍无人能出其右。然而,熊彼特创新理论之不足,也正在于这种动力机制的普适性使其丧失了创新情境的过程性细节描述。我们必须承认,熊彼特的创新理论就是在企业创新的具体情境下展开的。但新技术、新材料、新组合究竟是如何出现的,新产品、新市场又为什么会演进出来?[8]熊彼特只是笼统地归咎于"企业家精神"的创新,并没有在信贷与资本、市场及利润的情境下,给出市场周期性创新冲击的逻辑细节。就此而言,本章的社会创新逻辑将是统合、跨学科、数理思维的理论分析。

创新,根本上源自人们对幸福生活观的创新。新幸福观是人们对新生活的向往,包括着人们对于未来全新物质消费和精神享受的无法遏制的期盼和渴求。创新的本质在于人们对现实世界的能动性反映,以图满足自身对于物质生活的更高需求和精神生活的更好向往,而绝对不是单纯技术创新所能涵盖的。事实上,纯粹技术性、工具理性的创新,往往会导向人类对外在秩序的无序扩张,致使人自身作为目的的意义丧失。我们将创新行为与周期性逻辑进行统合分析,意在澄清目前理论界关于创新论题的三个认识误区,以完善对创新概念的重新定义和理论重构。

一是关于创新概念及其内涵的误解。熊彼特最初从利润、资本、信贷及利息的循环激励上考察企业创新现象,给出五种创新——新技术、新材料、新组合、新产品、新市场——的内涵,根本目的并不在于明晰创新概念,而是阐释他关于企业家精神的重大发现。[9]其实,熊彼特的五种创新分类并不符合范畴逻辑,如新产品、新材料、新技术之间就相互包含,并非彼此独立的并立概念,只是一种关于企业家精神在创新行为中的直观描述。

本质上,创新是人们追求新颖、有趣、幸福生活的社会过程与客观存在。由于决定人们幸福感的是文化、经济、技术和制度这四个社会要素,比如苹果手机的创新,文化上有移动终端的阅读意义,经济上有消费者的市场价值,技术上有电子屏的物理定义,制度上有多电信协议的网络保障[10];缺少其任一环节都会影响人们的幸福感,致使创新不可能完成。由此,社会创新是一种涉及文化、经济、技术与制度的系统性社会变革,创新行为是一个源于文化、成于经济、显于技术,受制于正式制度的系统性社会过程;而非技术创新的单一过程。为了厘清社会创新的多维复杂性,这里,我们将熊彼特意义上的创新概念细化为文化创新、经济创新、技术创新与制度创新等彼此关联的四个阶段,并将四阶段创新行为及其周期性逻辑建立在高阶理性基础上;在此基础上,分类考察四阶段创新各自的周期性规律,使得熊彼特的五类创新分属于四个首尾相连的创新循环之中。显然,这种四环节分类的逻辑不但包含,更是拓展了熊彼特关于创新概念的理论内涵。进一步,本章将具体地解析文化创新、经济创新、技术创新与制度创新等四个循环周期性叠加的规律及其意义。

二是关于创新价值观的认知误解。创新是人的主观能动性行为,目的是追求物质财富和精神享受的幸福感最大化。但是,创新一定会促进人类的福祉吗?无论我们如何定义幸福,按照边际幸福感递减原理,幸福的最高境界在于幸福感的内涵被不断创新,这使得不断克服新颖程度边际递减的创新行为成为人们追求幸福感最大化的唯一选择,这是创新,包括那些不被社会承认的创新,也被认为"好"的原因。

认为创新就是好的,其实是一种人类中心主义的思想误解,包含着对科学技术及其创新应用的盲目崇拜。人们一味地追求先进技术,认为社会创新就是技术创新,只不过显示出人类企图征服自然、利用自然的能力和欲望。此时,恰恰遗失了社会创新既非单纯技术进步,也非纯粹经济逻辑的更丰富内涵,其中甚至可能包含对创新价值观的误解,对科学与技术的概念差异的混淆。从创新思维看,科学与技术可以不分家;从创新目的观察,科学在于求真,技术在于求用。科学发现丰富了人类的知识和认知,具有绝对中性、好的价值观属性。技术创新则完全不同,主观有用性使得技术创新无法保持绝对的价值中性,就像我们无法命题"原子弹、超高速武器是好东西"一样,追求效率、实用的高科技并不意味着人类的福祉。当初,熊彼特阐发创新发展观是一个伟大的思想进步[11],但这不意味着创新等价于人的幸福。现如今,如何规避单纯经济价值观倾向所致危害的社会重任已经迫在眉睫。后文中,我们将从认识论上区分科学发现与技术创新的概念差异,由此强调社会创新现象及其行为的实用、市场与技术属性,因而是一个事关社会伦理的基础问题。实用并不等于有用或有益,也不一定是好东西,要彻底厘清创新的实用主义原委,则是本章结束才能完成的任务。

三是关于创新的社会加总机制的误解。这源于忽视个体创新行为的社会属性,创新的社会性是指,一个社会对其内部成员个体创新行为的识别、

检验及其认同的社会机制。个体创新行为只是社会创新的必要前提，而非充分条件；如果缺乏社会加总承认，任何创新都是空谈。换句话说，文化创新的新生活方式必须得到大众的追捧，经济创新的新经营模式必须获得市场的检验，技术创新的新产品必须获得消费者的认同，制度创新的新激励机制必须促进创新的持续。实际上，熊彼特关于企业家创新的间断性行为描述，极符合人们想象中的个体"英雄主义"行为，具有破坏均衡的突发性、循环流转的非连续性以及非常规数据的冒险性。[12]然而，个体创新行为是如何在宏观激励机制下不断涌现的？创新的社会加总机制是否就意味着必须由政府资助和认定，大众、市场乃至社会对创新的认同与接纳有什么作用，熊彼特均没有全面阐述。相反，他那种带有"毁灭性"的独特语言，却极易造成人们对于企业创新特别是个体创新行为的一种无需社会认同的误解，以至于带来关于社会如何认同创新的理论误解。

创新是我们对抗这个社会趋于均衡（如同热力学第二定理的熵增原理）的永恒动力，这种行为范式的创新逻辑揭示了现实世界不一定终结于死寂，而总是充满生机的原因。就此而言，创新的社会认同机制应是一个"时势造英雄"的宏观故事，创新的激励机制便涉及文化、经济、政治等的全域性重要论题。而最简单的社会加总机制便是人们合作博弈的逻辑，合作逻辑对于创新与守成行为及其周期性现象具有重要的启示。5.3 节将具体从人们创新行为的社会加总逻辑给予全面讨论。

简单地说，本书的创新概念是一个包含四个环节顺次递进的统一体，这是一种认识论的逻辑与方法；试图围绕人类创新行为——囊括从创新意识、创新理念到创新行为，最后到创新所引起的全社会所有关联——给予整体性的清晰定义。其中，创新的实用性和伦理性有赖于文学艺术家、科技专家以及政治家的共同努力，表现为以企业家发起为标志、全社会共同参与的"一致同意"的社会过程。并且，社会创新的完成既不为某些关键环节所改变，也不为任何权威力量所能支配——社会创新的经济绩效及其价值判断，将主要取决于四循环周期叠加的创新积累效应。此时，创新的起点也同样可以从四循环周期的任一环节开始，一旦创新方向与技术伦理符合人类社会的发展，那么，从一个创新点、创新企业开始，就必将诱发整个社会、政治、经济的创新集群，并逐步渗透到全社会的方方面面，直至带来人们所期盼的崭新的社会面貌。进一步，作为人类社会最重要的周期性现象，面对创新理论存在的上述一系列误解，本章将得出不同于传统理论的结论：(1)创新是一个从文化、经济、技术到制度的四个创新环节协调的完整过程,四者缺一不可,不能偏废;(2)四个创新循环具有相对隐秘性,使得社会创新具有不同的启动发展类型,如旅游产业发展由文化创新带动,电商经济繁荣由经济创新带动,移动市场兴起由技术创新带动等;(3)创新具有个体能量积累、社会加总的触发机制逻辑,与企业规模大小及其垄断性无关,完全由创新企业的行为所触发,即澄清了"熊彼特-阿罗之争"[13]的理论误解。

为达成上述目的,本章的具体安排如下:

5.2 节将从广义创新的实用性、科学与技术的区别、创新的形式这三个方面,讨论创新的实用主义逻辑,展示社会创新的广义性、系统性及其整体复杂性,进而揭示经由创新带来的现代消费社会的困惑以及与之相关的内卷文化现象。

5.3 节将基于人、社会与秩序三维空间的动态演化关系,讨论创新过程中文化创新、经济创新、技术创新与制度创新四周期循环叠加逻辑,进而厘清创新的社会认同机制,其关键在于社会加总逻辑——创新的社会意识是如何形成并发挥作用的。

5.4 节将从创新文化与传统文化的二元对偶关系,给出文化创新的定义、机制及其周期性演化逻辑,揭示出文化创新的整体性带动作用与社会制约条件。

5.5 节将从自由创新与市场守成的二元矛盾出发,讨论经济创新的定义、动力机制及其周期性规律,揭示出经济创新的本质在于企业家精神的理论意义。

5.6 节将讨论技术创新的定义、机制以及技术创新与生产规制的周期性转换原理;基于技术与制度的创新关系,揭示出技术创新对于制度创新的决定性作用。

5.7 节将围绕创新制度与官僚体制的对偶关系,分析制度创新动力机制及其周期性逻辑;揭示出制度创新与技术创新之间功能互补、彼此约束的紧约束关系,从而,全面给出没有制度创新的技术创新是不完备的功能性理论的解释。

最后,在附录部分,我们将给出一个关于内卷文化的理性经济逻辑,并试图表明:内卷现象的本质是一个群体内部的过度竞争,是缺乏内部合作理念的官僚体制社会化秩序。附录其实也是关于东西方社会意识对比的研究,以甄别和区分个体主义方法论的具体逻辑。

在经济学上,社会行为的理性互动逻辑,除了存在像博弈论那样的紧约束关系以外,还存在着大量相互制约、相互依赖的松约束关系。这些松约束关系包括心理因素、语言交流乃至触发机制等间接发挥作用的社会行为过程。但这超出了本章范围,我们将在随后的章节中讨论。由于社会创新的经济创新、技术创新是一个市场化、产业化的过程,实用主义主导着人们的思维方式和行为选择;而传统理论侧重创新行为的微观机制[14],较少从中观逻辑上分析创新过程,并且不理解:为什么创新总是呈现出周期性社会过程?为什么鼓励创新的想法不一定能达成经济创新、技术进步的目的,即使企业微观或行业中观研发投资巨大?而这些问题都将在以下论述中得到充分讨论。

5.2 创新行为的实用主义属性

创新如今是一个炙手可热的话题。实际上,自熊彼特提出创新概念以后,关于创新唯一有价值的真命题是:创新永远都是热点。一讲创新,就会引起人们狂热的追捧与崇拜,但关于创新理论的研究却一直缺乏卓有成效的进展,至少,目前的创新理论并没有展示出超越熊彼特的思想洞见,除了对于创新背后的精神幸福与物质享受的实用主义期盼,更多的是关于创新概念的误解。这就使得企业家、政治家和学者们对创新的理解不尽相同,即使人们对创新的期待是如此一致和迫切。[15]

创新是一种发自人内心、无意识、天然而不可遏制的冲动。它是人们对于现实单一、沉闷乃至无聊生活的一种求新、求变、求好的能动性追求。与前述一直想阐释并运用的边际递减原理相对应,如果幸福的最高境界在于幸福感内涵被不断创新,那么,为了克服新颖性幸福感不断边际递减的糟糕后果,展开创新性的社会探索便是人类追求幸福最大化的天然、合法行为。创新源于人们生来求新、求异的天性,这是每一个时代里那些始终保持着活力和善良的人们所拥有的最高贵的品质,这也使得创新是一项心灵青春的事业。

本质上,创新源于人们应对生存危机与发展压力的客观需求,涉及人类关于自身生产、生活方式与行为能力的实践探索。最终,这种探索以科学与技术两种方式向外延展,致力于扩展人类生存空间、提高生产效率、改善生活质量，以获得更健康、舒适和便捷的生产、生活的现实条件。一般意义的社会创新一定起源于人们的主观能动性创新意识，终结于人们的客观社会性创新行为，后者是由社会创新的客观、实用性决定的；也使得人类社会的创新必须经由技术创新的过程才能完成。

创新行为的后果不确定性和路径不可预测性，就要求我们必须首先区分创新意识与创新行为的概念差异。本书意义上的创新更强调创新行为，即使思想意识上的创新就包含于其中。正如哈耶克所说，"事实是什么并不重要，重要的是我们现在看待事实的态度和观念，它将影响我们的未来"，人们的思想、意识乃至所有精神意义的价值观对于人类社会具有巨大作用力。实际上，这也是社会学家韦伯坚称宗教信仰将会影响人类社会不同文明发展路径的原因，以至于西方人对于东方文化的保守、非创新但神秘主义的异质性并不十分理解。[16]事实上，一个社会，无论与其相关的思想、意识和理论如何千变万化、推陈出新，除了文学、艺术的客观作品与思想意识的创新著作能够对社会的长远现实产生积极影响，其他所有的思想意识创新都只是某种局部的非社会性存在，哪怕科学理论亦如此——唯有物质性的技术创新除外。对于思想、意识的理论而言，只有当其创新内涵转变成客观的创新行为，并被社会广泛接受，才能够形成人们对于创新所期盼的社会绩效。也即，任何社会创新必须完成从创新意识到创新行为的转化，同时伴随着经济、技术与制度的创新，才能够通过创新带来崭新的社会面貌——实际上，这与第 6 章关于经济创新的触发机制研究中，对创新事件随机过程的相关性假设密切相关。[17]

之所以强调客观行为，而非意识的创新，是因为创新是一个理性过程，这与创新的实用目的相吻合。因为创新不仅需要理性，还需要将理性的成果转化并形成一种实用的实践方式，由此被人们广泛接受和普遍运用，并最终有益于社会发展和文明进步。没有创新成果的转化、实践的理性过程，人类社会就不能延续创新的文明与进步。这一点使得技术创新完全不同于科学研究，而有了本质区别。这里，本书并非单纯重视技术创新，轻视科学研究，只是想澄清两个概念之间的差异，这比笼统地讲"科技创新"更恰当。创新有两个特性：一是通过实用主义市场转化形成新的财富而改变世界；二是通过日常生活形成新文明，帮助我们一步一步积累起社会进步的物质基础。

创新行为还不同于一般的人类社会活动，创新需要想象力——比知识更重要。知识是有限的，想象力却囊括世界上的一切，推动了文明的进步。休谟深信,“科学的必然有效性只是建立在由想象力带来的信念基础之上,除此以外再无其他”。想象力是科技进步的源泉。在现代科技发展的历史上,科学家与发明家要依赖于思想实验及其实证观测,使得想象力已成为科学发现和技术创新的灵魂。然而,想象力会本能地抗拒约束,天马行空的想象有时会走向另一个极端,变成“伪创新”,乃至留下一地鸡毛。辨识真实创新与“伪创新”的难度极大,这是伴随社会创新必须承担的社会成本。真正的社会创新是一场真理与“伪创新”之间的激烈对抗,其权威性是在人们遗忘伪创新的过程中获得认同的;创新的真正敌人往往是赞成创新者,而不是理性反对创新的思考者。有且只有理性才是创新的“守护神”。

这里必须指出,不论是实践应用的技术创新,还是纯粹理论的科学研究,它们共同遵循“直觉主义”的思维方式和探索理念——这涉及二者的方法论共性,这种方法论的共性起源于布劳威尔关于数学基础的直觉主义哲学思想[18],被怀特海的过程哲学有机关系的整体思想所阐释,即使这二者之间的关系很少被哲学家们所论及。怀特海的“实在”被定义在现实的“有机关系”之中,而把握有机关系的核心,在于各种关系的审美价值及其经验感悟——只有当现实关系的对象包含着对于主体而言的审美性、实用性价值时,人们才能产生关于主客观关系的重要性感知,形成经验理解。[19]从怀特海的有机哲学考察,在经验与理性之间的权衡点,正是直觉主义生根、发芽之处——布劳威尔强调的基于原始直觉的“可构造性”。为此,要想更好地把握经验与理性之间的权衡,全面阐释创新及技术创新的内涵,我们务必深入讨论两点:其一,科学与技术的概念差异;其二,技术创新的功利主义、现实主义与市场导向的价值观。

*理解创新的客观、实用性是重构创新概念的第一难点,这要求我们严格区分科学与技术的概念差异。*人们往往认为创新是一个形而上的概念,实际上,无论一个创新想法多么抽象、多么不可思议,只有当其符合形而下的实践逻辑时,才可能是真正的创新。值得指出的是,即使科学与技术的进步都需要创新思维,但从行为学的角度观察,技术创新不属于科学研究的范畴。人们常常忽视科学与技术的概念差异,总是将技术开发及其应用的创新混同于科学研究的自由想象和创造性思维,存在着关于科学与技术的概念认知、方法逻辑以及价值观判断上的理论误解与混乱。

科学与技术都是人类创造性思维探索的结果,但二者的内涵完全不同。*其一,目的不同。*科学求真,技术致用[20],即一个发生在认知领域,一个在实践领域；这种区别是直观而简单的。其二，属性不同。科学的灵魂在于自由[21]，躯体却受到客观对象的约束，比如牛顿力学就是天才想象、自由思想的产物，但结论呈现是客观的。正相反，技术的"躯体"很自由，"灵魂"却受到科学规律约束，如航空航天技术就能够突破客观自然的限制，帮助人们实现"上天、下海"的自由，但"灵魂"却受到天体物理、气动力学等客观原理的约束，这种属性差异决定了科学往往是无形的知识性呈现，而技术的成果一定是实体的创新呈现。其三，方法论不同。科学是发现，需要创新性思维，但绝对不能就研究对象展开创新；只有技术才能够创新，且必须围绕技术对象的本体来展开创新，这是理论上创新概念的本质所在；即如前所述，创新的概念必须被限定在行为意义的语境中。其四，检验工具与证伪方式不同。由于科学是关于自然、客观的本质探索，科学的证明往往与客观实验、实证检验无关，更多地依赖于透过表象、深入自然或客观对象的深层次理性与逻辑工具来判断。[22]比如暗物质的概念，即使没有被实验发现，即使人们提出了诸多替代性假说概念，也无法否认暗物质存在的理论结论，不影响暗物质概念依赖于逻辑而成立的理论价值。[23]与此相反，技术创新的唯一检验标准必须是客观实验和直接检验，技术创新无法通过逻辑论证来证明或证伪，而只能通过实践应用来检验。

直觉上，科学与技术最初当源于一体，但就现有文献考察，至少在古希腊柏拉图的"理念世界"及其《理想国》的思想意识中，科学的独立性就开始出现了。科学的概念源于古希腊和希伯来文明。在古希腊，科学仅仅属于那些高尚、自由之人士，他们致力于一种纯粹、抽象、本质性的自然"映像"(creation)，如音乐、数学与天文等，以区别于世俗的、功利主义的应用技术。与此不同，技术的对象是现实世界，以人的功利目的为动力，从实践、经验出发，致力于生产生活方式的创新。

20世纪初，"科学"一词在中国出现，该词来源于日文对science的翻译，几经争论，科学概念才在中国被正式使用，随后在1923年引发了著名的"科玄论战"。原本，这是一次中国人认识科学、深究科学本质的大好机会，但不知何故，张君劢率先带偏论题，认为科学的结果必然会使物质文明蓬勃兴盛，但同时，"人生观问题之解决，绝非科学所能为力"。[24]由此，号召青年人回到"孔孟以至宋明理学"所创造的精神文明中；硬生生将"科学是什么"与"构建精神的伦理文明"两个问题对立起来。丁文江奋起批驳，以英美经验论的科学知识论为基础，来主张"觉官感触为我们知道物体唯一的方法"，而

"不可知的存而不论";即使科学不能救国,但国家之兴旺必须以科学发展为基础,进而科学主义的批判必须以厘清科学本质概念为前提。这位留学英国格拉斯哥大学的动物学与地质学家得到胡适的极力支持。然而,其后数十年间争执却依然存在,如新儒家唐君毅就坚持:"就算是一个十分崇拜科学的人,也不会承认人生的问题完全可以用科学来解决……君劢先生当年的主张,可说完全胜利。"[25]由此,完全偏离了最初论战的问题意识,将科学、玄学是什么的问题,转换成科学伦理的争论,最终与"求真意识"的科学文化失之交臂。

中华文明的本体意识一直是究天人合一之学问,以达至"为天地立心,为民生立命,为往圣继绝学,为万世开太平"。但其中,除了第一条为天地立心与科学较近,大部分都被"人即天地之心"的人类中心主义宇宙观所主导[26],与科学意识相去甚远。

以上关于中国传统文化错失科学概念的批评或许有些偏颇,但事实上,李约瑟当初的问题并不准确[27],中华文明确实拥有技术创新的璀璨成果,但却没有严格意义上的科学——既无欧几里得几何的抽象成果,也没有天体力学的理论构造,中国的天文学及其历法体系只是现象归纳的伟大发现,而非科学意义上形式逻辑的演绎。日本数学家伊藤清在研究数学思想与中西方文明的关系时,也持这种观点:"尽管重视智慧的思想在东西方古代形成了统一智识,但以论证为基础的数学最终没能在中国形成。"[28]或许,李约瑟最初并没有区分古代中国技术创新与科学发现的历史差异。这里,有必要阐明一个历史事实,即科学发现与技术创新的相互制约、相互促进的关系,是科学与技术共生演化的普遍规律——就像大地测量术与抽象的几何学、天文历法与天体运行理论的发展一样。一般地,科学与技术历史上总是呈现出相互制约、相互促进、共生演化的现象,正是这种思维惯性使得李约瑟忽视了中国古代科学发展滞后于技术创新的事实。或许,李约瑟当初应该这样问:如果说中国近代科学技术落后的原因是缺乏自由、民主的科学精神,那么,为什么中国古代技术创新的高度文明却没有像古希腊文明那样,形成对于科学的反哺,以至于催生出抽象科学的理论成就?[29]于是,这要求我们追问第二个深层次问题:科学发现与技术创新各自的社会激励机制、价值判断标准究竟有什么区别?进而技术创新的实用主义功利标准及其市场导向的价值观本质究竟何在?

科学发展依赖于科学共同体——怀着对于人类无知的无限恐惧,将求真而非务实作为首要原则。或许,科学共同体应看成“秉持科学求真意识、具有社会权威影响”的精英群体。比较而言,古代欧洲一直存在象征真理化身的宗教实体,同时皇权与教权可分可合。[30]与此不同,古代中国的精英群体一直是政治的附属物[31],不仅无法兼顾“真理与权威”,反而,真理往往是权力的仆从;更重要地,皇权统治也绝对不会让二者合体,出现在社会他处。如此,缺乏真理重要性意识的中国古代,没有科学共同体出现便是自然。其次,科学发展表现依赖于思想交流自由、学术承认民主的批判性思维。科学是在批判性思维的社会意识中发展的,彼此批判性改进是科学进步的唯一方式。然而,中国传统文化的语言及其表达思维与科学共同体批判性意识完全相悖,中国人讲究实用主义的“慎言”“语慢者贵”。面对子贡与绿衣人争论时,孔子回答“一年只有三季”,其实就是一种“不与夏虫语冰”的非共同体态度。究其核心,中国传统意识是语贵在“用”而非“真”——不讲有损利益即使为真的话。这种交流逻辑必然缺乏求真的批判性功用。

与科学求真的非实用性不同,创新必须以实用为目的,这使得技术创新的唯一标准只能是实践检验,也包含公共选择与社会激励机制。从经济上讲,创新成果必须接受市场的最终检验,市场、用户的功利主义回报是激励技术创新的本质性动力。一个良好的社会创新激励机制,必须依赖于创新技术的产权保障与利润收益制度,这是一个社会不断创新进步的基本保证。不同社会意识的不同制度激励会由此导向不同的文明类型,这是新制度经济学家道格拉斯诺思强调的命题。[32]然而,市场化、实践性的实用主义检验只是社会创新的必要条件,而非充分条件——既不能一定会促进技术创新,也不能一定会反哺科学进步。

国内学术界常将技术创新误解为科学研究,或许源于对库恩《科学的革命》的误读。[33]范式革命的逻辑在一定程度上论证了思维方式和表达范式的创新对于科学研究的理论价值与表达的重要性,但这种范式创新隐含着研究者对于事物本质的探索与把握,容不得半点随意的、偏离研究对象的臆想和主观成分。更重要的是,科研成果更加强调范式的理论论证;即使很多科学革命的重大进展是由天才猜想带来的,这些猜想与理论(即使被实践验证)最终也都必须经由严谨的逻辑论证完成。举个例子,火箭技术创新即使拥有严谨的科学论证,也需要发射的最终成功来检验。技术创新与科学发现的本质区别便是,一个需要科学论证,一个依赖于实践检验。技术创新需要正确地运用科学原理,但只有社会实践的应用,才是检验技术创新的唯一标志。

技术领域的创新仅仅是服从于经济增长所需的创新服务，是一种被动的匹配过程。熊彼特认为是资本运行带来技术创新，而不是相反[34]，这一卓越洞见就源于创新的唯一目的是追求利润。与此相反，科学在本质上只能发现，不存在创新的逻辑，也没有创新真理的动机，我们无法通过创立新真理来替代科学的唯一性。同理，如果缺乏市场运行下的利润驱动，那么技术上的纯粹创新将失去目标和动力；无论人们主观上创新愿望多么强烈，要实现创新不过是一种幻想(常常表现为一些个人技术发明的偏好行为)。

可以说，科、技不分家的思维方式，加上实用主义的传统意识，导致科技发展有时会面临一种尴尬：最需要市场激励的技术创新往往受到政府资助，最应该远离市场的纯科学研究却往往遵循学术攻关的思路。在逻辑上，科学-技术与政府-市场两组概念有四种可能的组合：同时由市场激励；同时由政府护持；技术交给市场，科学交给政府；技术交给政府，科学交给市场。为了不偏离主题，这里仅就技术创新的实用主义逻辑，深入地讨论并延伸至市场消费的终极检验，进而追问：任由技术创新的实用性引导，会带来怎样的社会前景？这便引出关于消费社会困境及其发展前景担忧的讨论。这也是技术创新既受惠于实用主义价值观，也可能同时遭受实用主义导向的伤害，所引发的第二个事关创新价值论的重要问题。

下面将熊彼特意义上的创新概念进一步深化、解构，最终将创新问题聚焦在消费行为的语境中，原因在于人类社会所有创新都最终指向经济创新。对一个社会而言，不论是思想意识、社会理念、商业模式、技术应用乃至生活方式的创新，最终都必须在生产与生活的消费过程中呈现。消费行为才应该是创新论题研究最关键的领域，但是传统经济学无论从理论深度，还是实践领引上[35]，似乎都没有为人们带来关于消费与创新行为的更深刻认知。相反，在社会学界，鲍德利亚为我们借来一把剖析现代消费疾病的“锋利手术刀”——消费社会的符号学及其意义，揭示出“物品要成为消费的对象，就必须首先成为符号”[36]，因为生活意义的呈现是符号化的。我们的社会本质上被一个严谨、完备的消费符号系统所编码、控制。鲍德里亚由此发现，即使消费性社会是一种相对于生产性社会更高级、更体贴“消费者”的社会形态，但因受制于消费导向的经济关系，它实质上存在着社会秩序脱轨与人性异化的天然倾向——这带来一个熊彼特意义上的创新理论从未涉及的问题：实用主义导向的技术创新的消费社会悖论。我们一方面试图通过创新来追求人类物质与精神生活消费的幸福感最大化;另一方面,创新、技术创新必然带来消费社会的异化弊端。究其根源,在于消费社会不断引发的社会创新已完全被实用主义意向所主导——被鲍德里亚的敏锐洞察所揭示,并给予犀利的批判。实际上,导致这种社会异化的创新机理还关联着索绪尔、巴尔特的早期语言学分析,最终成就于鲍德利亚的符号化编码与解构研究。值得指出的是,这些成就没有获得经济学意义上的学术回应和理论对话[37],但这丝毫不影响其学术价值与思想贡献。

首先,通过消费符号化分析,鲍德里亚揭示了重构社会编码体系的主体并非消费者,而是生产者和大众媒体。本质上,这是一种源自市场竞争的企业创新行为。利益竞争一方面诱导消费社会蓬勃发展;另一方面,也带来畸形消费的社会,造成人的主体性的丧失与文化的迷失。从本书语境来看,鲍德里亚抓住消费行为与文化符号的内在联系,揭示出社会创新中文化创新的异化逻辑,关键在于消费的社会功能[38]:"消费(于物、于人)都是一种积极的社会生产关系与社会行为方式,是一种系统性行为和总体的反应方式。我们的整个文化体系就是建立在这个基础上的。"其实,推动消费的关键是依靠差异化来实现,这导致符号编码的唯一趋势是显现个性化与差异化,由于"个性化逻辑与自然化、功利化和文化化是同一时代的命题,这一历史性的普遍过程取消了人们之间的真实性差异,进而使得人与产品都同质化了,开启了一种鉴别性区分统治的工业化的垄断性集中。就好像某种宗教或社会运动一样:在其自身的原始冲动消退之后,才建立起教堂或制度,导致对差异的崇拜要建立在差异丧失的基础之上"。[39]如此,当务之急是,基于差异性的创新特别是文化创新应该如何安放,才能获得恰当的定义。

的确,现代消费正是在这样的摧毁过程中树立了自己的权威性,迫使人们通过对于具有差异性、个体性的符号消费,确定他们在整个社会体系中的社会地位和社会身份。"当我们消费时,我们是在消费符号,同时,在整个过程中界定自己"——某种自主、自我意识的确界。[40]于是,我们面临一个直接推论,由于寻求自我是人的立身之本,也是一个人终生的事业,由此,在消费权威的现代社会里,人们唯一具有正当性、实用性的事业就是创新——寻求差异化。否则,我们将无法在现实世界及其对应的符号世界里,获得对应的自我确信。进而,人们可能只能不断地创新乃至追逐伪创新才能安身立命,并最终陷入一种为创新而创新的"内卷"陷阱。客观地讲,这正是实用主义创新在现代消费社会环境下的必然结局,即我们必须承认技术创新不仅具有实用主义的依赖性，同时也存在着实用主义的局限性——二者同时并存。

如果要考察商业繁荣的一般过程，当下中国近20年的发展历程应该是一个不错的样本。事实上，我们发现，消费社会中的大众媒体既是符号的同伙，也是编码的操作者。正是大众媒体促成了针对消费社会的分层、同化、重构及其符号化编码，最终完成了符号对消费者的无形控制和行为异化[41]——正如麦克卢汉所言：媒体即信息。媒体通过“在场感”将信息编码为“符号化”的“真相”，引导人们走向符号化（价值观体系）的虚拟社会。而面对当下中国自媒体的风靡，消费符号化的趋势则显现出另一番景象：它们一方面化解了传统权威的社会垄断性，使得微弱的社会势力可以获取瞬间“投机”的成功；同时，也带来因信息拥挤的噪声而使人们手足失措的慌张。实际上，无论你是悲观也好，乐观也罢，符号化的多元价值观体系确实包含着比传统社会更丰富的内涵，因而是社会演化进步的方向。与此同时，也就必然地存在着被符号编码所异化的可能——因为我们无法只享受创新带来的社会进步的好处，却不想承担创新的社会成本。

面对现代商业社会不期而遇的一波波汹涌澎湃的消费冲击，人们很难在实用主义的创新与人生幸福的守望之间作出恰当的权衡。以至于诱发社会创新源头的文化创新及其过程也深受其累，而无法解困。这是我们随后要详细讨论的重点。

5.3 创新行为的社会加总逻辑

任何创新都是一种宏观社会现象，而非微观个体行为。[42]这是理解创新行为的社会加总机制的关键，也是本书关于熊彼特意义上的创新概念重构的第二个难点。

在消费过程中，由于个体精神幸福和物质享受关联着同情共感，具有社会性，必须遵循社会认同的一般加总程序，因此，消费社会的创新行为一定以获得社会加总机制的社会承认为前提。这意味着个体创新行为不是本书讨论的重点，虽然社会创新的基础就源于个体创新行为，但我们强调创新的社会性，意在突出个体创新的社会加总机制：个体创新行为是如何被社会认同、被人们遵循、被实践运用，并转化成社会现实的逻辑，它影响并决定社会创新行为的演进方向和发展路径。如前所述，社会创新的方向只能基于市场、经济、社会的实用主义检验，如果缺乏社会加总的认同，任何创新哪怕是真实的创新也毫无意义。也因此，创新的社会加总、集结不仅是社会进步与文明演化的核心机制，也关联着人们对于社会创新的质量、品位、价值的界定与判断。[43]

创新效率，源于人们对经济不确定性、对未知事物的能动性把握。人们对于生活上重复性事物的厌烦和特异性的偏好，人们对于政治上压抑性姿态的反感和规范性制度的求变，都必然地伴随着现实利益的巨大风险乃至未来预期的颠覆性损失。当然，风险越大，利润会越大，机会也就越多，这是人们关于社会创新的投机性与社会创新实用检验客观性的核心矛盾所在，并由此规定着创新行为的社会意义及其发展方向。

即使实用主义导向的社会创新必然带来消费社会异化，我们仍然无法否认一个关键逻辑，那就是创新行为天然地拥有实用主义本质，并由此导向了创新的社会性。的确，面对消费社会异化带来的不安前景，我们一方面不甘心被全盘驯化，总是试图保持某种抵抗的批判姿态；另一方面，又不得不承认且坚持这种实用主义导向，乃至影响社会性加总的重构逻辑。因为，任何规范性价值都存在着超越经验事实的本质内涵，这是一般社会性公共理念与个体信念矛盾的内在冲突之处。

实践中，这种冲突集中地表现在创新的社会检验过程中，首先就体现为如何处理政府与创新加总机制的关系的难题。尽管自由主义市场经济理论常常无视这种困难，但我们仍需从三方面反思这一难题。其一，政府能否激发创新主体的内在活力，或者问，创新者能否在政府计划下实现个人幸福价值的创新？这不仅依赖于创新收益与创新努力的匹配度，同时还取决于被他人计划的创新是否意味着即使成功也缺乏自由创新所能带来的那种思想冒险的不可预期的惊喜，乃至内心深处因奋斗而来的幸福感。其二，工具理性的计划能否完成符合全社会价值理性的幸福感所需要的创新？很显然，哈耶克和波兰尼的著名论断是，全社会知识分布的不均匀与知识的隐秘性，使得任何计划当局都无法制定出如此完善的创新计划。历史上，这正是二战后大多数计划经济不能持续发展的原因——人们通常归咎为计划经济的低效率。实际上，正常生产是计划的长项，在创新性生产领域，计划无疑是失效的。其三，政府计划创新与市场激励创新相比，运用同样社会资源的效率哪一个更高？对此，哈耶克最著名的批判是：人类社会所有的技术进步和社会发展并不是源于合作，相反，一切效率都源于市场竞争。这是社会创新面临的第一类加总机制的困惑——或称政府规划创新的不可能性命题。

从商业文化的逻辑观察[44]，鼓励创新的社会将使人充满创新的活力，在自由的环境中实现人生价值——通过分工交易来达成不同追求的幸福感，这是商业文明（分工交易）不同于农耕文明（自给自足）的根本性社会秩序差异之一。更重要的是，鼓励个体创新的竞争机制必然带来社会生产力的进步和生产效率的提升，进而改善全社会每一个劳动者的创新互补收益。"一个伟大的社会将允许所有人在不损害他人自由的前提下，能够自由地朝着自己意愿的方向全面发展"[45]，这个美好的愿望一定与官僚体制的创新性社会计划无关。社会创新与官僚体制存在着内在的功能性矛盾。实际上，凡亲历过中国40多年改革开放历程的人，都会认同改革开放过程中社会创新活力的客观性：这种社会的创新激励是每一个社会成员都能亲身体验，并准确预期的客观过程——显然，这与官僚体制的本质存在天然的矛盾。一个社会的创新性活力只能受惠于市场竞争，同时也无法指望一般官僚体制会为社会创新带来正向的激励。

官僚体制和创新之间的冲突与均衡是任何创新加总过程必须承担的社会成本。对应地，大众及其社会意识才是影响、认定和鼓励创新的社会加总主体（也是社会创新的自然主体）。但令人遗憾的是，创新的社会集结机制官僚化趋势却是任何社会都不可避免，并在最终成为必然的历史趋势。[46]

我们必须客观、清醒地承认，官僚机构及其体制其实是社会创新的第三方仲裁人，只有当创新的过程引发司法纠纷、需要正义出现时，才是官僚仲裁的恰当位置。而一旦创新的社会认定、精神鼓励与利益激励的机制官僚化，那么官僚机构在创新过程中所发挥的作用，往往与其善良的愿望正好相反——真正的创新者无法获得官僚体系的认同，而更容易获得官僚认同的"技术专家"却往往是技术创新的"掮客"。由此，抵抗一个社会的创新集结机制被官僚化的趋势，应该是社会创新的首要任务。依照汪丁丁的深入分析："人类历史也恰好支持他（韦伯）的见解，似乎永远在两个极端状态之间徘徊——其一可称为'价值创造时期'；其二则可称为'价值耗竭时期'。"[47]因而，只有保持价值创造与价值耗竭之间的平衡，处理好这一重要的实践课题，才能为创新预留自由生长的空间。

实际上，诺思的制度变迁理论直接表明[48]，制度变迁与技术进步相似，都是经济发展和社会进步的源泉，其中，也直接暗示了创新的社会集结机制存在这样一对矛盾：个体价值创新与官僚机制集结的内在冲突。由此，本书关注从个体创新行为到社会创新集结机制的逻辑，并据此讨论创新概念，便具有理论上的学术继承性。

相反，对于官僚机构来说，个体创新对于社会现状的冲击与官僚体系维护稳定的社会职能直接矛盾。这种冲突决定了一个社会对于个体创新的认定、接纳与激励机制。也因此，检验一个社会集结机制效率的唯一标准应该看它是有利于个体创新，还是有利于维护官僚体制。熊彼特意义上创新理论的着力点是运用企业家精神的概念，来替代创新过程毁灭性社会集结的全面分析，展示了创新的市场毁灭性逻辑[49]，但是没有深挖创新将带来的全方位“毁灭”的社会加总机制——最直接的实例是：目前大多数的政府管理职能将随着人工智能技术的发展，而进入自动化、程序化、公开化的自助公共品服务的新智能时代，自然地，对应的政府职能将无形地消失，直至官僚权力被弱化——只有当权力不作祟时。

从经济创新视角来看，企业家连接着市场两端的生产者与消费者，企业家精神的创新就意味着运用一切可利用的社会资源，运用新材料、探索新方法、展开新组合、开拓新市场，直至通过新产品的开发获得市场和消费者的最终认同。这里，所谓的社会资源就包含一切文化、经济、技术及制度的相关要素资源，由此，企业家精神带来的创新必然是触及文化、经济、技术和制度领域的全面变革，从而，也应该是一场颠覆全社会方方面面的管理体制和运行机制的彻底革命。

社会现象的宏观分析必须处理从个体行为到群体加总的社会集结逻辑与集结机制，如前所述，我们既不能将希望完全寄托于理想的政府，也无法同时回避政府，因为现实政府就是社会集结机制一种制度体现。这意味着创新的社会集结是一个涉及全社会所有领域、所有层面的宏大论题。从逻辑上讲，关于个体行为加总结果与集结机制的研究，有两种仿物理学思路：一是系统论的宏观随机加总逻辑，二是动力学的运动方程机制。系统加总是一种“上帝”视角，将个体浓缩成无穷小的运动粒子，依照大尺度特定随机分布规律做个体加总，如热力学第一定理假设每个粒子的随机运动微分方程，只要气体粒子的密度、温度和体积给定后，就可以计算出对应气体的压力、体积与温度等宏观关系。其结论往往是一种无因果性的宏观描述，理论前提是必须定义出相关的宏观变量指标（压强、温度），来归纳系统状态的客观变量。运动方程方法深入每一个体的运动轨迹（如流体力学），追问为什么会如此，以得出相互作用关系的动力机制。其理论前提是，运动系统一定存在稳定作用的"场"——如重力场、电磁场等，由此，便可以得出众多个体加总将显示的集结效果。注意，这两种方法的差异在于所依据的尺度、视角不同：一个合情(概率论)，一个合理(动力学)。[50]

然而，与物理学不同，人类行为的社会集结机制不是一个简单的个体行为几何加总或者概率统计，它不仅涉及系统运行的相关参数，也涉及个体行为的动力机制。我们的问题是：当众人都被看作周期性运动的粒子，同时处于某种封闭可交流的系统之中，人类行为社会加总的结果将会呈现出什么样的特征？答案是不确定的。这里，即使我们可定义类似于货币流通量、景气指数、消费总额、物价指数等宏观参数的指标，它们也与个体行为的互动加总无关。其次，除了参数的表征要求以外，参数指标还必须能够通过现实调查、统计和实验获得，这是宏观统计的基本要求。我们为此抛弃单一动力学逻辑，也不考虑单纯宏观随机视角，而是采取二者结合的方法，先给出基本的动力学逻辑分析，再进行多周期叠加的宏观加总——关键是这种叠加的四个创新概念。

相对而言，文化创新发生在人的精神秩序层面，是人们追求新生活、新意义的能动结果。经济创新发生在社会秩序层面，是人类调整社会生产生活方式，以实现新价值、新生活的体现。技术创新发生在物质秩序层面，是人们运用科学原理去改造物质关系，满足人类自身能力扩展、延伸的结果。制度创新涉及文化和经济，但它发端于技术创新，贯穿于前三个创新的全过程，是人们适应精神、物质与社会三大秩序的制度性社会创新。如果沿着制度创新与技术创新、经济创新、文化创新的因果链来逆向追溯，创新是一个涉及文化、经济、技术和制度的多环节循环递进的创新闭环。从每一个创新环节开始，都可以引发整个社会创新链条的兴起，而仅当闭环的所有环节都完成价值引导的创新，我们才能看见一个完整的社会创新形成，得到一个全新的社会。

进一步，将这四个创新概念在人、社会、自然与权力的四维空间进行刻画，这四对要素之间存在着一种逻辑关联性，类似于空间元素保持代数运算的封闭性，构成现实创新的代数群结构；呈现出彼此相互依赖、相互制约的周期性运动规律。

如图 5.1 所示，围绕创新论题存在着四组形而上的映射，人的精神秩序、彼此的社会秩序、自然的物质秩序、权利的政治秩序(从内而外的上下左右四个方向，直达图 5.1 中外圈的四个稳定性现实秩序)：这四个秩序一方面是客观实在稳定的前提,与此同时,它们通过最内圈的人、社会、自然和权力四个内生性主体的共生演化、相互作用,诱发四种创新变革,共同促进社会创新——文化创新、经济创新、技术创新与制度创新(中层圈)的各自循环并完成创新。这里,四种创新相互依赖、相互制约,顺次地按照逆时针构成一个完整的社会创新(外圈)闭环。如此,一般意义的社会创新主要应该由四个阶段组成,并依次循环构成整体创新的周期性规律。值得指出的是,人、社会、自然与权力(内圈)这四要素,既是四阶段创新的主体;同时一旦被主流化,它们也是阻碍社会创新的壁垒,成为新的阻碍势力。

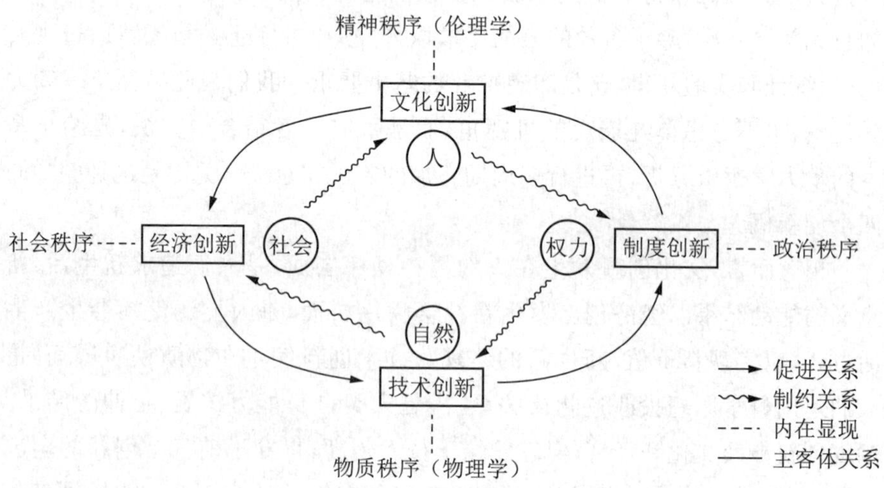

图 5.1 人、社会、自然与权力的四维演化关系

应该如何理解创新四主体的双重性质?首先,人是文化创新的主体,这是人们追求文化享受多样、新奇、有趣的天性决定的;由于现实制度往往维护人与人的利益格局现状,即使那些利益受损者也习惯性地无意识抵抗制度创新的变革,而几乎高喊改革者则往往在真改革时干着背离改革的勾当,因而是制度创新的阻力。其次,虽然社会(即大众群体)是经济创新的主体(这与前述关于创新的社会性逻辑一致),但却是文化创新的阻力——作为一个整体而言,社会总是趋向于文化习俗的稳定性。再次,自然是技术创新的客观主体,即所有技术创新都是围绕自然物质的利用展开的;但是,自然资源环境的有限性,却成为经济创新的天然阻力。最后,权力或者说组织是制度创新的主体,同时,权力的官僚体制则天然地阻碍技术创新的出现,也是不争的事实。

基于以上围绕熊彼特创新理论的重新审视和逻辑重构(当然,还有待随后的进一步完善),下面,我们给出关于社会创新四个阶段的定义与性质。

第一,创新是一个依赖于文化的思想意识上精神创新的过程,文化创新是一个社会创新的前奏,社会创新本身就包含着文化创新的必然阶段。现实中,文化创新的最艰难之处在于人们意识形态的价值观属性,人们对于自己归属的文化创新会有天然的亲近和认同感,反之,便有天然的反感。当下,一个历史误会是,只要谈创新就指向单纯的技术创新,似乎技术创新、高科技就意味着幸福、先进和文明,而忽视具有阶级属性的技术创新的文化内涵(见随后详述)。事实上,仅当思想领域涌现出被社会一致同意的文化创新,才能获得经济创新的方向,激发技术创新的动力,通向制度创新的正途。

文化的本质是人类生活方式及其意义的全部总成,构成人们精神世界的精神秩序;并与物质世界的物质秩序对应,共同组成人、社会与制度的统一体。如第4章所述,现实世界可以看成由物质的物质秩序与精神的精神秩序两方面构成。物质秩序仅仅涉及科学知识的认知,精神秩序的现实结构则包含文化、传统乃至价值观信仰,它要求人们基于情感与理性的一致认同,以助人们明辨是非、区分善恶、审视美丑,追求符合自身价值观的美好社会。由此可知,文化创新的实质是要追求新的生活方式,并赋予全社会以某种一致认同的新意义与价值。任何社会创新都必须首先获得价值判断的社会共识,这种共识不仅要符合物理秩序的基本认知,同时,也要获得所处社会的文化、价值观的“一致同意”。任何意义的创新本质都带有意识、思想及其文化创新的内涵,只有当个体的创新行为符合人们的情感、直觉的价值观,有助于提升人的幸福感时,才会被大家认同、被社会接纳,进而转换成经济创新动力,激发出技术创新的需求。

在现代欧洲史上,没有源于意大利的文艺复兴及其文化创新,就没有欧洲启蒙思想运动,也不可能有随后的科学革命和产业革命。西方史学的这一通识表明,文化创新是一切社会创新的基础条件,只有当文化出现创新并发育充分时,才能诱发经济创新的伴随,并为技术创新提供伦理前提和演进方向。

人性拥有对真善美的应然追求,达到极致时便进入一种浪漫主义的理想境界,形成人们思想、意识的文化潮流。文化的浪漫主义思潮是人类现实主义需求的基础,同时,又引领着现实主义思想的发展,关乎人类的终极幸福感。就此而言,文化创新的本质就是关于生活方式的创新,是人们关于新生活方式及其人生意义、生命价值的全新阐释,进而提供全新的人生体验。可以说,人类社会发展过程中所有创新都包含着文化创新的内涵,文化创新是严格意义上的实证概念,而绝非时髦名词。文化创新一旦形成,社会将慢慢地酝酿出新的生活方式,诱发出后续的经济创新。

第二,创新的关键在于人类的经济创新并获得市场检验。经济创新的主体是企业,经济创新的激励机制是市场竞争,唯一的动力源泉是企业家精神。准确地讲,熊彼特意义上的创新概念是一个强调技术创新的经济创新过程[51],但这种洞见的深刻之处在于,人类社会的精神与物质两方面的进步必须用经济的财富标准来衡量——即使个体财富的效用概念不能囊括个人幸福的全部内涵,但它抓住了功利主义思想的基本内核。此时,经济创新就意味着关于人类社会生产能力、生活方式的扩展和探索创新。其功能在于,一方面,经济创新承接了文化创新,将文化创新带来的新思想意识、新生活方式,通过生产的新工艺、新材料、新产品变成经济现实。另一方面,经济创新启动并激发了技术创新,最终以重建物质层面技术创新与发明带来的新组合、新市场,使得整个社会的生产实践与经济活动创新性地向前推进。

传统观念的一种误解认为,技术革命带来了经济创新和进步。然而,只要区分经济创新中不同于技术创新的内涵,你就会发现,相反,正是经济创新提出了技术创新要求,才引发了技术创新的革命。否则,你就没有真正理解熊彼特关于创新的唯一源泉是企业家精神的论述。因为,企业家并不一定是技术专家,企业家一肩担两头:一边是消费者,一边是生产者;只有当企业家敏锐地把握消费需求和生产供给,通过提出明确的技术创新方向,组织全社会的技术创新力量,才能够完成市场供需双方的创新对接。这说明一方面经济创新的市场主体是企业,经济创新的唯一源泉是企业家精神——即熊彼特思想的核心;另一方面,经济创新是技术创新和制度创新的源泉,而非相反。

历史上,三星公司的手机屏技术,早在苹果手机使用以前,就被研发出来锁在档案柜达七年之久。[52]只有当企业家精神出现、乔布斯提出手机屏的使用需求,该技术专利才被应用——技术创新才能成为社会创新、经济增长的积极力量。塞维利、纽可门在1768年发明蒸汽机,瓦特在1781年改进汽缸分离冷凝器,早就完成了现代意义上的双向运动蒸汽机。其中与工业革命发生的40年差距,正是经济创新与技术创新互动,促进经济发展的典型案例。不可否认,现实中也有很多像比尔·盖茨一样的专家企业家,他们身处科技研发的前沿，不仅能够及时准确地把握经济需求的市场脉搏，也拥有技术创新的敏锐洞察力和开发行动力。但需明确，这不过是身兼两职，将技术专家与企业家身份融为一体，并不能否定本书关于经济创新与技术创新在概念范畴的严格区分逻辑。

第三，创新一定包含技术创新意义上科学精确性的提高，与此同时，技术创新不仅促进生产力发展，也直接引发制度创新。创新是一个民族进步的灵魂，一个国家兴旺、社会发展的不竭动力。爱因斯坦说：科学不是也永远不会是一本写完的书，每一项重大成就都会带来新问题，任何一个科学的新进展都会随着时间推移而出现新的严重困难。[53]在巨大的生存压力下，唯一能够帮助我们摆脱压力恐惧的不是别的什么，正是技术创新。创新的动力源于人类追求科学进步、知识发展与认知精确的本性——对于新对象必须创造新的概念，以形成更细致的分类、更精确的认知。这里，推动科学发展的核心动力就是技术的精确性提高，精确性也因此成为技术创新或者技术概念本身唯一的本质特征。因为精确性不仅为理性概念提供了存在的理论背景，也为科学提供了现实映射的定义域。

为什么技术创新需要科学的精确性、遵循科学规律的严格约束，而不能处于粗糙、模糊、混沌的状态，以至于位于技术创新前列的文化创新、经济创新，都必须通过技术创新转化为技术创新成果的更精确、更效率、更有序的技术替代——这是创新的实用主义属性使然。实际上，站在社会学科的角度思考，我们应该不难理解，法律就是一种精确的正义。没有精确性便没有司法公正，精确性能消弭仇恨，而模糊性往往是仇恨的根源。只有精确性能够让你静下心来认真倾听和观察，发现人们之间的矛盾原来仅有针尖大小的对立。换言之，技术的精确性与法律的准确性具有内在逻辑统一的理论属性，技术创新也总是伴随着制度创新，二者是一体两面的统一体。

第四，创新一定包含着制度创新的公平准确性，以促进社会平等、正义，最终完成关于技术创新的制度保障。熊彼特的创新概念强调，在生产、消费和交换的过程中，人们将如何创新地改进生产效率、激发消费需求、提高交换效率，并没有涉及创新的政治或者说制度涵义。但是，就广义政治经济学而言，社会创新的概念一定包含着政治因素——通常意义上的制度创新内涵。认清这一点极其重要，却常常被人们遗忘，以至于熊彼特自身的创新概念与制度的政治因素存在着一定的距离。[54]多年来，国内学者在讨论改革问题时，总是要追问：为什么改革，改革什么，怎么改革？其实，这是一个比较容易回答的问题——通过广义讨价还价的社会对话谈判便可以解决。[55]如果从技术创新对于制度创新的需求关系来思考，那么，什么是好的改革，如何选择好的改革路径？这才是真正的问题，才是一个符合制度精确性的科学问题，才能跨越我们自身对话的局限。事实上，生产关系的制度改革必须与生产力发展的技术创新相适应，遵循技术创新的精确性原则、把握制度创新的准确性公平，应该是我们实现制度创新所追求的人类幸福终极目标的唯一方法。

现实中，很多人以为制度变迁是人类政治行为的结果。本质上，制度创新的唯一动力只能是技术进步，不过是通过技术创新的收益迫切要求制度保障的政治行为体现出来。关于制度创新必须适应技术创新的改革需求，详细论述将在后面章节给出。

在阐述创新的概念时，熊彼特曾经给出一个前无古人、后无来者的"创造性毁灭"(creative destruction)的描述，这是理解熊彼特动态均衡概念的关键。[56]这里，仅沿着熊彼特的思路追问创新的毁灭性究竟导致了哪些毁灭，并据此，试图给出四种破坏性矛盾及其周期性运动的分类。从社会创新的四个循环逻辑来观察，社会创新将始终处于四个基本矛盾之中：一是文化创新与传统意识的矛盾，二是经济创新与守成经济的矛盾，三是技术创新与生产规制的矛盾，四是制度创新与官僚体制的矛盾。它们与社会创新的四个环节相对应，但深入四个环节的细节刻画，会带来关于社会创新中"毁灭性"过程的深入理解。我们不能只要创新的好处，而不承担创新的毁灭性成本。此时，四个环节创新的细微差异表明：文化创新求新，经济创新求利，技术创新求实，制度创新求稳。从图 5.1 内圈的要素群可知，一旦四个变量因其创新性贡献成为社会主流，它们瞬间便成为自己的敌人——社会创新的阻碍力量，即社会传统阻碍文化创新、自然经济阻碍经济创新、权力规制阻碍技术创新、习俗惯例阻碍制度创新这四对矛盾。而这四对创新矛盾的崩溃、毁灭及其周期性循环是本书重构创新概念的关键逻辑。

本书之所以将熊彼特意义上的创新概念进一步深化、解构，逐段分解为文化创新、经济创新、技术创新和制度创新四个阶段[57]，原因在于，任何社会的任何一次人类创新都要经历过一种从生活方式(文化)、生产方式(经济)、人与自然的关系(技术)，一直到人与自身的关系(制度)等四方面创新的递进过程，才能完成社会创新所需要的全部流程。其中，社会创新通常发端于文化创新，受制于经济创新，以技术创新的形式显现出来，最终通过制度创新完成，并反哺创新的社会，共同组成人类社会不断进步的创新历史。当然，这种多阶段创新的过程往往不一定是顺畅、全面、彻底的，这取决于社会创新加总的集结机制、认同逻辑、收益分配和扩散机制。

5.4 文化创新与文化传统的周期性

将社会传统看成文化创新的对立物是一种基于文化视角的创新逻辑分析，因为与文化创新对立的就是社会传统。所谓传统，就是一个社会历史上所有文化创新的积淀。正如"艺术是在一些惯例中逐渐地发展起来"一样[58]，一方面，文化创新既有主观、反思的批判性；另一方面，文化创新也有客观、肯定的继承性。这种批判与继承的二元矛盾演化，正是文化的创新、发展及其周期性运动的基本逻辑。更重要的是，本书将文化创新纳入社会创新的整体框架中，原因在于社会创新的阶段性源头往往在于文化创新。暂且不论文化创新对科技发展的影响，仅从文化创新中的批判、反思，直至再批判的思维模式来讲，正是人们关于现实生活的批判性思考，才能激发出人们的思维方式、生活方式、行为模式乃至改变传统习俗的原创性创新力量，从而，使得人们在同样付出的情况下，收获关于生命意义的全新阐释，获得更高的幸福感和现实生活的新意义。

客观地讲，这里无法全面讨论文化论题[59]，仅仅讨论文化创新及其行为的周期性，以及由此引起的社会创新。我们之所以会在经济学语境中讨论文化，是因为人类社会的所有创新都源于文化的创新，而对于经济增长至关重要的技术创新同样源于文化创新。我们将试图表明：文化创新是社会创新的先声，引领着经济创新和技术创新。进一步，由于文化的多样性、融合性，文化创新的周期性运动成为逆向平息经济周期性波动、阻止战争的唯一力量。具体地，我们将围绕以下问题展开：文化创新的经济本质为什么是约束与目标的权衡？[60]文化创新是如何通过消费的文化创新实现的？如何理解马克思、马尔库塞以及鲍德里亚批判的资本主义消费社会及其符号化编码的文化异化逻辑？

5.4-1 文化传统与文化创新

传统之于人如水之于鱼，人于传统犹如鱼在水中而不自知。正如离开水无法分析鱼的行为,关于文化概念的本体分析也不应该离开传统文化的理论视角。

胡适认为,“文化是一种文明所形成的生活方式”,梁漱溟在《东西文化及其哲学》中阐述“文化是民族生活之样法”,两者基本上同意。只是胡适更强调东西方文化比较的文明差异,“文明是一个民族应付他的环境的总成绩”——即文化中好的东西,并由此认为文化的文明因素足以解释缺乏理性精神的中国为什么会落后于西方。稍早一些,严复在《天演论》中将“civilization”译为文明,“文者言其条理也,明者异于草昧也”。这亦意味着文明与文化的不同,即指自有文字之后,人类便进入异于草昧的文明时代。迨文字既兴,斯为文明之世。[61]

如果说文化是生活样式的总成,那么,文明除了文化,还要包含宗教、信仰、政体及法律等意识形态与政治思想相关的理性内涵。明确这种差异性特征,即文明基于理性、文化超越理性(为理性所不及),对于以下的文化创新分析十分重要。

文化可以有差异,却无高低优劣之分,即使主流文化的认同感很高,也不能因此贬低非主流文化;因为谁都不能肯定,今天的非主流不会成为明天流行的所谓正宗,反之亦然。多样性正是文化存在的核心价值。文化能够相互融合与共通,是人们情感、性格、心理模式的天然体现——是人皆如此,而与理性无关。

相对来说,文明则有先进与落后、高与低、好与差的区别,并且与地域、民族及其思维方式相关。[62]文明本质上包含着压抑情感的理性基因,故而文明没有文化的多样性包容性,往往存在着不可调和的冲突性。如此说,在文化创新的底层深处,其实掩藏着我们对于真实、纯美和善良的追求。根据法国哲学家加缪在《反抗者》中对“反抗”的阐述,也许可以这样认为,每一场叛逆,都在表达人们对于过去那种纯真的追忆,以及对抵达存在本质的渴望。这是文化创新试图通过新的文明来抵达人们内心顶级幸福感状态的一种主要方式。

人类的生活方式及生存意义是由人自己定义的,文化亦是由人创造的使我们自己如此生活的概念世界。人们是生活在由自己定义的世界里;你怎么看待这个世界、赋予它什么意义,你便怎么追求、怎么生活。此时,文化的生命就在于创新,没有创新,文化便没有存在的价值。只有通过生活方式及意义的创新,文化才能带来全新的社会面貌。从品质上看,文化创新的核心在于发现美、创造美、弘扬美，使人们获取生活的新勇气、新方向与新体验，以完成人类对生命意义的不断推陈出新。值得指出的是，文化创新并不会重复政治哲学的传统主题，比如公平、正义和自由等论题，文化创新的核心在于创新生活意义、生活价值、生活方式，乃至生活形式。人们多大程度地重视健康、幸福特别是生活与美的关系，文化创新就会在多大程度上通过美的挖掘、发现乃至传播，运用美的多样性、融合性促进人类个体幸福，使得人类和谐共处成为可能。相对于真和善，唯有美关联着爱，具有兼容性和非排他性。因而当人们一起聆听音乐、观赏美术作品、欣赏时装表演乃至人体之美时，人类才会相安无事。相反，一旦人们在一起争论谁是谁非、谁恶谁善，人类便陷入彼此冲突、相互纷争与暴力战乱的无尽灾难之中。

科学文化观及其人类学方法强调文化功能的经济学逻辑，将文化作为一种社会性的制度需求，以整合功能性和制度性逻辑而呈现，由此进一步界定习俗性观念和创新文化的形式与意义。尽管马林诺斯基曾声称[63]，这种科学方法在任何意义上都不排斥和否认进化或历史研究的有效性，只想给文化提供一个科学的基础，但科学文化观由于存在着绝对的先进与落后，且强调先后之间的文化矛盾，极易陷入文明冲突的逻辑。这与文化的本质在于人文审美意向及其非科学理性的内涵存在着偏差，同时，也否定了人文文化观将弥合人类冲突、符合世界多样性的事实。换句话说，理性文化观与其说阐释了某一些文化内涵，倒不如说歪曲了文化的人文本质。或许，真正的文学艺术家与科学文化研究者们很少彼此交流，而科学文化学者是从外部来观察文化的，缺乏对文艺创作、交流与传播内涵的深入体验，以至于使人感到二者研究的并不是同一对象。[64]

实质上，文化的功能是人类社会演化的一种结果，而不是文化因为具有这种功能而存在。再一次，哈耶克给出一种令人信服的历史演化观：演化本身存在着人类理性所不及的东西。“文化既不是自然的，也不是人为的，它不是经由遗传继承下来的，更不是人为理性设计出来的。文化是经由习得性(lerant rules of conduct)行为规则构成的传统……它的作用也往往不是那些作为具体行动者的个人所能够理解的”。[65]文化的形成在于人类历史上某一部分群体在一个类似于自然选择的环境中，遵从无人能预知其后果但能协调彼此行为的一种传统习俗，并随漫长的岁月演化自发完成。表面上，这是人文的文化观与科学文化观关于文化功能的学科理解的差异，本质上则是二者关于文化概念的定义区别。

5.4-2 文化创新的约束函数逻辑

作为典型的文化创新,文艺创作是一种超越理性的创新性劳动,是文学艺术家感受美的心声表达,最能体现出文化创新对于社会发展的引领功能。历史上,杰出的艺术品都会呈现出对过去美好事物的眷恋、对当下真实生活的赞美、对未来理想世界的期盼。通过文艺作品的创作、欣赏和传播,一个社会才能完成对于自身历史、现状和未来的反思,进而,通过批判性思维的审美和反思,重构人们的精神、伦理秩序。这种重构会带来人们精神上生命价值和人生意义的升华,进而作为一种"产品服务"提升人类的生活质量和幸福感——精神秩序的文化创新。更重要的是,一旦人类文化艺术的创造力发挥到顶峰,创作出伟大的悲剧或喜剧作品,文化便开始帮助人类减轻"原罪"的诅咒。喜剧的美在于善,悲剧的美在于真。如此,文学艺术创作的首要价值便是帮助人们获得人生意义上真、善、美的认知秩序和精神秩序的更新和统一,进而,文学艺术的创新也理所当然地成为一个社会文明的先声、社会创新的起点。

从文化创新的主观上讲,大师们或许从未想到要通过自己的作品创作来引领社会的经济创新、技术创新和制度创新;但从结果来观察,文化创新是时代的先声,是思想、意识、观念乃至情感伦理的价值先驱。但需要指出的是,文化创新绝不是毫无约束的信天游,人们的现实生活与文艺创作在行为层面上是同质的:都是面对着约束的行为选择过程。这里称文化创新和文艺创作是一种基于传统文化约束下最大化创新收益的理性过程,或许会让许多人觉得不可理喻。但本书仍坚持认为,文艺创作是一个受到种种约束的创新性思维发挥作用的艰苦过程。若一个艺术家选择宁愿被约束,那是因为他相信,更少的选择范围会让他的创作更受益。文艺创作过程的约束或来自外部,一旦某个偶发的外部约束使其受益,这种偶发约束便转化成基本约束。也就是埃尔斯特所说的,"艺术创作事实上可以看成两个步骤,对约束的选择、紧接着是在约束之内再选择;这两种选择交叉、往复,使得在约束之内做选择的过程常常诱使艺术家会回头审视、修订约束本身,这正是艺术创新的核心"。[66]或可以说,文学艺术的创作就是一个不断地去创新人类行为约束集的突破过程。

相反,"白日梦"可能就是一场没有约束的创新,但因其剧情变更成本太低、缺少稀缺性,内在地不能令人满意。[67]白日梦是很多人的快乐来源,对于有些人，现实生活不过是一个做白日梦的借口。其实，大多数小说的创作与白日梦非常接近。在弗洛伊德看来，小说满足了两个白日梦：作者的白日梦和读者的白日梦。埃尔斯特由此认为，这意味着作者与读者的关系构成了一系列复杂的对偶约束，最简单的是时间约束，比如小说一旦出版、陈列在书架上，作者就再没有机会更改或者续写双方白日梦的剧情了。“艺术创作要求艺术家在创作时接受，并记住受众的角色，一旦他构建了读者的概念，他就受到了约束”，不管这种构建是主动或被动的，目标读者的设定将有助于训练作者。“任何作者，只要把握尊贵正派和良好教养的边界，就不会假设自己思考了一切。对于读者的理解，你能给予的真正尊重就是友善地对半分担理解，留给读者一些想象的东西，先是他、再轮到你自己……”[68]确保读者的自由需求便充当了对作者的一个约束。创作者对于受众感知的预测以及由此导致的某些形式的约束是激发潜在创造力的来源。我们或可以说，创造约束本身已成为艺术创造的组成部分[69]，影响创新的首要因素就是约束。

根据做白日梦、幻想、错觉等现象在艺术创新中的特殊作用，理论家们还揭示出有关文化艺术创新的一些重大发现与启示。我自己就常做白日梦，愚蠢地梦想我获得了诺贝尔经济学奖。但问题是，在获奖台上，我应该说些什么呢？[70]这便迫使自己要基于这种约束的剧情展开紧张的探索性思考：反问自己到底有什么思想发现，自己研究论题的实践感悟、理论依据和逻辑推理有什么创新，并强迫自己将多年的研究思路整理清楚。最后且最重要的是将真实想法表达出来，能使听众感兴趣、听明白——对我而言极其困难。显然，这种自我约束的白日梦是实实在在有助于科学研究的。当然，也可以是随意改动剧情、毫无约束的精神漫游。但经验表明，无约束的白日梦带来的满足感是短暂、低级的。相反，在约束状态下紧张地思考，并感悟出某个问题的启示（常常出现在孤独的状态），进而随之而来的巨大喜悦，则是毫无约束的白日梦所无法比拟的。

关于灵感——某种神秘而依赖于天赋的现象，我们可考察近些年社会学家们有趣的工作。埃尔斯特认为，灵感与个体从潜意识进入显意识的速度有关，是一个约束变量的倒 U 型函数，即“灵感神经元”与约束的张力相关。拜伦就曾经说“诗歌最难的莫过于开头，除了结尾外”，因为开头约束太弱，而结尾约束太强。大多数非键盘时代的文字创作者都熟悉并有过面对空白稿纸发呆静坐的经历。这里，显意识与潜意识平行展开工作[71]，显意识负责仔细检查、拒绝或者认可潜意识不断涌现的一大堆意象;潜意识则被美、优雅、简练与和谐的审美约束所引导。就像“一束光亮突如其来侵入数学家头脑,灵感通常是不会欺骗他的。它或许并非来自证明,但在几乎所有类似的实例中,我们都会发现假的观念——即使它过去曾经是真的,都会满足我们对于数学优雅的自然本能”[72]。这里,庞加莱那束光意味着“灵感”仅仅在潜意识可行集被最小化时才会出现,即潜意识的约束最强时,人们才能感受到灵感的涌现。

埃尔斯特详细讨论过一般性艺术创作的内在约束、强制约束、自我约束、形式约束、常规传统等各种看似自由过程的创新性限制,归纳性地指出“传统、常规明显与艺术家或公众预期有一定的关系,在一种观点看来,艺术常规就像社会规范,即某种非工具性行为规则;通过他人强加给违规者的制裁得以维持。另一种观点是,常规像某种一致的均衡——有用却专横的策略组合,类似于靠左还是靠右行的交通规则。社会规范源于外在强制,均衡则是自我强加的”。既然每个艺术家都想得到同行的承认,只有当所有艺术家都遵循同样的约束,作品之间才能比较,即任何人都没有动机偏离共同的约束框架。

在文艺创作中,约束往往激发了人们对于不能获得或者不能做之事的偏好,目标的最大化完全取决于人们对于约束函数的依赖。从创新的具体过程来看,文化创新是一个意识自由,乃至无意识混杂的心灵感受过程,受到创作者自身经历、人生感悟乃至哲学反思等个体极致性活动的因素约束。除此之外,文艺作品的创新性内涵,还受到作者与观众之间的审美共鸣,进而作者自己创作过程中的激情——类似于贡布里希所说的“沁入式疯癫”状态(导致其“图示-修正”知觉主义理论)——这是贡布里希关于艺术风格变迁论述无可替代的思想硬核。童年时,我曾伴随当教师的母亲居住在县城小学的幽深文庙里。夏末初秋的一个晌午,蓝天下烈日正焰,阳光透过大庙屋顶的缝隙照下来,三两光柱在漆黑背景的弥漫中摇曳,恍惚那斑驳壁画上的各路神仙、魔怪跳下墙来……给予我慵懒而饥饿的童心些许空灵、惬意。稍大些,看到舒传曦的国画小品《蔬菜》,也是一缕光线划过纸面,突然间激动不已。中国花鸟画千千万,唯有此处的光影之舞,使人感到一颗普通的白菜,竟然如此之美!多年后,一次在杭州龙井喝茶,有幸得导师汪丁丁夫妇带我拜见舒传曦先生。但当时茶亭半坡的地貌,却酷似我曾趴过的南国边境阵地,也是阳光穿过霭霭薄雾照来……使我联想并谈起“敌我双方如何从趴在地上，慢慢站起来”的故事，二人听罢，哈哈大笑，却忘了那白菜的感受。实际上，借助光线对现实的艺术塑造，乃至种种幻觉，使得愚钝如我，也能感受到画家的激情，并生出超越画面的感悟。不同时空、情境下的“光”既是约束，也扮演着被朱光潜[73]定义为沟通作品与观众之间的“审美媒介”或者“审美距离”的角色。

文化创新受到约束条件下最大化审美价值的目标所引导。在审美的创造性过程中，不管一个艺术家是否在进行“最大化”，也无论他的目标是局部的、整体的、明确的还是模糊的[74]，具体地，我都宁愿将其艺术创作过程看成一个生产的过程，这或许会更便于理解“基于约束的最大化逻辑”。因为即使是那些天才艺术家，大多数时间也处于某种艰辛、紧张的“前生产”状态，这是大多数有具体艺术创作经验的人所同情共感的。此时，创新的核心是艺术的创造力——除了约束选择，便是审美价值的取向与把握。

5.4-3 文化创新的目标函数逻辑

艺术创造力决定了文化创新的质量，受到审美价值取向的引导——部分取决于社会创新环境，更多地则取决于艺术家个体(因为我们必须承认像梵高、高更乃至更多隐性的梵高们，一方面其艺术天赋正是受到个人成长环境的启发、激励而涌现的创新激情；另一方面，其生前又受到生存环境的打击)。源于艺术史的知识论研究，波普尔主张艺术审美价值应该一切崇尚自然，作为知识的模板，艺术应该找到自己的本体。[75]中国清末的石涛也同样有“师法自然”的见解。面对艺术史上数量浩瀚的优秀、动人、天才的作品，如果硬要给出一种艺术创新乃至艺术创造力“进步”或者“发力”的方向——或许只是一种偏颇的说法，以至于我们想要(不一定能够)寻找文化创新与其之后经济创新、技术创新、制度创新之间的联系(这种关系决定了本书的研究视角)，我们就不得不像贡布里希等人那样乐观，而不拒绝对艺术史本身展开形而上学的反思。因为，艺术史的演化具有其他人类活动所不具有的复杂性和动态性特征[76]，只有不脱离艺术创作的史实才会更接近艺术创作“发力”的方向。也就是说，围绕文艺创作对象的审美取向与价值判断才是文化创新必须关注的目标函数。

本质上，文化创新是寻求人生价值、生活意义美的新内涵——不仅会带来生活方式创新的实用价值，也会带来无关实用的精神价值。相对于思想家理性、抽象和枯燥的哲学思辨，面对人生观、价值观的追问，文艺作品的对象则丰富多彩、引人入胜,呈现出感性、生动和丰富的特征。贝多芬的《命运交响曲》并没有任何说教,却激励着无数人的人生斗志和生活勇气。朱耷将三羽鸟置于危卵石之上,用哭之笑之的嘲讽笔触,令多少人在莫名的感动中释怀了人生不顺、官场失意的悲愤。但需指出的是,在所有关于社会各方面的文化创新中,唯有消费文化及其创新活动才与经济创新、技术创新及制度创新紧密相关——但现有可见的杰出工作却是社会学而非经济学家的贡献。

相对于经济学家,社会学家显得有些悲观,马尔库塞认为:工业社会及其消费文化迫使我们进入了一个新集权、失去批判性思考的时代[77];鲍德里亚敏锐地抓住文化创新的异化逻辑(仅本书理解)以及消费对生产过程的表面主导性,全面地揭示出消费者的真实需求被遮蔽、生活完全被消费符号所主导这一现象——尽管悲观却不失其深刻性。实际上,这其实是在引导我们深入文化创新之后的经济创新、技术创新和制度创新等三个关联的具体环节,以便挖掘出一些关于消费文化的不那么"令人悲观"的重要内涵。因为在所有形态的文化现象中,唯有消费文化背后潜藏着一只"理性之手",或者说追逐利润的理性力量,这是本书展开文化创新的目标函数逻辑分析的前提。

胡适曾指出,文明既包括精神,也包括物质内涵,"凡文明都是人的心智运用自然界的质与力之作品;没有一种文明是纯精神、也没有一种文明是单物质的"[78],两者合一便是消费文化,由此,物质与精神生活的社会创新都将反映到人们生产生活的消费行为上来。短期看,文化会俯首地从属于政治,但长期来讲,文化却拥有对政治的巨大反作用力,因为宗教、习俗会从根本上影响政治风气。这意味着消费文化的创新才是文化创新的核心所在。一座伟大的建筑,往往是凝结着优秀文化与璀璨艺术的历史丰碑。没有文化创新引领,建筑过程将无法想象。因为建筑的本质是运用空间来约定人们的生产、生活方式,是一个协调物质技术、生活创新与传统文化三者关系的过程。中国传统民居的客厅,一般位于进大门中心位置,与卧室相连接,且保持私密性;西方民居的客厅往往是公共空间,卧室则相互独立但保持对外的个体自由性。两种客厅与卧室的结构关系,体现出两种文化对于公共空间、个体自由的社会秩序及其审美价值的取向。没有建筑的消费属性,这些审美、伦理与秩序的文化传承都将无法附存。

文化对于社会、经济、政治的反作用从来都不是发端于生产领域,而是从消费领域开始的。消费的本质是人们为了摆脱生活的不舒服、消除心身上的不愉快乃至为了获得各种欲望的满足所采取的一系列行为中，以自身收入的支付而达成的购买行为。米塞斯当初就如此主张经济学应该研究人的行为——因为在市场上，消除人们不舒服的唯一行动就是购买。[79]只要消费文化作用于社会过程、引发创新，它就一定会传导并诱发消费创新，直至生产创新，进而逐步演化出一种具有影响人们社会交换关系的语言功能——完成对消费意义的最终定义。正如鲍德里亚所言，被编码符号化而自成体系，最终发挥出语言的社会职能。从消费文化的创新方式上看，与人类政治逻辑不同，消费文化在创新重构社会意识的过程中，不是强制性地调整人人平等、公平与自由的社会关系，而是通过一种经济差异化方式将原本激烈冲突双方的矛盾给消解了。此时，鲍德里亚坚称消费文化的这种消解逻辑具有偏离人性、重新编码社会结构，进而异化人心的弊端。只要我们仔细观察，就会发现消费文化的这种异化功能本质上是一个肢解和重构文化的过程，也使得消费文化的作用机制变得极其重要：一步地狱，一步天堂。

理论上，鲍德里亚致力于阐述消费社会存在的关于消费文化与工业体系内在矛盾的深刻冲突，社会是在这种冲突的矛盾中选择、演化进而形成新的自发秩序，即某种消费文化的演化过程。[80]在《物体系》中，鲍德里亚更清晰地指出，“一切都在要求这样的一种转折：吃饭、睡觉、生育等，都要被迫地变成抽烟、喝酒、待客、高谈阔论进而观看和阅读。面对文化性功能时，脏腑性功能便要隐退”。这种“文化始终在扮演一种具有意识形态功能的安慰角色：将功能、权力世界带来的紧张，升华到一个真实世界的物质性冲突性之外，形成一个形式上可辨识存在的世界……这个形式，无疑更为紧急，在技术文明中被系统化——而回应系统化技术性的正是系统化的文化性”。[81]物不仅是生产体系的结果，同时也是人们社会生活关系的历史、现实与未来的对话（象征交换）及其积累的文化呈现。实际上，鲍德里亚并不是简单地否定“物质生产的现实大地”，而是要颠覆人们关于物的使用价值和交换价值关系的传统认知。他将我们拉进了现实消费的“聊天群”——“如果不回应人对物的真实生活体验问题，以及物如何回应功能性需求以外的其他需求等问题，最后，我们就不能分析与物的功能性相牵连又相抵触的，究竟是何种心智结构，也就不能圆满地回答我们对物的日常生活经验究竟是建立在何种文化的、亚文化的或超文化的系统上的”。

消费社会理论刻画了由广告、大众和生产结合体展开的文化创新过程，即使不一定符合人类发展的本质需求——作为鲍德里亚的一次重大文化研究工程[82]，但揭示出以下社会特征。一是传统社会的物与物、物与人是相互独立的实用功能性关系，而进入消费社会以后，物、人与符号构成了一个密切关联的价值体系。二是符号的社会价值与文化导向，使得符号脱离了与物的直接价值关系——双向性成为现实。这暗示了符号化过程、符号体系的形成机制，使得现实中的阶层差异被消费的符号幻觉所遮蔽，似乎消费同样商品的都是同一类人，但其实不然。三是符号化与新名词的“忽悠”关系，文化创新的一个最重要特征是新名词的不断涌现。但新名词并不等于文化创新——存在着或者通向文化创新、或者通向“名词忽悠”的两种可能性。关键是，新名词与真正创新是否具有推动文化乃至生活方式向前演进的趋势，使得文化创新过程一方面存在着某种强化、突显机制，若未被突显则哪怕真实的文化创新也往往无效——喜新厌旧心理使得人们喜欢新鲜事物和新名词。另一方面，各种侵入的消费意识形态不断地遮蔽进而占领了人与物、人与人、人与自我的真实世界，人们在新名词、新概念的不断涌现中失去了真实世界，也失去了真实自我的感知。这使得最真实的身体成了不具血肉与生命的符号，成为无意识消费行为中的一环。这种消费社会的幻觉每一天都会在媒体的狂轰滥炸下被不断强化——各种新词都可以在商品的符号体系中找到其对应物。由此，消费社会的符号-价值体系作为一种“能指的拜物教”，割裂了语言能指与现实所指的内在关系，而使得能指的符号形式自足地形成了一个完整的符号系统。

通过消费文化实现的社会控制，被鲍德里亚解释为符号化价值体系的功能。注意，鲍德里亚的符号编码分析其实是一种形而上的哲学视角：由于在消费社会中，消费体系依赖于传统的“在利己中利他”的个体主义自由市场交换的逻辑支撑，现实中，被市场交换掩盖下生产与消费的传统矛盾不是被消解了，而是单向度地被转化为消费和生产的联合体与个体幸福之间的矛盾，并通过消费对生产的控制扩大了；这与传统意义上的政治、权力对社会的控制力完全不同。传统理论讲政治对经济的作用或者文化对经济的推动只是一种简化的说法，实质上，政治控制生产与文化控制消费，二者的逻辑决然不同，但也被鲍德里亚形而上的语言分析所简化。政治对人类经济的反作用主要是通过生产领域直接作用，是一个司法、强制性的过程——比如生产资料占有、所有制的限定、市场准入制、生产许可制，这些都是政治变革包括革命或非暴力手段可以控制的，并被拥有语言形式的制度变革所表达。但是我们必须承认，文化对经济的变革作用却是一个润物细无声，乃至于无法用语言表达的过程。更进一步,消费文化的创新是一个自由、审美的过程,拥有其他任何社会变革所不具备的内涵。这里,自由和审美是同时、并立存在的行为,这意味着鲍德里亚的符号化编码的批判可能遗失了社会秩序理论中某种最关键的因素,易于陷入悲观主义的境地。事实上,政治行为往往要涉及是非、善恶,而文化创新则仅仅事关审美与自由——具有情感归属的包容性。消费文化的这种特性使得消费社会的弊端,不是持续不变的,也不会因为理论家的批判而消失。

彻底的唯物史观承认:物(现代社会的广义商品)构造了人们所处环境的整体结构;不仅如此,真正的辩证法还承认:物,同时构成了人类行为的活动空间及其社会结构。"这个结构也将不再直接依赖于那种物能够多少被预先指派,以及被预先列出的地位的清单,对于这个结构的分析成为个体与群体'社会策略'的某种组成,作为他们抱负中活生生的要素,在一个更大的结构中可能与这种社会操持(prectise)的其他方面相互融合(职业轨迹、孩子教育、居住地点、关系网络),但也可能与它们部分地相互矛盾。"[83]由此,人类社会交往空间及其交往行为开始演变成物的符号价值交换,符号编码则变成社会结构的见证。但不能否认,物的符号编码及其社会话语体系自身则从未达到过和谐的一致性,物的社会学分析只能存在于这种物的话语与其他社会行为(经济、文化的)之间具有差异及其矛盾的关系之中——这是消费文化带给我们的启示。

5.4-4 文化创新的二元周期规律

我们关于鲍德里亚消费社会理论、消费文化及其创新功能的差异比较分析,并非要试图给出文化创新、消费文化的结论性陈述,只是提醒,消费文化论题既超越了经济学,也超越了社会学的狭隘范畴。它如此复杂,又如此迷人,本书能够且应当关注的是消费文化与经济结构、技术组织直至制度重构的逻辑链条与实践关系。[84]

一般而言,任何文化传统都具有一定的继承性和稳定性。基于人类生活与生产方式传承下来的文化集合体,往往集中表现在人们具体日常生活状态中。观察人们的衣食住行就会发现,我们从祖先那里继承下来的那些被定义为文化符号的外在呈现,有的具有极强的顽固性,甚至保持几百年不变,以至于正是这种不变性成为区别彼此之间文化不同的经典模式与优秀遗产,比如建筑等的文化内涵,几乎长久不变;有的表现为一定不变性前提下的可变性,比如服饰、娱乐等生活方式的文化内涵,在社会交往中表现出彼此借鉴、学习的可变性。

任何民族都有一套符合自己情感、习俗和意识的生活方式、行为方式及思维方式,它们共同构成一个民族的文化基础,以此滋养这个民族之生存、繁衍和发展。即使我们承认文明的差异性,也无法以好坏来论高低,只能从适宜性、适应性两方面看文化对一个民族进步的作用——即使这种作用并非文化演化的初衷。其中,文化适宜性是对于民族自身内部而言的,即一种文化必须具有适合自己民族生存发展的舒适性功能。文化的适应性是指自己民族相对于其他民族的生存关系、竞争关系而言的。文化决定了一个民族与其他民族在相互交往和相互竞争过程中的彼此关系,由此,民族文化适宜性、适应性及其创新问题,也一个民族长期生存、发展的持续性命题。

蒙森说,人类的创新之举是极其困难的,因而往往把已有的形式和传统视为神圣的遗产。关于旧的合理性最大的支撑源于习俗和演化的逻辑,为什么人们很多时候不愿意创新或者尝试新的东西和事物,根本上讲,在于很多传统、旧的东西经过了实践和演化的检验,符合人类生存、社会共存的模式;有些千年习俗和身体适应性是经由基因遗传下来、与人的心身达成最佳匹配的"好东西"。这些"好东西"即使一时被创新更改了,以后还会被改回来。这是哈耶克终其一生极力为我们阐释的"自发秩序"的社会规律,但常常被人遗忘。如此,这里将一个社会文化创新的目标函数记为$U_{cul}(t, \mathbf{x}_1, \mathbf{x}_2)$,将传统文化对人们创新行为的约束记为函数$C_{cul}(t, \mathbf{x}_1, \mathbf{x}_2)$,其中$\mathbf{x}_1 = \max\{u(\mathbf{x}_1) | \mathbf{x}_1 \in c(t, \mathbf{x}_1, \mathbf{x}_2)\}$为不伤害传统文化前提下最大化文化创新收益的行为,$\mathbf{x}_2 = \min\{c(\mathbf{x}_2) | \mathbf{x}_2 \in u(t, \mathbf{x}_1, \mathbf{x}_2)\}$为给定文化创新目标下传统文化损失最小化的行为。根据第3章的基本逻辑和公式,我们有以下文化创新行为的周期性运动方程:

$$y(\mathbf{x}_1, \mathbf{x}_2, t) = \begin{cases} \sum_{n=1}^{+\infty}[(A_n \cos\theta_n \mathbf{x}_1 + B_n \sin\theta_n \mathbf{x}_1)T(t)] & \partial w/\partial \mathbf{x}_1 \geqslant 0 \\ \sum_{n=1}^{+\infty}[(A_n \cos\theta_n \mathbf{x}_2 + B_n \sin\theta_n \mathbf{x}_2)T(t)] & \partial w/\partial \mathbf{x}_1 < 0 \end{cases} \tag{5.1}$$

式(5.1)的参数并非个体行为变量,这与文化创新的宏观视角有关,我们暂时不论而放在本章附录统一分析。这里,先给出以下应用命题的粗略讨论。

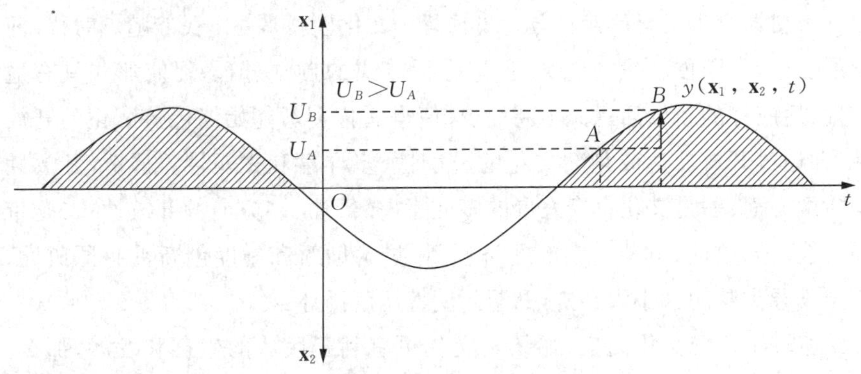

图 5.2 文化创新行为的周期性运行轨迹

文化创新算法(规划)的不可能性命题。文化创新行为的周期性方程是单向的时间维度,这种单向度时间具有方向不可逆性的表达,但不等价于线性变量,而是某种多维的复向量,如 $t=(r_1(t), r_2(t), \cdots, r_n(t))$。这种多维度向量意味着文化演进的全方位、复杂性,这并非理性逻辑所能完全揭示的。同理的佐证是哥德尔关于逻辑完备的不可能性定理所致力阐释的内涵。[85]此时,我们或许可以给出一个类似逻辑的解释:目前大数据及其算法所引领的产业潮流,只是运用计算机的逻辑电路,来替代大脑的存储、比较和选择功能,去计算(归纳)、演绎人们经济行为中的消费偏好、客户需求、市场销售乃至人们心理、生理趋势等诸多生产经营决策的信息判断。此时,计算机的优势在于大数据的人工智能具有信息更完全、记忆更完备、心理更稳定的特性。但这种优势是建立在既有数据库的可靠性基础上的,如果昨天 C 以后 D 出现了,由 C 则 D 的命题便成立。同理,统计推断的合情性源于既定随机变量的概率分布函数存在性("小世界"假设成立),即人工智能模拟人的思维联想、逻辑推断的结论都必须基于既有数据的收敛性。显然,这与文化创新的方向多维性、过程突变性、结论爆炸性等规律完全相违背。也就是说,如何定义人们的新生活方式、新生活意义,乃至什么是新的生活,并试图用人工智能来模拟文化创新、回答问题本身是一种奢望,就像用计算机绘画来替代画家创作,存在着计算机算法模拟文化创新的不可能性逻辑。如图 5.2 所示,在文化创新的周期性曲线上从 A 到 B 的创新性增长,这种量的描述,并没有给出 A、B 两点的创新状态,而只是这两点之间创新程度的差异说明,至于 A 是什么创新、B 又如何创新以及随后的创新方向、路径、方式等,都不是周期性曲线所能描述的内涵。

周期性文化创新的开放与封闭逻辑。文化创新是一个民族随着时代、环境的变迁，不断创新生活意义、创造生活方式的自觉过程，促使那些具有适宜性、适应性的新生活意义不断涌现；使得文化创新能始终保持演化的开放性，并通过开放性达成创新文化的进步性、多样性和先驱性。这里，开放性是指两方面：一是文化自身发展的多元素、多维度、多方向的开放性；二是带领功能的开放性，引领后续的经济创新、技术创新和制度创新具有开放性，不至于导致封闭性小农经济，乃至封闭性制度循环。

相较于传统文化而言，如果新文化更有利于民族的生存和发展，那么，创新文化便具有极其重要的开放性、持续性，也使得任何人都无法将文化看成自我"忽悠"的工具。文化创新必须成为一个民族发展长期的、持续的战略任务。一方面，开放性创新是不同文明竞争的外部压力所带来的，文化自信绝不是一个民族故步自封的借口，更不能成为一个民族精英分子自大的理由；文化适宜性与适应性必须接受不同文明竞争的最终检验。

文化创新与经济创新双周期循环逻辑。一般地，只有当文化创新过程处于周期性运行的 $\mathbf{x}_1=\max\{U_{cul}(\mathbf{x}_1)\mid\mathbf{x}_1\in C_{cul}(t, \mathbf{x}_1, \mathbf{x}_2)\}$ 阶段（图 5.2 中阴影的边界曲线），才能引发并带动经济创新的跟进。如果文化创新运动处于 $\mathbf{x}_2$ 阶段，人们更强调传统的文化回归、社会更倾向于保守的文化价值，同时，令人厌倦的生活方式和衰退的生产方式，导致人们渴望创新的需求和欲望得不到满足，且无计可施。即使涌现出企业家精神的创新冲动，也难以在既有的市场、技术和制度的条件下，展开创新性的扩大再生产，投资也无法找到盈利模式和赢利点——这正是在 $\mathbf{x}_1$ 的最大化文化创新收益阶段才能显现的功能。

中等收入陷阱的文化创新解释。由于文化创新对于经济创新的带动性，全社会对于文化创新的需求会随着社会财富积累的增长而不断提高，特别是当人均 GDP 达到中等收入国家水平时，没有人愿意在尊严、自由和公平无法得到充分保障的环境中生活，人们会更关心社会意识的自由、正义和平等价值观。这是传统经济学理性逻辑所不能解释的，并将这种社会困境简称为中等收入陷阱。[86]但从文化创新的视角看，其本质原因在于，文化创新与社会传统的周期性循环，使得社会在进入中等收入水平以后，人们对于物质精神消费的更高需求，企业对于文化创新引领、启动的生产经营创新的依赖，受到传统文化和传统生产关系的制约。一方面，文化创新无法为人们带来新的幸福感源泉；另一方面，文化创新无法带动经济创新的发展，以至于在生产与消费的经济循环过程中，生产停滞、消费乏力、增长徘徊，无法进入高收入社会(即中等收入陷阱)。而避免中等收入陷阱的文化创新意识是：促使高收入群体恰当地约束自己不计成本地最大化收益的冲动，激励低收入群体更努力地奋斗，而不是消极对待竞争。

5.5 经济创新与经济守成的周期性

在真实经济运行中，创新与守成是同等重要的。本质上，它们都是一个经济体运行必不可少的基本形态。[87]作为文化创新的承接者，经济创新的功能是通过生产与消费的循环完成人们对于新生活方式、意义及其定义的经济呈现，使得经济创新成为社会创新必须经历的技术路径、效率检验和市场扩散的关键环节。

实际上，熊彼特定义的创新概念是一个严格意义上的经济创新概念，它通过引导技术创新，实现企业关于生产组合、生产要素、产品服务、市场营销及企业管理的诸多创新，以促进经济发展(而非经济数据的增长)。这里，将经济创新看成经济守成的对立面，将技术创新从创新的原概念中剥离出来，是一种纯粹经济学视角的创新理解，意在强调经济创新是由企业家精神引发的对于现有守成经济的颠覆创新。一方面，这意味着守成经济是经济创新的历史沉淀，不仅包含财富的积累，还包括对经济模式确定性的守成。例如，餐饮服务业、传统手工业等所谓夕阳产业已存在上千年，现在不曾“夕阳西下”，将来也不会消亡。承认经济创新的基础是经济守成，没有守成，经济便不复存在，这一事实是无法否认的。另一方面，这种二元对偶还意味着守成经济存在着帕累托改进，这是经济创新的原动力。这两方面的权衡便是创新与守成二元对偶周期性的转换逻辑。

经济创新发生在社会经济领域，创新主体是企业，核心动力是企业家精神及其市场竞争机制，没有企业家精神便没有经济创新。这是熊彼特创新发展理论的基本内涵[88]，下面，我们将在熊彼特意义的创新概念上，归纳出四个方面关于创新发展的深入理解。本章的创新在于，我们将结合生产行为的周期性逻辑，给出关于熊彼特创新理论的周期性运行逻辑的全新解释。比如，创新性企业或企业家之所以成群出现，除了已有的生产、消费环节的循环阻力以外，是否还有创新行为的整体周期性影响？比如，决定熊彼特新组合命运的信贷、货币与资本市场,在用当前购买力来交换未来购买力时,为什么实业界的需求会在资本市场出现某种变动,今天被同意的、鼓励的信贷,明天却可能被拒绝——即使市场其他的供需因素稳定不变?这些问题背后的原因、机制在熊彼特看来,已经超出经济分析体系的范围,但在本书广义创新的概念下,或可能得以某种完美的解释。

5.5-1 经济创新的唯一主体是企业

经济创新是一个市场过程,涉及生产与消费两方面。经济创新的核心动力是企业家精神,创新的唯一主体是企业家,并以企业实体的行为体现出来。

企业只有作为市场的主体时,才具备经济创新的资格,才能满足经济创新的实用性、效率性与合文化性的实践检验——熊彼特在企业、企业利润与企业家精神论述中已充分阐明[89]:没有企业联结消费与生产,便没有经济创新,更没有技术创新。现实中,文化创新是一个主观群体意识、社会观念的演化过程,与现实生活处于松约束关系;即使你不喜欢新文化,也可以照常生活。经济创新则与现实生活息息相关,一定会通过企业的市场行为来影响人们社会生活的方方面面。此时,企业自主经营、市场自由竞争、产品自由进出、收益自负盈亏这"四自"原则,是保证资源配置效率、检验经济创新可行性的唯一条件,也是企业作为市场主体的核心逻辑和基本特征。

承认经济创新的唯一主体是企业,就意味着承认经济创新的关键特征是必须涌现出新企业、新经济人。市场没有新企业和新经济人,任何经济创新都是空谈。正是有了新企业对守成经济老企业的直接替代、更换,才会有经济领域一切生产、服务方式的创新可能;甚至,这是一个熊彼特意义上"毁灭性创新"的残酷淘汰的过程。历史上,古地中海商圈的贸易繁荣带来了最早专业商人或称中间商的出现[90],这种新经济人最初却因纯粹赚取差价的行为不为社会认同。但正如加里·比格莱瑟(Gary Biglaser)所断言:一旦你讨厌中间商并取代了他,其实,你并没有消灭中间商,而是你自己变成了你要消灭的对象本身。[91]中间商是劳动分工的体现,也是技术进步的呈现,而企业家精神正是涌现新经济人的唯一源泉,企业则是新经济人的唯一载体。现实中,政府和权力机构在经济创新的过程中,就往往因为替代了社会创新的主体,而消灭了真正创新的社会基因。这里,本书要强调一个人力资源学的常识,真正的科学技术发明人或创新者在与政府部门官僚机构的交流中,往往存在着一定的语言和行为方式的障碍，而真正使政府和官员们感兴趣的人群大多数是中间商，而非真正的创新者。如果你不承认中间商的分工价值，不去培育中间商市场——即科学共同体和技术交易市场——将社会创新行为的甄别、判断和呈现交由专业性中间商去做，交由市场效率检验创新成果，那么政府就只能自己变成中间人，同时迫使中间人伪装成创新者。最终，由于伪创新者对于创新审批者的权力俘获与寻租，加之创新成果不必经由市场效率的检验，社会将充斥着一大批伪创新者和伪创新成果。

从原则上讲，政府及其管理机构对于经济创新而言，只能扮演三种角色。第一种是经济创新纠纷的仲裁人。因为创新的不确定性和风险性使得经济创新充满被剥削、被侵权乃至被掠夺的市场竞争，特别是面对巨大的创新利润，社会亟须政府充当第三方的角色，担当仲裁人的职能，维护市场竞争过程中所需的公平、公正、公开的法制环境。第二种是经济创新的赞助者、鼓励者。对于社会发展的基础科学研究、非独占性技术研发与涉及国计民生的基础性公益性建设或项目，交由政府或权力机构扶持实施，或许会使得参与者更有社会积极性，社会效益更大。第三种是作为企业创新产品、服务的消费者，通过购买创新产品消费来引导市场，以鼓励和刺激相关的企业完成经济创新。事实上，作为创新性产品的消费者，政府采购在军工产品创新和武器研发上的作用，乃至在互联网发展过程中的作用，已经获得实践的检验。[92]换言之，实践中的确存在政府干预创新的成功经验，彻底否定政府作用，指责政府拔苗助长、偏见歧视等，往往使人感到厌烦。然而，本书仍然要指出，政府购买与政府直接干预完全不同，即使在国际地缘政治的竞争中，政府干预也是一种不得不如此的“囚徒困境”。

从行为科学来讲，文化创新的主体是个体意义的人，文化由此是人们众多生活方式的精神性积淀与固化。这种精神性确保了特定生活方式具有实用性、审美性和创新性，因此文化传承是一个继承与创新并立的过程。这里，文化创新的主体必须是个体的人，而不能是政府或权威机构。同理，经济及其创新的主体则必须是企业，而非政府，经济是人们生产、生活方式的物质性沉淀与积累，并经由市场、企业包含守成的经济体所传承。只有通过这种经济守成的传承，一个社会才能够获得创新生产方式的实用性、效率性和合文化性——经济创新所必须满足的条件。

这里还需指出，合文化性是指经济创新对于文化创新的方向延续——创新过程通过企业家精神来延续文化创新的方向和内涵，只有当经济创新保持着文化创新的一致方向，才能够确保现实经济是一个创新与守成并存的状态。此时，创新是基于守成约束下收益最大化的选择，同时，守成是基于创新约束下守成损失最小化的行为。而创新与守成的边际递减及其对偶转换性，则构成了经济创新的周期性运动逻辑。但在全面讨论之前，我们还需耐心地考察经济创新的一个核心要素。

5.5-2 经济创新的核心在于企业家精神

一家企业只有当它由企业家精神所主导，才能实现经济创新。政府主导的技术创新不过是承担了企业家精神的职能，将技术创新成果直接应用在国家项目或一般意义上公共品供给的过程。结合第4章的具体生产行为分析，企业家精神对于经济创新而言，是一个创新冲动与保守谨慎的周期性行为过程，这也是理解熊彼特所说的企业家创新具有周期性这一观点的关键。由于任何经济创新都受到守成经济的天然阻力，只有当创新产品和服务与市场需求相吻合、适应市场趋势，开始突破原有守成经济的市场阻力，并伴随其他企业的创新跟进行为时，才能最终形成熊彼特意义上的创新群；企业家精神才算获得市场肯定，完成经济创新。此时，企业家精神的成功并不意味着单纯的利润增长或资本增值，而在于对创新方向、创新计划及其创新行动的自信心增长；并通过创新经验、教训乃至冒险活动的反思获得真正意义上的创新精神。这是一种自信、准确的经济行为的决断能力，包括决策、计划和组织创新，而不是人们所幻想的冒险精神。相反，没有企业家精神的灵魂“附体”，任何企业创新都是非理性的；不仅如此，即使拥有了企业家精神，也不能保证企业创新的绝对成功。那么，该如何表达企业家精神呢？熊彼特认为[93]：

> 如果我们进一步将这种企业家活动及其精神看成经济创新的第三种生产要素，那么，这种要素在执行新组合生产时是一种必需条件。但是，当人们已经熟悉创新性生产的新组合，并重复进行生产时，这种创新性的生产要素便消失了；同时与这种要素相关联的对价值的索取权也逐渐没有了。相反地，属于传统劳动和土地要素的服务价值将增长，一直到传统要素将“耗尽”所有产品与服务的全部价值。[94]
>
> 最后，企业家所追求的是创新的欢乐，把事情做成功的欢乐，直至尽情地施展个人才能和智慧的欢乐。

企业家精神的创新行为，既非传统意义上经济循环流转的企业家行为，更不是人们常说的敢于冒险的精神。人们之所以会误解企业家精神包含着冒险，原因在于全社会，包括资本、信贷及其他要素的拥有者看不清这种创新行为的确定性，不支持随后的创新计划、组织与实施行为，以至于企业家创新精神看起来像是一系列瞎折腾的冒险动作。此时，仔细地追究其中拥有的创新内涵，我们可以从经济创新功能上将其归纳为两方面。其一，表现为一种企业家对于创新文化的方向性感受，并在这种感受激励下形成关于市场新的需求或潜在需求的敏感性把握，最终形成具有企业家精神的创新决策、计划与组织的创业行为。

要继承、发展熊彼特关于企业家精神的理论洞见，不仅要求我们区分并理解企业家精神的创新职能与传统意义上企业家职能的内涵差异[95]，还要求我们将熊彼特关于企业家精神的五种创新职能进一步地归类、划分[96]，以便获得关于创新的全新解释。实际上，运用新方法、探索新组织、开拓新市场均与文化创新及其生活方式创新紧密相关，因而三者与经济创新具有强约束关系（见图 5.3）。至于开发新产品、运用新材料，由于关联着技术创新，它们与经济创新仅仅有松约束关系。

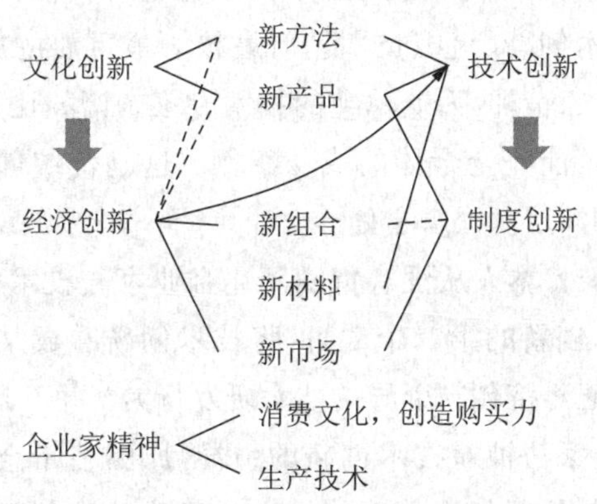

图 5.3　四阶段创新与熊彼特五种创新分类的关系

实际上，对于文化创新的方向性感受决定了企业家精神并不等于敢于创业、冒险，具有对创新挫折永不言败的精神。这种误解忽视了经济创新与文化创新的内在继承性，只要企业家把握了文化创新关于生活方式实用性、新颖性及审美性的潜在需求以及经济创新后的市场供需关系，那么，经济创新在企业家自己眼中是毫无风险的，反而是一种急迫、紧张的压力。用熊彼特在《经济发展理论》中的话来说就是，“创新的购买力与循环生产（守成经济）的竞争面临的是一场关于生产资料的争夺”。秉持创新资本是创造的预期购买力对于当下购买力的溢价，熊彼特从生产循环过程详细阐释了创新的核心，在于创造需求购买力。此时，生产的新方法、新组织与新市场本质上来源于企业家对文化创新的方向性把握，而松约束关系的新产品开发与新材料运用只能是人们生活方式创新的结果，而不是原因。换句话说，企业家精神的创新是一个完美的文学艺术创新在经济领域的延续，由于文艺创新的成功是既定的事实，因而，企业家精神的创新便毫无风险可言。

经济创新来源于文化创新，同时也反哺文化创新，即使文化创新未必一定带来经济创新的成功。本质上，经济创新精神一方面敏锐地抓住了消费者未来需求，另一方面，也抓住了生产的广义技术进步环节，并为二者（未来需求与技术供给）的市场搜寻交易提供了可预期的前景。由此，经济创新是技术创新的先声。有时候，文学艺术的敏感、探索与价值创新的特质，使得艺术家创作与企业家创新具有内在逻辑的一致性；从而与文艺作品是时代的先声一样，企业家精神是一个时代技术进步的灵魂。

其二，企业家精神将表现出对于技术创新的精确把握，促成具有产品创新、材料创新、组织创新偏好的企业家精神。这意味着企业家精神才是鼓励技术偏好、促进技术创新、组织技术创新最核心最重要的原动力，所有技术创新都起源于企业家精神，而非单纯的技术专家。诸如比尔·盖茨、乔布斯等，只不过是二者功能完全合体的成功案例。这是传统创新理论关于技术进步最令人遗憾的深层次误解之处。

仔细查阅，熊彼特本人从没有特别阐述企业家与技术创新的关系，这导致了人们关于技术创新的第二个误解：将技术创新看成某种个人偏好的创新活动，但这种缺乏经济创新引导的技术研发行为[97]并不是严格意义上的技术创新。强调企业家精神对技术创新的引导，原因在于企业家精神对于技术创新的精确把握，使得技术创新能够在市场的需求创新与生产的供给创新之间找到某种恰当的点——这种权衡点受到效率性、实用性和审美性三方面市场因素的直接制约，这是一般的纯技术研发活动所不具备的。

一是效率性。人类对技术进步的需求是无止境的，只有当新技术能够提高社会资源的利用效率时，才能够带来生产力进步的技术创新。二是实用性。技术创新的目标是市场。这与科学研究不同，技术创新必须满足人们生产生活的实用性需求。任何偏离市场需求的技术研发都是毫无价值的——哪怕是娱乐产品,也必须接受市场的检验。三是审美性。审美性是经济创新过程对技术创新所要求的非经济性文化条件,但却是一个关键性必要条件。现实中确实存在着纯粹的技术研发行为,其成果应该被划分在科技创新活动范围,这是制度性专利保护(如设计)功能之所在。但是,鼓励经济创新却不需额外保护,一般地,经济创新需要的是市场竞争的激励;而这取决于关于技术创新的把握,进而事关新技术推广、交易与应用水平的竞争。按照传统的说法,从技术创新到经济创新存在着巨大的"技术转化成本",这恰好说明了企业家精神对技术创新的把握功能。

创新性企业家具有一肩担两头的功能,一头通过对于文化创新的敏感性来感受消费的创新需求,一头通过对技术创新的可能性把握,创造出"新组合"来完成二者的市场对接,最终实现经济创新。显然,企业家精神在实现经济创新过程中的上述两方面功能,实际上是一种横跨四大创新环节,或可以简化为两阶段的创新行为。其重点又在于第二阶段的新方法、新组织和新市场的持续性创新(见图 5.3)。

企业家精神创新的第一阶段行为是创新策划与投资过程,熊彼特称之为创新企业与守成企业之间关于"生产资料的争夺战"。这里,我们要着重强调第二阶段:创新的后期组织与实施过程。虽然两个阶段相互依赖、相互制约,共同构成经济创新的全过程,但我们强调,第二阶段创新投资形成以后,是一种更紧张、更急迫的创新性劳动;紧张在于创新投资完成以后使得企业家没有退路,急迫在于市场竞争的压力使然——不仅关联着技术创新,还涉及第四环节的制度创新内涵。因为经济创新的创业投资一旦开始,就会面对一系列在创业前并未预期的新问题、新矛盾,要求企业家在实施经济创新的全过程,进行持续不断的创造性劳动。它完全依赖于企业家精神的再创新:包含生产组织、技术组合、产品重构、市场营销、社会认同以及所有经营管理等方面的创新。

为什么企业家要不断持续地探索新方法、改进新制度、开发新市场,使经济创新是一个持续性创新的过程,而与守城经济不同?创新的持续性常常被人们所忽视,似乎创新是某个新想法一蹴而就的过程。在分析创新的持续性之前,我们先回到熊彼特关于企业创新过程的深刻观察:

> 创新意味着企业的创新性生产活动,而非一般意义上管理、经营或风险的企业决策行为。发展的核心在于生产全过程创新,而并非(斯密

意义上）资本、劳动力或者其他生产要素投入的循环过程。后者，只不过是经济增长，是被环境改变而拖着走的数据变化。[98]

资本，包括信贷资本，被熊彼特称为企业家创新的资源条件。注意，资本不是货币，而是可以转化为生产能力的生产要素；信贷货币则是为了能够实施在现有物价水平下获利的新组合而提供资本支撑的创造性购买力，且只有当银行家能够预见到这种购买力并愿意将其暂时转让给企业家时，这种转化才可能使得生产力出现进步，经济增长才具有发展的性质。此时，货币变成资本的方式，或通过消费转化成生产者手中的现实利润，或通过信贷转化成企业家手中的要素资源。

一般而言，生产资本要大于资本外在形式的货币资本，包含更多企业家精神和大量可以预支的其他生产要素，并体现为一种经济创新的能力。显然，要将这种能力转化为现实，除了文化创新、技术创新与制度创新环节中企业家精神发挥的作用外，经济创新还意味着敢于运用一切新方式去使用现有经济资源来创新交易、创新服务并创造利润，进而展现出一种持续性的创新精神。

为什么持续性创新的核心在于创新交易？基于布坎南的深刻洞见“交易及其背后的市场机制，曾经、现在及未来将是经济学的永恒主题”，其道理不证自明。这里想要指出的是，交易创新包含着交易方式、交易工具、交易规则乃至交易伦理的创新。实际上，购物平台的贡献就在于交易方式和功能的创新：其一为公开的好评-差评机制；其二为第三方延期支付及其退货功能。这一交易方式和交易制度创新，不仅将购买交易的决策权，通过平台信息公开反馈给消费者，与货到后第三方支付相结合，实现了交易双方的“自由买卖，自由契约”，进而促进了商品市场的交易和需求的对接。最重要地，“好评-差评”机制间接地建立起一种公开的市场信誉平台，使得“假冒伪劣”的辨识、评价和奖惩权力第一次交还给消费者自己，由此，摆脱了对于全能型政府“信任-权威-社会……”的不能承受之重的依赖性；其逻辑不仅涉及社会伦理，也是一个关联政府、企业、消费者乃至全社会文化变革的技术创新、制度创新过程。简而言之，本书将熊彼特五种分类中的新方法、新组织及新市场归类为紧约束关系，原因在于它们均与企业家精神的持续性创新行为密切相关。

5.5-3 经济创新的动力源于市场激励

如果没有足够的市场空间，单纯的技术领先是没有意义的，且无法持续发展。没有市场空间，科技领先就不能转化为利润，没有利润就不能维持科技领先。

经济创新的主要功能是达成现实的生产能力，而非纯粹个体经济行为。这里的关键，在于生产企业与消费者将在市场交易中形成互动意义上的创新均衡，使得创新的价值由生产者与消费者双方通过市场交换、承认得以实现；相反，任何消费倾向、服务理念、产品设计、尖端技术、生产方式的创新应用，如果没有市场交换价值、无法完成市场交易，就不属于经济创新的范畴。也就是说，不能为了创新而经济创新，创新活动必须拥有社会绩效，这是由经济创新标准的社会性、技术性所决定的，经济创新从这两方面接受市场机制的检验和激励。实际上，这也是对熊彼特意义上创新概念的继承。

谁为企业的创新行为买单？这是人们在鼓励、欢呼创新之前从未深入思考的问题。为了避免科技伦理的复杂讨论，我们仅考察经济创新中巨大社会成本的回报逻辑。显然，如何确定经济创新的方向、确保效率，应是一个涉及政治、经济、文化乃至社会伦理的重要论题。如果经济创新只能由市场竞争来选择，经济创新将无法保持乐观、轻松的氛围，而成为一件必须认真对待、小心谨慎之事，因为企业和企业家精神的激烈竞争使得创新必须具备一种被我们千呼万唤并期待的东西——即创新利润。经济创新的一切目的都瞄准着市场利润，这也是经济创新的唯一客观标准，与提高生产力或者消费者效用水平的主观愿望无关。就此而言，经济创新的一切动机便是抢占市场、降低成本、追逐利润，即某种客观、理性的态度。如果全社会都秉持这样一种非伦理判断的市场利润观，而不是总让企业承担不可承受的社会责任，或许会比那些总是试图赋予经济创新以崇高、伟大职能的主观主义倾向，更能够促进全社会总福利水平的提高。[99]

实际上，熊彼特关于利润是企业家精神的贡献及经济发展的核心在于创新等一系列深刻的描述[100]，已经给我们以直接的启示：

> 企业家利润不是一种类似于企业所拥有的、永久性要素的级差优势收益一样的租金；利润也不是资本的报酬，而不管人们怎么定义资本。利润，更不是一种简单的剩余；利润是企业家对于生产所做创新贡献的

> 相应价值的表达，就如同工资是工人去进行“生产”的价值表达一样。利润和工资一样，并不是剥削。
>
> 利润依附于新事物的创造，依附于企业家对未来价值体系的创造与实现；它既是发展的产物，也是发展的牺牲品。
>
> 没有经济发展就没有利润，没有利润也没有经济发展。对于资本主义体系，还要加上一条，没有利润就没有财富积累，至少不会出现我们正在耳闻目睹的伟大的社会进步——当然是发展和利润的结果。

也就是说，剥离掉经济创新的道德伦理功能只是一种劳动分工与社会专业化的常识性思维，就像百米短跑中，我们不能要求运动员必须具备高道德水平才能参加比赛一样。赛场上，只要不犯规，就只能以比赛成绩为标准。

没有利润的激励，经济创新便缺乏内在动力，更不要说诱发技术创新。熊彼特在分析庞巴维克对纺织机的改进时讲到技术创新被应用的两个阶段[101]，即从生产改良到利润产生的过程。本书认为，这种叙述思路恰好反了。实际上，正是企业家追逐利润的激励，才产生了生产改良、技术创新。但值得重申的启示是，创新利润的核心动力在于市场激励——优胜劣汰地追逐利润的激励机制。并且，正是经济创新利润先行的引领，才会带来随后的技术创新，而不是相反（后面有关技术创新的部分将展开详细论述）。

经济创新的市场逻辑是由人类社会的物质性经济基础决定的，进而与经济基础决定人们意识形态和上层建筑的逻辑一致；制度变迁、社会转型必须以现实生活的经济创新为前提。当然，经济创新也受到生产关系的制约，并促进生产关系的调整。沿着熊彼特关于五个创新的分类展开深入剖析，可以发现它们都涉及生产关系、社会秩序层面的制度变革[102]，这种经由现实社会经济生活带来的制度改革需求，才是制度创新的唯一真正动力。有时，人们似乎深切感受到思想意识转变、文化创新是制度创新的必要条件，但需指出的是，这种主观条件不是完备且充分的；一旦缺乏经济创新过程中有关物质、实践、客观层面的变革性需求，任何制度创新的企图就都是人为的主观臆想，将被实践证明为不合实际的幻想。

经济创新的利润也是技术创新的唯一牵引力，没有人会因为偏好或者无聊来花费气力进行技术创新，即使我们常常看见相关现象或类似的行为，那不过是为了娱乐或者出于对技术创新的好奇。科学研究与发现有个人偏好的因素，但技术创新必须以市场利润为目的。真正具有技术创新能力的专业人员,其时间成本是高昂的,在缺乏资本追求利润的引导和资助时,技术创新不仅缺乏方向,同时也缺乏基本的创新条件。有人会问:按照计划体制,由政府主导实施的技术创新会更好吗?很遗憾,这种简单思维的"有为"政府逻辑的现实结果,往往与人们善良、智慧、精心设计的意愿恰好相反。

5.5-4 毁灭性创新及其守成经济转换

作为一种事后评价,经济创新总会产生一定的颠覆性经济后果,这包含对守成经济的毁灭以及对创新经济的重构;二者相辅相成、对偶转换地构成经济创新的周期性现象。从纯理性角度考察,可以套用马克思的一句名言:经济创新犹如生产循环中的惊险一跳,跳跃失败、毁灭的不是创新产品,而是创新企业家及其资本;创新跳跃一旦成功,却同样会导致一大批传统企业破产。正是创新的这种毁灭性功能、有违政府管理的"稳定、守成"职能,使得我们即使无法绝对否定由政府推动"创新-毁灭"过程(如去产能、去库存)的政策绩效,对于"计划"创新的效率也保持某种谨慎的怀疑。

接下来,我们追溯创新概念的本源。实际上,创新性毁灭仅发生在经济领域,更准确地说,它仅仅指发生在企业生产过程的行为。[103] 从经济循环来看,消费者始终处于被动接受的地位,没有达成任何创新的效力,即使存在一些想法,也必须经由生产供给来实施,才能完成创新。从经济循环外部考察,文化、技术与制度等环节的创新,具有即刻显现的性质,一旦被社会所接受,就不会产生使得企业、大众与社会猝不及防的后果,因而文化创新、技术创新和制度创新没有创造性毁灭的性质和特征。熊彼特由此解释这是企业家创新的结果,因而只与企业家精神相关,与其他的任何人或者群体无关。

从本质上讲,熊彼特意义上的创新是一种毁灭性的经济重构,对于传统经济落后、低效、不可持续的生产力或者生产方式,它天然地形成一种毁灭性冲击和再创造。就此而言,创新并不是破坏,创新的毁灭性具有理性、效率和进步的秉性,而与破坏性、幻想性或有违社会伦理的现象完全不同。由此,我们也就容易理解,即使企业家创新的主观目的是利润,但在客观上,却将带来全局意义上社会总福利的提高。经济创新的实践性、应用性决定了它以理性为基础,以服务于人的消费目的为导向,最终客观上提高全社会生产力水平、拓展人类的生存空间。也正是这种社会福利的快速扩散效应,使得经济创新的发生具有非连续的间断性——这是经济周期性的核心逻辑。

> 新组合不是像人们依据概率原理推断的那样,在时间上均匀分布的(在等距离时间内,都可以安排实施新组合),而是不连续地分布的,一旦出现,就会成群成组地集中涌现出来。
>
> 为什么企业家不是连续地出现,而是在一个恰当选定的时间间隔内成群地集中出现?唯一的原因是,一个或者少数几个创新企业家的出现,可以促成其他相关企业家出现,而这些企业家又可以促成更多企业家的出现;如此这般,直至更多创新型企业家群体的出现(最终成群成组地形成社会冲击,以实现创新)。
>
> ……因为,实施创新组合是一件非常困难的任务,只有那些具备了特殊企业家才能的人才能够完成。

这是熊彼特在《经济发展理论》中的论述,只要思考与之相反的逻辑,便更容易理解。如果经济创新是一个接着一个的某种连续、不间断的过程,实质上,就意味着创新是没有阻力的。这与创新本身的定义相矛盾。同时,也与现实实践中经济创新与经济守成矛盾的客观过程不相符合,比如,历史上引发产业革命的相关经济创新就是一个爆发式(非连续)过程,而互联网经济也是成群、爆发式地呈现出触发机制的随机过程。[104]

理解创新性毁灭的概念,典型的反例是发展经济学的逻辑悖论。本质上,发展经济学是基于生产函数的一种微分方程的动力学逻辑。最初,总产出 $y=f(k, l, T, I)$ 的生产函数逻辑强调的是资本(k)与劳动力(l)的投入,后来人们又发现要素禀赋比较优势与技术进步的影响[105],直至舒尔茨的人力资本增长理论出现[106],除了新制度经济学关于制度路径的理论分析,所有投入-产出关系都遵循一种自然演化的经济微分动力方程。但这存在两个致命的逻辑缺陷:其一,微分方程是基于连续、稳定作用场的运动系统,它不能描述场本身的变化机制——比如制度引发技术创新、发展战略优化,进而促进经济发展的原因;否则,就是另一个微分方程了。它更不能用系统泛函的变分解来优化发展路径[107]——这是林毅夫的新结构经济学核心逻辑,因为求解经济发展战略的新结构或者某种比较优势时,其泛函方程的前提是"有为政府导致最优发展战略"的命题成立,这种循环论证并不能揭示中国经济奇迹与最优战略新结构的理论关系——制度环境、即政府作用场的变化,才带来最优战略的新结构形成——比如全民所有制向国家集体个人多种所有制的转换,这并非微分方程的逻辑所能。其二,近年来,基于总投入-产出生产函数的发展经济学一直试图描述技术进步，但研究内容却与真正的技术创新无关。本质上，这些关于创新的理论不仅缺乏企业家创新的毁灭性内涵，同时也由于微分方程的系统连续性，不能容纳经济创新与技术进步所具有的非连续性爆发特质。所谓的创新变量 I 与熊彼特意义上的创新发展观毫无关系，只是新古典经济学或斯密意义上的要素投入发展观——延续着"生产要素增加带来经济发展"的误解。

必须指出，正是经济创新及其毁灭性、间断性，而非要素的增长(要素增长可以是不间断的连续过程)，才是经济发展的真正本质，并且，它表现为跃迁、周期性的运动规律：这是熊彼特的创新及其发展理论的核心。实际上，投入产出的发展经济学是特定语境的一种后果，而非原因分析。教育进步、科技发展、制度变革乃至人力资本提高等因素，都是外在的，而非经济系统的内生变量。客观地讲，经济运行的周期性或许会使得一定时段内"有为政府"有效，以至于会出现最优战略的新结构；一定时段内"有为政府"或可能失效，需要市场竞争机制来弥补。显然，这种前提逻辑，并不是发展经济学基于投入产出生产函数的理论所能容纳的，应该是创新发展的周期性理论的内涵。

仅仅依靠生产力要素投入并不能实现经济发展，罗斯托认为[108]，一个国家发展必须具备三个互相关联的条件：拥有充足的资本积累作为物质基础；形成带动整个经济增长的主导产业；确立与经济发展相适应的经济制度、社会结构、政治法律及意识形态体系。英国在产业革命以前就确立了允许私人投资经营工商业、国家帮助私人企业去开辟国外市场和原料产地(殖民地)的制度；德国和日本也是在完成了所需的制度变革后，才实现了国家经济的全面发展。此外，罗斯托认为，发展中国家还要重视人力资本的价值。由于度量人力资本价值的不确定性极大，如缺乏确定性、真实性的传递信号，因而要求人们必须发挥除正规教育以外"干中学"所积累经验的作用。其次，人力资本的价值取决于使用环境、组织制度、市场供求等因素，只有当一个社会能够合理配置人力资本时，才能充分获得经济发展所需的人力资本价值。中国自改革开放以来的发展奇迹的本质在于中国共产党坚持"实事求是"原则，通过类似于讨价还价的"群众路线"[109]策略，完成了国家宏观战略的最优选择，进而调动全体民众的经济创新热情。将创新作为经济发展和社会进步的重要手段和途径，这一点从来没有像今天这样被国人所推崇。实际上，中国社会的传统文化和现代意识仍然缺乏关于创新的全面认知,缺乏真正的创新文化和社会氛围,究其原因,在于缺乏对于创造性毁灭的真正理解。

5.5-5 创新与守成的行为周期性规律

经济创新过程存在着两种对抗性的力量,它们彼此作用、相互转圜地运动演化:其一,源自企业家精神的创新力量;其二,源于传统经济竞争的守成力量。这里,双方的对抗性是双方企业的属性及其市场竞争本质所决定的,因为创新企业的出现一定会挤占传统经济的市场、消减传统企业的利润,甚至于将不适应的传统企业淘汰出局。这两种力量对抗、转化与发展的外在形式将会呈现出二元对偶转换的周期性运动规律。

本节关于创新与守成经济的周期性分析,主要聚焦于熊彼特意义上的经济创新,而与纯粹的技术性创新存在着本质区别。它既致力于促进人类社会的生产力进步,更致力于在相同资源消耗的情况下,提高和改善人们精神与物质生活的效用水平。

创新与守成行为的二元周期性逻辑的本质在于,任何创新行为或者说创新思维都具有某种程度上反常规、反传统乃至反社会倾向的理论特质。任何创新的力量都包含着某种反传统的倾向,此时,其反传统的效果则取决于创新的类型。一个学术创新者,要么拥有创新权威而征服传统,要么会被传统意识边缘化,即使持之以恒地努力,也将被社会吞噬,被定义为失败者;这是学术创新的性质决定的可能结果。但当一切进入经济创新的语境,由于任何投资都面临市场竞争的效率选择——只剩下残酷的淘汰筛选,只有成功与失败的非黑即白的结局。如此,面对创新的谨慎,守成便作为一种备选方案呈现在人们面前。正是经济创新包含了生活方式、技术进步等多种创新,才使得守成能作为创新的对立面,显出其应有的价值,因为守成即意味着和谐的稳定——以对抗来自人们内心深处对于变化、复杂的恐惧和不安,满足人们对于永恒不变的把握和追求。

守成经济的逻辑是一种确定性倾向,可以由客观经济后果来检验事物的属性。由于经济行为的后果、终极目标是追求财富,如何定义财富便是一个问题;否则,创新便意味着对于财富的破坏。理论上,由于任何领域存在着关于创新替代边际递减规律,这是创新与守成周期性转换的最简单直接的根源。于是,考察一个社会的创新选择及其加总机制,主要逻辑在于两种社会意识,它们构成了一个社会对于创新的基本看法:是赞成还是否定商业文明的交换逻辑。传统农耕文明的重农主义否定交易逻辑，强调生产的伦理价值，并将最终趋向于守成经济模式，而非创新的社会实践。我们或许可以这么说，重商主义更强调交易的创新，重农主义更强调生产的创新。这里我们要指出，市场交易逻辑具有三个最显著的政治特征。其一，市场不是战场，市场交易行为意味着大家都自愿通过自由、公平的方式来获得财富增益，这是相对于暴力掠夺、权力干预、计划分配等非市场交易方式而对立存在的。其二，交易的核心是产权交换，所以，市场交易双方的内心都承认产权价值，尊重产权制度——某种原始的平等、公平价值观；因为产权制度确保人们在交易的埃奇沃思盒中获得收益增值，激励人们积累财富、增加产出。其三，交易逻辑不仅约束了人性中暴力的天性，同时通过交易收益激发人们的智慧——交易是以他人满意为目标的一种天然、非强制性的合作行为[110]，它有利于创新，演化出交往理性的商业文明。相对而言，重农主义的生产伦理和劳动价值论一直以来都是人类生存、繁衍的理论基础，更强调经济守成的不可忽视、客观现实性；当然，也展现出一种相对保守、守成的经济属性。

如果创新行为收益被记为 $U_{eco}(t, \mathbf{x}_1, \mathbf{x}_2)$，而对偶的守成行为收益记为 $C_{eco}(t, \mathbf{x}_1, \mathbf{x}_2)$。与前述第 4 章中的个体生产行为 $u(t)$ 与 $c(t)$ 相比较，显然 $U_{eco}(t)$ 与 $u(t)$ 两者都有创新、激进的生产行为内涵[而 $C(t)$ 与 $c(t)$ 则表示谨慎、守成的生产行为]，但前后模型的区别是：$u(t)$ 为个体生产行为，$U_{eco}(t)$ 为社会总生产。由此，我们可以简化地有：

$$U_{eco}(t, \mathbf{x}_1, \mathbf{x}_2) = \sum\nolimits_{n \in \mathbf{N}} u_n(t, \mathbf{x}_1, \mathbf{x}_2) \text{ 及 } C_{eco}(t, \mathbf{x}_1, \mathbf{x}_2) = \sum\nolimits_{n \in \mathbf{N}} c_n(t, \mathbf{x}_1, \mathbf{x}_2) \tag{5.2}$$

注意，长期来讲，由于每一个 $u_n(t)$ 或 $c_n(t)$ 均为收敛行为，其对应的加总函数 $U_{eco}(t)$ 或 $C_{eco}(t)$ 可以表达为确定的解析函数。或者说，经济创新的社会状态 $U_{eco}(t)$ 同样具有傅里叶级数的加总函数，根据前述公式(4.4)及式(5.2)，我们有：

$$y(U_{eco}, C, t) = \begin{cases} \sum\limits_{i=1}^{+\infty} [(A_i \cos\theta_i \mathbf{x}_1 + B_i \sin\theta_i \mathbf{x}_1) T(t)] & \partial w / \partial \pi \geqslant 0 \\ \sum\limits_{i=1}^{+\infty} [(A_i \cos\theta_i \mathbf{x}_2 + B_i \sin\theta_i \mathbf{x}_2) T(t)] & \partial w / \partial c > 0 \end{cases} \tag{5.3}$$

其中,$\mathbf{x}_1$ 为社会加总的经济创新收益最大化行为,$\mathbf{x}_2$ 为社会加总意义的经济守成行为。相关的参数与条件分析详见本章附录统一讨论。

在文化创新决定经济创新的逻辑下,关于小农经济与商业文明演化的周期性可以这样阐述。一般地,封闭循环的文化创新模式将带来小农经济的发展,开放循环的文化创新将诱发商业文明的进步。历史上的经济创新周期性出现过两种典型模式:其一,小农经济模式;其二,商业文明模式。具体细节分析同样见随后本章附录的专题讨论。

经济创新与技术创新双周期叠加命题。一般地,只有当经济创新过程处于自身周期性运动的 $\mathbf{x}_1=\max\{U_{eco}(\mathbf{x}_1)\mid\mathbf{x}_1\in C_{eco}(t,\ \mathbf{x}_1,\ \mathbf{x}_2)\}$ 阶段(图 5.4 中阴影的边界曲线),才可能引发并带动技术创新的跟进。如果经济创新周期性运动处于 $\mathbf{x}_2$ 阶段,社会更趋向于经济守成价值,企业家更强调谨慎的成本管理。一旦有企业冒险进行技术创新,宏观经济大环境的不利因素将导致需求疲软、供给乏力、投资萎缩、金融崩溃,再先进的技术创新产品也难以在既有市场、技术和制度的制约下,成功地获得技术创新的回报——这正是经济创新处于 $\mathbf{x}_1$ 的最大化创新收益的阶段,才能产出的贡献。

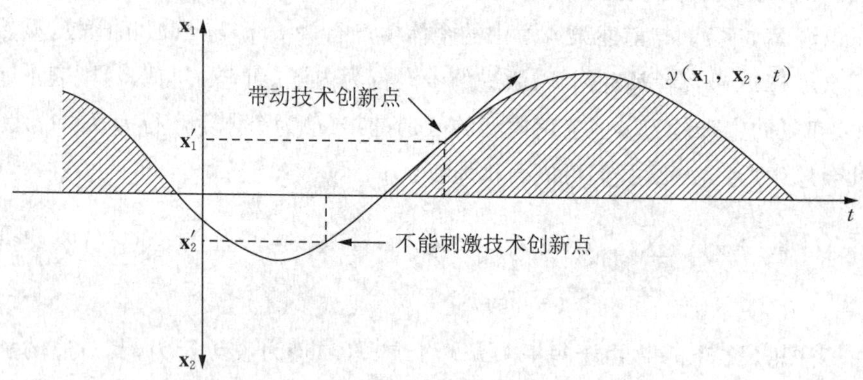

图 5.4 经济创新带动技术创新的周期性阶段

文化创新与经济创新的匹配性命题。20 世纪 70 年代以来,美国人在近半个世纪的时间里没有享受到经济增长的红利。罗伯特·C.艾伦因此将 20 世纪 70 年代至今称为“问题时代”(Problem-Ridden Present),而 1830 年至 1970 年则被称为“西方致富时代”(Western Ascent to Affluence)。[111]然而,艾伦忽视了两个原因。其一,根据劳动价值理论,发展中国家的中低端技术工人对发达国家中低端技术工人的要素替代,伴随着全球化的资本流动、全要素生产率的提高，获得了劳动价值的非均衡分配（与艾伦的技术-经济-政治的理论范式无关）。本质上，劳动的价值不仅在于创造财富，一个人只有融入社会财富创造的劳动分工体系，才能算是一个完整的社会人。因此，传统宏观经济学强调就业，将就业率作为政府的首要职能，应是一条千古不变的真理——高失业或隐性失业就意味着社会人力资源的利用率低下。更重要地，其二，美国社会财富不论总量和人均值都远远大于其他一些国家，但是单纯财富增长并不意味着人的幸福感的提升，艾伦所指的差异性失落在于美国人幸福感的降低。因为，在美国文化创新相对更为丰富的情况下，对应一单位财富带来的边际幸福感效用是递减的，这与其他一些正在经历经济创新与技术进步、生活方式和生活面貌变化巨大的国家形成对比，后者中同一单位财富带来的幸福感具有更高效用。这是一种文化创新与经济创新乃至技术创新彼此匹配的经济学现象。

就周期性经济行为的一种直觉理解来说，人都有适应性极限，但极限不是人的幸福状态，回到非极限的正常状态，才是人类生活的本质。由于生产行为的理性最大化（最小化）特征，经济人无法保持任何稳定的非极限状态，为此只能在创新的生产行为与守成的生产行为两个极限之间不停地转换，表现为某种周期性运行规律。

关于经济创新的功能、性质与外在表现，熊彼特的思想及其著作展示出独特洞见，至今仍然没有被人超越。本质上，本书的经济创新周期性行为规律应是对熊彼特创新思想的深化，而非否定。第一，本书将熊彼特意义上的创新聚焦于企业家精神的贡献，完全不同于通常的理解。第二，本书进一步细化了熊彼特意义上的经济创新分类，包含了生产方式、经营模式、资本定义和战略路径的创新，这与熊彼特思想完全一致；拓展了传统理论聚焦于技术创新的狭隘思维。第三，本书坚持了熊彼特关于创新行为是社会经济周期性现象的唯一内生因素的看法，进而，有利于以四阶段循环创新的对偶逻辑为基础，展开一种多周期叠加的理论研究（见附录），这是值得关注的。

5.6 技术创新与生产规制的周期性

技术，历来都致力于一种科学理性精神，技术创新与一切粗糙、模糊、不精确及反科学态度天然对立着，没有科学的精确性便没有技术。无论是文化创新还是经济创新，都必须转化成为具有精确性、规范性的技术创新，才有现实意义。缺乏技术创新的精确性价值，人们很难在传统与创新之间作出区分，就此而言，真正的技术创新往往是边际意义上的更新和改进。人们拥抱技术创新的原因，也在于这种继承中的创新性。因而，我们应该摒弃另一类技术创新——即某种缺乏文化创新、经济创新前提的伪创新，缺乏文化、经济引领的技术创新是可怕的，它们无视技术伦理和技术价值，这也正是爱因斯坦谴责核武器的原因。这类技术创新正充斥在现实生活之中，它们带给社会的往往是悲剧和灾难，而非人类的福音。然而，按照社会创新的实用主义市场检验原则，如果要强加给技术创新以某种道德、伦理的约束，似乎理由并不充分——即使要它们服从一般性社会原则。这是一种矛盾，也是本章讨论技术创新的前提性说明。

从社会创新的四阶段大循环考察，技术创新具有实体性、科学性，存在着对于文化创新、经济创新的依赖性。经济创新是前提，技术创新承接着经济创新。这意味着任何经济创新都必须通过特定的技术创新来实施、完成；技术创新也因此受到经济创新的引领和制约，并通过大范围经济应用来获得市场的支撑。本质上，技术创新源于经济创新，而不是技术创新带来经济创新。造成对此的不同理论误解和认知误区的原因，在于人们还没有完全把握熊彼特意义上的创新概念，当然不能同时理解技术创新引领制度创新，制度创新保障技术创新的持续涌现这一逻辑。作为经济创新的承接者、制度创新的引领者，技术创新一定带来生产力进步、企业利润增长与社会发展，是社会创新循环中最客观、最革命性的创新内涵。此时，技术创新在改进物质世界的性质、状态，使之更符合人们主观意愿的同时，也必然要求生产规制、经济制度及官僚体制与之相适应；究其原因，在于技术不仅改变了世界，也同时改变着社会。换言之，任何技术创新都要以制度创新的形成为标志，以获得新制度的正式认可与法律保障。但是要全面阐释这些理论关系，我们必须首先厘清技术创新与技术发明两者的概念差异——之所以强调这一点，是因为认识误区或者理论偏见往往起源于人们关于基本概念的认知偏差。

技术创新是经由文化创新、经济创新带来的围绕生产的工具、材料、方法、设计、工艺、组合及程序等所有增加企业效率的技术进步；它是绝对理性行为，以精确性提高为标志，是科学原理的创新性运用及其成果。即使从纯粹技术层面讲，技术发明与技术创新似乎区别甚微，两者的目的、性质和对象也不同。技术发明不属于经济学研究范畴，因为它不需要经由经济创新的市场检验，而只能作为一种技术创新的资源与经济创新发生关联。它作为科学研究的延续，展现着人们的创新意识与创新偏好。

检验一项新技术是否属于技术创新，必须看它是否具备两点：一是拥有经济创新的大范围应用；二是拥有制度创新的应用保障。这是技术创新不同于技术发明的关键。如果一项技术发明能够满足这两个社会性条件，它便可以转化为推动社会进步、经济发展的技术创新行为。

厘清技术创新与技术发明在概念上的差异，不仅有助于理解技术创新概念，进一步，也有助于我们理解技术创新要面对的三大难题：技术与营销的矛盾、技术与成本的矛盾、技术与制度的矛盾。这三种矛盾源于现实经济创新与技术创新的客观过程，也是一般性技术发明所不具备的社会关联；特别是在社会职业、劳动分工越来越细化的今天，如何处理技术与营销、成本和制度的矛盾，便构成了现实生产规制的制度成果。并且，生产规制与技术创新一起，构成了技术创新在周期性运动中二元对偶转换的核心机制。

5.6-1 技术创新承接并实现了经济创新

竞争推动效率，而不是合作带来效率；自由资本主义带来了技术进步，而不是技术进步产生了资本主义。这是奥地利经济学派的思想遗产，也是我们理解经济与技术关系的思想基础，即经济创新引领技术创新，而不是技术创新带来经济发展。

一般观点认为，技术创新带来生产力的进步，生产力的进步又意味着人类工具化能力的提高、人类改造自然能力的增强。因此，技术创新带来的人们社会福利的提升，将会使得人们的精神生活得到新享受、物质生活获得新提高。但现实中，则不然，技术创新和技术水平的提高并不意味着人与自然的和谐。真正的技术创新不仅受到经济创新的引导，同时还必须随时接受经济创新过程所定义的实用性、效率性以及社会伦理的检验。此时，技术创新与社会文化、现实经济、制度伦理的冲突性，与人们对于技术创新的热诚和崇拜形成强烈反差。

现实中，造成上述不对应的根源在于，人们普遍以为是技术创新促进了经济创新、加快了经济发展，但真实逻辑却恰好相反：没有经济创新，所有社会生产的技术创新就没有源源不断的动力，离开经济创新，技术创新就如空中楼阁，缺乏现实基础——此时的技术创新不过是一种技术发明，就像火药只能做炮仗、指南针只能用于堪舆一样。这是技术不同于科学的地方,技术创新要服从实用性和效率性原则,技术创新的进步必须遵循人与人、人与社会以及人与自然三个层次的彼此和谐、共生演化的伦理原则。具体表现为:技术创新与技术进步本质上是一个社会认同的过程,仅仅有技术创新者的努力远远不够,它要求全社会的思想意识、文化传统以及价值理念的一致认同。只有理解了技术进步的这种社会机理,我们才能理解为什么技术创新是文化创新、经济创新的延续;没有文化创新的社会意识准备、缺乏经济创新的市场需求前提,技术创新就缺乏基本的社会认同和经济激励,也就无法变成推动社会进步的现实动力——这也是大多数技术发明在被广泛应用之前,往往无法显现其社会价值的原因所在。现实中,我们常常看见没有被使用和转化的创新技术,但很少看到因技术障碍被约束的经济创新思想——只要经济创新提出可行的应用需求,就没有技术不能解决的问题。在理论上,只要有恰当的社会机制,市场能够解决一切技术问题。

熊彼特聚焦生产循环流转中经济性与技术性的矛盾,认为"它们之间存在一种微妙的对立,使我们可以在经济生活中看到,企业中作为个体的技术经理与商业经理之间的对立",并且"我们常常会观察到当技术和经济利益相冲突的时候,技术因素会让步。但是这并非否认技术存在的独立性、重要性以及工程师观点中的合理成分"。[112]的确,熊彼特早就观察到,随着现代科技的进步,劳动分工、职业分类、专业分化越来越细,越来越深化,这是现代大公司、跨国企业稀松平常的现象。但理论家们没有深入考察分工专业化与资本集约化之间的深刻矛盾——这正是本书论证技术创新承接经济创新、引发制度创新的关键逻辑点。实际上,由企业家精神引发的技术创新常常会遇到一种尴尬——营销经理们抱怨:这种新技术没有多大的营销价值,而消费者感兴趣的是如此这般的新技术。但后者在技术人员看来却不够专业,可能是一种技术外行的说法。关于新技术的这种不同看法反映了技术创新目标与市场营销或者消费需求之间存在的差距;营销价值其实是由经济创新所引发、带动的,并受到文化创新的制约影响。具体地,熊彼特以蒸汽机技术的三次改进事例为证,追溯了即使技术成熟也不能变成现实的经济逻辑与原因。[113]如果我们将熊彼特警示称为"经济-技术"匹配的矛盾,那么,在创新性的生产组合中(不含非创新性生产),经济-技术匹配就一定存在着不一致性,进而要求技术创新对于经济创新的"顺服"。

仔细阅读熊彼特关于生产循环流转的过程细节,我们会为其杰出的思想观察所折服。他认为,通常表示一单位产出中所需各生产要素之间组合关系的"生产系数"概念[114],事实上,不仅是一个技术指标,同时也是一种生产经济关系,即生产要素的技术替代率和生产转换率概念。今天,计量经济学家却夸大其技术指数性质——如经济学期刊上发表了大量关于全要素生产率、资本-劳动比等表征技术属性的实证论文,但它们忘记了经济指标内涵的复杂性——熊彼特的新组合概念暗示:它们不仅包含技术创新,也有经济创新方面非数据可表达的内涵。实际上,熊彼特早已剖析过即使是同样的生产函数、同样的技术指数,随着要素价格、要素配置及其组合的变动,乃至产品价格、消费者的体验,直至工人劳动强度与收益比的变动,相同的统计数据却意味着完全不同的内涵。同理,即使是同样的生产函数及其技术指数,由于经济组合关系含义有差异,也会产生不同的生产技术方案,这绝非所谓的全要素生产率计量分析所能够涵盖的。此时,只有深入企业生产的技术选择、组合决策的具体实践,并能够深刻体会技术经理与营销经理之间矛盾的冲突性,才能够感受到这些非数据性经济含义的复杂性。进而,才能够真正理解,正是技术创新对经济创新的"顺服",加之技术创新的物质、现实性特质,才使得技术创新不仅是经济创新的"奴仆",也始终是经济创新的承接者。

从更广泛的哲学关系上讲,一切技术创新都是人类主观能动性的体现。它以科学为基础,但超越科学的范畴,具备了人为理性地顺应自然、改造自然的属性。由此,技术创新不仅推动了科学进步,也加深了人类与自然的关联约束。如果说科学更强调人类对自然的尊重和认知关系,那么,在技术语境下,人们已开始对自然的主动把握、征服和超越的探索。比如,人体必须服从牛顿力学原理,无法摆脱重力飞起来;但在航空技术的帮助下,人却可以乘坐航空器飞翔在空中乃至太空。技术创新必须遵循科学原理,但借助技术,人类也摆脱了自然对人类的客观约束。更重要地,人们由此开始摆脱自然人性、心性的约束,进入了人类科技文明与社会全面发展的演化进程。如今,最紧迫的问题应当事关计算机技术与人工智能的开发应用了,其核心在于:人类工具理性的边界在哪里?显然,人们总是单纯地强调技术创新的正向社会效应,忽视技术创新过程还必须接受经济创新的实用引导和伦理审查检验。不正视这些问题,我们未来的社会或将面临着技术创新、技术发明导致的可怕的现代技术病及其积累性灾难。

想当然地认为技术创新会带来人与人社会关系的和谐和精神生活的幸

福,是一种因认识误区引起的幻觉。事实上,技术创新并非人们想象的会自然地带来人类自身福祉、人与人和睦、人与自然和谐的大幅度提升;相反,这三者令人遗憾地无法仅仅通过技术进步来达成或者实现。不仅如此,过度的技术开发与创新还会危害这三者关系的正常演进,乃至破坏这三者关系的自然秩序。技术创新全过程必须受到经济创新所约定的技术伦理的约束,这是经济创新成功的核心关键点。或许,食品添加剂的技术创新是违背技术伦理最糟糕的实践案例,一些食品技术的创新,实际上已经变成为了利润彼此勾结的盈利合谋行为。即使这种质疑无法被证实,但创新带给人们的收益及其效用的边际递减,也无法否认这一事实:传统生产规制的守成同样会带给人们利润的稳定性、心理的幸福感。这是传统生产工艺和技术被人们推崇、手工制品被市场赋予高价的原因,传统生产规制此时所代表的不仅仅是传统技术,更是一种文化秉持和生活方式的守望。

经济创新的需求源于文化创新带来的生活方式的创新、经济意义的创新。经济创新的核心是生活方式创新,使得经济过程中生活、生产方式产生重大转变,进而带来广大消费者的消费方式和消费体验的创新;这一切都是技术创新的前提条件。由于人们生活的本质是无法改变的,技术创新必须服从生活方式本质的选择。仅仅从单纯的技术、制度逻辑出发,无法产生社会创新的积极成果。比如,中国近代的戊戌变法、实业界的洋务运动乃至清廷的庚子新政,由于没有文化创新的社会意识、缺乏经济创新的现实基础,违背“文化-经济-技术-制度”的循环创新路径,均以失败而告终。

另外要指出的是,自进入计算机时代以后,与国防、科研及基础产业相关的对技术创新的非传统需求大量涌现。这种创新需求并不是来源于经济,不再强调直接的市场实用功能——只能将政府采购作为新的市场需求方,出现了不同于传统市场的需求;同样形成了自主引领、开辟新市场的创新功能。例如,大多数高科技企业的产品仅仅占据少量的高端市场,没有传统市场的消费购买力,但超越了传统市场需求的技术创新。实际上,这种表面上技术自主引领、开辟市场的功能自古早已有之,比如冶炼技术带来的冷兵器扩张、原子技术带来的核武器问世,但其内在本质仍然是经济、政治等非技术因素在前,由此带动的技术创新在后的成本逻辑。如此,也带来一个老问题:技术创新将面临着生产成本的约束。一般地,即使很多技术创新会带来产品、市场上的巨大改进,但生产成本过高时,也没有多少企业原意采用新技术。此时,只有当技术创新的需求对象是非市场的国防、政治乃至公共品等需求时，才会出现这种不计成本的技术创新。

现代新增长理论的知识经济学认为，如同资本是生产要素一样，知识作为一种内生的生产要素，是厂商追求利润最大化进行人力资本投资的结果；因为专业知识和人力资本积累可以产生递增收益，促使其他投入要素的边际收益得以增加。这种关于技术进步的内生分析，主要从人力资本积累、知识积累的外部效应，以及研发投资产生的劳动分工效应等三方面展开，突出了技术与知识的关系及其经济逻辑，但大多数分析与技术创新的属性、特征无关，也不涉及技术与文化、经济及制度的创新关系。

文化创新带来全新的生活方式，经济创新带来全新的生产方式和生产力效率，技术创新是检验文化创新与经济创新的唯一客观标准。任何文化创新的新名词、新概念乃至经济创新的新组合，如果没有被技术创新来具体实现，都是“空头支票”。文化创新、经济创新是技术创新的前提，技术创新是对应文化创新、经济创新的实现途径。此时，能否完成技术创新便成为检验所谓文化创新与经济创新的试金石。当然，与经济创新有所不同的是，文化创新的涌现并非是专门为了技术创新而出现的，但这是另外的话题了。

5.6-2　技术创新是制度创新的前提基础

技术创新是社会制度获得不断变革的革命性动力，引领并诱发制度创新。社会制度的重要功能是固化技术创新成果，从社会秩序的三个层面完成并实现技术创新：一是技术专利保护；二是技术应用规范；三是技术价值认同。而缺乏制度保障的创新技术，即使拥有一定的社会效应，也并非技术创新的真正完成，以至于技术创新必定会带来制度创新乃至新的官僚体系的形成——技术创新这种归宿的矛盾是一种令人沮丧的困境；进而也得到了全社会对于技术创新的认同，获得了技术创新的社会支撑。此时，技术创新不仅变革了自然的物质秩序，同时，也带来了制度创新对社会秩序的意义变革，二者共同构成新世界的创新秩序，并具有创新功能的同一性。正是拥有技术创新、制度创新的这种递进关系，人类才开始走向文明进化的历程。这是本书将技术创新与生产规制的概念对偶起来，讨论二者周期性转换的理论出发点。

如果说技术是人类运用机器进行社会生产的硬件，那么，制度便是人类使用机器来生产的软件。实际上，传统观点过分强调制度的主观意识形态属性，忽视了制度对技术的依赖性——技术时代是什么样的，对应的社会制度就是什么样的。为什么技术创新是制度创新的前提,并需要制度创新的匹配?简单地讲,就像一种新药物的使用必须有说明书一样,任何技术创新产品一定带有相应的新制度规程,以确保其使用能够符合相应的范围、“剂量”与时间要求的精确性。可以想象,如果不是航空飞行技术的出现,旅行中不得随意携带易燃易爆物品的制度不会如此普遍深入人心,被人们自觉遵从。只要想到历史上几乎所有的新技术、新机器、新工具都一定伴随着对应的新规程、新流程、新规则的诞生,我们就会明白,为什么制度变迁的逻辑应该被包含在技术应用的范畴内。更重要地,制度本质上具有客观性、强制性、公共品的性质,而传统理论恰恰存在着对制度创新的误解——误以为人类社会秩序及其制度可以被精英分子或者强权垄断者所主观臆断出来。

简而言之,技术创新之所以引领并受制于制度创新,在于技术创新里包含了文化创新的社会认同、经济创新的生活选择——都关联着制度创新,以至于我们甚至要极端地用技术标准来划分人类社会的历史,如工业时代、电气时代、信息时代以及人工智能时代等。技术,规定了自己所要求的生产规制、政治制度与社会秩序,即使强权或社会精英也无法改变制度,更匡论通过制度创新来僭越所处的技术时代了。

佩蕾丝依托元范式(meta-paradigm)概念[115],提出技术-经济范式理论。虽然同样从熊彼特的创新动力基点出发,但佩蕾丝认为,技术革命浪潮并不是严格意义上的经济现象,而是整个社会经济和制度系统的变革过程。这是关于熊彼特创新理论的深入推进,运用技术-经济范式,佩蕾丝通过两方面的创新[116],使得新熊彼特学派的长波理论有了明显的制度分析色彩:其一,在技术革命的阶段性波动中引入制度重组的概念,并将其视为从波谷向波峰转变的关键因素。其二,佩蕾丝认为,金融资本与生产资本的主导权的交替是从技术革命的导入期到拓展期的必经之路。当佩蕾丝以金融资本和产业资本的主导权争夺来表达技术浪潮的波动过程,以及提出旧的技术-经济范式的潜力在未被耗尽之前不会被新技术替代这种观点时,她实际上是主动向马克思靠拢,形成了“马克思主义和熊彼特主义传统的最优雅的综合”。

现如今,有两种出于对技术和制度的无知形成的错误思潮,深深地影响着我们的思想与行为倾向。具体来说,即对于技术的无知往往来自政治官僚的傲慢与偏见,对于制度的无知则来自技术官僚的狭隘与短视。政治官僚忽视技术进步的一个重要特征是,他们忽视了这一事实:技术不仅改进了生产技术、创新生产方式并重塑了人类社会的物质基础，也重构了人与物的关系；更重要的是，它促进了人类社会精神秩序的变迁。一切制度现象都是技术进步与生产力变革塑形社会秩序的总体呈现，所有技术进步都将表现为制度变革的进步。一般地，政治官僚之所以强调制度的意识形态特征，实际上是忘记了制度创新的本质是技术进步和生产力变革的要求所致。这里，广义的制度包含着非正式制度和正式制度两个方面，其中，非正式制度往往表现为某种意识形态的特征，如传统习俗、文化，并不容易改变；而正式制度是非正式制度宏观思路的具体体现，且具有自身独特属性与价值。此外，正式制度的易于变革性是广义制度发生变迁的基础。当众多正式、细小的正式制度因其易变性，在众多技术创新的激励下发生变革时，就如同整个制度大厦正在发生渐进性的改革；每一步小的改革看似容易、阻力小，但当众多微小改革逐一完成时，一项技术创新所要求的制度创新便得以构型、完成。

长期以来，人们强调的思想、意识与文化的创新只是制度创新的必要条件，但不是充分条件。制度变迁最终取决于人们对物质利益矛盾的政治博弈，取决于人们在生产、交换与消费过程中关于资源配置、成本分摊及利益分配等制度性安排的谈判、妥协与交易均衡。人们会发现日常生活中的一些不公平事件，总是不断出现、频繁上演，很多并不是我们在思想、意识和文化上没有对是非、善恶的一致性观点，而是将主观认知转变为现实的制度安排或者完成制度变迁就是一个政治博弈的均衡过程。此时，这种均衡还取决于人们生产生活方式的技术进步水平的状态和创新。这里，技术改变人们生产生活关系的一个重要实例便是淘宝的好评差评技术，它使得商家更加尊重消费者的口碑和评价。一些人不同意制度创新，并不是因为他们不知道新制度的优越性及其对社会进步的好处，而是因为考虑到风险乃至顾忌自身既得利益的损失。

诺思关注了技术与制度的关系，他侧重问题的一个方面，即资本主义制度对于产业技术的促进作用。但令人迷惑的是，如果只有西方传统以私有产权为基础的资本制度才能引发产业技术的进步和经济增长，那么为什么资本主义制度自身也在技术创新中不断改进和变化？有没有一种新技术会引发资本主义制度危机？显然，关于制度普适性的幻想不切实际，否则新技术的出现将不再是革命性的创新，这意味着技术创新决定了制度变迁的内涵，这是本书强调的重要关系。

基于技术创新的上述矛盾性分析，我们便可以给出关于技术创新的不同分类：功能性技术创新、成本性技术创新、制度性技术创新。这意味着技术创新的本质并不是新技术替代旧技术，或者人们常说的产品技术的更新换代，而是新技术在实现消费功能、提高生产效率和加快制度变革上，呈现出惊人的技术进步和创新。我们由此可以得出这一结论：技术进步一出生就长满了革命的“突刺”，它的唯一障碍是官僚体系及其僵化制度，而不是市场竞争；真正的技术创新从不害怕竞争和风险，危害新技术的是旧技术所形成的垄断，以及由此形成的生产规制和官僚体系。人们常常将新旧技术的竞争称为标准之争，实际上，这种标准竞争只是生产规制和官僚体系垄断的化身，转化为看得见的技术标准而已。

5.6-3 技术创新与生产规制的周期性

技术进步的唯一标志是劳动分工和专业化，这是斯密最初论述却并未被全面阐发的领域。得益于此，现如今，我们可以近距离地观察、理解潜藏在同一职业中，不同劳动技能的倾向性、分工的可能性及其复杂性。为了全面讨论技术创新是一个涉及生产规制传统的创新性社会活动，我们考察现代公司实践的一个现象或可能带来一些启示：企业经营中技术路线及其研发过程中，常常忽视某些特殊专业的技术经理人角色，理解技术经理人概念或许是打开技术创新与传统规制矛盾秘密的钥匙。

仔细考察原始概念的企业家，其实应该包含现代意义上的技术专家、资本家、管理者等众多职能分工的角色。原本，它们融为一体，但随着技术进步和分工深化，这种专业职务被时代打破并划分得更精细，也深化了我们对于企业家本质的认识。其中，技术经理人的职能和角色尤其引人关注，特别是，自进入以计算机为代表的信息通信时代和人工智能时代后，技术经理人职能变得越来越重要，原来隐藏在像乔布斯、比尔·盖茨等企业家身上的那种技术经理人的角色便出现分离。因为，一旦技术成为新产品、新服务、新应用的唯一重要的竞争因素，特别是在技术门槛较高的如生物医药、新材料、互联网、人工智能乃至芯片制造等领域，原来可由企业家自己兼任和把握技术创新方向并作出判断的功能，已经完全被新的技术经理人所取代，并且，很多方面已经展现出必须分工的矛盾张力。实际上，现在企业管理界流行的CEO、COO、CFO、CTO乃至于数字技术领域的首席数据官等称呼细分就是一种直接证明。这里，CTO是一种技术经理人。

但本书要强调，在新技术情境下，目前对企业家职能的这种多角色细分，仍然只是一种传统思维模式，而更多职能的进一步分工应该随着技术创新的推进不断涌现。比如CTO仅仅承担技术创新的总协调官的角色，同时，或可能出现技术路线、技术设计乃至技术检测执行官等同属于技术创新，但专业更加细化的分工职能（如CTOO、CTDO及CTTO等）的微妙变化。进一步，除了技术与经济的直接矛盾，还有技术与文化、文明与伦理之间的多重矛盾。它们深藏在技术创新的未来、未知的道路上，只有当我们走进这些创新阶段，才会感知并采取对应的制度改革策略行为。显然，每一种职业分工都意味着一种新的管理秩序、新的生产规制和新的官僚体系——尽管新制度、新官僚仍将面临着腐败和僵化，进而反创新的历史宿命，但我们不得不承认，这只是社会成本，技术创新是一场新技术与传统生产在规制上双方冲突与妥协的动态均衡。

技术经理人的分工独立是一个客观的基本事实，但分工的实现却不仅涉及技术创新的逻辑，还关联技术的经济、社会关系，这也是涂尔干将劳动分工看成社会等级、职业分类的原因；马克思则将劳动分工看成社会阶级斗争的主要动力。李泽厚曾在《批判哲学的批判：康德哲学述评》中指出：人类社会实践就是通过使用工具、制造工具来规定的，现实社会总是处于特定工具的使用、制造阶段，由技术水平所定义并塑形。这也意味着技术创新最直接的原因是经济循环中传统生产模式与新技术规程之间的矛盾运动。其实，这也是熊彼特意义上的创新概念没有被深入展开、彻底揭示的理论内涵。熊彼特意义上的创新是一个统合的，包含文化、经济、技术、制度创新的大概念，并没有给出与本书对应的概念细分。在熊彼特的具体论述中，新组合、新方法、新材料、新市场和新产品更多地强调企业创新过程中生产力水平的创新逻辑；然而，通过本书这种关于经济创新和技术创新概念的细分，生产关系对于经济发展、社会进步的创新功能便自然地得以呈现。熊彼特反复从生产-消费循环关系所阐述的企业创新的现实困难，都不过是指创新企业的外部困难，即投资者关于资本、信贷和利润的效率竞争，以及新旧企业家关于生产资料竞争的困难[117]，即使其中包含企业内外部的制度创新竞争，但并没有深入企业技术创新的具体细节，上升为生产规制的一般逻辑。本书围绕技术创新给出的纯粹技术创新的细分逻辑，应该属于熊彼特意义上创新企业的内部行为；对于已完全超越熊彼特时代的现代科学技术而言，这种细分是一种恰当的补充和完善。因为如果从生产循环角度看，生产规制本质上是一个工业化、标准化的现代化大生产的制度逻辑。

如何厘清技术创新与劳动分工、生产规制及其制度的关系,如何清晰阐述技术创新必须要求生产过程的生产规制创新,进而与技术创新对偶转换的是旧技术的传统生产规制?现在,我们重新回到技术创新与经济创新、制度创新类似的数理逻辑上来。

与马克思认为生产力决定生产关系、经济基础决定上层建筑的逻辑一致,本书坚持:技术创新的唯一对立物便是现有的制度;技术创新的对偶转换因素便是既有的生产规制。所有技术创新都是在与现有生产规程的对立矛盾中诞生、形成的,并呈现出新技术与旧规制的周期性运动规律。[118]

由此可见,技术创新行为 $\mathbf{x}_1$ 的目标函数是创新收益,约束函数为既有的生产规制;其对偶转换行为 $\mathbf{x}_2$ 则是在给定创新收益目标下,最小化既有生产规程的守成损失。如果记 $U_{tech}(t,\ \mathbf{x}_1,\ \mathbf{x}_2)$ 为 $\mathbf{x}_1$ 的行为收益,$C_{tech}(t,\ \mathbf{x}_1,\ \mathbf{x}_2)$ 为 $\mathbf{x}_2$ 的行为收益,那么,基于 $\mathbf{x}_2$ 与 $\mathbf{x}_1$ 二元对偶行为的周期性转换方程,技术创新的高阶理性逻辑将表现为:

$$y(U_{tech},\ C,\ t)=\begin{cases}\sum_{i=1}^{+\infty}\left[(A_i\cos\theta_i\mathbf{x}_1+B_i\sin\theta_i\mathbf{x}_1)T(t)\right] & \partial w/\partial\pi\geqslant 0\\ \sum_{i=1}^{+\infty}\left[(A_i\cos\theta_i\mathbf{x}_2+B_i\sin\theta_i\mathbf{x}_2)T(t)\right] & \partial w/\partial c>0\end{cases} \tag{5.4}$$

同前,相关参数与条件分析暂时不述,留待之后讨论。

基于技术创新的周期性经济逻辑。熊彼特关注经济循环中的因果关系,聚焦于企业创新的具体过程,即“经济活动从资本购买生产资料开始,并在生产过程中实现经济繁荣”,他认为,由于购买力创造发挥着根本性的作用,而购买力是企业家将资本在市场交换中形成的——这明显区别于传统供给学派所提的供给决定市场的萨伊定理,也完全不同于凯恩斯的需求理论。熊彼特着重指出,购买力创造依赖于一种企业家精神的创新行为。其本质便是企业家对于技术创新的执着偏爱,用当下购买力交换未来创新购买力的预期收益。由于企业家精神的创新行为具有内在的波动性,往往是先带头的创新企业通过极其艰难的努力获得成功,随即,创新思想、创新产品和创新服务得到生产者、消费者的普遍认同,最终引发更多的企业跟进,形成社会创新群,并爆发成全社会的创新进步。然而,这却天然地蕴藏着一种导致经济衰退的因素。因为随着创新价值的整体性耗散,创新经济自身将进入创新衰退期的再循环。此时,熊彼特认为,随着创新泡沫的挤出、伪创新的现形、投机资本的失败等实践检验的出现,经济衰退便是必然。如果我们将技术创新的周期性方程,看成被资本购买力转换的经济创新方程——做一个逆时针旋转的数学变换,便可得出熊彼特意义的周期性创新理论的图示(图 5.5)。[119]具体、严谨的逻辑解释,可详见随后章节的全面论述。

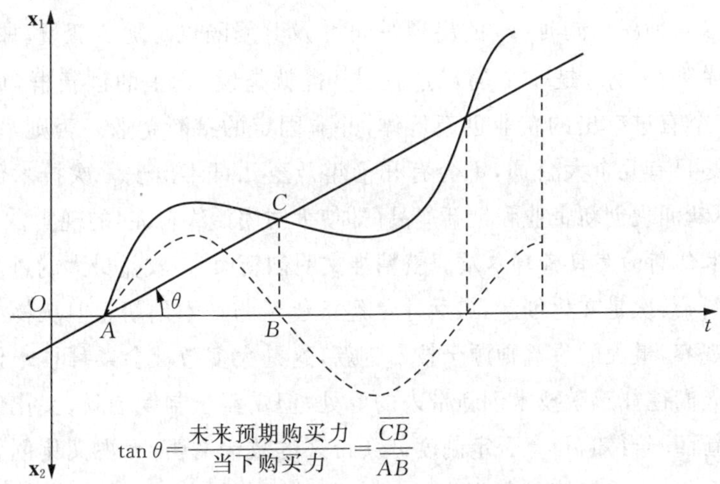

图 5.5　基于技术创新的熊彼特创新周期理论解释

垄断与竞争的技术创新逻辑悖论。熊彼特试图证明技术创新的引领是企业家精神,外在形式是不断涌现创新企业集群,经济性质是毁灭性的创新,创新方式为五种形式,其必要条件则是两条假设[120]:(1)大企业比小企业承担着更大比例的创新份额;(2)市场力量与创新之间存在着正相关关系。通常,“只有大企业才可负担得起研发项目费用,较大而且多元化的企业可以通过大范围的研发创新来消化失败,创新成果的收获也需要企业具有某种市场控制能力”,即市场垄断有利于创新。但熊彼特同时又强调:创新的驱动力是资本主义的自由市场竞争,是资本主义市场竞争带来技术进步,而不是相反。也就是说,熊彼特的两条创新假设面临着一个垄断与竞争的悖论。

关于熊彼特悖论的误解,本书逻辑的关键源于两点:第一,缺乏创新过程的整体论视角,将四阶段创新循环的全过程简化为单纯的技术创新。但仅仅技术研发而言,研发通常是独立于社会创新的,无论是超前还是滞后于创新需求,由于单纯技术创新无法获得市场的认同、达成供需的均衡,一旦考虑到社会创新是一个关于生活态度、生活方式、生产方式和社会秩序的整体创新，人们就会理解企业垄断有利于创新的观点。第二，缺乏创新机制的过程论思维，陷于创新主体实体论、创新绩效后果论的逻辑局限。仔细观察，$y(U_{tech}, C, t)$的行为实体既非创新个体，也非全社会创新行为的加总，仅仅是参与创新的企业才属于$y(U_{tech}, C, t)$的范围。假设一个社会有 n 个企业，企业 i 参与创新应为随机事件 $x_i(i=1, 2, \cdots, n$，服从 0-1 分布：参与或者不参与创新)，同时，x_i 的出现时间 t_i 及其间隔也是随机变量；那么，创新事件序列$\{x_i\}_{i=1}^{N}$是一个随机过程。[121] 也就是说，真正的创新群(熊彼特语)是一个有进有出的企业创新群体，并非固定的垄断企业。否则，这个世界将始终只有几个大公司，不会有几十年乃至几百年出现一次技术创新的迭代，不断涌现创新企业和创新产品(即使大财团始终存在)的现实。

技术创新的盲目崇拜本质。就精神文明创新而言，收益最大的进步源于制度创新，其次是文化创新，最后才是经济创新与技术创新。但从物质文明创新来观察，最大的收益则源于技术创新，这是大多数社会崇拜技术创新的原因。人们往往感激技术创新带来的好处，但受益于制度创新、文化创新与经济创新而不自知，乃至否定制度创新带来的政治文明，无视文化创新创造的幸福升华，拒绝经济创新引发的社会发展。这意味着人们大多数时候是抛弃自己内心的真实需求而不顾，以满足自己的物质占有欲为目标，去追逐对外在世界的征服、殖民与扩张。

5.7 制度创新与官僚体制的周期性

作为技术创新的后继过程，制度创新具有两个特性：一是对于技术的客观依赖性；二是出于能动的主观变革性。由于技术的客观性沉淀于传统的生产规制之中，只能通过人的社会性活动和政治组织来实施变革，表现为既有官僚体系及其体制功能对于生产生活的干预和维护行为。因而制度创新的社会性动力，一方面受到来自技术创新势力的驱动；另一方面，受到源于官僚体制的传统势力阻碍，进而构成制度创新过程中的一种制度创新与官僚体制二元对偶转换的周期性运动。

比较而言，技术创新发生在自然秩序的物质层面，以科学原理为准则。制度创新则发生在社会秩序的意识层面，遵循政治经济学的制度变迁规律。

技术创新是制度创新的引领和前提,制度创新则意味着技术创新的承接和完成。

关于人与自然的物质关联,自产业革命以来,创新技术的广泛应用促使现代社会的生产关系已逐步演变成一种“单向度”的社会趋势,在这个单向度的社会运动中,社会价值观与世界观逐步地向着以生产技术为特征的价值技术化转化。特别是进入21世纪以来,现代计算机、电子通信、人工智能技术以及生物、生态、新材料技术快速进步,人类处于一个以科学技术为主导社会场景的后现代社会。此时,人们一直批判现代性,本质上是质疑技术进步带来的对人的异化。马尔库塞关于单向度社会与人的批判、鲍德里亚关于消费社会及其符号化价值体系的反思,都是关于技术创新进步与人类关系异化本质的历史分析。历史上,每一次重大的技术进步与创新都带来了人与物关系的重新定义,人对自然不再是服从、属于和共生的地位,而是向着利用、征服乃至控制的功利性方向演化。显然,技术进步的这种创新就必然带来人们社会生活的本质变革,进而导致社会制度的变迁——这是人们始料未及的现实。马克思、恩格斯最初极关注技术进步与社会制度的演化论题,令人遗憾的是,他们所处时代的技术水平尚未达到像今天这样令人惊讶的程度,没有引发如马尔库塞和鲍德里亚等后马克思主义学者所感受的那种威胁。现代技术进步的速度、内容、范围及其对于人类社会的影响已经逐步统合人类社会的方方面面,最终必然导致人类社会秩序,甚至政治制度本身的演化和变迁。

严格地讲,制度创新仍然是一个自觉或者哈耶克意义上自发秩序的过程,一方面,承接着每一次新技术革命,人类社会都会面临一场制度创新的自觉、自悟的变迁过程,与此同时,启动着整体创新循环的下一轮文化创新。这种自发过程一般不会被政治力量所左右,不以强权炫耀的主观意志为转移,总是严格遵循创新技术本身的规律及其对于文化创新的引导——不仅涉及技术创新者,也是全社会的认同过程。一旦创新技术涉及社会政治的利益格局,要求社会总福利再分配,便是一个艰难的社会选择过程——就像当初汽车的发明受到马车夫的联合反对,直至受到政府监管的制约。几乎所有重大社会创新,包括技术创新,都会涉及既得利益集团和既有权力部门,但这种制约对于事物发展的影响,还取决于技术创新与制度创新的转换与变革演化。

5.7-1　制度创新是技术创新的必然结果

制度创新是文化创新、经济创新与技术创新三个环节所积累的矛盾的最后的总处理阀。以前各阶段的创新过程即使存在着各式各样的矛盾冲突，也可以暂时被创新带来的益处所掩盖，不至于出现矛盾激化乃至对抗性社会事件。而社会创新一旦经由文化、经济和技术创新的过程来到制度创新阶段，人们就再也无法回避相关的社会矛盾和利益冲突。换句话说，制度创新也是处理、解决前述所有社会创新所带来的社会矛盾的最佳时机，也是唯一的机会。这决定了制度创新的一般功能、逻辑和任务。

这里，我们给出一个本书意义上的社会创新四个阶段分类创新概念与熊彼特意义上的创新概念之间继承、差异与逻辑关系的整体图示（见图 5.6）。

	新组合	新市场	新材料	新产品	新方法（技术）
文化创新	A	A	O	B	B
经济创新	A	A	B	A	A
技术创新	B	O	A	A	A
制度创新	A	A	B	A	A

A：紧约束关系　　B：松约束关系　　O：无约束关系

图 5.6　四阶段创新与熊彼特五种创新分类的关系

如图 5.6 所示，横向是熊彼特意义上的创新方式及分类，侧重企业生产经营过程与要素关系的互动；纵向是本书意义上的创新概念，超越了狭义经济逻辑上的创新概念，不仅包含熊彼特意义上的创新内涵，同时呈现出一种周期性循环的闭环创新结构。其中，A 是紧密约束关系，B 是松弛约束关系，O 是无约束关系。这里，闭环的周期性运动存在着两种循环方式：一是二维的平面周期性封闭循环（如图左边部分所示，现实中，可见本章附录所述的内卷现象风险）；二是三维的螺旋式上升的开放式循环（超出二维暂且不论）。可以说，制度创新是所有社会创新的终点，也是新循环的起点，更是其他社会创新的制度保障。任何意义上的社会创新行为，都将表现为制度创新对于社会秩序的冲击和调整。

首先，人类社会制度变迁的本质均源自技术创新，传统理论则认为制度变革与意识形态、政治思想乃至暴力政治相关联，这是本节必须阐述的第一个基础论点。这与传统制度经济学的理论存在差异。长期而言，制度变迁源于技术创新，意味着技术创新提高了物质生产效率、改变了社会生活面貌，进而塑形了人们的物质与精神状态，才有了人们政治思想与意识形态的改变，并最终引发制度变迁——这是马克思辩证唯物主义的逻辑。尽管强制性制度创新可以在暴力均衡中出现，但是根本性非正式制度创新总是在技术创新、精神物质生活率先变革的条件下才能产生。任何偏离技术进步路径的制度创新——无论来自强权的雄心壮志还是精英的人为设计，都不过是违背创新规律的主观臆想，与其维护的政治主张无关；并终将成为过眼云烟，无法在人类社会中存在。

为什么说技术创新一定会引发制度创新，制度创新是技术创新的保障？在前述诸例中，除了新药面世一定要有使用说明书、汽车生产使用一定要有驾驶技术规程之外，还有一个最直接、最现实的事例是现代金融业的创新发展。试想，若不是现代信息通信、计算机技术的创新，极大地方便了人们金融交易的见证、交割与兑现，同时，也激发和方便了现代社会人们的融资、投资及其创新风险行为，以至于带来了无数的金融隐患和潜在风险，那么，现代金融业所要求的信息的透明、公开、公平的规则与金融交易的快速、平等、公正等规章制度，就不可能及时、准确、完备地形成，能够获得市场认同，进而实现快速扩张。当然，借助技术进步的工具理性，人类也加快了自身欲望在金融市场的急剧膨胀，以至于最终滑向虚拟经济的反面，那是后话。

从制度变迁的动力来源观察，人类社会一般处于两种自发变革或客观规律的约束之中：其一，自然科学秩序；其二，社会伦理秩序。原本，这两者均被恒常不变的客观规律所辖制，但随着人类科学技术的进步，现代通信使得人们摆脱了空间距离、交流时间的约束，新的生活生产方式要求人类社会秩序及其制度随之变革，以满足新生产力的发展需求，这种制度变迁可称为“技术革命式变迁”。还有一种制度变迁机制，可称为“政治革命式变迁”，也同样发端于技术创新的诱发，此时，启发政治革命的根本动力则涉及伦理秩序的转型。当然，政治变革并不一定意味着暴力革命，也可能是协议或者讨价还价式的革命——这里的革命概念意指制度变革的方式、形式与内涵（见

第 6 章的相关叙述，且不同方式决定了社会演化的不同文明分叉）。

本书坚持一种观点：制度创新只能从技术创新中获取创新动力，技术创新才是一切社会秩序和制度变革发生的唯一源泉，而不是政治斗争或者阶级斗争带来了制度创新；这与大多数流行的看法完全不同。当人们沿着欧洲文艺复兴、启蒙思想运动、科学革命、产业革命乃至近现代科技发展历史考察，就会发现一条“技术-制度”良性互动的社会秩序演化路径。中国古代璀璨的技术发明[122]没有很好反哺科学发展、推动社会进步，就在于没有形成技术创新与制度创新彼此互动、继承的良性关系，中国古代技术带来了生产力的极大发展，却始终成为“奇巧淫技”[123]，含于末流工商业之中。其实，诺思边际报酬递增[124]理论的偏颇之处，或许在于绝对地固化了原因与结果的关系。[125]但从本书关于技术创新引领制度创新，再通过文化、经济的创新来影响技术创新的循环逻辑考察，诺思的观点是正确的。实际上，如果将以私有产权为基础的资本主义看成一系列文化、经济、技术直至制度创新的结果，西方近代历史演变则可以视作基于文艺复兴、科学革命和产业革命直至制度创新循环的结果，而不是相反。这种陈述意味着制度创新的一种后验逻辑。

5.7-2 制度创新是技术创新的匹配保障

社会发展的最终标志，在于社会制度的匹配性创新，以适应技术创新带来的生产力进步和文明发展，这是诺思在《西方世界的兴起》一书中试图阐释的道理。实际上，对于 1840 年以后，经过甲午海战屈辱的中国知识分子而言，这是一个有着切肤之痛的认知：甲午海战失利就标志着洋务运动的失败，没有社会理念与制度层面的创新，器物、技术层面的变革并不能保证国家强盛和社会进步。本书要进一步追问：潜藏在人类社会制度变迁中的关键因素究竟是什么，或者制度改革应该遵循的核心逻辑是什么？以下叙述将试图表明，制度创新只是“文化-经济-技术-制度”四个创新循环闭环中，完成社会创新的最后环节。关键逻辑是：一个社会必须确保制度创新与技术创新的匹配性，始终以保障经济创新、技术创新的收益为唯一目的；最后，使得制度创新成为新一轮文化创新的起点，从而始终保持对文化创新的开放性，以开启社会创新的新循环。要想全面深入地阐释，则涉及以下对技术创新的分类考察。

运用本书四阶段循环的创新逻辑，简单地讲，技术创新可分为三类：一是提高社会生产率的技术创新;二是提高社会自由度的技术创新;三是提高社会协调性的技术创新。由此顺势地,一个社会始终面临着三类制度创新的本质需求,即维护新生产力运行的新制度、确保新自由界定的新制度、增强社会协调性的新制度。

实例一:21世纪初,国内消费市场的假冒伪劣产品屡禁不止,原因在于新技术泛滥,造假技术由于实用主义的催化而爆发,制度创新没有跟上新技术的步伐,缺乏维护新生产力运行的制度创新,由此导致了商品质量危机。缺乏文化创新、经济创新引领的技术创新不仅不会提高社会生产力水平,反而,往往会迷失技术创新的发展方向,导致技术伦理、日常行为失序。与此相反,淘宝、京东等电商平台紧紧抓住经济创新中诚信、公开与消费者主导的技术创新方向,通过第三方支付及其好评差评机制,有效地遏制了假冒伪劣产品的泛滥趋势。

实例二:提高社会自由度的技术创新将有利于个体自由的扩展,进而,促进生产力快速发展与生产关系文明进步。它对于制度创新的要求是:强化社会秩序或者制度规范对于个体自由的彼此约束、相互保护直至重新界定——因为一个人的绝对自由就意味着他人的绝对限制。此时,缺乏制度创新匹配的技术创新,就会导致新技术下的社会失序。比如,全封闭大巴车的技术创新和全面使用,改进了原来“招手即停”的面的、中巴车的运载效率,行驶安全、舒适性能更好。与此同时,新技术大巴车由于速度快、载客数量大的优越性,要求赋予驾驶员更大的驾驶权威,进而必须对乘客的行为自由权进行限制,像“招手即停”的传统习俗则相应被废除。

实例三:社会协调性制度创新是由生产、生活方式的技术创新所引发的。促进生产力进步的技术创新会加速人类社会合作秩序的演化,原本,很多属于囚徒困境的社会合作悖论,在技术创新的帮助下,便可轻松、容易地达成合作。一方面,这会提高人类社会的生产关系效率;另一方面,被动地要求更多的强制性社会协调机制。也就是说,任何技术创新都必然会带来制度创新的内在需求性,一旦制度无视这种需求、没有制度创新的努力,那么,“技术-制度”匹配性的破坏将会带来社会性灾难。比如,飞机航空机器的创新就要求关于空间使用的制度规则创新;小汽车的创新和应用就带来交通规则的诞生和变革——在马拉车或人力车时代,红灯停、绿灯行的强制性交通规则是完全不可想象的事;新媒体的创新和应用带来全新社交模式、表达方式的规则诞生……我们只要睁开眼睛观察现实生活,就不会一边鼓励技术创新，却一边无视创新的制度变革需求，任由技术-制度的匹配失效，进而社会失序发生在人们的身边。

技术是社会创新的硬件，具有客观性、物质性特征；制度是社会创新的软件，具有主观性、精神性逻辑。技术创新的出现一定伴随着新技术规程、生产流程乃至消费方式与范围规范的形成，这涉及社会生活的方方面面，必然地要求全社会生产、交换与消费关系的规则创新。一方面，这是技术与制度内在功能统一性的要求。制度的功能是实现并保障技术创新的成果。马克思就敏锐地观察到产业革命中，存在于大机器生产与资本主义制度之间的内在联系及其弊端；哈耶克的深刻之处，在于他洞察到制度与生产力技术进步的匹配中必须遵循传统、习俗乃至惯例等社会共生演化的法制原则，反对违背制度客观性的人为理性的自负。或许，制度创新与技术创新的内在一致性是技术与制度矛盾互动演化的必然结果；因为从广义来讲，人类自进入现代科技文明时代以来，社会的发展本质上就是一个伴随着技术创新而制度自觉创新的过程。这里，之所以称其为一个自觉过程或者某种哈耶克意义上自发秩序的过程，原因在于，伴随着每一次新技术的革命，人类社会都将面临一个制度创新的自觉、自悟、自发的变迁过程。

5.7-3 制度创新是文化创新的循环起点

在社会语境下讨论人的个体行为，我们会发现，人类社会运行的一个重要特征是，人的行为既非完全被主观意识、理性思维所主导，也不完全受制于外在制度、规范习俗。组成宏观行为的个体行为更多地受到所处的文化社会环境所制约，这种文化氛围主导着我们的情感、情绪、价值观乃至无意识知觉，最终，控制着我们的行为。就此而言，正式制度并不是不重要[126]，只是对于制度变迁而言，文化等非正式制度比正式制度更重要。

人的现实行为是基于各种制度因素的集合，而非简单的可见制度规则——就像正式和非正式制度的各种规则的集合。非正式制度作为人的无意识或者潜意识的存在影响着人们的思想意识和政治观点，直至人们的现实行为。实际上，一个社会如果只能依靠正式制度发挥作用，那是不可思议的事；比正式制度更基本、更重要的非正式制度在社会生活每一个正式制度失缺的角落，发挥着协调人们利益、调节人们社会关系的基础性作用。或可以说，在一个官僚化趋势无法节制的社会时代，非正式制度才会彰显出应有的严肃和权威——此时习俗、传统可以破除所谓科学理性的巨大欺骗性，使人们回到直觉、本能与自然的状态中去分析、判断和解决问题。这是制度创新的最原始动力,也是现实中我们必须始终保持常识理性的原因所在。

在人类现代社会所面对的诸多问题中,最重要的,莫过于对现代性的反思与批判,其核心暗示是现代理性及其官僚化趋势的悲剧。这种官僚化进程对于人类社会的反动,弥漫于社会层面的诸多领域,它们从社会的每一个细微局部开始,发挥自我复制功能,快速地膨胀并挤占社会机体的所有空间,直至将整个社会变成为官僚体系发展的供给附属体,表现为压制个体创造性、摧残社会包容性,乃至扼杀一切社会创新的原动力。社会最终便在如此压榨下失去理性,进入黑暗的循环。其实,人类历史莫不是在如此往复周期性循环中演进的。然而制度创新一旦呈现、形成,便将带给我们全新的社会意识、文化思潮和思想养分,由此,也暗示着新的文化创新即将出现;并且,在新制度规范下,社会生活的多样性将涌现出人们意想不到的创新星火,为未来社会的文化创新带来燎原之势。

社会创新的一个核心指标是制度创新,判断一个社会是否是创新性社会,是否具有创新意识、创新文化和创新动力,而不是伪创新,唯一的标准是这个社会是否能够不断地涌现出恰当的制度创新,哪怕是边际意义上的创新。实际上,人们欢欣鼓舞地拥抱创新、迎接创新,并不仅仅在于文化、经济、技术创新提高了人们的生活质量,而是制度创新带来了新的社会秩序,使得人们享受到更平等、自由、幸福的生活;一旦我们否认文化、经济和技术创新将最终带来的制度创新,创新于人类而言不仅是不可持续的,还可能意味着某种灾难性的社会后果。

值得指出的是,创新的可持续性压力将使得传统习俗成为抵抗官僚主义与理性主义合体"怪胎"的唯一屏障。因为作为非正式制度的传统、习俗与惯例内涵着人类长期演化的历史智慧,具有"理性不及"的自发秩序逻辑,更是人类审美价值、实用价值和经验探索的浓缩和沉淀。审美创新驱动文化创新,文化创新驱动经济创新,经济创新驱动技术创新,技术创新又驱动制度创新,最终,制度创新孕育、引发审美创新,进而必然带来新一轮文化创新。这种大循环的闭环结构及其周期性现象,便是所有社会创新都要遵循的基本规律。就此而言,我们便认为制度创新反过来成为文化创新再循环的新起点。

事实上,人类社会的大多数政治或阶级斗争的实际目的是利益,而与政治秩序无关。人们总是热切地期盼:一个新生政权或者新兴权力会带来崭新的政治制度和社会秩序,但这种似是而非的主观猜测是徒劳的。制度变迁仅取决于社会政治文化传统,具体地,又取决于以下两点:一是制度变迁的政党属性。社会政治行为的核心是政党行为,而政党竞争的均衡是时代的产物。社会一旦选择了顺应时代的代表性政党,也就通过政党的文化性质决定了新制度的属性。二是制度变迁的政治形态。暴力政治一定会产生暴力性制度秩序,非暴力谈判妥协的政治往往导致协议性制度秩序。或进一步说,任何制度变迁都是一个广义对话(暴力与非暴力策略)的人为协议过程,无法完全自发形成。

5.7-4 制度创新与官僚体制的对偶转换

新的生产力进步要求新的社会秩序、法律制度与之匹配,最终,通过制度创新完成对自然、社会乃至人性的超越与重新界定。否则,旧制度不是阻碍技术进步,就是导致灾难性社会结局。这是制度的技术依赖性逻辑所带来的必然结果,也是传统制度理论的含糊之处。没有制度保障便没有任何技术创新的完成、传播与应用。诺思给出了从制度保障到技术创新的指向关系:是资本主义制度带来技术创新的进步。实际上,本书所述表明了该命题的反向逻辑:技术创新反过来带来制度的变革和创新,进而,要求技术化的官僚体系更新。准确地表述则是,技术创新与制度创新之间循环递进的进一步演化,将导致一种技术创新生产力与技术化官僚体制的二元对偶的周期性转换。

只要对官僚主义的深层次原因稍加思索,就会发现,当今世界的官僚主义趋势及其权威,与科学至上主义的社会意识已经紧密地结合在一起,形成一种结盟且具有相互促进的态势。原本,官僚主义封建传统的唯一动机是维护权威、专享权力,然而,在西方现代化进程及其工业化浪潮下,传统政治权威已经逐步被科学权威所取代,政治合法性也被科学至上主义所取代。如此,掌握科学话语权、运用科学方法在某种程度上成为政治合法性的象征,进而迫使政治权威也不得不分享一部分权力给技术专家,进而科学至上主义与官僚主义合体获得了强大的力量,侵害社会机体的正常运行,造成了某种与现代社会发展所需的正常秩序和人文环境相悖的巨大冲突。最糟糕的是,这种“技术科学性、制度权威性与管理政治性”“三位一体”的趋势越来越盛,其本质是一种由技术官僚操纵的、精细化的形式主义。

官僚机构的制度化、精细化运行,使得官僚机器中的每一环节、每一层面的操作者,都会慢慢地逐步丧失其直面问题的独立思考与努力,最终,官僚体制的各个螺丝与每一环节都变成不用承担责任的巨大机器的一部分,一旦这个"怪物"带来社会灾难时,每个人都不会感到羞愧;反而,会因为自己完成任务并获得报酬而自得其乐。官僚体制最大的恶源于罗素所说的人们对于权力的欲望,"既然对于人类的权力,表现在拥有者能强迫他人去做他不愿意做的事,那么,那些由爱好权力所驱动的人,将更倾向于施加他人以痛苦而不是允许快乐"——官僚主义之恶集中了人性恶的所有源头。[127]

有人反对将官僚体系看作一个利益单元,认为这不符合个体主义方法论;一般地,我们的确应该否认任何实体意义的群体利益概念。但本书这里的考虑,实际上得益于社会学家们的工作[128],相对于经济学家,社会学家们更接近社会的整体真实性。官僚主义所带来的政治腐败是政治诸恶中最大的邪恶,这是本书设定官僚主义意识及其体制概念的原因。

如果记 $\mathbf{x}_1$ 为给定官僚体制条件下制度创新收益最大化的行为,$\mathbf{x}_2$ 为给定制度创新程度下官僚损失最小化的行为,$U_{ins}(t, \mathbf{x}_1, \mathbf{x}_2)$和$C_{ins}(t, \mathbf{x}_1, \mathbf{x}_2)$分别为 $\mathbf{x}_1$ 和 $\mathbf{x}_2$ 的目标函数收益,那么,根据第 3 章的公式,同样可得 $\mathbf{x}_1$ 与 $\mathbf{x}_2$ 对偶转换的制度创新周期性方程:

$$y(U_{ins}, C_{ins}, t) = \begin{cases} \sum_{i=1}^{+\infty} [(A_i \cos\theta_i \mathbf{x}_1 + B_i \sin\theta_i \mathbf{x}_1) T(t)] & \partial w/\partial\pi \geqslant 0 \\ \sum_{i=1}^{+\infty} [(A_i \cos\theta_i \mathbf{x}_2 + B_i \sin\theta_i \mathbf{x}_2) T(t)] & \partial w/\partial c > 0 \end{cases} \tag{5.5}$$

这里,式中参数与条件分析暂时不述,先就相关逻辑推论讨论如下。

人治与法治的制度创新周期性逻辑。人们习惯于将东西方政治制度差异归纳为人治与法治的不同。从本书视角观察,制度创新周期性矛盾的一方是官僚体制,即维护稳定的旧制度力量,另一方是制度变革力量,代表着技术进步的先进生产力。在古代和近代中国历史上,先进生产力可以是人民大众、新兴资产阶级、改革意愿强烈的封建帝王乃至官僚体制的改革派[129]——往往以天意自命。此时,法治意味着一种先进生产力与官僚体制的契约(法律)治理关系,一切依法行政、照章办事,不会因人、事、时空而改变。人治即指制度创新的周期性转换将取决于双方代表人物的政治行为博弈及其均衡——如表现为统治者将集权政治分权为权臣或诸侯的人事治理过程。[130]就此而言,帝制时期中国的传统政治总是一个"皇帝与一帮大臣"的权斗故事；并在此过程中，官僚体制始终扮演着社会创新的对抗者角色。进而，制度创新的周期性行为会呈现出两种方式：一是开放式循环，如民主契约政治通过“小政府、大社会”的契约[131]，来逐步消减、弱化官僚体制的势力，最终实现真正意义的契约治理——法治。二是封闭性循环，如传统集权政治总是在制度创新的政治周期中，限于官僚权力强化、被弱化、再强化……以及官僚体系膨胀、被压缩、再膨胀……即某种重复循环的参与人博弈的政治过程——人治。就此而言，判断制度创新的一个客观标准应是：官僚体制队伍的人数是多了，还是少了？如果一项制度变革使得官僚体制的人数减少了，那么，这项制度改革就是先进生产力的进步体现，反之，则很难说它是一项保障技术创新的制度创新的变革。

制度创新的三种方式分类。必须提醒的是，作为制度创新的核心阻力，官僚体制最使人迷惑之处在于，它在表面上总是能够完全容纳传统和创新这两方面的矛盾；创新的破坏力与传统的稳定性之间的冲突，常常不是由其他力量反而是在官僚体制的协调下达成和谐。人们也往往由此发现，官僚体制在实质性地压制创新的同时，口头上却始终鼓励创新。这种反常矛盾现象的出现，主要是因为官僚体制的本质是维护既有政治体制和制度体系，面对着社会生活、生产方式和技术水平不断创新的不确定性，官僚体制的第一反应是保守的拒绝；与此同时，一旦创新获得社会大众和官僚体制最高层的支持，官僚体制就会发生根本性的自我转型。由此，制度创新一般分为三种变迁类型。其一，源于官僚体制内部自上而下的制度创新改革，往往发生在制度创新周期曲线的 $\mathbf{x}_1$ 行为阶段（如图 5.7 所示）。其二，源于社会民间自下而上的制度创新变革，往往发生在制度创新周期曲线的 $\mathbf{x}_2$ 行为阶段，此

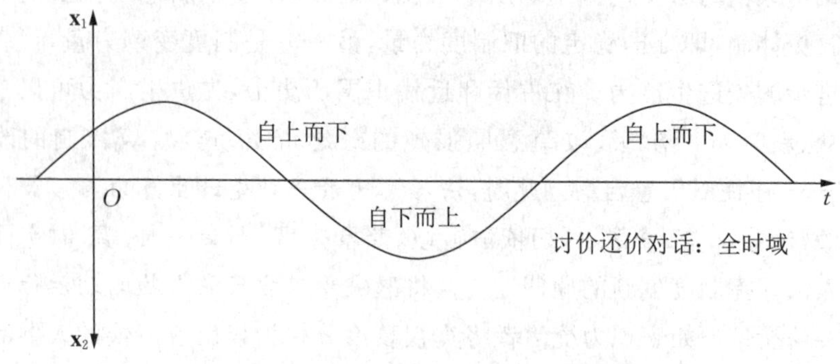

图 5.7　制度创新的三种方式

时，全社会处于制度创新的保守期，但不适应生产力发展的既有制度对于创新利益群体的压力巨大，以至于不能排除暴力或者革命方式的制度变革发生。其三，基于制度创新与官僚体制双方的讨价还价意义上的妥协对话的制度创新，协议性制度改革可以发生在制度创新周期曲线的任何时点，但成功的理论前提是具有非暴力约束、二人讨价还价非对称均衡的存在性条件。[132]

*关于管理学的科学性质的误解。*任何人都不能否认现代管理学的科学内涵，然而，我们仍然强调，从管理行为的真实过程考察，管理学的艺术、文化内涵要多于其科学的应有成分。管理行为的对象是人；协调人的行动、调动人的积极性、安慰人的情绪，除了新技术规程明确的岗位条款或行为规范，更多的是实事求是、因势利导，动之以情、晓之以理，而绝非机制设计理论机械逻辑的“激励相容的绩效工资”合约所能够涵盖的，否则，我们也就看不见历史上那些伟大的成功事迹。既然管理的对象是人，就不能像科学研究那样，理性冷酷地对待其研究对象；也不存在类似于科学的永恒不变的真理。管理学命题应该随着时间、地点、因人、因事而异，存在不确定性的非科学因素。误解管理学是科学的观念起源于现代大项目、大机器生产的管理属于科学范畴的直觉感悟，但这是一种理论误解。实质上，任何现代生产管理的逻辑都是一个面对给定技术水平，执行技术规程的制度实施过程，这种技术规程、制度规范本质上并没有任何有待研究发现或者可以揭示的科学问题；技术规程在实施过程中，乃至在技术规程制定初期，就是一个严格意义上的技术应用，尽管貌似科学，却如新产品的使用说明书一样，伴随着技术创新而产生并作出规定，与科学无关。至于“技术规程的修订”也是一件完善创新的技术性工作。[133]管理的本质更接近艺术，应从属于技术创新与制度创新的交叉范畴，更多地与人文、哲学、心理学等学科相关，与科学概念并没有太大关系。管理最核心的本质就是一种政治艺术。

*政治家精神与制度创新。*实际上，现实中的制度变迁和制度创新往往依赖于政治家精神的创新。这里借用熊彼特的逻辑提出政治家精神的概念或可能引起误解，其实，与熊彼特关于企业家精神的概念一样，就制度创新和一般意义上的政治创新而言，我们也可以给出类似*政治家精神*的概念定义，即具有长远战略视野、制度创新意识、政治动员能力与政治创新执行力的政治行为从业者。注意，政治家完全不同于一般政客、公务员及行政领导，他们具有高阶理性的创新思维，能够带领民众甚至敌对方找到最有利于彼此

社会发展的方向和解决问题的路径。显然，政治家精神的概念可以解决制度创新发起人缺乏的尴尬，为制度创新找到起点，及时减少社会总福利的净损失。

一个鼓励社会创新的政府一定也必须是一个谦卑地时刻准备着制度创新的政府，这是任何社会创新要求社会制度必须配套的内在规律使然。只要技术创新的进步，而不思自我变革制度的政府，等待它的一定是在社会创新洪流中，不断地陷入因旧制度与新技术不匹配而越来越麻烦的无数困境之中，最终，面临着或者自己主动地去变革，或者被动地被革命——即使革命的结果往往不一定会带来实质性的制度变迁，但官僚体系制度一定会面临历史使命的终结。此时，我们将目光转向影响社会创新的文化根源上，就会发现一个奇特的现象，用时下流行的话讲即"内卷"。本章附录将提供一个关于恶意竞争性社会内卷的理论解释。

5.8 附录：一种多周期叠加的内卷逻辑解释

所谓的内卷概念已超出一般意义上政治经济学的理论范畴，本书也只是一个周期性行为语境下关于内卷现象的理论分析，仅作为一种参考解释。

以下讲内卷文化否定交易逻辑与商业文明，由此导致农业文明，其潜台词是内卷的行为本质在于全社会成员追逐社会等级的权力地位，并在权力的等级秩序中参与分配；而构成阶层差异的因素可以是学历、知识、智力乃至"官员"身份。所谓官文化指存在于等级社会里"阶层自我精英化"的集体意识与文化传统，似乎精英阶层（拥有权力和财富的人）是这个世界的天然管理者；特别是，民众对于官僚阶层的反感仅限于自己被压迫时，一旦自己的人当了官，却又赞同这种官文化思想。

在社会创新语境下讨论内卷现象，我们将同样围绕创新收益展开经济分析，比如，考察经济创新就必须归咎为熊彼特意义上的利润概念。此时，社会创新的四个闭环是如何周期性循环，并通过多周期的收益叠加决定着社会创新的？不同民族、不同国家、不同文化是如何演化出不同的文明模式，并导致创新路径的分叉的？传统农业文明是如何陷入"内卷"的封闭循环演化的？当然，这是相对于目前国际学术界一些结论的不确定性而言的，也是本附录要探讨的主题。还须指出的是，由于任何一个民族、一种文化最重要的文明价值是能够随着时代变化,不断地朝着更适应生存的方向发展、演化,如果从本书四个创新周期的循环叠加逻辑出发,可以得出一种自我更新的开放循环模式、一种“极限圈”封闭循环的内卷模式,那么,这两种循环对比的文明演化模式意味着本分析也并非完全是经济学的逻辑,而将从文化、经济、技术和制度创新的视角全面展开。

对于给定的社会而言,所谓创新发展本质上是一个文化创新引导、经济创新启动、技术创新实现、制度创新保障的社会过程。这个过程不仅有创造性毁灭,更要有创新性价值,直接带来全新的物质体验、全新的精神文明与全新的社会面貌。相反,内卷社会具有的是物质生活单调、文化传统不变和政治制度稳定的静态逻辑。要厘清其中的原委,则要求我们全面地考察内卷社会的四个创新周期循环的特殊表现及其规律。以下,我们的论证将表明:其一,文化创新周期的内卷性将表现为单纯名词创新、思想意识守旧的封闭循环周期;由此诱导其二,经济创新周期的内卷性表现为抑制劳动分工、小农经济的生产模式[134];其三,技术创新周期的内卷性则表现为生产性技术不足、应用规模有限的家族式技术继承模式;其四,缺乏社会秩序的制度性变革,最终将导致一种稳定守旧、等级森严的“官文化”制度范式。进一步,如果分析对应的社会意识、市场激励、技术形态与制度保障机制,我们还必须构建出一种基于四个创新周期循环叠加的社会合成机制,并基于这种动力加总机制得出某种关于东西方文明分叉的理论框架与数理逻辑,至此,我们才算给出了本附录问题的理论分析。

5.8-1 一种多周期封闭循环的内卷定义

历史上,内卷一词最早起源于文化人类学[135],是一个涉及文化、经济、技术与制度等多方面创新关系的综合性概念,直接关系到创新与传统对立矛盾演化导致的论题,这也是本书打算在创新论题中讨论内卷的原因。根据发展经济学理论,同时,坚持熊彼特意义上的创新发展观,而不是斯密意义上生产要素投入增长的发展观,我们得出如下关于内卷的定义:*一种缺乏创新发展或者说边际产出递减的数据增长式社会经济过程。*

有人认为,内卷的本质是缺乏制度创新导致人们陷入恶性竞争的囚徒困境,最终,形成生产关系内耗、生产力水平落后的状态。如此观察,既然不当的制度激励造成人们内斗,似乎只要制度改革就可以摆脱这种困境。但是,这并非问题的最终解答——因为怎么改革、依靠谁改革、朝什么方向改革,均不容易回答。正如哈耶克指出的，制度创新不是一个简单、人为、理性的过程，要建立民主政治制度、确立市场经济体制、构建现代产权体系，不是靠想象就能够完成的事。如果没有文化创新、经济创新和技术创新这三个前周期循环的恰当叠加、相互作用，缺乏社会思想创新、民众意识转变、政治生态革新，仅仅依靠精英主义者们主观意识的想当然，往往会失败。这是我们在讨论内卷论题时必须保持清醒、谨慎之处。

新近以来，国际社会学界将“内卷”(involution)与“演化”(evolution)这两个概念对立起来[136]，似乎内卷就没有演化，本质上是一种文化进化的演化观，这种方向性文化描述陷入了科学文化的陷阱。从本书的角度考察，事物演化既有封闭性内卷，也有开放性发展的模式，二者是彼此不同的演化模式。或者这样说，如果将内卷定义在演化的总框架内，归类为封闭性演化，此时便可以与开放性演化对立起来分析。这是本书经济学逻辑理论视角的可贵之处。

内卷，按照孔飞力等哈佛大学费正清中心社会学家关于内部恶性竞争的描述，原本是从农业问题的内卷化竞争引来的社会学术语，专指社会发展过程中的一种停滞模式，即农业社会发展到某种确定性形态后，无法再转化为另一种更高级的发展模式；近年来，它也被挪用以描述出于某种社会原因，制度变迁、社会演化过程中出现的“内卷”现象。这种内卷指向一种对立于商业文明之自然、开放进化社会的理论特征，最终陷入“囚徒困境式”内耗竞争的恶性循环，并且一旦身处这种恶性循环的超稳定状态，便无法依靠社会演化自身的力量来摆脱这种困境。

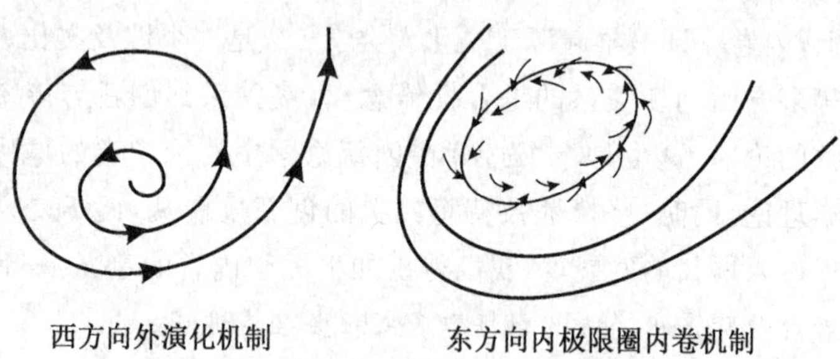

图 5.8　阿西莫格鲁引力盆模型的简化

在经济学领域，阿西莫格鲁的“引力盆”模型是对应逻辑的探索。[137]他论证：在从传统国家向民主国家转型的道路上，基于军事当局、精英分子和人民大众三个利益集团的社会博弈过程及其理性假设前提，存在一个演化动力系统的引力盆极限圈的均衡。对于均衡集里的任意一点，都意味着即使引进全套西方民主制度，哪怕给予再多的系统性不确定因素的干扰，传统国家的社会演化结果，最终都是陷入引力盆的“军人独裁、精英投机而民众被愚弄”之糟糕的均衡。[138]其实，阿西莫格鲁随机过程模型的简化是一个微分方程的奇点均衡逻辑（奇点、吸引子的图示见图 5.8）。实际上，阿西莫格鲁出生于土耳其这种带有东方文化色彩的传统国家，多年西方语境的学习生活，造就了他内省性的批判眼光。且现实中，像拉美、南亚等大多数转型国家的民主政治实践，也证实了他的分析结论。同时鉴于阿西莫格鲁文章的巨大影响力，便使得内卷理论的研究开始转向文化分析。改革的企图都是徒劳的，只剩下“国家失败”的结局。

这里值得指出的是，阿西莫格鲁关于精英行为的假设前提[139]，并非东方文化传统下知识分子“修身、治国、平天下”的行为理念，反倒是西方个体主义自利理性，像极了那些出生于东方国家但接受西方教育后的精致利己主义者。本来，基于人性恶的假设来考察社会秩序、制度变迁乃至法制精神的逻辑是西方经济学思维最重要的学术传统，这原本是一种理性主义构建性理论工具的重要取向。然而，一旦将其运用于人类社会历史普遍规律的分析时，这种方法论实质上已经排除了社会“演化”过程的“变异”机制，只不过是给定动力机制和假设条件下永恒不变的僵死规律。这意味着阿西莫格鲁是用西方人的逻辑套东方文化的政治分析。其实，社会转型应该是一个社会思潮、经济形态和政治生态发生巨变的变异淘汰过程，绝非收敛的均衡逻辑所能解释的。

内卷的本质在它对于社会创新机制的伤害，一个缺乏创新的社会，才会呈现内卷的恶性内斗、阶级压迫的封闭循环。如果从文化比较学角度考察内卷概念，与创新演化的逻辑进行对比，或许就容易看清以下基于两个概念对比的分类性质（如图 5.9 所示）。

以静态概念划分的内卷定义并不周全，它不能体现社会创新过程中四个循环互动的动态逻辑，特别是文化的影响和作用不仅不容易显现，也无法揭示与经济、技术和制度创新的彼此关联影响。如图中“内卷意识”所示，我们以内卷的等级观念、实用主义文化为例，聚焦四个创新环节过程中彼此周期性运行的相互制约关系，那么，内卷概念的内涵主要表现为如下特征。第一，内卷文化在思想意识上表现为实用主义、等级观念，形式上则热衷于名

	文化	经济	技术	制度
内卷演化	线性封闭	恶性内耗	内敛保守	保守稳定
创新演化	多维开放	良性竞争	外向扩张	创新演进
内卷意识	实用主义	否定交易	无产权	纵向结构
	等级观念	抑制分工	无交易	稳定传统
↓ 内卷行为	名词创新	囚徒困境	技术发明	权力垄断
	新瓶老酒	封闭自足	家庭传承	集权专制
↓ 内卷现象	学优则仕	小农经济	非生产性	赢者通吃
	官本主义	农耕文明	非工业化	权力激励

图 5.9　基于东西方文化比较的内卷概念及性质划分

词创新,具有新瓶老酒的自我麻痹特征,最终通过学而优则仕,形成官本位主义[140]的内卷文化现象。第二,内卷经济由于官本位文化的引导,否定了自由进出、市场交易的自由,导致抑制劳动分工、否定市场的思想意识,并通过恶性竞争、资源内耗的经济形式,最终构成封闭型小农经济秩序。第三,内卷技术由于小农经济否定了技术的产权意识和交易理念,技术传承家族化、技术方向工艺化;技术发明多、生产应用少,进而呈现出工业化技术缺乏的封闭性技术内卷模式。第四,内卷制度由于内卷技术周期性的非生产性导向,压制了生产性制度的根本性变革,形成稳定保守、单向秩序(缺乏个体多样性发展包容性)的制度意识。最终形成一种等级森严、垄断权力体系的超稳定制度机制。也就是说,实用主义的官本位文化与小农经济,导致技术创新与社会化大生产的工业化进程无关,无法形成促进制度创新乃至文化再创新的新动力。因此,四阶段封闭循环的社会创新过程必然带来一个内卷的社会状态。

本质上,内卷文化缺乏对于大自然负反馈机制的敬畏之心;内卷经济缺乏对自由、市场和交易的自觉遵循;内卷技术缺乏生产性应用的规模效应;内卷制度强化恶性竞争,带来纵向倾轧的社会秩序。内卷是伪创新、是封闭性创新周期的结果。

要摆脱内卷既不能只是简单地鼓励个人奋斗,也不是减少相互竞争;否则,内耗的竞争强度不仅会剧增,还会强化失败的挫折感,即无法实现对于社会总福利的帕累托改进。解困内卷的方法只能是创新:在不违背社会一般规则、不妨碍他者正当利益前提下,经济上创新社会财富的渠道,制度上创新个人奋斗的通道。因为只有竞争的赛道丰富、财富的渠道被不断创新，一个社会才能获得创新价值。更重要地，必须坚持文化创新，探索发现多元社会全面发展的转型模式，允许人的自由、全面的上升发展；唯有如此，才能彻底根除“赢者通吃”的意识、法制隐患和分配惯性，以摆脱成功学的束缚。如此，才能摆脱内卷逻辑的社会困扰，找到人人幸福的坦途。

5.8-2　文化经济技术的周期性内卷递进

分析文化内卷的作用机制，必须限定在文化对于人们经济行为、偏好及效用的影响功能上，否则，便是一个论而无果的发散问题。实际上，以下也是前述章节中关于文化创新与经济创新双周期循环逻辑结论的进一步具体讨论。

一般地，文化是通过对生活事实赋予意义的方式，来实现人们对于自己的偏好、行为及效用产生影响。这是一个从思维方式、思想意识到价值观以及主观评价与自我激励的系统性作用过程[141]，或许正是如此，文化才必然涉及人们行为的理性概念。从文化关联的深层次考察，其实，理性概念可以进一步简化分为两类，一是形而下的实用主义理性，一是形而上的逻辑主义理性[142]，前者源于人类最原始的生存压力，往往带来技术创新，后者源于人类文明演化带来的超现实主义情怀，它常常导致科学思维；现代文化一般都兼具两种理性的内在品质。事实上，内卷的思维方式一般源于科学逻辑理性发育不良，社会思想意识被人类生存理性的实用主义锁定，即所谓的路径依赖逻辑。于是，形而下、注重实用的理性，必然导致内卷社会实用技术（求用）发达、科学思维（求真）欠缺。

比较而言，儒家传统中核心的入世观就是一种具有实用主义的文化基因，强调人是不能离开自己包括身体、心智、灵觉和神明的“己”。“做人”就是入世此时此地，以建立每一个人自己的主体性。即使有彼岸来世的概念，也不过是此世此生的因果轮回（外来引入概念）。这与人类初期的社会属性，比如家庭、血缘、宗族乃至官僚体系的文化需求与心理结构相吻合；直白地说就是，入世观文化是基于生存压力的实用主义世界观。基于形而上的实用主义入世观，儒家社会的人际关系便是一个纵向、立体、稳定的网络结构，强调纵向秩序的稳定性意识——进而社会伦理基础是孝道与忠诚：孝是对父母、长辈，忠则是对官僚体系的上级（上下关系的纵向结构）。纵向关系强调群体稳定性、结构封闭性，始终保持基于社会顶层精英的社会演化模式——如果社会顶层结构被消解或者被破坏，社会便进入一个无序的“啄序”状态。[143]这与西方人际关系中横向、扁平的社会结构，强调平行关系的社会平等价值观完全不同。[144]实际上，人类社会始终是在纵横向两个关系之间恰当权衡。没有纵向关系的稳定性，人类社会就无法繁衍和延续；没有横向关系的社会扩展秩序，人类文明将永远处于社会秩序的初级状态，无法演化出非线性、复杂性的社会制度秩序。并且，纵向社会结构也无需复杂的制度支撑，社会行为仅仅基于家庭、血缘和内部等级的社会关系而定，这种文化背景下社会便具有超稳定的总体结构。

儒家传统文化具有较强的天下意识，却没有诞生过现代意义上的社会概念。类似于国家的概念则随着政府、政体的出现被替代[145]，真正的社会仅蕴含于个体、民众的文化传承与客观现实之中。儒家传统的三纲五常将联结彼此的社会性民间关系，如家族、血缘、熟人、圈子等概念常常被强化并定义为超越政府和政治体系的存在，才构成了现存的纵向结构的复合体。依照民国史学大家张荫麟的洞见[146]，秦以前，华夏文化最显著的民族特性实以“散漫”二字为要；只是秦帝国的崛起，“书同文、车同轨”与“井田制”等法家政策的实施，中国传统文化才被注入集权和官本位文化意识。然而，官文化意识天然地削弱了社会意识，此时，宗族血缘意识、圈子文化即使历经了两千多年多民族共生融合的历史冲击，仍与官文化合体，牢固地遗传下来，这或许是文化与政治相互补充并强化的独特案例。

内卷文化没有真正意义的社会概念，非官方的民间意识弱小；加之重农抑商、学而优则仕等官本位文化所构建的“家国天下”社会秩序观过早地拒绝个体自由理念。由此，相对于欧洲启蒙思想运动倡导的自由、平等的社会理念，基于宗族、血缘等小圈子替代社会概念的东方传统文化，就先天地缺乏自由的意识。刘擎给出一种西学思想史的不完全考据[147]，认为“自由主义无疑是基督教的儿子，带有基督教文明的血脉”。实际上，自由并非基督的独子，而是性格各异的一群兄弟，但均具备了基督教文明的基因。这意味着无论自由主义在思想史上经历过多少次启蒙、重构与反思，我们还须承认，自由概念与东方文化传统始终就没有太大的关系。关于自由主义文化基础的这种差异，或许，从东西方看待法律限制性条款与自由关系的对比上，可以看得更为清楚。东方传统意识也关注限制性条款，但同时认为法不责众，倾向于群体即合理性。西方传统则认为，只要法律不限制的均为自由选择的权利范围，反之，一旦法律限制，不管是个人或群体，均属责罚之列。对应地，即使法律没有限制，但群体意识和传统并不常见的行为，在东方文化传统下可能会被视为异端。实际上，只有自由的概念深入人心，法制概念才有前提；同理，只有法制概念的普遍性社会价值被人们珍惜，自由的理念才会被人们广泛地追求和保护。因此，刘擎的批判性分析或许忽视了文化传统的基础前提："个人被赋予近乎神圣的自由选择权，但却完全不知道应当选择什么，最终使得个人自由沦为无节制的'欲望解放'"，甚至"在道德实践领域，自由主义让人性中所有低级欲望都被释放出来，并予以正当化……引发了各种道德失范和道德危机（比如责任感的丧失，对他人的利用和欺诈，对共同体的侵蚀，以及对生态环境的破坏等）"。本质上，这些都与"自由主义"无关，完全是某些个体受到违法的"成本-收益最大化"诱惑使然。至于如何才能在主张个体主义自由权限以后，不偏离人性的善，乃至向着崇尚科学、遵循法制的扩展方向演进，其社会前提应该是：首先有自由的意识和理念。转圜到此，我们的逻辑论证便陷入一种循环的、无头无尾的概念怪圈，或许，内卷之原因正在于此。

内卷社会的一个显性文化根源在于，社会评价标准单一、优质资源有限，迫使同类竞争要付出更多的努力以争夺有限资源，以至于个体同等努力的收益率在下降。其本质是努力在"通货膨胀"，导致人生恶斗的囚徒困境。价值观、世界观和人生观多样化是一个文化取向的问题，如果大家从文化上定义人生成功的意义单一、竞争的出口狭窄，而资源始终是有限的，那么，纵向竞争的社会结构及其内卷含义便不言自明。从文化对于社会过程的作用机理上讲，等级意识、官本位文化与自由、创新的概念存在着天然的对立。等级意识总是赋予并强化个体成员在纵向社会结构中的地位与价值，迫使社会行为只剩下纵向的、上下流动的单向路径。与此同时，上下流动的社会模式也不允许个体创新行为的出现。

任何特定的观念都是一种"文化建构"，其"真实性"不必完全取决于物理意义上的可验证性。只要当事人信以为真，这种观念就会形成巨大的认知力量，诱发出相应的思想意识、社会行为。也就是说，以上关于内卷文化性质与对应内卷经济的对比研究，意在解释前文经济创新周期性运动方程的如下指标内涵：

$$y(U_{eco}, C, t) = \begin{cases} \sum_{i=1}^{+\infty} [(A_i \cos\theta_i \mathbf{x}_1 + B_i \sin\theta_i \mathbf{x}_1) T(t)] & \partial w/\partial \pi \geqslant 0 \\ \sum_{i=1}^{+\infty} [(A_i \cos\theta_i \mathbf{x}_2 + B_i \sin\theta_i \mathbf{x}_2) T(t)] & \partial w/\partial c > 0 \end{cases}$$

对照图 5.9 所示,其振幅参数(A_n, B_n)具有如下性质:$\lim_{n\to\infty}(A_n, B_n)\to(0, 0)$,频率$\theta_n\to\varepsilon>0$很小(周长很大)就意味着内卷的文化周期性会导致一个社会缺乏创新意识、创新思想与创新实践。反之,只有当四种创新都同时摆脱封闭性周期性循环时,一个社会才能够出现开放变革、创新演化的群体意识,经济体才能涌现出源源不断的创新动力。否则,会显现出一种形式上看似创新,实则内涵上自我重复循环,缺乏外向扩展的新认知、新启发。后者,便是区别于内卷社会、所谓开放社会的创新周期模式。比较而言,内卷文化具有的独特创新周期性,易于陷入逃避现实、否定实践的语言创新。

5.8-3 内卷的文化经济技术封闭周期性

原本,创新动力与激励机制是两个科学论题,科学哲学与科学技术史学家已有丰富的论述[148],相关内容既涉及个体主观差异,也关联社会环境因素(如文化传统、社会习俗、地理环境等内涵)。由此,创新的社会集结效率不仅取决于经济激励机制,具有经济路径依赖性,也取决于创新演化的最初文化特性——初始条件。

官本位的内卷文化导致两个糟糕的经济后果:其一,直接否定了最需要自由理念的商业交换逻辑,与商业文明无缘。其二,抑制劳动分工,导致了农耕文明社会的形成。前者,决定了内卷经济的不完全交换秩序,后者则决定了内卷经济的小农生产模式。本质上,正是这两种激励机制才导致了中国传统文化早熟,但不成熟的内卷性。[149]

本质上,劳动分工和专业化与市场规模、交易秩序相关,斯密-杨格定理就论证:劳动分工依赖于市场规模与范围——基于劳动分工产品的互补性交易,市场规模越大、范围越广,能容纳劳动分工的深入和广度就越大。反过来,市场扩展又依赖于劳动分工与技术进步的深化,没有劳动分工的技术进步作为保障,双方劳动成果的交易就不会有帕累托改进的剩余价值及其交易互补性。然而,这里的问题是,劳动分工的迂回生产也带来市场交换的交易成本增加。由此,劳动分工和专业化往往受到广义交易成本与社会交易秩序的制约,揭示后者是科斯的贡献。面对内卷文化的特性,本书要问:是否能通过权力而非市场来促进劳动分工,乃至形成一个技术创新的专业化社会体系?或者问:一个社会是否能通过权力体系来实现劳动分工?就像中国古代的农业、冶炼业、运输业乃至天文、历法等服务产业技术水平一直较世界同期其他区域更为发达,大多数都离不开权力体系的扶持。然而,权力体系促进劳动分工就意味着权力收益的激励要大于市场利润的激励，这个答案似乎很难成立，因为市场利润激励产生分工是为历史所证明的。

劳动分工是一种天然的人类劳动倾向，除了内生比较优势、外生比较优势及其综合比较优势三种劳动分工差异化的分类解释，核心是提高生产效率、扩大比较优势的劳动分工收益。从本质上讲，还是收益机制决定了劳动分工的深化与广化，并且这种劳动分工机制反过来决定了整个经济结构中生产、消费与交换的循环关系。此时的关键是，劳动分工收益是如何被决定、分配的。在内卷文化氛围里，全社会各个阶层、不同群体的劳动收入主要是“按权分配”而非按劳分配，不同劳动分工收益也是依据官职等级及其距权力中心的远近进行分配。其实，按照权力和等级分配是人类社会劳动分配最简单的基本方式，此时，要向着依据劳动贡献分配制度的转型，以激励社会创新与劳动活力，其唯一的途径便是允许劳动产品的自由交换、劳动力的自由流动、劳动方式的自然分化。然而，这“三自”的社会文化意识与内卷的官本位文化存在着天然的矛盾。实际上，否定交易自由、拒绝商业文明的内卷文化一定会抑制劳动分工的生产关系深化，却有利于家庭生产和经营的小农经济，这使得自然条件相对优渥的古代中国演化出了一种超稳定的小农经济结构的农耕文明社会。由于缺乏劳动分工，无法实现产业分化、职业分工、社会分层的多元化、全方位发展[150]，这使得全社会生产体系及其成员之间的经济依赖性相对薄弱、无法形成产业组织、生产供应链及其社会利益共同体。当然，这不仅带来社会总生产处于规模小、效率低下的自给自足状态，也杜绝了来自社会底层、生产群体的反政府、反权威力量。最后形成一种内卷经济的恶性竞争、封闭运行的超稳定体系——社会精英与集权阶层当然心满意足，但却经不起自然灾害的侵犯。由此，地理决定论认为[151]：好的自然环境往往会产生个体“散漫”的社会意识，或许，“人祸多于天灾”也由此而来。

纵向、单向度的农耕文明具有超稳定的社会结构，这与开放多元化的社会发展模式具有本质的区别[152]，也使得内卷的逻辑不能从单纯技术创新的角度来比较——不同的文化传统都拥有追求技术创新的实用主义动机和行为，因而只能从文化视角来深入考证。如果将世界观简化为科学人生观和艺术人生观[153]，一般地，科学人生观不仅将人的精神享受寄托于内在感受，同时也认为外在的物质文明进步能带来精神享受，就像汽车驾驶获得的愉悦并不妨碍徒步的快乐一样。与此不同，实用主义内卷思维同时呈现出艺术人生的超前浪漫主义与人文资源丰富的文化特征。但是这种艺术人生观对人生苦难、实用目的乃至生存危机的消解,不仅限制了科学、逻辑等理性思维的演化进步,也丢掉了人生价值中求真的科学逻辑,将求善求美的艺术人生观置于超越性地位。如此,本书这种关于东方传统文化的解析及其行为模式的艺术人生观定位,实质上是相对于西方文化追求科学、理性逻辑而言的。[154]与此对应,东西方关于科学的理念也形成了明显对比。导致内卷文化的社会往往处于技术发达、科学虚弱的尴尬境地。

中国古代璀璨的技术文明没有反哺科学进步,原因在于技术的激励功能被中国文化的艺术人生观"消解"掉。其一,当世界物质文明尚未开化之时,中国人就过早地追求形而上的精神目标,消解了物质文明内在的利益激励机制。因为具有艺术人生观的中国文化能实现物质无法达成的目标,如竹林七贤的逍遥、陶渊明的"不为五斗米折腰"、苏东坡的豪放旷达之意境;在浪漫主义的丰富想象中,孙悟空能日行十万八千里,当然就用不着费劲地去思考物质性飞行工具。一旦这种超现实的浪漫主义被作为精神象征保留、遗传下来,我们的基因中科学思维的部分就会相对弱化。

其二,在艺术人生观的超现实主义文化基因中,特别是,学而优则仕的官文化能够帮助权贵们达成荣华富贵的生活目标,技术创新的功利目标丧失社会主流的认同[155],必然导致"求真"与"致用"之间东西方文明的分叉。正是传统文化处处都在消解功利主义技术的激励作用,才导致古中华文明的技术繁荣并没有反哺科学进步,进而产生"李约瑟之问"——这或许是关于该问题的一个改进解释。

经济行为本质是人们物质生活的供需循环,政治行为是人们精神生活的供需循环。一般来讲,人类社会行为是一个充满着物质与精神需求混合的循环过程,这是人类政治经济的二象性所决定的。由于精神的多样性和主观性,政治自身就能够创造出自己的需求,哪怕对应的政治逻辑并不一定严谨。

相对于政治行为,经济行为的属性与方式潜藏着一些无法被忽悠的实然逻辑,这种实然逻辑包含着对于人类理性自负的反思——承认我们其实是生活在由自己的语言所构建的世界中。内卷经济行为的根源是内卷文化,内卷技术模式的根源是内卷经济。简言之,纵向社会结构、赢者通吃的社会环境,加上艺术人生观的思维方式,导致内卷社会个体行为的最优策略是囚徒困境的模式:其行为方式只有两种,顺从或斗争;社会成员属性只有两类,顺民或暴民;社会评价标准只有两种,胜利者或失败者。

如图 5.10(上)所示,内卷文化的周期性轨迹将呈现出某种固定振幅、频率周长不变的稳态波动规律，并且，其周期性的转换始终在 $\mathbf{x}_1$ 与 $\mathbf{x}_2$ 的二维线性空间之内。比较而言，一个开放的文化创新周期波动，其周期性转换空间将摆脱 $\mathbf{x}_1$ 与 $\mathbf{x}_2$ 的二元线性空间束缚，向着多维、非线性空间演化，呈现出某种外向、开放的多姿多彩的周期性轨迹。

如图 5.10（中）所示，内卷经济的周期性轨迹将呈现出某种收敛封闭、自给自足状态。这种规模小、超稳态的小农经济，与市场经济的开放周期性逻辑形成鲜明对比，以至于最终的振幅、周期波长已经无法在同一空间展开某种比较。

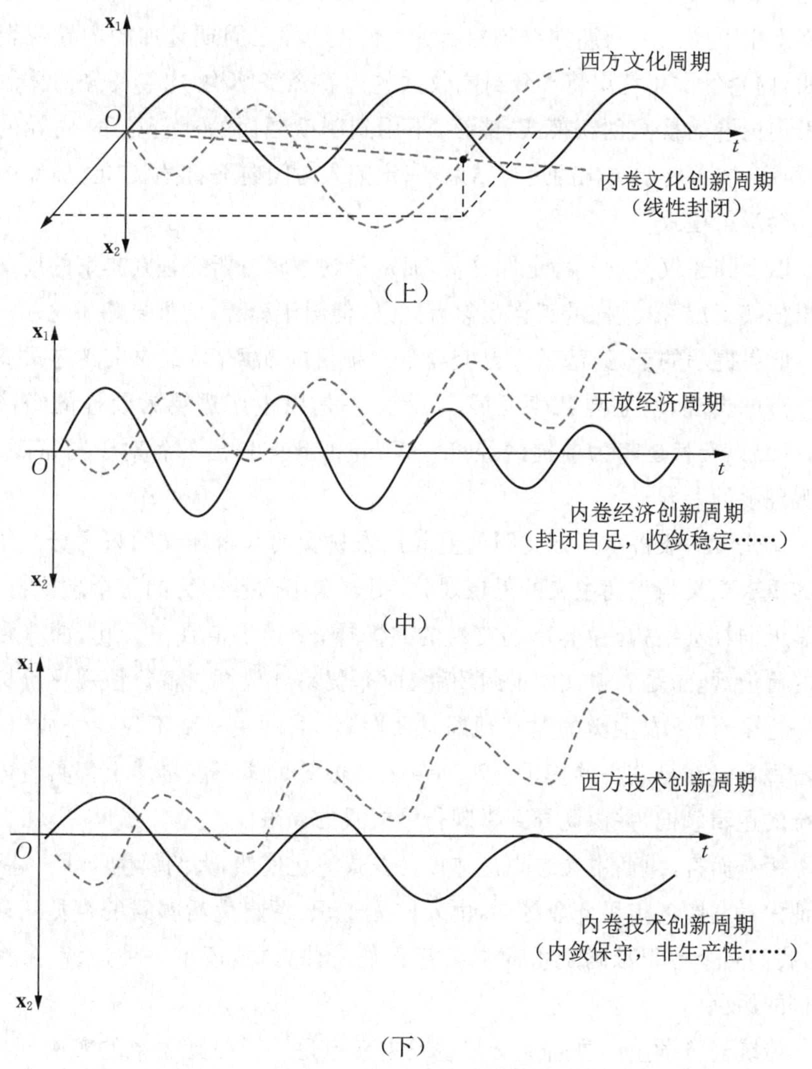

图 5.10　基于三周期叠加逻辑的分类图示

如图 5.10(下)所示，内卷技术创新的周期性运行将呈现出某种内敛保守、非生产性的向下 $\mathbf{x}_2$ 偏向的轨迹。这与开放式技术创新的外向、大规模、生产性应用的周期性轨迹，形成了完全不同的巨大差异(其中的外向性是通向科学理性的必由之路)。

在缺乏创新意识、创新周期所导致的认知有限、资源有限的制约下，内卷社会的制度评价必然导致某种内卷竞争的囚徒困境——大家明知是不好的制度，但谁都不愿意第一个站出来反对。我们必须理直气壮地呼唤一种改进内卷社会竞争恶习、完善开放社会秩序的文化。实际上，如果在任意时点将上中下图三个周期曲线连接起来，本书这种三周期叠加的内卷逻辑将表明：内卷的文化意识将导致封闭收敛的内卷经济结构，内卷的经济体制将诱发出内卷的技术创新模式；最终，不用到制度层面的社会竞争，内卷的文化-经济-技术周期演化的运行结果，一定陷入封闭向下、自给自足、彼此内斗的社会运行模式。

以上陈述仅仅是一种定性分析，而定量的逻辑分析必须在本书的周期性逻辑框架下展开，这样的工作当然有意义，但限于篇幅，此处省略不论。

值得提示的是，经济思想史上最令人瞩目的现象，是重农主义与重商主义思潮的出现、对立与共生发展。二者，一是以生产逻辑为前提的经济思想，一是以交换逻辑为前提的经济意识，并由此体现出二者对于财富观、价值观理解的差异。

文化学一般将东西方文明的差异用农耕文明与海洋文明来区分。经济学的重农主义与重商主义的思想划分，则显示出内卷行为的三个理论特征：一是纵向社会结构，而非市场交易的共同体；二是价值观单一化，而非多元化的价值观；三是农耕文明的封闭性、而非贸易开放性。就价值观评价标准单一化来看，重农主义的财富观即物质财货，重商主义则不仅指物质财富，更看重通过交易获得的货币财富如黄金白银等。这三点本质上都具有内卷思维的逻辑倾向，并由此导致微观行为模式的局限。

相对而言，重商主义思想是纯粹自发式演化使然，大约诞生于 15—16 世纪地中海商圈的市民商业社会，由人们无意识、源自生活实践的直觉认知构成，我们至今也很难确定重商主义究竟是一种思想，还是一种传统、习俗或惯例的原因。

传统经济学里的重商主义与重农主义也是一对二元关系的实例。实际上，重农主义与重商主义本身都没有太大的理论倾向偏差，它们都是特定社会自然情境下，人们应对生存发展矛盾的应变措施。作为一种应对客观环境变化的主观意愿，它们都符合一定的经济学逻辑原理。问题是单一的重农抑商却是一个问题，强调农本思想并没有错，但忽视交易与多元商业的另一方面，这必然导致历史上的某种局限。进一步，这还不仅是某种二元辩证对偶的缺陷，而是由此失去了螺旋式上升的内在演化动力；从根本上失去了由二到三、直至多元（更高阶理性）结构演化的先天条件。

注 释

1 关于创新的这种周期性逻辑论述，正是本章的核心逻辑和理论重点，随后将逐步展开，仅此提及。

2 这里借用庞巴维克意义上的"自然秩序"概念和哈耶克宣扬的"自发秩序"理念，意在指向斯密"无形之手"的逻辑一致性，进而强调古典自由主义所包含的某种自然主义方法论的思想意识。

3 因为人类社会创新的本质在于生活意义的创新。当然，这种解释的全面理解是本章结束时才能完成的任务。

4 这种关于创新与经济周期的理论论述，也是一般经济学教材的通行表述，本章后文及第 6 章还有详细论述。

5 其实，关于熊彼特创新理论的误解，已经大大超过了对于创新理论的正常理解，随后有叙述。

6 这种说法类似于熊彼特关于企业家及其创新行为成群出现的逻辑，熊彼特自己就说："为什么我们在这里所说的经济创新发展，不像一棵树的生长那样均匀地持续向前推进，而是跳跃式地向前推进？""答案很简单，也很精确：原因只有一个，即这完全是因为，新的组合（创新）不是像人们依据一般的概率原理所推断的那样，在时间上是均匀分布的，而是不连续的，一旦出现，就会成组成群地集中出现"（《经济发展理论》第六章，第 212 页）。本书认为，这其实是熊彼特关于创新概念的核心逻辑。故有此处的发挥性陈述，谬误之处，请读者批评。

7 显然，正文的相关语言解释并非熊彼特《经济发展理论》的原文，只是作者的一种基于本书逻辑的理解。

8 当然，这种疑问是很肤浅的，随后会有详述，这里只是作为一个问题的引子提出来，以方便叙述。

9 本书认为企业家精神的概念是熊彼特最伟大的贡献，也是熊彼特一直自以为其早期（1907—1909）最重要的发现。即使创新名词最早出现在《经济发展理论》中，其问题意识并不是创新，而是关于企业家精神的发现与阐释，并且与马克思批判的剥削概念相对立，创新只是企业家精神最耀眼的"外衣"，经济发展则是企业家精神的结果。仔细阅读，他围绕企业创新各环节中涉及资本、信贷、利息、利润直至商业周期的烦琐讨论，不过是关于企业家精神在企业创新过程中，之所以发生的条件、逻辑及其结果的一幅“全景素描”。由此，《经济发展理论》或许应该被看成一部“企业家精神及创新行为的个人英雄主义传记”。当然，这只是个人管见，随后还有讨论。

10 这里关于苹果手机创新行为的描述，主要源于笔者在原上海对外经贸研究所工作时，根据沈玉良所长在上海英力士商社（日）调查走访所得信息。该商社实际上是直属美国公司关于苹果手机生产、研发工作的联合体，由多家企业（包括中日韩）的住所代表组成，是关联着消费者需求、技术路径、资本市场、商品供应链的多方面联合体。

11 这是关于熊彼特杰出著作《经济发展理论》中核心思想的一种流行的解释，可见一般教科书的详述。

12 这里的三个词组：破坏均衡、循环流转和非常规数据，在熊彼特书中有详细的界定，他以此来刻画企业创新过程中的个体性、创造性和破坏性。详情可见《经济发展理论》第三、第四和第五章的相关内容阐述。

13 这指国内理论界的一种观点（见吴延兵：《企业规模、市场力量与创新：一个文献综述》，《经济研究》2007 年第 5 期），认为熊彼特从企业规模、创新投入论证了创新发生于垄断大企业；而阿罗等则认为竞争性行业更容易涌现企业创新。

14 即微观意义上的企业创新行为及其发展策略的理论研究。

15 这里所指的创新的实用主义性质包含四项内容：其一，创新的本质属性。其二，创新的实用性造成的科学与技术的区别。其三，创新价值观的属性。其四，创新的消费社会困惑。这也是后文分析的逻辑顺序。

16 类似观点具体可见康德《永久的和平：一项政治和道德的提案》（Perpetual Peace: A Philosophical Sketch）一文的阐述。与他同时代的哈耶克也分析过人类文化中的传统、习俗、本能对于人类行为的影响，以及对于现实世界的决定性作用。两者的观点具有惊人的一致性。但正文所述并不是否定二位思想家的思想和理论，只是想指出问题的另一方面，提示一种局限于本书语境的不同说法。

17 详见随后 6.6 节的内容，即创新的实用主义特性、社会创新的市场利润等决定了创新性随机事件的相关性。

18 事实上，布劳威尔的直觉主义数学观产生于与罗素的逻辑主义和希尔伯特的形式主义之间关于数学基础的思维方式的辩论，但从思想史考察，最能阐释直觉主义思想的，应该是怀特海的思辨哲学。怀特海为我们提供了一个在经验与理性之间找到恰当权衡，而又能清晰辨别实在与过程的哲学方法。怀特海总是，哪怕很晦涩却也“十分清晰”地给人以考察问题新视角，实际上，怀特海的实在被定义在现实的有机“关系”之中，但把握关系的核心却在于各种关系审美价值的经验——由此承接着休谟的经验主义，并上升到康德意义上的审美价值观，因为只有当关系对象包含审美、实用的价值时，人们才能产生关于主客观关系的重要性感知，形成经验的理解。审美价值也通过实践形成并作用于人的主观世界,怀特海的这种思辨将主体与实在清晰地界定并结合起来;使得人的主观能动性将由此通过逻辑理性,展开一场认知过程的“观念的冒险”——无论是批判还是辩护,最终,我们都可以在经验与理性之间找到通向真理的方向。显然,在经验与理性之间的权衡点,正是直觉主义生根、发芽之处。也是人们忽视的怀特海与布劳威尔二人的思想关联之所在。简而言之,直觉主义理念产生于审美经验与理性思维权衡的过程。进而,创造性、构建性思维过程都离不开这种权衡,因而本质上也都遵循着直觉主义的思维方式。无论这种创造性科学研究、构建性技术创新是发生在实践领域还是纯理论领域,都概莫能外。仅此说明。

19 这里,我们将怀特海关于过程形式的论述(见《思维方式》第五讲第二节),用我自己的翻译摘要如下,以示说明:“当我们从较小的单元结构转换到较大的单元结构来考察事物时,首要把握的是,事物从偶然向必然的转化。比如,演讲中出现的单词就很大程度上是偶然事件的涌现,作为演讲者构思讲稿时的一种整体性体现,它具有某些必然性的特征;这些特征源于演讲者一生所处的社会环境的陶冶,因而具有个体性感悟的时代特征。社会环境依赖于历史时代,而历史时代是地球生命演化过程中的产物;地球上的生命依赖于我们经验所揭示的、能够被人们感知和观察到的秩序——几乎处处存在于具有时空特征星系的整个秩序之中。由于这个秩序的任何特殊形式都并未显示出任何终极的必然性,自然规律正是我们模糊地辨认出的,并在漫长时代中占主导地位的运行形式。这里,问题便出现了,这些秩序形式在整个时空中极大地延伸,其本性中并没有必然性。但经验的意义却要求秩序必然地具备充分的稳定性。在秩序意义上,完全的模糊(混合)与完全的清晰(断裂)相等同,历史的转化展示了秩序形式的转化,即一个时代被另一个时代所取代。如果我们坚持用秩序形式解释一个新时代,那么,我们在此前时代中所见到的,就意味着只是混杂不清的状态。实际上,尖锐、清晰的划分并不存在。秩序的形式总是如此:一部分是主导,另一部分则是断裂的。秩序从来不是完全的,断裂也是如此。主导秩序内在地存在着转化(异化)力量,存在着向新的主导秩序形式的转化。这种转化是一种占优势的主导性的断裂,也是激起生命奋发的、活泼的、新奇性的现实过程”。可以说,怀特海是将生命的感知寄予在自然的无限扩展的无限可能性之中。

20 这也是科学与技术伦理学的起源与区别之处。

21 关于自由与科学技术发展的关系,在政治哲学、政治经济学、制度经济学乃至发展经济学中是一个重要的论题,并得到诸多的讨论。人们强调自由的必要性:没有思想的自由,便没有思维方式和科学技术的创新前提,但是却没有细察自由论题对于科学与技术进步的作用方式、动力机制及其区别,原因也是科技不分家所致。

22 作为理性语言的结构呈现,逻辑是理性思维方式的展开,包含人们对研究对象真伪、规律及其关系的判断和语言表达。其实,该论题还涉及中西文化传统理性及其思维方式关于形式逻辑的实用主义比较，随后还有讨论。

23 科学史上有众多理论猜想，如哥德巴赫猜想、庞加莱猜想以及宇宙大爆炸猜想理论等，都是如此，与直接客观的经验无关；有些即使暂时被证伪，也往往会因为更复杂的理论结构和猜想的出现而使得证伪实验失效。

24 参见张君劢、丁文江等：《科学与人生观》，岳麓书社 2012 年版。

25 参见唐君毅：《中国文化之精神价值》，江苏教育出版社 2006 年版。

26 中国传统文化的人类中心主义价值观是一个老问题，或许我们可以从中国传统绘画的视角，考察中国文化追究天地人合一的思维方式。由于人与物一体，故，画一树，应当“绕树三匝方动笔”（清石涛），画山川当“近看取其质、远看取其势”（宋郭熙）；由此，不同的人，便有不同的山川天地。西方文化所传承的亚里士多德传统则主张自然模板的客观态度，坚持人与物的并列关系，绘画者具有于山川之外的“焦点透视”，崇尚写实、再现自然。二者完全不同。与此对应，另一个例子是中医，中国医药源于道家学说，故应称为道医。中医拥有关于人、社会、自然及其心身共生关系的丰富思想与实践，可以说是道家关于天地人哲学思想的文化宝库，与此同时，也具有实用价值极强的实践意义，唯独缺乏科学思维。其实，中医是从高度统合的哲学层面，跨越了科学理性的阶段，直接进入实践应用的一门学科。因为人本身就不是纯粹物质的，包含了人与社会、自然、天体的复杂关系，人的健康也就涉及人的生理、心理乃至不可知冥想及其过程的理论关系。正因为如此，即使在缺乏科学理性思维的前提下，古代道医药学仍然在技术层面取得了辉煌的成就，成为人类健康学的宝贵财富。就此而言，西方医学只是一种治疗疾病的科学，而不是人类健康学的本质体现。

27 所谓李约瑟原问题，亦称李约瑟难题、李约瑟之问，由英国学者李约瑟所提出。他在其编著的 15 卷《中国科学技术史》中正式提出此问题，主题是：“尽管中国古代对人类科技发展做出了很多重要贡献，但为什么科学和工业革命没有在近代的中国发生？”1976 年，美国经济学家肯尼思·博尔丁称之为李约瑟难题。

28 详见伊藤清：《世界是概率的：伊藤清的数学思想与方法》，第四章，第 72 页。

29 如果要讲中国古代文明的科学、抽象的基因，周易八卦应该是唯一突出的例子，但客观上，这种抽象仍然停留在荣格所关注的原始人图腾的心理学范畴，缺乏数学与逻辑的公理化体系与内涵，与真正意义上的科学存在差距。

30 即《圣经》（马太福音 22：21）中耶稣所说的名言：“上帝的归上帝，凯撒的归凯撒”。这意味着最早的希伯来文明一直就有劳动分工、社会分工及其交换的文化意识，进而也拥有广义交易的社会习俗与文化传统。

31 实际上，中国俗话所说的“学成文武艺，货与帝王家”，就是这种文化传统的真实表现。

32 见道格拉斯·诺思：《制度、制度变迁与经济绩效》，至于文化路径的分叉与东西方文明的差异，将在随后讨论。

33 托马斯·库恩：《科学的革命》，［美］伊安·哈金导读，金吾伦、胡新和译，北京大学出版社2012年版。

34　陈平(2019)认为工业化和现代化的真实动力不是资本积累,而是科技进步带来的新的资源开发。如煤、石油、核能的发现,大大地增加了人均的能量消耗和活动空间。科技进步的新陈代谢都服从S形的逻辑斯蒂小波曲线,早期研发都受到非营利的大学和政府机构的支持,就印证了他的看法。当应用前景明朗时,市场力量大举涌入,把市场预期转化为资本扩张和资本收益。在技术饱和期,垄断兼并加剧,要求政府用鼓励新技术来淘汰旧技术。在产业衰落期,早期投入资本的"创造性毁灭",导致资本周期性代谢,需政府和社会介入,以帮助产业工人转型。陈平由此认为,中国崛起不仅是因为要素价格的比较优势,同时是因为中国经济的规模优势,使得中国抓住了工业研发制造能力快速转型、升级的历史机遇。

35　主要指当代经济学中的新古典派(马歇尔等)与新古典综合派(希克斯、萨谬尔森等)的相关理论。

36　详见让·鲍德里亚:《消费社会》,第一章第11节,第61页。

37　就经济学理论的现状而言,很少有经济学者会关注同类的社会学论题,至少国内如此。

38　见让·鲍德里亚:《消费社会》,第四章第7节,第177页。

39　参见让·鲍德里亚:《象征交换与死亡》,译林出版社2012年版。

40　参见让·鲍德里亚:《物体系》,上海人民出版社2019年版。

41　这里要说明,本句所述并非鲍德里亚的结论。令人费解的是,该结论明显可以从鲍德里亚逻辑中直接推出,为什么他却不予推理论断?或许,这是鲍德里亚思想的深刻性还没有被我们看透。但想一想跨世纪以来一直追求收视率、眼球率至上的地方卫视等传统媒体的一系列节目"创新",乃至近来各大互联网平台上网红直播、流量明星的人设炒作等社会现象,我们依然坚持,这种控制和异化的源头只能是(甚至包含资本因素的)大众媒体。

42　本节分析将按照以下顺序陈述:创新的社会性、社会加总集结以及四阶段循环逻辑。随后第6章还将给出一种创新性触发机制的随机过程逻辑,但其与此处的区别在于,本节是概念性描述,后者侧重于逻辑计算。

43　这里,本书关于创新的加总机制的集结分析,既不同于波普尔、波兰尼、熊彼特、库恩等人关于创新的个体行为分析视角,也不同于当下国内诸多涉及创新理论的宏观计量实证研究,而是强调创新行为的社会加总与集结逻辑的理论构架分析。或许,这也是本书不同于传统创新理论的区别之处。

44　这里,所谓的商业文明是一个狭义概念,主要指与中国传统重农抑商(秦)文化相对立的古地中海商业文明。

45　见哈耶克:《自由宪章》,中国社会科学出版社2015年版,第75页。

46　可详见汪丁丁:《这个世界的官僚化趋势及结局:童乙伦〈解析中国〉代序》,载童乙伦《解析中国:基于讨价还价博弈的渐进改革逻辑》,格致出版社2011年版。

47 同上。

48 这种归纳性论述，可见诺思《制度、制度变迁与经济绩效》与《西方世界的兴起》的相关论述。

49 这里的相关评述，可见熊彼特在《经济发展理论》中提出毁灭性创新时的描述性特征，由于"投资银行家通过信用为创新和新企业凭空创造出新的生产力和购买力"，如此，即使"完全竞争非常适合数理建模，对经济学家具有不可抗拒的诱惑力，但因为它忽视了创造性毁灭的动态学，所以完全竞争不适合用来理解现代资本主义，引入完全竞争和静态假设中的任何概念体系都存有缺陷"。这在当时的确是一个问题，至少对于创新的毁灭性概念更容易造成人们的误解，以至于当真正创新来临时，人们或者不承认，或者认知不完全，或者"叶公好龙式"地追捧。至于创造性毁灭、企业家精神、金融信誉和新市场开拓的重要性，倒无人深挖了。

50 这里，借用著名数学家波利亚关于"概率的本质在于合情(情境)、逻辑的本质在于合理(因果)"的名言(见 G.波利亚：《数学与猜想》第二卷，科学出版社 2001 年版)。

51 此处的观点，与本书坚持的关于创新四阶段创新循环的逻辑相一致，随后，会在有关经济创新的部分专门详述。

52 见英力士商社(上海总部)关于苹果手机开发、生产与营销的专题报告(详见前述脚注中关于英力士商社组成、运作及其企业性质的陈述，因该报告属个人调查信息，如有错误，当无视本书解释)。历史上的此类实例还有很多，如蒸汽机、互联网的应用等均是如此。当然，现代人工智能技术开发以后，相关的技术文化有了变化，这是后话。

53 这句话出自爱因斯坦在 1918 年 4 月于柏林物理学会举办的麦克斯·普朗克 60 岁生日庆祝会上的讲话，后来被收录在他的文集《探索的动机》中。在这篇讲话中，爱因斯坦提到了科学的不断发展和进步的特性，"在科学庙堂里有许多房舍，住在里面的人真是各式各样，而引导他们到那里去的动机也实在各不相同。有许多人所以爱好科学，是因为科学给他们以超乎常人的智力上快感，科学是他们自己的特殊娱乐，他们在这种娱乐中寻求生动活泼的经验和对他们自己雄心壮志的满足；在这座庙堂里，另外还有许多人所以把他们的脑力产物奉献在祭坛上，为的是纯粹功利的目的。如果上帝派天使来把所有属于这两类的人都赶出庙堂，那么，这里聚集人就会大大减少，但仍然还有一些人留在里面，有古人，也有今人。而普朗克就是其中之一，这也就是我们之所以爱戴他的原因"。

54 这里，并没有否认熊彼特极力从宏观视角考察创新的政治机制的努力，如他在《资本主义、社会主义和民主主义》的著述中所作的。但这种宏观因素的政治分析，缺乏对于创新细节(如技术创新对制度)的需求分析。

55 见童乙伦：《解析中国：基于讨价还价博弈的渐进改革逻辑》，格致出版社 2011 年版。

56 详见随后的讨论，这里仅作提示。按照熊彼特所定义的"Innovation is a creative destruction"的概念，实际上，这个概念也是构成商品资本与生产资本良性循环的基础，没有毁灭性创新的出现，生产资本与风险利润将无法对等，也就没有熊彼特因对于传统均衡概念的批判性否定，而提出的所谓的动态均衡的概念。

57 至于创新思维及其逻辑，原本是一个宏大的哲学课题。仅就国内学者而言，汪丁丁认为创造性带来的新感受，不同于理性的形式逻辑，基于感受冲动的创新表达是辩证的思维与语言——既不同于西方传统的形式逻辑，也不同于中国传统的"否定之否定"的逻辑说法(见《经济学思想史讲义》第445页)。这的确推进了问题的研究深入，如果结合艺术创作的创新观察，人们容易发现这种逻辑的佐证：创新往往是一个排斥逻辑、非理性的先验过程。

58 贡布里希在《艺术与错觉》中直陈：正是这些"老标准"代表了艺术，并且，艺术的任何阶段都要用它们来判别其他艺术品的优劣。一个痛恨"老标准"的艺术家很难称得上艺术家，因为他痛恨的正是艺术自身。这与追求创新的艺术特征并不矛盾。贡布里希的这种方法，实际上使我们看清了艺术创作心理与艺术史走向之间的联系。

59 或许，这里只是一个传统的经济学、温和的社会学与冒险的文化学相混杂的简化分析，只是满足本书要求而已。

60 显然，这是基于本书所说的周期性行为的基本逻辑才出现的纯理论问题，仅此说明。

61 就比较文化视角观察，中国文化讲究审美传统的考虑，《周易·坤·文言》中道"正位居体，美在其中"，《礼记·中庸》强调"致中和，天地位焉，万物育焉"，天地各得其位，万物才能化育生长，才能达致理想的中和之美。可以说，中国文化发自内陆农耕文明，具有自然生态之美。古希腊强调"形式、静态、和谐"的三要素，而到欧洲启蒙思想运动时期，则发展为"美是感性认知的完善"，更注重形式与感性欣赏，看重具体的、直接的审美价值。或可以说，在西方形式和谐、结构整一的审美框架中，主体与对象是分离的，而东方的天地人合一是主客观融合的审美。所以，二者具有不同的哲学方法和思维方式，"致中和"以天人合一的东方哲学为基础，重物我一体的主观感受。"和谐论"文化意识建立在西方本体论的物质哲学基础上，追溯审美对象客观上形式、结构的"上帝创世密码"。在视角上，东方是宏观、整体的，西方是微观、分层的逻辑。从审美目的来看，中国传统文化的出发点是善与美的"吉祥安康"，西方文化则是真与美的"和谐统一"。一个是内省的致善，一个是外向的求真。

62 其实，按照现代人类文化学的相关结论，文化没有高低贵贱之分，文明则存在着先进与落后的差异；二者的概念区别是明显的。就像喜欢吃辣的湖南习俗与喜欢吃甜的江南口味并没有文化冲突，但海洋文明的扩张侵略性与农耕文明的保守忠义性却存在着天然的矛盾，而无法像文化差异那样可以相互平等地交流。

63 见马林诺夫斯基的《科学的文化理论》。这里仅仅讨论与本书经济学分析相关的内容，更多的涉及人文主义与科学主义文化观的内容繁多，或与本书的周期性经济逻辑关系不大，加之笔者的文化水平局限，只能暂不讨论。

64 一般地，艺术与设计、科学与技术是两组并行、彼此无关的概念。但如今，从科学的艺术、说明科学的艺术，到艺术家探索的科学，再到促进科学理解的合作艺术，彼此之间正在发生化学反应。约瑟夫·斯特拉(Joseph Stella)的布鲁克林大桥画作曾经引发一场关于多普勒效应的讨论。杰克逊·波洛克(Jackson Pollock)的画则暗示动量、能量和流体动力学。还有，雕塑也被用来刻画质量和空间乃至广义相对论。更近期的，佩林(Andrew Pelling)在渥太华大学物理研究小组集聚了15名成员，除了科学家，其中还有三名是雕塑家、画家、数字媒体艺术家。佩林的目标是提出一些以前没有被问过的问题，“对我来说，最好的方式就是让不同的人聚在一起，共享午餐，闲聊。使这种互动既带来博物馆藏品，也带来科学的进步”(https://m.huxiu.com/article/430219.html)。由此而论，本书认为科学文化学关注的是文明的差异研究。

65 见Kroeber, A. L. and C. Kluckhohn, 1952, *Culture: A Critical Review of Concepts and Definitions*。

66 见乔恩·埃尔斯特:《解除束缚的尤利西希:理性、预先约束与约束研究》，上海财经大学出版社2021年版，第152页。

67 这里引证弗洛伊德、埃尔斯特和托马斯·谢林都曾经论述过的例子(相关文献见书后参考文献)，因为他们的论证是充分而完备的。

68 见正如劳伦斯·斯特恩的《项秋传》(*Tristram Shandy*)中所说的那样。

69 对于评论情景剧《宋飞正传》(*Sein Feild*)，O'Berien(1997, pp.13—15)写道:“它最好的几集就像故事片的电影，实际上有着比大多数故事片更好的叙事。相比之下，定期播出的一小时剧有时却显得出奇地拖拉松弛。”

70 一般地，诺奖获得者会在颁奖仪式上有机会发表一个获奖感言，这是众所周知的事实。通过阅读大量获奖感言，我们可以看到得奖者对自己贡献的清晰解读；如此，才有本书将其看作一个非正式的“约束”条件的比喻。

71 详见宗白华《美学散步》的叙述，而E. H. 贡布里希的《艺术与错觉:图画再现的心理学研究》详细探讨了潜意识与显意识的这种关系。

72 参见亨利·庞加莱:《最后的沉思》，商务印书馆1995年版。

73 详见朱光潜:《西方美学史》，人民文学出版社1979年版。

74 这种说法并不意味着不赞成埃尔斯特在《解除束缚的尤利西斯:理性、预先约束与约束研究》中关于艺术创造过程的简化分类，仅此以示区别。

75 见卡尔·波普尔的《通过知识获得解放:关于哲学历史与艺术的讲演和论文集》，中国美术学院出版社1998年版。

76 在贡布里希的《艺术与错觉》中，曾给出一个实例分析，从古希腊、埃及乃至复活节岛上那些气势雄浑、博大、完美的雕塑，到罗丹、乌敦、贝尔尼尼深入心灵的刻画，人们会发现后者细节打动人心的地方，却缺乏东方文化中借助简洁所传达的那种永恒、本质的生命感，以至于罗丹晚年看到中国朱耷的寥寥数笔人物画，竟惊叹不已。也就是说，仅从形式化和写实表达的风格变迁，就很难得出一种线性的逻辑结论。

77 这里，将马尔库塞的工业社会与鲍德里亚的消费社会关联起来，主要出于两点考虑：一是分析对象和主题是一致的，二是他们批判的现实社会条件是一致的——技术进步带来物质生产的发达工业及其物质生活的极大丰富。

78 参见欧阳哲生编：《胡适文集》，北京大学出版社2013年版。

79 如果我们是讨论抢劫、战争等暴力掠夺的行为逻辑，那便是政治学或者政治哲学的理论范围。

80 消费与生产、需求与供给，这一对矛盾从来就不是某种孤立的概念，它们是相互依存、相互矛盾地存在于这个现实世界的。传统经济学那种需求依赖于消费者的理性偏好、供给取决于生产者理性决策的说法，实际上只是一种人类学的自然经济概念。需求与供给共同构成了我们现实经济生活的面貌，是一个现象的两面，与供给取决于消费者一样，需求更多地取决于生产者的行为。这二者共同构成了消费文化。

81 详见让·鲍德里亚：《物体系》，上海人民出版社2019年版，第二章，第49页。

82 这种评价只是一种功能性理论评述，并不强调鲍德里亚自身的社会学、语言学的逻辑，应无曲解之意。

83 见鲍德里亚《物体系》。

84 此处，关于消费文化创新的分析实际上存在着类似于马尔库塞关于历史批判的两个前提：第一，人类生活是值得过的，或可能应该是值得过的。第二，在一个既定的社会中，存在着种种改善人类生活的特殊可能性以及去实现这些可能性的特殊方式和手段。而批判的分析必须证明这些判断的客观性及其经验意义上的有效性。或可以说，马尔库塞发现了这样一种尴尬，工业化及其消费社会使得这两个前提完全丧失，而演化出一种权利——处处调和新权利的反对力量，由此，使得增长着的生产力与增长着的破坏力高度统一地、相互依赖地存在着。

85 这里，仅仅是用哥德尔定理来作类比说明，意在强调人们对于文化创新的不可预期、无法预先把握的特性，由于文化创新的无方向、无维度特征是文化的非逻辑属性所致，与哥德尔不可能性定理有异曲同工之妙，仅此说明。

86 一般地，人们是从人均收入水平来定义这一概念：即人均GDP在1万至1.2万美元，经济陷入停滞不前，难以发展成高等收入国家；原因则被归咎为人口、制度、技术、创新乃至经济转型失败等。此处略述。

87 经济创新的运动在于与守成经济的周期性，生产与消费的周期性涉及风险、收益、投资激情等因素，是纯粹商业周期的运行。而创新是经济周期的原因，便由此显现。可详见J.熊彼特：《经济发展理论》，商务印书馆1990年版。

88 按照熊彼特的话说，创新发展观不同于斯密的要素投入发展观，后者仅仅是经济数据的增长；仅此说明。

89 见熊彼特《经济发展理论》第二章前三节。

90 详见 Masters，Adrian，2007，"Middlemen in Search Equilibrium"，*International Economic Review*，Vol.48，No.1，343—362。

91 见 Biglaser，Gary and Fei Li，1997，"Middlemen：The Good，the Bad，and the Ugly"，The RAND Journal of Economics，Vol.49，No.1，3—22；Biglaiser，Gary，1993，"Middlemen as Experts"，The RAND Journal of Economics，Vol.24，No.2，212—223。

92 当初互联网的发展并不是为了商业用途，或者说人们并没有预见其商业价值，而是一种纯粹的军用通信、情报交流手段。后来，只是偶然的民用化转向，才带来如今的IT产业、互联网经济乃至人工智能的社会发展。

93 详见《经济发展理论》，第四章第一节；具体陈述参考了王永胜和贾拥民的翻译。

94 正是这里两种价值的变化，熊彼特在此处备注说明，这正是马克思的共产主义与传统资本主义体制所主张的价值分配理论逻辑，都存在着其自身的合理性。遗憾的是，这种引而未发的洞见，在熊彼特的书中由于篇幅的限制，没有得到全面的展示，后虽在其《资本主义、社会主义与民主》中也有阐述，但并未得到人们的重视。

95 注意，熊彼特在《经济发展理论》的第二章前三节，专门讨论了企业活动与企业职能、企业家职能的传统内涵，以及企业家职能的五种创新精神。由此，给出熊彼特意义上的企业家精神的严格定义。

96 这里，即熊彼特所定义的五种创新概念：新组合、新方法、新产品、新市场、新材料，详见图示的说明。

97 比如，中国传统文化对于技术发明创新（非科学创新）的最初态度是"奇巧淫技"，这与现在人们崇拜科技、鼓励创新的态度完全不同；但两者对技术创新的认知误解却是一样的。与市场无关的奇巧淫技行为顶多只能算是一种技术发明，而非经济的技术创新。

98 与熊彼特这种创新价值的整体认知一致，本书强调经济创新既不仅仅在于消费创新，也不单在于生产创新。鲍德里亚则强调，消费社会的创新本质在于刺激、发现和创新消费，只有在生产社会，创新才能够从生产环节入手。但是，这种简单的生产与消费的划分逻辑，其实恰好违背了鲍德里亚的整体哲学观，他批判消费社会之恶，指出正是其缺乏生产与消费的创新关联，才导致现代社会的消费疾病。更多内容无法全面阐述，仅此顺带说明。

99 至于其他方式的社会创新激励机制，由于涉及市场与计划等诸多复杂关系，这里暂不赘述。

100 这意味着熊彼特的发展观是指，经由经济创新带来的经济数据增加值，而非传统经济过程中循环流转结果的数据增长，后者被熊彼特称为"被环境变化拖着走的经济循环"缺乏经济创新内涵。

101 详见《经济发展理论》（中国人民大学出版社 2019 年版，第 120—121 页），关于纺织机实例的分析。实际上，最早的分析是庞巴维克给出的相关例子。

102　这种说法应该要结合熊彼特的论述，将他的五个创新维度逐一对应地进行讨论，逻辑简单直白，此处略述。

103　这种说法，实际上是源于对熊彼特《经济发展理论》中论述的一种追溯。

104　这里，我们说创新涌现是一种非连续的随机过程，是指创新事件具有类似于布朗运动或者马尔可夫链意义上随机过程的逻辑。随后，本书第 6 章将详述这种随机过程所引发的创新事件的间歇式爆发及其触发机制的规律。

105　见高波：《发展经济学》，南京大学出版社 2023 年版，详见其中关于技术进步的各种解释概念和变量选择，如全要素生产率、资本-劳动比、劳动分工程度、技术扩散路径、技术外溢效应等替代性概念，也呈现了一大批海量的经济研究成果，并得以计量地实证。

106　文献同上。

107　见 Lin, Justin Yifu and Y. Wang, 2020, "Structural Change, Industrial Upgrading, and Middle-Income Trap", *Journal of Industry, Competition and Trade*, Special Issue on Industrial Policy Under Responsible Globalization；林毅夫、王勇、赵秋运：《新结构经济学研习方法》，北京大学出版社 2021 年版。

108　见罗斯托：《经济增长的阶段：非共产党宣言》，郭熙保、王松茂译，中国社会科学出版社 2001 年版，第 27—44 页。

109　见童乙伦《解析中国：基于讨价还价博弈的渐进改革逻辑》的详细解读。

110　如此，在市场交易的逻辑下，西方文化中传统的民族国家走向思想启蒙、科学革命和产业革命的现代社会，显然是一种文化演化的必然结果。当然，科学理性的发展趋势可能导向政治行为的扩张模式，也是一个不争的事实。

111　详见 Robert C., Allen, 2017, "Lessons from History for the Future of Work", *Nature*: COMMENT 18, 321—324。

112　熊彼特认为，自己这些 1909 年以前就成熟的想法，在其专著《经济发展理论》于 1926 年再版时，仍然"不得不承认，至今还没有遇到过实质性的能够让我信服的反对观点"(《经济发展理论》，第二章，第 27 页)。

113　见熊彼特：《经济发展理论》(王永胜译，立信会计出版社 2017 年版，第 9—13 页，第 125 页；注意，王永胜翻译的中文版具有简洁的文字特征，而核心思想与关键理论点又把握得十分到位)。这里，文中的理查德·阿克莱特(Richard Arkwright)作为现代工业体制的创始人，运用蒸汽机改进了织布机，是具有企业家创新精神的工业发明家和企业家。功不可没，仅此指出。

114　如果按照全要素生产率分析文献的一般逻辑，将宏观生产函数简化为柯布-道格拉斯(C-D)函数，相关各要素对于总产出的贡献率分别为，资本、劳动、土地、技术等不同生产要素的贡献率计算，由此构成彼此不同的生产系数分析。

115　卡萝塔·佩蕾丝：《技术革命与金融资本：泡沫与黄金时代的动力学》，田方萌译，人民大学出版社 2007 年版。

116　但需要指出的是，这种分类实质上扩大了熊彼特创新思想的技术特色，使得本来仅仅是经济内涵的创新概念，变成包罗万象的创新概念，而没有具体的细分，使得创新本身的研究变得更为困难。这里，佩蕾丝实际上是力图摆脱门施·施迈尔等早期新熊彼特主义者的技术决定论倾向。显然，本书坚持极简主义的认知论，给出四个创新阶段的循环逻辑，规避了某种夸大技术改变生活模式的能力，但没有离开技术创新的本体。实际上，现实生活不会服从技术路径的取向，真实、有价值的技术创新往往润物细无声地渗透到生活的方方面面，而不是用一堆概念将人们的现实生活框定在一个更加局限、狭小的范围内，如果发生后者的技术创新情形，我宁愿称之为“技术灾难”，比如游戏产业的开发和应用。伟大的技术创新会使人越来越舒服、越来越方便。并因此拓展、延伸人们的生活氛围和情趣。否则，就是灾难的技术发明——犹如核武器一样。

117 见熊彼特《经济发展理论》，第三、第四章关于企业创新的竞争往往是围绕生产要素投入的争夺展开的论述。

118 关于新旧生产规制的区别，一个例子是，从马车到汽车的驾驶制度的转变。驾驶马车的师傅可以在行进中交接马鞭、交换角色，但汽车驾驶员必须熄火、停车，才能相互替换。此时，汽车作为技术创新的能源动力运输工具，不再是马拉车的传统畜牧动力，无法在行驶中脱离人的控制。显然，当自动驾驶技术出现后，生产规制又当别论。

119 这里，图中水平方向、虚线的周期曲线为本书所说的技术创新周期方程线，向右上方实心线的周期曲线，便是熊彼特周期性方程的曲线（可见一般教科书的详细陈述），二者之间的旋转角 θ 则可以看成资本购买力转换的收益系数。随后，作为此处逻辑的另一种形式，本书将给出一个关于该问题的更全面阐释，此处略述。

120 这里，吴延兵(2007)的经典综述将决定熊彼特的创新条件归纳为两点：企业规模与创新之间的关系、市场力量与创新之间的关系。并从创新投入与创新产出两方面检验创新过程，其中，创新投入通常以研究与开发(R&D)支出或人员来衡量，创新产出以专利数量、创新数量或新产品销售收入来衡量，企业规模用销售收入、总资产或职工人数表示，市场力量以集中度或赫芬达尔指数表示。吴延兵自己的中国数据实证表明，“并没有发现熊彼特关于市场力量促进创新假说的支持证据”。

121 关于这种过程论思维的深入分析，后续章节，将给出一个随机过程的理论模型和仿真分析。

122 见本章前述相关讨论，主要是指中国古代四大技术发明，以及相关的李约瑟之问，而以本书的视角加以追问。

123 “奇巧淫技”之说，最早是强调人自身的训练，不屑于对外物的依赖。《庄子·天地》的一故事，说子贡看到“方将为圃畦，凿隧而入井，抱瓮而出灌”，便问他明明有节省劳动的槔为何不用。他说：“有机械者必有机事，有机事者必有机心。机心存于胸中则纯白不备，纯白不备则神生不定，神生不定者道之所不载也。"到秦汉时期,随着自然经济逐渐发展,"奇技淫巧"经过先秦"经世"思想指导,反而生出一些偏差,导致人们对技术的偏见和对能工巧匠的反感。桓宽《盐铁论》认为,人们不踏实地种植沃野,"工商盛而本业荒也""商则长诈,工则饰,内坏窥而心不诈"。这表明工商业被并列起来与"本业"农业相对立,被视作会耽误本业的末流,与"工"联系的技术手艺一并受到排斥。

124 见诺思的《制度、制度变迁与经济绩效》,这里指出,诺思的分析范式其实是按照"技术-资本-制度"三元逻辑展开的,其中,诺思将资本从制度中剥离出来,的确是一种直观的科学分类,但由于本书更强调制度与技术的直接关系,相关逻辑并没有否定资本内涵的意思。实际上,这种强调二元关系的简化逻辑,对于制度构建而言更有益。

125 同上,指技术进步的报酬递增与资本主义私有产权制度二者之间的关系,涉及谁是原因、谁是结果的讨论。

126 值得指出的是,国内新制度经济学家往往更强调正式制度的重要性,意指社会转型期的任何社会变革绩效、成果都必须受到正式制度的确认和保护,否则便难以实现;故而主张"制度是重要的"。这里,并没有否定的意思,只是想要强调:即使是同样的正式制度,在不同文化下产生的社会结果也存在着巨大的差异。

127 原引于罗素的诺贝尔获奖感言(https://reasonandmeaning.com/2015/10/08/bertrand-russells-nobel-prize-acceptance-speech/#google_vignette),作为一位风华绝代的学术大师,罗素承接着怀特海、开启了维特根斯坦两个时代。当阅读到罗素这段充满人文情怀的感言,任何人都会陷入某种令人感动的沉思之中。

128 其中尤其受汪丁丁教授的启发,可详见童乙伦《解析中国:基于讨价还价博弈的渐进改革逻辑》一书中,汪丁丁所写的序。

129 只要考察晚清政治上的一系列求变、改革的政治思潮,就会明白,像光绪帝所带领的主张变革的政治清流,确实趋向于政治改革,即使慈禧自身也主导过所谓的改革。由此,这里将皇帝区别于官僚阶层,意指面对技术创新带来的对旧制度的冲击(如甲午海战的失败),官僚阶层才是创新的绝对对立面,但皇帝的个体却可以与人民大众、先进生产力保持一致。其实,帝制时期的中国几千年的政治故事就是两个:一是皇权争斗(继承人博弈);二是皇权与官僚阶层的冲突戏。这就表明,官僚体制是实现制度创新的一个无法回避、始终存在的难题。特别是,当遇着无能、懒政的皇帝不理朝政时,也从来不见官僚政治会带来社会创新和发展的实例,就反证了这一点。就此而言,北宋王安石变法中他与朝臣的矛盾,乃至与彼此十分欣赏的苏东坡之间的矛盾,正是这种逻辑的体现。

130 一般而言,我们可以将中国几千年来封建皇权政治简化为:权臣和诸侯两类治理模式。权臣即指中央直接管理的官僚体系,所谓直线管理的条条模式。诸侯指地方建制管理的官僚体系,所谓封疆诸侯的块块模式。历史上所谓的太子之争、官斗故事,其实是权臣政治的概念延申。本质上,皇帝一个人是不可能完成国家事务的管理职能,必须通过权力分治来完成,这两种模式便是传统中国政治的分权基础。而历史故事往往在这两种模式之间周期性转换,并且诸侯与权臣均有亡国失败的案例,前者如周朝,后者如明朝。正是因为这两种模式都存在着其内在政治弊端、单一模式被应用到极致,都会导致王朝的崩溃。中国历史上"分久必合、合久必分"的周期律,正源于此。

131 西方意义上"小政府、大社会"的治理模式,实际上需要更复杂的分权政治体制的支撑。在某种程度上,民主政治的核心,正在于这一"大"与一"小"的数字之间的区分,即衡量政治清明的重要标准且必要条件应该是:小政府。这种简单的数字逻辑看似简单,却包含着深刻的政治文明与社会进步的理论逻辑。

132 见童乙伦:《解析中国:基于讨价还价博弈的渐进改革逻辑》,格致出版社2011年版,第6、第7章。

133 当然,这里更深层次的误解还涉及科学与技术概念的严格区分,可详见前述的说明。

134 手工业、定制生产的自给自足的生产方式,无法衍生出大市场、大工业生产的社会模式。

135 详见 Geertz, Clifford, 1963, *Agricultural Involution: The Process of Ecological Change in Indonesia*, University of California Press。

136 详见文化社会学相关文献和理论研究,如 Rimoldi, Eleanor, 2009, "Involution, Entropy, or Innovation: Cultural Economicson Bougainville" [online], *Journal of the Polynesian Society*, Vol.118, No.1, 47—69。

137 详见:(1) Acemoglu, Daron, 2006, *Economic Origins of Dictatorship and Democracy*, Cambridge University Press; (2) Acemoglu, Daron, 2007, "Economic Backwardness in Political Perspective", American Economic Review, 100(1), 1—17; (3) Acemoglu, Daron and James A. Robinson, 2001, "A Theory of Political Transitions," *American Economic Review*, Vol.91, 938—963。

138 见阿西莫格鲁最早三篇经典的论文,只有用这种动力学的随机过程模型,才出现引力盆的数学逻辑。这也是他的著名专著《国家为什么会失败》的思想起源。

139 该论文的关键假设是:精英分子将理性地最大化自己的政治收益——选举获胜,为此,精英分子与军事集团合谋、妥协,去坑害民众利益便是必然的均衡。由此可见,国家失败的结论只是自利假设下否定性逻辑的同义反复。

140 实际上,如果我们观察古代中国传统社会制度的最核心特征:等级性,就会发现它对应着典型农耕文明的生产力技术状态,即使早期西方和民国时期的学者们的这种农耕文明概念显得很粗糙,但形象地看,二者极为匹配。这种等级社会是人类社会的初级形态,按照科林·埃默里赫(Colin Emmerich)的精彩评述:人类“仇恨的对象有上有下,但对于永远是在垂直视线上的‘上面那些人’或‘下面那些人’。他人永远属于‘异类’,永远在压迫或者威胁着‘我们’。我们假想异类是一种所谓的危险势力或劣质物品,使得后续的虐待或灭绝手段不仅成为‘可饶恕的’,甚至可升级为‘必要的’。异类,就是你我得以公开谴责、蔑视、伤害或者杀害却免于刑罚的对象”。由此可见,只有技术进步催生出追求平等理念的社会意识和社会制度——即海洋文明和工业化生产中超血缘合作的基本属性,才能诞生相应的社会价值观及其社会秩序。没有技术创新,一切文化和经济的创新都是空中楼阁。因为,任何创新都可以带来“异类”的判断,都可以产生仇恨和厌恶,乃至产生社会秩序的混乱。仅此引述说明。

141　首先,决定文化属性的深层次因素主要有思想意识、思维方式和认知方式,表现为语言结构、语言表达方式及其差异——人们是通过语言来思维、表达和认知世界的。注意,这里的思维方式、思想意识应该是指群体、主流的意识,而不是个体的、无表达的东西。这是因为不合群的个体思想意识可能具有一定的学术理论价值,但往往没有文化价值——文化只能是显现的东西。就像消失在历史中的文明遗迹一样,梵高的画作只有被社会承认,才是文化的呈现。其次,个体的思想不仅被集体意识所主导,还受到被主流意识控制的社会承认机制的约束。最后,文化经由上述过程制约着人的行为,表现为在微观行为层面人们的交流、竞争、交易乃至其他社会合作方式,同时,表现出在宏观加总呈现上的差异:社会结构形态、幸福感认知、社会评价出口、社会创新意识等方面。

142　准确的表述应该是:理性起源于实用主义的生存压力及其行为需求,后来,经历史演化、发展、升华出逻辑主义的理性概念;具体可参见前述2.1节的内容。

143　这里,借用社会学的啄序概念,来类比国家权威消失后社会就像一群陌生的雄鸡相互啄斗、产生秩序的“丛林”逻辑。

144　关于商业文明与农耕文明的区别和文化差异是一个更大的论题,本质上,西方文化的扁平社会关系更易于扩展,具有开放型社会的前景,带来社会秩序从传统原始宗族血缘关系向着陌生人、大群体的自发秩序扩展(即商业文明的逻辑)。但是,这种对比却往往导向一种理论误区,例如传统儒学置于近代西方殖民主义的历史反思,易于被丧权辱国的悲愤情绪所绑架,而导向“现代西方国际政治秩序对传统国家文明毁灭”的空泛结论,使得反思的模板、结论都是西方式的。

145　见杨肇中:《“天下”与“国家”——论历史维度中儒家政治思想型塑的两个向度》,《政治思想史》2018年第2期。杨肇中认为:儒家政治实“天下”而虚“国家”,其实是强调西方字面意义上的国家概念,忽视了政治体制和政府行为在中国历史上的替代作用——即使缺乏严格意义的民族国家概念。至于杨肇中提出的儒家政治思想资源的合理性及其有效性,本质上与康德的世界公民及所谓的普适价值观并无二致。由于与本书有一定关联,仅此叙述。

146 张荫麟:《政治史纲:先秦研究》,吉林人民出版社2009年版,另有多种版本。

147 详见刘擎:《做一个清醒的现代人》,湖南文艺出版社2018年版。

148 见李约瑟:《中国科学技术史》,科学出版社、上海古籍出版社2006年版。

149 "早熟的文明"源于梁漱溟、钱穆、冯友兰等老一辈学者关于中国传统文化内卷成因及其逻辑的说法,就明确承认欠缺科学思维的史实。

150 中国古代技术就有传男不传女、传内不传外,既没有类似瑞士钟表制造业那样,一个村一个零件、一个区域一个专业的分工,最后总成装配的生产模式,也没有类似专利法这样便于大范围传播、保护与收益的制度构建。

151 详见詹姆斯·费尔格里夫:《地理与世界霸权》,胡坚译,浙江人民出版社2016年版。

152 本书必须提出的是关于重商主义交易文化的某种批判,即开放多元的社会演化模式并不一定是指追求绝对交易价值,而无视资本逐利恶的社会伦理。实际上,交易的复杂性使得现实中看似公平的交易处处充满陷阱,纯粹商业社会的交易最终会使得一部分人无意识地陷入绝对贫困的不公平,以至于人类不能抛弃对于人性恶的警惕,而构建出多样性的非商业、非交易性的社会伦理秩序,比如孟子提出关于"仁"的王道,当然,这又是另外一个话题了。

153 这里没有任何关于世界观高低贵贱的歧视之意,只是强调科学人生观更重视科学、逻辑思维,艺术人生观更偏向于艺术化人生的幸福、坎坷或苦难,为漫画式的人生享受而获得升华(或逃避)。实际上,我们颂扬理性的严谨,赞美技术的精确。但人类还有比理性、技术及科学更重要的东西,如灵感、激情、本能和直觉。在它们中间潜藏着模糊的美、本能的真和天性的善,这是宇宙、自然和历史赋予人的灵性。其实,理性只是因人的存在而呈现的后验的美,而真实宇宙、自然的一切美却是模糊、不确定、非秩序的先验自在,这种非秩序的相对于秩序而存在,并从根本上使得人为的理性秩序得以成立。显然,本书的两类人生观与康德的先验主义理论,进而演绎出的"人为自然立法"的命题,并行不悖,是一种相辅相成的继承关系。

154 或许,一个恰当的比较是考察东西方文化关于消费与储蓄的习俗,若仔细分辨,东方文化传统在消费上是节俭的基于约束的理性逻辑,而西方传统则是基于效用优先的理性选择。东方的储蓄行为是基于基本需求的储蓄额最大化决策(与未来消费及重农思想相关),而西方的储蓄行为是风险投资和消费享受基础上的理性决策。仅此说明。

155 由于技术创新依赖于实践检验的激励,一旦社会主流思潮中出现避世、遁形的隐士文化,那么"学而优则仕"的文化氛围,对应的市场激励、用户回报机制将失去功能。

一种创新视角的宏观经济周期解释

我们常常忘记了这一基本原理,那些已经让我们顺利地多次免于灭顶之灾的,都是具体的而非抽象的。有两种不断发生于我们内心的倾向驱使我们更愿意记住抽象而非具体的经验。其一是我们的理智尽可能地要你用概念去取代真实体验的倾向,其二是我们的身体尽可能地要追求舒适生活的倾向,从而我们疏于远比我们依赖抽象概念来理解世界更艰苦的对真实状况的调查。

于是,如怀特海反复告诫的那样,我们常常陷于"错置实境"的谬误。……也因此,调查研究和实事求是,就成为对付我们理性自负的永远不会过时的药方。

——汪丁丁,《人与知识:青年对话录》[1]

6.1 引言

自亚当·斯密以来,关于经济衰退的理论分析就一直是经济学的重要论题。马尔萨斯较早讨论过人口、粮食与土地矛盾导致的经济周期性衰退现象。马克思认为，人性贪婪和资本的逐利性，会导致资本主义生产方式以分配不公、生产过剩为标志，每隔一时段就会出现一次毁灭性的经济危机或者萧条。关于经济衰退进而衍生的社会运行周期性的看法，或可能并不是从逻辑推演来的，而是思想家们充满理论思考、社会阅历和人生体验的直觉洞察。

观察思想家与其所处历史背景的关系。在亚当·斯密时代，正是因为资本展现了其优雅、有效率的一面，即使劳动分工的深化与专业化的加剧使得工人丧失了人在劳动过程中的获得感与幸福感，斯密仍坚持造成大机器氛围中工人感到自己只是生产环节中一颗螺丝般的情感失措，只是资本增值的必然成本，并极力挖掘、颂扬自由主义市场“无形之手”的优美。反之，正是因为技术进步加快人类社会文明的优美性消耗殆尽，且资本对人的异化与剥削产生了可怕的现实失衡，才使得马克思无法克制自己对于资本的诅咒。实际上，这种理论差异源于二人内心深处不同直觉、情感与理性的综合表达。就二者的理论与逻辑矛盾而言，我们并不能得出一种非此即彼的断言。20 世纪初，发生在哈耶克与凯恩斯之间的那场著名的理论论战，其实还是斯密意义上的乐观主义经济学与马尔萨斯意义上的悲观主义经济学之间相对立的延续，只不过转换名目，成为计划经济与市场经济的大论战。本质原因则在于经济波动的周期性总是袭扰着我们。由于经济周期中衰退被看成人类社会的灾难，凯恩斯要追究的是自由市场衰退时的货币作用机制，哈耶克则试图论证经济周期的波动并非问题的关键，反之，为了熨平波动的人为理性的企图才是威胁人类社会繁荣稳定的最大麻烦。那么，究竟该如何看待经济周期性，如何看待经济衰退？

值得指出的是，奥地利学派思想家熊彼特首次全面深刻地研究了人类社会经济的周期性现象，他试图揭示：周期性经济现象与人类社会的创新行为相关，人们不能只要创新带来的进步的好处及享受，而不要创新带来的经济衰退及其副作用。但是，他在讨论经济周期性现象的具体逻辑时，却否定过一种凯恩斯提出的“危机心理”的建议。对此，熊彼特认为，心理学方法“尽管含义十分明确、简单，却很枯燥”，除了给出一种符合直觉的印象，它没有任何逻辑可以解释“为什么会有周期性心理”。当然，我们也不能寄希望于仅仅用心理现象来解释经济行为。众所周知，熊彼特坚持一种客观、实践视角的企业家创新精神的直觉感悟，开创了现代经济学最独特的创新发展理论，形成了经济周期理论史上最核心、最丰富的思想宝库，带来了一个最富于歧义的论题。[2]

事实上，熊彼特与凯恩斯之间的对话是不可思议的，一个的思想根源是生产创新的供给决定论，另一个的是消费偏好的需求决定论；虽然都在讨论周期性经济问题，争论的却非同一理论对象。熊彼特专注于经济周期的原因——即使造成经济波动的原因极其复杂且超出经济范畴，但他试图抓住其中最重要的创新本质。而凯恩斯则专注于衰退特征的经济周期现象——即使需求决定论的三大心理机制：边际消费倾向、资本边际收益预期和货币流动性偏好，的确具有符合心理直觉的解释力，却没有更多的关联内涵——究竟边际消费倾向、边际资本收益预期以及货币流动性偏好是如何被决定、为什么会变化？这些问题的答案我们仍不得而知。只是，凯恩斯专注的改变偏好、激活需求的宏观政策分析，却被人们广泛地接受了，乃至于货币、财政政策变成如今最流行、最权威的政治话语之一。

如果说个体行为的周期性是一种心理、内在的隐性逻辑，那么，从宏观视角观察，社会性宏观周期现象则时常呈现于现实生活之中，如商业周期、金融危机乃至于战争与和平的周期性现象等。实际上，前面的章节中我们论证了任何创新行为都呈现出某种周期性运动的规律，本章的任务则将阐述相反的逻辑：任何周期性宏观社会现象本质上都源于人类自身的广义创新行为。[3]这里，后一问题的焦点在于两点：一是如何定位人类社会的创新行为，其中的关键是，如何阐释创新行为对于经济发展的作用机理，这是一个纯理论性问题；二是如何定位个体创新行为的加总逻辑，即上一节多周期循环叠加方法是否具有一般性的理论价值，这是一个社会科学宏观分析的方法论问题。

这里，我们先看熊彼特思考的方法论难题。关于经济事实或经济现象的研究方法，他指出，“经济发展不是一个可以从纯粹经济角度来解释的现象。如果一个经济自身没有发展，它就是一个被周围世界的变化拖着走的经济体系。因此，无论寻找发展的原因，还是关于发展的解释，都必须到经济理论描述的相关事实之外去寻找”。[4]注意，经济发展或衰退不是一个能够被经济逻辑完全解释的社会现象，就像有时一个经济板块乃至整个经济的震荡来自某个离奇传闻，或者有时带来公司产品的突破性技术创新进而引发行业经济大幅增长的，竟是一次无甚关联的偶发事件。此时，经济学家并不一定具备审视相关非经济领域事实的知识储备，却又必须寻找这些非经济因素对于经济发展或衰退的作用原理，这必然使得我们常常在没有完全厘清事实的内在机理及其经济逻辑之时说得太多,相关的理论解释也难免陷于肤浅。那么,我们是应该专注于现象的经济学逻辑,还是关注现象的全概式解释?这是周期性现象中的独特问题,而本书要追问并坚持一种创新视角的逻辑回答。

经济危机或者商业周期是人类有史以来最重要的社会经济现象,也是宏观经济学最重要的传统理论焦点。一直以来,人们都渴望能够理解和把握宏观加总的经济(商业)周期逻辑,它甚至被伯南克敬奉为宏观经济理论的"圣杯"(the Holy Grail)。在众多周期性理论的探索中,熊彼特应该是迄今为止唯一触摸过"圣杯"的人,他从经济发展视角来考察创新,揭示出经济发展的本质在于创新。熊彼特关于创新的洞见因其自身意义之伟大,至今被人们所追捧,但其方法论的方向性价值并没有被人们深刻体会。这里,我们将论证社会周期性运动的本质同样在于创新。由于与纯粹经济行为相关的社会意识、思潮及其演化趋势,往往出现在创新与守成、增长与衰退乃至重农主义与重商主义的周期性循环过程之中,为此,本章将从强约束关系出发,论证创新的经济周期及其作用机制。具体地,以下是我们对源于熊彼特的最初的周期性问题意识的重新表述:如果我们排除掉传统理论关于造成经济周期波动的其他所有干扰因素,如需求疲软、供给不足、货币通缩、价格传导等诸多因素的影响;即假设造成经济波动的传统非创新因素均稳定不变,那么,经济运行是否还会保持稳定的发展,或者说具有可预期的增长运行?

按照熊彼特的论证,答案是否定的,因为当所有非创新的影响因素均保持稳定不变时,经济一定会持续地周期波动。因为,经济波动唯一的内生因素本质上是创新。创新是人类的天性,无时无刻不存在于现实社会生活之中,同时,创新的涌现过程总是服从周期性逻辑,由此,宏观经济的动态均衡将始终保持着周期性的运行规律。由此可知,熊彼特关于创新行为与经济周期性运行关系的理论启示,仍然是当代经济学无人超越的最独特、最深刻的思想。他的思维方式理论视角十分独特,极具穿透力。换句话说,周期性宏观现象的分析方法一直面临着某种选择,一是像熊彼特那样,专注事物周期性运行的本质因素,将最有价值的理论问题独立出来研究,揭示创新对于经济发展的重要作用。二是熊彼特这种方法论中内涵着的另一种创新性思路,即某种统合式的理论描述,以满足人们对于宏观周期性现象的某种统一理解,这需要正确的理论工具——其结论仍然是经济周期性运行的不可避免性。

要全面理解周期性社会现象的复杂性，就必须考虑人们社会行为的加总逻辑，否则会面临缺乏微观基础的宏观分析这一批评。一般地，关于个体行为周期性的加总逻辑可有两种思路：一是实然逻辑的实体论个体加总；二是应然逻辑的随机论概率加总。其中，实体论的方法本质上是个体度量概念不变的数理加总，对应着动力系统的因果论方程，蕴含着人们时间序列的逻辑思维——得出的相关结论一旦符合人们的主观意愿，往往被认为是客观规律，进而也被误解为某种实然的逻辑。与此不同，概率论随机逻辑对应着给定总体分布下的应然法则，即使其数理语言是随机过程，但本质上是一种应然逻辑。按照波利亚的说法，实体论的逻辑性在于合理——产生因果关系的历史决定论，随机论的逻辑性在于合情——给定随机分布下的情境决定论。[5]但遗憾的是，这两种方法均有其逻辑的内在缺陷，而必须转向新的统合概念。

实际上，创新概念是一个处理复杂性社会现象的恰当理论入口，它很好地将非纯粹经济领域的文化、技术、制度等论题，通过人们的创新行为，与经济逻辑的理论分析相关联。基于此，本章分析的要点在于，围绕人类社会的周期性现象，通过某种微观机制的逻辑构建，展示一种关于宏观经济周期现象的复杂性解释。按照熊彼特的理论洞见，既然引发商业周期性繁荣与衰退的唯一经济内因是创新，而造成一般经济周期的普遍性原因可以有众多复杂的非创新因素。那么，二者是如何相互作用，引发现实经济的周期性现象的？换句话说，如果我们将创新看成经济周期运行的必要条件，那么，在什么样的社会机制的作用下，加上哪些非经济因素，进而通过何种作用机制，才形成现实经济周期性运动的充分条件？进一步，这种充分必要条件的互动机制又是如何？由此，我们要讨论相反的问题，即创新行为的社会原因：哪些社会趋势或者思潮的影响，会促进一个社会的不断创新，以至于最终带来经济波动的周期性？还是说，任何社会创新的风吹草动都会引起经济的波动？这意味着我们始终面临一种人类社会无法逃避的内在宿命：人类将永远处于社会创新行为的波动性经济周期之中。

由于人们心理上喜新厌旧的偏好作用，人类社会的创新总是不断地涌现。而创新作为所有周期性运动变换动力的唯一来源，将使得缺乏创新或者创新企业受阻的社会必然地发生经济衰退，进而，社会的周期性运动成为现实。此时，其他辅助因素只是人们对于个体创新行为的态度，由此构成一个社会实现创新的充分条件。这种逻辑描述意味着：个体周期行为将通过某种社会加总机制,呈现出宏观周期性社会现象;核心原因在于,一个社会对于个体创新行为的认同机制,同样是社会总体喜新厌旧心理的意识作用。由此,本章的目标是重新阐释经济周期与创新行为之间的逻辑关系,即人类天生的创新行为,而非传统理论所谓的供给、需求、价格乃至货币等原因,造成了周期性现象的客观条件。实际上,熊彼特关于商业周期与企业家精神的关系论述则意味着:创新性经济周期首先是一种复杂性社会现象,而不是单纯的技术创新逻辑,基于本书关于社会创新的四个循环规律便容易理解这一观点。其次,创新的经济周期究竟有什么规律,周期长度、频率与振幅如何把握?这是本章试图分析的一些技术性问题。

一般地,只要社会出现经济创新,那么,形成周期性运动的必要条件(不考虑其他辅助性因素的充分条件)主要可分为以下几类:其一,生产与消费的货币依赖周期性;其二,劳动与资本的价值变换周期性;其三,内生事件触发机制的社会性波动周期性;其四,外生事件(天灾人祸等)冲击的共振机制周期性。换言之,一旦经济体具备创新的内因,在创新因素与这四种非创新因素的共同作用下,将最终产生经济周期性运动。这是我们以下分解叙述的逻辑线索。

奥地利学派的商业周期理论主张货币数量决定论,熊彼特虽然被归为奥地利学派,却是商业周期的非货币因素决定论者。实际上,货币决定论只不过是维克塞尔货币理论的延伸,但从经济行为的自身原因分析,现代经济运行的周期性现象本质上更多起源于非货币因素与人为货币因素干扰的合成,其中,人为货币干扰行为源于人们对于凯恩斯货币本质论及其需求决定论等理论的误解。[6]

面对人类经济活动中的周期性波动,自凯恩斯以来,人们就一直把周期性经济运行看成一种人为的社会经济现象,从而,试图通过人为力量的相机决策及其政策性干预(如运用财政、货币政策),来克服社会经济波动的整体损失。实际上,如果我们把社会经济的宏观周期看成众多个体内在周期性行为的加总,那么,这种分析将会涉及政治、经济、金融,乃至隐性的心理、生理性周期之间非线性关系及其关联的逻辑,但结论或可能是一些我们意想不到的结果:人类社会的整体周期性运行不可避免的内在秉性,不仅是人类社会客观规律的一种反映,也是符合自然运行规律的一种现实选择;而所有那些具有人类理性特质的主观意图,即力图克服、熨平这种经济波动,以实现人类社会运行的自我调控的政策,都将被证明是一些徒劳无益的做法。

当然，本书得出的这种结论可能不会讨人喜欢，但其中的理论问题希望能得到公众的关注。[7]

具体地，本章的论述思路和逻辑关系如下：

首先，6.2 节和 6.3 节是关于宏观经济周期的两个理论综述。6.2 节是基于空间维度的创新周期性理论综述，6.3 节是基于时间维度的货币周期性理论综述。两种不同视角的综述实质上给出了关于宏观经济周期性现象的两个定义及其不同理解。

其次，6.4 节将从生产与消费的经济循环、6.5 节从劳动与资本的价值循环这两个不同的角度，讨论宏观经济周期的两个基本循环矛盾及其动力逻辑。6.6 节讨论内生创新因素诱发经济周期运行的触发机制。尽管触发机制的语境是创新行为逻辑，但作为一个补充，它试图回答广义周期性的二元对偶转换机制问题。6.7 节是关于经济周期运行的一种复杂性解释，会融合前述各节的相关理论结论。

最后，本章附录试图引申探讨三个问题，它们事关人类周期性行为的重要社会应用。

6.2 基于创新的经济周期定义

传统理论关于经济周期与其他如金融危机、商业周期乃至一般经济波动的定义并不统一，如何分析不同原因产生的人类周期性经济现象及其相互作用的关系，要求我们思考经济波动表象背后的原因及其复杂逻辑。这里，我们基于前人的相关理论与分析，首先要明确以下几点基本事实，它们将为探究更清晰的经济周期定义提供讨论的前提。

第一，经济周期是一个宏观现象，是人类复杂性个体行为的互动加总与社会呈现。一般地，简单的个体经济行为并不会导致人们关于社会性周期或危机的认知，不会带来任何客观上社会性的波动现象；比如一个家庭主妇减少某一次消费、一个厂商的破产、一个创新技术的应用等个体生产、消费的积极或消极行为不等价于社会性周期现象。只有当个体行为的加总达到一定社会意义的总量，才会构成社会性的周期波动（这种逻辑的理论描述见随后章节的详述）。其次，周期性经济现象并非单纯的经济因素所致；所谓的社会加总也不是单纯经济数据的加总，而是政治、文化、心理等众多因素引发,在经济领域表现出来的复杂性社会现象——多变量交织的复杂性呈现。即使很多危机看似是由某单一因素所诱发,经济危机的社会逻辑也一定是由多因素(充分且必要条件)共同造成的。这种社会加总逻辑就像某种雪崩系统或者银行挤兑的过程,是非线性、复杂性系统逻辑(详见随后的总结分析)。

第二,按照历史唯物论,必须承认,所有非经济的社会性周期现象最终都将表现为或者伴随着宏观经济的周期性[8],当然也包含经济增长或者经济衰退两方面的周期性经济过程。这意味着研究经济周期现象的理论逻辑,不仅是经济理论研究的本职问题,也是社会宏观周期性现象的理论基础。

第三,所有周期性社会逻辑都包含着创新的社会因素,并外化为技术创新的进步,最终为制度创新所承认和强化。熊彼特关于经济史的周期性理论分析表明,技术进步是一种因为技术创新拓展人类生存空间的生产力提高。技术进步的创新表明:人类是通过技术创新的周期替代了马尔萨斯所说的人口循环的周期,从而为人类避免战争的周期性循环提供一种技术创新价值的支撑。但他们的理论忽略了两个问题:一是新技术带来创造性毁灭的社会损失。技术创新除了带来周期性经济上升之外,伴随着旧生产方式的破产、倒闭,直至被创新企业、创新产业所替代,还带来一种毁灭性经济衰退——使得衰退成为经济周期性波动的充分条件。二是新技术的实用主义标准不一定带来社会进步,比如,某些唯利是图的伪创新,加之金融资本的投机属性,会强化乃至诱发反社会伦理的技术创新,反而会摧毁能够带来真正社会进步的创新技术。进而,好的坏的技术创新同时进入市场,获得市场认同,真假并存便最终成为人们生活范式的一部分。

第四,任何能够被人们客观感受并造成现实社会波动的周期性经济现象,一定能够客观上构成一个完整的生产-消费循环,并同时是一个客观上资本-劳动相结合的过程。生产-消费循环既包含着生产资料资本的循环,也包含着商品资本的循环,传统经济学的这种常识意味着:创新价值的实现还将面临某种生产与消费相互依赖、相互制约的矛盾关系。后者,则意味着创新价值的实现还进一步依赖于劳动-资本的结合与转换,并引发创新价值在资本与劳动之间的竞争与重新分配,这是一个常常被人们忽视的经济常识。

第五,经济周期现象一定与货币、资本、资产及其价格机制相关。货币作为人类现代社会经济运行的基础,产生于经济行为的过程,但本质上则是由政治权力、社会制度及其信誉体系所规定的外生变量。另一方面,货币不会被人们的经济行为所完全控制，一旦人们将其作为某种政治工具，它将严重影响人们的经济行为。货币，只有当作为企业家的创新资本，并进入生产-消费的良性循环时，才可能成为资产。利率、利润和收益作为它们的价格度量，综合地体现了全社会的政治、经济、文化因素对于未来社会前景的看法和预期。

关于宏观经济周期的定义，最初源于人们追究经济衰退的原因及其冲击的逻辑，一般被归纳为两点：一是实际经济的直接冲击；二是人为货币的间接冲击。[9]其后来被卢卡斯总结为七方面的共同特征。[10]相对而言，单纯增长的经济逻辑则与发展经济学相关联，即使宏观经济学家们曾试图为经济发展或者增长与衰退之间的关系提供更完善的解释，但发展经济学并没有完全被划入宏观经济周期的理论范畴。[11]全面聚焦经济衰退的萧条经济学逻辑，凯恩斯关于经济周期的基本思想是，用古典之外的非均衡逻辑来“解释”经济波动[12]，并提出生产与消费循环的需求决定论。这与古典经济学大家萨伊关于供给创造自己的需求命题相并列[13]，正式组成宏观经济运行周期理论的两大体系；再通过几代人的努力，形成当今一系列关于经济周期的理论解释。[14]值得指出的是，所谓实际经济冲击、直接造成或者引发经济周期的原因，本质在于客观经济过程的空间性矛盾，即所有生产、消费与交换的经济行为原本密切关联、必须保持“均衡”的密切关联性。但是，这种紧密的供需均衡关联在行为空间上却无法同时展开、协调匹配，并带来经济失衡双方的多种波动性矛盾，如供给与需求、均衡与发展、价格与价值乃至公平与效率等(见图 6.1 纵向栏)。另一方面，货币数量的间接冲击本质上是一个涉及时间价值的概念，即由于时间流动使得经济行为属性变化所引发的问题，比如货币利息、资本利率、资产利润等(见图 6.1 横向栏)，它们均为静态经济预期与动态经济结果发生矛盾、出现差异时，才会产生的概念。就像货币，只有在时间维度下随着时间流动才会出现不确定性风险与收益，以至于货币价格常常以时间为单位计；而只有随着时间流动，资本才存在利率差异，资产收益才出现利润波动，如此等等。

如图 6.1 所示，横向是时间维度的货币逻辑展开，纵向是实际经济冲击理论的定义范围。下面，本节先围绕空间均衡的经济周期概念，给出一个综述性的理论定义。

就凯恩斯宏观经济周期的边际消费倾向概念，我们以一个简化的实例这样重述：在一个阴霾的早晨，一个家庭主妇出门购物时，由于心情不好或者

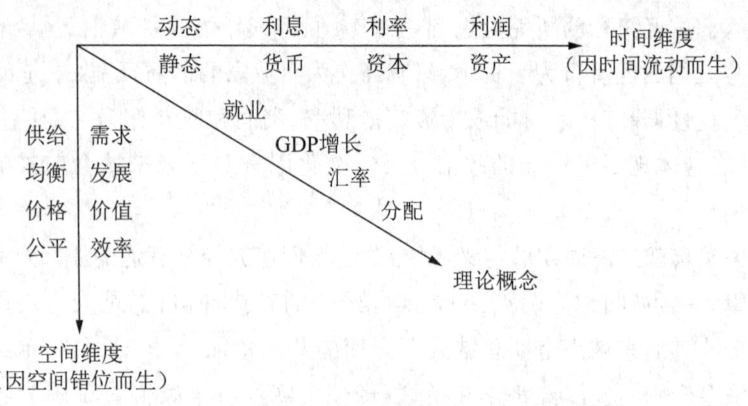

图 6.1　经济周期冲击原因的分类与逻辑比较

消费偏好乃至流动性偏好变化,减少了家庭消费的支出;由此,商场必然减少进货,相应的企业减少生产;进而,其丈夫所在的企业必然减少收益,丈夫的收入减少,同时带来家庭预算压缩;最终,主妇会在新一轮消费中再减少消费;如此反复,经济危机的周期性衰退便出现了。这个故事看似不错,但仔细想来,有两个错误:其一,全社会有 n 个家庭主妇,一个家庭主妇的心情糟糕并不意味着其他 $n-1$ 个主妇都心情不好,社会行为加总的结果或与直观逻辑不符。其二,一个早晨的天气阴霾不意味着其他日期的天气不会风和日丽、艳阳高照。由此可见,经济危机意味着循环中 n 个人的 m 次过程,一直都心情悲观、消费减少直至生产萎缩。显然,这是一个小概率事件。实际上,凯恩斯的逻辑既缺少 n 个家庭主妇一致性加总的理论分析,也缺乏 m 次循环一直都保持减少消费与生产的确定性逻辑。凯恩斯周期理论仅仅是有了动态过程和宏观加总的想法,但对应的逻辑并不完备,即用个体偏好概念替代了社会加总逻辑,用静态心理替代了多次循环的动态分析。[15]

凯恩斯认为,边际消费倾向降低、边际资本效率递减以及货币流动性偏好减少将导致市场需求不足,引发经济"繁荣、衰退、萧条、复苏"的周期性波动,由此,考察政府货币财政工具的政策后果是必要且现实的。历史上,真正展开宏观经济总量动态分析的是以维克塞尔为代表的瑞典学派经济学家,他们将价值分配论与货币数量论有机结合,建立了一个循环累积的宏观动态经济体系。[16]米塞斯深究现代银行体制中的信用创造功能,认为银行不仅是信用的媒介,同时也通过发行信用凭证来创造流通手段。但信用数量的限制较少且富于高度弹性,极易导致货币利率与均衡利率(使投资与储蓄相等的利率)的虚实之差异,引发消费品与资本品之间的非正常资本流动,进而影响供需均衡及消费品与资本品的正常价格,引发通胀或者紧缩。

作为米塞斯思想的继承和传播者,哈耶克经济周期的理论基点是:消费品与资本品的均衡意味着充分就业,因而失业是经济失衡的结果,是周期分析所要解释的现象。哈耶克为此构建了一个涉及生产迂回程度的生产结构,认为迂回生产结构及相对价格变化衡量着生产的资本化程度。如果生产的资本化程度过高,出现萧条或资本品闲置,并不是因为消费品生产过剩而减少了资本品的需求,而是消费环节被过度吸取到了生产专用资本品。也就是说,是生产结构不合理导致经济失衡,引起非专门货物在消费品生产阶段与其他较早生产阶段不恰当的流动,直至专用设备闲置,形成萧条。因此,这一观点也被称为过度消费的经济衰退理论[17]。

新古典综合派试图运用容易纠错的市场失灵来解释经济波动,将凯恩斯理论庸俗地纳入新古典的边际主义框架,但却以凯恩斯极力摆脱的均衡逻辑为基础[18],来计算需求决定论的总收入与供给决定论的总产出均衡,加上货币需求与政策性货币供给的均衡,建立所谓的具有微观基础的宏观理论。[19]实际上,这种对新古典的封闭性综合研究除了教学方便,使得宏观经济学教起来像是一门科学之外,完全遮蔽了前人思想的丰富性和开放性。当然,这招致新剑桥学派 R. 琼斯等人的批判[20]:即新古典综合学派实质上抛弃了凯恩斯曾试图重构社会制度与经济运行关系的学术理路。沿着这种学术批判的方向,新凯恩斯主义学派[21]如巴罗和格鲁斯曼(1976)致力于运用协调失灵的逻辑,为新古典综合派的 IS-LM 模型提供均衡的学理基础。一直到晚期新凯恩斯主义关于效率工资和黏性价格的模型出现[22],这种试图以市场非出清为前提,阐释货币冲击有效性的努力才算是告终。本质上,它只是试图为完善凯恩斯宏观经济的均衡体系提供一个微观基础。[23]

事实上,凯恩斯源于微观心理的直观逻辑并不能解释实际经济的周期性现象,除了缺乏对应的微观基础,更在于经济价值增长、宏观经济变化及其均衡的周期转换逻辑均是一个社会政治经济加总的复杂过程,乃至与未来预期的判断密切相关。[24]人们普遍认为,一旦某个理论知识被人们所掌握,其社会加总效果会导致它内涵的经济原理将因此而失效或被强化。这被 20 世纪 70 年代所谓的理性预期革命用理论加以阐释。

本质上,货币学派和理性预期学派都将经济周期归咎于货币数量问题,这与其继承的奥地利学派思想家米塞斯、哈耶克等坚持的货币理论相关。

但在成因的分析上,弗里德曼认为,经济产出是由一系列客观产业结构、节俭习俗、风险偏好和生产力决定的,货币数量只对短期收入产生影响,长期而言只是影响价格;因而,货币对于经济的功能仍然是中性的,无法达到凯恩斯刺激或抑制生产与消费的作用。以卢卡斯、萨金特等为代表的理性预期学派认为,即使经济衰退引起的通胀是货币数量问题,但如果生产者掌握更充分的信息,国家货币当局的扩张货币政策被理性预期完全预料时,人们就会重新调整生产决策、减少投资,“当人们都这样做时就等于取消了政策所期望达到的效果”[25],最终,反而使得经济由繁荣走向萧条;即经济周期实际上是政府出乎意料的货币政策所引发的不当冲击之后果。

供给学派坚持古典经济学的充分就业与资源充分利用就是均衡稳定的逻辑,认为生产不但会创造自己的需求,而且只有生产才能创造对其他产品的需求;即主张经济自由主义导向的、反对凯恩斯政府调控的政策,并坚持主张无干预的市场自由,认为企业自主就会在市场供需均衡关系的引导下,实现生产、销售的畅通;即使因劣等品暂时过剩会导致短期需求的不足,长期来讲,也一定不会出现供过于求乃至经济衰退的周期性波动。[26]供给学派由此声称“返回古典经济学”——忽视萨伊自始至终都采取了不同于其他古典经济学家的宏观分析方法论,比如从斯密的意义上讲,个体生产增加会带来总收入的增加,但宏观上总产出的增长一定会带来总收入的增加吗?[27]

就真实经济周期模型(RBC[28])而言,值得称道的是,他们抛弃传统理论直接界定总量之间关系的做法,更专注现实经济变量的动态、随机及其外生性特征,运用混沌理论、耗散结构及自组织等非线性动力学工具,展开对传统经济学中均衡、波动、乃至确定性等概念的全面反思。GDP 随机漫步模型就试图测试总需求与总供给谁更重要[29];向量自回归模型(VARs)拟检验失业率与真实 GNP 的关系;人工经济模型(AEM)则试图验证经济周期的特征性事实,如协动性、扩张期、收缩期和非对称性[30];还有经济周期的谱分析(Levy, 2002);不一而足。但有些数学工具的运用却显示出对于经济学基本理论和直觉感悟的失偏,它们往往是在不恰当的语境言说不恰当的主题。

最后,本书要重点阐述的是熊彼特经济周期理论的创新驱动逻辑。由于不是单纯经济周期原因的追究,熊彼特的洞见是:经济发展源于企业创新,缺乏经济创新及创新利润的经济增长,不过是“被环境拖着走的数据变化”,不能看成经济发展。此时,除了经济增长(图 6.2 中的斜线),经济发展的长期趋势之所以呈现周期性波动,原因在于创新是一种非连续、周期性涌现的过程。熊彼特所谓的创新波则由创新引发的繁荣期和回归均衡的衰退期两部分组成:在创新繁荣期,随着创新群的形成,创新企业、创新产品大量涌现,通过生产与消费同时增长,创新价值的利润得以实现。一旦到经济创新爆发后期,市场竞争使得创新的超额利润逐渐趋近于零,且大批传统企业倒闭、破产,发生了创新的毁灭性,经济便进入下降的衰退期。更重要的是,他还同时揭示了被他自己定义为从属波的过程——因追逐繁荣的投机心理及虚假经济引发的萧条期,以及随着萧条期间的过度投机、内耗破坏的损失,经济从低于均衡水平逐步趋于均衡的复苏期。至于复苏期后的经济再发展,则需要新的创新驱动,如此周而复始地波动运行(见图 6.2)。从市场均衡出发,熊彼特将创新波看成经由创新带来的对均衡的积极偏离,将从属波看成由于投机行为带来的对均衡的消极偏离,其意义十分深刻。[31]

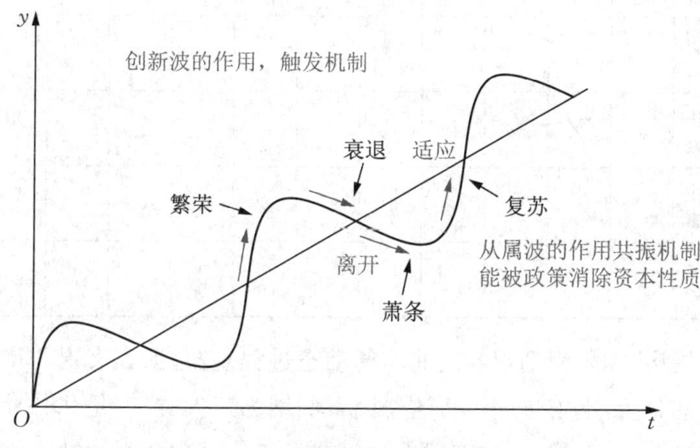

图 6.2 熊彼特经济周期理论的划分

熊彼特关于创新引发的四阶段经济周期的逻辑,提出了创新发展观,与要素投入增长的经济发展理念绝然不同。斯密意义上的 GDP 或者国民总财富是劳动、资本和土地等要素投入的生产总产出的概念,即使包含劳动分工的技术进步,其核心,按照熊彼特的批评,只是一种经济循环的数据增长;没有创新,就不是真正意义上的发展。[32]

专业领域引发的经济周期包括生产周期、消费周期、商业周期、金融周期、房地产周期,或者由于需求乏力引发的经济衰退及其周期性波动、供给不足导致的通货膨胀及其周期性波动、金融危机导致供应链断裂或者市场预期崩溃的周期性波动、房地产泡沫破裂导致的经济周期性波动等。熊彼特提出过一种“基于三类波长的周期划分、多因素叠加的不规则周期的实证逻辑”[33]，本书的以上归纳，意在强调熊彼特的经济周期理论的复杂性，以及他试图为实际周期分析提供一个“究元决疑式”的平台或逻辑基础的理论雄心。事实上，熊彼特首创关于经济数据分析及其统计的理论框架[34]，根据经济数据波动的原因，将经济周期的动因细致归纳为三类：外部因素、增长因素和创新因素(见表6.1)。[35]显然，这些均突出了他原创的创新发展理念。

表6.1　经济周期不同冲击因素的比较分类

		战争	灾害	革命	制度变迁	产业政策	货币政策	财政政策	交易因素	人口因素	技术创新	文化创新	其他
熊彼特对发展因素的分类	外部因素	√	√	√	√	√	√	√	√			√	√
	增长因素				√	√	√	√	√	√		√	
	创新因素					√			√		√		√
本书对发展因素的分类	外生因素	√	√	√	√							√	√
	内生因素				√	√	√	√	√	√			
	创新因素								√	√	√	√	√

必须指出，如果回到现实的非均衡动态过程观察，追究衰退与增长原因的经济周期分析，本书进一步将这些因素归纳为三大类：一是纯粹外生因素导致的经济周期，如战争、政变或选举等非经济体系内生因素冲击带来的周期性经济波动；二是传统内生因素导致的经济周期，如供给过剩、需求不足，乃至金融危机等因素引发的周期性波动；三是创新内生因素导致的经济周期——本书的重点。显然，这里与熊彼特关于经济周期的外部因素、增长因素和创新因素等三种分类方法不同，本书如此修改的原因，从表6.1的比较中可以看出。如果我们对导致宏观经济周期性波动的各种冲击深入细化，比如，以近30年来中国国民经济各项政策为样本[36]，就会发现存在着当初熊彼特三种分类并没有涉及的许多因素，以至于如果展开对熊彼特分类的逻辑深究，会令人感到迷惑。[37]

首先，表面上熊彼特的很多外生因素，如货币、财政、产业政策等，即使是人为强加于经济运行过程的，但如果从产业行为、金融行为的扩张逻辑看，本质上还是经济系统的内生变量，很难被定性为经济系统的外部因素；如此划分的结果是，大多数外部因素与增长因素存在着概念之间内涵与外延的重叠之处（见表 6.1 中的钩）。其次，熊彼特的增长因素是一种区别于创新的内生因素，由于过分地关注创新概念，熊彼特忽视了增长因素与真正的外部因素之间的差异。如果我们将产业政策、财政政策、货币政策以及环保政策等具体逻辑按图 6.3 所示进行细化，显然很难将它们简单地划分为外部变量或内部变量。这与自然灾害、疾病瘟疫等熊彼特定义的其他外部因素存在着本质的区别。

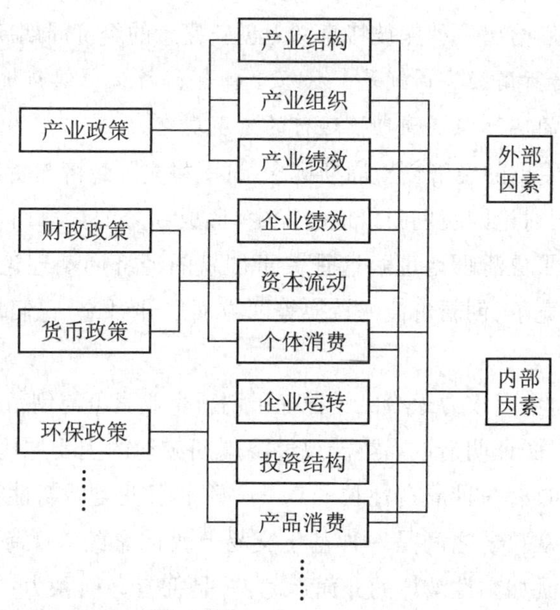

图 6.3　熊彼特的外部因素既有外生性又有内生性

如此，关于经济周期诱发因素的重新修改，并不是单纯的概念分类。本书所做的是深化熊彼特意义上的创新性周期理论，试图构建一个纯粹创新冲击的数理分析框架。与此相关，对应的纯粹外生因素冲击带来的经济周期机制以及传统的内生因素影响，我们将一同暂时不论。也就是说，本书将聚焦于创新的周期分析。除了以上对于经济的直接冲击因素的分析，后面还将给出一个关于货币间接机制的综述性理论定义。

接下去，我们将论证：宏观经济运行的周期性波动一定是某种多维、非线性因素的合成结果，此时，创新因素则是经济周期形成的必要条件，即由于社会创新总是周期性涌现,随着创新价值的发生、形成和分配,将一定带来经济的创新性增长、繁荣、衰退和复苏的周期性运动。另一方面,外生因素和非创新性内生因素往往充当着经济周期发生的充分条件,如农业生产的周期性、太阳黑子运动的周期性,乃至凯恩斯主义及其追随者和批判者的需求周期理论。还需指出的是,作为充分条件的战争、灾害等外生因素以及非创新性内生因素,有可能带来经济周期,但如果缺乏创新因素,则可能不是周期而是毁灭。当且仅当充分条件和必要条件同时具备,才构成解释经济周期的完整逻辑。此时,关联两个维度三大分类的基点是传统理论的五大议题:通胀率、就业率、增长率、国际收支平衡和公平度[38](图 6.2 中间的斜线)。据此,我们给出一种熊彼特意义上创新概念的经济周期新定义。

定义 6.1 所谓经济周期是一种基于社会创新及由创新价值的形成、扩张与分配引发的实际经济周期性运行的宏观现象。

以上定义给出的经济创新周期概念,试图将实际经济与货币冲击的联系分离开来,专门讨论围绕创新价值的发生、形成和分配竞争而产生的经济周期性逻辑。为了更清晰地理解这种关于创新的经济周期理论,后文还将围绕创新价值的竞争、创新价值的转换等两方面展开讨论,它们均表现为现实经济的冲击。

换句话说,本书致力于给出一种基于创新企业竞争与创新利润分配的社会加总机制,以图证明造成人类宏观经济周期波动的主要原因,在于微观个体的创新行为具有一种周期性粒子态——即本书人类周期性行为语境的基本结论。由于众粒子之间是一种基于交易行为的紧约束关系,这使得宏观经济加总过程犹如黏性液体的介面运动:一是拥有介面张力;二是服从重力作用。进而,具有非固态的水面只要有微小干扰便产生像波浪一样的周期性波动,完全不像固体内部那样具有抗干扰性——仅仅比喻而已。

联系实际讲,新基建所实施的项目看起来发挥着超越经济周期的巨大逆周期作用,但其所规避的创新性周期困境,却在这种政策性行为中有着一系列隐患,其社会绩效与后果取决于项目本身内涵的创新性社会贡献。换句话说,缺乏创新价值的项目不仅不会缓解经济衰退,还会损伤经济体的内生活力,导致某种周期性衰退加重。反之,如果项目实施过程能够同时实现文化创新、价值创新,那么它就是一种包含文化创新、经济创新的社会创新案例,绝非简单意义上的技术创新所能比拟的。由此可见,如果不厘清具体周期性现象的内在原因,只是简单地讲货币与财政拥有调节经济周期的工具性职能,其结果往往是利用权力谋取局部利益,而与政府职能的权力责任与主观愿望相去甚远。

也就是说,我们必须关注创新价值存在的两种形态:(1)空间维度上,表现为创新价值在生产与消费过程中转换的形态;(2)时间维度上,表现为在资本与劳动价值之间转换的形态。这是任何意义的社会创新都不能忽视的基本事实。

6.3 货币依赖的经济周期定义

关于宏观经济周期最使人产生联想且理论成果丰硕的思想洞见莫过于货币主义的理论解释,奥地利学派及其货币主义继承者声称,商业经济周期的本质是一种货币现象[39],并演化出关于货币中性理论及其概念的争论。

沿着熊彼特思想传统就不难理解,在生产与消费的经济循环中,创新价值的产生、分配均存在着对货币的依赖性,同时劳动与资本对创新价值的争夺、分配也是以货币为工具而实现的。本质上,这些属性反映了现实经济对于资本、政治的依赖性[40],这种观点与新古典主流经济学将政治完全隔离于经济过程之外的逻辑完全不同,更接近现实经济行为。实际上,在生产环节,企业家总是会低估资本的价值,将货币转换为投资,以使得货币资本在经济周期增长阶段能获得预期利润;在宏观经济趋势下降阶段,这种低估往往意味着投资的失败。同理,消费者在消费环节也总是低估货币的价值,将货币转换为商品,无论未来如何,消费行为都不会带来个体净福利的相对损失;仅可以肯定的是,它会造成消费资本的价值变化。由此可见,熊彼特的生产资本和消费资本的概念潜藏着一种对于货币的依赖性[41],反过来讲,货币与资本之间的转换将带来创新价值在生产与消费领域、劳动与资本之间的分配竞争及其矛盾。此时,要厘清个中原委,便要求我们基于创新视角,重新考察货币、资本的经济循环功能及其与创新的关系。

6.3-1 货币中性及其周期性经济作用

现代工业革命和社会化大生产促进了人类社会物质生产的极大丰富,使得我们摆脱了绝对贫乏的物质生活,也同时增强了我们把握人类自身命运的自信心,进而加速了人们理性自负的扩张。突出表现是,人类在货币定义上的政治回归与功能扩张。

关于货币在经济过程中的作用,古典经济学家大多不怎么关注。斯密就认为货币和价格都从属于更加基础的经济因素,秉持货币起源的自发说,这或许是受到好友魁奈、杜尔哥等重农主义思想的影响。比较而言,更早的重商主义思潮一直将货币分析运用于政府干预乃至工具性政策的操作之中。[42]货币理论的正式出现是在边际主义革命以后[43],以维克塞尔(瑞典学派)、欧文·费雪为代表,特别是马歇尔提出剑桥方程以后,学者们将货币与实际经济的关系及其对于生产、消费价格均衡与利润分配的影响,纳入理论关注的范围。庞巴维克和凯恩斯运用迂回生产的资本品、消费品的供需均衡两个逻辑,分析货币冲击在实际经济循环中扮演的重要角色,揭示出货币与资本利率、商品价格的关系——不像斯密提出的价格仅仅是商品供给与需求的一般均衡,而与货币本身无关。货币逻辑的思维方式随后被奥地利学派的米塞斯和哈耶克所继承,并由此引发了实质上是关于货币本质及其属性的理论交锋——凯恩斯与哈耶克的世纪大论战。

维克塞尔基于古典均衡的概念,首先提出"对于借贷资本的需求与储蓄的供给恰恰一致时的利率,且大致相当于新创造的资本的预期收益率(the expected yield on the newly created capital)的利率,叫作正常的或自然的利率"。[44]他最初把"自然利率"理解为商业平均利润,即实物资本的收益率。但是,自然利率不同于,也不必然等于货币资金利率,后者取决于银行的可贷资金供求;只有当两种利率相等时,经济才能够获得平衡。维克塞尔的货币均衡论思想认为,在现代复杂的货币、银行与资本市场体系条件下,市场经济均衡的关键是保持贷款利率与自然利率相等。由此,关于现代市场经济中商业周期的规律性波动,其实可以有两种不同解释:一是假定有外来作用力不断地冲击,造成周期性波动;二是利用这样一个假设,即现代经济体系对于一切足以推动它变化的非正规力量,将引起一种经济波动运行作为反应,这就类似于一个旋转木马。维克塞尔倾向于后者,并认为过于机敏的货币、信用政策,在多数情况下至少可以防止这种动荡渐趋激烈。[45]后来,维克塞尔批评米塞斯的"信用政策错误是趋向繁荣或萧条的根源"观点,认为通货膨胀和通货紧缩虽然无法改善社会的整体状况,但却改变了社会成员之间的资源配置结构,从而,必然影响这些资源在社会上不同用途的价值——反而促使米塞斯一生都在反对货币中性论。[46]

最初,米塞斯从区分货币、银行与其他经济体发行的可流通性信用凭证出发，强调作为金融机构的银行，不仅依靠信用的媒介来盈利，同时也自行创造流通手段——这种手段的自由逐利、不受限制性，正是造成经济萧条及波动的原因。1928年他在《币值稳定与经济周期政策》中提出，保持信用稳定的金本位制是最好的币制。

哈耶克关注迂回生产的纵向结构及其资本化程度，并指出：生产结构不合理、货币在消费品生产和资本品生产之间从原状态向着新均衡态不恰当变动，才导致了经济失衡。他由此批判穆勒、费雪以及维克塞尔关于货币数量不会影响相对价格的观点。[47]他坚称，货币数量的任何波动都会影响相对价格进而影响生产的数量和方向；而专用资本品被抽空的原因是银行货币供应短缺、投资紧缩，即萧条是政府货币量控制政策带来相对价格失衡的结果。[48]由此，哈耶克的货币中性逻辑不强调维克塞尔的保持物价水平不变，认为货币理论不应关注币值是否稳定，应关注如何保持货币中性。这被归纳为哈耶克意义上货币中性政策的三个目标：货币总量不变、均衡价格自由、未来价格预期可信。或者说，关于货币数量与实际经济的关系，奥地利学派内部不仅提供了货币中性的逻辑与解释，也贡献了后果论的思想评价——什么样的货币政策才是中性的。

在“凯恩斯革命”以后，以弗里德曼为代表的货币学派从传统货币数量论出发，认为货币数量的增长只是对短期收入产生影响，长期而言只会影响价格。弗里德曼反驳凯恩斯三大边际行为倾向的递减规律，以图否定凯恩斯扩张货币、刺激消费、促进生产的逻辑结论。由于恒久收入的可验证性，货币学派实际上是运用新货币数量论给出了货币中性的应然与实然统一的理论体系。[49]弗里德曼进一步批判，货币的非中性扩张本质是政府职能扩充、机构膨胀和人员臃肿的结果。[50]沿着这种思路，理性预期学派从适应性预期、货币供给不变性命题出发论证了货币中性的政策依据，并借用货币主义的自然率假设，来解释周期性经济变动的逻辑。其核心是基于货币的利率预期，通过适应性预期及其理性判断，试图为宏观经济体系确立一种个体决策的微观行为基础。

本质上，货币学派和理性预期学派都将经济周期归咎于货币数量问题，这与其继承的米塞斯、哈耶克等奥地利学派坚持的货币理论一脉相承；两个学派理论的分析思路，本质上都是紧紧围绕货币的职能是否中性、是否具有影响生产消费的经济行为功能而展开。但自“凯恩斯革命”以后，无论是其追随者，还是批判者[51]，大家都承认，凯恩斯抓住了宏观现象的社会历史与政治现实的结合方法,抓住了宏观经济运行的本质——货币。众所周知,宏观经济学不同于微观经济学的最大特征是有了货币概念,恰好,这是新古典及其综合学派所忽视的理论前提和思想内涵。[52]

“凯恩斯革命”带来的最大遗产应该是促使我们重新认识,并开始探索货币的本质及其复杂性。凯恩斯以消费的有效需求与投资的边际收益两个变量为核心,构建了一个确保总需求与总供给均衡、货币需求与货币供给均衡的理论框架,致力于解释政府扩张或者紧缩性地运用货币政策时,是否会带来刺激经济增长或者降低过热的那些可能性结果。[53]但这一演绎的前提是货币的两个本质特性:债务清偿的记账货币观和商业银行的内生货币观。最重要的是,现代货币已完全蜕变成了一种政治工具,超越了单纯扩张或紧缩的公共政策职能。这涉及“凯恩斯革命”以后关于货币数量与经济增长关系的更新争论。

关于凯恩斯主义的多方面批判与争论,推进了人们对宏观经济的理论认知,但不容质疑的是,其批判着力点均聚焦于政府宏观调控的政策后果上,而缺乏货币的政治定位及其工具性功能的全面构建。宏观经济学家试图运用货币知识来影响政治,甚至改变政治决策;但另一方面,政治家则试图运用货币理论来医治社会“疾病”,相信权力与知识的理性结合。然而,要彻底厘清货币的政治属性及其工具功能,必须基于经济运行中货币职能的具体情境,考察货币职能发挥作用的现实机制,而不能像货币学派那样,执念于人为的货币中性的概念[54]——或许,这才是凯恩斯的“货币三论”带给我们的主要启示与警示。

为什么主流经济学特别是西方理论界不承认货币功能的政治化倾向,进而始终坚持货币中性论假设?究其原因有两个。一是自由主义市场经济理念的信仰使然,承认货币的政治属性就等于承认经济是政治语境下的行为延展,这意味着要抛弃新古典以后的自由主义市场经济价值观。二是货币与资本的转换逻辑缺乏应有的理论澄清。货币并不是资本,只有当货币进入生产消费循环,带来创新增加值,货币才转化为资本。这是现代金融市场孕育的当代金融神话给予的启示,为我们理解货币职能的扩张提供了可能。但是现代金融市场究竟在联结货币与资本的关系中扮演着什么角色?这种思考及以下论述,主要源于熊彼特关于生产资本与消费资本分类及其创新理论的启发。

从 20 世纪 60 年代至 21 世纪初是世界金融业高速发展、急剧膨胀的阶段，各种金融思想创新、产品创新和服务创新层出不穷，加之计算机通信技术的升级换代，引发了以华尔街为典型代表的国际金融神话的诞生，不仅衍生出许多超越传统信息、风险传递概念的金融产品，也使得金融服务的范围和深度大大超出传统市场的生产、消费限度。这使得传统经济学关于货币与经济的关系的理解或者说货币对于经济增长的作用是否中性的问题，已慢慢转化并演变成为一项关于金融投资理论的风险分析。但此时，要厘清其中的原委，还须深入观察以下问题的演变逻辑和现实规律。

6.3-2 货币职能政治化及其资本转换

本质上，不同货币观的理论分歧最终都是不同信念的分歧。在自由主义的市场逻辑[55]下，货币是中性的：长期而言，货币数量变动只影响价格，金本位制才是最好的币制。你若怀疑自由市场，就会看到货币的政治本性乃至货币对于经济调控的工具性功能。然而，货币的本质究竟是什么呢？由于货币是一个实然与应然密切关联的问题，人们怎么看待货币，将会影响到掌握货币的人怎么做，进而决定货币究竟是什么。相信市场和不相信市场的人都客观存在，即使不相信市场的行为是一种非占优策略，但不相信市场者先动，优先宏观调控会占据竞争优势、获得更多收益，博弈均衡结果是大家都陷入不相信市场的“囚徒困境”。比如，在经过经济发展的繁荣期后，一个国家相信经济的周期性休整将有利于生态恢复和资源再生，坚信货币中性的不干预政策；必然地，资产市场的价格包括优质资产价格会下降，相应地会出现资产兼并、重组交易，并将面临另一个国家货币扩张的占优掠夺。也就是说，货币政治化、工具化是不同货币之间竞争的“囚徒困境”。随着不同货币的政治化竞争加剧，货币便完成自身职能的政治化转换。任何市场竞争终究都会表现为价格的竞争，但如果价格是按照市场的信仰划分的，那么，任何利益冲突都将首先源于信仰分歧，并最终演化为市场交易的不可能性，使得价格竞争的策略失效，以至于形成市场壁垒。

事实上，传统理论关于货币职能的定义，如价值尺度、流通手段、储藏手段、支付手段以及世界货币等，大部分已弱化。其中，价值尺度早被语言属性的价格指数（如 CPI、PPI、LRI 等）及其统计、发布所替代，并在金融交易市场里慢慢显现；流通手段则被银行票据、信用凭证乃至交易记账所替代[56]；支付手段已被数字货币乃至第三方支付所替代；储藏手段与世界货币功能早就完全沦为政治的附属物，或者更准确地讲，是一种制度安排或者政治性制度设置。如果说古代实物货币(如金银贝壳)的形成是传统习俗等非正式制度的结果,那么,现代纸币、信用凭证和数字货币则完全是正式制度的一种政治设置。若没有政治关系作为背书,所有金银铜硬币或者纸币都是一些特定的“物”,而与货币的一般性功能没有任何关系。显然,货币身上所有传统的非政治功能都将被新技术进步所取代,这在现代互联网金融业、人工智能产业中被不断创新,尤其是在计算机通信技术不断进步的背景下,早已是不证自明的事实。实际上,哈耶克关于货币的传统习俗与自发秩序的起源论[57],以及关于货币的非国家化主张仅仅是一种理念、信仰,而绝非现实的必然。

其实,把握货币中性化政策、承认货币中性化事实与坚持货币中性化原则这三者之间并没有本质的区别。因为,如果将货币中性化本身看成一种政治倾向,那么,货币早就是一种政治工具——某种意识形态的政治主张。本书强调货币的政治性概念不同于传统货币理论的经济性功能,主要意图在于强调三点:其一,货币具有的政治属性是基于现代国家、政府体制信用的权力象征;其二,货币的政治工具属性,意味着一种实现宏观经济调控的职能倾向;其三,货币是政治行为及其均衡的结果。

作为人类理性自负的对政治信用的制度化设计,现代社会的货币及其工具化在经济运行中已产生一些全新的功能,或可以称之为政治性工具货币的功能,其他的传统功能则开始逐渐消退。新工具货币发挥着动员、利用和控制社会资源的政治作用,传统货币则侧重于交易、契约及时间维度的预期功能。其实,弗里德曼货币中性论就显示出了二者的区别:货币的资产属性使得它所反映的资产价值不会因货币价值的变动而变化,以至于货币数量的变动对于实际经济增长是中性无差异的。然而,现实中的信用货币却总是依赖于现实行为的信用功能,以至于我们必须总是在两方面作权衡,最终,现实生活在很大程度上不过是在依赖货币的工具性与不依赖货币的中性逻辑之间徘徊。

货币职能的政治化转换,包括早就发生、现在才发生乃至即将要发生的政治化趋势,将表现出两大特征:其一,政府直接运用法定货币权限展开的主权性和宏观调控性工具的政治化。主权性政治化操作包括货币发行制度、汇率制度、国际交换以及储存制度[58],调控性政治化包含银行的信用扩张——信用扩张是一种政治功能,而不是银行自身职能的延伸,这是传统理论关于央行与商业银行关系的定位,包括利率、准备金率及公开市场业务等凯恩斯货币政策所解释的内容。其二,政府运用市场逻辑展开的货币市场和资本市场的工具化操作，包括国债市场、金融衍生工具的创新管理和运作。按照巴罗的说法，考察货币对于宏观经济冲击的有效性，最后都因为金融市场的目标被设定为资本追逐投资效益、资本自由竞争效率，进而变成一种相机选择行为。[59]至于货币作为一种信用的计量单位，这将是一个漫长且必须经由各国货币当局政治协议的过程。[60]其中的核心逻辑涉及传统的汇率概念，但结果应不是美元垄断、多货币联系的一揽子世界汇率制度，而是真正意义上多种国家货币竞争的货币制度。或许，将哈耶克当初主张的货币非国家化竞争作为一种自由主义金融市场化信念或者自由主义货币信仰，那么，这种信念不会在某一个国家首先实现，相反，却可能会因为美元霸权的衰落，而在世界范围内形成一种各国货币竞争的垄断竞争性交换市场。实际上，从国际贸易的角度看，货币作为一种政治工具，充当着促进或者抑制进出口贸易的功能。克鲁格曼关于汇率、资本流动与货币之间独立三角关系的不可能性逻辑，便是相关问题最早的理论成果。

在现代银行体系与金融产业创新的背景下，货币并不是资本，只有当货币进入生产消费循环，带来创新增加值时，货币才能够转化为资本。这种转换必须经过一系列现实的经济转换。如今，明显不同于传统货币、资本理论的认知是，货币作为政治工具的重要功能必须通过与资本的“恰当”转换来实现；同时，还取决于生产和消费的宏观循环过程中，企业和消费者对于创新价值将如何开展竞争，并“恰当地”进行最终分配。

一般地，货币与资本的转化，必须通过企业家的生产行为以及消费者的消费行为才能实现。但货币职能中的政治化功能扩张，使得货币，进而资本在创新价值的产生、分配与转换的周期性过程中扮演着重要角色。对于资本循环的这种过程，熊彼特曾对消费资本和生产资本的分类及其逻辑作过极为严谨且烦琐的理论分析。[61]如果把货币看成生产性积累或者消费剩余的某种政治化的资本循环工具，那么，宏观经济运行会在某种程度上取决于生产资本运动规律及其与消费资本运动规律的互补性关系。

此时，由于货币在时间上天然的价值不确定性，非消费货币(总收入减去消费部分的收入)一定会进入储蓄或资本市场，以便获得利率的收益。同理，只有当资本进一步进入生产要素市场才可能拥有利润的收益(或损失)，这是被熊彼特最早揭示的内涵。由此，人们对于货币的需求有两种理性动机：消费货币需求与生产货币需求。消费货币需求不仅取决于凯恩斯边际消费倾向、弗里德曼恒久性收入以及传统理论所提的诸多因素，最重要的是现代消费社会总是存在某种对于金融服务的货币依赖性——消费过程实际上依赖于货币当局(包括大众和资本势力)的扩张性或者紧缩性政治偏好，后者即转化为储蓄。同理，生产过程更是存在着对于货币的扩张性或者紧缩性需求的政治依赖。也就是说，一旦货币转化为一种资源配置的积极、主动性政治力量，便具有动员、配置社会资源进而干预经济活动的功能。如果这种偏好倾向是积极的，即为积极货币功能；反之，为消极货币功能。注意，这里并不是专指消费或者生产行为，因为消费和生产的货币功能都可以具有积极或消极两种特质。[62]

6.3-3 货币职能工具化及其金融创新

首先要指出的是，传统货币市场的流量不等于社会资本的数量，货币流量仅是被消费流动性占用所剩下的部分。同理资本市场的流量是金融市场货币量被信贷经营占用后所剩下的货币流量，才是可用的生产、消费资本。紧接着，以货币为单位的资本流量会进入两种状态：其一，通过资本市场转向企业，进入广义的生产领域，加快物质或服务产品的价值创新及其增加值创造。其二，通过资本市场转向消费者，最终转换成消费资本，进入市场，由此，进入下一轮指向新的生产与消费资本的资本循环通道。

货币与资本之间的转换不仅决定了生产与消费的均衡状态，同时也决定着生产消费环节对于产品创新价值的创造、分配。更重要的是，创新价值已不再被生产环节所控制，而被提前到金融市场的融资阶段，创新价值就开始被关注、被定义和被评估了。

金融技术和金融思想的创新带来金融行业的技术分工深化、专业化进程加快，原来的货币市场、资本市场已经被新兴市场、新生金融产品、新生衍生品所替代(见图6.4)；金融市场的新投资逻辑、新投机规则层出不穷，传统货币市场、资本市场的范围和功能均发生了彻底的变化，以至于很多概念被重新定义。这里，突出的实践特征是：金融杠杆的力量不容忽视，货币非中性职能不可否认。这与银行的信用创造职能一样都是某种趋于货币职能扩张的替代品，但同时也是货币职能真正的政治化过程。实际上，货币一经面世、发出，就与货币当局无关了，只要存在创新价值，即使没有银行体系的信用创造，金融市场对创新利润的追逐同样会扩张货币的市场冲击功能，这是货币中性理论家不愿意看见，却客观存在的事实——本质是人们广义政治行为的延伸。

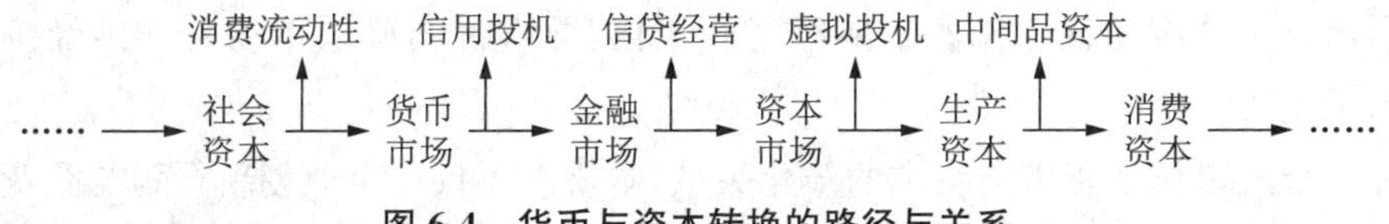

图 6.4 货币与资本转换的路径与关系

关于货币职能发生转变的核心原因，有人认为是资本市场的功能扩张提高了资本效率，是实现资源配置最优化的结果。事实上，情况远非人们所预期的那样。资本市场的兴起、发展和演变，关键在于投机逐利活动在资本市场上寻求生产端企业的创新价值，并通过资本放大获得超额利润。同时，通过营销、传播放大市场消费价值，以榨取消费者剩余。理论上[63]，迂回生产的效率主要取决于迂回生产中劳动分工的深化和市场范围的扩大，市场范围越大，所能够提供的生产可能性边界就越大，分工越专业化，所能够提供的技术创新程度就越高。但是，资本市场的演化逻辑却并非全然如此。创新企业在融资时，首先要进入一个迂回融资的金融市场结构，一方面可以分散投资风险，另一方面可以扩大融资规模，实现创新价值的规模效应，进而降低资本成本，使得生产资本在创新生产的未来过程中，不仅拥有自己的资本优势，还可以占据资本的垄断地位，排挤其他一切可能的竞争对手——除非你相信依靠资本集聚而不是资本市场，也能提高创新企业的市场竞争力。

注意，这里的创新与垄断是熊彼特意义上的一体两面。那么，该如何确定创新价值的价格？企业创新价值、技术创新价值与企业价值（资产定价）乃至资本的创新评估与定价（资本定价）又是如何确定的？显然，这些问题使得金融市场逐渐演变成一个合理合法的投机与冒险的询价机制，金融理论也演变成一个“虚拟商品交换”及其“价值理论”的逻辑体系（经济学的核心应该是价值理论）。[64]由此，债券、股票、期权乃至各种各样的金融产品便陆续登场，交杂着创新利润和风险损失，资本市场的参与者因此在这个过程中聚集。其中诸多所谓的金融创新，不是促进效率的分工深化，而是纯粹庞氏骗局的演绎。[65]大家围绕企业创新的价值及其衍生的资本价值展开角逐与争夺，并创造出无数财富神话。最终，金融市场的迂回融资不是减少风险、降低成本，而是抑制了社会创新。

一般地，现代金融理论的前提是市场有效性假设（EMH），即金融市场的价格机制是完备的，比如一只股票产生波动便反映一家企业有变动，整体股票市场出现波动就意味着整体经济有变化，即常说的股票市场是一国经济的晴雨表。

金融市场里货币与资本的演化关系，本质上不仅是企业创新行为与企业创新价值的定价过程（资产定价），同时也是资本创新价值的评估与定价（资本定价）过程。显然，资产定价与资本定价一般而言是彼此不一致的市场过程，前者发生在商品市场，以企业家为主体；后者发生在金融市场，以金融、资本家为主体。如果二者价值相等，便恰好地反映出人们关于市场有效性假设的美好愿望，但是，令人遗憾的是，创新的资产与资本的定价却天然地无法保持一致性。一方面，传统理论根本不区分资产定价与资本定价的行为差异[66]，公司金融的资产定价理论下，从 MM（Modigliani-Miller）定价模型到公司资本结构与市场价值的关系分析，人们仅仅关心市场有效性下的公司价值。另一方面，金融资产定价理论从最初的 CAPM 模型到 APT 公式，再到 Fama-French 三因子、Barra 因子体系研究，直至现代行为金融研究，学术界一直试图构建一个合理的资产投资定价模型，来解释资产收益的变动[67]，人们关注的是规避资本投资的风险（表 6.2）。也就是说，从本书所提的创新价值的资产定价与资本定价的差异来观察，或许我们才能给出创新价值的形成、定价机制及其对于经济周期性规律的影响分析。

表 6.2　现代金融理论与宏观政策工具的对应关系

研究对象	金融理论	研究的基本方法	主要结论	隐含的宏观政策含义
金融市场整体价格趋势	EMH	随机游走的检验方法	市场价格充分反映所有可获得的信息	金融市场价格的波动受宏观经济波动的影响，而不是相反
企业资产结构	MM 理论	无套利均衡思想	企业融资结构和企业价值没有关系	一般宏观经济研究框架没有必要区分金融市场和银行系统的差别
一般金融资本资产定价	MPT、CAPM	一般均衡思想	金融资产价格由风险——收益的关系决定	金融市场价格的波动受宏观经济波动的影响，而不是相反
一般金融资本资产定价	APT	无套利均衡思想	金融资产价格由风险——收益的关系决定	金融市场价格的波动受宏观经济波动的影响，而不是相反
衍生金融资产定价	Black-Scholes 理论	无套利均衡思想	金融创新能够分散风险和提高流动性	衍生金融市场是一般金融市场的稳定器；衍生金融市场的创新和宏观经济没有关系

资料来源：刘崇仪等，《经济周期论》，人民出版社 2006 年版。

除了金融市场的微观视角分析[68]，从国际货币竞争的逻辑来讲，货币中性论的逻辑前提早已不复存在——需要统一货币的中央银行体系，反而显现出哈耶克意义上的货币价值竞争。[69]因为从布雷顿森林体系开始，随着美元体系的三次崩溃，不同民族国家的货币竞争，就一直充当着国际地缘政治的工具，这迫使各个国家的货币早已成为国家间合作与竞争的政治工具[70]，呈现出全世界受美元主导，各个国家被迫运用本币的操作权，经由国际贸易的往来，彼此关联、相互依赖地展开国家之间的货币竞争。其次，在同一国家内部，任何统一市场的不同商业银行总是存在着金融信用服务的彼此竞争，这是第二个不争的事实。其实，商业银行的不同信用服务一直在充当着不同产业、不同企业的不同利益群体之间非经济性的政治博弈工具。换句话说，哈耶克的货币非国家化主张，早已随着金融市场的发展而逐步实现。由此，货币主义试图论证货币数量不影响商品相对价格，只是短期影响商品的绝对价格变动，其逻辑成立的假设条件包括恒久收入假设、适应性预期、货币供给不变性等命题；其共同的前提是，货币由一个统一的货币当局掌控，处于自给自足、封闭的货币体系之中。这种条件不仅从来不存在，还会随着市场特别是金融市场的激烈竞争和快速发展，必然地消失——只不过被人们选择性地视而不见。更重要的是，这种去国家化、去中心化的趋势并没有带来货币的中性化结果，这或许完全超乎哈耶克关于自由货币制度的预料——“整个社会所向往的好的货币将不再来自政府的仁慈，而是来自各私人银行对其自身利益的关心……将自觉地控制货币发行量，并保持足够的储备，以应付各种待支付的款项，否则它发行的货币就会被公众所抛弃”。哈耶克的预言建立在银行之间竞争的目的是货币稳定性上，而现实的事实是，银行家们往往追逐垄断利润、创新价值的现实收益。

也就是说，源于从货币到资本之间转化的现代市场的复杂性，使我们仅仅在企业创新的融资阶段就进入了一个“投资”与“投机”并存的金融市场阶段、“创新”与“泡沫”并存的资本市场阶段，这两个阶段的二元对偶转换逻辑必然导致社会创新过程充满周期性波动的内在动力。下面，我们将给出以货币转换为标志的经济周期定义。

定义 6.2 所谓经济周期是社会创新过程中，由于货币-资本转换矛盾天然地偏离了传统货币的中性功能，而引发的实际经济周期性运行的宏观现象。

在市场运行的现实过程中，存在着两大基本矛盾：一是生产与消费的矛盾;二是资本与劳动的矛盾。但将之定义为矛盾,或许不准确,本质上,它们是相互依存、相互制约的对立统一体;因为没有生产便没有消费,没有消费也就没有可持续的生产,同样,没有资本便没有劳动的市场交易,没有劳动也就没有任何资本运作的前提。此时,上述货币-资本转换矛盾的周期性动力,只是实际经济周期性的隐性逻辑,最终都必须通过生产-消费、资本-劳动的外在矛盾体现出来,表现为不同现实原因的经济周期。这意味着除了社会创新的必要条件之外,导致经济周期的充分条件有两个:一是与实际经济生产-消费的循环矛盾有关;二是与劳动-资本的价值竞争有关。而这两个条件中的任何一个加上社会创新因素,都会诱发或导致现实经济的周期性波动。这里,生产消费的循环矛盾是创新价值在空间上的展开,是人们对于预期创新利润与收益的最大化理性使然,依赖于货币的传统职能;资本与劳动的矛盾是创新价值在时间维度上的延展,是人们在创新价值的认同与分配的博弈行为上的均衡,往往通过货币的政治功能扩张以及创新价值的资本劳动比的兑换来实现;同时,二者都是货币与资本竞争、追逐创新利润的现实反映。

6.4 生产与消费的创新价值竞争

分析生产与消费的矛盾及其二元对偶周期性的诱因,其本质在于创新价值并非始终存在于某一方面,而是周期性地在生产与消费两个环节显现。正是围绕创新价值及其收益的博弈,才会周期性地表现出需求与生产不足或者超额的经济特征。因为追求创新剩余价值是生产与消费两方面的共同特性,分别表现为追求超额利润和消费者剩余的效用。换句话说,经济周期性现象本身也是生产和消费行为在创新价值博弈上均衡的结果。

尽管奥地利学派及其货币主义者声称,经济周期其实是一种货币现象,是货币市场的供需均衡以及央行货币发行造成的周期性运动,但必须承认,经济运行的基础仍然是生产与消费的物质循环,这种实体经济循环的确依赖于货币的政治功能;离开实体经济循环的纯货币分析会引向理论研究的歧途[71],乃至诱发虚拟经济的现实投机。一般地,社会创新的价值首先通过生产环节创造并体现出来,接着,便会在消费过程中实现,并通过生产利润与消费者剩余的增加来促进人类福祉。但我们要进一步追问:究竟是生产，还是消费，对于创新价值的作用更大，或者问，生产者和消费者是如何在创新循环的过程中[72]，实现对创新价值及其利润的竞争、分配和均衡的？

由第3章中生产和消费的微观周期性行为的分析可知，生产和消费都依赖于宏观金融环境的影响，即从社会加总的视角看，生产与消费的周期运行都具有货币依赖性。这实际上也是新古典综合学派货币政策理论的重复，即生产与消费同时依赖于货币数量与币值预期这两个外生因素。因而，创新价值的产生、交换和分配也与货币数量与币值预期相关，因为社会总生产表现出紧缩性或者扩张性的趋势并不是对于个体生产者行为的简单加总。由于个体生产紧缩与扩张的随机分布性，直接、简单、数量式加总的社会总生产将呈现出某种稳定均衡态。[73]相反，社会总生产波动首先总是反映并体现在生产的货币供求关系上，并表现为一种货币供求均衡的变动及其社会现象。

企业家对于资本的需求一般是源于企业自身投资、经营的传统生产需求，这包括企业家通过信贷市场对资本供需的宏观感知。如果在企业家最需要资金的时候缺少资金，就会促使企业家形成关于产品需求旺盛的市场预期；相反，在资金充足不需要资本输入的时候，如果银行主动提供贷款，这会使企业家对市场的繁荣产生怀疑。这种反向心理的描述意在强调，由于资本品的投机性质，没有企业家会追逐资本贬值的风险，反而，资本价格越高，企业家就越是追逐（买涨不买跌）。同理，消费者在消费的信息交换、资金融通过程中也是如此。一方面，消费者总是观察和获取有利于自己偏好、吻合自己习惯的信息；另一方面，消费者总是具有背离羊群效应的消费倾向，力求与他人的消费不同，以显现自己的独特性和优越感——即使这种消费倾向十分可笑和幼稚，但人们在消费行为中确实如此行为和决策。[74]

也就是说，传统理论假设企业生产决策基于市场需求只是一种直观的说法，忽视了货币与资本市场会扭曲创新价值、误导需求信息。此时，金融市场之放大或紧缩功能的唯一动力，只能是人们对于创新价值的预期与追逐。由此，现实经济需求与供给不足引起的经济周期性正是创新价值在消费与生产两个环节的竞争分配过程中，经由货币依赖性所产生的效果。具体地，我们从以下三方面进行说明。

6.4-1 创新价值的形成与转换

关于创新价值的定义，首先以总体宏观经济水平为基础，体现为典型创新企业的个体生产利润相对于总体宏观水平所产生的收益。比如，如果记传统商业利润率为5.5%，典型创新商业企业利润率为15%，那么，企业创新价值利润率为9.5%(=15%−5.5%)；而企业具体创新价值为：创新价值利润率×企业总收益。

显然，前述创新理论分析一直在讨论概念，却没有给出创新价值的具体定义。但须注意，上述的简化定义并不适用于实证计量，只是一种叙述方便所为。由于创新企业的经营方式、营销模式、管理形式以及股权结构和剩余索取权等企业运作方式，乃至企业的产权、边界等概念都存在着不同形式的创新可能性，上述的创新价值及其利润率都仅仅与整体的企业相关，而不涉及合作产权的具体收益分配。

此时，按照一般均衡的逻辑，创新价值将随着创新企业市场占有率的增长呈现出倒U型曲线变化[图6.5(a)]。如果将创新的社会认同看成一个时间过程，这条曲线可以是时间变量的函数。如果创新的过程服从触发机制的作用[75]，那么，创新价值密度函数将呈指数函数的分布(图6.5中的黑色线)，创新资本与资产的创新价值公式可简化地假设为呈正态分布的价值线(图6.5中的灰色线)。进一步，只要定义一个创新密度与创新价值之间的差值(图6.5中的黑色线减灰色线)，便可得出一个创新企业的创新潜力函数[图6.5(c)]。实际上，这种图示是对上述简化定义的补充，以辅助说明。

图6.5实际上是模仿传统经济学的方法论，即将创新看成一个“黑箱”，不管其中的具体内容，仅仅考察“黑箱”两头的投入产出，做某种成本-收益的计算。如果深入细节观察，社会创新的价值首先要通过企业家精神的创造性劳动以产品形式体现出来。其次，要经由个别消费者购买认同及其推动来完成创新价值的社会认同；最终，通过社会购买的交易及其帕累托改进，促进社会总福利和人们福祉的增加。一种直观逻辑是，在生产-消费的市场交换过程中，如果供过于求，那么消费行为就会成为实现社会创新价值的主导力量；如果供不应求，则生产行为成为实现创新价值的主导方。显然，基于传统理论关于供需均衡的逻辑，这里，我们只是增加了实现创新价值的因素与逻辑。这里，为什么是创新价值而非传统意义上的商品价值或者生产利润的概念？实际上，我们不能否认商品消费中的劳动价值、交换价值，

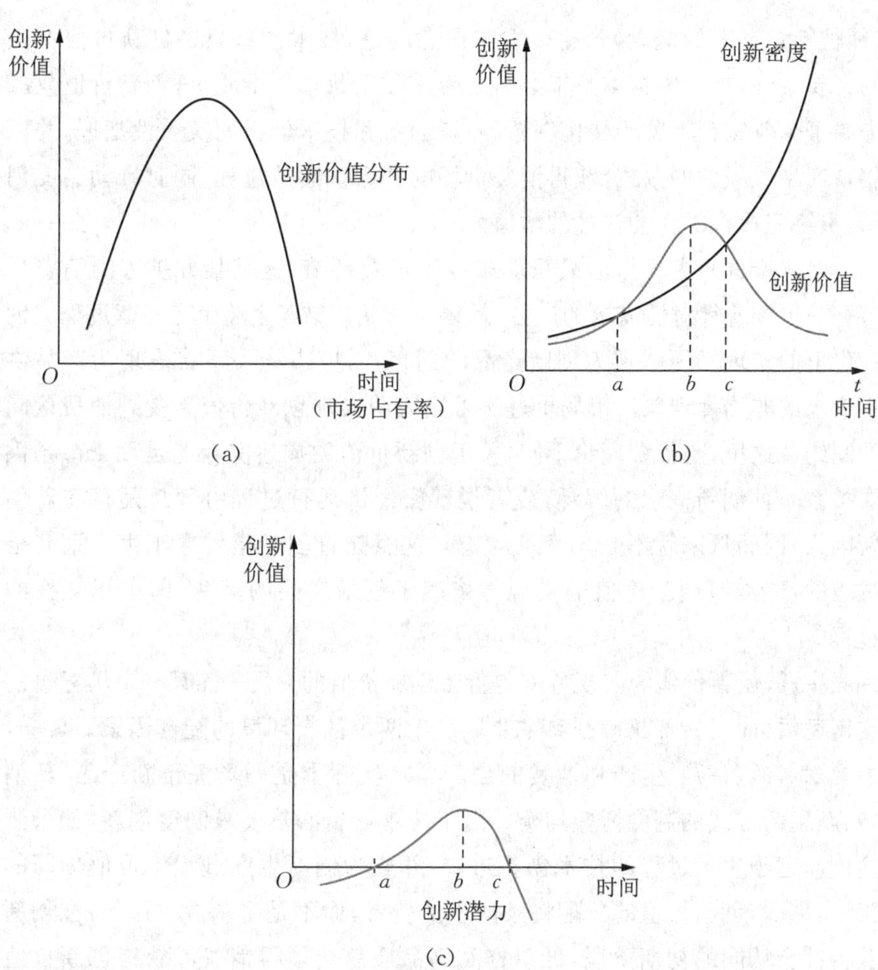

图 6.5　创新价值曲线及其特例

乃至经济利润的概念，也不打算全面讨论创新价值的哲学内涵及其理论，只是强调创新价值不仅体现了劳动价值中凝聚的社会最重要的创新劳动——全社会经济发展（而非增长）的核心价值，同时，还包含了交换价值中消费者对创新劳动的价值认同与购买。于是，这里必须讨论关于创新价值产生、实现、分配与扩散的过程逻辑。具体地，创新价值的定价、一般劳动价值与创新劳动的关系、交换价值与消费者对创新劳动的认同与购买，以及金融市场在生产与消费循环中的作用，均包含在以下过程逻辑的讨论之中，具体叙述不再一一提及。

创新价值的产生只能来源于生产环节，通过企业家精神的五类创新行为

(熊彼特意义上的概念)产生。但需注意的是,技术创新只是创新价值产生的必要条件,技术创新本身未必一定带来创新价值。本质上,创新价值只能来源于企业家精神关于文化创新、经济创新和技术创新的实质性把握,并以创新产品或服务的方式,获得消费市场的社会认同的过程,同时推动制度创新,最终完成人类社会福祉的增值。

创新价值的实现与形成只能来源于消费环节,这是某种扩大的消费环节——包含着针对性需求的广告、销售与产品试错等企业生产经营过程。创新价值的实现必须体现为创新产品的销售,对应市场关系将表现为产品供不应求的非均衡现象。市场供过于求则表明实现创新价值要受到消费认同的制约。这里,与传统理论不同,关于创新价值的描述实际上是赋予市场供求关系一种创新概念的解释,或者说现实经济运行过程由于总是存在着创新因素,因而从来就不是均衡的状态。这意味着创新是贯穿于生产消费全过程的行为,但创新价值的实现却依赖于创新产品的消费,即市场交换的过程。

注意,创新价值的实现并不等价于创新价值的分配——某种市场竞争的均衡逻辑,而创新价值的分配主要取决于两个社会环境的配套因素。其一,制度创新的制约。生产和消费的创新循环实际上是一场关于新产品、新消费、新生活方式的制度博弈均衡。由于技术创新必然要求制度创新,如果制度创新迟于生产过程的技术创新进步,并成为创新生产过程中价值创新的阻力,那么,创新价值的分配将倾向于消费者,而不是生产者。比如,在创新获得社会认同的初期阶段,低价格和高品质总会使得消费者获得创新价值的超额收益,这算是对于那些敢于"第一个吃螃蟹"的消费行为的奖赏。同时,一旦制度创新的进度慢于经济创新、产品创新或技术创新的进步,就会造成新技术带来的社会秩序的失衡、混乱和认知差异;这样一来,消费者即使在创新价值分配中获得了多于生产者的创新价值收益,也不仅没有幸福感的提升,反而会出现某种极端恶劣、糟糕的消费均衡困境。

其二,创新价值的分配受到创新生产与消费过程中货币需求及其信用扩张的制约。基于生产消费相互依存的循环关系,将熊彼特的创新概念放进生产与消费的循环过程,我们会发现创新价值的分配包含着更丰富、更复杂的经济内涵,必须拓宽至金融市场的均衡逻辑,即考虑商品供需和资本供需的双重均衡来观察创新价值的分配。

假设在创新产品市场上,生产供给方、消费需求方均存在着对于货币资本的需求，且双方都可以从前述章节所说的金融货币市场环节(见图 6.4)的不同阶段获得。那么，在商品供给与需求处处均衡的平面上，根据其所处的金融市场环境，资本预算线为一条斜向右下的直线。此时，面对资本供给的均衡曲线，我们便可以获得不同资本均衡下，商品供需同时达到均衡的状态，由此，便可以考察金融市场的放大和紧缩功能的差异。

图 6.6 中，点 A 意味着金融市场的货币资本流向生产领域，放大供给端的生产能力，而紧缩消费端的消费能力。相反，点 B 则意味着金融市场的货币资本流向消费端，倾向于放大消费端的消费潜力，而紧缩供给端生产者的创新能力和创新努力。实际上，金融市场对于创新价值分配的这种放大、紧缩功能的影响，本质上受到全社会整体创新环境，包括文化创新、经济创新、技术创新和制度创新的多环节影响；可以表现为新闻媒体、社会舆论、商业广告乃至自媒体信息等众多因素对于创新价值分配的制约。

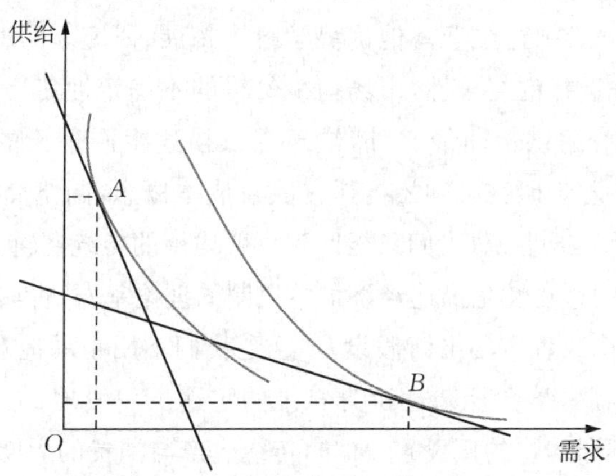

图 6.6　创新价值分配中的金融市场作用

创新价值的扩散实质上是一个创新价值耗散的过程。一般地，技术扩散的加速会同时使得创新价值越来越低，直至为零。其中包含技术创新的工业化、标准化过程，进而通过社会生产力的全面进步，提高了社会总福利水平。当然，也包含传统实际经济周期分析理论的技术冲击逻辑，常见的教材均有叙述，不再多言。

6.4-2　供需加总的均衡存在性

传统理论的总需求、总供给概念是指个体需求与个体供给的简单加总，这源于商品的可加性，但这并不意味着商品的生产能力也具有可加性。理论上，根据个体偏好、可支配收入、商品价格、可替代和互补商品的价格乃至情感、心理等诸多消费因素，就可以定义个体的商品需求。根据厂商的技术、资本、劳动力和商品价格乃至生产决策预期和宏观景气判断等因素，就可以定义个体厂商的商品供给。但是社会总需求（总供给）不等于个体需求（供给）的简单数量加总，就像谷贱伤农的故事那样，类似加总均衡的囚徒困境逻辑不仅随处可见，传统理论的总需求与总供给的均衡概念不过是一个粗略的描述。实际上，个体偏好概念往往超出经济学的范畴，涉及民族、地理、心理、性别、生理乃至意识形态的价值观等论题[76]，人们对于创新产品或者商品的需求，并不是发生在商品购买的那一瞬间，在商品交易之前的创新产品创意、创新技术选择、创新产品制造包括逛商场等一系列过程中，消费者对于创新产品的需求就已经在发生“化学”反应；以至于除了理性偏好或者凸偏好的理论描述，经济学并不存在深化偏好概念或者效用函数描述的理论合法性——必须让位于其他优势学科来拓展、研究。同理，面对厂商的技术特征、技术选择的复杂性，市场均衡价格的不确定性使得除了厂商边际成本与边际收益的供给曲线之外，缺乏深入描述生产理论的学术合法性。严肃地讲，经济理论研究必须始终抓住收益成本概念，围绕交易行为展开自己的深层次内涵；或者说，我们只能回到一般均衡的传统逻辑。

一般均衡的存在性是描述经济加总机制的理论基石，古典经济学称之为市场有效性理论或者市场出清假设。[77]这是我们不用粗暴地对总供给（总需求）进行简单加总，学会复杂性行为思维的正途。一般地，与市场有效性理论（包含三个逐渐弱化的假设）一样[78]，传统生产与消费的周期性供需加总也有三个层次的递进逻辑。

其一，如果假设个体需求为周期函数，从时间维度看，当加总个数趋于无穷大时，根据大数定理，局部需求的加总值是收敛且稳定的。这符合人们日常生活的一般直觉，比如一个早餐店，只要根据历史平均量就可以确定明天早餐的供给量，而无论哪个具体的消费者是否会来［如图 6.7(a)所示］。

其二，如果一般的个体需求或者供给并非周期性现象，在大数定理作用下，对应的个体行为的加总机制相互抵消作用，会导致一种均衡的动态增长，使得个体周期性行为的加总效果并不会最终表现为宏观经济的周期性现象［如图 6.7(b)所示］。

其三，如果个体暂时减少需求，我们仍然可以确定（增加和延伸一般均衡的稳定性讨论，保持传统循环经济的社会加总不变性命题)，从时间轴上看，社会总需求和总供给的时间序列曲线仍然是近似平直的[如图 6.7(c)、图 6.7(d)所示]。

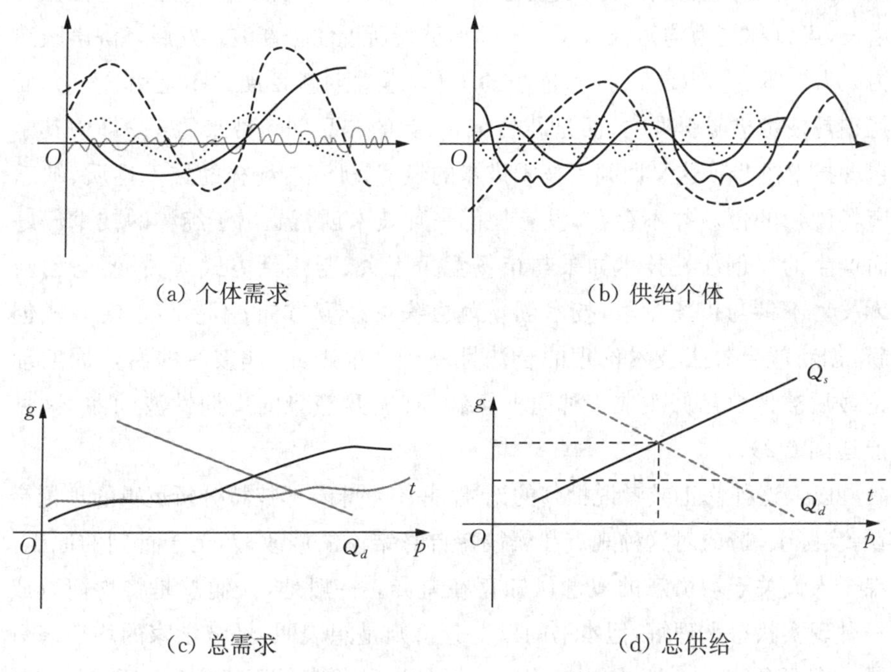

图 6.7　个体需求、供给及其加总的均衡市场

换句话说，一般均衡的存在逻辑，或者说市场有效性的假设，当且仅当经济循环过程不存在创新行为时，才能够成立。为此，当我们考虑正常经济运行过程中总是存在间断性、非连续的创新行为和创新企业时，需求和供给的自然均衡力量(或市场有效性逻辑)将存在着一系列非均衡的逻辑冲击，此时，非均衡的差异性正是现实中人们关于创新与创新价值的认知、认同的差异；也由此，使得创新价值的产生、分配和传播机制表现出某种复杂性。基于市场供需曲线的逻辑，一旦增加时间序列的创新概念，生产和消费的循环将随着货币的政治化功能进一步复杂化，而值得深入的思考。

熊彼特最初的创新非均衡分析忽略了一个重要因素，那就是均衡态也存在着增长的一般性逻辑，一般传统均衡态中总是存在着大量技术改进的微小创新，这种技术改进或许不是严格意义的创新，但却是均衡态的工商产业者生存的首要法则——除非是投机者。[79]随后，按照熊彼特的改进分析[80]，在创新过程中,吸收相对于衰退期所具有的恢复均衡力量,均衡态的市场过程便会逐步驱除所有投机者——投机者仅出现在繁荣期,一旦处于风险吸纳阶段,投机者将敏感地跑路,消失得无影无踪——即使原本很多投机者没有跑掉,也被动地从投机者转换成企业家。换句话说,一般均衡的经济过程也有增长,可以称之为均衡的增长——即熊彼特所说的创新波。发展经济学归纳为人力资本、生产要素、技术进步的增长,不过创新发展并不是由这三方面特别是技术进步引发的,而是新的组合、新的产品创新带来的——即使其中包含技术进步。这又回到了技术进步的经济属性上:纯粹的技术性质、缺乏市场激励的创新并不存在,没有任何一种技术创新是出于纯粹的技术偏好而产生的。创新性技术如果与市场竞争无关、与生活方式无关,便与创新无关。不参与市场竞争,技术创新就会失去研发方向;不参与生活方式创新,创新就会失去技术伦理的合法性基础。也因此,熊彼特的商业周期理论最后被他自己修改成一种向上倾斜、有上升趋势的周期性波动曲线(见前述图 6.2)。

以上这种修正或者说批判的论述,并不意味着熊彼特分析逻辑的理论错误,实际上,造成对这种观点和熊彼特自身结论的修改,乃至于批判的原因,在于人们关于均衡态的概念认知存在差异。一般地,人们总是将均衡看成一种现实状态来理解,但本书的以上分析则是想表明:经济学家的均衡态只是一个概念、一个理论分析基点——无论这种状态是否真实存在,它刻画出某一事物的内在矛盾运动过程中,各种矛盾因素最终达成的状态。就此而言,任何市场价格都可以是均衡价格,任意市场的价格向量都可以看成一般均衡价格;所谓的供过于求、供不应求只是一种不严谨的说法。我们最多只能说这是一种价格长期稳定的均衡态。

6.4-3 创新价值竞争的周期性

古典经济学的市场有效性是指充分就业或资源充分利用的长期趋势,在此假设下,萨伊定律才能够断言“供给会创造自己的需求”:一种商品的卖主同时是另一种商品的买主,一种产品的生产必然给其他产品的生产开辟销售道路,进而货币只是在商品交换的一瞬间发挥着媒介作用。实质上,这是经济运行的一种长期、自然状态的描述,然而,自人类开始理性进步以后,如人们对政府宏观干预、个体恶性竞争乃至思想史的理论进行反思,我们就从未回到过这种自然状态。那么,该如何看待萨伊思想、自由主义市场有效性信念，与人类社会发展、理性进步的短期代价的关系呢？

长期而言，市场总会实现一般均衡的。至于短期不同类型的市场失衡，以及由此导致的经济波动的周期性现象，传统解释很简单：要么是生产成本的高低变化与消费者行为变动，造成需求与供给的均衡错位，要么是市场其他因素的非均衡变动带来的市场波动；或者就是技术进步乃至社会趋势的变动。然而，宏观经济学却表明，这种直观解释并不准确，经不起推敲；因为从长期的角度看，非均衡的波动都可以被人们的理性预期和无套利机制所抹平——即使凯恩斯很反感这种长期均衡的托辞，曾讽刺道"长期来讲，我们都是要死的"。但这里，本书仍然要坚持古典经济学传统的长期均衡观，秉持某种市场有效性信仰。唯有如此，我们才会得出对于本书论述真正重要的结论——导致市场失衡的是创新，唯有创新及其价值扩散才是市场非均衡偏离的唯一内生的经济原因。本书的这种陈述，本质上是对于熊彼特的创新引发经济周期这一理论的继承，而熊彼特问题或可以再一次这样表述：如果排除掉一切内生因素的波动，同时排除气候、关税、投资等一系列熊彼特定义的外生因素对于经济周期波动的影响，那么，经济系统将仍然表现出周期性规律。而造成经济体波动的纯粹内生原因只能是人类社会的创新活动，一种经由企业家精神带来的经济创新。其中，文化创新是先导，与制度创新一道完成生活方式与个体偏好的演进，表现为技术创新带来的社会总供给的全面提高。

只有基于传统的均衡思想来观察非均衡运动，我们才能恰当地把握经由生产-消费两方面展开的对创新价值的竞争，以及由此产生的周期性经济规律。

首先，文化创新带来的社会变化不仅发生在生产端，也同时出现在消费端，会改变个体偏好、幸福观的效用，这是前文已论述的内容。文化创新展示出新生活方式对于人们的召唤，体现了人类社会发展的新生活方式的新含义，由此，随着文化创新、经济创新的传播和完成，最终通过人们偏好的变化，带来对新产品、新服务的新需求。尽管并非所有的创新都是真正的创新，但不容否认的是，即使是"忽悠"式创新也会创造需求和供给，只不过无法像真正的创新那样，会带来消费者社会总福利的提升。此时，我们可称之为消费引发的创新价值，如前述图 6.6 的点 B 所示。进一步，具体实现方式又可以细分为两种，即面对消费资本先动、出现创新需求，一是生产资本被动跟随性的增加创新，由此带来生产环节创新，获得市场创新价值；二是生产资本主动地适应变化，导致生产阶段的过度创新。此时，二者在周期运行过程中的状态可以总结如下：

第一，供不应求，供需双方处于创新价值的上升期，进而是需求创新带动市场供给回升；具有投资剧增、购销两旺、物价上涨的市场景象(图 6.8 左侧阶段)。

第二，供过于求，供需双方处于创新价值衰退期(图 6.8 中间阶段)，在该阶段内的每一时点，生产供给都大于消费需求；这恰好是整个经济陷入衰退的征兆。

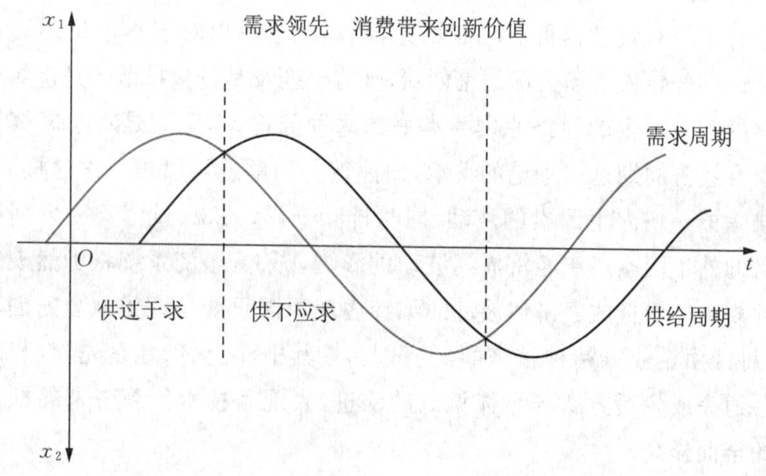

图 6.8　消费创新的供不应求、供过于求均衡态

其次，生产领先引发的创新往往带有明显的技术创新特征，并以新产品、新功能、新概念的面目出现在市场上。这是传统理论关注较多的领域，比如目前人工智能领域出现的 ChatGPT、Sora、无人驾驶等，在布莱恩·阿瑟的《复杂经济学》中都被详细地讨论过。除此之外，相对于消费带动型价值创新的隐秘性、无意识特征，生产带动型创新还常常伴随着关于新技术带来经济发展、财富增长等社会绩效的社会鼓吹意识。此时，人们容易看到技术创新带来社会生产能力的大幅度提升以及消费品种、花样和消费质量的大幅度提高。这些我们可以称为技术进步引发的创新价值，如前述图 6.6 的点 A 所示。具体地，同样可以有两种实现方式，即面对生产资本先动、出现了创新供给，一是消费资本被动地增加，由此带来消费创新的跟随，获得市场创新价值；二是消费资本主动适应变化，形成消费创新。最后，表现为图

6.9 中的均衡态。

第一，供不应求，供需双方处于创新价值的下降期，生产端提前逃离了市场，创新价值在市场中无法实现，呈现出物资短缺、物价上升的市场特征。

第二，供过于求，供需双方处于创新价值上升期(如图 6.9 所示)，创新价值客观上在生产端受阻，表现出生产刺激乏力、消费需求不足乃至通货滞胀的现实前景。

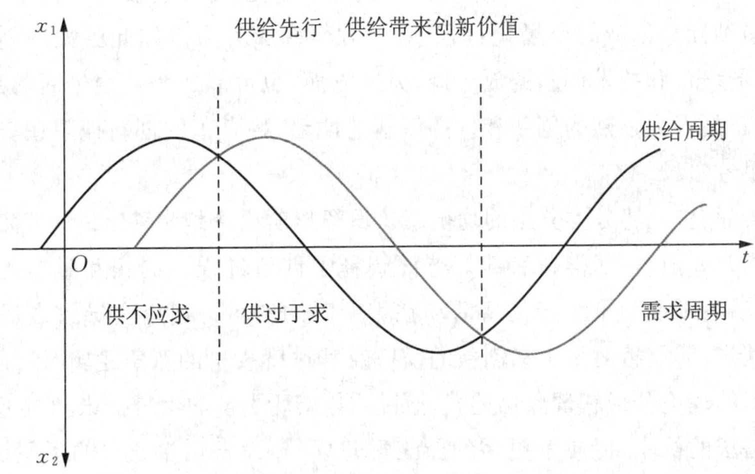

图 6.9　生产创新的供不应求、供过于求均衡态

由上述供给与需求的周期性关系，我们不难理解，市场失衡过程的短期关系可以有以上四种状态，加上生产资本与消费资本的非均衡态，实际上，它们对应着创新引发的经济周期过程中八种不同的现象或状态的逻辑。当然，这种均衡态的分类并未遵循严格意义上的逻辑，但生动说明了创新的均衡偏离，关键取决于金融资本对创新的风险评估、判断和认同，并由此产生对于生产-消费两端创新的金融扩张或紧缩机制。

金融市场的技术专业化和职能分化，使得资本供给与需求之间的关系，因为贸易、汇率与自由的矛盾，变得越来越依赖于政治经济学意义上的宏观政策倾向，投资、金融决策也越来越远离初始资本市场的货币供给规律。形象地讲，金融市场已成为经济创新的放大器。一方面，可以全面地激发、培育和扶持市场中具有应用前途、资产增值潜力、可以诱发技术进步的企业、项目(可以是企业内部或外部乃至独立的项目)和想法，这个过程不仅极大地激发了创新者的创新冲动，也同时引发公众对于创新的期待和支持。另一方面,由于纯资本家并不具备社会创新的全链条理解力——从属于企业家精神的一部分,进而,缺乏对于真正的创新的全面把握;就像资本势力并不理解文化创新的内涵及前景,以至于文化庸俗化、娱乐至死的文化盛行。于是,一个奇怪现象是,金融市场并不理解社会创新过程的完整、真实的意义,却运用资本去追逐文化创新、经济创新;金融人才并不具备技术创新的知识储备,却掌握着技术创新的投资决策权;金融专家并不理解制度创新的政治逻辑,却不断地安排、设计政治议题。这种矛盾已使得金融资本在选择、扶持和激励社会创新的市场化过程中,一方面或成为力量如此巨大的创新孵化、市场培育和技术创新的放大器,另一方面,也可能成为社会创新的敌人。最终,正是人类强烈的创新和扶持创新的冲动,将真正的创新扼杀在自己的摇篮里。

实际上,上述分类分层的均衡态试图解释熊彼特想要解释但没有完全解释的东西。前者,从消费者偏好方面解释了创新过程中的相互影响的行为逻辑;后者则说明了生产创新活动在繁荣时期的行为何以会导致衰退的逻辑。其实,熊彼特对于市场创新的反应及其过度投机的竞争逻辑,已经给出了精彩的理论分析和现象描述。[81]他说:“创新所引发的信贷扩张和对于生产资料需求的扩张,促成了更多的新工厂建立、新设备增多,也增加了社会对于更多消费品需求,进而整个社会因为追逐创新风潮(而非创新本身)出现了大量的投资机会、过度的投机活动;最终,因创新引发的投资超过了创新需求。”这里必须提醒的是,正是金融市场的放大机制或紧缩机制,将原本由市场创新自然扩散和实践检验的一系列试错过程,官僚化、戏剧性地转变为由金融专家与冒险家来认定、“忽悠”和扶持的极速、快捷、投机性的过程。然而,由于精英专家所追求的唯一目标是利润,由此,认定程序本身便因为创新项目的竞争性而导致一种反向的强化或者紧缩机制——从根本上破坏了创新思想、创新文化、创新经济、创新技术、创新产品、创新服务乃至创新制度之间的自由竞争机制。比如,一旦企业家创新被否定,就会遭到无情的抛弃和打压;一旦某项创新被认定(但最终被检验为伪创新),金融资本便会不计代价、不辨真伪地开展一场成本巨大的“造神运动”。金融“造神”的动力、功能和贪婪便完全展现出来,任何市场的神话便不再是传说,只要有想法,金融资本结合大众媒体的力量无处不在、无所不往,只要有注意力、有利润的地方,就有资本的身影,它们试图控制新闻媒体、大众娱乐、营销传播、制造组装、售后评价等一系列从生产到消费的社会环节;从人的出生到死亡，只要有利润就会被资本的市场力量所承包和掌控。实际上，传统理论中限制人们思维、让人迷惑的货币中性概念，早已在货币-资本的转换竞争中，被金融市场的“魔法”完全彻底地颠覆、摧毁，而荡然无存。

由于受到货币供需均衡、货币运行周期性，进而货币运行总量的制约，一般的生产供给与消费需求之间的矛盾，不再是社会生产力与人类需求欲望之间的冲突，而是一个被嵌入消费资本、生产资本和金融资本“三位一体”的巨大循环之中，控制整个循环的不是其他因素，正是创新自身。其中，新的消费被创新所引发——哪怕有些新消费偏离了人生幸福的本质；新的生产被创新所激励——哪怕很多新生产正在侵蚀我们赖以生存的环境乃至身体健康；新的资本被创新所衍生——哪怕有些资本品会破坏我们积累的文明。反过来看，奥地利学派关于货币工具的思考将经济周期的本质归咎于货币现象，便不无道理——至少，创新价值便是在这个过程中显现的。

进一步，上述状态的生产与消费的循环关系还暗示了传统的财政与货币政策可能更适应于哪些现实状态。比如人们一般都认为货币政策的准备金率调控更有利于长期货币市场的预期与均衡，但这只是一个直观分析。或许，在本书的周期性运行逻辑的框架下，可以得到更好的解释。显然，这并不是本书关注的核心，本书的核心是关注生产与消费的二元对偶转换及其周期性规律，此时，生产和消费的行为是一个宏观概念。

假设创新价值的创造过程是一个基于市场需求约束下生产利润最大化的过程，其对偶规划是在给定风险及其利润的约束下，最小化市场创新过程需求成本的理性过程。这里，如果我们将宏观的生产行为记为 $\mathbf{x}_s \in \max\{\pi_s(x),\ \text{s.t. } x \in c_d(x)\}$，对应的消费行为被记为 $\mathbf{x}_d \in \min\{c_d(x),\ \text{s.t. } x \in \pi_s(x)\}$，其中，$\pi_s(x)$为给定消费量 x 约束下最大化生产利润，即生产领先带来的广义创新价值，$c_d(x)$为给定供给量 x 约束下最小化消费的实际支出。由此，消费领先带来的创新价值为消费的意愿支出［记为 $c_y(x)$］减去实际支出 $c_s(x)$，记为 $V_{ino} = c_y(x) - c_d(x)$；进而，可以有：

$$y(\pi_s,\ c_d,\ t) = \begin{cases} \sum_{i=1}^{+\infty} [(A_i \cos\theta_i \mathbf{x}_1 + B_i \sin\theta_i \mathbf{x}_1) T(t)] & \partial w / \partial \pi \geqslant 0 \\ \sum_{i=1}^{+\infty} [(A_i \cos\theta_i \mathbf{x}_2 + B_i \sin\theta_i \mathbf{x}_2) T(t)] & \partial w / \partial c > 0 \end{cases} \tag{6.1}$$

注意，由上述图 6.8、图 6.9 可知，式 6.1 中的 $\mathbf{x}_s$ 和 $\mathbf{x}_d$ 均可以造成现实中

供不应求或供过于求两种情况,但其在对应经济周期中的位置不同,含义也存在差异。至于上述周期性运动方程的参数分析,与本书核心无关,这里暂且不讨论。

值得提醒的是,那种认为生产与消费的矛盾要从人类合作行为逻辑的角度来解释,只是一个极端简化的学术思路。经济学的合作是一个缺乏逻辑基础的伪命题,当人们经济行为在合作语境下被展开时,其唯一的导向便是计划经济的集权体制。正如沃尔特·利普曼说的"当人们放弃自由,转而强制性地将其事务施加给组织之时,情况会怎样呢?尽管他们期望一种更富裕的生活,但实践肯定会驱使他们放弃这种期望,并随着组织管理的增加,目标的多元化必定会让位于一体化"。[82]经济学语境中的合作逻辑只能局限于交易行为,除此以外,任何经济学帝国主义方法论及其转移论题的理论倾向都值得保持警惕。本书关于生产与消费循环的周期规律研究就意味着即使金融资本不尽如人意,但现行的生产与消费循环的市场交易仍然是人类合作最经典、最有效的经济机制。

6.5 劳动与资本的创新价值转换

资本与劳动是人类创造财富的核心生产要素,但二者之所以成为某种二元对偶转换因素,并产生周期性运动,原因在于劳动与资本之间内在的矛盾冲突。马克思发现,资本从诞生伊始,就是在剥削工人劳动剩余价值中实现增值的。但哈耶克声称,资本主义是提高无产者福利的基础。显然,要厘清马克思与哈耶克两位思想家的观念差异与对立原因,并不是一件轻松的事,本书不打算也无法给出某种全面的论述,仅仅是想追问:在人类社会经济发展的过程中,资本与劳动,谁贡献的价值更大?或者问:在现代工业化大生产中资本与劳动是否可以离开彼此,并独立地形成社会生产力?直觉给出的答案是:二者均十分重要,它们相辅相成,无法离开彼此而单独存在。实际上,厘清这种关系是理解资本与劳动在社会创新中发挥作用的理论切入点,也是理解创新价值在资本和劳动之间如何进行均衡、分配和转换之运行机制的关键。

那么,劳动和资本在创新价值的创造中是如何发挥作用的,又该如何衡量、测度和评估劳动与资本各自发挥作用的方式、属性和强度?劳动价值理论为劳动创造价值奠定了理论基础；但直到宏观经济学理论诞生以后[83]，特别是熊彼特提出企业家精神概念后，人们才试图正面理解资本在社会财富、价值创造过程中的积极作用，而不是用传统的私有产权概念来抵御公平伦理针对资本的批判，使得双方各自为政，没有得出应有的交往理性的理论成果。在此，一方面是主观价值论，认为只有当商品被交换，并切实增加了他人的效用水平，才能算是获得或拥有了价值，并将其称为效用价值或交换价值。从历史发展来考察，除了人类社会早期游牧、采集与农耕等低技术生产过程外，进入近现代工业社会以后，几乎所有生产行为特别是技术进步都依赖于资本的密集投入，社会化大生产也才能得以进行。否则，仅靠劳动及其价值积累，社会总生产不仅无法发展，也不符合科学革命、产业革命以来社会发展史的基本事实：资本及资本主义制度奠定了现代社会的基石。就此而言，除了劳动，便是资本积聚功能造就了现代工业化大生产的技术进步，因此只有资本包括广义人力资本，有权享受创新价值的利润分配。如此，在追问上述问题之前，有必要重新审视劳动与资本的概念及内涵。

历史上，劳动与资本的相互依赖、彼此竞争的二元矛盾关系，被马克思最初定义为"工人"与"资本家"的阶级斗争。然而，在创新及创新价值的语境下，劳动已经不再是马克思所指的劳动力出卖劳动时间的概念，而应该是人们从事所有经济活动所付出的脑力、体力劳动，同样也包括从事资本的经营、寻租与逐利等活动的劳动。因为现实经济中的很多创新性贡献就发生在资本市场阶段——即使资本经营的本质是逐利行为；与其他产业工人、技术工人和产品研发人员的劳动一样，人们在资本经营过程中所付出的劳动，如策划新产品、新营销、新市场乃至新组合等，也是社会创新价值劳动的组成部分。这种劳动概念的定义与熊彼特创新思想的本质一致，即创新价值的广义劳动概念，拓展了马克思关于劳动概念的外延。坚持熊彼特意义的劳动概念，不仅坚守了传统的古典政治经济学劳动生产理论，将社会生产看成劳动与资本的生产要素投入函数的总产出，与资本的功能分析关联起来，又能完善劳动概念[84]，将企业家精神的创新活动包含进来。

事实上，马克思将资本看成劳动的对立面，强调资本对于劳动的剥削，这种直观思维显然是正确的。但我们此时却需要指出，资本的形成源于劳动剩余价值的社会积累，资本是劳动积累的产物。这意味着马克思批判的资本对于劳动的剥削，实质上是指积累的劳动对于新生劳动的剥削——即在位者与进入者关于合作收益的博弈竞争。也就是说，按照博弈行为的思维方式来分析,马克思提出的劳动与资本的矛盾实质上是新生劳动与掌握原有积累的劳动之间的矛盾。然而,为什么新旧不同的劳动之间会存在着利益的矛盾对立?其关键在于,代表着两种劳动的劳动者之间行为目的、责任及分配倾向完全不同,存在着利益竞争的对抗性矛盾。不抓住这种新旧劳动的矛盾,就无法厘清资本为什么会侵占新生劳动者的利益,也无法回答无产阶级联合起来消灭资产阶级以后,无产阶级之间的矛盾怎么办?因为无论是阶级矛盾或者阶级内部的矛盾,都是无法否认的客观存在。

6.5-1 劳动与资本的新旧劳动矛盾

资本是劳动价值的积累,是积聚的劳动;劳动是资本价值的源泉,是分散的资本。资本是旧的、死的、被制度承认的创新价值,占据着生产关系的主导地位。劳动是新的、活的、未被制度承认的创新价值,处于被现有生产关系控制的地位。

从人类的社会创新价值及其积累角度看,资本与劳动之间的矛盾本质上是新生劳动与传统劳动的价值竞争与利益矛盾。马克思对资本的批判强调了劳动积累的资本对于新生劳动的剥削和压迫,主张新生劳动的公平观。这种批判的理论指向是:劳动积累的制度性资本客观上获得了资本主义社会制度的强化与认可;因而马克思《资本论》的本质是关于资本主义制度的批判。值得指出的是,一方面,由于资本的劳动积累过程是由市场交换所形成的,必须服从市场交换的价值规律,这是主观效用论的逻辑理论合法性之所在。另一方面,新生劳动的价值创新功能又时时刻刻体现在人类社会生产的全过程中,使得资本的劳动积累价值必须反映劳动物化、转换过程的劳动价值规律,这则是劳动价值论的合理性所在。此时,一旦市场交换偏爱资本,就会造成资本对劳动的剥削;反之,则会导致劳动力短缺、工会力量上升的现实状况;理论上则表现为效用价值论与劳动价值论之间的矛盾。实践中,世界各国的政党政治竞争,总是表现为代表资本与代表劳动各自势力或者政治倾向的政党间的竞争。由此可见,资本与劳动的对立并非新论题,但与上述古典政治经济学的思路不同,本书将从价值创新、价值积累与分配及其社会政治关系的环境等多方面,来分析资本与劳动二元矛盾的内在逻辑。

代表着旧价值积累的资本,一般总是以资产所有权的面目出现在生产环节的全过程中。这使得资本被传统产权理论赋予了天然的风险与收益、责任与义务的承担权和支配权。关于私有产权神圣不可侵犯的西方文化传统，自休谟确立其道德合法性以来[85]，一直到新制度经济学被产权理论给予深入阐释，方得到逻辑的全面完善。[86]一方面，产权理论确立了社会财富合法积累的逻辑前提，是社会发展的基础性制度设置。另一方面，产权理论也催生资本演变成为社会化大生产的组织者、生产过程的磨盘心，而成为其他所有生产要素（劳动、土地、技术）彼此竞争的对立面[87]，使得它们在现实的生产过程中，彼此相互依赖、相互制约，共同完成了社会生产的全过程。进而，资本也在这种矛盾推动社会发展、加速技术进步的使命中，完成了自身职能的全面扩张。更重要的是，面对社会生产过程的创新风险和利益冲突，资本被人为地赋予或者自然地承担了创新风险的社会责任，如公司企业最低限度的有限责任公司制度，就是以资本出资额为标准。相反，劳动和其他生产要素则在即时交易的过程中，受到了市场规则与破产制度的保护，可以相对地免受创新风险的损失。也就是说，资本拥有对创新价值的责权利支配权，而劳动则处于被控制的地位，这种现实矛盾本质上是资本主义传统文化的显现。

资本对于人类现实世界的扩张是一个不争的事实，这源于资本的积聚性。只要有利可图，人们现实生活的每一个角落，就可以看见资本"勤奋"的身影，它在为我们带来创新价值积累的同时，也带来资本积聚的种种不良影响。更为要紧的是，一旦资本自身成为逐利的目的，而非手段，那么世界上所有资本的逐利积聚性及其行为总是会带来一定程度的非常规风险，如市场崩溃、各种非常规衰退，乃至周期性经济波动和危机。

新旧劳动的矛盾，本质是新旧文化的矛盾、新旧生产关系的矛盾、新旧技术的矛盾，最终，表现为新旧制度的矛盾。这是一个简单、直白的道理——新的创新价值一定是新的文化创新、经济创新、技术创新的价值积累。本质上，新旧劳动矛盾包含着一般劳动与抽象劳动的矛盾，核心在于资本所代表的传统劳动本质上是一种抽象劳动，新生劳动往往表现出具体劳动的局限性。抽象劳动是马克思的新发现，它揭示了资本代表的抽象劳动具有一般性，凝聚着社会的抽象劳动，因而具有使用价值和交换价值的普遍性。同时，这也打通了资本与劳动的转换逻辑。显然，这种转换就意味着劳动与资本的矛盾本质上是新旧劳动者之间的政治博弈，而表现为双方将围绕社会制度的解释和赋权展开竞争，即马克思所说的阶级斗争行为。其实，在传统积累的创新价值与当下涌现的创新价值之间的分配竞争中，决定价值分配的是制度解释权——不仅包含政权体制、产权制度等抽象的政治规则，也包含新旧劳动价值比等具体的分配规则；现实中，则表现为不同时间、地域之间等各式各样的劳动冲突。比如，在经济全球化市场中，美国资本流动转向欠发达国家投资办厂，通过低工资联合欠发达国家中的低技能劳动，不仅获取了更高的利润，也导致占据美国人口大多数的中低技能工人在这种转换中失去了工作，被排除在世界市场劳动分工体系的生产循环之外，陷入某种相对贫困——哪怕资本收益总是带来发达国家人均福利补偿，但大多数工人家庭的收入增量会不如预期。此时，一个国家内部的资本与劳动的矛盾便通过资本全球化的自由转换，变成一个发达国家与一个欠发达国家之间的矛盾。当然，这样的实例不胜枚举。

资本与劳动的矛盾除了表现为新旧劳动之间的博弈，第二个特征是资本数量、集聚速度、积聚领域等不同形式的竞争，具体表现为大资本欺负小资本、大公司欺负小公司、集聚速度快的资本欺负集聚速度慢的资本，乃至博弈论曾讨论过的其他不同类型的博弈竞争。的确，传统竞争理论一般是从资本的体量大小上考虑市场公平问题，有时候，对于大资本的恐惧要多于对于小资本的反思。实际上，这应该是一个情境理性的社会选择问题，否则，过于执念资本大小的冲突，与执念资本与劳动的冲突而忽视新旧劳动之间冲突的本质一样，会陷入意识形态的迷思之中。这里，我们暂不多赘述，而留作金融理论来考虑这个问题。[88]

6.5-2 劳动与资本的公平分配矛盾

不同要素之间的合作收益如何分配问题，应是有史以来人类社会最基本的公平难题——特别是劳动形式如此丰富多样、彼此不同时。

托马斯·皮凯蒂观察到[89]，历史上有两个时期收入不平等程度有所下降。一是19世纪70年代之后，收入不平等的扩大化趋势有所收敛，但不久即发生第一次世界大战。二是从一战结束到二战之后，直到20世纪70年代，收入分配有了很大的改善。但从此开始，不平等程度再度恶化，特别是金融市场自由化带来社会财富分配的极大不公平，市场的总趋势是资本收益率为经济增长率的几十倍。与此相反，收入分配改善的原因往往不是来自经济的内生机制，而是外在的政治干预，包括战争、革命、改革以及发展中国家的民族独立运动；这使发达国家资产的大幅缩水，政府干预经济市场，包括房租管制、国有化、证券交易和资本流动的监管等等，都会影响市场的资产价格。的确，我们不能否认在生产领域里已经存在着很多不公平——像产权结构、期权激励、委托代理等公司金融理论都是与此相关的逻辑分析[90]，但不容质疑的是，市场从来不考虑公平问题——即使哈耶克有过精彩的理论批判和伦理反驳。[91]加之，公平概念本身就很复杂，甚至有不同理解，以至于人们在争论公平(正义)的问题时，并不知道彼此矛盾的真谛何在，乃至争论双方所使用的“公平”这一名词并不是同一个词汇。这里值得指出，在前生产阶段的金融市场，才隐藏着更大的不公平。新古典经济学热衷的资产定价理论及其自由市场逻辑，只是一个数理经济学的乌托邦，与现实资本市场的真相没有多大关系。

关于公平、分配理论的研究显然已是现代政治经济学的一大主题，本书无意也无法给出一个理论综述式的评述。这里，仅聚焦本书关注的市场论题。公平伦理与市场无关，实现不同劳动之间价值的公平分配本质上是一个政治问题。试图在市场的自由竞争语境中解决公平矛盾，不仅是一种徒劳，还会加深资源的价值扭曲或者说资源配置的帕累托非效率。一般地，人们总是强调效率与公平的矛盾性，实际上，仅在劳动与资本合作的后分配阶段，才会出现分配不公问题。相反，本书提出的问题是：在前生产阶段，比如金融市场对于劳动与资本的分配预设方案，应该是越公平，双方积极性越高，进而效率越高。马克思批判的逻辑是一个突出的例子，只有当劳动剩余价值不被剥削、获得了公平的价值回报时，工人才会努力工作、不去破坏生产工具。[92]那么，金融市场的真实现状如何呢？

6.5-3　金融市场对劳动资本矛盾的放大机制

熊彼特说：“经济学，从它成为一门学科的那一刻起，就一直在与那些一味地抓住货币表象不放的人及其常见谬误进行着抗争。”[93]那么，资本与劳动的矛盾是如何被金融市场的逐利机制所放大，并由此影响创新价值分配的？这是以下讨论的主题。

按照熊彼特的创新发展逻辑推演，在价值创造的过程中，劳动才是创新价值的唯一源泉，但资本对劳动的合作、辅助与替代功能，则随着劳动价值的积累，而逐步扩张，进而反过来超越、异化和剥削劳动本身，乃至最终影响人们的生活世界。表面上，这是资本与劳动的边际要素产出替代率的递减规律在发挥着作用。实际上，这也是李嘉图[94]终其一生想要解释的问题：劳动时间决定商品价值量与等量资本得到等量利润的矛盾现象。当然，随后被新剑桥学派的斯拉法用收入分配理论所重新揭示[95]：“国民收入的生产和商品价值的形成是由客观物质生产条件决定的,剩余分配则与社会制度因素和生产关系的阶级利益相关联。”相较之下,新古典综合学派的庸俗化解释,劳动和资本的边际产量决定了工资和利润在国民收入中的分配份额,便显现出天生思想贫乏的理论特征。本书要提的问题是,资本对于劳动的这种超越、异化和剥削功能是如何实现的?究竟如何理解金融市场的功能及其放大资本权限、控制并剥夺劳动价值的过程?

资本代表着旧的、传统的劳动生产力的价值积累,这与新的、创新性的劳动生产力的发展并不完全兼容,如果新旧劳动价值存在矛盾,往往会导致一系列生产、消费领域的激烈竞争,乃至出现运用政治势力来参与经济竞争的市场过程,具有相当的残酷性。此时,资本与劳动的矛盾便聚焦于一个经济体面向发展维度的基本选择:如何运用资本市场(包含金融市场)促进社会创新的作用和力量?

相对而言,在价值积累的初期,资本与劳动的价值关系要受到财富存量、社会创新与国家货币政策的制约。首先,这种价值积累概念是指全社会一般总财富的加总,这种加总的存量状态是一个社会不断发展和进步的必然结果。在价值积累的过程中,资本与劳动的作用、地位和贡献呈现出完全不同的互动机制。当财富的初始存量较少时,生产资本和消费资本均源于劳动的价值创造,此时,既有资本虽然凝固了存量劳动的成果,但由于劳动总存量较少、社会总产出严重依赖资本的投入,且资本对于劳动的边际替代率递增,资本的价值贡献被高估。反之,当社会总财富的存量较大时,劳动工资的成本开始上升,劳动的需求增大,使得劳动价值的评估开始增加。

实际上,按照熊彼特的创新发展理论,传统生产与消费的循环并不产生和创造增加值,所有人类经济活动的增加值仅仅源于创新,源于企业家精神的创造性毁灭过程。[96]显然,这是一种全新的、直击要害的创新价值生成逻辑,即资本与劳动的价值贡献将仅仅取决于二者在创新价值形成过程中的作用。但值得注意的是,如果创新过程中资本的贡献要大于劳动的贡献,那么,通过现有的金融市场,社会就能够恰当地形成对资本的高价值回报——其本质是一种风险-利润的理性逻辑,而非收益-成本的传统逻辑。相反,劳动的创新价值回报则是一件极其复杂而艰巨的工作,无论是劳动力市场、人才市场或者技术研发市场,还是顶尖的猎头公司,都很难对劳动在创新价值形成过程中的贡献进行恰当的评估,并恰当地给予回报。这种困难不是一个新课题,原因在于劳动的种类繁多、形式多样、属性复杂,以至于至今尚未形成关于劳动的类似于"收益-成本"或"风险-利润"的价值评价的公平逻辑，也就没有统一的机制来回报不同的劳动贡献。

资本与劳动的对立矛盾本质上体现了创新劳动与守成劳动两种力量的冲突。如果资本是社会创新生产的积极因素，其动力源于资本对于创新利润的追逐；如果资本在社会创新生产中变得十分消极，那么便是资本对创新风险的规避和保守思维在发挥作用。与此不同，一般劳动在社会创新生产中始终扮演着消极的角色，这是我们必须承认和重新认识的。其主要原因在于一般简单劳动的报酬，任何时候都仅仅是劳动时间的度量，而非劳动价值的回报。比较而言，金融市场的放大机制便显现出来：当风险小于利润时，资本一拥而至；当风险大于利润时，资本消失无踪。就目前而言，任何经济体制和社会制度都承认产权资本的首要责任，即在现代社会化大生产格局与自由市场体制的社会环境下，市场交易所关注的一切价值对象都必须以货币的面目出现，若缺乏资本，劳动的预期价值将很难进入市场，成为资本。资本是一切经济创新、市场交易的前提，而劳动只有在从事劳动的人本身能变成投资者时才能够直接实现创新价值的利润。此时，有人会说，为什么有很多技术专家、企业家可以凭空创立企业、创业创新？实际上，这些技术专家和企业家已经通过自己过往行为积累的社会声誉形成了一定的无形资本，其创新、创业活动是经由这些无形资本的运作、集聚、投资而成的。

也就是说，我们必须承认资本对于创新价值的第一创造者身份，其中，有形劳动的资本具有通用性，无形的一般资本具有特殊主体身份的独占性；即使二者都可以交易、转换产权，二者的交易属性也存在差异。一般地，有形资本遵循一般均衡的价格机制，而无形资本则往往遵循着局部均衡或者拍卖交易的价格机制，更多地依赖于企业家精神的个体禀赋。进一步，将劳动置于创新价值的第二创造者的次要地位，似乎与资本源于劳动价值的积累这一命题相矛盾，但其实不然。任何创新都源于人的劳动，这是永恒不变的事实，但如果创新仅仅是个体意义的创新劳动，并没有转化成被社会承认的创新价值——实现创新的社会价值，进入市场交易，那么必须首先将个体创新成果资本化、产权化，必须借助资本才能进入市场，实现自身的价值。现实中，技术专利、著作权保护法便为这种转化提供了一个制度性的社会前提——产权身份。

劳动在创新价值中的次要地位，并不意味着劳动在生产过程中会一直处于被动、消极的状态。实质上，只要在创新生产中出现对于人力资本、技术资本的依赖性，劳动就会试图进入某种积极的状态，劳动会不断地通过劳动者之间的政治博弈，来争取劳动对于创新价值的竞争。由此，人们会不断地通过劳动技能的学习，来改进劳动对于创新价值的贡献，直至获得自己的应得收益。但是，令人遗憾的是，劳动的这种积极态势不过是个体性的、没有社会性制度机制保障的博弈行为，这恰好是缺乏创新的内卷式人才竞争的悲剧。

社会创新的核心矛盾是：资本往往代表着旧劳动的传统势力，真正创新的劳动力量处于被剥削和被剥夺的地位。熊彼特在分析企业创新逻辑时，不厌其烦地讨论货币、信贷、资本及其他生产要素在创新企业与传统生产企业之间引发的资源配置及其分配现象："为了我们已明确定义的创新目的，社会信贷的根本作用在于，使得企业家能够从原来用途中把他所需要的生产资料抽取出来，即产生了对生产资料的新需求，从而迫使经济体系进入新的渠道。"而金融市场提供的信贷服务，"从本质上说是为了授予企业家购买力而创造的购买力，而不是简单将现有购买力转移给企业家。换言之，购买力的创造正是奉行私有财产制度、实行劳动分工的社会实现经济发展方法的一大特色"。[97]此时，"生产性贷款的利息，其源泉就是利润，从本质上说，利息是利润的派生物"。[98]但遗憾的是，正当熊彼特走向深究利息及其放大创新价值的逻辑时，他在《经济发展理论》中从第五章"资本的利息"的第 6 节开始，却迅速转向对当时的共产主义理论展开思想批判，并一直到此后的第 15 节都局限于这种批判性思维的逻辑论证中，而忽视了更重要的资本、金融功能及其放大机制的分析。

本质上，金融（货币、资本）市场是一种政治性制度创新设计，以激励资本合法地追名逐利。相对而言，劳动始终缺乏金融市场这种资本放大功能的制度设置，这或许正是劳动市场本身应该深化劳动分工的原因。

6.5-4 基于创新周期性的创新价值运动规律

创新价值依赖于货币的即时价值，无法在经济中实现保值增值。由此，经济创新的价值往往出现在经济的增长期，并随着经济衰退而大幅度贬值；这是创新价值通常外在形式的第一特征，也是创新价值形成、分配和扩散过程中存在的最大弊端。其主要原因有三点：其一，创新价值的货币依赖性；其二，创新经济的周期性衰退；其三，创新价值的时间流动性。这是下面将要构建的劳动与资本的创新价值转换周期性规律的理论所要依据的逻辑点。

如果说“凯恩斯革命”的关键在于其历史、政治方法论，摒弃了传统理论的均衡逻辑，那么，凯恩斯周期理论的最大弱点应该是缺乏价值分析与分配逻辑的理论属性。因为没有均衡工具就不可能展开价值分析，也必然没有分配逻辑，进而肯定缺乏宏观理论的微观基础。[99]这是新剑桥学派继承者琼·罗宾森、卡尔多及斯拉法等致力于批评并发展凯恩斯思想所做出的贡献。价值分析就是价格均衡理论，包括商品与资本、劳动力等要素市场的交易与一般均衡分析。实际上，新古典综合学派萨缪尔森等人所进行的简单庸俗融合，并没有完成这一理论任务。本质上，要在周期性逻辑中融合价值分析与分配理论，我们必须围绕创新价值的产生、传播、扩散及其均衡机制展开深入的研究。唯其如此，周期性运动中相关充要条件及其内在机制才能得以清晰地展现。

真正展开宏观经济时间动态分析的逻辑基础，就是把握劳动与资本的价值转换及其周期性运动分析——因为二者矛盾的核心正是因时间的流动而产生的。

假设创新价值的创造是一个基于劳动约束下资本引导的收益最大化过程；其对偶规划是：给定创新收益及利润约束下，最小化劳动创新付出成本的理性过程。若记资本投入行为 $\mathbf{x}_{cap} \in \max\{\pi_{cap}(x),\ \text{s.t.}\ x \in c_{lab}(x)\}$，$\mathbf{x}_{lab} \in \min\{c_{lab}(x),\ \text{s.t.}\ x \in \pi_{cap}(x)\}$ 为劳动付出行为，其中，$\pi_{cap}(x)$ 为资本投入创新的风险收益函数，$c_{lab}(x)$ 为劳动创新的成本函数，根据第 3 章结论，可以有如下推理：

$$y(\pi_{cap},\ c_{lab},\ t) = \begin{cases} \sum_{i=1}^{+\infty}\left[(A_i \cos\theta_i \mathbf{x}_{cap} + B_i \sin\theta_i \mathbf{x}_{cap})T(t)\right] & \partial w/\partial \pi \geqslant 0 \\ \sum_{i=1}^{+\infty}\left[(A_i \cos\theta_i \mathbf{x}_{lab} + B_i \sin\theta_i \mathbf{x}_{lab})T(t)\right] & \partial w/\partial c > 0 \end{cases} \tag{6.2}$$

注意，上式意味着劳动与资本将围绕创新价值的竞争，表现为资本主导型行为 $\mathbf{x}_{cap}$ 和劳动主导型行为 $\mathbf{x}_{lab}$ 之间的周期性转换。如果将资本对于新旧劳动的放大或缩小功能简化地记为附加变量参数对 $(a_i,\ b_i)$，那么，它对于方程的影响将是改变其波动方程的振幅数值，进而有以下的资本影响方程：

$$y(\pi_{cap},\ c_{lab},\ t)=\begin{cases}\sum_{i=1}^{+\infty}[((A_i+a_i)\cos\theta_i\mathbf{x}_{cap}+(B_i+b_i)\sin\theta_i\mathbf{x}_{cap})T(t)] \\ \partial w/\partial\pi\geqslant 0 \\ \sum_{i=1}^{+\infty}[((A_i+a_i)\cos\theta_i\mathbf{x}_{lab}+(B_i+b_i)\sin\theta_i\mathbf{x}_{lab})T(t)] \\ \partial w/\partial c>0\end{cases} \tag{6.3}$$

另外,关于上述方程相关参数的含义、条件及关联分析,由于更多地涉及对所处政治经济环境的讨论,并非本书这里的重点,暂略述不论。

6.6 周期性经济创新的触发机制

触发机制是指由单个或者一系列相关社会事件所诱发,引发社会整体转型的一种动力机制。这里,社会事件可以是人为设计的,也可以是自发涌现的。如果将特殊社会事件称为触发事件,那么,触发事件一旦爆发,全社会将呈现出一种完全不同于触发事件之前、从未显露过的全新社会面貌。一般地,触发机制更多地是发生在经济领域,可以由纯粹的经济事件触发,比如某种消费潮流、某个银行挤兑事件、新的生产方式转向,也可以由非纯粹的经济事件触发,如某项技术取得突破、某个突发性工程事故乃至全社会支付方式、交流方式的全新变革。这些触发机制带来全社会政治、经济、文化以及制度领域的崭新面貌——后者正是本书研究触发机制的初衷。

由前面关于经济周期的定义可知,绝对的自然经济不会出现经济周期;现实经济出现周期性的原因在于自然经济只是一种静止状态,但现实世界从来就没有这种纯粹的理论形态,而总是充满着创新。正是市场竞争的创新才带来了经济的周期性波动。借助本书关于创新概念的四个循环扩展,我们容易理解,创新是周期性经济波动的根源。在现实生活中,周期性经济运行可以表现为生产的、消费的、货币的,或者金融性触发事件的危机周期;它们包含着各类因素,大到经济、文化、政治等社会因素,小到生产、消费等微观经济行为的非线性复杂逻辑。如果微观行为都拥有相同的特定周期性,那么,社会加总结果必然表现出以某种因素为主、多因素混合的周期性。如果从横向逻辑来考察,简单因素触发的宏观周期现象是同类个体性周期行为的加总。或许,在一般政治领域,政治性触发机制的触发功能不会像经济性触发机制那样,显现出巨大的社会作用效力;即使出现一系列社会、政治转型的触发事件,结果往往呈现出更复杂的历史形态,由此涉及社会、政治、经济、文化的多周期叠加机制。此时,复杂性周期理论必须有一个简单的逻辑起点,以支撑深入的理论分析。显然,触发机制正是这样一个基础性的逻辑起点,以便于周期性转换的逻辑可以由此得以全面地展开。

本章关注并研究*触发机制及触发事件*,其意义在于触发机制是个体经济行为周期性与宏观经济运行周期性之间内生的关联机制,不解开个中缘由,人类周期性行为逻辑就无法彻底、清晰地呈现。一方面,个体行为周期性在宏观周期运行中发挥着基础性的微观作用,个体行为是宏观能量积累加总的基础;另一方面,社会交往交流中微观个体的相互影响、互相制约,受到宏观绩效的影响,共同构成宏观经济周期性现象的内在有机结构。显然,如果人们的消费、生产行为是相互独立、互不影响的纯粹个体逻辑的加总,我们就没有理由相信宏观加总的结果一定是周期性的。但是,如果彼此的行为相互影响、相互制约,则一定会有加总结果的周期性预期。那么,现实中,这种相互影响是如何作用并彼此加总的呢?特别是,面对不同的宏观经济景气环境时,人们生产消费的循环并不一定都符合理性,往往带有某些偏向性反常——由此加重经济运行加总的宏观波动性,此时,要揭开迷雾,就得深挖现实经济运行中触发事件引发的触发机制及其触发效应。换句话说,触发机制对于周期性经济理论的重要性,在于它给出了经济周期性波动如何通过触发机制诱发而发生的*充分条件*,并与周期性经济现象的*必要条件*——创新机制一起,共同构成了经济周期性运行的完整逻辑。

更重要的是,本书展开人类周期性行为的触发机制分析,原因还在于触发机制所诱发的社会转型本质上就是周期性经济运行过程中的*转换机制*,比如从复苏到繁荣,或者从衰退到萧条的*转换逻辑*——它们都被创新理论思想家熊彼特的经典描述所简化(见图 6.2 所示),这意味着本节关于触发机制的研究仅仅适用于经由经济*内生因素*所诱发的周期性经济运行分析(见图 6.3 所示)。至于像军事战争、暴力革命或者自然灾害等外生因素冲击所引发的经济周期性波动,则不在本书陈述范围之内。

触发机制是非连续性事物演化过程中,从量变到质变的突变逻辑。一般而言,只要出现触发事件及其触发机制的作用,事物内部原有矛盾的平衡运行态就会被打破,出现内生性变动需求,并一致地趋向于触发事件的方向发展。最终,触发事件的爆发将引发数量巨大、雪崩式的系统状态整体转型。注意,由于触发事件爆发的扩散作用对于系统而言,仍将服从边际递减律,并诱发新一轮事物演化与系统转型,因此触发机制是边际递减规律及其转换逻辑的补充理解。至于一般触发事件究竟是如何积累、引爆,进而扩散的,最终,又如何导致社会经济运行的周期性逆转(转换点概念),并进入内生性宏观经济周期运动,这是下面将要讨论的具体内容。

6.6-1 创新过程的触发机制

我们以社会创新过程为例,说明创新触发机制是如何触发宏观经济周期性转换,引发社会创新转型,进而引起经济繁荣与衰退的周期性运动的。

创新是人类社会发展永不枯竭的内生动力。社会创新过程的内生性是指,企业个体创新受到全社会创新绩效积累的竞争压力,而引发相继创新的跟随,由此单一创新事件的社会绩效取决于其他成员相关创新行为的能量积累。[100]也就是说,创新触发机制是一个从量变到质变的内生能量积累的社会过程——个体创新行为决定社会创新绩效,社会创新绩效又反过来激励个体创新竞争,这种个体微观行为与宏观加总相互制约、相互促进的关系,使得创新积累总能量一旦超过社会创新临界值,就会呈现出创新触发机制,最终创新爆发成为普遍现象。假设一个社会有 n 个企业,企业 i 的创新行为记为随机事件 $x_i(i=1, 2, \cdots, n)$,由此可得,拥有 0-1 分布(不参与创新、参与创新)的随机变量 X_i,样本空间为 $\Omega=\{0, 1\}$;如果 x_i 出现的时间 t_i 及其间隔也是随机变量。那么,创新事件列$\{x_i\}_{i=1}^{N}$是参变量为时间 t_i 的随机过程 $X_i(\omega_i, t_i)$,其中 $\omega_i \in \Omega$, $t_i \in (0, T)$。

第一,经济创新的内生相关性。创新事件序列$\{x_i\}_{i=1}^{n}$的相关性是创新过程内生性的基本性质。相关性是指创新企业之间存在市场竞争与合作的双重关系:其一,市场竞争源于企业创新的生存压力,胜者往往通过高强度创新乃至技术淘汰或者收取创新专利费等手段,将创新贡献度低、创新意识差、创新进度慢的企业挤出市场——这是熊彼特意义上"毁灭性创新"的竞争性内涵。其二,市场合作源于创新行为 x_i 之间的关联性。其实,创新从来不是一次性、单环节的技术创新所能实现的,而是由一系列内生、关联性创新事件$\{x_i\}_{i=1}^{N}$的能量积累后相继完成的。[101]本质上,创新性随机过程 $X(\omega_i, t_i)$意味着不同行业不同层次企业之间的分工合作,进而构成了一个关于创新意识、创新技术和创新产品的一致认同的产业合作链，即$\forall i, j \in \{1, 2, \cdots, n\}$，有$x_i$与$x_j$彼此相关、互不独立，进而可以有$P(x_i \cdot x_j) \neq f(\omega_i) \cdot f(\omega_j)$。[102]这里，只有当众多$x_i$与$x_j$彼此互补、相互配套、相互竞争，才能最终完成社会创新——这就是熊彼特强调的"创新总是成群出现"的逻辑（见图6.10）。

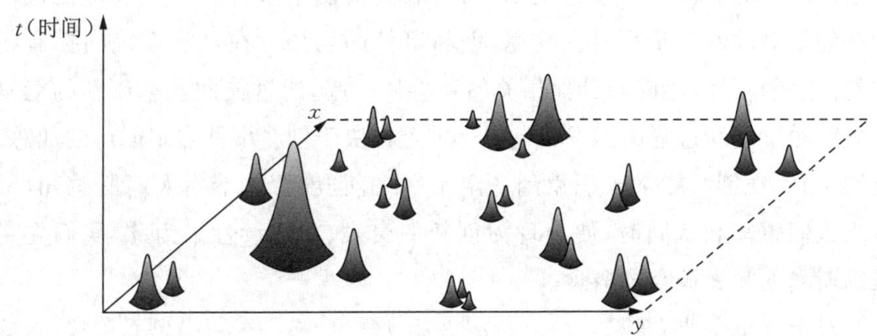

图6.10　时间序列上创新事件的涌现逻辑

显然，创新事件的内生相关性与传统理论完全不同——创新不是某单个创新企业或发明家的贡献，而是一个全产业链相互竞争、相互合作的群体性随机过程。

关于相关性的最简单逻辑，可假设企业i在第t_j期创新决策时，仅考虑上一期企业x_{i-1}的行为，即x_i的条件概率只与前面的x_{i-1}相关（与$i-2, \cdots, 2, 1$无关），企业创新的理性行为具有马尔可夫性质，为无记忆、独立增量（连续时间）的马尔可夫链[103]，因此：

$$\begin{aligned} &P_{(X, t_j)}(X_n = x_n \mid X_1 = x_1, X_2 = x_2, \cdots, X_{n-1} = x_{n-1}) \\ &= P_{(X, t_j)}(X_n = x_n \mid X_{n-1} = x_{n-1}) \end{aligned} \tag{6.4}$$

创新事件的相关性还意味着，单个创新事件无论得到社会认同还是不被社会接受，既不能肯定，也不能否定创新事件的有效性。创新有效性的唯一标准是市场认同、拥有市场占有率，表现为创新序列中相关创新事件的跟进，形成积累性。缺乏创新跟进和创新积累的非相关性伪创新事件，即使刚出现就独领风骚、风头无两，也经不起考验。相反，即使创新事件初期默默无闻，若始终拥有创新的跟进者——由创新利润及其市场占有率所驱动，那么，创新触发机制的社会绩效，最终也会慢慢地积累、形成并爆发。

第二，创新触发机制的内生积累性。在外生因素不变的条件下，一个经济过程蕴含着创新触发事件及其触发机制，以至于社会创新过程被熊彼特断言是间断、非连续的。原因在于创新过程的内生能量积累性，这意味着创新事件 x_i 的外在表现可能是显性的，也可能是隐性的，但只要被纳入研究——大多数创新触发事件在尚未爆发之前往往处于不被感知的状态，就一定会借由其他显性事件表达出来；而代表真实创新事件的外在事件便被认为是创新事件的等价事件。这里，创新事件序列$\{x_i\}$在经济系统内拥有相同的内生创新性，能够与其他相关创新事件一起，通过彼此互补创新的能量积累来触发创新过程的触发机制——关键取决于创新事件宏观能量的加总。显然，当宏观创新能量未积累到一定水平之前，创新并不为人们所感知，一旦为人们感知和认同时，便表现为创新的突发、非连续性。为此，我们先定义创新积累触发函数的概念。

对于任意企业 $i\in\{1, 2, \cdots, n\}$及第 $j\in\{1, 2, \cdots, N\}$创新阶段($N\leqslant n$)，触发机制的积累性逻辑在于第 j 阶段的社会创新总绩效的度量。令 $Y_j(t_j)=\sum_{i=1}^{i=n}X_{ij}(t_j)$，其中，$X_{ij}=\begin{cases}1 & \text{创新}\\0 & \text{不创新}\end{cases}$，那么，$Y_j(t_j)$为第 j 阶段社会创新绩效加总的随机变量，$Y_j(t_j)=y$ 意味着有 y 个企业参与创新，有 $n-y$ 个企业仍然观望、没有参与创新。具体有进一步的定义如下。

创新积累触发函数是指，创新事件序列$\{x_i\}_{i=1}^{N}$带来的创新总绩效的能量积累，由两个客观因素构成：创新利润率 b_i 与市场占有率 z_i。由于创新预期会成倍地叠加创新收益，故定义成二者的乘积。也就是说，对于给定 t_j 时刻，创新积累触发函数值 $S_j(t_j)$为事件 x_i 发生的情况下，对应概率值 $Y_j(t_j)$乘以 b_i 与 z_i，进而可以看成创新随机过程的期望函数值：

$$S_j(t_j)=\sum_{i=1}^{i=n}[E(z_i(t_j))(1+b_i(t_j))]\cdot E[Y_j(t_j)] \tag{6.5}$$

式(6.5)中，柯布-道格拉斯函数乘积意味着创新的社会效用取决于两方面的互补加成：一是创新直接受益 $1+b_i(t_j)$，基于利润率增加的享受 b_i；二是创新间接收益市场占有率 z_j。对于给定的 $x_i(t_j)$，创新利润率 b_i 与企业大小无关，服从时间变量的高斯分布 $N_i(t_j)$[104]；市场占有率 z_i 则与企业规模、资本实力相关，是一个依赖于 x_i 的衍生随机变量，若概率分布为 $Z_i(x_i, t_j)$，市场占有率为一个期望值的积累量 $E(z_i(x_i, t_j))$。[105]

将创新积累触发函数定义在客观经济指标 b_i 和 z_i 上，而完全不考虑对

应创新事件 x_i 的企业自身或者政府创新政策等主观因素，意在强调触发机制的积累后果具有客观性。注意，触发机制内生积累的客观性对于不同触发运行对象，具有不同的经济含义与理性逻辑。比如，创新的触发机制就必须遵循社会创新的功利主义市场检验法则，战争的触发机制必须考虑触发事件的政治影响力——即战争是政治延续的影响力逻辑。此时，市场原则对于创新触发机制、政治影响对于战争触发机制都是事物运行的内生动力与积累的体现。也就是说，即使我们将所有企业的创新行为看成一个随机过程，创新触发机制的宏观加总也仍然是一个确定性的(动力学)因果逻辑。

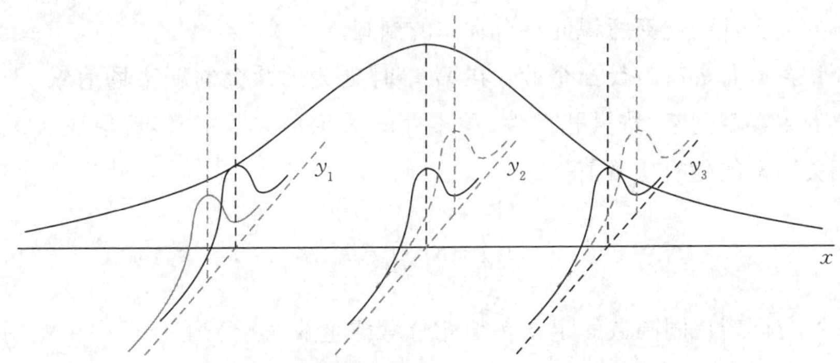

图 6.11　触发事件与个体触发点的双随机变量

第三，企业创新行为的随机性。创新事件序列 $\{x_i\}_{i=1}^{n}$ 的创新主体和创新时间会因为创新风险具有绝对随机性。由于不确定性(如市场、财务或者技术路线)、信息不对称、匹配无效率等因素影响，创新的合作链无法被一个计划当局规划出来。[106] 一方面，个体企业是否认同并加入创新，不能由政府部门科学规划——即使产业政策和政府部门的扶持会诱惑投机者进入，但与真正的创新无关。另一方面，创新不能被企业自身预先计划——这种无法预计的随机性，源于创新事件的马尔可夫相关性：相邻创新事件之间的相关性往往使得市场创新触发于意料之外，形成于仓促之际，而与优美、精密的创新规划相去甚远——取决于企业关于自身创新阈值与社会创新认同的权衡、判断与认同。[107]

企业创新阈值是指企业内在的创新偏好或创新厌恶度，它给出特定创新序列中企业采取创新行为的最低限定值，体现了企业承担创新风险、追求创新利润与偏好创新技术的程度。只有当社会创新绩效大于自己的创新阈值时，企业才会进入创新。也就是说，$\forall i \in \{1, 2, \cdots, n\}$，企业 i 都存在一个随机确定的创新阈值$\tilde{p}_i \in (0, 1)$，如果记企业 i 参与创新概率为 $f(\tilde{p}_i)$，有 $(f(\tilde{p}_i) \geqslant f(\tilde{p}_j)) \Leftrightarrow (\tilde{p}_i < \tilde{p}_j)$，即创新阈值$\tilde{p}_i$ 越小，企业的创新意愿越高，参与创新的时间越早。这里，我们假设$\forall t_j \in (0, T)$，$\tilde{p}_i \sim N(0.5, 0.5^2)$，且 $\sum_{i=1}^{n} f_{x_i, t_j}(\tilde{p}_i) = 1$。这意味着面对一个创新过程时，非常反感和积极创新的企业都相对较少，大多数企业都处于中间状态位置，即企业的创新阈值为随机的高斯分布。更重要的是，关于企业创新阈值的概念还意味着：即使面对同样社会创新触发积累函数的客观值$S_j(x_i, t_j)$，人们对于创新的社会认同也并不是彼此一致的。有的人看好，有的人则不以为然。显然，这是一种最简单的关于社会创新意识的符合常识的刻画。

社会创新认同函数指企业 i 在第 t_j 时刻关于社会创新市场前景、未来收益的主客观判断，按照相关性、积累性的马尔可夫链定义，应取决于上一期相关因素的随机变量值：

$$r_i(t_j) = \frac{1}{\pi}[c_{j-1}^i(t_j) + S_{j-1}(x_{i-1}, t_{j-1}) + \varepsilon_i(t_j)] \tag{6.6}$$

社会创新认同函数的定义必须充分考虑企业对于当下市场中企业创新活动的主客观评价，既需要体现企业家主观的判断，也需要关于创新行为价值的客观性考量。下面，我们将从主观因素、客观因素和纯随机因素三方面来给予说明。

第一项，创新度 c_{j-1}^i 指企业 i 在第 t_j 时刻对于第 t_{j-1}时刻全社会创新程度的主观推断，因 i 的主观认知差异而不同。由相关性可知，i 的主观概率 $c_{j-1}^i(t_j)$也具有马尔可夫链属性。

第二项，上一期社会创新触发函数的客观值 $S_{j-1}(t_{j-1})$，可由实际统计数据确定。

第三项 ε_i，是一个白噪声，满足 $E(\varepsilon_i(t))=0$、$E(\varepsilon_i^2(t))=t$、$E(\varepsilon_i(s)\varepsilon_i(t))=\min\{s, t\}$的随机游走性质。这里，设置社会创新认同的随机扰动 ε_i，意在说明创新行为涉及人与社会、自然的基础关系，人类存在“无知的无知”，以至于真正的创新会受到一些鲁棒性干扰。本质上，随机扰动 ε_i 意味着某种“退出-进入”机制。当 $\varepsilon_i < 0$ 时，表明企业或者因创新偏好低（$\tilde{p}_i$ 值太大），或者因竞争失败而被淘汰，从而退出市场。[108] 当 $\varepsilon_i > 0$ 时，表明那些曾因故退出创新的企业，能够依照 ε_i 的随机扰动重返创新序列（随后有讨论）。最后，式(6.6)右端的加总结果，即左端的社会创新总认同函数值应服从指数分布。[109]

π 为归一化系数。注意，即使创新认同值 $r_i(t_j)$ 依赖于企业自身相关性质，彼此不同，但所有企业的创新认同逻辑却是相同的[式(6.6)]。由此，创新认同函数是一系列相互独立的随机变量[110]（即使包含着共同的触发积累因素）。

第四，企业创新的行为逻辑。即企业在创新认同值 $r_i(t_j)$ 与创新阈值 $\tilde{p}_i$ 之间的权衡——只要社会创新的市场绩效超过企业创新阈值，企业家就面临着“再不创新就会被淘汰出局”的创新竞争压力。反之，如果市场绩效小于企业创新阈值，则表明企业认为“创新风险大于创新收益”。因而创新阈值是反映企业家创新意愿的随机变量[111]，只有当社会创新绩效的预期超过了自己的创新阈值，企业才会参与创新行为。否则，企业便会观望、等待；或许在下一期创新过程中参与，或许最终也不参与而被淘汰。

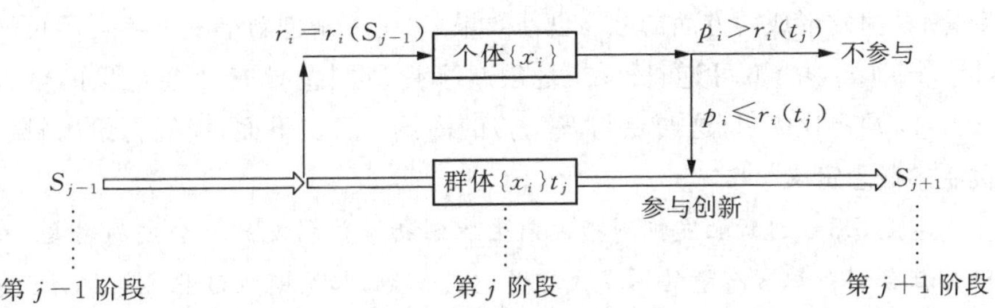

图 6.12　个体创新决策与群体创新序列的关系

对于给定创新事件序列 $\{x_i\}_{i=1}^{n}$ 及创新阈值 $\tilde{p}_i$，在 t_j 时刻，只有当 $\tilde{p}_i\leqslant r_i(t_j)$，企业 i 才会选择创新行为 x_i，此时，$X_i=P(r_i(t_j)\geqslant\tilde{p}_i)=1$；否则便为零。值得注意的是，这里创新阈值 $\tilde{p}_i$ 对于全社会是一个随机变量，但对于企业自身而言则是确定的。这种关于创新过程内生性的深入刻画意味着创新事件 x_i 随机性的本质在于 $r_i(t_j)$（亦即 c_{j-1}^{i}、S_{j-1} 与 ε_j）的随机性。于是，对于前述 $Y_j(t_j)=\sum_{i=1}^{i=n}X_{ij}(t_j)$，有：

$$X_{ij}(t_j)=f(x_i(r_i),\ t_j)=\begin{cases}1,\ \tilde{p}_i\leqslant r_i(t_j)\\0,\ \tilde{p}_i>r_i(t_j)\end{cases}\quad i,\ j=1,\ 2,\ \cdots,\ n \tag{6.7}$$

如果在第 t_i 阶段，有两个及以上的企业（$i,\ i+1,\ \cdots i+m$）同时采取创新行为，即出现 $\tilde{p}_{i+l}\leqslant r_{i+l}(t_j)$，其中 $l=1,\ 2,\ \cdots,\ m$ 的情形，我们便不分先

后计算创新行为的加总绩效;这意味着可能会有 $i<n$——这种创新群的密集出现正是触发机制的典型特征。

创新的随机过程取决于每一个企业对社会创新绩效的判断。这种个体创新能量积累决定社会创新加总绩效,而社会绩效总量反过来影响个体行为,就意味着个体微观决策与群体宏观加总存在内生的相互制约、相互促进的关系,使得创新积累总量一旦超过社会创新的临界点(或触发点),就会出现创新性触发机制的爆发。

第五,触发点、触发阈值与触发事件。给定一个马尔可夫链的创新事件序列 $\{x_i\}_{i=1}^N$, x_i 发生的本质在于,企业 i 对于社会创新认同度 $r_i(t_j)$ 与阈值 $\tilde{p}_i$ 的加总权衡,即第 j 时刻社会创新绩效总量的变化状况。由此,创新触发机制的社会触发阈值、触发时点和触发事件等概念定义取决于社会创新事件积累的总效果。触发点的关键是:从触发点开始,社会将全面倒向创新行为,不从者则被淘汰出局。进而,触发点的社会创新触发函数值将急剧变化,并由此形成两方面的社会创新效果:一是带来创新享受的绝对不可逆性[$1+b_i(x_i, t)$不可逆][112];二是创新享受范围主导着社会意识的全局[$z_i(x_i, t)$占比大]。这两点与 $S_j(t_j)$ 的内涵一致。下面,我们将给出触发机制的概念定义。

定义 6.3 创新触发机制指由内生性创新事件引发的社会创新转型,表现为社会创新积累总量的爆发式增长。具体地,如果随机过程 $X(\omega_i, t_i)$ 存在着时刻 k、创新事件 $x_k\in\{x_i\}_{i=1}^n$ 及社会创新阈值 δ^*,满足以下条件:

(1) $\forall j, N\in\mathbb{N}$ 及 $t_{j-N}, t_j, t_{j+N}\in T$, $\delta_{\max}(N)=\max\left\{\dfrac{S_{j+N}(t_{j+N})-S_j(t_j)}{S_j(t_j)-S_{j-N}(t_{j-N})}\right\}$ 存在;

(2) 存在 $k, M\in\mathbb{N}$, $\forall j, N\in\mathbb{N}$ 及 $t_{k-M}<t_k<t_{k+M}\in T$,有 $\dfrac{S_{k+m}(t_{k+m})-S_k(t_k)}{S_k(t_k)-S_{k-m}(t_{k-m})}=\max\ \delta_{\max}(N)$;若记 $\delta^*\triangleq\dfrac{S_{k+M}(t_{k+M})-S_k(t_k)}{S_k(t_k)-S_{k-M}(t_{k-M})}=\max\delta_{\max}(N)$ 为触发阈值,则 $\forall l\in\mathbf{N}^+$, $x_{k+M+l}\notin\{x_i\}_{i=1}^N$。

那么,我们称随机过程 $X(\omega_i(x_i), t_j)$ 存在触发机制,此时,时间点 t_k 就称为触发点,δ^* 称为社会触发阈值,创新事件 x_k 称为触发事件。

第一个条件指对于任意时刻 t_j,随机过程存在着等步长增量的最大值 $\delta_{\max}$。第二个条件指在触发点 t_k,存在着一个步长 $M\in\mathbb{N}$ 和给定的 $\delta^*=\delta_{\max}$,使得 $\dfrac{S_{k+M}-S_k}{S_k-S_{k-M}}\geqslant\delta_{\max}=\delta^*$。同时,此后的相关企业 x_{k+M+l} 再也不属于创新

序列了，不是退出创新，便是被其他创新企业所淘汰——触发事件是一个随机事件的群，没有固定企业或对象；而属于触发事件群要求的是从触发点第 t_k 时刻，所有满足 $r_i(t_k)\geqslant\tilde{p}_i$ 及 $\frac{S_{k+M}-S_k}{S_k-S_{k-M}}\geqslant\delta^*$ 条件的企业。

显然，社会创新触发函数、创新认同函数及企业创新阈值都具有随机性，它们共同构成了社会创新过程的整体随机性，决定了创新随机过程中触发机制是否发生，以至于决定了触发点、触发阈值、触发事件是否存在解及其数字特征函数的基本属性。

6.6-2　创新过程的触发条件

关于触发机制的存在性分析或条件讨论，关键在于相关随机方程的相互制约关系，解决方法就是找到方程的解——本质上是一些随机变量的概率分布函数，反映了创新随机过程存在触发机制时，相关随机变量的统计规律。

一般地，传统随机最优控制问题的关键是与信息结构相联系（信息结构分为经典信息结构和非经典信息结构）。进而，随机控制问题可以搜寻到规定控制的最优策略，即如何利用信息去处理被优化的性能指标，最终得出不同类型的控制函数。显然，本书所说的创新性随机过程的触发机制是否存在、其解的条件是什么，既不同于传统随机控制问题——即没有人为控制系统所规定的开环、闭环类型，缺乏第三方输入控制的过程逻辑，也不同于传统非随机变量动力过程的最优规划问题，因为随机变量没有确定性变量函数路径描述的完整性，因而其过程变量的相关最优规划问题往往取决于对应随机变量的优化性质。比如本书触发机制的存在性就取决于 $\delta_{\max}$ 与 k，$M\in\mathbb{N}$ 的存在性及其解的条件。具体地，需要对 $\delta_{\max}$ 与 k，$M\in\mathbb{N}$ 的统计性质展开讨论，考虑以下条件。

*创新随机过程初始位置的非零性。*触发机制严重依赖于初始位置的状态条件，特别是，在一般零值条件 $X_{ij}(0)=0$、$c_1^0(0)=0$ 下，就不存在任何触发机制的可能性——凭直觉就可以排除的非解状态。因为创新性随机过程与一般企业或者产业的运行过程，在表面上并没有多大的不同，但必须在初始位置时出现不同于传统企业的创新性事件，即初始条件不为零，出现类似局部性创新的触发事件。这也是创新性随机过程不同于普通动力过程的本质之所在。

*创新性触发机制的随机变量的匹配。*在创新性随机过程的触发机制中，

其显性随机变量 δ_{max} 与 k, $M\in\mathbb{N}$ 的存在性并不是由创新性随机过程中某单一随机变量的优化所决定的,而是由决定 δ_{max} 与 k, $M\in\mathbb{N}$ 背后隐性的 $b_i(t_j)$、$z_i(t_j)$、$\tilde{p}_i$、ε_i 及 $X_{ij}(t_j)$、$Y_j(t_j)$、$S_j(t_j)$、c_{j-1}^i、$r_i(t_j)$ 等众多随机变量彼此匹配所决定的。这些匹配的组合本质上反映了这些随机变量的统计性质。

影响显性变量 δ_{max} 与 k, $M\in\mathbb{N}$ 最优的随机分类。考察式(6.5)、式(6.6)和式(6.7),其中所有的随机变量本质上为两类:一是系统性随机变量,它们是支撑创新系统随机过程运行的基础和环境,一般是独立且先于随机过程而存在。二是内生性随机变量,它们在随机过程中产生,因相关方程关系彼此相互影响、相互作用,而是决定触发机制成立的内生条件,也是求解的具体内容。为此,在求解随机方程之前,这里先给予一些随机变量的对比讨论。

其一,$b_i(t_j)$、$z_i(t_j)$、$\tilde{p}_i$、ε_i 为系统性随机变量。

$b_i(t_j)$ 独立于随机过程,假设 $b_i(t_j)\sim N(0, t_j)$, $b_i(t_j)\in(-1, 1)(t_j\in(0, T))$ 意味着即使创新风险的随机性,但创新利润的变动仍然具有一般市场的先低后高而后再低的规律,而 $b_i(t_j)$ 加 1 是确保创新收益非负。这与一般创新利润的常识相符。

$z_i(t_j)$ 的市场占有率一般与企业规模、资本大小相关,这里假设 $z_i(t_j)$ 服从均匀分布,$Z_i(t_j)\sim y(0, 1)$,且 $\forall z_j(t_j)\in(0, 1)$,有 $P(Z_j\leqslant z_j(t_i))=z_j$ 就意味着企业创新市场占有率指标只是企业规模、资本实力的随机变量,但从市场总体占有率的期望值看,便与企业个体并没有直接关系,不存在关于熊彼特创新与市场垄断关系的悖论。[113] 此时,尽管创新的市场占有率 $z_i(t_j)$ 以期望值[114] $\mathrm{E}(z_i(t_j))=\sum_n z_i\cdot Y_j(x_i)f(Y_j)$ 出现在函数 $S_j(t_j)$ 式中,但就 $z_i(t_j)$ 自身而言,仍然是系统性随机变量。此时,$\mathrm{E}(z_i(t_j))$ 为第 t_j 时刻社会创新的占有率均值,而 $\sum_{i=1}^{i=n}\mathrm{E}(z_i(t_j))=1$ 是指占有率加总为 1。

$\tilde{p}_i$ 与 ε_i 作为外生变量一定是系统性随机变量,而 ε_i 为随机游走的布朗运动分布只是一种惯例,不仅便于计算,也与前述“退出-进入”机制的定义一致。

其二,$X_{ij}(t_j)$、$Y_j(t_j)$、$S_j(t_j)$、c_{j-1}^i、$r_i(t_j)$、δ_{max}、δ^*、t_k 及 M 为内生随机变量。

$X_{ij}(t_j)$ 为内生随机变量，故 $Y_j(t_j)=\sum_{i=1}^{i=n}X_{ij}(t_j)$、$S_j(t_j)=\sum_{i=1}^{i=n}[\mathrm{E}(z_i(t_j))(1+b_i(t_j))]\cdot\mathrm{E}[Y_j(t_j)]$ 均为内生随机变量。

c_{j-1}^i 指企业 i 在第 t_j 时刻对于第 t_{j-1} 时刻全社会创新程度的主观推断，既受到其他企业的影响，也反过来影响其他企业及社会加总的绩效。作为企业对于社会创新的概率推断，因而一定是内生随机变量；进而，使得 $r_i(t_j)=r_i(c_{j-1}^i,\ t_j)$ 认同函数也是内生随机变量。而 $\delta_{\max}$、δ^*、t_k 以及 M 均为内生变量，可由这些随机变量的关系定义得出。

由此，上述诸多内生随机变量的属性，均源于两个独立的随机变量 $X_{ij}(t_j)$ 和 c_{j-1}^i，它们满足 σ-代数的 $\mathbf{L}^2(0,\ T)$ 连续和 $\mathbf{L}^1(0,\ T)$ 可微性，即有 $b_i(t_j)$、$z_i(t_j)$、$\tilde{p}_i$、$\varepsilon_i\in\mathbf{L}^2(0,\ T)$ 以及 $X_{ij}(t_j)$、$Y_j(t_j)$、$S_j(t_j)$、c_{j-1}^i、$r_i(t_j)$、$\delta_{\max}$、δ^*、t_k 及 $M\in\mathbf{L}^1(0,\ T)$。

其三，社会触发阈值 δ^* 与创新总时长（步长 $k+M$）及随机变量时段变化值相关，涉及随机变量的分布（联合分布）、彼此的马尔可夫相关性。本质上，δ^* 是一个与全体企业个体创新阈值 $\tilde{p}_i$ 相关的随机变量，尽管 $\tilde{p}_i$ 是系统性随机变量，但给定社会 $\tilde{p}_i$ 的分布 $\tilde{p}_i\sim N(0.5,\ 0.5^2)$，对应的触发阈值 δ^* 应该看成与随机过程相关的内生随机变量。一般地，容易理解：$\tilde{p}_i$ 的期望均值 E_p 越小，社会创新性就越强；方差 D_p 越小，$\delta^*(\mathrm{E}_p,\ D_p)$ 越大。另一方面，由于 $P\sim N(\mu,\ \sigma^2)$，$\mu,\ \sigma\in(0,\ 1)$ 迫使 $\mathrm{E}_p\to0$ 或 $\mathrm{E}_p\to1$ 两端时，方差 D_p 自然变小。由此，有 $\frac{\mathrm{d}^2\delta}{\mathrm{dE}_p^2}\geqslant0$，$\frac{\mathrm{d}\delta}{\mathrm{d}D_p}\leqslant0$；进而可简化地假设：

$$\delta^*(\mathrm{E}_p,\ D_p)=l^2(1-D_p)+\frac{m^2}{2}\mathrm{E}_p(\mathrm{E}_p-1) \tag{6.8}$$

对于给定个体创新阈值及其分布，社会创新阈值的最大值为 l^2（此时 $D_p=0$，$\mathrm{E}_p=0$ 或者 $D_p=0$，$\mathrm{E}_p=1$），最小值为 $\frac{1}{2}l^2-\frac{1}{8}h^2$（此时 $D_p=0.5$，$\mathrm{E}_p=0.5$）。由触发机制的定义可知，参数 l^2 应满足以下不等式，以吻合内生于随机过程的参数条件：

$$\delta_{\min}^*=\frac{1}{2}l^2-\frac{1}{8}h^2\geqslant\delta_{\max}=\max\left\{\frac{S_{j+N}(t_{j+N})-S_j(t_j)}{S_j(t_j)-S_{j-N}(t_{j-N})}\right\} \tag{6.9}$$

显然，根据关联方程求解问题，本质上就是探究触发机制的随机变量应满足的条件，即揭示 $X_{ij}(t_j)$ 与 c_{j-1}^i 的随机性质和统计规律，也正是下面要解决的核心问题。

触发机制存在性、条件及其讨论。根据创新随机过程的马尔可夫链性质、内生积累性和个体行为的逻辑，由柯尔莫哥洛夫存在性定理可知，$X_{ij}(t_j)$ 随机过程序列存在有限维连续分布函数族（对称性和相容性）。一是创新的随机过程无论从何处开始、如何演化，联合分布函数都具有相同的统计性质，最终将导致触发机制的爆发。也就是，对于$(1, 2, \cdots, n)$的任意置换$(\lambda^1, \lambda^2, \cdots, \lambda^n)$，有：

$$F_{t_1, t_2, \cdots, t_n}(x_1, x_2, \cdots, x_n) = F_{t_{\lambda 1}, t_{\lambda 2}, \cdots, t_{\lambda n}}(x_{\lambda^1}, x_{\lambda^2}, \cdots, x_{\lambda^n})$$

对于一切$(x_1, x_2, \cdots, x_n) \in \mathbf{R}^n$ 均成立。

二是创新随机过程的局部变化与整体随机过程具有相容性，若 $m < n$，则对于任意$(x_1, x_2, \cdots, x_m) \in \mathbf{R}^m$，有：

$$F_{t_1, t_2, \cdots, t_m}(x_1, x_2, \cdots, x_m) = \lim_{x_{m+1} \to \infty, \cdots, x_n \to \infty} F_{t_1, t_2, \cdots, t_n}(x_1, x_2, \cdots, x_n)$$

这里，围绕关键随机变量 $X_{ij}(t_j)$ 和 c_{j-1}^i，化简得出并立随机方程，即三组随机变量的方程关系：$r_i(t_j) = r_i(X_{ij}(t_j), c_{j-1}^i(t_j), t_j)$、$S_j(X_{ij}(t_j), t_j)$及 $\delta(S(t_{j+N}), S(t_j), S(t_{j-N}), N, t_j)$。此时，解就意味着：$k, M \in \max\limits_{k=j, M=N}(\delta(S_{j\pm N}, N, t_j))$。

分别将它们代入 $\delta(S_{j\pm N}, N, t_j)$，可以对 $\delta(S_{j\pm N}, N, t_j)$ 做对数变换，于是，原问题转换成为求以下问题的最大值：

$$\begin{aligned}\ln(\delta(S_{j\pm N}, N, t_j)) = & \ln(S_{j+N}(X_{ij+N}(t_{j+N}), c_{j-1}^i(t_{j+N})) \\ & - S_j(X_{ij}(t_j), c_{j-1}^i(t_j))) \\ & - \ln(S_j(X_{ij}(t_j), c_{j-1}^i(t_j)) \\ & - S_{j-N}(X_{ij-N}(t_{j-N}), c_{j-1}^i(t_{j-N}))) \\ \triangleq & F(X_{ij}(t_j), c_{j-1}^i(t_j), t_j)\end{aligned}$$

按照勒贝格测度的定义，为了求以上离散随机过程的最优值，对于二元随机变元的 $F(X_{ij}(t_j), c_{i-1}^i(t_j), t_j)$，计算伊藤微分公式（由积分公式定义）：

$$\begin{aligned}\mathrm{d}f(X_{ij}, c_{j-1}^i, t_j) = & \partial_t f(X_{ij}, c_{j-1}^i, t_j)\mathrm{d}t + \partial_x f(X_{ij}, c_{j-1}^i, t_j)\mathrm{d}X_t \\ & + \partial_c f(X_{ij}, c_{j-1}^i, t_j)\mathrm{d}C_t\end{aligned}$$

$$+\frac{1}{2}\partial_{xx}f(X_{ij},\ c_{j-1}^{i},\ t_j)\mathrm{d}\langle X\rangle_t$$

$$+\frac{1}{2}\partial_{CC}f(X_{ij},\ c_{j-1}^{i},\ t_j)\mathrm{d}\langle C\rangle_t$$

其中，$\mathrm{d}\langle X\rangle_t=A_t^2\mathrm{d}t$、$\mathrm{d}\langle C\rangle_t=C_t^2\mathrm{d}t$ 分别依赖 $X_{ij}(t_j)$ 和 c_{j-1}^{i} 的布朗运动（俗称 Itô 漂移过程）的二次变差，对于伊藤假设 $\mathrm{d}X_t=a_t\mathrm{d}t+A_t\mathrm{d}B_t$ 及 $\mathrm{d}C_t=c_t\mathrm{d}t+C_T\mathrm{d}B_t$，$B_t$ 满足布朗运动性质 $\mathrm{E}(B_t)=0$、$\mathrm{E}(B_t^2)=1$；按照随机分析的伊藤公式 $\mathrm{d}f(x)=f'(x)\mathrm{d}t+\frac{1}{2}f''(x)(\mathrm{d}x)^2$：

$$\begin{aligned}\mathrm{d}f(X_{ij},\ c_{j-1}^{i},\ t_j)=&[\partial_t f(X_{ij},\ c_{j-1}^{i},\ t_j)+a_t\partial_x f(X_{ij},\ c_{j-1}^{i},\ t_j)\\&+b_t\partial_c f(X_{ij},\ c_{j-1}^{i},\ t_j)]\mathrm{d}t\\&+\left[\frac{A^2}{2}\partial_{xx}f(X_{ij},\ c_{j-1}^{i},\ t_j)\right.\\&\left.+\frac{C^2}{2}\partial_{CC}f(X_{ij},\ c_{j-1}^{i},\ t_j)\right]\mathrm{d}t\\&+a_t\partial_x f(X_{ij},\ c_{j-1}^{i},\ t_j)\mathrm{d}B_t+c_t\partial_c f(X_{ij},\ c_{j-1}^{i},\ t_j)\mathrm{d}B_t\end{aligned}\tag{6.10}$$

同时，对于初始条件，我们考虑 $X_{ij}(0)=a\neq0$，$c_1^0(0)=c(0)\neq0$，进而可得：

$$\begin{cases}\begin{aligned}\mathrm{d}f(X_{ij},\ c_{j-1}^{i},\ t_j)=&[\partial_t f(X_{ij},\ c_{j-1}^{i},\ t_j)+a_t\partial_x f(X_{ij},\ c_{j-1}^{i},\ t_j)\\&+b_t\partial_c f(X_{ij},\ c_{j-1}^{i},\ t_j)]\mathrm{d}t\\&+\left[\frac{A^2}{2}\partial_{xx}f(X_{ij},\ c_{j-1}^{i},\ t_j)+\frac{C^2}{2}\partial_{CC}f(X_{ij},\ c_{j-1}^{i},\ t_j)\right]\mathrm{d}t\\&+a_t\partial_x f(X_{ij},\ c_{j-1}^{i},\ t_j)\mathrm{d}B_t+c_t\partial_c f(X_{ij},\ c_{j-1}^{i},\ t_j)\mathrm{d}B_t\doteq0\end{aligned}\\X_{ij}(0)=a\neq0,\ c_1^0(0)=c(0)\neq0\end{cases}$$

即上述问题 $\delta_{\max}$ 的存在性满足条件 k，$M\in\max\limits_{k=j,\ M=N}(\delta(S_{j\pm N},\ N,\ t_j))$ 的最优解，实质上，就等价于对上述问题的变换求解过程。

将式(6.5)、式(6.6)、式(6.7)代入式(6.10)，对原方程求微分和积分变换，再求出对应微分表达式的满足条件，我们便得出以下结论：

① $f(X_{ij}(t_j)\mid X_{i1},\ \cdots,\ X_{ij})=f(X_{ij}(t_j)\mid X_{ij-1})\Leftrightarrow X_{ij}(t_j)=\tilde{p}_i\geqslant r_i(t_j)$，　for　$\tilde{p}_i\sim\tilde{p}_i\sim N(0.5,\ 0.5^2)$；

② $c_{j-1}^{i} \sim C(0)\exp\left(\left(\mu-\frac{\sigma^{2}}{2}\right)T+\sigma B(T)\right)$;

③ $\mathrm{E}[S(T)\mid S(T)\geqslant k][k-M(\mathrm{E}(r,\ \varepsilon,))]=\mathrm{e}^{-rT}S(0)[k+M(\mathrm{E}(r,\ \varepsilon,))]$;

④ $\delta_{\min}^{2}(\mathrm{E}_{p},\ D_{p})=\frac{l^{2}}{2}+\frac{h^{2}}{8}>\mathrm{E}[S(T)\mid S(T)\geqslant k]$。

注意,这里的解是一系列涉及系统性随机变量以及核心内生随机变量 $X_{ij}(t_j)$ 和 c_{j-1}^{i} 的统计性质及其确定性条件的关系,这意味着可以得出以下基本结论。

其一,创新事件随机过程 $X_{ij}(t_j)$ 服从马尔可夫链的历史无关性,当且仅当个体创新阈值服从高斯分布的情况下,存在着触发机制的数值计算解(非解析性)。

其二,在创新事件随机过程中,个体创新判断 c_{j-1}^{i} 不仅服从马尔可夫链的历史无关性,同时具有广义的高斯分布特征,其离散方差服从简单的随机游走性质。

其三,最优触发点的步长具有初始条件依赖性,同时,创新风险的主要来源是社会创新过程整体步长的随机性质:创新完成的时间太短或者太长,创新风险就越大;反之,在给定时间 $M_0(\mathrm{E}(r,\ \varepsilon))/\mathrm{e}^{-rT}S(0)M_1(\mathrm{E}(r,\ \varepsilon))$ 的均值附近,创新的风险相对较小。

其四,创新社会阈值的参数(最大值)服从不超过创新完成时间的个体平均估计值。

具体地,上述结论只是本模型分析的初步逻辑,更深入的一般性分析有待于专文详细讨论,鉴于本书聚焦创新主题,为避免陷入更多的数学分析与逻辑推理,只能就此打住。这里指出,根据上述触发机制解的特定概率分布的特殊结论,还可分别应用正态分布、均匀分布、指数分布、双峰分布等常见类型,对于未给予限定的系统性随机变量 $b_i(t_j)$、$z_i(t_j)$、$\tilde{p}_i$ 等展开实验性检验计算,进而得出对应的触发机制解(具体过程这里省略)。实际上,如果触发事件创新性概率呈正态分布,且个人对于创新认同的概率呈正态分布,那么应有如下结论:当创新随机序列中的企业或者消费者出现创新性生产或者消费行为倾向时,社会将呈现出跟随创新、模仿创新的宏观经济现象;具体讨论如下。

第一,"羊群效应"及其马尔可夫理性的新解释。无论权威意见和人数是否与真理相关,"羊群效应"或不是社会权威及大多数意见所导致的。即使人数多寡通常意味着一个社会对于创新(或衰退)的认同和交换,但本书分析却表明,"羊群效应"是"从熟心理"所引发的,与权威崇拜、从众心理无关。更准确地讲,人们是用"从熟心理"替代了"多数意见"的统计判断;其本质仍然是市场利润的逻辑所决定的——核心是马尔可夫链的"无记忆"理性。这显然与传统理论有所不同。当然,这需要扩展传统马尔可夫理性概念的内涵与外延。人们面对不确定性、信息不对称乃至创新厌恶度高的环境,且必须展开收益成本的决策分析时,往往会抛弃从心理、认知、信息等方面寻求完全信息、绝对理性或计量统计的逻辑限制,仅仅从空间相邻、时间相邻、血缘相亲、文化相通等类似于"上一期"的概念扩展,来确定自己"当期"的行为选择:$P_{(X,\, t_j)}(X_n = x_n \mid X_i = x_1,\ X_i = x_2,\ \cdots,\ X_{n-1} = x_{n-1}) = = P_{(X,\, t_j)}(X_n = x_n \mid X_{n-1} = x_{n-1})$,即我们必须对参数空间的 i 给予空间、时间、血缘等多维度的概念拓展。如此,即使马尔可夫链的选择从事后、整体来看是"非理性"的,但人们仍然在所不惜,如此"羊群般地蜂拥而至"——本质上是一种微观的理性行为。

对应地,在现代社会信息扁平化、网络化的自媒体时代,为了应对数据爆炸、信息冗余的白噪声干扰,人们信息判断的马尔可夫链性质则表现为按照信息重要性、关联直接性与表达可理解性的逻辑排序,依据最重要、最熟悉、最容易理解的条件,来决定自己当下行为的选择。其实,这种关于马尔可夫链"无记忆"概念的扩展,源于希勒[115]《非理性繁荣》中关于 12 种非理性投资行为的逻辑分类启发,因为希勒关于群体非理性过程的研究中缺乏马尔可夫链转移概率的逻辑,应是不言自明的缺陷。至于要进行严谨的数理逻辑论证,还须另文专述,仅此说明。

第二,企业退出和进入创新的扰动机制。创新收益对于个体企业而言,就是利润,但对于全社会加总而言,实质上存在着创新利润率的三个阶段:上升、下降、消散。基于这种常识,退出创新的企业所获得的最大可能的收益就是退出企业的两种损失:第一种是厌恶创新产生的效用损失;第二种是被创新淘汰的企业的直接损失或者说机会成本。

接下来讨论关于鲁棒扰动 ε_i 项的创新企业重新进入机制(re-entry mechanism, REM 机制)的逻辑分析。在前述马尔可夫过程的创新随机链中,从当期开始往前推,那些已经进入创新的企业就不再是当期选择样本空间的企业成员,为此,每一个随机阶段的参与企业的样本空间是逐步减小的,即 $\Omega_N \in \Omega_{N-1} \in \cdots \in \Omega_1 \in \Omega$。与此同时,由于创新的市场占有率、社会认同度越到后期,都将越接近于1,创新随机过程越是处于往后的阶段,企业就越富于创新动力驱动——即使其利润越来越小。此时,如果对于此前因为创新而失败的企业,给予某种重新进入创新序列的随机选择扰动——意味着给予创新企业某种增大社会认同函数值的机会,那么扰动项本身应该具有以下性质:一是扰动必须是正值(负值意味着退出创新);二是 ε_i 的数值越来越小,即 $\lim_{i\to N}\varepsilon_i \to +0$。

值得指出的是,布莱恩·阿瑟关于非均衡机制的三种典型划分[116],即关于资产价格波动的自我强化——"泡沫和崩溃"机制、暂时的集群波动(clusted volatility)现象以及突然渗透现象(sudden percolation),均可以纳入这里的 ε_i 项的随机扰动予以解释。

第三,企业创新相关性与触发机制。创新风险收益 $S(T)$,触发机制步长 k、M_0、M_1 乃至创新绩效,均与创新企业相互之间的相关性密切相关。一方面,由前述定义可知,如果企业创新认同函数 $r_i(t_j)$ 的协方差大于零,即 $\mathrm{E}[S(T)\mid S(T)\geqslant k]=\mathrm{e}^{-rT}S(0)\dfrac{[k+M(\mathrm{E}(r,\varepsilon))]}{[k-M(\mathrm{E}(r,\varepsilon))]}$,其实意味着创新企业之间具有较强的合作关系——比如厂商之间更多的是上下游供应链的互补创新关系。相反,如果创新认同函数的协方差为负值,则意味着创新企业之间大多数处于彼此是同类产品、同类服务或者同类技术的竞争关系。显然,这两种关系都会促进社会创新的进展,但对应的社会创新的绩效有所不同。

第四,诱发经济周期的触发机制条件。面对多系统复杂性社会加总的问题,我们常常无法采用一种恰当的数学方法进行统一处理,结果也往往是发散的。那么,在什么条件下,多系统的加总才会收敛?一般地,系统加总发散的原因错综复杂,但收敛条件却往往是一致的。为此,我们先给出以下的定性讨论(数理模型值得另文专论)。

实际上,熊彼特意义上的经济周期意味着三个前提性条件。其一,范围限定在纯粹市场经济范畴,至于自然灾害、气候变化、战争动乱、人口变动、政治变迁乃至人为的货币政策等外生因素,及其造成的经济波动将不在触发机制的分析之列。换言之,秉持熊彼特的经济周期思想,我们仅讨论纯粹的"生产-交换-消费"经济的循环中,由经济创新所诱发的周期性经济运行逻辑。

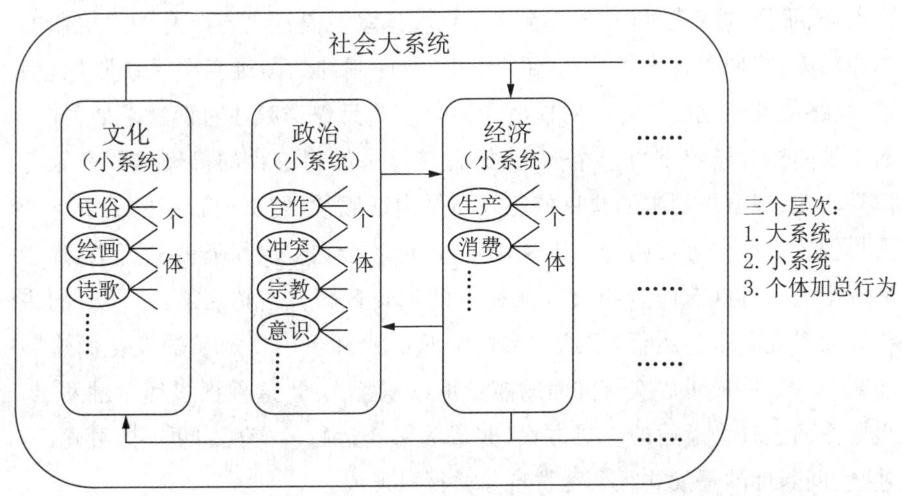

图 6.13　系统性社会触发因素的关系

其二，宏观经济波动是微观创新性行为加总的结果，表现为经济循环过程中创新性触发事件的不断涌现。其中，既有企业创新的集群，又有消费创新的集聚——按照熊彼特的说法，即"创新群的非连续性爆发的周期性过程"。值得指出的是，图 6.13 中任何一个环节的创新事件及其触发机制对于社会创新而言，均十分重要。只有当所有文化、经济、技术和制度的创新事件均接续发生，形成触发机制的作用，我们才能期盼完整的社会创新出现。而这个过程的突出特征是，在社会创新应用和技术创新领域将层出不穷地涌现出新名词、新术语，并通过新词语的彼此交流与表达，最终，获得触发机制的名词均衡。[117] 显然，这一点只要考虑本书相关章节与本节的触发机制，便很容易理解。

其三，经济系统存在着一般均衡这一"无形之手"的自动调节，在生产消费循环中，创新性垄断是破坏一般均衡的唯一动力。触发机制能够发挥作用的关键，在于它不仅激发了资本购买力，带来了生产繁荣，也激发了需求购买力，引发了消费集聚。这是创新性触发事件形成触发机制的充分条件——如果经济过程中的创新是必要条件，那么，创新的毁灭性及其触发机制应该可以通过计量工具给予实证；由此，创新性触发机制的逻辑也是关于熊彼特创造性毁灭概念的深入阐述。

6.6-3　触发机制的拓展讨论

在周期性事物运行中，为什么会出现爆发式触发机制的转换，而非体现为渐变、平滑的变化过程，核心在于周期性运动总是存在着蕴育触发机制的内在动力：将原来多个矛盾体相互作用、彼此制约的多维复杂系统吸纳、消解，最终使其演化成了二元对偶的矛盾体。当且仅当存在对偶性矛盾，如雪崩中雪晶体分子的重力与摩擦力、银行挤兑中的担心存款损失与放心银行信誉心理、战争过程中的善良仁慈心与暴力征服欲、经济创新中的传统生产力与创新生产力等对偶的矛盾体，事物运行才会在双向矛盾的运行中，逐步呈现出从一种状态向着相反方向运行的逆转逻辑。逆转之前，由矛盾的主要方面支配着事物运行，但这种支配力量必然随着事物成长的变化而边际递减，由此，促成矛盾次要方面的能量得以积蓄；一旦这种积累到达触发点，次要方面上升为矛盾的主要方面，并成为事物运行的支配力量。[118]由此，非连续、间断性的爆发式社会触发现象便得以形成。

传统理论关于战争、雪崩或经济危机的模型往往被看成非线性的复杂动力系统，用微分方程的数学工具来描述。本书试图用简单的二元对偶线性逻辑，通过随机性叠加来展示这类触发现象中所内涵的动力机制，现就拓展性质讨论如下。

第一，触发机制的协调与信号功能。创新是一个涉及消费者、生产者和大众媒体三方合作的均衡，其中，大众媒体提供文化创新、价值创新和伦理创新的认同，消费者用货币完成自己对于创新产品的“投票”选择。最重要的是，生产者不仅要准确地把握消费者的现实需求，据此展开熊彼特意义上的五个创新，还要在生产厂商之间或者企业内部完成创新的分工与合作。只有当各方参与人都在同一随机过程中，采取了从事后看来合作的行为策略，创新性触发机制才会在彼此合作的创新能量积累中逐步形成。此时，初始事件不为零与触发事件（触发点）的出现，其实扮演着创新合作的发起和信号协调的功能。比如，在纯粹技术创新的过程中，创新的“技术标准”就具有协调合作的信号功能——有人因此称技术竞争的核心在于技术标准之争，更强调其制约功能——因为现实技术创新的统一标准得以制定，往往就类似于触发事件的显示机制。

这里要指出的是，合作博弈的信号协调机制就像交通规则“红灯停，绿灯行”的信号功能一样，并不需要强加参与人以任何额外约束——不遵守交通规则必然面临法律约束和安全隐患，遵守交通规则就是一个符合大家利益且具有自激励机制的均衡。显然，如果一个社会缺乏信号协调机制，在创新触发事件发生之前，参与人的合作风险就在于背叛的保守策略具有稳定的收益，而遵守合作协议的创新参与人将面临创新成本的巨大损失；创新的合作博弈将由此陷入彼此背叛、创新崩溃的囚徒困境。技术标准的协调功能即如此，因为相对于技术领先的技术标准优势，各自为政的技术市场的消耗是成本巨大且对彼此都无益的。一般地，如果没有政治化的市场封锁，遵循协商一致的技术标准便是唯一的均衡。实际上，人类社会充满了合作的需求，即使其中大部分合作不需要额外的强制性约束，但合作协调与信号机制仍不可或缺。此时，初始事件不为零就意味着所有企业都开始进入创新序列，而触发事件的出现则意味着创新过程的完成——前后完整的信号。从广义交易的政治学角度看，触发机制便是一种不需要政治强制的自发性信号机制，而技术标准的协议则是一个充满竞争的非暴力对话过程。

第二，触发机制的广义对话依赖性。创新性触发机制是人类行为的描述，这意味着我们承认思想、意识和情感的交流、交往对于人类行为及其社会绩效的决定性作用，即内生性创新行为诱发周期性经济现象的关键，在于一种人类交流对话与广义交易的均衡。的确，动植物界一般仅仅存在某种群体生长、共生演化的固定周期性，这或许源于它们缺乏对话交流带来的相互作用、相互影响。比如，草原上狼群与鹿群数量的宏观周期性，一般服从某种 Lokta-Volterra 模型的微分动力学规律。[119]这里，动物世界即使拥有一些对话交流的影响作用，也仍然没有人与人的思想交流影响大。我们也从来不见植物界因内生交流引发的周期性现象；即使每一棵柑橘树产量都有大小年之分，这种周期性逻辑是自然遗传性的，绝对不会因植物之间某种互动而强化，并造成一般加总的周期性现象；每年柑橘产量都是动态稳定的，除非受到群体性的自然气候、病虫灾害等外生因素的影响。

经济周期性及其触发机制的作用，往往由于人与人交流、对话的语言逻辑而变得比自然界复杂，其所呈现的从个体到宏观系统的加总机制则更加麻烦，进而交流与对话的逻辑在社会触发机制的过程中发挥着巨大的影响力。特别是，在上述随机过程中，随机扰动项 ε_i 就显然受到主体间交流、对话的影响。人类社会秩序严重依赖于广义交易的对话逻辑，即使个体层面的语言争执不会带来决定性的行为冲击力，但由于语言传播的社会性，语言能引发误解或弥消仇恨的能量是巨大的，从而会加速触发机制的爆发和发生。

第三，触发机制的经济转换功能。创新过程一旦出现了非协议性触发事件，便会触发周期性经济运行的体系转换——无论公众对于这种周期性逆转充满无知的崇拜还是莫名的恐惧，伴随社会触发事件（或触发点）而来的社会转型就都是必然。无论创新的触发事件是企业主观的努力结果,还是命运之神的眷顾,社会转型都不会因政府允许而获得救赎,也不会因精英担忧而消失不见,它由大众性、实用性和市场的力量所驱使,就像技术创新一样,它会通过种种创新产品不可逆转地占领市场、风靡社会。显然,通过这种主客观双重不确定性随机过程模拟,本书得出了一个关于个体自主决策、群体相互影响的行为描述,实际上,这就是二元周期性转换逻辑的完善。因为创新阈值触发个体行为,而个体行为加总触发宏观经济的周期性转换,这是触发机制的两个关键性逻辑。本质上,创新事件的触发机制是一种动力学递增叠加,现实中,相反的现象是经济萧条,但二者都遵循相同的触发机制:一个是创新促进增长,另一个是危机引发衰退,前者意味着社会吹响了反熵增的集结号,后者则意味着熵增的加速过程。由此,触发机制的转换逻辑也是边际递减律临界点行为的深入描述。

现实中,重要的细节常常被人们忽视,以至于反常的事实常常被认为是事物本身的神秘性所致,而被大家忽视。触发事件是真反常或是假反常往往与社会的关注度相关,所谓的反常事件可能只是引起了人们关注的普通事件,很多本质正常的事件或因为缺乏关注,而被人们感觉到很反常。相反,也有很多被大家一直讨论、关注的事件,却常常在人们彼此的关注和博弈互动下,演变成并非值得关注的一般性事件。在宏观经济周期性运行的过程中,诱发繁荣或者触发萧条的创新性触发事件及其与经济周期运行的关系,便是这样一种被人们常常忽视,但值得关注的微观性重要社会事件。

第四,触发机制的预期改变功能。创新的不确定性判断会因为宏观环境的变化而不同,在宏观经济景气时,人们对于经济创新的预期是积极的,厂商、银行、资本面对未来的不确定性时往往很乐观。当宏观经济陷入低迷时,人们的创新预期则进入悲观的风险高估区。本质上,宏观经济的景气程度就是一个群体信心的互动均衡,与社会意识、大众媒体乃至消费者和厂家的信心指数相关,由此,同样一件事,在悲观者看来是风险,在乐观者看来则是机遇,这也是股票市场出现反常事件时,有人买跌就一定有人买涨的原因。

但值得指出的是,上述逻辑只是非触发事件作用的一般规则,按照卡尼曼和特沃斯基的前景理论[120]:面对公认的悲观事件,即使每一个人悲观的程度彼此不同,但总体预期却是乐观的,乃至不好预期的概率值小于1。然而,前景理论与常规预期逻辑此时的模糊之处在于,同样面对股市的非常事件,为什么有时人们按照前景理论行事，有时市场却发生雪崩式的股市崩溃。这意味着悲观性触发事件发生的社会后果，往往与传统预期理论的预言已完全不同。换句话说，只有当随机过程不出现触发事件，不存在触发机制的作用时，前景理论的结论才能成立——这算是一个补充。

第五，企业创新的市场需求反应。消费者即使遵循消费周期的行为但拥有更强的随意性，这与生产者行为完全不同，一旦消费者按照自身需求，而非预算来消费新产品——特别是进入信用消费时代以来，人们便逐渐摆脱可支配收入的预算约束，更多地受到消费行为周期性动因的支配。由此在具体消费过程中，消费者对于不同的创新产品及其市场营销，会因需求的差异，乃至不同的宏观经济环境，存在着不同的行为逻辑和周期性规律。比如，对于高档奢侈品、一般日用品、实物投资品与资本品，人们总是会表现出不同特征的分类需求；或者更加倾向于品牌营销的创新产品，或者更容易随着短期产品的创新而改变偏好。

在一般消费行为中，新闻、媒体、广告、中间商乃至于政府宣传的信息，都发挥着重要的引导作用。但需要指出的是，面对不同的宏观经济景气指数，单一广告、新闻、媒体对人们消费行为的影响仍然不是关键性的；只有当市场过程发生创新性触发事件时，市场消费行为及其变动趋势才会发生根本性的逆转。

纯粹经济周期本质上离不开资本运动的客观规律，尽管它主要取决于企业家精神的创新活动，但无论技术进步还是企业家创新精神，终究都需要资本之手发挥驱动作用。一切市场经济活动的内在驱动总离不开资本追逐利润的动机，离开这一观察，我们就会迷失在纷繁复杂的外表乱象之下。熊彼特创立了企业家精神及其创新理论，但并不过分强调于此，反而指出技术进步的经济内核仍然是资本运动的结果，而非相反。[121]马克思关于资本逻辑的考察更深刻，结论当然也更直接，关键的区别在于，马克思倾向于认为企业家的内在动力被资本所奴役。由此而言，他们二人实质上都承认企业创新行为更受到资本运作的制约影响，以至于企业创新的周期性行为要比消费者周期性行为更加稳定和有章可循。

实质上，马克思认为，资本在剥削工人的时候，也在奴役着掌握资本的资本家本身——只不过获得了超额利润补偿，资本逐利的本质使得资本一旦以独立的身份出现在人类经济活动中，就开始了对人类自身的异化——即使这个世界也存在着“好”的资本家；这才是《资本论》的批判点。

6.7 周期性经济运行的复杂解释

与新凯恩斯学派的琼斯、斯拉法乃至熊彼特强调过的动态创新均衡理论不同,本节所谓周期性逻辑的经济解释包含两个逻辑:一是横向的行为加总,即指周期性经济行为的一般均衡分析,这种一般均衡指经济中的个体相互作用、彼此依赖的关系及其宏观加总的周期性均衡。二是纵向的时间加总,即对众多个体周期性展开时间维度的加总,类似于小波分析中偏微分方程的多态解概念(此处因故不述,值得另文专论)。由此,仅就横向行为加总而言,与传统的周期性理论方法不同,我们将经济周期纳入一个更宽泛的社会转型框架展开具体分析,这种框架显然应该包含文化创新、经济创新、技术创新与制度创新等多周期叠加的逻辑。下面,我们先就与周期性复杂经济现象相关的社会转型概念,以及相关的周期转换概念给出相应的理论定义和逻辑梳理。

首先要澄清三个关于社会转型概念的分类,区分改革机制、触发机制与外生冲击机制造成的社会转型差异,并给出社会危机概念及其相关性质的更广义讨论。

所谓改革机制,不同于触发机制和外生机制之处,在于其转型逻辑是一个长期的渐进过程,具体由社会成员的相关参与人主观地发动,在全社会多方面的参与下,经由某种政治谈判、协商妥协,最终形成社会大多数共识的广义契约。改革机制引发的社会转型也因此是一个长期、无意识的社会渐进机制。从政治属性上来讲,改革并不是现实性革命,而是一个非暴力、广义对话的社会过程,并最终引起加总意义的社会转型。比较而言,触发机制虽然包含长期积累的宏观属性,但仍然表现为短期的巨变和触发的爆发特征。外生冲击机制则具有拟共振波动的逻辑,本质上是一种政治互动的博弈。此时,触发机制与外生冲击机制,既可以是暴力的,也可以是非暴力的。与此对应,引发周期性运行转换的可以是改革机制、触发机制或者外生机制三类。

所谓社会危机是指离开均衡态的政治、经济动荡与不稳定态。如果一个社会仅仅出现非政治的经济性波动,如经济周期、金融周期、消费周期、娱乐周期乃至文化艺术思潮周期,没有出现以社会危机为本质特征的社会动荡,那么即使社会危机往往与政治、经济、文化的周期性波动紧密相关，这种周期性社会转型也与社会危机无关。如果从社会周期运行与社会危机的关系角度思考，上述三种转型机制便可以有不同的考虑。换句话说，与一般社会性周期波动完全不同，当发生纯粹的政治性波动时，无论此时社会是处于左倾思想的高潮（即右倾思想的低潮），或者处于右倾思想的高潮（即左倾思想的低潮），我们都无法判断这种波动将在何时转换，因为人们的思想意识从来都无法被准确地预料，是处于最低还是最高水平，以至于双方的冲突或可能会诱发革命、战争的暴力解决方式。也就是说，带有纯粹政治性社会意识形态的波动往往会带来某种非均衡的不稳定性，进而，一定会导致摆脱均衡或者脱离均衡的周期性社会危机。由于相关的讨论范围宽泛，所以，本书接下来的周期性经济运行分析将聚焦在一种非危机的社会过程，将周期性社会转型逻辑对应地分为：协议转型（改革机制）、诱发转型（触发机制）及冲击转型（外生机制）三种。具体地，协议转型的典型是西方议会制度，也包含中国改革开放的逻辑[122]，触发机制可详见前述分析，外生机制暂时不论。如图6.14所示，三种转型可以发生在经济运行“危机”的 w_1 处或 w_2 处，前者表示经济开始了脱离均衡的衰退，后者则意味着摆脱均衡的创新冲动。注意，由于二者均表示经济离开均衡态，故简称“危机”。

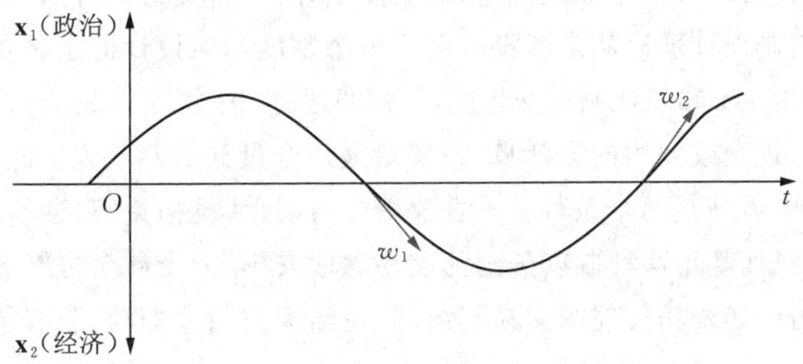

图 6.14　偏离均衡与社会危机概念

本质上，社会转型的谈判机制是一种社会对话协商的政治交易逻辑，这是古典政治经济学中广义交易逻辑的延伸，被布坎南称为瑞典学派的维克赛尔传统——广义交易的政治学原理。[123]谈判协议能达成均衡意味着一种对抗的妥协，妥协之所以能够在对话、谈判中实现，本质在于谈判本身包含着交易双方的帕累托改进效率[124]：交易、广义交易的逻辑像空气一样存在于人类社会，它能够使得社会在不减少任何他人福利的情况下，提高至少一人的社会福利水平,这种利益交换与妥协的逻辑才是谈判机制的核心所在。更详细的谈判逻辑涉及纳什、宾默尔等人关于讨价还价博弈的理论阐述。[125]

这里需要指出的是,所谓谈判协议的社会转型本质上是一种精英主义机制。这种精英的含义是指:社会转型中的谈判协议过程总是由少数政治、经济、文化等领域的社会精英参与,通过不同利益群体的精英对话而形成社会协议。这种思路继承了布坎南公共选择理论中议员与农庄主之间的广义交易模型,并与阿罗的社会选择理论相对应。阿罗意义上的社会选择理论是指一种全体选民有资格参与的投票加总逻辑。本质上,谈判机制与公共选择的广义交易逻辑相吻合,就像布坎南《同意的计算》中的案例一样,一定是少数涉事的庄园主、代表性议员,乃至政治家之间的广义交易与谈判过程。

为什么少数社会精英的交易妥协可能会带来整个社会的非暴力转型,其中有没有强制因素?答案是正面的。少数精英的谈判妥协之所以可能会产生社会效力,原因在于这种妥协反映了当下社会最符合大众利益的理性趋势,少数精英的思想代表了民众的意愿。这是一个传统社会转型制度变迁的政治学、政治经济学的逻辑,已经被各国的实践所证明。[126]

与此同时,还有一个与此相关的理论误区。本质上,机制设计理论是一种广义交易的契约逻辑[127],而非人们误解的那样:一个社会的制度安排可以经由社会精英进行合理性、合逻辑的制度设计,然后交由执行部门去实施。实际上,机制设计理论从来就没有关于一个制度如何设计的逻辑,相反,它是一种自由主义市场法则的交易逻辑,强调通过"拍卖"交易的方式,将一项社会设施、规则或契约的设计权,拍卖给最适合设计的参与人。此时,最适合的竞标者需满足两个条件——激励相容约束(利益相关)和参与约束(资格优先),进而基于这种制度契约的交易程序安排,一个社会也能达成帕累托效率改进,如委托代理的交易契约、公司治理的制度契约、股权结构的设计契约等均可以达成最优状态。[128]

本质上,社会转型是一个社会发生具有文化、政治、经济意义的多方面变革、创新的制度变迁过程。然而,这种说法往往导致另一个误区,以为社会转型是一个目标明确、收益可期、上下同心的过程。[129]实际上,社会转型往往是一个方向模糊、方法试错、路径迂回的社会过程。因而,这种转型不一定导致社会变革的完成,而可能导致某种偏离理性,乃至返回传统社会的现象发生。此时,在社会运行周期曲线上,向下运动 $\mathbf{x}_2$ 的下周期阶段便意味着某种纯粹的重复循环,不仅缺乏创新的社会意识,还可能退回完全否定创新的社会状态，最终导致周期运动的封闭性循环。

构建经济运行周期性的一般均衡方程及其理论模型，还存在一个基本问题，即依据哪些宏观经济指标来评价或描述运动过程。具体地，复杂性周期的加总还与社会意识、政治倾向、经济趋势相关(维度不同)，而不是一个简单数量的算术加总。

实际上，传统宏观经济学已有五大主题：就业、物价、货币稳定、GDP 增长和国际贸易均衡。但我们认为更重要的还应该是人生价值、生活目的及其幸福感的指标。否则，高质量经济、低碳绿色发展、社会公平与正义等便无从确立。在古代中国，曾经有春秋孔孟、西晋七贤、程朱理学及陆王心学等一系列传统智慧。西方的圣经则记载，仅有远古的亚伯拉罕关于财富与幸福的理解，才唯一得到了上帝的祝福：应许其子孙后代和牛羊如沙子一样多，并将居住于流淌着牛奶与蜂蜜之地。在近古代地中海商圈，发达的沿海贸易使人们抛弃了传统的重农主义观点，认为金银货币才是财富的本源。直到 18 世纪末的工业革命时期，这种重商主义观念才被重农主义思想所替代，强调工业化生产能力及其技术进步。19 世纪西方理性主义关于物质生活的新认知，强调 GDP 的增长，但忽视这种增长所付出的代价。最后，到 19 世纪末期，边际主义使人们意识到资源的有限性及其边际产出最大化的问题。在现代经济学以后，以阿马蒂亚·森为典型的社会选择理论拟拓展社会构建新维度[130]，在人的物质与精神需求、人与自然和谐的基础上，提出人的全面发展指标，包含了自由、富裕、幸福等多维度。这种对于现代性启蒙的反思将问题引向更深层的哲学范畴[131]，也为人们带来更多的启发。

实践中，20 世纪 60 年代以来的新科技给人类以巨大的鼓舞，也引发了对人与社会的深刻反思。舒尔茨的人力资本理论提出了对智力投资的重要性。舒马赫将经济发展的线性概念演绎成 70 年代的结构主义理论。随后，将用人均收入衡量的经济增长，扩展为以人文指数、预期寿命、男女平等衡量的社会发展指标。一直到 70 年代末，这种思想被罗马俱乐部[132]的环境资源理论所继承、全面发展，并催生了第一届联合国环境和发展会议的召开，人与环境的和谐共生成为共识。80 年代，精神文明问题被提出，文化与公共道德被全面纳入社会文明的范畴。90 年代，知识经济成为要务。如今，“拯救地球”的环保和可持续发展任务仍然重要。值得指出的是，上述发展概念的扩张与宏观经济目标在经济理论认知上的变化，也展示着人们经济观的历史变化。工业革命以后，受新康德主义和进化论的影响，西方史学界大都把人、社会和自然三者及其自身之间的关系看成是对立、矛盾的；人与人之间的关系是生存和利益最大化的竞争，人与自然是支配或征服的矛盾。当然，这种自我中心主义的历史观在20世纪初受到冲击，新近人类学、社会学及地理、气候、生态等学科进入史学范畴，出现了整体观、社会整合、社会与自然界和谐发展的新历史观点。如此，与马克思早年提出的"工业社会和自然界本质同一性"的观点，乃至中国"究天人之际，通古今之变"的世界大同思想，倒是殊途同归了。

由此可见，即使宏观经济的周期性规律也是某种多因素、多变量的复杂逻辑，绝非直接因素的简单合成能够解释的。正是基于这种复杂性思维的考虑，周期性逻辑总是提醒我们，当生活不如意时，要相信明天早晨的太阳会照样升起；当我们志得意满之时，不要忘记昨天的悲剧或可重演，谨慎地乐观才是生活应有态度。那么，如何才能恰当的把握现实的周期性？我们仅从两方面简单地陈述如下。

6.7-1　创新性经济周期的结论及其条件

首先要指出的是，本书强调经济周期的内生性和不可避免性，是指假设当人口、战争、气候、灾变、政治、法律，乃至国家货币、财政、产业等宏观政策都保持不变时，经济体系的运行过程仍将呈现出波动程度不同的周期性。这种经济周期的不可避免性源于社会创新——人类社会的创新是不可避免的，这是熊彼特经济发展理论的思想硬核。由前述章节可知，其递进逻辑在于，追逐创新价值、货币职能创新这两个因素一定会引发经济周期，它不仅存在于生产与消费的循环过程中(空间维度)，也存在于资本与劳动的价值转换中(时间维度)。其中，创新价值驱动周期性将带来内生购买力的周期性变动，进而带来资本购买力和消费购买力的转换波动；一旦生产和消费两种周期性行为的波动彼此重合，在市场上蔓延，宏观经济就会出现经济繁荣与经济衰退的波动。同理，货币职能创新驱动将带来资本与劳动价值转换的周期性，最终也表现为经济体系及其价值链的周期性现象。

基于纯粹的逻辑推理，本书理想概念的框架分析将给出一个更一般的理论论证；具体由以下几个互为补充、紧密关联的命题构成。

引理1(自然经济[133]的周期不可能性)　如果市场上的生产行为自主决策、完全竞争，消费者彼此独立、自主选择，那么，众多消费与生产行为的宏观加总，由于个体行为的周期性特征将彼此抵消，加上供需均衡的市场调节机制，宏观经济将呈现出总体非周期性运行的平稳态。

换句话说，上述引理就是一般均衡定理的表达，意指在非创新的传统自然经济中，生产与消费的经济循环具有理性预期，社会不存在超额需求或供给不足，也就不可能发现或者找出任何导致经济周期性运行的因果关系。其实，古典经济学理论是写在教科书世界的静态镜像，现实经济中所有诱发周期性的逻辑均源自创新性周期运动，与经济资源、社会心理和社会意识无关（后者决定着社会资本、人力资本的经济动力）。或者说，人们想象的如供给冲击、需求变动乃至货币刺激等因素，均仅仅产生短期的经济冲击，不会对传统经济循环产生任何内生的诱发冲击；因为所有非创新冲击从全局来看都会被宏观经济的均衡加总力量所消解，或许它们在触发机制过程中会作为触发事件显现，但其本质仍然是作为创新的表象来引发周期性经济波动。

实际上，引理1也是前述关于市场有效性假设中三个递进逻辑的另一种理解，本质上则是柯尔莫哥洛夫大数原理的直接推理：即呈现随机游走的大数量个体行为加总将表现出正态分布的均衡统计性质（无周期性规律）。当众多小周期波动加总时，即使每一个小周期都呈现出具有相同分布的随机变量（如果他们的初始相位与振幅都是随机独立分布的），那么当众多群体内部的人员数量（如 n），趋近无穷大时，加总结果一定是相对稳定的均衡运行状态。[134] 换句话说，众多小周期的加总，最终会由于相互周期性的互补性而导致缺乏周期的社会一致性行为。

这里，自然经济的周期不可能性命题，需要自然经济的条件：其一，人们的消费与生产行为具有独立性，双方唯一的交流方式是价格，不受他人语言行为的干扰；其二，金融环境与货币供给的独立性，从生产到消费的循环过程不存在货币当局的人为干扰，始终在货币自然率的状态下运行；其三，不存在经济创新的竞争，人们的经济行为仅仅限制在技术含量的创新水平，更不存在生活方式的重构与创新。

推论1（消费创新的经济周期性） 即使人们的消费行为彼此独立、自主选择，如果经济创新诱发了流行消费趋势及其触发机制（包含“羊群效应”），经济运行就一定存在着消费创新诱发的经济周期性波动。

实际上，上述定理是前面章节论述的综合，可称为触发机制的消费周期性命题。一般地，消费周期性与收入结构的均衡相关，因为个体消费行为的周期性既有对于可支配收入的依赖性（节俭型消费），又有对于未来预期收入的依赖性(奢侈型消费),但就全社会总体而言,加总的均衡结果则一定是现实收入结构的反映——这是前述分析中缺乏的变量。由此,从收入结构的外生变量考察,国民财富的收入分配越是公平(如基尼系数),消费引致经济周期性波动的可能性越小;相反,收入结构多样性、差异性越大,越会导致周期性波动。当然,分配结构的差异性与社会成员数量成反比;此时,人数无穷大社会的消费波动的周期性可能更小,总体上,这是一个布朗运动的均衡过程——人数相当于时间变量,最终,人数无穷大会产生一种高斯分布的消费结构及其非周期性特征。

证明:考虑社会实际收入对消费行为周期性的影响,这是关于创新价值竞争的直观描述。我们增加社会收入结构变量,假设社会分配公平的基尼系数记为 ε。

由于收入差距越大,个体消费的周期性波动越大[135],有 $(A_i^p,\ B_i^p)=(\varepsilon A_i,\ \varepsilon B_i)$,此时,对于社会成员人数 n 而言,一般地,ε 服从布朗运动的随机过程,即有 $\mathrm{E}(\varepsilon(n))=0$、$\mathrm{E}(\varepsilon^2(n))=n$ 以及 $\mathrm{E}(\varepsilon(p)\varepsilon(q))=\min(p,\ q)$,由此可得:$\lim\limits_{n\to\infty}\varepsilon(n)=0$。

面对以下消费周期性方程:

$$y(\pi_s,\ c_d,\ t)=\begin{cases}\sum\limits_{i=1}^{+\infty}\left[(A_i\cos\theta_i\mathbf{x}_1+B_i\sin\theta_i\mathbf{x}_1)T(t)\right] & \partial w/\partial\pi\geqslant 0\\ \sum\limits_{i=1}^{+\infty}\left[(A_i\cos\theta_i\mathbf{x}_2+B_i\sin\theta_i\mathbf{x}_2)T(t)\right] & \partial w/\partial c>0\end{cases}$$

一般地,当 $n\to\infty$ 时,对于周期方程的振幅有 $(A_i,\ B_i)=(0,\ 0)$,即上述周期性运动循环为 $y(\pi_s,\ c_d,\ t)=0$,即不存在周期性。

但是,作为一种理想条件 $n\to\infty$,对于任何社会均不成立,从而应有 $y(\pi_s,\ c_d,\ t)\neq 0$,且有 $(\varepsilon_p\geqslant\varepsilon_q)\Rightarrow((A_p,\ B_p)\geqslant(A_q,\ B_q))$。这意味着 $y^p(\pi_s,\ c_d,\ t)$ 要比 $y^q(\pi_s,\ c_d,\ t)$ 具有更大的波动性,即经济运行存在着消费创新引发的周期性运行规律。

证毕■

与推论 1 的消费创新周期性一致,生产创新也可诱发如下周期性命题,我们称之为触发机制的生产周期性命题。进一步,基于资本与劳动价值转换周期性分析,我们同样可以通过增加对应的随机变量,获得附加创新价值的经济周期性规律与命题,由于证明逻辑相同,均不给出相关的证明累述,仅语言陈述如下。

推论 2(生产创新的经济周期性) 即使厂商生产行为彼此独立、完全竞争,只要存在着生产、营销、管理、技术的创新性竞争收益,那么,经济运行就一定存在着生产诱发的周期性波动。

推论 3(创新价值资本化的经济周期性) 如果经济创新的生产消费循环过程中,创新价值及其收益被货币职能的创新所资本化,那么,经济运行就一定存在着创新价值资本化诱发的周期性波动。

推论 4(创新价值劳动化的经济周期性) 如果经济创新的生产消费循环过程中,创新价值及收益被新生劳动所占优,创新利润偏向于分配给劳动要素,那么,经济运行一定存在着劳动诱发创新价值的周期性波动。

注意,在以上推论中,制约宏观经济周期性波动的因素主要有三个方面:

其一,振幅。这是一个纯粹经济性变量,代表了经济个体自身实力的现实状况,如预期经济收入、可支配收入及生产要素资源等因素,直接影响GDP的总产出。

其二,频率。这是一个涉及社会心理、地理、人口等客观经济环境的变量,也涉及经济体内个体秉性、储蓄习俗、劳动偏好等影响创新行为的主观社会变量。尽管个体差异性千差万别,但社会总体分布却仍然是一个给定分布性质的稳态随机量。

其三,初始相位。这是一个涉及个体初始经济状态的微观变量,包含社会人口出生率、婚姻习俗、人均GDP、社会初始禀赋以及生产要素禀赋等因素。这种初始位置变量往往具有继承性,但同样可以看成宽平稳(马尔可夫链性质)的随机过程。

最后,根据上述引理以及四个推论,可以直接得出本书一直试图阐释的创新周期性命题——所有宏观经济的周期性运动都与创新相关,没有创新就没有创新价值的竞争和转换,也就没有一切经济周期性运行的前提。由于相关逻辑直观、简单,不用具体的逻辑陈述,仅语言简述如下。

宏观经济周期性的创新触发机制结论:如果社会的生产与消费形成对于创新价值的激烈竞争,允许资本与劳动关于创新价值的转换,那么,只要有内生性触发事件发生,就会诱发经济乃至社会现象的周期性运行乃至波动性危机。

值得说明的是,触发事件是社会转型发生内生性本质变化的外在反映。但对于身处社会转型期的个体而言,在触发事件尚未出现、触发机制没有显现之前,社会转型属性往往处于模糊不清的状态。此时,有的个体有感知,很肯定；有的个体有感知，但不确定；有的个体则完全无感知，也不确定。然而，一旦触发事件出现、触发机制爆发，全社会所有成员都将转向触发事件所指的运行方向，形成共同的认知；最终，达成周期转换逻辑下"一致同意"[136]意义上社会秩序的新契约。

6.7-2 多因素复杂性周期的简述

关于宏观经济的周期性现象，本书的观点与传统理论的区别是，要给出一种基于微观个体周期性行为，具有相互作用、相互影响，进而宏观加总的经济逻辑解释，同时又保持接近真实的非线性、复杂科学的理论特质。

原本，以下分析应该是一个逻辑严谨、推理完整、表述通畅的理论过程，但遗憾的是，一旦我们考虑到现实宏观经济中多因素、复杂的实然过程，考虑到经济体系内外部多因素社会、政治、文化的指标选择都十分困难，再加上稍微复杂的随机扰动逻辑都绝非一般性白噪声（维纳过程）所能够描述的，以至于任何如此幻想的理论企图都显得十分幼稚肤浅。为此，以下论述仍然是某种语言性、猜想性或不确定性的结论陈述[137]，而由此引起的某些阅读障碍或者习惯上的不适，只能敬请谅解。

创新价值扩散的周期性关系：即使一个社会没有资本与劳动的转化竞争机制，如果存在着无穷个生产者和消费者，基于彼此独立的小周期加总，一定存在着由于创新价值竞争及其扩散引起的现实经济周期性转换波动。

此时，加总方法又取决于我们所提论题的两种分类：其一，无穷个独立同分布的个体周期性行为加总，其结果是布朗运动的条件具有无穷级数的收敛性，而具体逻辑和特征的一般化，恰好体现了触发机制第一定理。其二，关于非布朗运动的周期性加总逻辑。对于收敛的加总，我们可具体分离出不同的周期性特征，进行深入描述，以揭示隐藏在大数收敛多重叠加现象的周期性逻辑。鉴于非收敛的复杂性，非周期且发散的级数将不属于本书叙述之列。关于非布朗运动的随机过程分析，实际上是一个更复杂的论题，这里，我们必须承认逻辑理性的不完备性；而从矛盾因素的数量观察，仅给出如下简化的分类：

(1) 二元互动的整体统一性逻辑。在一般社会科学的范畴，这实际上是一种广义交易的谈判及其讨价还价博弈的逻辑。

(2) 三元互动的转化逻辑。一般，不存在长期的三元化社会的基本规则，广义地看，这是一个从二元到三元的空间维度扩展逻辑，已超出本书范围。

(3) 二元至多元互动的共振机制。这是一个与本书相关,但超出本书讨论范围的论题。

在上述从分散个体到总体的社会加总机制的分类描述中,第一个规则是一种定性的政治逻辑,第二、第三个规则是一种定量分析的经济算账逻辑。人类社会行为的加总时刻都在定量与定性、经济与政治的不断权衡中展开,包含了复杂的理性思维和逻辑考量。

由于创新性触发机制总会发生,进而生产与消费创新的周期性不可避免,加之创新资本化的不可避免,一个社会就一定存在着创新性触发机制,最终,创新因素引发宏观经济周期现象。但是,从数学工具的逻辑来讲,最初始布朗运动均衡态其实仍然是一种理想状态,其前提是人与人之间没有情感交流与利益交换(类似于粒子的物理运动):这里的"人",只是一个理性概念,进而可以视作物质生产和消费的载体——在既定的社会秩序和劳动分工体系的结构中,按照理性的最优逻辑执行而已。当然,这种假设并不成立,因为人不是概念意义上的理性机器,人的行为不是原子式的生产消费模式——由此,这也是本书始终保持某种不完全数学描述的原因。实际上,现实既定的社会秩序和劳动分工结构本身就依赖于人类社会的语言交流、利益交换及其制度构建——这意味着我们将面临一种经济学的语言学转向[138],这是本书后续的任务。

综上所述,本书关于人类行为的周期性分析只是理性诸多形式中之一种,或者说是某种特殊情境下基于本书高阶理性逻辑的理论扩展。我们坚持理性是一种行为意识,而非行为决策方式。所谓理性的决策逻辑——无论是传统单向的最大化计算,还是人们互动行为的博弈逻辑,抑或本书所提的二元对偶规划计算——都不过是实现理性目的的某种途径的逻辑呈现,而非目的本身。只有人的生命、生活本身才是目的。理性的困难在于是否具有可表达性,乃至表达本身的逻辑不完备性这一悖论。不可表达的——如决策模式、行为方式、社会规则、交流方式,乃至于情感、直觉和本能等各种因素及其意识,更多地超出人类的思维表达方式,它们并不是不存在,只是科学、理性及其逻辑的表达局限性使我们无法表达那些需要给予恰当表达的理论对象,就像我们必须将所有的思维意图转换成计算机语言或者机器程序,才能形成机器动作一样。

6.7-3 复杂性举例:社会意识及其周期性

在《历史决定论的贫困》一书中,卡尔·波普尔批判了企图以知识增长的理性思维来框定人类历史走向某些必然性的想法。雷蒙·阿隆从现实哲学实践出发,几乎终结了所有传统政治学试图为人类社会确立政治秩序的科学理性观。[139] 显然,本书宏观周期性社会的逻辑分析并不是要为历史决定论的那些已为人所熟知的观点做辩护,相反,由于周期性演化逻辑本身就包含螺旋式上升的开放性演化前景,具备社会演化中非典型周期性逻辑的复杂性,由此,本书的周期性逻辑应该是试图维护并坚持雷蒙·阿隆的理论思想。

在社会意识的概念中,个体自由与集体权威的对偶周期性是一种真实的社会现象,随着生活方式、生产条件与技术创新不断变化。一个值得注意的社会新特征是,一方面,现代产业革命的技术进步带来新的社会权威需求,就像生产流水线必然要求工人劳动过程中的集体化程度加剧、人工智能化对人们常规劳动的替代,这是马克思早就批判过的机器对于人的异化。另一方面,人类社会进步又必须以人的幸福发展为根本目标——当然包含人个体发展的自由。为此,这种二元对偶矛盾的发展必然导致某种社会意识的周期性运动,它们不仅有宏观秩序与个体自由的矛盾,也有意识与存在的矛盾。实际上,社会意识在周期性宏观运行的复杂性机制中扮演着至关重要的作用。

一旦社会意识周期性促使某种社会风气得以形成,这种社会心理的周期性必然导致个体行为差异的不同选择,进而影响个体行为的周期性选择。此时,社会意识、风气转换的逻辑则与触发机制相关,对应的社会周期性规律可被视为一种常识。

*社会司法意识的周期性及其反常现象。*从司法角度讲,一个社会的司法意识乃至法官就存在着某种二元对偶的周期性心理意识波动,这使得一个社会的司法公正性总是处于某种周期摇摆过程之中,如果将其看成社会意识加总的一般均衡,于是,一个社会就一会儿倾向于宽松、自由与宽容的司法意识,一会儿产生严厉、规范的社会风气和司法意识。在宽松的社会司法意识里,即使某些出格行为,也可能被判定为是成年人之间的"顽皮"故事。而在严酷的规范社会司法风气下,即使如谈恋爱等正常行为,也有可能被断定为败德、犯罪行为。如此,一旦处于某种不确定状态下,民众对于公开的

出格的恶劣行为，往往不敢出面制止——制止就意味着自己处于某种法律冒险的不利地位，由于对方的"赖皮"模糊性，去表达制止行为可能招致对方伤害、被警察判定为互殴滋事，乃至防卫过当而犯官司，也即司法意识及其条例的不确定性判定会反过来伤害本来与事无关的自己。

这种社会选择的最终结果是，面对公然的社会败德行为，个人与公众往往视而不见，产生麻木、不作为的恶。费希特将这种因善良而麻木的恶归因于人性软弱和缺乏勇气[140]，但事情远非如此简单。的确，不见义勇为的原因是正义的成本过高，而作恶的成本过低。若仔细深究，我们会发现，本质上则在于某种二元对偶的法制意识周期律及其不确定性使然。仔细想一想就会明白，历史上的确存在一种相反的情况：比如在传统封建社会氛围下，男女自由恋爱的正常接触却可能被他人监视、干扰，导致个体婚姻自由受到限制，以至于极端之时，被坏人以公序良俗之名侵害人权。其实，当希特勒屠杀犹太人时，当时的社会意识就没有明确的界限。

*理论"忽悠"的周期性社会现象。*本质上，理论的价值源于理论对于实践的指导意义与引导作用，这是传统经济学及其知识论所应有的内涵。但我们必须揭示，理论"忽悠"现象不断涌现将显示出某种背离一般社会价值观的理论倾向，呈现出荒诞无趣的知识特征。说它荒诞无趣，在于炮制而得的理论既缺乏学术继承的合法性，又与现实社会实践毫无干系；不过借助一些官僚主义的程序性认定，胆大妄为地完成本应十分艰辛才能获得的学术"成果"。它们周期性地出现在现实生活之中，并历史性地不断显现出来。不容置疑，当今社会科学领域形而上学的贫乏已是一个重要问题，它会使得人们的意识形态脱离现实实践，偏离理论研究的正常轨道。

传统上，炮制式理论对于人们现实生活的"忽悠"性质及其功能，并不能通过实践来证伪——实践既不能，也无意检验真理。在社会运行的周期性规律下，真理的外壳都可能具备两种矛盾的形态，而无法被证实或证伪。然而，理论忽悠从来没有像今天这样产生奇迹的效果了；如果我们看一看国际地缘政治中的各种谎言、看一看各个国家宏观经济政策的各种宏大计划，就会明白，今天的世界被各种荒诞理论所忽悠。正如哈耶克断言的那样：事实并不重要，重要的是人们看待事实的眼光，会改变未来的事实。人们常常只生活在自己的世界里，这些看起来曾经很不可思议的事，现如今却已是人类不可回避的现实。

*意识形态矛盾与物质利益冲突的周期性。*美国著名社会学家亨廷顿认

为,当今世界的地缘政治矛盾应归根于不同文明的冲突(主要表现为宗教信仰的意识形态文明差异)。这种论断使人们误以为人是纯粹精神的存在,人文学者习惯性地夸大文明或文化冲突的作用机制[141],与人类具有精神与物质的两面性且混杂一体的复杂性事实不符。亨廷顿追溯人类冲突不可调和背后的文化缘由,认为宗教文化的文明根源影响力巨大。但其实,物质利益的生存矛盾才是地缘政治冲突的本质。

实际上,马尔萨斯最初的洞见是绝对天才性的,通过人口增长、粮食产量波动与耕地量不变的逻辑关系,他揭示了人类历史上人口的周期性波动规律。遗憾的是,科学革命以后,历史的确定性规律在耀眼的技术进步中消失了,以至于人类理性开始膨胀,似乎要雄心勃勃地摆脱一切可见的不合意约束。在现代社会科学技术的背景下,人类的前途、社会的发展,似乎仅仅剩下人类宗教文明或意识形态的冲突。就像阿马蒂亚·森曾经断言的,大多数粮食饥荒不是天灾,而是人祸的结果。于是乎,如果能够将具有规模报酬递增的社会制度(如新制度经济学家诺思所指的资本主义制度)推广于全世界,接下来,只要按照西方理论界所开出的社会、政治、经济“处方”,人类就可以悠然悠哉地躺着进“天堂”了。正因为此,福山才得出《历史的终结及最后之人》中的论断。

事实上,亨廷顿太悲观,而福山太乐观了。文明是特定文化习俗的理性结晶,本身就包含着非暴力的生活方式。不同文明之间的差异,既可能导致冲突,但也可能带来和谐共处。理性主义、新制度经济学理论家与福山们过于乐观了,即使西方民主政治制度有助于科技进步和社会发展,也并不意味着理性的科学技术能够帮助人类彻底摆脱“马尔萨斯陷阱”。仅就现时最流行的 ChatGPT 来讲,那种对人类会被机器智慧控制的担心就是一种庸人自扰,这是图灵机原理以及哥德尔定理早已揭示的内涵。但另一方面,我们同时不能否认人工智能的极速发展会给人类社会生产生活带来极其深刻的变革。这里,一种符合人们常识的直觉是,人类发展受制于人类政治思想与意识形态的矛盾,这一矛盾往往在突发自然灾害、外在威胁的情况下,才可能让位于人类合作。相反,一旦人类面临的外在威胁或者诸多生存压力慢慢地消除,且技术创新取得了长足进步时,历史表明人们常常会选择不合作。这种逻辑意味着我们或者在灾难来临之际陷入“纷争”,或者在幸运降临之际陷入“群争”。前者是马尔萨斯的预言,后者是现代理性的罪过。

按照中国人的传统说法,“天下大势分久必合,合久必分”。国际地缘政治的竞争博弈，无论披上多么复杂、多么尖锐的政治矛盾外衣，始终还是物质利益的基础性矛盾，最终表现为经济市场的竞争、物质资源的争夺、社会舆论的争辩、军事力量的博弈，直至战争与和平的周期性交替。初看起来，这样说似乎仅仅是某种直觉逻辑的陈述，实际上，这是一种聚焦于地理经济与地缘政治关系及其周期性的逻辑陈述。

战争行为的国家功能及理性关联。自地理意义上的国家诞生以来，人类战争就不再是一般性的领土纷争，而是以群体性国家实力竞争为代表的暴力政治过程。一方面，民族国家以一种古老的传承延续着民族的准信仰内涵；另一方面，随着政治国家的正式建立而不断地变迁。而人类几千年的战争史可以说是一场民族国家与政治国家不断反复、变迁的周期性历史。

谁都无法断言，没有政治国家或民族国家，战争就会消失。国家之间战争的本质仍然是国际地缘政治的结果。没有人可以脱离当今国际政治的竞争环境，无论名义上如何标榜，国际冲突的发生本质上都是国际地缘政治的作用[142]，致力于“从地理学的角度，把外交-战略关系与对于资源做出的地理-经济分析以及因为生活方式和环境变化引起的对外交态度的解释，加以系统化”。[143]也就是说，地缘政治的本质表明，现代战争与和平是一个外生共振冲击的结果(仅基于本书逻辑)，而不是内生因素的触发机制。这里，共振冲击的振幅大于一般周期性波动的振幅幅度，比如战争带来的衰退要比正常经济衰退大得多，同样，战争过后经济复苏的动能也比平时大得多。现代战争的大能量、大规模经济属性，使其更适合于共振机制的描述。地缘政治的战争冲突与和平谈判是国家利益博弈过程中，经由个体理性导致的一种国际政治的非理性与理性转换的周期性现象。

当然，传统国际政治学并非如此二元对偶地看待问题。但是从应然的逻辑视角观察，国际政治学中的世界主义与丛林法则也是一种二元对偶逻辑。这意味着现代战争的实然往往是敌对双方无意识“合谋”的结果——而妥协的困难性使得战争难以避免。

战争起源的多因素复杂性。多频共振或者称同频共振分析是传统非线性振动理论的成熟工具，其中，多自由度、非线性波研究引向多频自振的自组织理论[144]，当然，相关的工具理论已超出本书范围。

如果人是纯粹的政治动物，那么，人类社会战争就会成为常态，人类文明的毁灭将是最终结局。但现实并非如此，和平仍然在战争的空隙中频繁地出现。究其原因，西方政治学家们更愿意用人类理性，或者越来越普遍化的国际契约,以及国际组织的逻辑(其实软弱无力)来给予解释,甚至认为只要在游戏规则、普适价值的前提下,世界就可以获得拯救!但事实上,没有论据证明绝对的普适价值观与至高无上的权威——不过是一些语言陷阱,唯有国际政治中普遍意义的对话、谈判逻辑,才是解决语言陷阱的出路;唯有在对话与谈判,而不是诉诸武力战争,国际政治才可能显现出正义、公平和人权的现实价值。

二战后,《联合国宪章》确立了以联合国组织为标志的国际政治对话构架,人们就寄希望于国际政治会进入一个基于规则、理性对话的文明时代;所有国际机构和会议都对应着现实的冲突和矛盾,至少所有国际政治矛盾都拥有了一个解决问题的平台。协商对话成为解决争端的主要方式。但事实上,当代国际政治演化史表明,我们仍然处于"丛林法则"的威胁之中,所谓的规则和平台不过是大国竞争的抓手。当然,对于大多数接受西方观念的人而言,他们未必会同意,他们会给出种种理性的辩护,诸如文明的冲突、宗教的差异、国家利益的矛盾、政治体制的排异性乃至政党竞争的操纵等等。本质上,这些逻辑背后仍然是人类生存需求理性与意识形态情感之间的矛盾周期性实然,而并非其外在显现的那般。

社会转型的路径依赖性逻辑。分析哲学的方法很简洁,却带给我们一些有益的启发:暴力转型会带来暴力社会意识,协商转型会诱发理性谈判意识,进而引起社会演进路径的多样性分化;这应是一个可以断言的"社会演化路径依赖性"的社会现象。

如果说军事是政治的延续,那么,影响政治过程的内生变量与作用机制应该是某种多方向、复杂性的逻辑。社会、经济、文化、生态等因素都内生地影响着政治及其军事行为的演化。此时,不同文化或者文明背景的国家,要想达成某种妥协的协议或者广义契约,就必须考察双方交往方式的初始条件及其路径。这里,交往理性的路径依赖性的重要暗示是,一旦双方曾经进入暴力的交往方式,历史将难以摆脱暴力模式,同理,曾经有过谈判妥协的双方,更容易在随后冲突中达成非暴力的契约协议。

人们倾向于从地理经济学的角度来考察战争起源与历史文化的关系,如果将人类文明简化地分为农耕文明、游牧文明和海洋文明,从这种地理经济学的直观逻辑,我们容易得出某种暴力倾向性的行为模式分类。但历史事实却存在某些差异,一方面,农耕文明的保守性并不意味着对武力战争的惧怕,只要具有国家、民族乃至宗族形式的群体社会模式,农耕文明国家就表现出某种战争与和平交替、动荡与稳定往复的周期性社会波动历史。比较而言，商业文化传统使得游牧文明和海洋文明不拒绝交易谈判的妥协逻辑；反之，农耕文明因缺乏语言表达的依赖性及其对话的传统习俗，更信奉慎言、沉默是金的行为模式。于是，从初始条件的文化视角出发，我们将面临一个不同文明关于暴力与对话依赖性的复杂形态分类，然而，这种简单的逻辑分类意义不大，因为深入考察将显示，社会交往理性的路径依赖性，本质上是一种交往方式、交往语言及其表达的依赖性。如此，我们仍然又回到了语言的论题。

本节关于周期性现象与规律的一般性分析，其实是要给出一种人类社会意识集结、行为交往的现象分析与描述，而不只是局限于数学上加总的逻辑计算。

6.8 附录：周期性现象的三个问题

关于实践与理论关系的讨论中，常见的实体论的传统思维易陷入三个逻辑困境，其一，预言的自我印证陷阱。现实是一个关于人们行为、意识的语言世界，语言决定了我们的世界观，由此影响我们的行为。这种语言的特性会促使人们遵从语言的暗示，将逻辑为假的语言命题通过人们的自我行为印证，而变成现实。其实，这种自我印证的实践检验为真并不意味着命题本身的真理性。就像经济人理性假设，一旦被作为经济学的理论命题，往往意味着复杂的人性被简化成自利逻辑。与此相反，其二，理论的自我否定困境。这种理论的尴尬源于很多语言命题即使为真，但说出来会却因其行为规避效应，而使得原真命题为假。就像理性预期理论所显示的，人们一旦知道货币政策目标，都会表现出理性预期的自利规避行为，使得政府干预的货币刺激政策功能失效。其三，时间维度的相对主义陷阱。的确，成功学的很多箴言，无论从短期实践或者逻辑结论来看，都具有相对真理性，但长期而言，却是一个伪命题——它们最终或将面临审判的否定性结局。

事实上，如果实践确实唯一存在的话，那么，相对于实践映像而存在的理论世界，实践并没有义务去检验理论的真伪。实践往往超越逻辑和理性，也不理睬理论，不在乎理论是否真的具有价值。尽管人们如今普遍认为，理论是源于实践并高于实践的规律表达；实践总是按照自己、不拘于理论的规律去运行。就实践对于理论的关照而言,短期、局部、人为的实践尽管显现出理性自负的谬论或理论忽悠的荒诞,但事实上,任何的实证检验都不能证明或者证伪真理。无论人为理性力量如何强大,唯有历史老人的长期时间,才能决定真理的存留。但令人遗憾的是,谁都无法界定这个长期时间的尺度;以至于现实中人们总是遵循自己的时间观去选择不同意义的真理认知。简言之,人们根本就无法经由不同的时空价值标准来考察、检验理论的真伪,否则,这本身就违背了科学真理的确定性语境的要求。这是理论、语言及其语言哲学的转向带给当今社会科学发展的深层次困境。换句话说,要探讨理论与实践的关系,首先需要厘清真理的时间观及其语言属性,唯此,才能得出富于意义的真理表达或者具有一般真值的理论命题。

凯恩斯的确说过:利益的绑架远远比不上思想、观念对人的行为影响。[145]哈耶克也曾指出:事实是什么并不重要,怎么看待事实将会改变未来的事实与世界。我们承认,很多时候,思想观念确实加快了人类社会的进步和发展。但这里,本书却要强调实践而非思想、理论的重要性;因为,理论边界的不完全性、理性情境的不清晰性,乃至理性概念的不完备性等等,都将使得现实中总是存在着理论的例外,而非相反。明确这一点意味着理论与实践双方常常处于一系列可见或不可见的矛盾之中,揭开谜底,或许只能等待后人。这应验了那句话:我们永远在路上,仅仅在接近真理或寻求上帝密码的路上。由此,很多学者就认为:经济学理论往往是世俗智慧的逻辑再现,但这种说法忽视了不同文化背景的不同效应,世俗智慧会因文化的差异而不同。同时,经济理论必须具有科学语境的一致性,否则,经济学会沦为一门包罗万象的大杂烩。

如果缩小论题、回到作为纯粹实践镜像的理论思考,理论是人类理性、知识和逻辑的结晶,它与人的认知经验中许多如直觉、惯例和灵感形成鲜明对比,并共同构成人类智慧的总体。一般来讲,理论的集合一定小于实践的集合,这意味着理论描述的范围总是小于现实对象真实的全部。在现实世界里,人类社会行为常常超出现有理论、表现出尚未显现的规律;即使大多数康德主义者会否认这种说法,但上述观点的合法性在于,人类现实行为从来不是按照理论、逻辑或者公式去生活的。无论博弈论出现与否,人们博弈行为总是遵循最优反映值去搜寻,而不理会博弈理论家的逻辑或者政治家的想法;即使大多数理论家或出于对自己专业信仰的忠诚、或出于对自己思想营销的担心,常常会夸大理论知识与学术思想的重要性。事实上,人们行为的实践法则与理论逻辑的关系并不如想象的那么紧密。比如,我们从猿人演化成现代人,并不是因为最初在树上的我们某些老祖先,学习了达尔文的《进化论》,并带领众多小猴子跳下树、闯世界,才完成了人类的进化(依达尔文逻辑);人们不是因为掌握了货币理论才会使用货币;在菜市场卖菜的老太太并不懂得市场自由、交易效率的原理,但这不影响她们熟练地交易。那些试图将人的行为看成某些理性模型、思想观念,乃至价值观驱动使然——现今主流经济学的特征,这样的理论及其社会科学研究终将被历史所嘲弄。

以上强调:重实践、轻理论,原因在于周期性逻辑面临着一系列实践问题的拷问。由于传统理论的束缚,大量的周期性社会现象被人们视而不见,使得真正的现实问题被人为地遮蔽。在很多领域,如今表现出一种利用理论知识、政治观念去绑架现实行为的教条主义倾向,以至于人们被迫热衷于进行理论包装。现如今,人们迷信理论,不过是理性自负的科学至上主义作祟。现实中,实践既不服从精英分子的精心设计、也不遵循战略家的英明谋划,真正伟大的战略家往往是有计划地相机决策,信念坚定、洞见卓越、顺势而为地行不言之令,在关键时刻,表现出力排众议的政治动员力,直至达成社会目标。这种实践优先的"实事求是"原则才是树立政治权威的本源。

理论上,同样存在着一系列矛盾困惑,比如经济体制上计划与市场的周期性规律、政治倾向上左派与右派的周期性运动。这些问题看起来有悖常理,有的甚至不太明显,但却客观、处处可见地存在于历史之中,并非某种人为的主观臆想或幻觉。但当你仔细审视它时,却又充满令人迷惑的复杂性。或许,问题的解答并不像看起来那么简单,也不如看起来那么有效力,反倒是问题提出及其给人们带来的思考,或许会更有益于原本就十分麻烦的人类社会。本书仅此提出,并与读者商榷、讨教如下。

6.8-1 计划经济与市场经济的周期性之谜

这是一个典型的中国问题,准确表述是计划与市场是否存在资源配置的可替代性,以至于在宏观经济运行中,或可能存在着某种计划体制与市场机制二元周期性转换的最佳运行路径;而不需要人为地在现实经济中划分出一条所谓的政府与市场的边界。[146]本书提出计划与市场的关系这个问题,一方面,在于理论上我们面临一个问题:如何评价新中国成立后的前30年的经济成就及其与后30年快速发展之间的关系?简单地讲,前30年计划经济为后30年市场经济奠定基础,后者是前者的延续和发展,的确通俗也说得通,但却没有解惑释疑——因为,市场机制与计划体制在概念上存在着绝对的对立关系,计划所及之处总是排斥市场机制,而市场的自由竞争往往会腐蚀计划体制,进而造成市场收买计划权力,乃至不伦不类的权力资本主义。由此,要探究二者的关系与一致性逻辑的确不是一个伪问题。本书之所以说,这是一个纯粹的中国问题,在于中国一直坚持"计划"的实践——无论以什么面目出现:比如产业政策、区域规划或者各类的开放开发实验区。与此不同,即使西方主流经济学教科书的经典理论承认市场失效——就像计划体制存在着政府的政治失效一样(布坎南语),西方自由主义市场竞争的核心思想仍暗示着这样一种底层逻辑:只要坚信市场秩序的自发规律,那么,市场机制本身最终可以演化出一系列解决市场失效的新市场秩序。比如,市场可以自发地专业化、分工出一系列新中间人、新中介事务所乃至市场溢价机制等市场竞争手段,有效地规避信息不对称导致的效率损失。通过生产权利的拍卖、将公共品转化为私人物品的生产,同样可以解决公共品的效率损失。而经济外部性和垄断效率损失早已演化出一整套法律体系来加以解决,如环保法、物权法、自然资源法、反垄断法案等。由此可见,计划与市场的问题并不属于主流经济学的传统范畴,已经是被新古典经济学理论解决的问题。因而这是一个纯粹的、典型的中国问题。

从实践上讲,与市场经济的自由、自发性相对应,人类社会历史上一直都存在着计划思维的实践。所谓"凡事预则立,不预则废"——小到个体行为的决策、家庭财务开支与城市公交运行,大到早期的互联网建设、大型项目实施、区域经济发展运行,无一不在人类主观计划思维的支配下,才能得以展开;以至于几百年来世界范围内的计划经济实践一直不绝于耳。实际上,科斯是用制度的替换概念[147](产权、企业、契约)来告诉我们[148],市场运行的"交易成本"或者效率损失使得"计划"无处不在。企业本质上就是市场经济海洋里一个"计划的小岛"……这一切都时刻向人们宣示着计划力量的逻辑性。主流经济学家们也许并不认同,人类历史的大部分时间都是计划经济主导着我们,而市场经济的自由主义逻辑的出现,不过是近两个世纪的事。事实上,计划渗透于市场的每一个细微的逻辑之中,即"计划"在概念意义上并不是"市场"的对立物,自由主义市场逻辑的关键是计划权力的主体问题:任何人的计划都应该由自己,而不是被他人所计划——又回到了个体主义与集体主义的语境悖论。

于是，紧接着的问题是：市场与计划各自的效率具有可持续性吗？我们面临的基本事实是，与市场经济存在创新经济的周期性一样，长期计划经济也存在着官僚体制成本无穷大的难题，比如，缺乏产权约束、预算软约束、激励监督机制难以确立等。反之，市场也的确在追求自由竞争效率的过程中，存在着某种由于创新经济的周期性、现代金融工具的信用衍生乃至司法体制的不完备性（任何社会都存在的语言局限性所致），进而带来的市场运行过程中的竞争效率边际递减的基本现象。由此，我们便面临开头提出的问题：计划与市场是否存在资源配置的可替代性周期性规律？

或许，真实世界的复杂性意味着计划与市场也是如此。但这里要指出的是，求解计划与市场周期性的最大难题还必须跨越三座学术高峰：一是斯密的“无形之手”理论；二是哈耶克的自发秩序理论；三是马克思的劳动价值理论。这三者是人类经济学思想宝库中的基础理论，不仅构成了现代经济发展及其社会文明的基石，同时，也是被人们争议、误解得最多，当然内涵也最丰富的思想理论。它们既有意识形态的应然价值，又有经验主义的实然意义。任何试图探讨计划经济体制与市场经济体制的理论研究，必须充分地领略这些思想深处的洞见。

6.8-2 激进左派与保守右派的周期性之惑

关于左右政治派别的理论分析实质上是一种简化逻辑，其中隐藏着不同意识形态、不同政治主张，乃至不同语境意义上都同时同样被称为“左派”或者“右派”的一系列二元对偶的政治实体对象与概念。本书这里的问题源于政治上左派与右派的主要矛盾聚焦为社会选择过程中的两种理论主张：一种主张认为社会选择应该无前提地由大家投票来决定（简称左派）；另一种主张社会选择应该保障每一个人行为的自由前提（简称右派）。如果我们将全社会关于平等、自由、公平等相关议题的社会选择简化为人们关于某项候选人投票的逻辑，这是自孔多塞、阿罗直至查尔斯·普洛特（Charles R. Plott）、阿马蒂亚·森等社会选择理论家所抽象出的理论问题[149]，已经在逻辑上形成了规范性话语的理论体系（不仅存在于传统选举政治活动之中，还存在于传统转型国家的政治逻辑中[150]）；那么，所谓的左派就意味着在进行一切的社会选择之前，必须将人人平等乃至绝对公平的权力置于社会选择的首要位置，以至于实现某种激进的理想社会。所谓的右派则将个人自由的权力置于首位，不仅坚持个体主义方法论的逻辑分析问题，也鼓励个人竞争、保护私有财产的绝对神圣权力,而通常被归纳为自由主义的学术传统。

或许,本书夸大了这种左右派别的政治矛盾,但现实困惑是,一方面,人类不能没有意识形态、政治思想的倾向性,以至于彼此内在地拥有着思想差异或政治冲突。另一方面,我们又不得不面对现实的实用主义利益诱惑,大多数时候人们无法从政治角度,反而必须从经济意义出发来协商解决彼此的问题。这使得我们在彼此的社会性关联中,总是面临着某种两难的权衡。因为人类所有的政治交往、经济交易行为存在着彼此讨价还价的谈判妥协,其前提是双方具有尽可能相同的意识形态条件。如果彼此的意识形态存在着较大的差异,那么,广义交易的政治谈判就存在巨大的谈判成本;这种讨价还价成本会使得原本十分有益于双方的均衡——鉴于人类的社会性使我们不得不交易,却由于某句话或词语的误会、误解而导致谈判破裂,乃至冲突升级为暴力的状态。比如,在诸多国际冲突中,有些或源于利益竞争,有些或源于政治冲突——如果仅仅是经济利益的冲突,就一定存在双方能够帕累托改进的均衡解。那么,在文明冲突已经越来越尖锐的时代,如何实现经济交往的政治保障,如何使人们走出国际政治秩序的修昔底德陷阱,便是一个真问题。

关于国际政治的两极化及其政治上左右派别周期性运动的简化逻辑,其实就意味着关于人类社会思潮的某种对偶性规律。

第一,如果从世界范围内看,不同国家之间总是存在着政治倾向左右不同的差异,这使得国际地缘政治的博弈与竞争充满了某种极端简化的竞争倾向。国家之间的竞争往往具有典型意识形态的左右划分及其简化特征,这是国际地缘政治的历史经验,无法回避,它客观地存在着。

第二,每一个国家内部也存在着左右政治倾向不同的差异,这使得国际政治往往是国内政治的延续,并表现为某种事后看来十分不理性的国家行为逻辑。一方面,任何国家都不是由一种政治倾向组成的,国际竞争与合作关系取决于国内政治的博弈均衡。另一方面,国家内部的政治竞争和博弈关系也同时受到国际政治博弈的影响。

第三,考察一个国家的国际政治理性程度如何,必须看一个国家的国内政治与国际政治的互动过程及其均衡状态。由于当今社会的国际化交流与市场化交易,任何国家的国内政治都无法成为一个孤立、隔绝于国际政治的独立体,而时刻受到国际地缘政治的左右倾向的影响。一般地,这种政治互动的结果极其复杂，但若简化地分析，则可以有两类、四种可能的典型结果。其一，国际国内政治的左右趋势相同，或者国内政治和国际政治都倾向于右派政治思想的社会意识，则国际政治与国内政治的互动会整体上倾向于市场经济与自由主义的国际政治环境；或者国内政治和国际政治都倾向于左派政治思想的社会意识，国际政治与国内政治的互动将整体上表现出同时民族主义的竞争政治环境。其二，国际国内政治的左右趋势不同。一种是国际政治上偏左，而国内政治上偏右，这将促使国内政治由于外部压力而向左转的民族主义趋势，最终陷入同时左的竞争；另一种是国际政治环境偏右，国内政治氛围偏左，这将导致一些复杂的内外动态均衡过程。实际上，这种过程涉及国际国内两种二元对偶转换的周期性叠加，由此将表现出更为复杂的政治逻辑；其中还涉及一个超越国际地缘政治的论题：世界公民的囚徒困境——理论上由康德提出的一个或许能够带来世界大同理想的基础性概念。

如果我们将解决这些彼此冲突的希望寄托于广义讨价还价博弈的政治谈判，那么，好好说话已成为一个大问题。因为，讨价还价的非暴力公理意味着谈判双方必须具有相同的意识形态和价值观，而不同意识形态和价值观双方的讨价还价，特别是政治性的谈判往往就意味着暴力策略的行为威胁。简言之，即社会科学的最大难题在于如何说话——语言表达本身的困难。如今，在政治价值观左右冲突的对话中，由于人为理性概念存在差异与矛盾，我们又要面对无法彼此心平气静地说话的难题。在哈贝马斯看来，解决问题的办法仅存在于社会交往行为的过程之中，但哈贝马斯的社会交往行为带来的交往空间的扩展，究竟如何在人类社会里实现却仍然是个问题。[151]

6.8-3　民族主义与国际主义的周期性对偶

人类社会为什么会演化出如此不同的社会结构、经济模式，乃至不同语言、习俗和文化形态的巨大差异。如果没有交流与互动，则难以想象，彼此不同的我们会存在于同一片天地，是同一个物种。实际上，随着全球化与世界范围内的文化交流、经济交往与政治对话，我们似乎已变得越来越理解对方，或者说，文化交流与经济交换使得我们更加地趋同，越来愈离不开对方。但与此同时，造成我们之间差异如此巨大，乃至与越来越趋同相反的力量及其原因，却并没有被我们认真审视。其中，重要的问题便是国际主义与民族主义的对立统一关系。最初，这是康德提出的问题[152]：民族主义容易与民粹、民族的概念建立联系，国际主义则与全人类乃至世界公民的概念相联系。如果把它们看成是一对周期性转换的二元对偶关系，那么近年来，民族主义似乎就进入了高涨期，并因此变成某种国际政治争端的源头，这尤其值得我们深思。

面对战争威胁不断的世界局势，如何构建全球和平安全的框架呢？这个复杂问题的最使人迷惑之处，在于每一个国家、族群、集体都离不开狭义的群体性概念，民族主义是自我认同、自我锚定，乃至形成社会尊重、社会认同的前提。没有国家、民族及群体归属的认同，人们便会缺乏自尊、自我、自信等社会认同的基础情感来源。民族主义因此成为一个人、一个群体乃至一个国家能构成一个完整概念的基础。与此同时，人们天生具有对于他者、异域、异族乃至其他动物的关爱和同理之心；更重要的是，通过这种关爱才能反射出对于自己、对于生命的珍惜。

实际上，世界公民意识可能是一个美好且有利于人类生存、发展与合作的思想理念。基于这一概念，宗教冲突、民族敌视、国仇家恨、领土争端、海洋权益等一系列困扰着过去、现在乃至将来的我们的诸多问题，似乎都可以一劳永逸地被予以解决。然而，现实却很残酷，甚至充满着陷阱。一方面，由于人性的恶，个体理性往往会导致群体囚徒困境，这使得人类合作似乎总是存在一系列矛盾的逻辑困境。另一方面，正是个体理性的自我意识，使得我们在众多矛盾的逻辑困境中总能找到多种合作的可能。就像血缘、地域、民族乃至国家的概念，正是我们展开合作的一系列理由和工具；运用这些理由和语言工具，我们很容易地形成组织，展开与其他血缘、地域、民族乃至国家的博弈对抗与竞争。当然，这种对抗竞争的结局不一定改善，反而可能加深彼此的敌意，就此而言，民族主义并非福音，而是一种困境——即使世界公民的概念对于人类而言更好。

不可否认，面对国际地缘政治博弈中的“丛林法则”，我们仍不能排除任何人可以拥有追求普适价值观与理想社会的善良愿望和美好理想——包括世界公民意识和民主、自由、平等、人权的基本理念。国家之间的地缘政治竞争是一个关涉政治、军事、经济、社会、文化等诸多论题的复杂体，没有哪个国家或能够以一种纯粹的意识形态逻辑来展开彼此的竞争。

如果我们将民族主义看成基于给定资源约束下，最大化自己国家利益的行为逻辑，将国际主义看成基于给定自己国家利益的前提下，最小化其他国家民族所能够利用资源的使用行为;于是乎,民族主义与国际主义可以简化成为一对二元对偶的最优规划矛盾的行为体。进而,它们之间的周期性运动及其波动现象便是不同国家、不同民族之间的一种常见行为模式。但问题仅仅如此吗?绝非如此简单。

事实上,只有当彼此处于敌对的情况下,民族主义才是国际主义的对立面,民族主义才是不同国家地缘政治冲突、对抗的决定性力量。一旦双方没有对抗性关系,民族主义往往可以成为彼此差异性文化交往的桥梁。此时,政治思想、意识形态的概念不仅是一种恰当的均衡,且正义与非正义、侵略与反侵略、霸权主义与民族主义的对立性,则显现出理论的应然价值。

国际主义与民族主义的周期性转换问题。从历史来看,人类社会自古以来一直就有国际主义全球化与民族主义区域化的二元对立矛盾,古地中海商圈的繁荣相继持续了多个世纪,伴随着战争、兼并等各民族之间的竞争呈现出某种周期性规律,这是历史常识。但随着三次产业革命的推进,世界又重新进入全球化的高潮,直至两次世界大战结束,特别是进入第三次全球化浪潮以后,无论从经济体量、发展规模或者市场范围上讲,我们所拥有的都大大超过人类有史以来的任何时期,必然带来世界经济的快速发展和社会文明的空前提高。但是,这只是世界处于国际主义与民族主义周期性波动的特定时期的状态。

上述三个问题只是与人类周期性行为相关的人们思想意识中诸多疑惑的一小部分,更多的问题,不仅潜藏于人们的思想意识里,也埋伏在现实的社会生活中。它们都暗示了一条原则:尽管人类矛盾的本质是利益之争,但一定都会外化,套上某种语言、概念的理论外壳,以使得人们相信这个世界的矛盾是语言的矛盾,彼此的冲突是语言的冲突。于是,我们又回到前述讨论的语言、逻辑及其表达与理解的矛盾,逻辑的矛盾只是语言悖论的显现。最终,会表现为一系列社会科学的二元对偶概念与论题范畴,并呈现出概念上二元对偶转换的周期性社会运行逻辑。

对于人类生存和发展而言,社会科学实际上比自然科学更为重要,这是一件不言而喻的事。如果一个社会拥有先进的科学技术,但缺乏良好的社会伦理意识,就如同一群心智不甚健全的小孩子掌握着操纵世界的魔法,一旦顽皮起来,对于他们自己、对于这个世界都是一种灾难。社会伦理意识、秩序意识、对话意识的构建是社会科学的一项重要任务。但现如今,那种不仅为自己的生存而服务,也为我们彼此的存在而服务的社会科学意识,那种不仅使得一个国家、民族和阶层信服,也使得其他国家、民族和阶层也信服的社会科学研究,越来越被人们忽视了。究天人合一之学问变成假道谋食的工具,的确,语言性错位的社会意识将导致社会科学理论的伦理性丧失。民主的逻辑告诉我们,既然社会选择事关每个人的利益,为什么全体民众要听从于少数权威?

事实上,大众媒体与现代信息、通信技术的发展,加上科技至上主义的泛滥,导致信息源拥堵、传播过频与信息冗余,进而信息识别的白噪声效应。人们迷信科学,崇拜新技术无所不能、无所不及的超能量;而科学精细化和知识专业化,没有人能知晓现代科学知识的全部乃至某一个领域的完整理论,以至于人们在生活中必须依赖于知识传播、交流的权威性,由此进入一个知识、信息传播的泛权威社会。一方面,传统权威不再;另一方面,新兴权威不断涌现,人们被新权威分割成不同的区块,蜷缩在自己区块的茧房之中。试想,如即使出现一些荒谬的新权威言论可能也有人会相信——即使信息传播方式的权威性并不等于知识的真理性。显然,在这种缺乏公共对话语境的氛围里,利益至上、心浮气躁下,人们只关心实用、快捷、新奇的"表演",没有心思和时间去追根问底。在公共对话的过程中,没有人好好听话,当然就没有人好好地说话;理论贬值、权威扫地便是必然。

此外,不当的学术意识导致社会科学理论的真言性丧失。突出的表现是,伪创新层出不穷,炮制式的理论满天乱飞,而真正的文化、经济、技术与制度的创新缺乏。一般来讲,数学理论与逻辑工具将始终无法完全呈现或者替代理性概念本身,加之探究理论、概念的逻辑本身就是一种理性思维的过程——即使是天才为之也是人的思维结果,当然,也就一定有人的局限。它们不仅存在着能够意识到的"已知"的无知,还存在着根本没有意识到的"无知"的无知;这便使得人类理性的最终趋势,乃至当下社会科学的发展总是指向某种悲观的前景。

物理学家费曼曾谦虚地说:"科学家是很关注社会问题的,只不过我们不是把它们作为自己的全职而已,其原因在于,对于那些比科学问题复杂千万倍的社会问题,我们常常也百思不得其解,绝无灵丹妙药。"[153]社会科学被人们低估之处,在于他们不像物理、化学、生物等自然科学那样,能够给人们从任何角度看起来都正确的真理。由此,它们也无法去讨好人们,相反,却往往教训人。就像鲁迅当年批判的那样,一旦社会陷入某种极端冲突的争端时,具有启蒙、理性意义的思想往往处于两边不讨好的尴尬境地;而有益于社会的思想既不会投机成为领引创新的弄潮儿，也不会充当师爷占据社会话语权。相反，它们总是不厌其烦地重复着老面孔、老套路，除非我们能够心平气静地停下来、听一听，否则就不会从中获得任何的社会益处。

注 释

1 详见汪丁丁:《人与知识:青年对话录》,东方出版社 2014 年版,第 98—99 页。

2 熊彼特的思想在很多方面表现出某种多样性矛盾,但这种矛盾并不在于理论本身的问题,只是论题的复杂性所致。思想的矛盾性恰好反映了熊彼特具有的某种不拘于理论的实践关怀。在对资本主义与社会主义的论战中,哈耶克就曾这样评价过,熊彼特"陷入了一种悖论:他想唤起人们注意,资本主义确实更加优越,但它自己却可能维持不下去。同时社会主义尽管非常糟糕,但却必然会到来。这种矛盾的方式正是他自己所钟爱的一种逻辑悖论"。由此,如何将实践的多样性呈现,通过分层次、抽丝剥茧的理论分析,尽可能解释为一致性的理论便是一个值得关注的问题。读者可详见熊彼特《经济发展理论》《经济周期循环论》以及《资本主义、社会主义和民主》等专著的论述。

3 或许,这可以看成广义的或推广的熊彼特命题,因为其核心逻辑仍然是熊彼特创新思想。

4 即熊彼特关于"数据增长不是发展"的著名论点:经济数据的 GDP 增长并不意味着经济发展,而是被整个社会、文化、政治等环境变化带来的数据变化。文中陈述参考了贾拥民、王永胜的两个中文翻译版本,略有改动。

5 这里,给出一个简单的数学说明,因果论如:A 球撞击 B 球,因为作用力和反作用力,A、B 两球将产生不同方向和速度的运动形象,此乃合理。随机论如:在一个装有 100 个黑球和 200 个白球的袋子里,你若随机抓取一个球,我们则可以断言,是黑球的概率为三分之一,是白球的概率是三分之二,此乃合情(情境之意)。这只是对波利亚关于数学方法论分类深刻洞见的俗解,详见波利亚:《数学与猜想》,科学出版社 2001 年版,第二卷第三章。

6 详见韦森《重读凯恩斯》(上海三联书店 2023 年版)的分析。

7 这种说法意在破除一种误解,即创新会带来经济的持续繁荣与发展,以至于以为高科技企业就一定是创新企业,而不存在产业衰退期。恰恰相反,比如几次互联网泡沫周期就表明,仅仅是技术创新企业,如果把握不住创新技术运用的商业盈利模式及其生活方式创新点,也就不可能成为一家真正意义上的创新企业。

8 即使可能会转化成战争与和平的周期性,但本书仍然坚持经济基础决定上层建筑的经济周期论点,仅此说明。

9 可见一般宏观经济学教材,均有关于货币对经济周期冲击的逻辑与理论论述,随后亦有讨论。

10 卢卡斯:《经济周期理论研究》,商务印书馆2012年版。

11 详见罗默的《高级宏观经济学》(第五版),上海财经大学出版社2021年版,第七章、第八章关于宏观经济周期论的相关陈述和分析。

12 凯恩斯的《就业、利息和货币通论》及韦森《重读凯恩斯》(上海三联书店2023年版)关于这一问题的讨论。

13 见一般教科书的陈述:只要资本、劳力和土地能获得自己的报酬,生产供给的过程就能够创造出自己的需求。

14 这种说法渊源于当今学术界的宏观经济周期理论中萨伊和凯恩斯(或可能歪曲凯恩斯的思想)的两大理论体系,可据此作出传统宏观经济学理论的分类划分。可详见罗默的《高级宏观经济学》。

15 在宏观经济学教材中,由希克斯和汉森改进、被萨缪尔森归纳的总供给总需求模型(AD-AS方程与IS-LM方程)双均衡逻辑,仍然是一种静态均衡关系,而非凯恩斯原创的总供需均衡概念;只不过增加了货币市场与商品市场的双重均衡。

16 见维克塞尔:《利息与价格》,商务印书馆1959年版,第76—77页。实际上,凯恩斯的思想受此启发甚深。

17 哈耶克自己(见《物价与生产》,上海人民出版社1958年版)表述:造成大规模失业的主要原因,在于“各种商品和劳务的需求在分配给同产出那些产量的劳动及其资源的配置之间,出现了矛盾”,即生产结构的不合理是导致经济失衡的根本原因;并且这种不合理往往是来自政府货币数量控制政策引发的相对价格的失衡,引起资本品生产的利润变化,进而非专门货物在消费品生产阶段与较早生产阶段不恰当的流动,直至专用设备闲置,形成萧条。

18 可见一般经济思想史教材关于新剑桥学派对新古典综合学派理论的全面批判。

19 见维克塞尔:《利息与价格》,即所谓AD-AS与IS-ML的货币-商品双均衡分析框架,可详见一般宏观经济学教材。

20 见一般经济思想史教材。

21 这里没有再细分新凯恩斯主义学派与晚期新凯恩斯主义学派随后参与的学术争论及其相关细节,仅此说明。

22 即Leibenstein(1957)、Shapiro和Stiglitz(1984)及Akerlof和Yellen(1958)等相关研究,常被划归为后凯恩斯经济学。

23 详见王健:《新凯恩斯主义经济学》,经济科学出版社1997年版,第2页。

24 见王健:《新凯恩斯主义经济学》,实际上,关于企业家对于未来宏观预期的理性分析,也是凯恩斯本身最重要的原创思想,理性预期经济学派自身是清楚表述的,只是教材不太强调而已。

25 转引自小沃尔特·格萨迪:《切合实际的新经济学》,《世界经济译丛》1979年第4期,第3页。

26 让·巴蒂斯特·萨伊:《政治经济学概论》,华夏出版社2017年版。Hazlitt,

Henry, 1960, *The Critics of Keynesian Economics*, Princeton University Press.

27　这里,我们强调供给学派对古典经济学的继承,也指出其对于传统古典的个体分析方法论的突破。这种方法论的内在逻辑对于随后的分析极为重要,仅此说明。

28　见 Long, Jr J. B. and C. I. Plosser, 1983, "Real Business Cycles", *Journal of Political Economy*, 91(1), 39—69; Campbell, J. Y., 1985, "Inspecting the Mechanism: An Analytical Approach to the Stochastic Growth Model", *Journal of Monetary Economics*, 16(3), 309—327; Christiano, L. J. and M. Eichenbaum, 1992, "Current Real-Binsness-Cycle Theory and Aggregate Labour-Market Fluctuations", *The American Review*, 82(3), 430—450。

29　见 Campbell(1985)。

30　这里,四个特征性概念均为随机过程的分析指标,即协动性(comovement)、扩张期(expansion)、收缩期(contraction)、非对称性(asymmetry),相关文献附后参考文献收录。

31　这里关于创新波的积极偏离、消极偏离等名词归纳,并非熊彼特的原词,但含义是一致的。

32　这种说法直接摘自熊彼特的原话,不仅揭示了创新的真正价值和作用,也彻底否定了自斯密以后发展经济学理论的整个逻辑,并直指其理论的致命缺陷。因此,具有重大的理论意义。但是发展经济学之所以没有意识到这一点,而不能摆脱罗默所自嘲的单纯数据分析的困境,关键在于发展经济学并没有真正理解熊彼特的创新概念。

33　见熊彼特论三分类理论与实际周期的不规则性逻辑,其中,三种周期的类型为:50 年长波周期(康德拉季耶夫周期)、10 年中波周期(尤格拉周期)及 40 个月短波周期(基钦周期),参见孙梁、韦森:《重温熊彼特的创新驱动经济周期理论》,《济南大学学报(社会科学版)》2020 年第 4 期,也可见一般教材,仅此说明。

34　这是指熊彼特是美国计量经济学会的创始人并兼第一任会长的历史事实,但从其理论阐述则可以看出,熊彼特本人并非像国内相关研究那样强调计量检验的实证主义方法,而更重视理论分析的逻辑实证主义倾向。

35　见熊彼特:《经济周期》,张云辉、李石强译,中国大百科全书出版社 2023 年版。

36　本书这里的考虑是,中国应该是目前国际上唯一采取全方位社会、经济改革的转型中的国家,尽管只有近 40 年的实践历史,但由于其中社会实验所涉猎的范围之广、深度之强,使得很多西方国家需要几百年的社会演化历程,几乎被中国在几十年内已经来回反复地全部走过。于是,将中国作为一个各种因素关联经济变动的分析样本,应该是一个难得的理论选择。

37　其实,对于熊彼特分类中的这些特征,理论界早有批评之声,但被大量追随者所弱化,以至于当今学界关于创新的研究特别是计量实证的文献往往由此出发,而这些海量的实证分析之所以收效甚微,根本原因在于,对熊彼特创新概念本身缺乏深入把握,误解多于理解,而且也没有本书关于周期原因的重新划分;随后有详述。

38 这五个指标如今也是宏观经济政策乃至政府宏观经济调控的五大目标,是一种基于问题意识的理论分类。

39 一般经济思想史教科书都有这种经济学通识结论的全面论述,这里不赘述。

40 这里的政治一词是基于"货币就是政治"的含义所指,随后有全面论述。

41 见《经济发展理论》中关于生产资本与消费资本的详细论述,随后亦有相关讨论,恕不赘述。

42 这里要说明的是,重商主义一直就有政府干预经济的传统。早期荷兰的民族贸易保护、英国的航海法以及谷物法,表面上是追求垄断贸易的特权,实质则是强调贸易顺差,以获得金银货币的政府干预行为。一直到边沁、萨伊和穆勒时期,虽然笼罩在经济过程中那层货币的面纱并没有被揭开,但追求货币财富的大量实践一直存在着。

43 准确地讲,早期边际主义者并不关注货币在实际经济中的作用,只是晚期边际主义经济学家才开始货币职能分析,其中,还包括像浩初锐(R. G. Hawtrey)这类实际操作者,有着丰富的宏观经济政策经验。但这里要指出的是,这种描述并不意味着新古典边际主义经济学家们就一定具有重商主义倾向或者拥有相关思想的根源。

44 见Boianovsky, Mauro, 2011, "Wicksell on the American Crisis of 1907", *Journal of the History of Economic Thought*, Vol.33, Iss.2, 173—185。

45 见Graboyes, R. F and T. M. Humphrey, 1990, "Wicksell's Monetary Framework and Dynamic stability", Federal Reserve Bank of Richmond, Working Paper 90—97。转引自瑞典学派的经济学家贝蒂·俄林(Bertil Ohlin)为维克塞尔的《利息与价格》(见 Wicksell, 1898/1936,中译本,第 5 页)写的序言。

46 实际上,维克塞尔本人的经济思想和理论方法,与声称继承并受益于维克塞尔思想传统的奥地利学派的米塞斯、哈耶克乃至同样受益于他的凯恩斯以及熊彼特等人之间,在货币理论的主张上有着绝对的思想和理论差异。

47 详见以穆勒和费雪为代表的古典货币数量理论,他们坚持货币数量只有在引起一般物价水平变动时,才会引发相对价格的变化(一般宏观经济学教材均有陈述)。

48 也因此,哈耶克的理论被人们称为资本短缺的经济周期理论。哈耶克也曾形象地比喻说:"The attitude of the liberal towards society is like that of the gardener who tends a plant and in order to create the conditions most favourable to its growth must know as much as possible about its structure and the way it functions."详见《通往奴役之路》,第 77 页。

49 其实,货币中性的概念还有多种不同的定义理解,比如维克塞尔关于保持一般物价变动的货币中性逻辑,哈耶克关于相对价格的货币中性论(关注的是货币是否保持中性,而提出著名的保持货币中性的三个条件,这实际上是指出了一条实现货币中性的应然道路)。弗里德曼关于货币中性的逻辑核心是:坚持货币数量对实际生产的无干性,强调货币政策不干预市场过程的思想观念,但其货币中性的前提则是消费者恒久性收入假设的客观性。

50 参见 Friedman, M., 1956, *The Quantity Theory of Money: A Restatement*, University of Chicago Press;《危机中的自由经济》,《世界经济译丛》1982年第2期,第22页。

51 前述关于经济周期的创新逻辑解释所给出的理论综述中,已经有过相关内容的讨论。

52 即使现有宏观经济学教材大多采用了萨谬尔森等新古典综合学派的数理模型,来解释和阐述凯恩斯及其追随者的宏观经济思想,就像罗默将发展经济学的模型再次融合,通过货币(储蓄)概念的引入,展开所有宏观经济体系的循环分析。但必须指出的是,这里的货币概念应该是凯恩斯思想的贡献,而与新古典经济学无关。

53 详见凯恩斯:《货币论》(上卷),商务印书馆1997年出版,第77—79页。

54 这里,本书没有任何全面批判或者绝对否定弗里德曼货币主义理论的企图,只是强调这种倾向。随后所言"货币三论",即凯恩斯的《货币改革论》、《货币论》(上下卷)以及《就业、利息和货币通论》,文献详情附后。

55 这里,自由主义经济是指私有产权体制(包括资本、劳动自由)及其免于政府权力干预的经济自由。

56 早在1912年,米塞斯在《货币与信用理论》中就论证,银行不仅是信用的媒介,即不单是以别人存托的货币转贷他人,同时也通过发行信用凭证来创造流通手段,并指出信用凭证与真实货币的区别在于,信用数量自由且富于高度弹性,极易导致货币利率与均衡利率的差异,进而是引发通胀或紧缩的真凶。

57 详见哈耶克:《货币非国家化:对多元货币理论与实践的分析》,姚中秋译,海南出版社2019年版。

58 这里只是传统央行职能操作的一些归纳,具体细节以及可能的创新随后会有讨论。这种叙述见传统教材:金融市场就是资金融通的市场,包括货币、资本和外汇市场,有时还包括黄金市场以及保险市场,即以货币为经营对象的市场都可以归纳入金融市场的范畴。

59 见巴罗:《宏观经济学:现代观点》,格致出版社2008年版。

60 一个类似的例子是,英国1926年制定一米的国际长度单位以后,直到2006年才形成大家都认可的长度。其实最初本没有这种标准。所以,只要涉及不同标准、信用、度量之间的关系,本质上就是一个协议过程。

61 熊彼特:《经济发展理论》,立信会计出版社2017年版,第三章第四节,第251页。就此而言,熊彼特给出的生产资本和消费资本的定义及其分析极其精彩,特别是结合企业家精神的行为论述,应该是最原创的思想。

62 实际上,货币倾向性的功能才是货币政策发挥作用的关键所在。传统理论只讲究生产的方面,而忽视消费的方面。

63 这是一种深入微观的货币职能创新分析,至于金融市场货币政治化的深入分析,详见随后论述。

64 这里的虚拟商品即指创新企业及其创新价值,相关材料来源于朱宇:《货币、金融与经济周期》,载刘崇仪等:《经济周期论》,人民出版社 2006 年版。

65 详见罗伯特·希勒:《非理性繁荣》,廖理、范文仲译,中国人民大学出版社 2004 年版。

66 这种说法仅仅是一种个人判断,意在强调本书的这样一种视角:即传统金融市场定价理论本质上是资本定价,而不是资产定价的过程,人们计算的是资本市场供需均衡的逻辑。由此,这并不涉及两个概念的内在逻辑差异。

67 详见刘崇仪等:《经济周期论》,人民出版社 2006 年版。

68 由于金融市场微观行为的理论分析,涉及传统生产与消费的经济循环过程,而更适宜于再随后关于生产与消费的创新价值分析中进一步展开,这里的正文不再赘述,详情见随后讨论。

69 详见哈耶克:《货币非国家化:对多元货币理论与实践的分析》,姚中秋译,海南出版社 2019 年版。

70 詹姆斯·里卡兹《货币战争》(上海译文出版社 2018 年版)中有很多夸张、文学、故事性的语言描述,但其现象的事实观察和数据陈述应该是客观、真实且有价值的。

71 本节将给出一些关于凯恩斯主义、货币主义及货币供给学派同类错误的批评论述,不当之处难免,特此说明。

72 这里,创新循环是指与传统生产-消费循环形成对比,即包含创新生产与创新产品消费的循环过程,包含创新价值。

73 显然,这种一般性描述意味着随机事件的大数定理逻辑,随后有关触发机制的讨论将进一步给出详细的逻辑证明。

74 见前述鲍德里亚关于消费社会商品对人的物化过程,总是表现为趋同行为下的追求差异化符号价值的论述。

75 详见随后的讨论,这里仅作提醒。对于不服从触发机制作用的创新过程,那么,给定任意一个创新过程的曲线方程,我们也容易推出对应的创新价值曲线,那是更简单的静态方程,从属于正文的对应概念。

76 按照阿罗的简化说法,偏好在生理物质层面是口味(taste),在心理精神层面便是价值观(value)。顺带补充,个体偏好之间还有羡慕的模仿、妒忌的反叛、崇尚的跟风等复杂的个体偏好变化的逻辑,它们都超出了一般经济学逻辑的理论范围。仅此说明,不再累述。

77 这意味着传统偏好、需求及其总需求(供给及其总供给)的概念有待深入刻画,究其原因有两点:其一,偏好引起的理性行为描述有待细化,才能摆脱被某种单一、线性的理性逻辑辖制;使得人的真正高阶理性行为没有得到全面的揭示。其二,关于人类社会行为的逻辑描述缺乏时间维度的理论视角。也就是说，基于本书的人类社会行为的周期性逻辑，从时间轴上进一步描述个体行为的需求与供给等经济行为，我们便有随后的分析。

78 见一般教材关于市场有效性的理论阐述，这里也是三个层次的理论展开，但不是简单的模仿。因为相对而言，布莱恩·阿瑟的《复杂经济学》(贾拥民译，浙江人民出版社2018年版)关于市场非均衡的理论分析，混淆了不确定性与技术创新的非线性功能(第34—38页)，实际上，个体不确定性加总并不会一定导致非均衡。其次，他关于非均衡的三种典型划分逻辑上重叠不清(第44—51页)，概念上，则不如本书前述的内生、外生与创新冲击的划分准确。更重要的是，纵观阿瑟的技术创新分析，的确为我们理解复杂经济行为提供了宝贵、丰富的思想养分，然而，他将社会创新局限于技术进步的范围内，将技术进步的关联仅仅局限在股票市场乃至一般涌现、进化的逻辑中，显然缺乏技术创新与资本、金融市场、进而产品市场等众多经济逻辑的具体分析，不能不说是一种遗憾。

79 这种均衡态的技术改进遍布于所有企业行为之中，主要动力源于降低成本、提高效率。特别指出，即使在软预算约束的计划经济时期，当时国有企业也普遍地有类似于"鞍钢宪法"和"两参一改三结合"的技改活动。

80 这种说法，可见熊彼特《经济发展理论》的第三章至第五章，其中，他关于创新经济循环过程的杰出分析，绝非是某种纯粹理性逻辑的现象陈述，而包含了他本人对于经济创新逻辑的深刻洞察。可以说几乎一般的"生产-交换-消费-生产……"循环的所有细节都被包含在内，进而，那些对经济周期性波动具有重要作用的几乎所有因素，都被熊彼特全面深刻地审视，其结果在他后来的《经济变化分析》中得以改进(载《现代国外经济学论文选》第10辑，商务印书馆1986年版)。此改进之说亦可见 Stolper, W. F.,"Schumpeter"，载《国际社会科学百科全书》第14卷，1986年。

81 见熊彼特:《经济发展理论》，贾拥民译，中国人民大学出版社2019年版，第四章，第117页。

82 转引自哈耶克:《通往奴役之路》，中国社会科学出版社1997年版。

83 这是指凯恩斯意义上的宏观经济学理论，因为它使得货币、资本被作为宏观经济的指标来系统地研究。

84 注意，由于从本章开始一直是社会行为分析，始终是某种宏观行为的加总概念。故此，劳动是一个社会性概念，而不创造社会价值的一般个体劳动(如自己种菜、养鸡自已吃)，均不属于本书的讨论范围。这与传统理论一致。

85 见休谟:《人性论》，关文运译，郑之骧校，商务印书馆出版社1980年版，第17页。休谟详细解释了人的幸福来源于生理、心性、财富和权力等四个方面，产权是财富积累的前提，是社会发展的基础。

86 详见新制度经济学关于产权的剩余索取权、机会主义成本等理论，还有产权的界定、边界、使用、索取、转移等逻辑。这里，私有产权概念及其理论不仅是西方社会的传统习俗，更是资本主义社会确立的重要理论基础。

87 这是马克思在分析资本主义剥削之后，极力否定私有产权制度、开出公有制处方，试图以此来医治世界的原因。

88 随后，本书随会有进一步的相关讨论，但深入的分析超出本文范围。

89 见 Piketty, T., 2014, *Capital in the Twenty-First Century*, Harvard University Press。

90 注意，这里的“公司金融理论”的说法是一种相对细分，因为现代金融学则往往是货币银行学和国际金融理论等传统金融理论，且完全被国际地缘政治、国际货币理论所把持，特别是以美元为主的世界金融话语权所主导。

91 详见 Hayek, F. A., 1941, *The Pure Theory of Capital*, Nowrwich: Jarrold and Sons。

92 至少在名义工资上，就体现出公平与效率的正向激励关系，而效率工资理论正是展示出这样一种逻辑。

93 详见《经济发展理论》第三章，第 90 页。

94 见李嘉图《政治经济学及赋税原理》，郭大力、王亚南译，译林出版社 2014 年版。

95 详见斯拉法：《用商品生产商品》，巫宝三译，商务印书馆 1997 年版，第 11 页。

96 文献同上，第 164 页。按照熊彼特自己的话说：“如果没有创新性发展，就不会有利息(利润乃至一切生产过程形成的社会价值，括号内为作者注)；利息是创新性发展在经济价值的海洋里所掀起的惊涛骇浪的其中一部分。”

97 详见熊彼特：《经济发展理论》，贾拥民译，中国人民大学出版社 2019 年版，第三章，第 97—99 页。

98 同上，第 148—151 页。

99 详见以下文献的评述。(1)琼·罗宾逊、约翰·伊特维尔：《现代经济学导论》，商务印书馆 1982 年版，第 71 页。(2)琼·罗宾逊：《凯恩斯革命的结果怎样?》，载《凯恩斯以后》，商务印书馆 1985 年版，第 8、第 65 页。

100 显然，这与传统创新理论的认识不同，即我们并不认为创新是一个事关某些具有技术优势的企业的行内人事情，而认为创新是一个事关全社会、所有企业、所有部门，包括消费、大众媒体和生产方及其供应链各个环节的整体性社会事件。实际上，这与本书第 5 章关于创新的文化、经济、技术与制度等四阶段的分区保持内在逻辑的一致性。

101 注意，传统创新理论的一个错误认知是，创新是某一个人、企业或团体完成的，而否认创新过程的社会性。其实，关于社会创新是一系列相关创新事件的随机过程思想，只要稍微了解企业创新过程的人就会有同感。比如，最初苹果手机创新时，就是一大堆手机企业共同创新的结果，而相关专利技术也是多个企业相互渗透的格局。

102 如果 x_i 与 x_j 是相互竞争关系，则 $P(x_i \cdot x_j) < f(\omega_i) \cdot f(\omega_j)$，如果 x_i 与 x_j 是分工合作关系，则 $P(x_i \cdot x_j) > f(\omega_i) \cdot f(\omega_j)$。前者的例子，比如不同手机品牌之间的关系，后者，如应用平台与制造商的关系。也就是说，智能终端

设备的应用创新，既有不同品牌之间的竞争性创新，也有各应用商和手机厂商之间的合作，彼此构成一个创新的生态群。

103 关于创新事件序列$\{x_i\}$的马尔可夫链性质，一般是研究随机过程的基础性平台，只有当具有马尔可夫链行为的理性逻辑被研究清楚了，其他复杂性随机过程才有可能得以深入地分析与展开。详情可见通常随机分析的课程教材。

104 考虑到企业创新的一般研发成本，创新产品投入市场初期，利润率不会很高，利润的积累是一个逐渐增长的过程。但是随着创新的推进和积累，创新企业收益逐渐增大并获得垄断利润，随后，竞争机制使得利润率反过来回落。一般地，我们假设它们是服从高斯分布(正态)的两边小、中间大的状态，应该是一种合理的考虑。

105 两个变量设置意味着创新事件x_i的发生与企业规模、资本实力状况无关(不存在所谓的熊彼特-阿罗悖论)。

106 这里，更深层的逻辑在于，对于创新者而言，由于创新动力与个体思维的自由度相关，而自由度却与官僚体制的规范性话语负相关。也就是说，创新的自由属性，使得个体创新度与政府交流的流畅性成反比，往往与政府交往越得体的企业或个人，其创新性越差。反之，大多数创新性强的个体往往与政府官员的交流不顺畅(个别天才除外)。

107 更广义的理解是雪崩、战争乃至银行挤兑、金融危机等触发事件的发生，它们都包含着某种个体触发的随机性。直觉上，很多学者，特别是缺乏企业创业感悟的人，不会赞同本书关于创新行为的绝对随机性描述，但这种直觉是错误而曲解的。一般地，企业创新只能从长期战略上给予精心策划，而具体实施则往往是一个随机事件。

108 这意味着即使在社会创新高峰期，仍然有企业不认同创新，而采取抵制策略或退出创新；但这并不影响创新即将引发的社会整体转型，由此带来全新的社会面貌。更重要的是，企业创新行为的二元选择特征，使得企业无法采取某种模棱两可的选择，只能或者选择创新行为，以求得创新利润；或者选择传统行为，以获得保守收益以及类似的行为决策。就本书语境而言，创新是广义的，至于技术改进、管理改进仅仅是创新内涵的一部分。这里特别感谢本人指导的研究生徐林晶，关于鲁棒性扰动和退出机制思想的原创贡献。

109 与前述逻辑分析的结论相同[即图 6.5(b)的黑色曲线]，由于其含义直白、简单，这里不赘述。

110 但在随后仿真程序中，为了简化计算，我们假设$r_i(t_i)$(及$r_i(t_0)=0$，几乎处处为零)将随着时间、创新企业及其能量的积累而递增，以诱发社会创新认同的爆发，即相继创新者之间的创新认同函数值具有累计叠加性。

111 比如，$f(\tilde{p}_i)$为正态分布函数时，就意味着极端偏好或者极端厌恶创新的企业较少，大多数企业均为中性偏好。$f(\tilde{p}_i)$为均匀分布函数，则意味着所有企业家的创新偏好相等。实际上，政府部门在面对创新企业、创新申请时，最好是将创新企业看成是随机分布的，采用基于资格的抓阄法选择，否则，就会在事后被证明为无效率政策。

112 创新事件的不可逆性包含创新前期投入及其沉没成本的问题,值得专文讨论,这里仅指不创新即淘汰的逻辑。

113 国内学术界常常争论,熊彼特早期认为企业创新与规模大小、资本实力无关,但晚期认为大企业更有利于创新。其实熊彼特并无明确论述,只是近代大跨国公司和大型国企的出现,才引发这种争论。可见前述章节详述。

114 将 $f(x_j(r_j),\ t_i)$ 看成第 j 时刻所有创新企业市场占有率的可能性度量,即每一个企业都可以有不同的创新力度概率,这源于企业创新禀赋的差异,呈现出一个随机概率分布;并取决于 $r_j(t_i)$ 与 p_i 之间的权衡,具有主观认同性。

115 本书认为,希勒最重要的基础性学术贡献是提出了注意力概念的研究,而不是给出了人类行为的非理性现象说明。其中,注意力的前提是相互矛盾的观点可以同时汇集在一个人大脑之中。注意力的逻辑是人脑的结构决定了人的自觉注意力只能聚焦一个焦点,而不能同时关注两个或多个相互矛盾的观点。注意力的性质是社会注意力的变动和转移,将决定诸多矛盾的哪一种观点会流行(见其著作的详述)。即注意力变动是人类理性回应社会环境变化的结果,但人们往往不会、也不寻求任何变动的原因解释。最终,在社会已经发生某种变化时,人们却不自知而呈现出事后非理性的行为。显然,这与本书随机过程中马尔可夫链概念的拓展及其理性逻辑的归纳相吻合。

116 布莱恩·阿瑟:《复杂经济学》,贾拥民译,浙江出版社 2018 年版,第 44—51 页,相关内容超出本书范围,恕不赘述。

117 详见鲁宾斯坦(Ariel Rubinstein)的《经济学与语言》(上海财经大学出版社 2004 年版)第一章第三节关于费兰定理的论述。

118 或许,在人类社会的事物运行过程中,只要出现二元对偶的冲突性矛盾,就会显现出周期性运行现象。而要摆脱周期性运行的间歇规律,就必须打破事物自身仅仅包含着二元对偶的简单逻辑的初始态,促使事物自身不断涌现出多维、多元的矛盾性结构,由此,通过这种复杂性结构的演化,才能摆脱人类社会的周期性触发机制的爆发。

119 实际上,由于 Lokta-Volterra 模型可根据内外生因素的参数设置差异,表达不同环境、不同种类的生物动力机制。现分享其中最基本的捕食与被捕食者动力模型,以供参考。

设食用鱼与掠食鱼在第 t 时刻的总数分别为 $x(t)$ 和 $y(t)$,假定食用鱼本身对食物的竞争并不激烈,因此,如果不存在掠食鱼,那么食用鱼的增长率服从马尔萨斯定律:$\dot{x}(t)=ax$,其中 $a>0$ 为常数,设单位时间里食用鱼与掠食鱼相遇的次数为 bxy,其中 $b>0$ 为常数,于是有 $\dot{x}(t)=ax-bxy$。另外,掠食鱼的自然减少率与自身的总数 y 成反比,为 $-cy$,而掠食鱼的自然增长率与它们存在的数目 y 及食用鱼的数目 x 成正比,为 exy,其中 c、e 也为大于零的常数,于是得到微分方程组:

$$\begin{cases}\frac{dx}{dt}=a\cdot x-b\cdot xy\\ \frac{dy}{dt}=-c\cdot y+e\cdot xy\end{cases}$$

上述定性问题的分析及其所涉及的自治系统奇点与相图，我们略述；可详见一般微分方程教材。但仅此简单的动力机制，就可得出（因参数差异）极为复杂的现象描述，仅此提示。

120 详见 D., Kahneman, and A. Tversky, 1979, "Perspective Theory: The Analysis of Risk-decision", *Econometric*, 47(2), 263—291。

121 见熊彼特：《经济发展理论》第五章详述。

122 详见童乙伦：《解析中国：基于讨价还价博弈逻辑的渐进改革逻辑》，格致出版社 2011 年版。其核心思想，就是专门论述当代中国改革开放的历史进程，本质上就是一种非暴力协议或者社会广义对话的改革逻辑。至于相关的非暴力、协议社会转型乃至具有民主政治属性的现实与理论逻辑，可详见本书前面的论述。

123 详见詹姆斯·M.布坎南、戈登·图洛克：《同意的计算》，上海人民出版社 1989 年版。

124 见一般微观经济学教科书的关于埃奇沃斯盒中交易理论的逻辑论证。

125 详见 Nash(1950, 1951, 1953)的三篇论文；A., Rubinstein, 1982, "Perfect Equilibrium in a Bargaining Model", *Econometrica*, Vol. 50, 97—109; Binmore, K., Rubinstein A., and Wolinsky, A., 1986, "The Nash Bargaining Solution in Economic Modeling", *Rand Journal of Economics*, Vol., 17, Nor 2, summer(176—188)。

126 当然，谈判协议机制也存在着非均衡、暴力结果的可能性，以至于引发暴力革命与改革倒退，那是题外的话题。详见《解析中国：基于讨价还价博弈的渐进改革逻辑》一书中，关于非暴力假设的专门讨论。

127 详见 Maskin(1980)、Myerson(1979, 1983, 1996)、Hurwicz(1972)等关于机制设计理论的一系列著名论文（见参考文献）。

128 详情可见机制设计理论相关文献的扩展。由于其运用领域越来越宽，就有涉及股权结构的问题，仅此提示。

129 实质上，社会转型是社会学，主要是西方社会学创造的概念，因而在西方语境下，转向概念的初始阶段，就一直存在着这种误解，或者天然的定义错位。当然，本书不是为了创新概念而进行批判，只是强调社会转型概念本身应该具备这样一些复杂性理论内涵，即社会转型是一种关于转型目标、路径的探索过程，存在着不确定性。

130 见阿马蒂亚·森：《以自由看待发展》，任赜、于真译，中国人民大学出版社 2002 年版，就此问题给予的全面阐释。

131 除了森的原创性贡献，还应包括 Bradburn(1969)、Diener(1984)、Veenhoven

(1988)、Ryff 和 Singer(1996)等一大批该思想学派的理论家和学者们的工作。

132 “第八次世界环境与发展委员会”于 1987 年 2 月 20 日—2 月 27 日召开，而“可持续发展”概念由布伦特兰夫人担任主席的世界环境与发展委员会提出来，该委员会也成立了被俗称为罗马俱乐部的组织。在 1989 年 5 月召开的第 15 届联合国环境署理事会期间，通过了《关于可持续发展的声明》。

133 指教科书的经典理论概念，对应仅存在人口自然增长的经济增长，即哈罗德-多马增长模型中的有保障的增长，此时，资本系数和储蓄-收入比不变。但在此原始概念的基础上，这里的自然经济概念指非创新的传统经济概念。

134 除了经典概率论的大数原理证明，还有一种可行思路是利用参与人加总人数无穷多的假设，进行类似于群的无穷元素对称性方法的证明。对于任意一个周期性波动函数，都可以找出一个与之对应的反周期函数，使得二者之和为零；否则，就破坏了参与人数量无穷大的前提条件。对于这种对称性群的集合，给定功能性变量的加总也一定为零，结论或由此得证。

135 创新价值在分配竞争过程中，占据创新优势的人会往往会比身处劣势者获得更多的收益、超额的消费者剩余，由此，创新价值收益的结构性差异引起了消费创新引发的全社会经济的周期性波动。

136 这里，仅借用布坎南关于公共选择均衡逻辑的一种说法，详见其名著《同意的计算》。

137 这种态度或许可以用维特根斯坦的哲学主张来解释，即我们坚持，即使能够说清的都是某种空谈，但对于无法言说的，保持某种不说或部分言说的沉默，就是一个明智选择；否则，任何拟数学的逻辑构建都显得画蛇添足。

138 这种说法只是一个直觉提示，并不意味着我们要阐释人类社会、经济、政治行为是如何依赖于人类语言及其语言行为的逻辑。这个论题不仅涉及经济行为对象的理论扩展，将生产、消费行为看成语言变量的函数，更重要的是，这一过程还涉及经济学方法论的语言学转向，从而论题、对象、范围、逻辑和结果都将在语言行为中讨论。

139 详见雷蒙·阿隆：《历史意识的维度》，董子云译，华东师范大学出版社出版 2017 年版。其前言就明确提出类似本文的观点，否定了普适性政治结构和概念的幻觉。另见雷蒙·阿隆：《知识分子的鸦片》，吕一民译，译林出版社 2012 年版。该书同样具有与本书类似的观点，本书略有不同，更强调社会意识的周期性特征。

140 按照费希特的说法，应该这样表述：希特勒杀犹太人，我不会说，因为我不是犹太人；希特勒杀邻居，我也不说，因为我不是该邻居，当希特勒最后要杀我时，已经没有人说话了。

141 这里指出，亨廷顿实际上并没有区分文明与文化的概念差异，而与本书第 5 章的含义有所不同，仅此提示。

142 这里，地缘政治学是指一种不包含任何意识形态色彩的“马基雅维利主义”实证方法,但历史上却误解甚多。

143　见法国著名政治学家雷蒙·阿隆关于地缘政治学的经典定义,但人们的一般定义是:各种国际政治力量在地理分析基础上,围绕特定利益,借助政治权力,来规定和实现自身权利或利益的战略理论。

144　详见 Kauffman, Stuart A., 1993, *The Origins of Order : Self Organization and Selection in Evolution*, Oxford University Press Inc。

145　见凯恩斯《就业、利息和货币通论》最后一章或 Keynes, 2013, *The Collected Writings of John Maynard Keynes*, Vol.2, LD. M., p.380。

146　实际上,这是中国改革开放初期实践中常常遭遇的问题,人们常常追问:市场与政府的边界在哪里? 由于当时的计划与市场彼此作用的矛盾性,这种提问的方法其实就存在着错误,以至于导向思考问题的错误方向。

147　新制度经济学基于交易成本概念给出一系列制度的替代性概念,如企业、合约、产权,来替代对应的制度概念。

148　这里,运用新制度经济学的边际成本方法给出交易成本概念来隐含制度功能的替换,只是一种简化的说明。

149　这是传统社会选择理论的简化逻辑,也是现代西方发达国家民主政体构建的基础性理论,本书所述并非意味着所有国家都有这个过程,而是一种思想实验的逻辑借用。详情可见社会选择理论的相关内容。

150　本书这里将阿罗的社会选择理论扩展到所有西方和非西方国家政治行为的范围陈述,并抽象出某种关于政治左右派别的理论分类,是基于一种广义社会选择行为和语言行为的逻辑展开的,其逻辑简单、直白,不用赘述。

151　见中冈成文:《哈贝马斯:交往行为》,河北教育出版社 2001 年版。

152　康德在《永久和平论》(上海人民出版社 2005 年版)中提出了"世界公民"的概念。

153　参见理查德·费曼:《费曼物理学讲义》,上海科技出版社 2020 年版。

结 语

节制人类贪婪欲望的，不是来自法律、正义的审判，也不是来自他人行为博弈的惩罚，而只能寄希望于人性的自省；且这种自省的力量将决定人类社会的未来，是和平与繁荣，还是战争与消亡……

——笔者，2024 年 5 月 4 日

探究周期性经济运行机制是经济学的本分，周期性规律还事关人类行为的价值取向与自我实现。正是人们确信商业周期、金融周期是一种货币现象，并将其作为政治经济行为的工具，货币及其宏观政策的选择才获得恰当的定位，而成为理论家分析相机调控工具的关键；政府才拥有干预经济过程、完成种种政治经济学意义上宏观政策选择的理由，所谓的货币政策、财政政策也因此自然形成。然而，这种逻辑的前提是，这个世界是人类“为自我目的所创造”并能够不断改进的客观存在，就像货币概念及其工具性操作就意味着某种自我实现机制一样，至少短期如此。此时，便产生两个问题：其一，世界究竟是因为某种符合我们主观合意性的目的，还是因为它本来就如此而存在的？其二，我们究竟能否改变这个“自以为是自己创造”的人为世界及其运行规律？显然，答案并不清晰——涉及理性的作用、意义等诸多理论问题。

理性的进步意义是毋庸置疑的，但理性给人类设置的最大障碍，是将我们带进一个概念化的语言世界，以至于大多数事物的复杂性存在与人们现实生活的十分和谐的原貌遭到破坏。并且，理性知识（如经济学）一方面在揭示、厘清经济行为；另一方面，又在脱离现实，在经济现象面前显得越来越无能为力。

相对于理性，自由不是理念，而是一项年轻人倾心的事业，老年人倾向于约束自己自由的自由。能够看清这一点,其实就透视了生老病死、生命活力乃至人生价值的意义。事实上,自由内涵的这种客观分野意味着人们从理性概念向自然本原的回归。自洛克、卢梭系统地阐述"天赋人权"的思想,认为"人人生来自由、平等和独立"[1]、"放弃自己的自由,就等于放弃做人的资格,放弃人的基本权利"[2]等概念以来,自由,作为一种理性概念的内涵便成为人们最美好的精神梦想。但随着自由概念向现实复杂性的回归,诸如一个人的自由会对于他人的自由形成绝对限制、真正的自由主义者是尊重他人自由的自由等自由的逻辑一经提出并定义,实际上,它就变成一个纯粹的理念,根本无法在现实世界中找到对应物。的确,在不幸、悲惨的现实生活中,能够确保人们坚持活下去的信念,正是这些并不存在却美好的理念。相对于政治哲学家们对自由概念翻来覆去的肢解,相对于政治家关于自由主张的政治鼓动,我们必须牢记,如果把自由作为一种绝对状态,就如同站在悬崖上追求飞翔的自由一样,会在纵身自由的瞬间一无所有。

本书意在研究人类经济行为的周期性,核心出发点不同于传统理论之处,在于我们试图揭示一切言说对象就像自由、货币乃至客观的水一样,既具有适应于人类需求的种种实用性好处,又存在种种不当使用的危害。这种益害相生、不为人类所控制的特性将有利于我们清晰地观察周期性经济过程,并加深对这一过程乃至货币本质的理解。本书想要强调的是社会行为的复杂性、关联性与整体性。其实,货币本身并非某种单纯的经济问题,不像现行理论认为的那样,可以将货币乃至货币政策看成一个自变量,其他经济行为及其现实过程可以被看成受到货币因素制约的因变量,只要掌握货币政策的调控者在操作杆这边稍加压力,社会经济过程的那边就会随之得到"精准的"调控。站在大历史、大数据的角度看,谁是因、谁是果还是一个问题。因为我们必须承认,货币并非人为理性的设计,而是某种自发秩序演化的结果。货币并不是为了那些伟大而善良的宏观调控计划而诞生的,只是人类自发秩序中关于经济活动的债务记账、交易工具、价值储藏、信用凭证的自然物;并且,作为一种全体民众参与的政治经济行为,追逐货币、使用货币的社会行为的复杂性,使其内在规律、运行机制并没有被理论家所全部阐释,也没有看起来那么简单。货币作为人们彼此相互依赖、相互竞争的工具与纽带[3],一旦谁拥有了它,谁就拥有了干预、支配他人的权力,其中的功能为理性所不及。这使得货币像洪水一样,会洗劫人类社会的所有一切,直至出现我们所不愿看见的危机或衰退。

本质上,周期性经济行为是人类社会的一种本质属性,不仅仅是货币的作用使然,更是诸多社会因素合成的结果。周期性社会现象是周期性人类行为使然,所有经济危机本质上是人类行为周期性的伴生物,而经济危机或者金融危机只是这种行为周期必然发生的导火索。此时,人们为了避免危机爆发而采取的所谓货币政策和财政政策,就可能如同面对多年积累在火堆旁的爆炸物,只想灭掉看得见的导火索,却无视爆炸力的存在。从宏观上观察,人类社会的周期性是某种不停地集聚、爆炸、释放的周期性运动过程。现实中,经济危机的导火索繁多:一只股票的意外下跌、某一原材料的偶然涨价、一家金融机构的破产,乃至一个阴霾天气对于消费者购物欲望的打击……我们所不经意之事都可能成为周期性危机的导火索——前述触发机制的某个触发事件而已。

以上陈述还隐藏着一个逻辑,即既然经济危机只是人类行为周期性的一个外在表象,或者说一种呈现方式,那么,这种周期性的必然呈现还可以包括多种缓慢和谐的方式,比如渐进周期性经济过程,而非某种经济危机的周期性爆发。一个恰当的比喻是,观察一条河流的水势,由于山川、平原、森林、田舍、农庄等现实事物的阻拦,河流的走向一定是曲折的——呈现出某种周期性,而非笔直不复回。从应然的视角看,这种周期性不仅具有必要性,而且很美。

这里要说明的是,本书之所以思考周期性行为,其实源自一种实践直觉的历史性思考——如果深入观察当代社会的制度变迁、经济转型以及伴随的人的心、性的变化,就容易理解这一点。长期来讲,不管是体制改革还是经济发展,人们的行为模式和内在动力都呈现出某种周期性,会因为同样的原因成功或者失败。黑格尔就说:“历史给人的唯一教训,就是人类从未在历史中吸取过任何教训。”如果置身历史中,这种周而复始的周期性现象会迎面而来,并在不同情境、不同事件中如影随形,使我们必须将其梳理和呈现出来。

进一步追问,一个社会为什么会有转型问题?传统理论总是给出各种制度理论的逻辑解释。但本书的思考是,社会转型或许是一个与人类周期性行为相关的老问题:如果周期性逻辑是社会运行的本质规律,那么,社会转型是一个人与社会适应性匹配的自然显现;人们不是主动地适应社会转型,就是被动地陷入转型的困境。当然,社会周期性规律不是某单一方面、单一层次的社会变迁,而是一个多领域、多层次的复杂性社会过程。因此,为了适应人类周期性行为的客观规律,人类社会将始终处于某种社会转型状态。换言之,社会稳态是相对的,社会转型才是绝对的——即使你想到某种"螺旋式上升"的深层次逻辑。此时,人的心、性、情的周期性逻辑是人类社会演化的本质动力。就此而言,本书实际上是《解析中国:基于讨价还价博弈的渐进改革逻辑》的继续,并与尚未出版的《语言行为的经济分析》构成一体,分别从讨价还价博弈的改革逻辑、基于讨价还价议题的二元周期性社会转型逻辑、基于多元语言行为扩展的社会交往逻辑出发,探讨转型问题。或许,这样才能揭示被传统经济学忽视的人类社会行为中语言的独特作用,这是人与动物不同的本质所在,也使得经济学理论应该从"默片影像"转向"有声电影"的时代。实际上,不同于猛兽总是用"牙齿"解决问题,人类更多的是使用"舌头"来解决彼此的争端和矛盾——人类文明的真谛、人的唯一本质特征。

周期性运动是人们感知时间的基础,是生命诞生、存在和退出的唯一方式。周期性规律呈现着人类社会运行的本质逻辑,也是其内在动力之所在。

注 释

1 见约翰·洛克:《政府论两篇》,赵伯英译,陕西人民出版社 2004 年版。

2 见卢梭:《社会契约论》,何兆武译,商务印书馆 2003 年版。

3 见格奥尔格·齐美尔《货币哲学》中所提的那种分裂、碎片化的社会学方法关于货币的印象,"一个硬币就是重要社会关系的一个符号,人们对于目的-手段之链的计算在社会中越来越流行,工具理性为其他合理性所用"。

参考文献

[1] [法]雷蒙·阿隆:《历史意识的维度》,董子云译,华东师范大学出版社 2017 年版。

[2] [法]雷蒙·阿隆:《知识分子的鸦片》,吕一民译,译林出版社 2012 年版。

[3] [美]布莱恩·阿瑟:《复杂经济学》,贾拥民译,浙江科学技术出版社 2018 年版。

[4] [美]德隆·阿西莫格鲁、詹姆斯·罗宾逊:《国家为什么失败》,李增刚译,徐彬校,湖南科学技术出版社 2015 年版。

[5] [法]罗兰·巴特:《流行体系:符号学与服饰符码》,傲军译,上海人民出版社 2000 年版。

[6] [法]罗兰·巴特:《符号学美学》,董学文、王葵译,辽宁人民出版社 1978 年版。

[7] [法]亨利·柏格森:《时间与自由意志》,吴士栋译,商务印书馆 2011 年译。

[8] [法]亨利·柏格森:《思想和运动》,杨文敏译,北京时代华文书局 2018 年译。

[9] [美]罗伯特·J.巴罗:《宏观经济学:现代观点》,沈志彦、陈利贤译,格致出版社 2008 年版。

[10] [美]伯纳德·巴伯:《科学与社会秩序》,顾昕译,生活·读书·新知三联书店 1992 年版。

[11] [法]罗兰·巴尔特:《流行体系》,敖军译,上海人民出版社 2011 年版。

[12] [美]朱迪斯·巴特勒:《脆弱不安的生命:哀悼与暴力的力量》,何磊、赵英男译,河南大学出版社 2013 年版。

[13] [英]边沁:《道德与立法原理导论》,时殷弘译,商务印书馆 2002 年版。

[14] [法]让·鲍德里亚:《消费社会》,刘成富、全志钢译,南京大学出版社 2008 年版。

[15] [法]让·鲍德里亚:《物体系》,林志明译,上海人民出版社 2019 年版。

[16] [法]让·鲍德里亚:《象征交换与死亡》,车槿山译,译林出版社 2012 年版。

[17] [法]让·鲍德里亚:《符号的政治经济学批判》,夏莹译,南京大学出版社 2015 年版。

[18] [法]让·鲍德里亚:《冷记忆》,张新木、李万文译 ,南京大学出版社 2009

年版。
[19] [法]让·鲍德里亚:《探访录:1968—2008》,成家桢译,上海人民出版社2022年版。
[20] [美]G.波利亚:《数学与猜想》,第二卷,李志尧、王日爽、李心灿译,杨禄荣、张理京校,科学出版社2001年版。
[21] [英]肯·宾默尔:《自然正义》,李晋译,上海财经大学出版社2010年版。
[22] [英]卡尔·波普尔:《历史决定论的贫困》,杜汝楫、邱仁宗译,上海人民出版社2009年版。
[23] [英]卡尔·波普尔:《通过知识获得解放》,范景中、李本正译,中国美术学院出版社1998年版。
[24] [美]劳伦斯·A.博兰德:《经济建模:目的与局限》,中国人民大学出版社2020年版。
[25] [美]布坎南:《自由、市场与国家》,平新乔、莫扶民译,上海三联书店1989年版。
[26] [美]布坎南、塔洛克:《同意的计算:立宪民主的逻辑基础》,陈光金译,中国社会科学出版社2000年版。
[27] [法]布尔巴基:《数学的建筑》,胡作玄译,大连理工大学出版社2009年版。
[28] 陈平:《新自由主义的警钟:资本主义的空想与现实》,《红旗文稿》2014年第7期。
[29] 陈叶烽等:《信任水平的测度及其对合作的影响——来自一组实验微观数据的证据》,《管理世界》2010年第4期。
[30] 陈叶峰:《亲社会性行为及其社会偏好的分解》,《经济研究》,2009年第12期。
[31] [法]杜阁:《关于财富的形成和分配的考察》,南开大学经济系经济学说史教研组译,商务印书馆1997年版。
[32] [美]威尔·杜兰特:《追求幸福》,中信出版社2021年版。
[33] [英]道金斯:《自私的基因》,卢允中、张岱云、陈复加、罗小舟译,中信出版社2012年版。
[34] [美]怀特海:《过程与实在》(全二册),周邦宪译,陈维政校,贵州人民出版社2006年版。
[35] [美]乔恩·埃斯特:《解除束缚的尤利西斯:理性、预先约束与约束的研究》,秦传安译,上海财经大学出版社2021年版。
[36] [美]乔恩·埃尔斯特:《尤利西斯与海妖:理性与非理性》,秦传安译,上海财经大学出版社2021年版。
[37] 迦叶摩腾、竺法兰译:《四十二章经》。
[38] [英]詹姆斯·费尔格里夫:《地理与世界霸权》,胡坚译,浙江人民出版社2016年版。
[39] [美]米尔顿·弗里德曼:《货币数量论的研究》,瞿强、杜丽群、何瑜译,中国社会科学出版社2001年版。

[40] [美]米尔顿·弗里德曼、罗丝·D.弗里德曼:《自由选择》,张琦译,机械工业出版社 2013 年版。
[41] 冯学成:《禅说庄子:天地、马蹄》,东方出版社 2015 年版。
[42] [英]史蒂芬·霍金、列纳德·蒙洛迪诺:《大设计》,吴忠超译,湖南科技出版社 2015 年版。
[43] [英]史蒂芬·霍金:《十问:霍金沉思录》,吴忠超译,湖南科技出版社 2019 年版。
[44] 国家发展改革委宏观经济研究院经济研究所:《重读〈国家调控市场　市场引导企业〉——纪念著名经济学家王积业先生》,《宏观经济研究》2019 年第 12 期。
[45] [英]E.H.贡布里希:《艺术与错觉:图画再现的心理学研究》,杨成凯、李本正、范景中译,邵宏校,广西美术出版社 2012 年版。
[46] 胡适等:《解析冯友兰》,陈鹏选编,社会科学文献出版社 2002 年版。
[47] 胡适:《胡适文集》(全 12 册),欧阳哲生编,北京大学出版社 2013 年版。
[48] (西汉)桓宽:《盐铁论》,陈桐生编,中华书局 2023 年版。
[49] [英]弗里德里希·冯·哈耶克:《自由宪章》,王明毅、冯兴元译,中国社会科学出版社 1997 年版。
[50] [英]弗里德里希·冯·哈耶克:《货币非国家化:对多元货币理论与实践的分析》,姚中秋译,海南出版社 2019 年版。
[51] [英]弗里德里希·冯·哈耶克:《物价与生产》,上海人民出版社 1958 年版。
[52] [英]弗里德里希·冯·哈耶克:《通往奴役之路》,王明毅、冯兴元译,中国社会科学出版社 1997 年版。
[53] [德]尤尔根·哈贝马斯:《交往行为理性:第一卷　行为合理性与社会合理化》,曹卫东译,上海人民出版社 2004 年版。
[54] [美]阿尔弗莱德·怀特海:《思想方式》,韩东辉、李红译,华夏出版社 1999 年版。
[55] [英]阿尔弗莱德·怀特海:《观念的冒险》,周邦宪译,贵州人民出版社 2000 年版。
[56] [英]阿尔弗莱德·怀特海:《科学与近代世界》,何钦译,商务印书馆 1959 年版。
[57] 黄凯南:《现代演化经济学基础理论研究》,浙江大学出版社 2010 年版。
[58] 金观涛、刘青峰:《中国现代思想的起源:超稳定结构与中国政治文化的演变》,法律出版社 2011 年版。
[59] [美]罗伯·凯兰:《人工智能》,黄厚宽、田盛丰等译,电子工业出版社 2004 年版。
[60] [美]R.科斯、A.阿尔钦、D.诺斯等:《财产权利与制度变迁——产权学派与新制度学派译文集》,上海人民出版社 1994 年版。
[61] [英]约翰·梅纳德·凯恩斯:《就业、利息和货币通论》,高鸿业译,商务印书馆

1999 年版。
[62] [英]约翰·梅纳德·凯恩斯:《货币论》,上卷,何瑞英翻译;下卷,蔡谦等译,商务印书馆出版 1986 年版。
[63] [英]约翰·梅纳德·凯恩斯:《货币改革论》,李井奎译,中国人民大学出版社 2017 年版。
[64] [美]托马斯·库恩:《科学革命的结构》,张卜天译,北京大学出版社 2022 年版。
[65] [英]吉梅纳·卡纳莱丝:《爱因斯坦与柏格森之辩:改变我们时间观念的跨学科交锋》,孙增霖译,漓江出版社 2019 年版。
[66] [德]伊曼努尔·康德:《纯粹理性批判》,邓晓芒译,人民出版社 2004 年版。
[67] [德]伊曼努尔·康德:《永久和平论》,何兆武译,上海人民出版社 2005 年版。
[68] [法]大卫·李嘉图:《政治经济学及税赋原理》,郭大力、王亚南译,译林出版社 2014 年版。
[69] 吕大吉:《西方宗教学说史》(上,下),中国社会科学出版社 1994 年版。
[70] [英]李约瑟:《中国科学技术史》,中国科学出版社、上海古籍出版社 2006 年版。
[71] [美]大卫·罗默:《高级宏观经济学》,吴化斌,龚关译,上海财经大学出版社 2014 年版。
[72] [美]罗斯托:《经济增长的阶段:非共产党宣言》,郭熙保、王松茂译,中国社会科学出版社 2001 年版。
[73] [英]罗素:《西方哲学史》,何兆武、李约瑟译,商务印书馆 2008 年版。
[74] [英]罗素:《对莱布尼茨哲学的批评性解释》,段德智、张传有、陈家琪译,商务印书馆 2000 年版。
[75] [加]约翰·罗尔斯:《正义论》,何怀宏,山东人民出版社 2002 年版。
[76] 梁漱溟:《中国文化要义》,商务印书馆 1987 年版。
[77] 梁漱溟:《东西方文化及其哲学》,上海人民出版社 2020 年版。
[78] 刘崇仪等:《经济周期论》,人民出版社 2006 年版。
[79] [英]琼·罗宾逊、约翰·伊特韦尔:《现代经济学导论》,商务印书馆 1982 年版。
[80] [英]琼·罗宾逊:《凯恩斯以后》,商务印书馆 1985 年版。
[81] [英]约翰·洛克:《政府论两篇》,赵伯英译,陕西人民出版社 2005 年版。
[82] [法]卢梭:《社会契约论》,何兆武译,商务印书馆 2003 年版。
[83] 陆剑清:《行为金融学》,清华大学出版社 2013 年版。
[84] [美]小罗伯特·E.卢卡斯:《经济周期理论研究》,朱善利、雷明、王异虹、温信祥译,商务印书馆 2012 年版。
[85] [匈]卢卡奇:《理性的毁灭》,王玖兴、程志民、谢地坤等译,江苏教育出版社 2005 年版。
[86] [美]詹姆斯·里卡兹:《货币战争》,凌复华译,上海译文出版社 2018 年版。

[87] 林寿:《广义度量空间与映射(第二版)》,科学出版社 2007 年版。
[88] 林毅夫、周其仁、张维迎等:《改革的方向 2:中国需要什么样的企业和社会》,中信出版社 2018 年版。
[89] 林毅夫、王勇、赵运秋:《新结构经济学研习方法》,北京大学出版社 2021 年版。
[90] 刘擎:《做一个清醒的现代人》,湖南文艺出版社 2018 年版。
[91] [美]鲁宾斯坦:《经济学与语言》,钱勇、周翼译,上海财经大学出版社 2004 年版。
[92] [美]哈里·兰德雷斯:《经济思想史》,周文译,人民邮电出版社 2011 年版。
[93] [美]乔治·H.米德、乔治·赫伯特·米德:《心灵、自我与社会》,赵月瑟译,上海译文出版社 2005 年版。
[94] [奥]路德维希·冯·米塞斯:《货币与信用理论》,孔丹凤译,上海人民出版社 2018 年版。
[95] [美]安德鲁·马斯-克莱尔、迈克尔·D.温斯顿 、杰里·R.格林:《微观经济理论》,曹乾译,中国人民大学出版社 2014 年版。
[96] [美]赫伯特·马尔库塞:《单向度的人:发达工业社会意识形态研究》,刘继译,重庆出版社、上海译文出版社 2016 年版。
[97] [美]何维·莫林:《合作的微观经济学:一种博弈论的阐释》,童乙伦、梁碧译,格致出版社 2022 年版。
[98] [美]罗伯特·梅斯勒:《过程-关系哲学:浅释怀特海》,周邦宪译,贵州人民出版社 2009 年版。
[99] [意]马基雅维利:《君主论:拿破仑批注版》,刘训练译,中央编译出版社 2017 年版。
[100] 马镜泉编:《马一浮学术文化随笔》,中国青年出版社 1999 年版。
[101] 毛泽东:《毛泽东选集》(一、二、三、四卷),人民出版社 1991 年版。
[102] [美]普里戈津:《从存在到演化》,北京大学出版社 2007 年版。
[103] [英]卡萝塔·佩蕾丝:《技术革命与金融资本:泡沫与黄金时代的动力学》,田方萌译,中国人民大学出版社 2007 年版。
[104] [法]托马斯·皮凯蒂:《21 世纪资本论》,巴曙松译,中信出版社 2014 年版。
[105] [德]格奥尔格·齐美尔:《货币哲学》,于沛沛、林毅、张琪译,江西教育出版社 2014 年版。
[106] [法]萨伊:《政治经济学概论》,陈福生、陈振骅译,商务印书馆 1998 年版。
[107] [美]保罗·萨缪尔森、威廉·诺德豪斯:《经济学》,萧琛译,商务印书馆 2014 年版。
[108] [英]巴里·斯特德:《休谟》,刘建荣、周晓亮译,山东人民出版社 1992 年版。
[109] [英]亚当·斯密:《道德情操论》,蒋自强、钦北愚、朱钟棣、沈凯璋译,商务印书馆 2014 年版。
[110] [英]劳伦斯·斯特恩:《项狄传:绅士特里斯舛·项狄的生平与见解》,蒲隆

译,上海译文出版社 2012 年版。
[111] [美]斯托尔柏编审:“熊彼特”,载《国际社会科学百科全书》,商务印书馆 1986 年版。
[112] [英]斯拉法:《用商品生产商品》,巫宝三译,商务印书馆 1997 年版。
[113] [英]R.斯特恩:《黑格尔的“精神现象学”》,丁三东译,广西师范大学出版社 2022 年版。
[114] [英]阿马蒂亚·森:《以自由看待发展》,任赜、于真译,中国人民大学出版社 2002 年版。
[115] 尚钺:《中国历史纲要》,河北教育出版社 2000 年版。
[116] 童乙伦:《解析中国:基于讨价还价博弈的渐进改革逻辑》,格致出版社 2011 年版。
[117] [美]道格拉斯·诺斯、罗伯特·托马斯:《西方世界的兴起》,厉以平、蔡磊译,华夏出版社 2009 年版。
[118] 涂纪亮编:《杜威文选》,社会科学文献出版社 2006 年版。
[119] 汪丁丁:《经济学思想史讲义》,上海人民出版社 2008 年版。
[120] 汪丁丁:《盘旋的思想:知识、秩序、自由》,生活·读书·新知三联书店 2009 年版。
[121] 汪丁丁、韦森、姚洋:《制度经济学三人谈》,北京大学出版社 2005 年版。
[122] 汪丁丁:《行为社会科学基本问题》,上海人民出版社 2017 年版。
[123] 汪丁丁:《新政治经济学讲义:在中国思索正义、效率与公共选择》,上海人民出版社 2013 年版。
[124] 汪丁丁:《概念格、互补性、塔尔斯基不动点定理》,《经济研究》2001 年第 11 期。
[125] 王健:《新凯恩斯主义经济学》,经济科学出版社 1997 年版。
[126] [瑞]维克塞尔:《利息与价格》,蔡受百译,商务印书馆 1997 年版。
[127] [德]马克斯·韦伯:《学术与政治》,商务印书馆 2018 年版。
[128] 韦森:《重读凯恩斯》,上海三联书店 2023 年版。
[129] [美]约瑟夫·熊彼特:《经济发展理论》,王永胜译,立信会计出版社 2017 年版。
[130] [美]约瑟夫·熊彼特:《经济发展理论:对于利润、资本、信贷、利息和经济周期的考察》,何畏等译,商务印书馆 1990 年版。
[131] [美]约瑟夫·熊彼特:《经济发展理论》,贾拥民译,中国人民大学出版社 2019 年版。
[132] [美]约瑟夫·熊彼特:《经济周期循环论》,叶华译,中国长安出版社 2009 年版。
[133] [美]约瑟夫·熊彼特:《资本主义、社会主义与民主》,吴良健译,商务印书馆 1999 年版。
[134] [美]约瑟夫·熊彼特:《周期理论》,张云辉、李石强译,中国大百科全书出版

社 2023 年版。
[135] 熊十力:《熊十力学术文化随笔》,中国青年出版社 1999 年版。
[136]《现代数学手册》编委会:《现代数学手册·经典数学卷》,华中科技大学出版社 2000 年版。
[137]《现代数学手册》编委会:《现代数学手册·近代数学卷》,华中科技大学出版社 2000 年版。
[138]《现代数学手册》编委会:《现代数学手册·随机数学卷》,华中科技大学出版社 2000 年版。
[139] [美]罗伯特·J.希勒:《非理性繁荣》,廖理、范文仲译,中国人民大学出版社 2004 年版。
[140] [英]大卫·休谟:《人性论》,关文运译,郑之骧校,商务印书馆出版社 1980 年版。
[141] 杨瑞龙:《新中国成立 70 年以来经济学研究范式的演变与创新》,《经济理论与经济管理》2019 年第 11 期。
[142] 吴冠中:《我读石涛画语录》,荣宝斋出版社 1996 年版。
[143] 吴延兵:《企业规模、市场力量与创新:一个文献综述》,《经济研究》2007 年第 5 期。
[144] 叶航、陈叶峰、贾拥民:《超越经济人:人类的亲社会行为与社会偏好》,高等教育出版社 2013 年版。
[145] [匈]约兰德·雅各比:《荣格心理学》,陈瑛译,生活·读书·新知三联书店 2017 年版。
[146] [日]伊藤清:《世界是概率的:伊藤清的数学思想与方法》,刘婷婷译,人民邮电出版社 2023 年版。
[147] 张荫麟:《政治史纲:先秦研究》,吉林人民出版社 2009 年版。
[148] 张维迎:《博弈与社会讲义》,北京大学出版社 2014 年版。
[149] 张劲松:《重释与批判:鲍德里亚的后现代理论研究》,上海人民出版社 2013 年版。
[150] 宗白华:《美学散步》,上海人民出版社 1981 年版。
[151] 周爱保、潘超超:《国内自我研究的动态分析——基于关键词知识图谱的量化研究》,《宁波大学学报(教育科学版)》2018 年第 4 期。
[152] 朱光潜:《西方美学史》,人民文学出版社 1979 年版。
[153] [日]中冈成文:《哈贝马斯:交往行为》,王屏译,河北教育出版社 2001 年版。
[154] Acemoglu, Daron, 2006a, *Economic Origins of Dictatorship and Democracy*, Cambridge University Press.
[155] Acemoglu, Daron, 2006b, "Economic Backwardness in Political Perspective", *American Political Science Review*, Vol.100, No.1.
[156] Acemoglu, Daron, 2012, *Why Nations Fail: Origins of Power, Poverty and Prosperity*, Crown Publishers.

[157] Acemoglu, Daron and James A. Robinson, 2000, "Political Losers as a Barrier to Economic Development", *American Economic Review Papers and Proceedings*, 90, 126—130.

[158] Acemoglu, Daron and James A. Robinson, 2001, "A Theory of Political Transitions", *American Economic Review*, Vol.91, 938—963.

[159] Allen, Robert C., 2017, "Lessons from History for the Future of Work", *Nature: Comment*, 321—324.

[160] Akerlof, G.A., 1982, "Labor Contracts as Partial Gift Exchange", *Quarterly Journal of Economics*.

[161] Andreu Mas-Colell, Michael D. Whinston, Jerry R. Green, 1995, *Microeconomic Anlaysis*, Oxford University Press.

[162] Aumann, R., 2000, *Collected Papers*, Vol.1—2, MIT Press, Cambridge.

[163] Aumann, R. and Brandenburger, A., 1995, "Epistemic Conditions for Nash Equilibrium", *Econometrica*, 63, 1161—1180.

[164] Perea, Andrés, 2012, *Epistemic Game Theory Reasoning and Choice*, Cambridge University Press.

[165] Brandenburger, Adam, 2014, *The Language of Game Theory: Putting Epidemics into the Mathematics of Games*, World Scientific Publishing Co., Inc..

[166] Brandenburger, Adam and H. Stuart, 2007, "Biform Games", *Management Sciences*.

[167] Bradburn, Norman M., 1995, "The Structure of Psychological Well-Being", *Journal of Personality and Social Psychology*, 69(4), 719—727.

[168] Biglaiser, Gary and Fei Li, 2018, "Middlemen: The Good, the Bad, and the Ugly", *The Rand Journal of Economics*, Vol.49, No.1, 3—22.

[169] Biglaiser, Gary, 1993, "Middlemen as Experts", *The Rand Journal of Economics*, Vol.24, No.2, 212—223.

[170] Rubinstein, Ariel and Asher Wolinsky, 1987, "Middlemen", *The Quarterly Journal of Economics*, 102, 581—594.

[171] Binmore, K., Rubinstein A., and Wolinsky, A., 1986, "The Nash Bargaining Solution in Economic Modeling", *Rand Journal of Economics*, Vol., 17, Nor 2, 176—188.

[172] Binmore, K. and Avner Shaked, 1997, "What is the Next?", *Journal of Land*.

[173] Clark A. E. et al., 1996, "Satisfaction and Comparison Income", *Journal of Public Economics*.

[174] Dilthey, W., 1962, *Pattern and Meaning in History: Thoughts on History and Society*, Editor: H.P. Rickman, Routledge.

[175] Diener, E. 1984, "Subjective Well-being", *Psychological Bulletin*, 95(3),

542—575.

[176] Dunning D. and Geoffrey L. Cohen, 1992, "Egocentric Definitions of Traits and Abilities in Social Judgment", *Psychology Journal of Personality and Social Psychology*.

[177] Dunning, David and Andrew F. Hayes, 1996, "Evidence for Egocentric Comparison in Social Judgment", *Journal of Personality and Social Psychology*, 71(2):213—229.

[178] Dunning, David, 1999, "A Newer Look: Motivated Social Cognition and the Schematic Representation of Social Concepts", *Psychological Inquiry*, Vol.10, No.1, 1—11.

[179] Elster, Jon, 1989, "Social Norms and Economic Theory", published in *Handbook of Monetary Policy*.

[180] Elster, Jon, 2015, *Explaining Social Behavior: More Nuts and Bolts for the Social Sciences*, Cambridge University Press.

[181] Elster, Jon, 1996, "Nuts and Bolts for the Social Sciences", Columbia University, New York, Publisher: Cambridge University Press.

[182] Li, Tien-Yien and James A. Yorke, 1975, "Period Three Implies Chaos", *The American Mathematical Monthly*, Vol.82, No.10, 985—992.

[183] Gauthier, D. R., 1977, "The Social Contract as Ideology", *Philosophy and Public Affairs*, No.2, 130—164.

[184] Giegerich, Wolfgang, 2013, "The Flight into the Unconscious-An analysis of C. G. Jung's Psychology Project", 1st Edition, Locati on London Imprint Routledge.

[185] Giegerich, Wolfgang, 2001, *The Soul's Logical Life-Towards a Rigorous Notion of Psychology, 5th ed*, Peter Lang Publishing, Incorporated.

[186] Giegerich, Wolfgang, 2020, "Dreaming the Myth Onwards", C. G. Jung on Christianity and on Hegel, Volume 6, 1st Edition, Routledge.

[187] Locke, E. A., 1968, "Toward a Theory of Task Motivation and Incentives", Organizational Behavior and Human Performance, 3(2), 157—189.

[188] Goble, Lou, 2001, *The Blackwell Guide to Philosophical Logic*, Blackwell Publishers Inc.

[189] Hawtrey, R. G., 2020, *The New Palgrave Dictionary of Economics*, 1879—1975, living reference work, 1th edition.

[190] Hayek, F. A., 1941, *The Pure Theory of Capital*, Nowrwich: Jarrold and Sons.

[191] Hurwicz, L., 1972, "On Informationally Decentralized Systems", in R. Radner and C. B. McGuire(Eds.), *Decision and Organization: A Volume in Honor of Jacob Marschak*, Amsterdam: North-Holland.

[192] Locke, E. A., 1968, "Toward a Theory of Task Motivation and Incentives", *Organizational Behavior and Human Performance*, 3(2), 157—189.

[193] Maskin, Eric S. and J.Riley, 1980, "Asymmetric Auction", *Review of Economic Studies*, (2000) 67, 413—438.

[194] Myerson, Roger B., 1979, "Incentive-Compatibility and the Bargaining Problem", *Econometrica*, 47, 61—73.

[195] Myerson, Roger B., 1983, "Mechanism Design by an Informed Principal", *Econometrica*, 51, 1767—1797.

[196] Myerson, Roger B., 1996, "Nash Equilibrium and the History of Economic Theory", *Journal of Economic literature*, 36, 1067—1082.

[197] Nash, J. F., 1950, "The Bargaining Problem", *Econometrica*, Vol. 21, pp.55—162.

[198] Nash, J. F., 1951, "Non-Cooperative Games", *Annals of Mathematics*, Vol. 54, No.2, 286—295.

[199] Nash, J. F., 1953, "Two Person Cooperative Games", *Econometrica*, Vol. 21, pp.128—140.

[200] North, D. C. and P. T. Robert, 1973, *The Rise of the Western world*, Cambridge: Cambridge University Press.

[201] North, D. C., 1990, *Institutions, Institutional Change and Economic Performance*, Cambridge University Press.

[202] Suntans, C., 1991, "Constitutionalism and Secession", *Universality of Chicago Law Review*, 58, 633—670.

[203] Rogers, T. B., N. A. Kuiper and W. S.Kirker, 1977, "Self-Reference and the Encoding of Personal Information", *Journal of Personality and Social Psychology*, 35(9), 677—678.

[204] Westley, Christopher, 2006, "Efficiency Wages: A Critical Assessment", *The Journal of Social, Political, and Economic Studies*, 31(2).

[205] Neale, M. A. and M. H.Bazerman, 1992, "Negotiator Cognition and Rationality: A Behavioral Decision Theory Perspective", *Organizational Behavior and Human Decision Processes*, 51(2), 157—175.

[206] Kristensen, Henrik and Tommy Gärlinga, 1997, "Adoption of Cognitive Reference Points in Negotiations", *Acta Psychologica*, Volume 97, Issue 3, 277—288.

[207] Rosch, Eleanor, 1975, "Cognitive Reference Points", *Cognitive Psychology*, Volume 7, Issue 4, 532—547.

[208] Sugden, R., 1985, "Why be Consistent? A Critical Analysis of Consistency Requirements in Choice Theory", *Economics Economica*, New Series, Vol.52, No.206, 167—183.

[209] Masters, Adrian, 2007, "Middlemen in Search Equilibrium", *International Economic Review*, Vol.48, No.1, 343—362.

[210] Lin, Yifu and Yong Wang, 2020, "Structural Change, Industrial Upgrading, and Middle-Income Trap", *Journal of Industry, Competition and Trade*, 6: 2, Special Issue on Industrial Policy Under Responsible Globalization.

[211] Rimoldi, Eleanor, 2009, "Involution, Entropy, or Innovation: Cultural Economics on Bougainville"[online], *Journal of the Polynesian Society*, Vol.118, No.1, 47—69.

[212] Solow, R., 1979, "Another Possible Source of Wage Stickiness", *Journal of Macroeconomics*. Vol. 1, issue 1, 79—82.

[213] Pinker, Steven, 1999, *How The Mind Works*, W. W. Norton & Company.

[214] Rosen, Sherwin and H. Thaler Richard, 1975, "The Value of Saving A Life: Evidence From The Labor Market", in *Household Production and Consumption*, edited by Nester Terleckyj, *National Bureau of Economic Research*, 265—298.

[215] Lasky, Jeffrey and Richard H. Thaler, 1976, "Design Requirements for Criminal Justice Research and Resource Management/Planning Systems", in Proceedings of the Second International Symposium of Criminal Justice Information and Statistics Systems.

[216] Thaler, Richard H., 1976, "On Optimal Speed Limits", In *Auto Safety Regulation: The Cure or the Problem?* edited by Henry Manne and Roger Miller.

[217] Rosen, Sherwin and Richard H. Thaler, 1977, "Some Results of Research on the Value of Saving Lives", in Proceedings of a Workshop on the Measure of Intangible Environmental Impacts, Electric Power Institute.

[218] Thaler, Richard H., 1977, "An Econometric Analysis of Property Crime: Interaction Between Police and Criminals", *Journal of Public Economics*, 8(1), 37—51.

[219] Thaler, Richard H., 1978, "A Note on the Value of Crime Control: Evidence from the Property Market", *Journal of Urban Economics*, 5, 137—145.

[220] Mayers, David and Richard H. Thaler, 1979, "Sticky Wages and Implicit Contracts: A Transactional Approach", *Economic Inquiry*, 17(4), 559—574.

[221] Thaler, Richard H., 1979, "Discounting with Fiscal Constraints: Why Discounting is Always Right", *Defense Management Journal*, 15:2.

[222] Thaler, Richard H., 1980, "Toward A Positive Theory of Consumer Choice", *Journal of Economic Behavior and Organization*, 1, 39—60.

[223] Shefrin, H. M. and Richard H. Thaler, 1980, "Interpreting Rationality in Hierarchical Games", Economic Letters, 5(2), 109—113.

[224] Thaler, Richard H., 1980, "Judgment and Decision Making Under Uncertain-

ty: What Economists Can Learn from Psychology", Risk Analysis in Agriculture: Research and Educational Developments, presented at a SEMinar sponsored by the Western Regional Research Project W-149.

[225] Shefrin, H. M. and Richard H. Thaler, 1981, "An Economic Theory of Self-Control", *Journal of Political Economy April*, 89(2), 392—406.

[226] Thaler, Richard H., 1981, "Some Empirical Evidence on Dynamic Inconsistency", *Economics Letters*, 8 (3), 201—207.

[227] Gould, William and Richard H. Thaler, 1982, "Public Policy Toward Life Saving: Should Consumer Preferences Rule?", *Journal of Policy Analysis and Management*, Volume1, Issue2, 223—242.

[228] Thaler, Richard H., 1982, "Precommitment and the Value of a Life", in *The Value of Life and Safety*, edited by Michael Jones-Lee, North-Holland Press.

[229] Thaler, Richard H., 1983, "Transaction Utility Theory", Paper presented during the proceeding of the Association for Consumer Research Conference, San Francisco.

[230] Thaler, Richard H., 1983, "Illusions, Mirages, and Public Policy", in *Environmental Impact, Assessment, Technology Assessment and Risk Analysis*, edited by V.T. Covello et al., NATO ASI Series.

[231] Thaler, Richard H. and Kathy Utgoff, 1984, "An Economic Analysis of Multiyear Procurement", in *Operations Research in Cost Analysis*, edited by Gerald R. McNich OLS, Operations Research Society of America.

[232] Thaler, Richard H., 1985, "Mental Accounting and Consumer Choice", *Marketing Science*, 4(1985), 199—214.

[233] De Bondt, Werner F. M. and Richard, H. Thaler, 1985, "Does the Stock Market Overreact?", *Journal of Finance*, 40, 793—805.

[234] Russell, Thomas and Richard H. Thaler, 1985, "The Relevance of Quasi Rationality in Competitive Markets", *American Economic Review*, 75, 1071—1082.

[235] Kahneman, Daniel, Jack Knetsch and Richard H. Thaler, 1986, "Fairness and the Assumptions of Economics", *Journal of Business*, 59(4), S285—300.

[236] Thaler, Richard H., 1986, "The Psychology and Economics Conference Handbook: Commentary on papers by H. Simon, H. Einhorn and R. Hogarth, and A. Tversky and D. Kahneman", *Journal of Business*, 59.

[237] Kahneman, Daniel, Jack Knetsch and Richard H. Thaler, 1986, "Fairness as a Constraint on Profit-Seeking: Entitlements in the Market", *American Economic Review*, 76(4), 728—741.

[238] Kahneman, Daniel, Jack Knetsch and Richard H. Thaler, 1990, "Experimental Tests of the Endowment Effect and the Coase Theorem" *Journal of Politi-*

cal Economy, 98(6), 1325—1348.

[239] Kahneman, Daniel and Richard H. Thaler, 1991, "Economic Analysis and the Psychology of Utility: Applications to Compensation Policy", *American Economic Review*, 81, 341—346.

[240] Kahneman, Daniel, Alan Schwartz, Richard H. Thaler and Amos Tversky, 1997, "The Effect of Myopia and Loss Aversion on Risk Taking: An Experimental Test", *Quarterly Journal of Economics*, 112(2), 647—661.

[241] D., Kahneman and A. Tversky, 1979, "Perspective Theory: The Analysis of Risk-decision", *Econometric*, 47(2), 263—291.

[242] De Bondt, Werner F. M. and Richard H. Thaler, 1987, "Further Evidence on Investor Overreaction and Stock Market Seasonality", *Journal of Finance*, 42, 557—581.

[243] Thaler, Richard H., 1987, "The Psychology of Choice and the Assumptions of Economics", in *Laboratory Experiments in Economics: Six Points of View*, edited by Alvin Roth, Cambridge University Press.

[244] Shefrin, H. M. and Richard H. Thaler, 1988, "The Behavioral Life-Cycle Hypothesis", *Economic Inquiry*, 26(4), 609—643.

[245] Thaler, Richard H. and Eric Johnson, 1990, "Gambling with the House Money and Trying to Break Even: The Effects of Prior Outcomes in Risky Choice", *Management Science*, 36(6), 643—660.

[246] De Bondt, Werner F. M. and Richard H. Thaler, 1990, "Do Security Analysts Overreact?", *American Economic Review*, 80(2), 52—57.

[247] Lee, Charles, Andrei Schleifer and Richard H. Thaler, 1991, "Investor Sentiment and the Closed-end Fund Puzzle", *Journal of Finance*, 46, 75—109.

[248] Lakonishok, Josef, Andrei Schleifer, Richard H. Thaler and Robert Vishny, 1991, "Window Dressing by Pension Fund Managers", *American Economic Review*, 81, 227—231.

[249] Thaler, Richard H., 1992a, "How to Get Real People to Save", in *Personal Savings, Consumption, and Tax Policy*, edited by Marvin Kosters, Washington D. C.: American Enterprise Institute.

[250] Thaler, Richard H., 1992b, "Saving and Mental Accounting", In George Loewenstein and Jon Elster, *Choices over Time*, Russell Sage Foundation.

[251] Chopra, N., C. Lee, Andrei Shleifer and Richard H. Thaler, 1993, "Yes, Discounts on Closed-End Funds Are a Sentiment Index", *Journal of Finance*, 48, 801—808.

[252] Chopra, N., C. Lee, Andrei Shleifer and Richard H. Thaler, 1993, "Summing Up", *Journal of Finance*, 48, 811—812.

[253] Thaler, Richard H., 1994, "Psychology and Savings Policies", *American Eco-*

nomic Review Papers and Procedings, 84(2), 186—192.

[254] Thaler, Richard H. and J. Peter Williamson, 1994, "College and University Endowment Funds: Why Not 100% Equities", *Journal of Portfolio Management*, 21(1), 27—37.

[255] De Bondt, Werner F. M. and Richard H. Thaler, 1995, "Financial Decision Making in Markets and Firms", in *Finance*, edited by R. Jarrow, V. Maksimovic, and W. T. Ziemba, Elsevier-North Holland.

[256] Bernartzi, Shlomo and Richard H. Thaler, 1995, "Myopic Loss Aversion and the Equity Premium Puzzle", *Quarterly Journal of Economics*, CX, 73—92.

[257] Michaely, Roni, Richard H. Thaler and Kent Womack, 1995, "Price Reactions to Dividend Initiations and Omissions: Overreaction or Drift?", *Journal of Finance*, 50(2), 573—608.

[258] Thaler, Richard H., 1995, "How to Evaluate Savings Programs: Discussion of Papke, Peterson and Poterba", in *Papers in the Economics of Aging*, edited by David, A., University of Chicago Press.

[259] Thaler, Richard H., 1996, "Doing Economics without Homo Economics", in *Exploring the Foundations of Research in Economics: How Should Economists Do Economics?*, edited by Steven G. Medema and Warren J. Samuels.

[260] Thaler, Richard H., 1997, "Irving Fisher: Modern Behavioral Economist", *American Economic Review*, 87(2), 439—441.

[261] Camerer, Colin, Linda Babcock, George Loewenstein and Richard H. Thaler, 1997, "Labor Supply of New York City Cab Drivers: One Day at a Time", *Quarterly Journal of Economics*, 112(2), 407—441.

[262] Bernartzi, Shlomo, Roni Michaely and Richard H. Thaler, 1997, "Do Changes in Dividends Signal the Future or the Past?", *Journal of Finance*, 52(3), 1007—1033.

[263] Thaler, Richard H., Amos Tversky and Peter Wakker, 1997, "Probabilistic Insurance", *Journal of Risk and Uncertainty*, 15(1), 7—28.

[264] Canina, Linda Roni Michaely, Richard H. Thaler and Kent Womack, 1998, "Caveat Compounder: A Warning about Using the CRSP Equally Weighted Index to Compute Long-Run Excess Returns", *Journal of Finance*, 53, 403—416.

[265] Jolls, Christine, Cass Sunstein and Richard H. Thaler, 1998, "A Behavioral Approach to Law and Economics", *Stanford Law Review*, 50, 1471—1450.

[266] Jolls, Christine, Cass Sunstein and Richard H. Thaler, 1998, "Theories and Tropes: A Reply to Posner and Kelman", *Stanford Law Review*, 50, 1593—1608.

[267] Bernartzi, Shlomo and Richard H. Thaler, 1999, "Risk Aversion or Myopia?

Choices in Repeated Gambles and Retirement Investment", *Management Science*, 45, 364—381.

[268] Thaler, Richard H., 1999a, "Mental Accounting Matters", *Journal of Behavioral Decision Making*, 12(3), 183—206.

[269] Thaler, Richard H., 1999b, "The End of Behavioral Finance", *Financial Analysts Journal*, 56(6), 12—17.

[270] Thaler, Richard H., 2000, "From Homo Economics to Homo Sapiens", *Journal of Economics Perspectives*, 14, 133—141.

[271] Bernartzi, Shlomo and Richard H. Thaler, 2001, "Naive Diversification in Defined Contribution Savings Plans", *American Economics Review*, 91(1), 79—98.

[272] Knetsch, Jack, Fang-Fang Tang and Richard H. Thaler, 2002, "The Endowment Effect and Repeated Market Trials: Is the Vickrey Auction Demand Revealing?", *Experimental Economics*, 4(3), 257—269.

[273] Bernartzi, Shlomo and Richard H. Thaler, 2002, "How Much is Investor Autonomy Worth?", *Journal of Finance*, 57, 1593—1616.

[274] Lamont, Owen and Richard H. Thaler, 2003, "Can the Stock Market Add and Subtract? Mispricing in Tech Stock Carve-Outs", *Journal of Political Economy*, 111(2), 227—268.

[275] Sunstein, Cass and Richard H. Thaler, 2003, "Libertarian Paternalism is Not an Oxymoron", *University of Chicago Law Review*, 70 (4), 1159—1202.

[276] Sunstein, Cass and Richard H. Thaler, 2003, "Libertarian Paternalism", *The American Economics Review*, 93(2), 175—179.

[277] Thaler, Richard H. and Shlomo Bernartzi, 2004, "Save More Tomorrow: Using Behavioral Economics in Increase Employee Savings", *Journal of Political Economy*, 112(1), S164—S187.

[278] Cronqvist, Henrik and Richard H. Thaler, 2004, "Design Choices in Privatized Social-Security Systems: Learning from the Swedish Experience", *The American Economics Review*, 94 (2), 424—428.

[279] Sunstein, Cass and Richard H. Thaler, 2004, "Market Efficiency and Rationality: The Peculiar Case of Baseball", *Michigan Law Review*, 102(6), 1390—1403.

[280] Thaler, Richard H. and Sendhil Mullainathan, 2001, "Behavioral Economics", in *International Encyclopedia of the Social and Behavioral Sciences*, edited by Neil Smelser and Paul Bates.

[281] Thaler, Richard H, Shlomo Benartzi, Stephen P. Utkus and Cass R. Sunstein, 2007, "The Law and Economics of Company Stockin 401(k) Plans", *Journal of Law & Economics*, 50 (1), 45—79.

[282] Barberis, Nicholas, Ming Huang and Richard H. Thaler, 2006, "Individual Preferences, Monetary Gambles, and Stock Market Participation: A Case for Narrow Framing", *American Economic Review*, 96(4), 694—712.

[283] Thaler, Richard H. and E. Shafir, 2006, "Invest Now, Drink Later, Spend Never: On the Mental Accounting of Delayed Consumption", *Journal of Economic Psychology*, 27 (5), 694—712.

[284] Grullon, Gustavo, Roni Michaely, Shlomo Benartzi and Richard H. Thaler, 2005, "Dividend Changes Do Not Signal Changes in Future Profitability", *Journal of Business*, Vol.78(5), 1659—1682.

[285] Benartzi, Shlomo and Richard Thaler, 2007, "Heuristics and Biases in Retirement Savings Behavior", *Journal of Economic Perspectives*, Vol. 21 (3), 81—104.

[286] Thaler, Richard H., and Cass R. Sunstein, 2008, *Nudge: Improving Decisions about Health, Wealth and Happiness*, Yale University Press.

[287] Post, T., M. J. Van den Assem, G. Baltussen and Richard H. Thaler, 2008, "Deal or No Deal? Decision Making Under Risk in a Large-Payoff Game Show", *American Economic Review*, 98 (1), 38—71.

[288] Weld, William C., Roni Michaely, Richard H. Thaler and Shlomo Benartzi, 2009, "The Nominal Share Price Puzzle", *Journal of Economic Perspectives*, Vol.23(2), 121—142.

[289] Benartzi, Shlomo, Alessandro Previtero and Richard H. Thaler, 2011, "Annunciation Puzzles", *Journal of Economic Perspectives*, Vol.25, 143—164l.

[290] Kaminica, Emir, Sendhil Mullainathan and Richard H. Thaler, 2011, "Helping Consumers Know Themselves", *American Economics Review Papers and Procedings*, Vol.101, 417—422.

[291] van den Assem, Martijn J., Dennie van Dolder and Richard H. Thaler, 2012, "Split or Steal? Cooperative Behavior When the Stakes Are Large", *Management Science*, Vol.58, No.1.

[292] Massey, B. Cade and Richard H. Thaler, 2013, "The Loser's Curse: Decision Making and Market Efficiency in the National Football League Draft", *Management Science*, Vol.59(7), 1479—1495.

[293] Benartzi, Shlomo and Richard H. Thaler, 2013, "Behavioral Economics and the Retirement Savings Crisis", *Science*, Vol.333.

[294] Thaler, Richard H., Cass R. Sunstein and John P. Balz, 2014, "Choice Architecture", in *The Behavioral Foundations of Public Policy*, Eldar Shafir(ed).

[295] Van Dolder, Dennie, Martijn J. van den Assem, Colin F. Camerer and Richard H. Thaler, 2015, "Standing United or Falling Divided? High Stakes Bargaining in a TV Game Show", *American Economic Review*, 105(5), 402—407.

[296] Simon, Herbert A., 1984, *Models of Bounded Rationality, Volume 1: Economic Analysis and Public Policy*, MIT Press.

[297] Simmel, G., 1910, "How is Society Possible?", *Journal of American Sociology*, Vol.16, 1910—1911.

[298] Smith, Vernon L., 1976, "Experimental Economics: Induced Value Theory", *The American Economic Review*, Vol.66, No.2, 274—279.

[299] Smith, Vernon L., 2003, "Constructivist and Ecological Rationality in Economics", *The American Economic Review*, Vol.93, No.3, 465—508.

[300] Leibenstein, Harvey, 1959, "Economic Backwardness and Economic Growth", *The Economic Journal*, Vol.69, No.274, 344—347.

[301] Shapiro, C. and J. Stiglitz, 1984, "Equilibrium Unemployment as a Worker Discipline Device", The American Economic Review, 75, 892—893.

[302] Akerlof, G. A. and J. L. Yellen, 1988, "Fairness and Unemployment", The *American Economic Review*, Vol.78, No.2, 44—49.

[303] Long, Jr J. B. and C. I. Plosser, 1983, "Real Business Cycles", *Journal of Political Economy*, 91(1), 39—69.

[304] Campbell, J. Y. and A. Akerlof, 1985, "Inspecting the Mechanism: An Analytical Approach to the Stochastic Growth Model", *Journal of Monetary Economics*, 16(3), 309—327.

[305] Christiano, L. J. and M. Eichenbaum, 1992, "Current Real-Binsness-Cycle Theory and Aggregate Labour-Market Fluctuations", *The American Review*, 82(3), 430—450.

[306] Kauffman, Stuart A., 1993, *The Origins of Order: Self Organization and Selection in Evolution*, Oxford University Press Inc.

[307] Rubinstein, A., 1982, "Perfect Equilibrium in a Bargaining Model", *Econometrica*, Vol.50, 97—109.

[308] Ryff, C. D. and B. H. Singer, 2008, "Know Thyself and Become What you are: A Eudaimonic Approach to Psychological Well-being", *Journal of Happiness Studies: An Interdisciplinary Forum on Subjective Well-Being*, 9(1), 13—39.

[309] Rachlin, Howard, et al., 1981, "Maximization Theory in Behavioral Psychology", *Behavioral and Brain Sciences*, 4(3), 371—388.

[310] Simon, H. A., 1972, "Theories of Bounded Rationality", *Decision & Organization*, 161—176.

[311] Veenhoven, R., 1988, "The Utility of Happiness", *Social Indicators Research*, 20(4), 333—354.

[312] Thaler, Richard H., 1998, "Giving Markets a Human Dimension", in The Complete Finance Companion.

[313] Campbell，J. Y.，1985，“Inspecting the Mechanism：An Analytical Approach to the Stochastic Growth Model”，*Journal of Monetary Economics*，16(3)，309—327.

[314] Christiano，L. J.，1992，“Eichenbaum M. Current Real-Binsness-Cycle Theory and Aggregate Labour-Market Fluctuations”，*The American Review*，82(3)，430—450.

[315] Keynes，M.，2013，*The Collected Writings of John Maynard Keynes*，*Vol.2*，Royal Economic Society.

[316] Ryff，C. D. and B. H. Singer，1996，“Psychological Well-being：Meaning，Measurement，and Implications for Psychotherapy Research”，*Psychotherapy and Psychosomatics*，Vol.65，No.1，14—23.

[317] Arrow，Kenneth J.，1962，“The Economic Implications of Learning by Doing”，*The Review of Economic Studies*，Vol.29，No.3，155—173.

[318] Truman，D. B.，1951，*The Governmented Process*：*Political Interests and Political Opinion*，NY：Knopf.

致　谢

本书提出了一些源于实践直觉的东西，在理论上，它们或许与当下主流的研究相去甚远；由此，本书即使构思多年，并反复与其他论题拆合分并，也不敢拿出来示人。近些年，因为行为经济学及心理实验经济学研究的新进展，才促使本人有了出版本书的冲动——因为被行为实验经济学揭示的众多对立行为或者不同情境语境下的矛盾行为，在本书的研究看来，只不过是周期性变化过程中不同阶段互补行为的不同结果的呈现；而被行为实验学者炫耀、展示的奇异性，在本书的语境下，则被归纳为人类高阶理性的统一逻辑。当然，这是一种拘于个人学识的尝试，就难免谬误之处，为此，本人怀着诚惶诚恐之心，真诚地期待着读者的批评。

本书得以出版，要感谢格致出版社忻雁翔副总编辑和郑竹青、程筠函编辑，为书稿的审订、修编所做出的努力。

要感谢湖南科技大学的领导、老师和同学们，感谢他们的关心、支持和鼓励。特别要感谢湖南科技大学校党委书记唐亚阳、前副书记刘友金，没有他们的关心和支持，本书的出版是不可能的。

多年以来，我埋头书堆、懒于世事、无心功名，以至于进校 20 年还是一名讲师，但让我倍感温暖的是唐亚阳书记的支持。他亲自为“人类周期行为与宏观经济治理研究所”成立挂牌，凭着极大的耐心扶持本书的学术研究，鼓励本人专心科研、热爱教学，为学生的仿真计算操劳、费心……这一切，都使我感到一种忠于教育事业的高尚风骨。他在意的，不是我个人，而是在践行一种情系科大的教育理念，其内涵是：重知识淡名利、重教师轻权贵、重学生无疏亲。这在当下的教育氛围里，实属弥足珍贵！这是我之幸，更是科大之幸。

人可以战胜自己、逆势成功，也可以战胜他人、炫耀征服者的力量，但不能总是“胜天”、征服自然，否则毁灭的将不仅是对方。人类的周期性行为逻辑正是这样一种自然规律，顺之则存，逆之则亡。理性，这里与其说是一个概念，倒不如说是一个渡口。当你走投无路时，渡口会出现在应该出现的地方；当你跋涉艰难时，渡口会出现在你想休息的那一刻。

童乙伦

甲辰龙年己巳月乙未日

于湖南科技大学“人类周期行为与宏观经济治理研究所”

图书在版编目(CIP)数据

周期性动物 ：人类周期性行为的经济分析 / 童乙伦著. -- 上海 ：格致出版社 ：上海人民出版社，2025.（当代经济学系列丛书 / 陈昕主编）. -- ISBN 978-7-5432-3659-2

Ⅰ. F224.12

中国国家版本馆 CIP 数据核字第 2025KB1395 号

责任编辑 郑竹青
装帧设计 王晓阳

当代经济学系列丛书·当代经济学文库
周期性动物：人类周期性行为的经济分析
童乙伦 著

出　版 格致出版社
上海三联书店
上海人民出版社
（201101　上海市闵行区号景路 159 弄 C 座）
发　行 上海人民出版社发行中心
印　刷 上海商务联西印刷有限公司
开　本 710×1000　1/16
印　张 28
插　页 3
字　数 451,000
版　次 2025 年 4 月第 1 版
印　次 2025 年 4 月第 1 次印刷
ISBN 978-7-5432-3659-2/F·1623
定　价 118.00 元

当代经济学文库

周期性动物:人类周期性行为的经济分析/童乙伦著
统一发展经济学初论——人类经济发展的力量分析/倪鹏飞著
中国家庭经济风险研究/尹志超等著
中国的工资、就业与劳动份额/张军等著
中国经济学概论/洪银兴著
空间的力量:地理、政治与城市发展(第三版)/陆铭著
中国:二元体制经济学——增长解释与前景展望/周天勇著
转型中的地方政府:官员激励与治理(第二版)/周黎安著
双重转型、土地流转与农民收入分配/赵秋运著
公有制宏观经济理论大纲/樊纲著
权力结构、政治激励和经济增长/章奇 刘明兴著
新结构经济学:理论溯源与经典文献/林毅夫等著
制度、技术与中国农业发展/林毅夫著
作为制度创新过程的经济改革/姚洋著
中国的奇迹:发展战略与经济改革(增订版)/林毅夫等著
行为和演化范式经济学:来自桑塔费学派的经济思想/董志强著
体制变革与经济增长:中国经验与范式分析/周振华著
经济运行的均衡与非均衡分析/洪银兴著
中国:理想经济增长/周天勇著
中国历史气候变化的政治经济学:基于计量经济史的理论与经验证据/赵红军著
非瓦尔拉均衡理论及其在中国经济中的应用/袁志刚著
制度及其演化:方法与概念/李建德著
中国经济学大纲:中国特色社会主义政治经济学分析/肖林 权衡等著
中国:增长放缓之谜/周天勇 王元地著
从温饱陷阱到可持续发展/李华俊著
中国居民收入分配通论:由贫穷迈向共同富裕的中国道路与经验/陈宗胜等著
威权体制的运行分析:政治博弈、经济绩效与制度变迁/郭广珍著
经济体制效率分析导论/刘世锦著
“双轨制”经济学:中国的经济改革(1978—1992)/张军著
新供给经济学:供给侧结构性改革与持续增长/肖林著
区域经济学原理(第二版)/郝寿义著
企业的企业家—契约理论/张维迎著
融资管理与风险价值(增订版)/肖林著
中国垄断产业的规制放松与重建/白让让著
体制转轨中的增长、绩效与产业组织变化/江小涓等著

市场秩序和规范/洪银兴著
现代三大经济理论体系的比较与综合/樊纲著
国际竞争论/陈琦伟著
社会主义微观经济均衡论/潘振民　罗首初著
经济发展中的收入分配(修订版)/陈宗胜著
充分信息与国有企业改革/林毅夫　蔡昉　李周著
以工代赈与缓解贫困/朱玲　蒋中一著
国际贸易与国际投资中的利益分配/王新奎著
中国资金流动分析/贝多广著
低效率经济学/胡汝银著
社会主义经济通货膨胀导论/史晋川著
现代经济增长中的结构效应/周振华著
经济转轨时期的产业政策/江小涓著
失业经济学/袁志刚著
国际收支论/周八骏著
社会主义宏观经济分析/符钢战　史正富　金重仁著
财政补贴经济分析/李扬著
汇率论/张志超著
服务经济发展:中国经济大变局之趋势/周振华著
长期经济增长中的公共支出研究/金戈著
公平与集体行动的逻辑/夏纪军著
国有企业的双重效率损失与经济增长/刘瑞明著
产业规制的主体行为及其效应/何大安著
中国的农地制度、农地流转和农地投资/黄季焜著
宏观经济结构研究:理论、方法与实证/任泽平著
技术进步、结构变化和经济增长/陈体标著
解析中国:基于讨价还价博弈的渐进改革逻辑/童乙伦著
货币政策与财政政策协调配合:理论与中国经验/王旭祥著
大国综合优势/欧阳峣著
国际贸易与产业集聚的互动机制研究/钱学锋著
中国式分权、内生的财政政策与宏观经济稳定:理论与实证/方红生著
中国经济现代化透视:经验与未来/胡书东著
从狭义价值论到广义价值论/蔡继明著
大转型:互联的关系型合约理论与中国奇迹/王永钦著
收入和财富分配不平等:动态视角/王弟海著
制度、治理与会计:基于中国制度背景的实证会计研究/李增泉　孙铮著
自由意志下的集团选择:集体利益及其实现的经济理论/曾军平著

教育、收入增长与收入差距:中国农村的经验分析/邓曲恒著
健康需求与医疗保障制度建设:对中国农村的研究/封进著
市场的本质:人类行为的视角与方法/朱海就著
产业集聚与中国地区差距研究/范剑勇著
中国区域经济发展中的市场整合与工业集聚/陆铭　陈钊著
经济发展与收入不平等:方法和证据/万广华著
选择行为的理性与非理性融合/何大安著
边缘性进入与二元管制放松/白让让著
中国的过渡经济学/盛洪主编
分工与交易/盛洪编著
中国的工业改革与经济增长:问题与解释/张军著
货币政策与经济增长/武剑著
经济发展中的中央与地方关系/胡书东著
劳动与资本双重过剩下的经济发展/王检贵著
国际区域产业结构分析导论/汪斌著
信息化与产业融合/周振华著
企业的进入退出与产业组织政策/杨蕙馨著
中国转轨过程中的产权和市场/刘小玄著
企业的产权分析/费方域著
经济转轨中的企业重构:产权改革与放松管制/陈钊著
企业剩余索取权:分享安排与剩余计量/谢德仁著
水权解释/王亚华著
劳动力流动的政治经济学/蔡昉等著
工资和就业的议价理论:对中国二元就业体制的效率考察/陆铭著
居民资产与消费选择行为分析/臧旭恒著
中国消费函数分析/臧旭恒著
中国经济转型时期信贷配给问题研究/文远华著
信贷紧缩、银行重组与金融发展/钱小安著
投资运行机理分析引论/何大安著
偏好、信念、信息与证券价格/张圣平著
金融发展的路径依赖与金融自由化/彭兴韵著